D1688344

Christoph Höller

# Angular

Das umfassende Handbuch

# Liebe Leserin, lieber Leser,

mit Angular meistern Sie auch anspruchsvolle Aufgaben: Das quelloffene JavaScript-Framework von Google eignet sich bestens für die Entwicklung zeitgemäßer Webapplikationen. Und je besser Sie Angular im Detail kennen, desto besser gelingen auch Ihre professionellen Projekte – ob klein, groß oder ganz groß.

Das optimale Rüstzeug dafür halten Sie in der Hand. Christoph Höller setzt Angular seit langer Zeit ein und stellt Ihnen in diesem Buch alle relevanten Techniken, Standards und Kernbestandteile des Frameworks vor. An dem durchgehenden Beispiel einer Projektverwaltung lernen Sie alle Grundbestandteile einer Angular-Anwendung kennen. So fällt Ihnen der Einstieg in Angular leicht und schnell haben Sie auch erste, umfangreichere Projekte umgesetzt.

Auch als Nachschlagewerk leistet Ihnen dieses Buch beste Dienste. Durch den klaren Aufbau können Sie jederzeit Fragen im Nachhinein recherchieren – von CSS-Animationen bis hin zum Parallelbetrieb verschiedener Angular-Versionen. Im Anhang hat Christoph Höller noch einmal die wichtigsten ECMAScript-2015-Features und TypeScript-Konzepte für Sie aufbereitet.

Um die Qualität unserer Bücher zu gewährleisten, stellen wir stets hohe Ansprüche an Autoren und Lektorat. Sollten Sie dennoch Fehler finden oder inhaltliche Anregungen haben, scheuen Sie sich nicht, mit mir Kontakt aufzunehmen. Ihre Fragen und Änderungsvorschläge sind jederzeit willkommen.

**Ihr Stephan Mattescheck**
Lektorat Rheinwerk Computing

stephan.mattescheck@rheinwerk-verlag.de
www.rheinwerk-verlag.de
Rheinwerk Verlag · Rheinwerkallee 4 · 53227 Bonn

# Auf einen Blick

Wir hoffen, dass Sie Freude an diesem Buch haben und sich Ihre Erwartungen erfüllen. Bitte teilen Sie uns doch Ihre Meinung mit. Eine E-Mail mit Ihrem Lob oder Tadel senden Sie direkt an den Lektor des Buches: *stephan.mattescheck@rheinwerk-verlag.de*. Im Falle einer Reklamation steht Ihnen gerne unser Leserservice zur Verfügung: *service@rheinwerk-verlag.de*. Informationen über Rezensions- und Schulungsexemplare erhalten Sie von: *hendrik.wevers@rheinwerk-verlag.de*.

Informationen zum Verlag und weitere Kontaktmöglichkeiten finden Sie auf unserer Verlagswebsite *www.rheinwerk-verlag.de*. Dort können Sie sich auch umfassend und aus erster Hand über unser aktuelles Verlagsprogramm informieren und alle unsere Bücher versandkostenfrei bestellen.

An diesem Buch haben viele mitgewirkt, insbesondere:

**Lektorat** Stephan Mattescheck, Roman Lehnhof
**Fachgutachten** Sebastian Springer
**Korrektorat** Friedericke Daenecke
**Herstellung** Denis Schaal
**Typografie und Layout** Vera Brauner
**Einbandgestaltung** Silke Braun
**Titelbild** Shutterstock: 87036080 © Ollyy
**Satz** SatzPro, Krefeld
**Druck und Bindung** Beltz Bad Langensalza GmbH, Bad Langensalza

Dieses Buch wurde gesetzt aus der TheAntiquaB (9,35/13,7 pt) in FrameMaker.
Gedruckt wurde es auf chlorfrei gebleichtem Offsetpapier (90 g/m²).

Bibliografische Information der Deutschen Nationalbibliothek
Die Deutsche Nationalbibliothek verzeichnet diese Publikation in der Deutschen Nationalbibliografie; detaillierte bibliografische Daten sind im Internet über *http://dnb.d-nb.de* abrufbar.

ISBN 978-3-8362-3914-1

1. Auflage 2017

# Inhalt

# 

## 14 Integrationstests mit Protractor 547



## 15 NgModule und Lazy-Loading: Modularisierung Ihrer Anwendungen 575

## 18 Internationalisierung: mehrsprachige Angular-Anwendungen implementieren 627



## 19 Das Animations-Framework: Angular-Anwendungen animieren 651

# Anhang

# Geleitwort des Fachgutachters

Angular ist eines der am weitesten verbreiteten JavaScript-Frameworks weltweit – und das nicht nur, weil ein Team von Google hinter der Entwicklung steht, sondern auch, weil es die Umsetzung von Webapplikationen erheblich erleichtert. Doch der Preis für ein so mächtiges Framework, wie Angular es ist, besteht darin, dass Sie zunächst die Feinheiten kennenlernen müssen, bevor Sie es wirklich produktiv einsetzen können.

Wie schon bei der ersten Version von Angular ist auch bei der Neuauflage des Frameworks die Lernkurve jenseits des ersten Tutorials recht steil. Dieses Buch erleichtert Ihnen den Einstieg in die Welt von Angular, indem es Ihnen anhand zahlreicher praktischer Beispiele die einzelnen Konzepte näherbringt. Im Verlauf des Buches setzen Sie nicht nur die typischen Hallo-Welt-Codeschnipsel um, sondern entwickeln auch eine größere, zusammenhängende Applikation. Sie lernen so Angular von einer sehr praktischen Seite kennen.

Egal ob Sie das Buch von Anfang bis Ende durcharbeiten oder nur bestimmte Themen nachschlagen, die Sie gerade in Ihrem aktuellen Projekt beschäftigen, Sie finden zu allen Bereichen von Angular detaillierte Erklärungen dazu, wie die einzelnen Features funktionieren und wie sie ineinandergreifen und so eine Applikation formen. Bei diesem Buch handelt es sich jedoch nicht um ein reines Lehrbuch, sondern auch um ein sehr gutes Nachschlagewerk, in dem Sie immer wieder stöbern können, wenn Ihnen nicht gleich auf Anhieb einfällt, wie eine Pipe umgesetzt wird oder wie Sie RxJS verwenden können, um reaktive Stores in Ihrer Applikation zu implementieren.

Sollten Sie sich jetzt fragen, ob es sich überhaupt lohnt, sich mit einem Buch über Angular zu beschäftigen, wo doch die JavaScript-Welt so schnelllebig ist, kann ich Sie beruhigen. Auf den folgenden Seiten lernen Sie nicht nur die aktuelle Syntax von Angular, sondern blicken auch hinter die Kulissen und erfahren mehr über die Konzepte des Frameworks – und diese werden auch in der dritten und vierten Version von Angular ihre Gültigkeit behalten.

Das Buch, das Sie in den Händen halten, hat Angular 2 in seiner turbulenten Entwicklungsphase begleitet. Sowohl die zahlreichen Breaking Changes der Release Candidates als auch einige Umbrüche im Formular-Handling oder Routing sind eingeflossen. An dieser Stelle möchte ich Christoph Höller ein großes Lob für sein Engagement und seine Geduld auch in den schwierigen Projektphasen aussprechen.

Ich wünsche Ihnen viel Spaß mit diesem Buch und bei der Arbeit mit Angular.

**Sebastian Springer**
IT Senior Architect, MaiBornWolff GmbH, Autor und Dozent

# Einleitung

Liebe Leser,

als ich mich im März 2015 gemeinsam mit dem Rheinwerk Verlag entschieden habe, dieses Buch zu verfassen, hatte ich keine Ahnung, auf was ich mich einlasse: auf eine mehr als einjährige Beta-Phase, auf Release Candidates, die sich oft eher nach Alpha-Versionen angefühlt haben, und auf Breaking Changes, die bis kurz vor dem Erscheinen der finalen Version alle meine Zeitpläne über den Haufen geworfen haben.

Umso glücklicher bin ich, nun sagen zu können: Die Arbeit hat sich gelohnt!

Mit Angular ist Google eine Plattform gelungen, die optimal auf die Anforderungen an moderne Webapplikationen abgestimmt ist. Weil das Entwickler-Team dabei auf eine Vielzahl von modernen Technologien wie TypeScript und Rx.js gesetzt hat, ist es zwar in manchen Teilen etwas herausfordernder, sich in das Framework einzuarbeiten, andererseits ist es aber auch wahnsinnig spannend.

So kann ich bereits jetzt sagen, dass ich in meiner Tätigkeit als Webentwickler bislang mit keiner Technologie gearbeitet habe, die sich so »stimmig« anfühlt: Themen wie Formulare, Routing und HTTP-Anbindung spielen sehr elegant ineinander, und der klassenbasierte Komponentenansatz sowie das neue Dependency-Injection-Framework sorgen für eine modulare und leicht zu testende Anwendung.

Um Sie beim Lernen all dieser Themen nicht an einen von mir vorgegebenen Pfad zu binden, habe ich versucht, auch den Aufbau des Buches möglichst modular zu halten: Im ersten Teil des Buches lege ich mit der Beschreibung der Angular-Kernbestandteile Komponenten, Direktiven, Services und Dependency-Injection die Basis für die weitere Entwicklung. Danach können Sie aber frei entscheiden, mit welchen Themen Sie sich im Detail beschäftigen möchten. Die bereits angesprochenen Themen Formulare, Routing und HTTP-Anbindung sowie das Testing- und das Modularisierungskapitel basieren dabei zwar auf einem durchgehenden Projektbeispiel, sind in sich aber so weit geschlossen, dass es nicht notwendig ist, das Buch von vorn bis hinten an einem Stück durchzuarbeiten.

An dieser Stelle möchte ich Sie auch auf die Webseite

*http://angular-buch.de*

hinweisen. Sie ist eigens für dieses Buch entstanden. Denn obwohl die finale Version 2 von Angular erschienen ist, sind auch zum aktuellen Zeitpunkt noch viele Dinge stark im Fluss: Im Animations-Framework fehlt noch einige Funktionalität, das Angular-Command-Line-Interface steckt noch mitten in der Beta-Phase, und auch der eine oder andere Bug muss noch gefixt werden. Auf der Website werde ich Sie über Neuigkeiten zu solchen Themen auf dem Laufenden halten.

Abschließend möchte ich an dieser Stelle noch Danke sagen: Ich danke meiner Freundin Pia dafür, dass sie in den letzten zwei Jahren an vielen Wochenenden auf mich verzichtet hat und mich immer wieder motiviert hat, weiterzumachen – auch nach dem dritten Breaking Change innerhalb weniger Wochen. Ich danke auch Maik Fischer, Christian Huppert und Sebastian Springer, die mir mit ihren guten Ideen und Webentwicklungserfahrungen ständig neuen Input geliefert haben: Ohne euch wäre dieses Buch vermutlich nie erschienen.

Ihnen, liebe Leserinnen und Leser, wünsche ich jetzt viel Spaß mit dem Buch. Ich verspreche Ihnen: Die Investition in Angular wird sich lohnen!

**Christoph Höller**

# Kapitel 1
# Angular-Kickstart: Ihre erste Angular-Webapplikation

*Freuen Sie sich auf Ihre erste Angular-Applikation. Am Beispiel einer Blogging-Plattform werden Sie die wichtigsten Angular-Konzepte kennenlernen und erste Kontakte mit einer Menge neuer spannender Technologien knüpfen.*

Wie ich bereits in der Einleitung erwähnt habe, basiert die neue Angular-Plattform auf einer Vielzahl moderner Technologien und Standards. In diesem Kapitel gebe ich Ihnen zunächst eine Übersicht über diese Technologien und stelle Ihnen die wichtigsten Konzepte des Frameworks vor. Nach Abschluss des Kapitels haben Sie die Kernbestandteile von Angular kennengelernt, Ihre ersten Komponenten in TypeScript verfasst und das neue Module-Konzept von ECMAScript 2015 verwendet, um aus einzelnen Komponenten eine lauffähige Applikation zu erstellen. Freuen Sie sich also auf eine Menge neuer Themen.

## 1.1 Installation der benötigen Software

Bevor Sie mit der Implementierung der Applikation beginnen, sollten Sie zunächst einige Werkzeuge installieren. Durch die konsequente Verwendung von *npm* zur Installation von Projektabhängigkeiten halten sich aber die Tools, die Sie benötigen, in sehr überschaubaren Grenzen.

### 1.1.1 Node.js und npm

Sollten Sie in der Vergangenheit bereits mit JavaScript gearbeitet haben, sind Sie wahrscheinlich schon mit *Node.js* und dem zugehörigen Paketmanager *npm* in Berührung gekommen. Bei *Node.js* handelt es sich um eine Plattform, die ursprünglich entworfen wurde, um serverseitige JavaScript-Applikationen zu ermöglichen. Der *Node Package Manager* (kurz *npm*) ist in diesem Zusammenhang dafür zuständig, die Abhängigkeiten einer Node-Applikation zu verwalten.

Neben diesem Einsatzgebiet hat sich npm mittlerweile aber auch zum Quasistandard für die Installation von Software entwickelt, die in JavaScript implementiert wird. Im Laufe des Buches werden Sie sowohl Node.js als auch npm näher kennenlernen. Zur Installation der beiden Tools laden Sie sich am einfachsten das für Ihre Plattform passende Installationspaket herunter:

*https://nodejs.org/download*

Achten Sie hierbei darauf, dass Sie Node.js mindestens in der Version 5 installieren. Frühere Versionen unterstützen den ECMAScript-2015-Standard noch nicht ausreichend, den ich in diesem Buch verwende.

**Achtung, Windows-User!**

Wenn Sie Node.js unter Windows installieren, kann es bei der Verwendung immer wieder zu unerwartetem Verhalten kommen – insbesondere im Zusammenspiel mit früheren Versionen des .NET-Frameworks. Der Grund hierfür ist meistens nicht Node.js selbst, sondern die Erweiterung *node-gyp*, die für die Kompilierung von nativen Erweiterungen zuständig ist. Sollte dieses Problem auftreten, empfehle ich Ihnen, die Suchbegriffe »node-gyp windows« in die Suchmaschine Ihrer Wahl einzugeben – die ersten Treffer enthalten einige wertvolle Tipps für die Lösung der Probleme. Alternativ kann sich außerdem die Installation einer Linux-Distribution in einer virtuellen Maschine (z. B. VirtualBox) anbieten. Sollten Sie bereits Linux-Erfahrung haben, kann dies der auf Dauer bessere Weg sein.

### 1.1.2 Visual Studio Code – eine kostenlose Entwicklungsumgebung für TypeScript und Angular

Für die Entwicklung komplexer Webanwendungen ist eine gute Entwicklungsumgebung unerlässlich. Entwicklern steht dafür eine Vielzahl an guten Editoren zur Auswahl, und sollten Sie bereits Ihren persönlichen Favoriten gefunden haben, können Sie ihn natürlich gern weiterhin verwenden.

Allen anderen Lesern möchte ich an dieser Stelle den von Microsoft entwickelten kostenlosen Editor *Visual Studio Code* ans Herz legen. Insbesondere die sehr gute Unterstützung von *TypeScript* (der vom Angular-Team empfohlenen Sprache zur Implementierung von Angular-Anwendungen) macht Visual Studio Code zu einem guten Editor für die kommenden Implementierungen. Installationspakete für Ihre Plattform finden Sie unter:

*https://code.visualstudio.com*

### 1.1.3 Alternative: Webstorm – perfekte Angular-Unterstützung

Eine (kostenpflichtige) Alternative zu Visual Studio Code ist der Editor *Webstorm*. Neben einer sehr guten TypeScript-Integration bietet er Ihnen zusätzlich noch diverse Annehmlichkeiten speziell für die Angular-Entwicklung. So ist es beispielsweise möglich, direkt aus einer Template-Variablen heraus an die entsprechende Quelltextstelle im Controller zu navigieren. Sollten Sie Angular täglich bei Ihrer Arbeit einsetzen, kann sich die überschaubare Investition also durchaus lohnen. Eine kostenlose 30-Tage-Testversion erhalten Sie über die Internetseite der IDE:

*www.jetbrains.com/webstorm*

## 1.2 Hallo Angular

Sie haben nun alle notwendigen Werkzeuge für die Implementierung Ihrer ersten Angular-Anwendung zur Hand.

Bevor es in Abschnitt 1.3, »Die Blogging-Anwendung«, an Ihre erste »echte« Applikation geht, stelle ich Ihnen zunächst ganz klassisch die Grundbausteine einer Angular-Anwendung anhand eines Hello-World-Beispiels vor. Laden Sie sich hierfür, falls noch nicht geschehen, zunächst die Beispielquelltexte von der URL

*www.rheinwerk-verlag.de/3988*

herunter, und entpacken Sie diese in einen beliebigen Ordner auf Ihrer Festplatte. Öffnen Sie anschließend die Kommandozeile, wechseln Sie in den Unterordner *kickstart/hello-angular*, und führen Sie dort den Befehl

```
npm install
```

aus. Der Node Package Manager (npm) installiert nun alle notwendigen Abhängigkeiten, die in der Datei *packages.json* definiert sind. Dieser Vorgang kann insbesondere beim ersten Mal einige Zeit in Anspruch nehmen.

Öffnen Sie das Projekt nun in Ihrer Entwicklungsumgebung. Falls Sie sich für Visual Studio Code entschieden haben, klicken Sie einfach auf FILE • OPEN FOLDER und wählen das entsprechende Verzeichnis aus. Sie sollten nun etwa die in Abbildung 1.1 dargestellte Ansicht sehen.

Die eigentliche Anwendung besteht im Wesentlichen aus den beiden Dateien *app.module.ts* und *hello.component.ts*. Des Weiteren enthält der *app*-Ordner die Datei *main.ts*, die den Startpunkt der Applikation darstellt (dazu folgt mehr in Abschnitt 1.2.4).

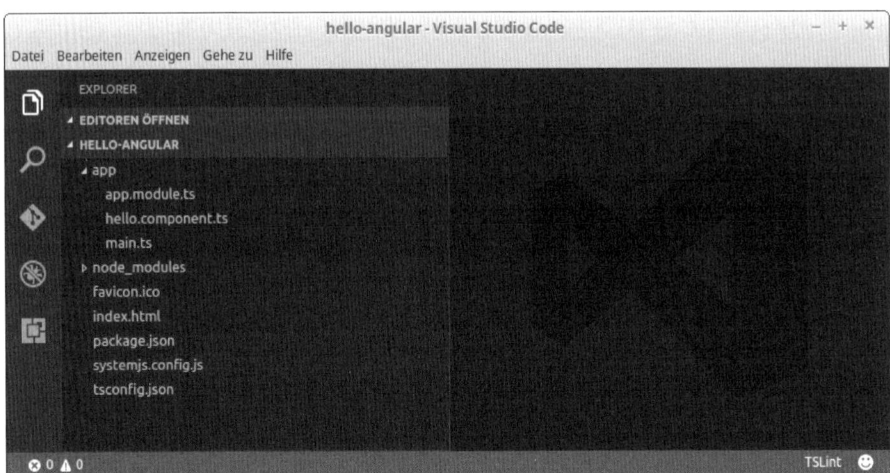


**Abbildung 1.1** Verzeichnissstruktur der Hello-World-Anwendung

Der Ordner *node_modules* enthält die verwendeten Bibliotheken, die Sie soeben mithilfe des Befehls `npm install` heruntergeladen haben. Die Datei *package.json* ist die Konfigurationsdatei für eben diese Abhängigkeiten, und die Datei *tsconfig.json* dient zur Konfiguration des TypeScript-Compilers. Öffnen Sie nun aber zunächst die eigentliche »Anwendung« in der Datei *hello.component.ts*:

```
import {Component} from '@angular/core';

@Component({
  selector: 'app-hello',
  template: `<span>Hello {{name}}!</span>`
})
export class HelloComponent {
  name: string;
  constructor() {
    this.name = 'Angular';
  }
}
```

**Listing 1.1** »hello.component.ts«: Ihre erste Angular-Komponente

Tada! Sie sehen gerade Ihre erste *Angular-Komponente* vor sich.

**Hinweis zur Benennung von Komponenten-Dateien**

Bei der Benennung von Komponenten-Dateien hat es sich als gute Praxis etabliert, diese mit der Endung *.component.ts* zu versehen. Auf diese Weise erkennen Sie bereits am Namen, dass die Datei eine Komponente enthält.

Sollten Sie in der Vergangenheit mit reinem JavaScript auf Basis von ECMAScript 5 gearbeitet haben, werden Sie in diesem Listing vermutlich direkt eine Reihe von Syntaxelementen entdecken, die Ihnen unbekannt vorkommen. Hierbei handelt es sich um *TypeScript*, eine von Microsoft entwickelte Programmiersprache, die JavaScript unter anderem um Konzepte wie Typsicherheit, Klassen oder Annotationen erweitert. TypeScript ist dabei ein »Superset« von JavaScript.

**TypeScript und ECMAScript 2015**

Ich werde in den folgenden Abschnitten immer wieder von ECMAScript-2015- und TypeScript-Konzepten sprechen. Dies kann am Anfang etwas verwirrend sein, und ich werde im weiteren Verlauf noch näher auf die genaue Differenzierung der beiden Sprachen eingehen.

Für den Anfang reicht es aber, wenn Sie wissen, dass ECMAScript 2015 eine Obermenge von ECMAScript 5 (dem aktuellen JavaScript-Standard) ist und dass TypeScript wiederum eine Obermenge von ECMAScript 2015 ist. Wenn ich also von einer ECMAScript-2015-Klasse spreche, handelt es sich dabei gleichzeitig auch um eine TypeScript-Klasse.

Lassen Sie sich nicht von den einzelnen Begrifflichkeiten verwirren, sondern freuen Sie sich darauf, die neuen Technologien im Einsatz zu sehen. Im Anhang dieses Buches finden Sie im Übrigen eine detaillierte Vorstellung von ECMAScript 2015 und TypeScript.

Wie Sie in Listing 1.1 bereits erkennen können, besteht die Komponente aus zwei Teilen:

- aus dem eigentlichen Komponenten-Code, der durch eine TypeScript-Klasse repräsentiert wird, sowie
- aus dem Decorator (`@Component`), der die Konfiguration und die Anmeldung der Komponente beim Angular-Framework übernimmt.

In Kapitel 3, »Komponenten und Templating: der Angular-Sprachkern«, werden Sie die Komponenten und deren weitere Konfigurationsmöglichkeiten noch im Detail kennenlernen.

**Tipp für Umsteiger**

Sollten Sie bereits Erfahrung in der Entwicklung von Angular-1.x-Anwendungen haben, können Sie sich Komponenten am ehesten als Ersatz für Direktiven und Controller vorstellen. Im Gegensatz zu Angular 1.x bietet die neue Version somit ein einheitliches Konzept für die Zusammenfassung von HTML-Code und Businesslogik.

Doch schauen wir uns die Komponente Schritt für Schritt gemeinsam an. Der erste Ausschnitt, der Ihnen vermutlich neu sein wird, ist die `import`-Anweisung. Mithilfe der Zeile

```
import {Component} from '@angular/core';
```

importieren Sie den Decorator `Component` aus dem Modul `'@angular/core'`. Das `import`-Schlüsselwort ist Teil der ES2015-Modulsyntax – einer der zentralen Neuerungen aus dem neuen JavaScript-Standard *ECMAScript 2015*. Im weiteren Verlauf des Buches werden Sie noch tiefergehende Erfahrungen mit der Arbeit mit Modulen sammeln. Zunächst können Sie sich ES2015-Module aber vereinfacht gesagt als eine Möglichkeit vorstellen, Ihren Code in gekapselten Codebausteinen zu verwalten und diese bei Bedarf dynamisch zu laden. Durch die obige `import`-Anweisung haben Sie nun also Zugriff auf die importierte Klasse `Component` und können diese in Ihrer Komponente verwenden.

### 1.2.1 Komponenten konfigurieren

Der nächste Baustein ist der Code-Block

```
@Component({
  selector: 'app-hello',
  template: `
    <span>
      Hallo {{name}}!
    </span>`
})
```

**Listing 1.2** Der »Component«-Ausschnitt aus Listing 1.1

Bei diesem Element handelt es sich um einen *TypeScript-Decorator*. Mithilfe von Decorators können Sie Ihre Klassen um zusätzliche Informationen – sogenannte Meta-Daten – erweitern. Angular nutzt diese Meta-Daten anschließend, um die lauffähige Applikation zu erzeugen. Der `@Component`-Decorator ist in diesem Fall die zentrale Stelle zur Konfiguration Ihrer Komponenten.

Konkret teilen Sie Angular über die `selector`-Eigenschaft der Annotation mit, dass Ihre Komponente über das `<app-hello>`-Tag in einem HTML-Template instanziiert werden soll.

**Das Selektor-Präfix**

Bei der Definition der `selector`-Eigenschaft empfiehlt es sich, diese mit einem Präfix zu versehen, um Namenskollisionen mit anderen Bibliotheken zu vermeiden.

Das hier verwendete Präfix `app-` ist natürlich nur bedingt sinnvoll. Vielmehr sollten Sie Ihre persönlichen Initialen (für wiederverwendbare Komponenten) oder eine Abkürzung für Ihr aktuelles Projekt verwenden. Daher werde ich für wiederverwendbare Komponenten ab jetzt das Präfix `ch-` als Abkürzung meines Namens verwenden. Für das durchgehende Projekt-Manager-Beispiel, das ich Ihnen ab Kapitel 8 vorstellen werde, wird das Präfix `pjm-` genutzt. Auf diese Weise können Sie auch im HTML-Code leicht erkennen, welche Komponente Sie an der jeweiligen Stelle verwenden.

Mithilfe der `template`-Eigenschaft konfigurieren Sie schließlich, dass bei der Instanziierung der Komponente das hinterlegte Template gerendert werden soll.

Neben der Konfiguration des Selektors und des zu rendernden Templates bietet der `@Component`-Decorator außerdem noch eine Reihe weiterer Konfigurationsmöglichkeiten, z. B. um die Schnittstelle der Komponente zu definieren. Diese werde ich Ihnen im weiteren Verlauf dieses Kapitels sowie im Detail in Kapitel 3, »Komponenten und Templating: der Angular-Sprachkern«, vorstellen.

**ECMAScript 2015: Template-Strings**

In Listing 1.2 sehen Sie außerdem eine weitere Neuerung des ECMAScript-2015-Standards in Aktion: *Template-Strings*. Die Verwendung eines Backticks (`) zur Einleitung des Strings ermöglicht Ihnen hier die einfache Definition von mehrzeiligen Strings. Interessant ist dabei außerdem, dass Sie innerhalb solcher Strings Variablen über die Syntax `` `...${var}` `` einfügen können. Anstatt berechnete und mehrzeilige Strings aufwendig mithilfe des +-Operators aneinanderzufügen, können Sie diese somit sehr elegant mithilfe von Template-Strings definieren.

Das eigentliche Template ist in diesem Beispiel zugegebenerweise trivial. Dennoch sehen Sie hier bereits ein spezielles Element der Templating-Syntax in Aktion, nämlich die *Interpolation*:

```
Hello {{name}}!
```

Mithilfe der geschweiften Klammern teilen Sie Angular mit, dass Sie an dieser Stelle den Wert der Instanzvariablen `name` aus dem zugehörigen Controller rendern möchten.

AngularJS-1.x-Usern sollte diese Syntax bereits sehr vertraut vorkommen. In der neuen Angular-Plattform bildet diese Art der Interpolation aber lediglich eine syntaktische Vereinfachung für das noch deutlich mächtigere *Property-Binding*, das Sie ebenfalls im weiteren Verlauf des Kapitels noch näher kennenlernen werden.

### 1.2.2 Die Komponenten-Klasse

Die Implementierung der Komponenten-Logik erfolgt nun wie bereits angekündigt in Form einer *ECMAScript-2015-Klasse*. Über den Codeblock

```
export class HelloComponent {
  ...
}
```

definieren Sie die Klasse `HelloComponent`. Das vorangestellte Schlüsselwort `export` ist ebenfalls Teil der ECMAScript-2015-Modulsyntax und sorgt dafür, dass die Klasse von anderen Modulen importiert und verwendet werden kann. Neben der Modulsyntax ist die dedizierte Unterstützung von Klassen eine zweite sehr zentrale Neuerung des ECMAScript-2015-Standards. Wurden objektorientierte Sprachelemente wie Klassendefinitionen, Vererbung oder Konstruktoren in ECMAScript 5 noch recht aufwendig über die Verwendung von Prototypen simuliert, bietet ES2015 nun eine sehr intuitive Syntax für die Definition von Klassen.

So zeigt Listing 1.3 die vollständige Klassendefinition mit der Membervariablen `name`. Das Schlüsselwort `constructor` definiert den Konstruktor, der bei der Instanziierung eines `HelloComponent`-Objekts aufgerufen wird und die Membervariable `name` initialisiert:

```
export class HelloComponent {
    name: string;
    constructor() {
        this.name = 'Angular';
    }
}
```

**Listing 1.3** Einsatz der neuen Klassen-Syntax

Im Vergleich dazu hätte die äquivalente Implementierung der Klasse `HelloComponent` in ES5 wie folgt ausgesehen:

```
HelloComponent = (function () {
    function HelloComponent() {
        this.name = 'Angular';
    }
    return HelloComponent;
})();
```

**Listing 1.4** Klassendefinition unter ECMAScript 5

Freuen Sie sich also auf diese und weitere Neuerungen in ES2015: In Bezug auf Lesbarkeit und Verständlichkeit bedeutet der neue Standard einen deutlichen Schritt nach vorne.

**TypeScript – Typsicherheit für JavaScript-Anwendungen**

Eine Besonderheit, die ich bislang übergangen habe, besteht außerdem in der Deklaration der `name`-Membervariablen. So handelt es sich bei dem Statement

```
name: string;
```

um eine TypeScript-Deklaration. Während ES2015 – genau wie ES5 – weiterhin typenlos ist, erweitert TypeScript den Sprachumfang um die Definition von statischen Typen. Die obige Deklaration teilt dem TypeScript-Compiler mit, dass es sich bei der `name`-Variablen um einen String handelt. Die Anweisung

```
name = 4;
```

würde schon beim Kompiliervorgang zu einem Fehler führen:

```
hello.ts(15,9): error TS2322: Type 'number' is not assignable to type 'string'.
```

Die große Besonderheit im Gegensatz zu anderen statisch typisierten Sprachen wie Java oder C# ist dabei, dass Sie nicht dazu gezwungen werden, Typen einzusetzen. Da TypeScript neben der Typisierung noch einige weitere sehr interessante Sprachfeatures bereithält, habe ich mich entschieden, Ihnen die Sprache in Anhang B, »Typsicheres JavaScript mit TypeScript«, im Detail vorzustellen!

### 1.2.3 Das Applikationsmodul: das Hauptmodul der Anwendung konfigurieren

Sie haben nun also eine vollständig implementierte Angular-Komponente. Damit ist es an der Zeit, sich dem zweiten Kernbestandteil einer jeden Angular-Anwendung zu widmen: dem Applikationsmodul. Öffnen Sie hierfür die Datei *app.module.ts*:

```
import {NgModule}        from '@angular/core';
import {BrowserModule} from '@angular/platform-browser';
import {HelloComponent} from './hello.component';

@NgModule({
  imports: [ BrowserModule ],
  declarations: [ HelloComponent ],
  bootstrap: [ HelloComponent ]
})
export class AppModule { }
```

**Listing 1.5** »app.module.ts«: Implementierung des Applikationsmoduls

Ähnlich wie der `@Component`-Decorator bietet Ihnen der `@NgModule`-Decorator die Möglichkeit, eine deklarative Konfiguration eines Angular-Moduls vorzunehmen. Mithilfe von Modulen können Sie in der Angular-Plattform zusammengehörige Komponenten und Services kapseln. Dabei besteht jede Angular-Applikation aus mindestens einem Modul – dem Applikationsmodul.

Zur Definition eines Applikationsmoduls, das im Browser laufen soll, müssen Sie dem Decorator nun zwei Dinge mitteilen: die Einstiegskomponente in die Applikation (`bootstrap: [ HelloComponent ]`) sowie die Tatsache, dass Sie die Funktionalität aus dem `BrowserModule` verwenden möchten (`imports: [ BrowserModule ]`).

Auch wenn sich ein Großteil dieses Buches auf die Implementierung von Anwendungen für den Browser konzentrieren wird, ist die grundlegende Architektur der Angular-Plattform darauf ausgelegt, ebenso gut andere Plattformen zu unterstützen, z. B. native Android- oder iOS-Applikationen. So sorgt der Import des `BrowserModule` an dieser Stelle beispielsweise dafür, dass als Ergebnis Ihres Angular-Codes ein DOM-Baum gerendert wird, wohingegen ein natives Android-Modul eine Android-View erzeugen würde.

Die letzte noch nicht behandelte Eigenschaft ist die `declarations`-Eigenschaft. Alle hier aufgeführten Komponenten sind *im gesamten Applikationsmodul* sichtbar und können von jeder anderen Komponente verwendet werden, die hier deklariert wird. Da die HelloWorld-Applikation lediglich aus einer einzigen Komponente besteht, wirkt die Konfiguration zugegebenermaßen etwas »aufgeblasen«. Insbesondere bei der Entwicklung von umfangreicheren Anwendungen werden Sie diesen Ansatz aber schnell zu schätzen lernen!

**NgModule vs. ECMAScript-2015-Modul-Syntax**

Die Namenswahl `NgModule` als Begriff für die Definition von in sich gekapselten Applikationseinheiten wurde in der Angular-Community lange Zeit kontrovers diskutiert. So bestand einer der Hauptkritikpunkte an der Benennung darin, dass der Begriff leicht mit der (ebenfalls für viele Entwickler neuen) ECMAScript-2015-Modul-Syntax verwechselt werden könne.

Es ist also wichtig zu verstehen, dass es sich bei Angular-Modulen (`@NgModule`) und ECMAScript-2015-Modulen (`import`/`export`-Syntax) um zwei voneinander völlig unabhängige Konzepte handelt. Während ES2015-Module (Angular-unabhängig) für die Strukturierung Ihrer Quelltexte zuständig sind, bieten `NgModule`-Module Ihnen die Möglichkeit, Ihre Angular-Anwendung in logisch zusammenhängende Einheiten zu unterteilen.

In Kapitel 15, »NgModule und Lazy-Loading: Modularisierung Ihrer Anwendungen«, werden Sie des Weiteren sehen, wie Sie mithilfe von Angular-Modulen bestimmte Teile Ihrer Anwendung erst bei deren Verwendung nachladen können (Stichwort *Lazy-Loading*).

### 1.2.4 main.ts: Wahl der Ausführungsplattform und Start des Applikationsmoduls

Der echte Start der Applikation erfolgt schließlich in der Datei *main.ts* durch die Übergabe des definierten Moduls an die Plattform, die Sie verwenden wollen:

```
import {platformBrowserDynamic} from '@angular/platform-browser-dynamic';
import {AppModule} from './app/app.module';

platformBrowserDynamic().bootstrapModule(AppModule);
```

**Listing 1.6** »main.ts«: Start des Hauptmoduls über die Methode »bootstrapModule«

Auch hier können Sie bereits eine interessante Tatsache erahnen. So erfolgt der Start der Anwendung in diesem Fall über die »dynamische« Browser-Plattform (`platformBrowserDynamic`). So übersetzt Angular die im Rahmen der Anwendung definierten HTML-Templates über einen eigenen *Template-Compiler* in effizienten JavaScript-Code. Dieser Code ist anschließend dafür zuständig, das dargestellte HTML zu erzeugen.

Bei der Verwendung der dynamischen Browser-Plattform erfolgt dieser Kompilierschritt on-the-fly beim Start der Applikation. Alternativ hätten Sie hier aber ebenfalls die Möglichkeit, die Kompilierung über den *Ahead-of-time-Compiler* bereits im Voraus durchzuführen und dadurch einen schnelleren Applikationsstart zu erreichen. (Mehr zum *Ahead-of-time-Compiler* lesen Sie in Kapitel 16, »Der Angular-Template-Compiler, Ahead-of-time Compilation und Tree-Shaking«.)

**main.ts und app.module.ts**

Auch wenn Sie in der Benennung Ihrer Dateien grundsätzlich frei sind, hat es sich bewährt, die Dateien für den Start der Anwendung und für die Definition des Haupt-Applikationsmoduls *main.ts* und *app.module.ts* zu nennen. Ich möchte Ihnen diese Konvention ans Herz legen: So werden Sie und andere Entwickler sich wesentlich leichter in Ihren Anwendungen zurechtfinden.

### 1.2.5 index.html und SystemJS: die Anwendung ausführen

Sie haben es fast geschafft. Sie müssen nur noch die Anwendung in die *index.html* einbinden und von dort aus den Bootstrap-Vorgang auslösen. Doch auch hierbei gibt es im Vergleich zur traditionellen JavaScript-Entwicklung einige spannende Änderungen.

Anstatt, wie dies früher üblich war, die JavaScript-Datei über ein einfaches `<script>`-Tag in der *index.html* einzubinden, wird sie im Fall von modularen Anwendungen an einen sogenannten *Module-Loader* übergeben. Vereinfacht gesagt hat dieser Loader die Aufgabe, die von einem Modul benötigten Abhängigkeiten bei Bedarf nachzuladen.

Listing 1.7 zeigt die hierfür vorbereitete *index.html*-Datei:

```
<html>
  <head>
    <title>Hallo Angular</title>
  </head>
  <body>
     <!-- Einbinden der Hello-Komponente -->
    <app-hello> Die Applikation wird geladen ...</app-hello>
  </body>
  <script src="node_modules/es6-shim/es6-shim.min.js"></script>
  <script src="node_modules/zone.js/dist/zone.js"></script>
  <script src="node_modules/reflect-metadata/Reflect.js"></script>
  <script src="node_modules/systemjs/dist/system.src.js"></script>
  <script src="systemjs.config.js"></script>
  <script>
    System.import('app').catch(function (err) {
      console.error(err);
    });
  </script>
</html>
```

**Listing 1.7** Aufbau der »index.html« als Einstiegspunkt für Ihre Applikation

Der erste Code-Baustein, der Ihnen vermutlich ins Auge gesprungen ist, ist die Verwendung des `app-hello`-Tags:

```
<!-- Einbinden der Hello-Komponente -->
<app-hello>Die Applikation wird geladen ...</app-hello>
```

**Listing 1.8** »index.html«: Einstieg in die Applikation über das »app-hello«-Tag

Wie bereits beschrieben, sorgt die `selector`-Konfiguration der `HelloComponent`-Komponente dafür, dass an dieser Stelle Ihre Komponente gerendert wird. Der Body des Tags wird nach erfolgreichem Laden der Komponente ersetzt, sodass Sie innerhalb des Tags die Möglichkeit haben, einen Ladeindikator oder Ähnliches einzubinden.

In der Folge werden die benötigten Bibliotheken aus dem *node_modules*-Verzeichnis importiert. Die Dateien *shim.min.js* und *Reflect.js* enthalten dabei lediglich Definitionen für Funktionen, die von älteren Browsern nicht out-of-the-box unterstützt werden (sogenannte Polyfills). Bei *zone.js* handelt es sich um eine ebenfalls von Google implementierte Bibliothek, die von Angular für die Erkennung von Modell-Änderungen verwendet wird.

Aber wo ist eigentlich die Angular-Plattform selbst in dieser Liste? Hier kommt *SystemJS* ins Spiel: Bei SystemJS handelt es sich um einen sogenannten *Module-Loader*, der unterschiedlichste Arten von JavaScript-Modulen unterstützt. Neben den schon vorgestellten ES2015-Modulen unterstützt SystemJS unter anderem auch AMD-Module und CommonJS-Module. Dies hat den Vorteil, dass Sie in Ihrer Anwendung auch auf fremde Module zurückgreifen können, die mithilfe eines anderen Modul-Systems erstellt wurden.

### Die Konfiguration des Modul-Systems

Das große Geheimnis der Modul-Konfiguration der Anwendung findet sich dabei in der Datei *systemjs.config.js*. Listing 1.9 zeigt die Teile dieser Konfiguration, die für das Verständnis entscheidend sind:

```
System.config({
  map: {
    'app': 'dist', // Kompilierte Anwendung liegt im dist-Verzeichnis
    '@angular/core': 'node_modules/@angular/core/bundles/core.umd.js',
    // Weitere Angular-Bundles
    'rxjs': 'node_modules/rxjs',
  },
  packages: {
    app: { main: './main.js', defaultExtension: 'js' },
    rxjs: { defaultExtension: 'js' },
  }
});
```

**Listing 1.9** »systemjs.config.js«: Konfiguration des Module-Loaders »SystemJS«

Anstatt die von der Anwendung benötigten Dateien über ein `<script>`-Tag in die *index.html* einzubinden, teilen Sie SystemJS über die `map`-Eigenschaft lediglich mit, *wo* nach importierten Elementen gesucht werden soll. So sorgt das Mapping

```
'@angular/core': 'node_modules/@angular/core/bundles/core.umd.js',
```

beispielsweise dafür, dass SystemJS bei einem Import der Form

```
import {Component} from '@angular/core';
```

weiß, dass es die Datei *node_modules/@angular/core/bundles/core.umd.js* laden soll.

**SystemJS vs. webpack**

Auch wenn das im weiteren Verlauf des Buches verwendete *webpack* etwas anders funktioniert (und deutlich mehr Features besitzt) als SystemJS, ist es mir an dieser Stelle wichtig, Ihnen zunächst einmal die »Low-Level«-Umsetzung einer Anwendung auf Basis der ES2015-Modul-Syntax zu demonstrieren: Ein Blick in die Konfigurationsdatei zeigt, dass es sich hierbei keinesfalls um höhere Magie handelt, sondern dass die zugrunde liegenden Mechanismen durchaus leicht verständlich sind!

### Der Start der Anwendung

Nachdem Sie nun wissen, wie Sie mithilfe von SystemJS die Verknüpfung Ihres Anwendungscodes mit der Angular-Bibliothek herstellen können, müssen Sie im letzten Schritt lediglich noch dafür sorgen, dass Ihre Anwendung über SystemJS gestartet wird. Dies erfolgt aus der *index.html* heraus über die Anweisung:

```
<script>
  System.import('app').catch(function (err) {
    console.error(err);
  });
</script>
```

So teilen Sie SystemJS über die `import`- Funktion mit, dass Sie das Modul `app` importieren und starten möchten. Ein Blick in die Datei *systemjs.config.js* zeigt, dass dieses Modul auf den Ordner *dist* verweist.

Des Weiteren ist hier festgelegt, dass als Hauptdatei des Moduls die Datei *main.js* aus dem Ordner »dist« verwendet werden soll. (Die Datei wird durch den TypeScript-Compiler aus der Datei *main.ts* kompiliert.) Die `import`-Funktion liefert dabei ein ECMAScript-2015-Promise (siehe Anhang A, »ECMAScript 2015«) zurück, sodass Sie über die `catch`-Methode auf asynchron auftretende Fehler bei diesem Import reagieren können. In der Folge übernimmt SystemJS dann das Management aller weiteren Importe innerhalb Ihrer Applikation.

Geschafft! Sie haben nun gesehen, aus welchen Bestandteilen eine Angular-Anwendung besteht und wie Sie mithilfe von SystemJS schon in heutigen Anwendungen die neue ES2015-Modul-Syntax zur Implementierung von modularen JavaScript-Anwendungen verwenden können. Um Ihre Anwendung auszuführen, wechseln Sie einfach auf der Kommandozeile in das entsprechende Wurzelverzeichnis der Applikation und führen dort den Befehl

```
npm start
```

aus.

Im Hintergrund passieren nun zwei Dinge:

1. Der in der *package.json*-Datei konfigurierte TypeScript-Compiler *tsc* kompiliert die Dateien *hello.component.ts, app.module.ts* und *main.ts* in für den Browser verständliche JavaScript-Dateien und kopiert sie in den Ordner *dist*.
2. Der *live-server* wird gestartet. Das ist ein einfacher Webserver, der das Verzeichnis in der Folge auf Änderungen überwacht und in diesem Fall ein Neuladen des Browserfensters auslöst.

Sie sollten nun eine Anzeige wie in Abbildung 1.2 sehen.

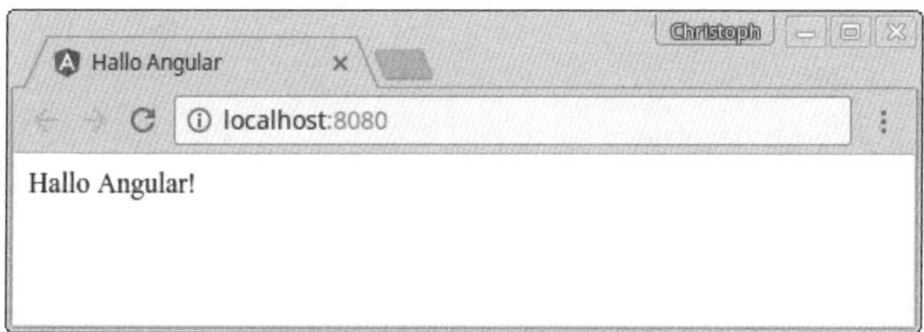


**Abbildung 1.2** Ihre erste lauffähige Applikation

**Details zum npm start-Befehl**

Sollten Sie sich an dieser Stelle für die technischen Details dieses Vorgangs interessieren, öffnen Sie ruhig einmal die Datei *package.json*. Im oberen Bereich der Datei finden Sie die ausgeführten Skripte. So sorgt die Konfiguration

```
"tsc:w": "./node_modules/.bin/tsc --watch",
```

beispielsweise dafür, dass Sie den TypeScript-Compiler über den Befehl

```
npm run tsc:w
```

starten können. Durch die Angabe der `watch`-Option werden die TypeScript-Dateien in der Folge weiter auf Änderungen überwacht und bei Bedarf neu kompiliert.

Der `start`-Befehl ist als eine Kombination aus dem `tsc` und dem `live-server` Kommando definiert:

```
"start": "tsc && concurrently \"npm run tsc:w\" \"live-server\""
```

Zugegebenermaßen war dies vermutlich eines der längsten Hello-World-Beispiele in der Geschichte der Webentwicklung, doch mit dem Wissen, das Sie bis hierher erworben haben, besitzen Sie bereits alles Rüstzeug für die Implementierung von komplexeren Angular-Anwendungen. Freuen Sie sich also nun darauf, Ihre erste »echte« Applikation zu implementieren.

## 1.3 Die Blogging-Anwendung

Abbildung 1.3 zeigt einen Screenshot der Blogging-Anwendung, die Sie in diesem Kapitel entwickeln werden.

**Abbildung 1.3** Die Blogging-Anwendung

Die Anwendung bietet Ihnen die Möglichkeit, neue Blog-Artikel zu verfassen. Die verfassten Artikel werden anschließend in einer Listenansicht dargestellt.

Während der Entwicklung dieser Anwendung werden Sie einige neue Techniken einsetzen. Unter anderem werden Sie lernen, wie Sie

- Informationen aus Ihrer View in Ihr Applikationsmodell übertragen (Event-Binding).
- Daten aus Ihrem Applikationsmodell in der View anzeigen (Property-Binding).
- lokale Variablen innerhalb Ihrer View definieren.
- über Listen von Objekten iterieren.
- einzelne Bestandteile Ihrer Anwendung in eigenen Komponenten kapseln.

Sollten Sie die einzelnen Implementierungsschritte im Folgenden selbstständig durchführen wollen, öffnen Sie nun den Ordner *kickstart/blog-start* in Ihrer Entwicklungsumgebung. Dieses Projekt ist insofern vorbereitet, als dass Sie sich nicht mehr um den Import der richtigen Bibliotheken und das Laden der Module kümmern müssen. Ebenso habe ich bereits ein halbwegs ansehnliches CSS-Stylesheet bereitgestellt – Sie können sich somit voll und ganz auf die eigentliche Implementierung der Angular-Komponenten konzentrieren.

Sollten Sie es eher vorziehen, die einzelnen Schritte an der fertigen Lösung nachzuvollziehen, verwenden Sie den Ordner *blog-complete*.

**Installation der Abhängigkeiten**

Vergessen Sie an dieser Stelle nicht, die benötigten Abhängigkeiten zu installieren. Wie im vorigen Beispiel erledigen Sie dies mithilfe des Befehls `npm install` (oder kurz `npm i`) im jeweiligen Projektverzeichnis.

Wenn Sie sich dafür entschieden haben, das Beispiel Schritt für Schritt selbst zu implementieren, sollten Sie nun etwa die Ansicht aus Abbildung 1.4 sehen.

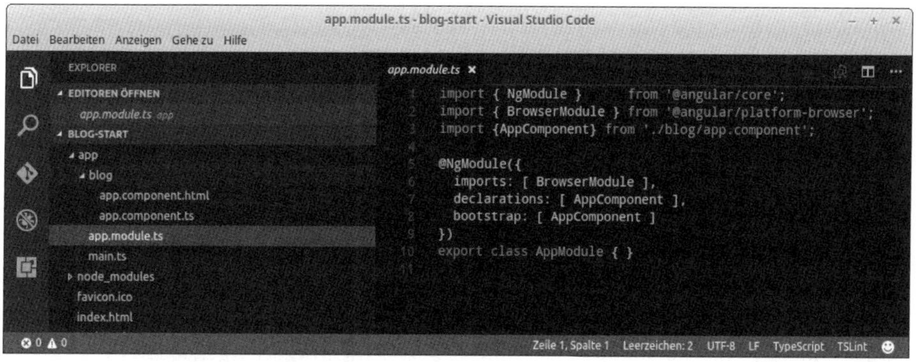

**Abbildung 1.4** Struktur der Blogging-Anwendung

Wie schon im vorigen Beispiel liegen die Quelltexte der Anwendung im Ordner *app*.

Öffnen Sie als Nächstes die Datei *app.component.ts*, die die Hauptkomponente Ihrer Applikation repräsentiert.

**Hinweis zur Dateibenennung**

Ich werde im weiteren Verlauf des Buches aus Gründen der Übersichtlichkeit darauf verzichten, jedes Mal den vollständigen Pfad zu einer Quelltext-Datei zu nennen. So bieten alle besseren Entwicklungsumgebungen die Möglichkeit, Dateien mit einer bestimmten Tastenkombination über ihren Namen zu öffnen. Möchten Sie in Visual Studio Code beispielsweise die Datei *app.component.ts* öffnen, so müssen Sie hierfür lediglich die Tastenkombination `Strg` + `P` drücken. Über das nun sichtbare Suchfenster (siehe Abbildung 1.5) können Sie sehr komfortabel zu beliebigen Dateien navigieren.

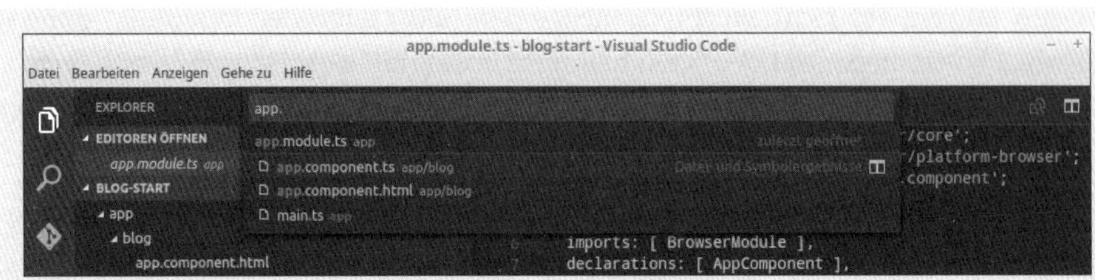

**Abbildung 1.5** Suchfenster zum Öffnen von Dateien über ihren Namen

Hier wird Ihnen direkt eine Neuerung im Vergleich zum Hello-World-Beispiel auffallen. Anstatt das Template direkt in der Komponentenkonfiguration zu definieren, wird in diesem Fall über die `templateUrl`-Eigenschaft auf die Datei *app.component.html* verwiesen, die das Template beinhaltet:

```
import {Component} from '@angular/core';
@Component({
  moduleId: module.id,
  selector: 'app-root',
  templateUrl: 'app.component.html'
})
export class AppComponent {
  createBlogEntry(title: string, image: string, text: string) {
    console.log(title, image, text);
  }
}
```

**Listing 1.10** »app.component.ts«: Verwendung der »templateUrl«-Eigenschaft

**moduleId: Echte relative Pfade zu Templates ermöglichen**

Beachten Sie an dieser Stelle auch die Verwendung der `moduleId`-Eigenschaft: Die Eigenschaft ermöglicht die Verwendung von »echten« relativen Pfaden beim Verweis auf das darzustellende Template. So müssten Sie ohne diese Konfiguration den Pfad zu einem Template immer relativ zur Datei *index.html* angeben (in diesem Fall also *app/blog/app.component.html*). Über das vom Modulsystem bereitgestellte globale `module`-Objekt und dessen `id`-Eigenschaft kann Angular den aktuellen Pfad ermitteln und ihn für Sie ergänzen.

Ob Sie Ihre Templates direkt in der Annotation definieren oder diese in eigene HTML-Dateien auslagern, ist eine Frage des Geschmacks. Bei umfangreicheren Templates kann die Definition innerhalb der Annotation aber schnell unübersichtlich werden. Ein weiteres Argument für die Auslagerung in eine HTML-Datei ist außerdem die IDE-Unterstützung: Während die meisten modernen Entwicklungsumgebungen Syntaxvervollständigung, Codeüberprüfungen oder automatische Formatierung für HTML-Dateien anbieten, bleiben Ihnen diese Funktionen bei der Definition des Markups innerhalb der Komponente (bislang) verwehrt. Andererseits kann es für das Verständnis der Komponente aber oft auch hilfreich sein, sowohl das Markup als auch die Komponentenlogik an einer Stelle zu haben.

Meine persönliche Empfehlung ist es, bei kleineren gekapselten Hilfskomponenten auf die Möglichkeit der direkten Definition innerhalb der Komponente zurückzugreifen. Bei der Entwicklung von umfangreicheren Komponenten bietet sich hingegen die Auslagerung in eine eigene HTML-Datei an.

**ECMAScript-2015-Methoden**

Neben der Definition der Template-URL enthält der Controller noch ein weiteres neues Sprachelement. So wird über den Codeblock

```
createBlogEntry(title: string, image: string, text: string) {
  console.log(title, image, text);
}
```

die Methode `createBlogEntry` definiert. Hierbei handelt es sich erneut um ein Sprachkonstrukt aus dem ES2015-Standard. Klassenmethoden ermöglichen es Ihnen, öffentliche Methoden einer Klasse – und somit deren Schnittstelle – zu definieren. Für die ES5-Entwickler unter Ihnen zeigt der folgende Ausschnitt die äquivalente Implementierung im alten Standard:

```
AppComponent = (function () {
  function AppComponent() {
  }
  AppComponent.prototype.createBlogEntry=function (title, image, text) {
    console.log(title, image, text);
  };
  return AppComponent;
})();
```

### 1.3.1 Start der Applikation

Um die vorbereitete Anwendung auszuführen, wechseln Sie wie gewohnt auf der Kommandozeile in den jeweiligen Ordner und führen dort den Befehl

```
npm start
```

aus. Wie schon in Abschnitt 1.2 werden die Quelltexte in der Folge auf Änderungen überwacht. Unter der Adresse *http://localhost:8080* sollte nun der vorbereitete Rumpf der Applikation starten (siehe Abbildung 1.6).

**Abbildung 1.6** Ausgangssituation für die weitere Entwicklung des Blogs

### 1.3.2 Einige Tipps zur Fehlersuche

Sollte sich dieses Bild bei Ihnen nicht zeigen, kann dies unterschiedliche Ursachen haben. Der beste Weg, dem Fehler auf die Schliche zu kommen, führt über die Entwickler-Konsole Ihres Browsers.

Chrome bietet Ihnen in diesem Zusammenhang mit den *Developer-Tools* eine Sammlung von Tools, die es Ihnen als Entwickler beispielsweise ermöglichen, den Netzwerkverkehr zu überwachen oder die Konsolenausgaben Ihrer Applikation einzusehen. Um die Developer-Tools zu öffnen, klicken Sie mit der rechten Maustaste in das Browserfenster und wählen den Menüeintrag Untersuchen (oder in älteren Versionen des Browsers Element untersuchen). Insbesondere der Reiter Console kann Ihnen bei der Fehlersuche wertvolle Informationen liefern.

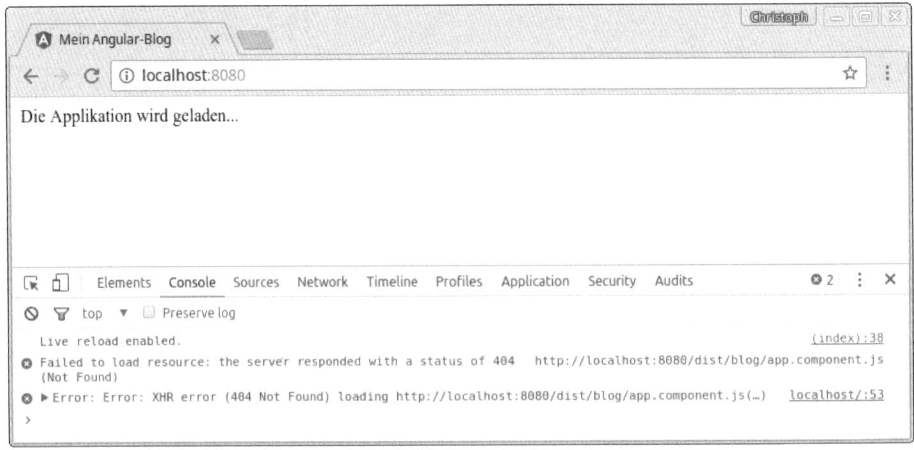


**Abbildung 1.7** Developer-Konsole bei fehlender »app.component.js«

So zeigt Ihnen Abbildung 1.7 exemplarisch die Einträge in der Developer-Konsole, die erscheinen, wenn die kompilierte Datei *app.component.js* nicht gefunden werden konnte. Überprüfen Sie in diesem Fall, ob es Probleme bei der TypeScript-Kompilierung gegeben hat oder ob Sie eventuell einen Tippfehler in Ihrem Quelltext haben.

Außer zur Fehlersuche werden Sie die Konsolenausgabe in den kommenden Kapiteln außerdem für die Entwicklung und das Debugging Ihrer Applikationen verwenden.

### 1.3.3 Die Formularkomponente: Daten aus der View in den Controller übertragen

Im ersten Schritt werden Sie nun lernen, wie Sie mithilfe von *lokalen Variablen* und *Event-Bindings* Daten aus der Oberfläche in Ihren Controller übertragen können. Sie werden hierfür die Formularkomponente aus Abbildung 1.3 implementieren. Im Anschluss daran werden Sie dann lernen, wie Sie diese Daten mithilfe von *Property-Bindings* aus dem Controller auslesen und in der Oberfläche darstellen können.

**Die neue Angular-Plattform und Two-Way-Data-Bindings**

Sollten Sie bereits Erfahrung in der Entwicklung von AngularJS-1.x-Anwendungen haben, so werden Sie sich an dieser Stelle vermutlich fragen, wieso es in der neuen Angular-Plattform zwei getrennte Konzepte zur Übermittlung von Daten in den Controller hinein bzw. aus dem Controller hinaus gibt.

Der Grund hierfür sind in erster Linie Performance-Überlegungen. So bedeutete das aus AngularJS 1.x bekannte Two-Way-Data-Binding, dass bei jeder Änderung am Modell bzw. bei jeder Interaktion des Benutzers mit der Oberfläche der gesamte Komponentenbaum auf Auswirkungen untersucht werden musste. Durch die Trennung der beiden Szenarien ist das Framework nun in der Lage, deutlich performanter auf Änderungen zu reagieren.

Nichtsdestotrotz gibt es aber auch in der neuen Welt weiterhin die Möglichkeit, Two-Way-Data-Binding zu nutzen. So kann insbesondere die Implementierung von umfangreichen Formularen durch die Verwendung von Two-Way-Data-Bindings deutlich vereinfacht werden. In Kapitel 8, »Template-Driven Forms – Einfache Formulare auf Basis von HTML«, werde ich die jeweiligen Vorteile der beiden Ansätze noch im Detail erläutern.

Listing 1.11 zeigt die HTML-Implementierung der Formularkomponente:

```
<div class="form">
  <div class="control">
    <label for="title">Titel:</label>
    <input type="text" id="title" #title/>
  </div>
  <div class="control">
```

```
    <label for="image">Bild-URL:</label>
    <input type="text" id="image" #image/>
  </div>
  <div class="control">
    <label for="text">Text:</label>
    <textarea id="text" cols="20" rows="3" #text></textarea>
  </div>
  <div>
    <button (click)="createBlogEntry(title.value, image.value,
                                     text.value)">
      Blog-Eintrag anlegen
    </button>
  </div>
</div>
```

**Listing 1.11** »app.component.html«: HTML-Implementierung des Formulars

In diesem Listing erkennen Sie erneut zwei neue Syntaxelemente. Die Deklaration der drei lokalen Variablen `title`, `image` und `text`, sowie die Definition eines Event-Bindings am Button.

#### Lokale Template-Variablen

Angular ermöglicht es Ihnen, für jedes Element im DOM-Baum eine lokale Variable anzulegen. Die Deklaration einer Variablen erfolgt dabei über ein vorangestelltes #-Zeichen. Diese Variable steht Ihnen dann innerhalb des gesamten Templates zur Verfügung. Über den Ausdruck

```
<input type="text" id="title" #title/>
```

definieren Sie somit die lokale Variable `title`, die sich auf das DOM-Element `<input>` bezieht. In der Folge können Sie nun die gesamte öffentliche DOM-API des Input-Felds verwenden. Hierbei ist es wichtig zu verstehen, dass der Zugriff auf die Eigenschaften des Elements über DOM-Propertys und Methoden (und nicht über DOM-Attribute) geschieht. Eine detaillierte Beschreibung der Unterschiede der Konzepte finden Sie in Kapitel 3, »Komponenten und Templating: der Angular-Sprachkern«.

#### Event-Bindings

Event-Bindings erlauben es – wie der Name schon vermuten lässt –, auf Events von Komponenten zu reagieren. Die Syntax für die Erstellung eines Event-Bindings hat dabei folgenden Aufbau:

```
(eventName)="auszuführendes Statement"
```

Im Fall von Standard-DOM-Elementen sind die verfügbaren Events ebenfalls über die DOM-API definiert. Die Zeile

```
<button (click)="createBlogEntry(title.value, image.value, text.value)">
```

sorgt somit dafür, dass bei einem Klick auf den Button die im Controller definierte Methode `createBlogEntry` aufgerufen wird. In der Parameterliste werden die Werte der drei Input-Felder durch das Auslesen der `value`-Property an die Methode übergeben. Konzeptionell können Sie sich Event-Bindings also als Möglichkeit vorstellen, Daten aus Ihrer View in den Controller zu übertragen.

Sie sollten das Formular jetzt in Ihrem Browser sehen. Nach dem Ausfüllen der drei Felder und einem Klick auf den Button wird (wie in der Methode `createBlogEntry` definiert) der erzeugte Eintrag in der Developer-Konsole ausgegeben (siehe Abbildung 1.8).

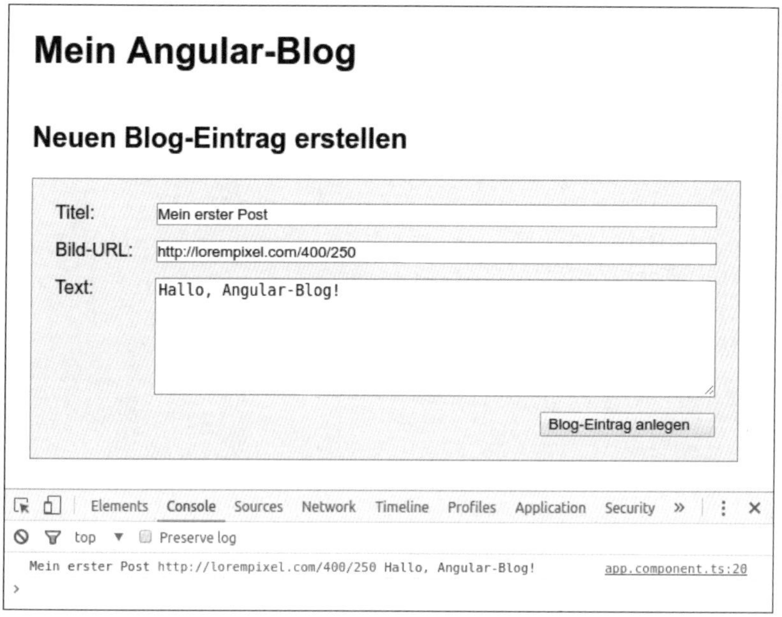

**Abbildung 1.8** Ausgabe des Blog-Eintrags in der Developer-Konsole

Sie haben nun die Übertragung der Daten von der View in den Controller implementiert. Der nächste Schritt besteht jetzt darin, die Daten im Controller zu speichern und anschließend in der View als Liste darzustellen.

### 1.3.4 Das Applikationsmodell

Sie werden im Laufe des Buches noch diverse Techniken zum Speichern Ihrer Applikationsdaten und deren Verwaltung kennenlernen. So werden Sie beispielsweise im

HTTP-Kapitel lernen, wie Sie HTTP-Backends an Ihre Anwendung anbinden können. Das Beispiel aus diesem Abschnitt beschränkt sich aber zunächst auf die Speicherung der Daten innerhalb der Controller-Klasse.

Legen Sie dafür zunächst eine neue Datei mit dem Namen *blog-entry.ts* an, und definieren Sie dort die folgende TypeScript-Klasse zur Kapselung der Eigenschaften eines Blog-Eintrags:

```
export class BlogEntry {
    title: string;
    text: string;
    image: string;
}
```

**Listing 1.12** »blog-entry.ts«: Definition der Modell-Klasse »BlogEntry«

Über das `export`-Schlüsselwort wird hier festgelegt, dass die Klasse in andere Dateien importiert werden kann. Die Verwendung in der `AppComponent` sieht somit wie folgt aus:

```
import {BlogEntry} from './blog-entry';
...
export class AppComponent {
  entries: Array<BlogEntry> = [];
  createBlogEntry(title: string, image: string, text: string) {
    let entry = new BlogEntry();
    entry.title = title;
    entry.image = image;
    entry.text = text;
    this.entries.push(entry)
  }
}
```

**Listing 1.13** »app.component.ts«: Verwendung der BlogEntry-Klasse in der AppComponent

Mit der Zeile

```
entries: Array<BlogEntry> = [];
```

definieren Sie zunächst die Membervariable `entries`. Bei der Klasse `Array` handelt es sich um eine TypeScript-Klasse zur Speicherung von Listen. Mithilfe der spitzen Klammern < > teilen Sie TypeScript mit, dass Sie lediglich `BlogEntry`-Instanzen in dieser Liste speichern werden. Die eckigen Klammern am Ende [ ] initialisieren die Liste schließlich als leere Liste.

**Das Schlüsselwort »let«**

Beim Schlüsselwort `let` handelt es sich erneut um eine Erweiterung aus dem ES2015-Standard. `let` ermöglicht es Ihnen, sogenannte Block-Scope Variablen zu definieren, also solche Variablen, die nur im aktuellen Block gültig sind.

Ich stelle Ihnen `let`-Variablen im Detail in Anhang A, »ECMAScript 2015«, vor. Grundsätzlich sollten Sie bei der Arbeit mit ES2015 bzw. TypeScript `let`-Variablen gegenüber `var`-Variablen bevorzugen!

Neben der direkten Angabe der Array-Klasse unterstützt TypeScript alternativ noch die Möglichkeit, eine Liste von Werten durch `[]`-Klammern zu deklarieren. Das folgende Statement ist somit äquivalent zur vorherigen Definition:

```
entries: BlogEntry[] = [];
```

Die Befüllung der `entries`-Variablen erfolgt erwartungsgemäß in der `createBlogEntry`-Methode. So wird zunächst eine neue Instanz der Klasse `BlogEntry` erzeugt. Anschließend werden die Eigenschaften der Klasse gefüllt und das Objekt der `entries`-Liste hinzugefügt:

```
createBlogEntry(title: string, image: string, text: string) {
    let entry = new BlogEntry();
    entry.title = title;
    entry.image = image;
    entry.text = text;
    this.entries.push(entry);
}
```

### Kurz-Exkurs: Typsicherheit

Wenn Sie bislang mit reinem JavaScript gearbeitet haben, wird Ihnen die Arbeit mit Typen vielleicht zunächst etwas aufwendig vorkommen – insbesondere in sehr kleinen Projekten scheint der Nutzen den Mehraufwand für die Definition oft nicht zu rechtfertigen. Gerade in Projekten, in denen mehrere Personen am Quelltext arbeiten oder in denen eine Vielzahl von unterschiedlichen Klassen zum Einsatz kommt, kann die statische Typisierung Ihnen aber durchaus bei der Entwicklung helfen.

Stellen Sie sich beispielsweise vor, Sie (oder ein anderer Entwickler) möchte die Variable `title` in `heading` umbenennen. Ohne die Definition eines Typs müssten Sie nun alle Dateien Ihres Projekts nach dem String `title` durchsuchen und diesen ersetzen. Sollten Sie die Eigenschaft `title` aber ebenfalls in einem anderen Kontext – etwa bei der Definition eines Kalendereintrags – verwendet haben, dürfen Sie dieses Vorkommen selbstverständlich nicht ersetzen: Willkommen in der Refactoring-Hölle!

Die Arbeit mit statischen Typen erleichtet Ihnen ein solches Refactoring ungemein: Nach der Umbenennung der Variablen wird Ihnen der TypeScript-Compiler sofort sämtliche Stellen melden, an denen Sie noch mit der `title`-Eigenschaft arbeiten:

```
app.component.ts(25,15): error TS2339:
  Property 'title' does not exist on type 'BlogEntry'.
```

Des Weiteren wird Ihnen Ihre Entwicklungsumgebung die entsprechenden Stellen als fehlerhaft markieren und Ihnen über das Autocomplete-Feature sogar Vorschläge für die Korrektur unterbreiten. Abbildung 1.9 zeigt die Oberfläche des VisualStudio-Code-Editors während des Refactorings.

```
createBlogEntry(title: string, image: string, text: string) {
  let entry = new BlogEntry();
  entry.title = title;
  entry. heading (property) BlogEntry.heading: string
  entry. image
         text
  this.entries.push(entry);
}
```

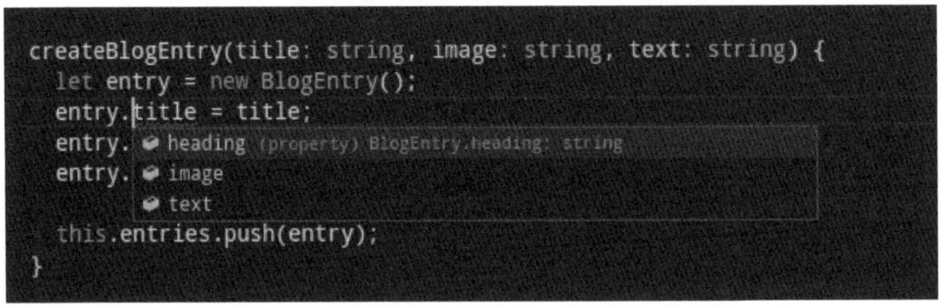

**Abbildung 1.9** Fehlermeldung und Autocomplete während des Refactorings

Sie sehen also: Ein bisschen Mehraufwand bei der initialen Deklaration kann Ihnen in der Folge eine Menge Arbeit und Ärger ersparen.

**Alternative: TypeScript-Interfaces**

In Kapitel 8, »Template-Driven Forms: einfache Formulare auf Basis von HTML«, und in Anhang B, »Typsicheres JavaScript mit TypeScript«, werden Sie mit Interfaces eine alternative Technik zur Sicherstellung von Typsicherheit kennenlernen. Dort erfahren Sie auch, welche Vor- und Nachteile der Einsatz der jeweiligen Technik (Klasse oder Interface) hat.

### 1.3.5 Darstellung der Liste in der View

Der letzte Schritt besteht darin, die in Ihrer Controller-Klasse definierten Daten wieder in der View darzustellen. Hierfür benötigen Sie zwei neue Sprachelemente:

- die `NgFor`-*Direktive* zum Iterieren über eine Liste von Elementen
- das *Property-Binding*, um Daten aus dem Applikationsmodell an Ihre View-Elemente zu binden

Listing 1.14 zeigt die beiden Techniken im Einsatz. Platzieren Sie diesen Code einfach oberhalb der Formulardefinition in der Datei *app.component.html*:

```
<div class="blog-entry" *ngFor="let entry of entries">
  <div class="blog-image">
    <img [src]="entry.image"/>
  </div>
  <div class="blog-summary">
    <span class="title">{{entry.title}}</span>
    <p>{{entry.text}}</p>
  </div>
</div>
```

**Listing 1.14** »app.component.html«: HTML-Implementierung der Listendarstellung

Die Definition der Schleife erfolgt wie bereits erwähnt mithilfe von NgFor. Über den Ausdruck

```
*ngFor="let entry of entries"
```

iterieren Sie über die Controller-Variable `entries`. Die jeweiligen Eigenschaften der Einträge stehen Ihnen innerhalb der Schleife unter der Variablen `entry` zur Verfügung. Das Schlüsselwort `let` ist in dieser Syntax erneut an den neuen ES2015-Standard angelehnt, der es ermöglicht, über `let` *Block-Scope*-Variablen zu definieren (siehe Anhang A, »ECMAScript 2015«).

**Hinweis zu Verweisen auf Angular-Direktiven**

Im weiteren Verlauf des Buches werde ich bei Verweisen auf von Angular mitgelieferte Direktiven immer den Klassennamen der Direktive im Angular-Quelltext (also z. B. »NgFor«) und nicht den von der Direktive verwendeten Selektor (`ngFor`) verwenden. Als Faustregel gilt hier: Der Selektor einer Direktive entspricht dem Klassennamen, in *lowerCamelCase*-Schreibweise (also mit einem kleinem ersten Buchstaben). Details zu Selektoren finden Sie in Abschnitt 3.2.

Eine Besonderheit bei dieser Deklaration ist außerdem die Verwendung der *-Syntax. Bei dieser Schreibweise handelt es sich um eine syntaktische Vereinfachung von HTML5-`<template>`-Elementen. Ich werde Ihnen dieses Konzept in Kapitel 3, »Komponenten und Templating: der Angular-Sprachkern« noch im Detail erläutern. Vereinfacht ausgedrückt werden Sie die *-Syntax aber immer dann einsetzen, wenn Sie durch ihre Verwendung neue DOM-Elemente in den DOM-Baum einfügen möchten. Außer bei der `*ngFor`-Schleife kommt diese Syntax beispielsweise auch bei der `*ngIf`-*Anweisung* zum Einsatz, die abhängig von einer Bedingung DOM-Elemente erzeugt.

Innerhalb der Schleife erfolgt die Ausgabe von `title` und `text` wie im Hello-World-Beispiel durch Interpolation der entsprechenden Werte:

```
<div class="blog-summary">
  <span class="title">{{entry.title}}</span>
   <p>{{entry.text}}</p>
</div>
```

Für die Darstellung des Bildes kommt hingegen das schon angesprochene *Property-Binding* zum Einsatz.

Die Zeile

```
<img [src]="entry.image"/>
```

bindet dabei die DOM-Property `src` des `HTMLImageElement` an die Eigenschaft `image` aus dem `BlogEntry`. Wie auch beim Event-Binding steht Ihnen hier die gesamte öffentliche API des jeweiligen DOM-Elements zur Verfügung. Wollten Sie beispielsweise zusätzlich den alternativen Text des Bildes mit dem Titel des Blog-Eintrags belegen, so wäre dies einfach über die folgende Anweisung möglich:

```
<img [src]="entry.image" [alt]="entry.title"/>
```

Details zu den unterschiedlichen Formen des Data-Bindings finden Sie ebenfalls in Kapitel 3, »Komponenten und Templating: der Angular-Sprachkern«. Die über das Formular eingegebenen Werte werden anschließend in der Listenansicht dargestellt. Sie können nun also bereits damit beginnen, Ihren Blog, wie in Abbildung 1.10 dargestellt, mit Inhalt zu füllen.

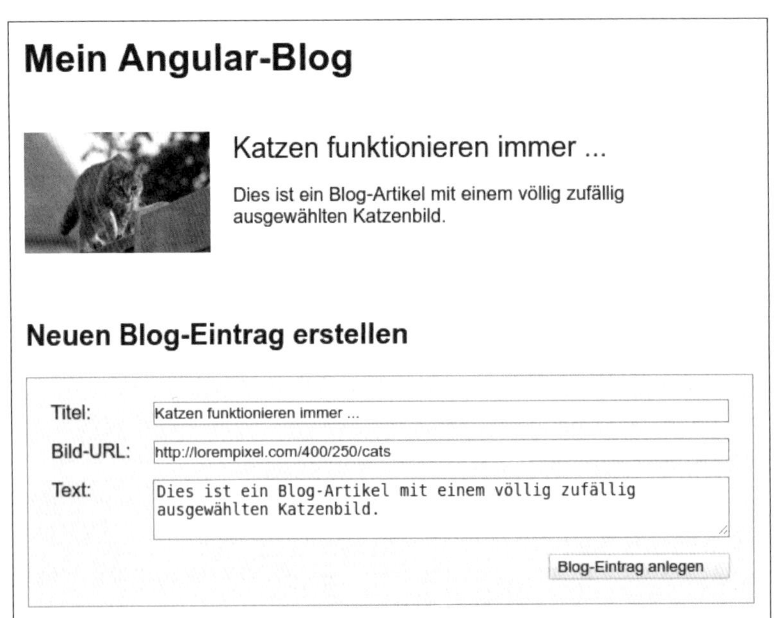


**Abbildung 1.10** Die laufende Blog-Anwendung

### 1.3.6 Modularisierung der Anwendung

Herzlichen Glückwunsch: Sie haben Ihre erste echte Angular-Anwendung fertiggestellt! Zum Abschluss dieser Einführung möchte ich Ihnen nun noch zeigen, wie Sie Ihre Applikation in einzelne Komponenten aufteilen und somit modularisieren können.

Die `AppComponent`-Komponente umfasst momentan sowohl den Quellcode zur Erzeugung der Einträge als auch das Markup für die Darstellung der Einträge in der Liste. In kleinen Applikationen ist dies gegebenenfalls auch in Ordnung; in größeren Applikationen werden Sie aber häufig in die Lage geraten, dass Sie bestimmte Komponenten an anderen Stellen Ihrer Anwendung wiederverwenden möchten oder dass Ihre Komponente schlichtweg zu groß und unübersichtlich wird.

In solchen Situationen spielt Angular eine seiner großen Stärken aus: So ist es mit sehr wenig Aufwand möglich, Teile einer Komponente herauszulösen und als eigenständige Komponente zu kapseln.

Im Folgenden werde ich Ihnen exemplarisch zeigen, wie Sie die Ansicht eines einzelnen Blog-Eintrags als eigenständige Komponente bereitstellen können.

Erstellen Sie hierfür zunächst die neue Datei *blog-entry.component.ts* und definieren Sie dort die Komponente `BlogEntryComponent`:

```
import {Component, Input} from '@angular/core';
import {BlogEntry} from './blog-entry';
@Component({
  moduleId: module.id,
  selector: 'app-blog-entry',
  templateUrl: 'blog-entry.component.html'
})
export class BlogEntryComponent {
  @Input() entry: BlogEntry;
}
```

**Listing 1.15** »blog-entry.component.ts«: Die neue Klasse »BlogEntryComponent«

Die einzige Neuerung, die Sie in Listing 1.15 sehen, ist die Verwendung des `@Input`-Decorators. Mithilfe dieses Decorators können Sie die Eingangsparameter – und somit die Schnittstelle – Ihrer neuen Komponente definieren. (Den ebenfalls vorhandenen `@Output`-Decorator zur Deklaration der ausgehenden Events lernen Sie ebenfalls in Kapitel 3, »Komponenten und Templating: der Angular-Sprachkern«, kennen.)

Erstellen Sie nun die Datei *blog-entry.component.html*, und kopieren Sie das Markup, das den einzelnen Blog-Eintrag beschreibt, in diese Datei:

```
<div class="blog-entry">
  <div class="blog-image">
    <img [src]="entry.image" [alt]="entry.title"/>
  </div>
  <div class="blog-summary">
    <span class="title">{{entry.title}}</span>
    <p> {{entry.text}}</p>
  </div>
</div>
```

**Listing 1.16** »blog-entry.component.html«: ausgelagertes Template für die Darstellung eines Blog-Eintrags

Achten Sie dabei darauf, die Definition der ngFor-Schleife nicht zu übernehmen.

Fertig! Sie haben eine gekapselte Komponente entwickelt. Jetzt müssen Sie nur noch diese Komponente in der Anwendung bekannt machen und in der AppComponent verwenden. Erweitern Sie hierfür einfach das declarations-Array Ihres Applikationsmoduls um die neue Komponente:

```
import {AppComponent} from './blog/app.component';
import {BlogEntryComponent} from './blog/blog-entry.component';

@NgModule({
  imports: [ BrowserModule ],
  declarations: [ AppComponent, BlogEntryComponent ],
  bootstrap: [ AppComponent ]
})
export class AppModule { }
```

**Listing 1.17** »app.module.ts«: Die »BlogEntryComponent« bei der Applikation bekannt machen

Die BlogEntryComponent steht Ihnen nun in allen Komponenten der Anwendung zur Verfügung, sodass Sie sie ab jetzt im Template der AppComponent verwenden können:

```
<app-blog-entry *ngFor="let entry of entries" [entry]="entry">
</app-blog-entry>
```

**Listing 1.18** »app.component.html«: die »BlogEntryComponent« verwenden

Wie im @Component-Decorator der BlogEntryComponent festgelegt, erfolgt die Instanziierung der Komponente dabei über das Tag <app-blog-entry>. Da Sie eine Liste dieser Einträge erzeugen wollen, können Sie die ngFor-Schleife direkt innerhalb des Tags definieren.

Über das Property-Binding

```
[entry]="entry"
```

binden Sie schließlich die in der Komponentenkonfiguration deklarierte `@Input`-Variable an die lokale Zählvariable der Schleife. Wie Sie sehen, erfolgt dieses Binding mithilfe der gleichen Syntax, mit der Sie auch die öffentliche Schnittstelle von Standard-HTML-Elementen ansprechen.

## 1.4 Zusammenfassung und Ausblick

Vermutlich raucht Ihnen jetzt der Kopf. Sie haben in diesem Kapitel gelernt, wie Sie mithilfe von TypeScript Sprachelemente wie Klassen, Module und Typen verwenden können, aus welchen Bestandteilen eine Angular-Anwendung besteht und wie Sie Ihre Applikation in gekapselte Komponenten zerlegen können. Die folgende Liste fasst noch einmal die wichtigsten Erkenntnisse dieses Kapitels zusammen:

- Der neue JavaScript-Standard ECMAScript 2015 bietet Ihnen diverse Neuerungen, wie Klassen, Module und die Definition von mehrzeiligen Strings.
- TypeScript erweitert ECMAScript 2015 zusätzlich um die Möglichkeit, statische Typen zu definieren sowie Metadaten in Form von Decorators zu erzeugen.
- Mithilfe der ECMAScript-2015-Modul-Syntax können Sie gekapselte Module definieren und diese bei Bedarf in Ihre Anwendung importieren.
- Die Module-Loader-Bibliothek *SystemJS* ermöglicht es Ihnen, ECMAScript-2015-Module in Ihrer Anwendung zu verwenden.
- Angular-Komponenten bestehen aus einer Controller-Klasse sowie aus einem zugehörigen HTML-Template.
- Die Konfiguration einer Angular-Komponente erfolgt über den `@Component`-Decorator.
- Innerhalb eines Templates können Sie mithilfe des #-Zeichens lokale Variablen definieren.
- Mithilfe von Property-Bindings können Sie in Ihrem Template auf Variablen aus Ihrem Controller zugreifen und diese an Elemente im DOM-Baum binden.
- Property-Bindings werden durch eckige Klammern [ ] definiert.
- Interpolationen sind eine vereinfachte Form des Property-Bindings. Sie werden durch doppelte geschweifte Klammern {{ }} definiert.
- Event-Bindings erlauben es Ihnen, auf DOM-Events wie `click` oder `keyup` zu reagieren und in diesem Fall Methoden Ihres Controllers aufzurufen. Sie ermöglichen es Ihnen somit, Daten aus der View in den Controller zu übertragen.

- Event-Bindings werden über runde Klammern ( ) definiert.
- Besitzt Ihre Komponente Eingangsparameter, so können Sie diese mithilfe des `@Input`-Decorators auszeichnen.
- Bei der Verwendung der Komponente können Sie über diese Eingangsparameter – wie im Property-Binding – mithilfe von eckigen Klammern [ ] Werte an Ihre Komponente übergeben.
- Der Start einer Applikation erfolgt durch die Definition eines `NgModule` und die Übergabe dieses Moduls an die verwendete Plattform.
- Die `declarations`-Eigenschaft von `NgModule` ermöglicht es, Komponenten für das gesamte Modul bekannt zu machen.

Im folgenden Kapitel stelle ich Ihnen das Angular-Command-Line-Interface vor, bevor Sie dann in den kommenden Kapiteln in die Tiefen der Angular-Entwicklung eintauchen werden.

# Kapitel 2
# Das Angular-CLI: professionelle Projektorganisation für Angular-Projekte

*Eine der größten Stärken des JavaScript-Ökosystems ist gleichzeitig auch eine seiner größten Schwächen: Die Masse an verfügbaren Tools und Möglichkeiten ist schier unendlich. Das Angular-CLI sagt dieser Unübersichtlichkeit den Kampf an.*

In Kapitel 1, »Angular-Kickstart: Ihre erste Angular-Webapplikation«, haben Sie bereits die grundlegenden Bestandteile einer Angular-Applikation sowie das zugehörige »Ökosystem« in Form des SystemJS-Module-Loaders und des TypeScript-Compilers kennengelernt. Dabei habe ich mich ganz bewusst auf die absoluten Basics beschränkt. Sollten Sie in der Vergangenheit bereits professionelle JavaScript-Anwendungen implementiert haben, werden Sie jedoch wissen, dass zu einem echten Build-System noch eine ganze Menge mehr gehört.

Neben der Paketierung und Minifizierung des Programmcodes kommen Themen wie CSS-Präprozessoren oder die Ausführung von Testfällen ins Spiel. Und dabei beginnt in der JavaScript-Welt das Rätselraten: webpack, broccoli, SystemJS, Sass, Less, Karma ...? Die Liste der zur Verfügung stehenden Tools ist lang und unübersichtlich. So unübersichtlich, dass sich hierfür bereits ein eigener Begriff etabliert hat: *JavaScript-Fatigue*, also die »JavaScript-Ermüdung«.

Damit Sie im Technologie-Dschungel nicht endgültig die Übersicht verlieren, stellt das Angular-Team Ihnen mit dem *Angular-Command-Line-Interface* (CLI) ein Kommandozeilen-Tool zur Verfügung, mit dem Sie eine vordefinierte sinnvolle Tool-Auswahl auf einfache Art und Weise bedienen können. Ein netter Nebeneffekt besteht hierbei darin, dass das Tool außerdem alle Best Practices für die Benennung von Dateien und für die Generierung einer Ordnerstruktur einhält. Sie werden merken, dass Sie sich durch diese Konventionen – trotz der Vielzahl an neuen Technologien – schnell im neuen Angular-Universium zu Hause fühlen und dass das CLI zu einer spürbaren Produktivitätssteigerung beiträgt.

In diesem Kapitel werden Sie lernen, wie Sie das CLI verwenden können, um damit Folgendes zu tun:

- ein voll funktionales Applikationsgerüst erstellen
- Komponenten, Services und Pipes generieren
- die Applikation und Tests ausführen
- einen Produktionsbuild über *webpack* erstellen
- einen CSS-Präprozessor wie Sass oder Less integrieren

## 2.1 Das Angular-CLI installieren

Die Installation des Angular-CLI erfolgt sehr komfortabel per *npm*. Öffnen Sie hierfür einfach Ihre Kommandozeile, und führen Sie dort den Befehl

```
npm install -g angular-cli
```

aus. Das Command-Line Interface wird nun global auf Ihrem System installiert. Nach Abschluss der Installation können Sie mithilfe des Befehls

```
ng --version
```

prüfen, ob die Installation erfolgreich abgeschlossen wurde.

## 2.2 ng new: Ein Grundgerüst für die Applikation erstellen

Im Rahmen dieses Kapitels führe ich Sie durch die Erstellung eines Projekt-Setups mithilfe des Angular-CLI. Daher ist dieses Kapitel auch das einzige Kapitel des Buches, zu dem es kein Beispielprojekt gibt: Um sich mit der Funktionalität des Command-Line Interface vertraut zu machen, ist es deutlich zielführender, sich hier selbst »die Finger schmutzig zu machen«.

Wechseln Sie, um Ihr erstes Angular-CLI-Projekt zu erzeugen, auf der Kommandozeile in ein Verzeichnis Ihrer Wahl, und führen Sie dort den Befehl

```
ng new my-project
```

aus. Das Angular-CLI erstellt nun das Grundgerüst der Angular-Applikation im neuen Ordner *my-project* und führt im Anschluss automatisch den Befehl `npm install` aus, der alle benötigten Abhängigkeiten zu installiert. Sie können das Projekt nun bereits in Ihrer Entwicklungsumgebung öffnen. Abbildung 2.1 zeigt eine Übersicht über die generierte Projektstruktur.

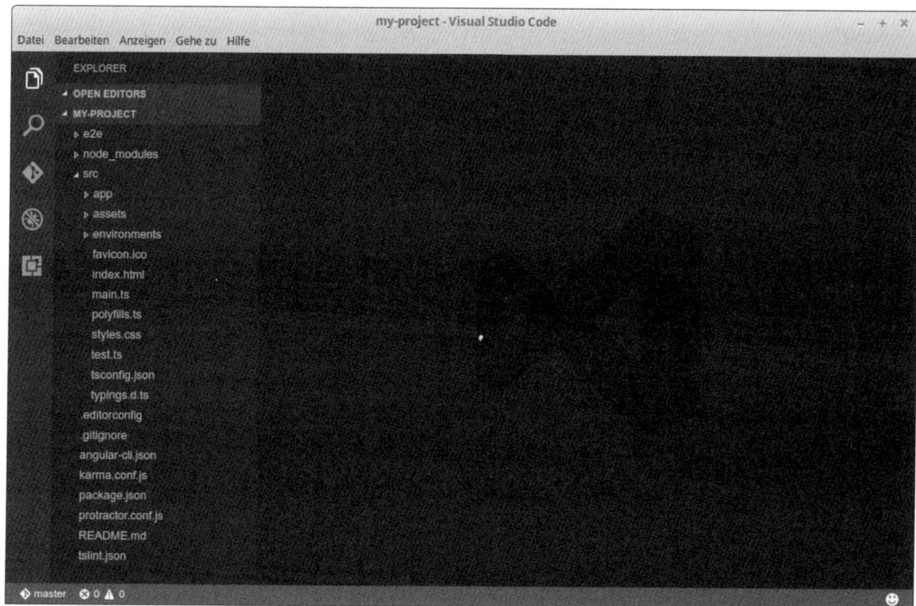


**Abbildung 2.1** Vom Angular-CLI generierte Projektstruktur

Auch wenn die konkrete Struktur etwas anders aussehen sollte, weil bei Ihnen eventuell eine andere Version des CLI installiert ist, sehen Sie hier bereits eine Übersicht über die vom Angular-CLI erledigten Tasks. So umfasst das generierte Projekt unter anderem:

- den eigentlichen Rumpf der Angular-Applikation mit der Bootstrap-Datei *main.ts* und eine rudimentäre Applikation im Ordner *app*
- eine Reihe von Konfigurationsdateien für das Projekt, den Module-Loader und die Testausführung
- Testkonfigurationen für Unit- und Ende-zu-Ende-Tests

Die hier generierte Struktur entspricht außerdem dem vom Angular-Team empfohlenen Aufbau für die Strukturierung eines Angular-Projekts. Im Laufe des Kapitels werden Sie einige der hier erzeugten Dateien noch näher kennenlernen. Für ein erstes Erfolgserlebnis können Sie die generierte Anwendung nun aber bereits starten. Wechseln Sie hierfür in das Hauptverzeichnis der Anwendung, und führen Sie dort den Befehl

```
ng serve
```

aus. Das Angular-CLI kompiliert nun die Anwendung und führt sie auf einem lokalen Entwicklungsserver aus. Unter der Adresse *http://localhost:4200* finden Sie anschließend den lauffähigen Rumpf einer Angular-Applikation (siehe Abbildung 2.2).

**Abbildung 2.2** Die generierte Anwendung wurde gestartet.

Wie das Kickstart-Beispiel ist auch das hier gestartete Projekt ebenso wie der Webserver so konfiguriert, dass Änderungen am Applikationscode automatisch dazu führen, dass das Projekt neu kompiliert und der Browser-Tab neu geladen wird. Sie können nun also damit beginnen, die Anwendung Ihren Vorstellungen entsprechend zu erweitern!

**Achtung, Windows-User!**

Beachten Sie, dass Windows-User den `ng serve`- (und den `ng build`-)Befehl als Administrator ausführen müssen.

### 2.2.1 Konfigurationsoptionen für die Projekt-Generierung

Wenn Sie keine weiteren Angaben machen, verwendet das CLI eine Standardkonfiguration für die Generierung der Projektstruktur. Möchten Sie diese Konfiguration verändern, stehen Ihnen hierfür die in Tabelle 2.1 aufgelisteten Parameter zu Verfügung.

| Option | Beschreibung | Standardwert |
|---|---|---|
| `routing` | Erzeugt eine rudimentäre Routing-Konfiguration für das Projekt. | `false` |
| `prefix` | Verändert das vom CLI verwendete Selektor-Präfix (siehe Abschnitt 2.6, »ng generate: Komponenten generieren«). | app |
| `style` | Legt den Typ der erzeugten Style-Sheet-Dateien fest. (Mögliche Werte sind `css`, `scss`, `less`, `stylus`.) | `css` |

**Tabelle 2.1** Konfigurationsoptionen bei der Erzeugung eines neuen Projekts

| Option | Beschreibung | Standardwert |
|---|---|---|
| `inline-style` | Erzeugt bei der Komponentengenerierung Komponenten mit Inline-Styles. | `false` |
| `inline-template` | Erzeugt bei der Komponentengenerierung Komponenten mit Inline-Templates. | `false` |
| `skip-npm` | Legt fest, ob direkt nach der Erzeugung ein `npm install` ausgeführt werden soll. | `false` |
| `source-dir` | Verändert das Verzeichnis, in dem die Quelltexte abgelegt werden. | `src` |
| `dry-run` | Bei aktiviertem `dry-run` wird lediglich die Liste der generierten Dateien ausgegeben. | `false` |
| `directory` | Legt das Verzeichnis fest, in dem das Projekt generiert werden soll. (Standardmäßig wird hier ein Verzeichnis mit dem Projektnamen erzeugt.) | |

**Tabelle 2.1** Konfigurationsoptionen bei der Erzeugung eines neuen Projekts (Forts.)

Möchten Sie beispielsweise ein Projekt mit dem Standard-Selektor-Präfix `ch` und einer rudimentären Routing-Konfiguration generieren, so erreichen Sie dies über den Befehl:

```
ng new my-project --prefix=ch --routing=true
```

### 2.2.2 Das generierte Projekt im Detail – Unterschiede zum Kickstart-Beispiel

Sie sind nun wahrscheinlich schon gespannt auf die weiteren Funktionalitäten des Angular-CLI. Lassen Sie mich Ihnen auf Basis des generierten Gerüsts, aber zunächst eine Übersicht über die Unterschiede zum bisherigen Projekt-Setup aus Kapitel 1, »Angular-Kickstart: Ihre erste Angular-Webapplikation«, geben.

#### »webpack« statt »SystemJS«: Module-Loading und das Bundling von CLI-Applikationen

Öffnen Sie hierfür zunächst einmal die Datei *app.component.ts:*

```
@Component({
  selector: 'app-root',
  templateUrl: 'app.component.html',
  styleUrls: ['app.component.css']
})
```

```
export class AppComponent {
  title = 'app works!';
}
```

**Listing 2.1** »app.component.ts«: Generierte Einstiegskomponente in die Applikation

So wird Ihnen bei genauerem Hinschauen auffallen, dass diese Komponente auf die Definition der `moduleId` verzichtet und trotzdem relative URLs für `templateUrl` und `styleUrls` verwendet.

Der Grund dafür, dass diese Konfiguration funktioniert, besteht darin, dass das Angular-CLI für das Module-Loading nicht SystemJS, sondern das deutlich mächtigere *webpack* verwendet. webpack übernimmt einerseits die Aufgabe des Module-Loadings, stellt Ihnen aber andererseits auch umfangreiche Unterstützung für die Erzeugung von Applikations-Bundles bereit. Öffnen Sie beispielsweise im Browserfenster der generierten Applikation die Netzwerkansicht, so werden Sie feststellen, dass (wie Sie in Abbildung 2.3 sehen) gerade einmal eine Handvoll Dateien für die Anwendung geladen werden.

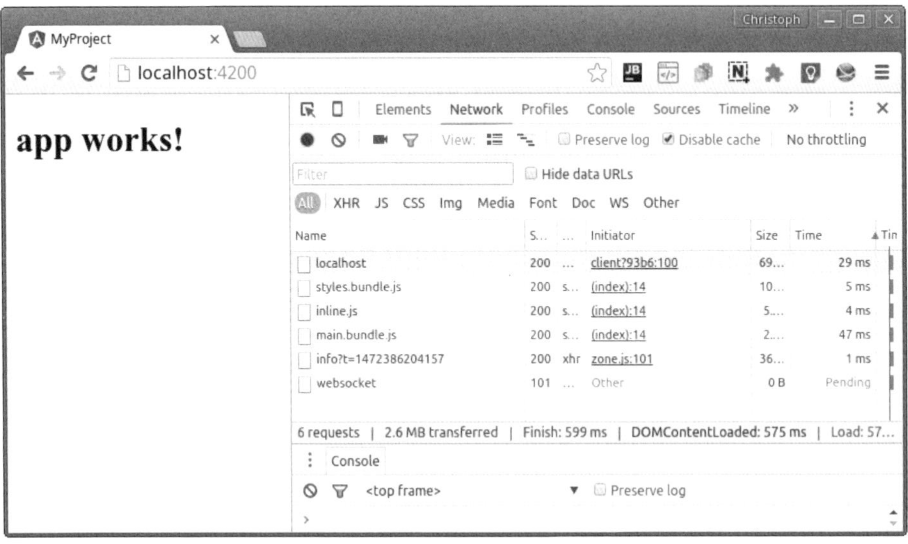


**Abbildung 2.3** Netzwerkansicht der generierten Anwendung

Hierfür ist webpack verantwortlich: So erzeugt das Tool auf Basis von Konfigurationsdateien zusammengehörige Bundles aus Ihren Projekt-Bestandteilen. Die Datei *main.bundle.js* enthält in diesem Fall beispielsweise das Angular-Framework sowie Ihre gesamte Applikation.

Während des Bundling-Vorgangs kann webpack des Weiteren auf Basis von sogenannten Loadern eine Präprozessierung von vorhandenen Quelltextdateien vornehmen. Dabei besteht ein konkreter Schritt darin, die HTML-Template-Dateien zu *inlinen* – also in die Komponentenklasse zu integrieren. Dies ermöglicht es einerseits, alle Templates in das Bundle aufzunehmen, und erspart Ihnen andererseits die Pflege der `moduleId`-Eigenschaft!

#### Laden von Stylesheets und Skripten: erste Berührungspunkte mit der angular-cli.json

Eine weitere Überraschung werden Sie bei einem Blick in die *index.html* des Projekts erleben (siehe Listing 2.1). So enthält die Datei keinerlei Informationen über die Anwendung, die sie laden soll, über Stylesheet-Dateien oder über externe Skripte:

```
<!doctype html>
<html>
  <head>
    <meta charset="utf-8">
    <title>MyProject</title>
    <base href="/">
    <meta name="viewport" content="width=device-width, initial-scale=1">
    <link rel="icon" type="image/x-icon" href="favicon.ico">
  </head>
  <body>
   <app-root>Loading...</app-root>
  </body>
</html>
```

**Listing 2.2** »index.html«: die generierte Einstiegsseite

Der Grund hierfür ist, dass die *index.html* ebenfalls durch webpack-Transformationen während des Build-Vorgangs um die erzeugten Bundle-Skripte angereichert wird. Doch woher weiß das Command-Line Interface nun, welche zusätzlichen Dateien (etwa globale Stylesheets) inkludiert werden sollen?

Hier kommt die Datei *angular-cli.json* ins Spiel. Diese Datei enthält die zentrale Konfiguration für Ihr Projekt. Sie werden im weiteren Verlauf des Kapitels noch diverse Male mit der *angular-cli.json* in Kontakt kommen. Ein erster Blick in die Datei zeigt aber bereits einige interessante Bestandteile:

```
{
  "project": {
    "version": "1.0.0-beta.11-webpack.2",
    "name": "my-project"
  },
  "apps": [
    {
```

```
        "root": "src",
        "outDir": "dist",
        "assets": "assets",
        "index": "index.html",
        "main": "main.ts",
        "test": "test.ts",
        "tsconfig": "tsconfig.json",
        "prefix": "app",
        "mobile": false,
        "styles": ["styles.css"],
        "scripts": [],
        ...
      }
    ]
    ...
}
```

**Listing 2.3** »angular-cli.json«: die zentrale Konfigurationsdatei Ihres Projekts

Die apps-Eigenschaft enthält eine Vielzahl an projektbezogenen Einstellungen. Möchten Sie beispielsweise eine andere Einstiegsdatei als die *index.html* verwenden, so könnten Sie dies hier festlegen.

In Bezug auf das Styling der Applikation ist hier aber insbesondere die styles-Eigenschaft interessant. Die Eigenschaft enthält eine Liste an Stylesheet-Dateien, die automatisch in die *index.html* eingebunden werden sollen. Da das generierte Projektgerüst bereits eine leere *styles.css*-Datei enthält, können Sie Ihre globalen Styles also ohne weitere Konfiguration dort hinterlegen:

```
body {
    font-family: "Comic Sans MS";
}
```

**Listing 2.4** »styles.css«: professionelles Styling für Ihre Applikation

Abbildung 2.4 zeigt den neuen Look Ihrer Anwendung.

**Abbildung 2.4** Ihrer Anwendung in einem neuen Stil

Auch wenn Sie an dieser Stelle vielleicht doch lieber auf Ihre eigenen Design-Fähigkeiten zurückgreifen sollten, müsste die Grundidee bei der Arbeit mit dem Angular-CLI nun klar sein: Inkludieren Sie Stylesheet-Dateien oder externe Skripte niemals direkt in der *index.html*, sondern nutzen Sie hierfür die *angular-cli.json*!

Dies führt einerseits dazu, dass die Dateien während des Build-Vorgangs bereits optimiert (dazu später mehr) und zu einem Bundle zusammengefasst werden, und sorgt andererseits für eine deutlich höhere Flexibilität!

## 2.3 ng init: Ihr Projekt auf die neueste Angular-CLI-Version updaten

Möchten Sie auf eine neue Version des Angular-CLI umsteigen, so müssen Sie hierfür sowohl das global installierte Package als auch Ihr Projekt auf die neue Version bringen. Führen Sie zum Update der globalen Installation einfach die Befehlsfolge

```
npm uninstall -g angular-cli
npm cache clean
npm install -g angular-cli@latest
```

aus. Das Update der Version für Ihr Projekt ist nun jedoch etwas aufwendiger. So müssen Sie auch hier zunächst dafür sorgen, dass die lokale Abhängigkeit Ihres Projekts auf die neue Version gehoben wird:

```
rm -rf node_modules dist tmp
npm install --save-dev angular-cli@latest
npm install
```

Der `ng init`-Befehl unterstützt Sie anschließend dabei, die vom CLI mittels `ng new` generierten Dateien ebenfalls auf eine Version anzuheben, die zur neuen CLI-Version passt. Führen Sie den Befehl im Root-Verzeichnis Ihres Projekts aus, wird ein Assistent gestartet, der für jede generierte Datei erfragt, ob Sie diese mit einer neuen Version überschreiben möchten. Dabei haben Sie pro Datei drei Wahlmöglichkeiten:

- `y`: Die Datei wird mit der neuen Version überschrieben.
- `n`: Die Datei wird nicht überschrieben.
- `d`: Es wird die Differenz zwischen der aktuellen Version der Datei und der Version der neuen Datei dargestellt.

Abbildung 2.5 zeigt den Assistenten in Aktion.

```
christoph@christoph ~/sources/my-project $ ng init
installing ng2
? Overwrite .editorconfig? Yes, overwrite
? Overwrite README.md? Yes, overwrite
? Overwrite src/app/app.component.ts? No, skip
? Overwrite src/styles.css? No, skip
? Overwrite src/typings.d.ts? Yes, overwrite
? Overwrite angular-cli.json? No, skip
? Overwrite karma.conf.js? (Yndh) Y
>> Yes, overwrite
```

**Abbildung 2.5** »ng init« in Aktion

Beachten Sie dabei, dass `ng init` Ihnen auch Ersetzungen für Dateien anbietet, die Sie mit großer Sicherheit bereits manuell verändert haben (etwa die Einstiegskomponente `AppComponent`). Sie sollten vor einer Ersetzung also sehr genau über das Diff-Kommando (`d`) prüfen, ob Sie wirklich eine komplette Ersetzung vornehmen oder die Änderungen im Anschluss von Hand einpflegen möchten.

## 2.4 ng serve: die Anwendung starten

Wie Sie bereits im Eingangsbeispiel gesehen haben, erfolgt der Start der Applikation über den Befehl `ng serve`. Neben der Standardkonfiguration bietet Ihnen dieser Befehl außerdem die Möglichkeit, den Start über die Optionen zu beeinflussen, die in Tabelle 2.2 zusammengefasst sind.

| Option | Beschreibung | Standardwert |
|---|---|---|
| `port` | Mit welchem Port soll die Anwendung gestartet werden? | `4200` |
| `host` | Der Host, auf dem die Anwendung verfügbar sein soll | `localhost` |
| `proxyConfig` | Eine Proxy-Konfiguration für die Anbindung eines Backends (siehe Abschnitt 2.4.1) | |
| `liveReload` | Soll bei Quelltextänderungen ein Live-Reload ausgeführt werden? | `true` |
| `target` | Das zu verwendende Build-Target (siehe Abschnitt 2.12, »Build-Targets und Environments: Konfiguration unterschiedlicher Build- und Ausführungsumgebungen«) | `development` |
| `environment` | Das Environment, das Sie verwenden wollen | |

**Tabelle 2.2** Konfigurationsoptionen für den Start von Anwendungen über »ng serve«

| Option | Beschreibung | Standardwert |
|---|---|---|
| `ssl` | Soll der Server mit SSL-Unterstützung gestartet werden? | `false` |
| `sslKey` | Der SSL-Key, den Sie verwenden wollen | `ssl/server.key` |
| `sslCert` | Das SSL-Zertifikat, das Sie verwenden wollen | `ssl/server.cert` |
| `aot` | Soll der Server im AOT-Modus gestartet werden (siehe Abschnitt 2.13, »Der AOT-Modus«)? | `false` |

**Tabelle 2.2** Konfigurationsoptionen für den Start von Anwendungen über »ng serve« (Forts.)

Möchten Sie Ihre Anwendung beispielsweise auf dem Port 8080 und ohne Live-Reload-Funktionalität starten, so können Sie dies über folgenden Befehl tun:

```
ng serve --port 8080 --liveReload false
```

### 2.4.1 Die Proxy-Konfiguration

Eine interessante Option bei der Verwendung des `ng serve`-Befehls besteht in der Möglichkeit, bestimmte URLs über den gestarteten Webserver weiterzuleiten. Ist Ihr Backend-Endpunkt beispielsweise unter der Adresse

*http://localhost:3000/api*

erreichbar und möchten Sie dafür sorgen, dass alle Requests an die Adresse

*http://localhost:4200/api*

an das Backend weitergeleitet werden, so müssen Sie hierfür lediglich eine entsprechende Proxy-Konfigurationsdatei anlegen:

```
{
  "/api": {
    "target": "http://localhost:3000",
    "secure": false
  }
}
```

**Listing 2.5** »proxy.conf.json«: Die Proxy-Konfigurationsdatei zur Weiterleitung von Anfragen an Ihr Backend

Beim Start der Anwendung können Sie diese Konfiguration nun über die `proxy-config`-Option an den `ng serve`-Befehl übergeben:

```
ng serve --proxy-config proxy.conf.json
```

So können Sie Ihr Backend auf diese Weise direkt aus Ihrer Anwendung heraus ansprechen, ohne sich dabei Gedanken über Themen wie CORS (*Cross-Origin Resource Sharing*) machen zu müssen.

## 2.5 npm start: Start über die lokale CLI-Version

Zusätzlich zum direkten Start der Anwendung über `ng serve` bietet Ihnen das Angular-CLI außerdem die Möglichkeit den Start über npm auszulösen. Die Datei *package.json* enthält hierfür einige vordefinerte Skripte:

```
{
  "name": "my-project",
  "scripts": {
    "start": "ng serve",
    "test": "ng test",
    ...
  }
  "devDependencies": {
    "angular-cli": "1.0.0-beta.16",
    ...
  }
}
```

**Listing 2.6** »package.json«: Skripte zum Start der Applikation und der Tests

Sie können die Anwendung statt mit `ng serve` also genauso über den Befehl `npm start` starten. Außer durch den anderen Befehl unterscheidet sich diese Art des Applikationsstarts durch einen ganz entscheidendem Punkt von der direkten Ausführung des `ng`-Befehls: Während bei der direkten Ausführung immer die *global installierte* Version der Command-Line für die Ausführung verwendet wird, benutzen die *npm*-Befehle die *lokale Version*, die über die `devDependencies`-Eigenschaft im *node_modules*-Ordner Ihrer Anwendung installiert wurde.

Dies hat den großen Vorteil, dass Ihr Projekt in jedem Fall zur (lokalen) Angular-CLI-Version passt. Ein globales Update des Command-Line Interface sorgt somit nicht dafür, dass Ihre Anwendung gegebenenfalls nicht mehr gestartet werden kann. So werden Sie bei Ihrer globalen Installation sehr sicher eine deutlich neuere CLI-Version installieren, als ich in den Beispielprojekten verwendet habe, und es ist durchaus möglich, dass sich die Projekte nicht per `ng serve` starten lassen. Durch die Verwendung der *npm*-Befehle ist dies aber glücklicherweise kein Problem!

**Übergabe von Parametern an den npm-Skripte**

Möchten Sie den Start der Anwendung mit den Kommandozeilenparametern konfigurieren, die ich in Abschnitt 2.4 vorstellt habe, so ist dies auch bei der Verwendung der *npm*-Skripte problemlos möglich. *npm* bietet Ihnen in diesem Zusammenhang die Möglichkeit, Optionen, die an ein Skript übergeben werden sollen, hinter zwei zusätzlichen `--`-Zeichen zu definieren. Der Start der Anwendung unter Port 8080 kann somit über den Befehl

```
npm start -- --port 8080
```

erfolgen.

## 2.6 ng generate: Komponenten generieren

Neben der Erstellung eines Grundgerüsts und der Bereitstellung eines optimierten Applikations-Bundlings besteht eine weitere interessante Funktionalität des CLI in der Möglichkeit, neue Applikationsbausteine über den Befehl `ng generate` (oder kurz `ng g`) zu generieren. Möchten Sie beispielsweise die Komponentenklasse `HelloCliComponent` generieren, so erfolgt dies mithilfe des Befehls:

```
ng generate component hello-cli
```

bzw.

```
ng g c hello-cli
```

Das CLI erstellt nun die Komponentenklasse, das zugehörige Template, eine Stylesheet-Datei sowie einen ersten rudimentären Testfall (siehe Abbildung 2.6).

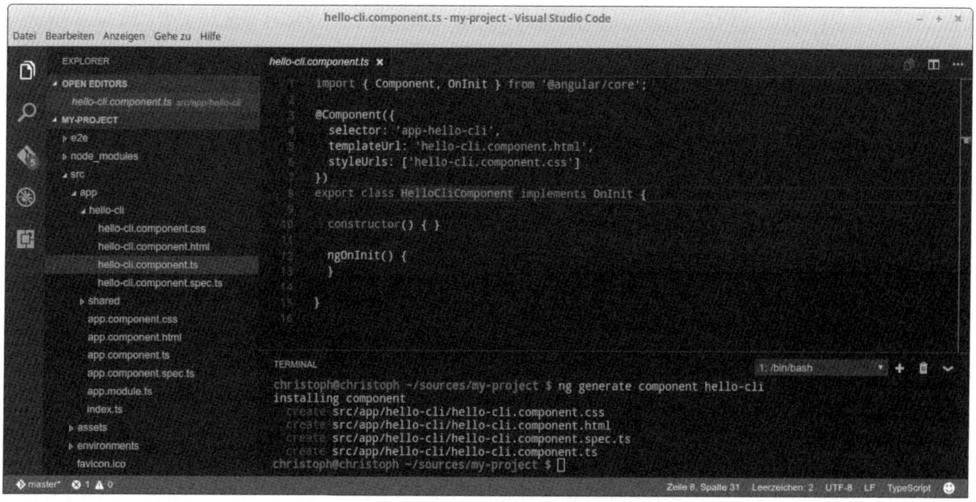

**Abbildung 2.6** Generierte »HelloCliComponent«

Beachten Sie dabei, dass Sie bei der Generierung auf das Suffix `Component` verzichten können: Das CLI kümmert sich selbstständig darum, Komponenten, Direktiven und Services zu erstellen, die dem Angular-Style-Guide (hierzu mehr Abschnitt 2.7) entsprechen.

**angular-cli.json: Globale Einstellungen nachträglich ändern**

Wie Sie in Abbildung 2.6 sehen, hat das Command-Line Interface – da Sie bei der Projektgenerierung nichts anderes festgelegt haben – für die `HelloCliComponent` automatisch das Präfix `app-` erzeugt. Über die *angular-cli.json* haben Sie hier aber auch nachträglich die Möglichkeit, das für die Generierung genutzte Präfix an Ihre Bedürfnisse anzupassen. Wählen Sie hier entweder Ihre persönlichen Initialen oder eine Abkürzung für Ihr Projekt:

```
...
"apps": [
  {
    "prefix": "ch",
    ...
  }
]
```

Da der Linter zur Überprüfung Ihrer Quelltexte (siehe Abschnitt 2.7) ebenfalls überprüft, ob Ihre Komponenten gemäß dem Angular-Style-Guide korrekt mit einem Präfix versehen wurden, müssen Sie nun noch die dort verwendete Regel anpassen. Öffnen Sie dazu die Datei *tslint.json*, und verändern Sie die beiden Angular-spezifischen Regeln `directive-selector-prefix` und `component-selector-prefix` entsprechend Ihrer Änderung:

```
{
  "rules": {
    "directive-selector-prefix": [true, "ch"],
    "component-selector-prefix": [true, "ch"]
  }
}
```

So können Sie sämtliche Optionen, die Sie bei der Projekterstellung festgelegt haben, auch nachträglich über die *angular-cli.json* verändern.

### 2.6.1 Konfigurationsoptionen bei der Komponentengenerierung

Wie der `ng new`-Befehl bietet Ihnen auch der `ng generate component`-Befehl einige Konfigurationsmöglichkeiten (siehe Tabelle 2.3).

| Option | Beschreibung | Standardwert |
|---|---|---|
| flat | Bei Aktivierung der flat-Option wird die Komponente direkt im aktuellen Ordner (und nicht in einem eigenen Verzeichnis) generiert. | false |
| inline-template | Legt fest, ob die Komponente ein Inline-Template verwenden soll. | false |
| inline-style | Legt fest, ob die Komponente Inline-Styles verwenden soll. | false |
| prefix | Legt fest, ob ein Selektor-Präfix genutzt werden soll oder nicht. | true |
| spec | Über die spec-Option können Sie die Erzeugung von Unit-Tests steuern. | true |

**Tabelle 2.3** Optionen des »ng generate component«-Befehls

### 2.6.2 Weitere Generatoren

Auch wenn Sie die meisten der hier vorgestellten Bestandteile erst im weiteren Verlauf des Buches genauer kennenlernen werden, möchte ich Ihnen mit Tabelle 2.4 schon einmal eine Übersicht über die Generatoren geben, die Ihnen zur Verfügung stehen.

| Befehl | Beschreibung |
|---|---|
| ng g component hello-cli | Erstellt die Komponente HelloCliComponent mit dem Selektor <prefix>-hello-cli. |
| ng g directive lower-case | Erstellt die Direktive LowerCaseDirective mit dem Selektor <prefix>LowerCase. |
| ng g pipe centimeter | Erstellt die Pipe CentimerPipe mit dem Pipe-Namen centimeter. |
| ng g service task | Erstellt die Service-Klasse TaskService. |
| ng g module tasks | Erstellt das Angular-Modul TasksModule sowie die zugehörige Komponente TasksComponent. |
| ng g class task | Erstellt die einfache TypeScript-Klasse Task. |

**Tabelle 2.4** Übersicht über die zur Verfügung stehenden Generatoren

| Befehl | Beschreibung |
|---|---|
| `ng g interface task` | Erstellt das TypeScript-Interface `Task`. |
| `ng g enum status` | Erstellt das TypeScript-Enum `Status`. |

**Tabelle 2.4** Übersicht über die zur Verfügung stehenden Generatoren (Forts.)

## 2.7 ng lint: Linting und der Angular-Style-Guide

Wie ich bereits im vorigen Abschnitt kurz angedeutet habe, bietet das Angular-CLI Ihnen out-of-the-box Unterstützung für das *Linting* (also für die Überprüfung der Code-Strukur) Ihrer TypeScript-Dateien. Um die Anwendung mithilfe des TypeScript-Linters *TSLint* zu überprüfen, führen Sie einfach den Befehl

```
ng lint
```

im Hauptverzeichnis der Applikation aus. Sollten Sie die Änderungen wie bisher beschrieben ausgeführt haben, so werden Sie nun bereits einige Hinweise erhalten (siehe Abbildung 2.7).

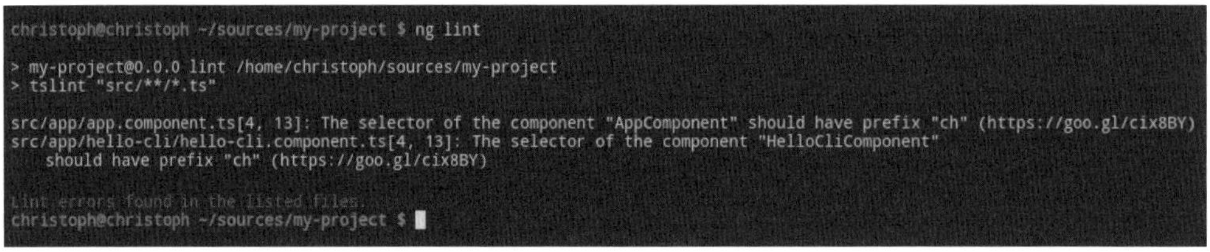

```
christoph@christoph ~/sources/my-project $ ng lint

> my-project@0.0.0 lint /home/christoph/sources/my-project
> tslint "src/**/*.ts"

src/app/app.component.ts[4, 13]: The selector of the component "AppComponent" should have prefix "ch" (https://goo.gl/cix8BY)
src/app/hello-cli/hello-cli.component.ts[4, 13]: The selector of the component "HelloCliComponent"
    should have prefix "ch" (https://goo.gl/cix8BY)

Lint errors found in the listed files.
christoph@christoph ~/sources/my-project $
```

**Abbildung 2.7** Ausgabe der »ng lint«-Ausführung

Dadurch, dass Sie nach der Erzeugung des Grundgerüsts das Selektor-Präfix angepasst haben, das Sie verwenden, müssen Sie dieses Präfix für die bereits erstellten Komponenten noch nachträglich ändern.

### TSLint in Visual Studio Code

Möchten Sie den `ng lint`-Befehl nicht immer manuell ausführen, stellt Visual Studio Code Ihnen mit der TSLint-Extension eine sehr hilfreiche Erweiterung zur Verfügung. Die Installation erfolgt dabei über den EXTENSIONS-Button in der linken vertikalen Menüleiste (siehe Abbildung 2.8).

Nach der Installation der Erweiterung zeigt Visual Studio Code Ihnen Verstöße gegen die TSLint-Regeln direkt im Editor an (siehe Abbildung 2.9).

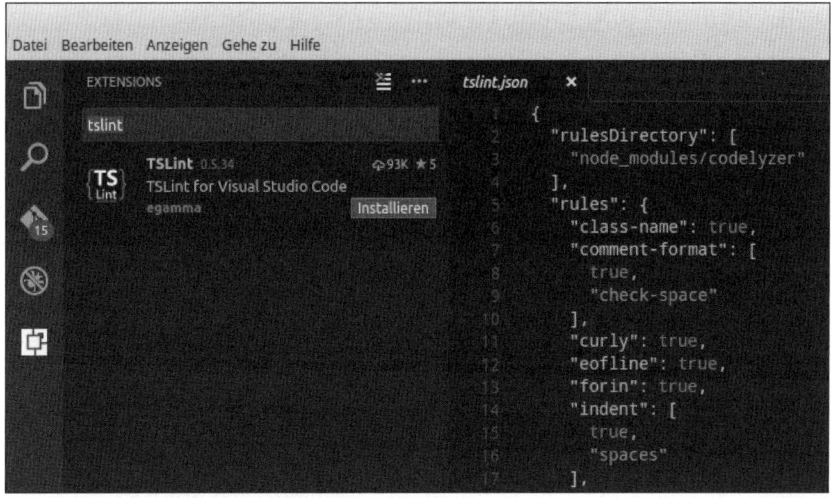


**Abbildung 2.8** Installation der »TSLint«-Extension

```
app.component.ts ×
import { Component } from '@angular/core';
              [tslint]
@Component({ The selector of the component "AppComponent" should have prefix "ch" (https://goo.gl/cix8BY)
  selector: 'app-root',
  templateUrl: 'app.component.html',
  styleUrls: ['app.component.css']
})
export class AppComponent {
  title = 'app works!';
}
```

**Abbildung 2.9** Darstellung der »TSLint«-Fehler im Editor

### Anpassungen der vom CLI vorgegebenen Linting-Regeln

Die vom CLI mitgelieferte Konfigurationsdatei (*tslint.json*) ist ziemlich »streng«. So werden dort out-of-the-box nahezu alle Vorgaben des offiziellen Angular-Style-Guides (*https://angular.io/docs/ts/latest/guide/style-guide.html*) berücksichtigt. Ein Vorteil dieser strikten Konventionen ist, dass sich Nutzer sehr schnell in fremden Angular-Applikationen zurechtfinden können.

Andererseits wurden einige der dort festgelegten Regeln in der Community aber durchaus kontrovers diskutiert. (So rät der Style-Guide beispielsweise von benamten Input-Bindings ab – einem durchaus sinnvollen Sprachfeature, das Sie in Kapitel 3, »Komponenten und Templating: der Angular-Sprachkern«, kennenlernen werden.)

Lassen Sie sich von den hier vorgegebenen Regeln also nicht allzu stark beeinflussen, und passen Sie sie ruhig entsprechend Ihrer eigenen Vorlieben an.

## 2.8 Komponenten- und Ende-zu-Ende-Tests ausführen

Projekte, die Sie mit dem Angular-CLI generiert haben, bringen neben dem eigentlichen Anwendungscode außerdem bereits ein vollständig konfiguriertes Test-Setup mit. Dieses umfasst einerseits eine Karma-Konfiguration (*karma.conf.js*) für die Ausführung von Unit- und Komponententests sowie andererseits eine Protractor-Konfiguration (*protractor.conf.js*) für die Ausführung von Ende-zu-Ende-Tests.

### 2.8.1 ng test – Unit- und Komponententests ausführen

Möchten Sie beispielsweise alle Unit- bzw. Komponententests der Anwendung ausführen, so können Sie dies mithilfe des Befehls

```
ng test
```

tun. Dies führt dazu, dass der Karma-Testrunner im *Watch-Modus* gestartet wird: Jede weitere Änderung am Applikationscode führt nun dazu, dass alle Testfälle erneut ausgeführt werden, um sicherzustellen, dass Ihre Änderung keine bestehende Funktionalität kaputt macht. In der Kommandozeile sollte sich nun ein Bild wie in Abbildung 2.10 zeigen.

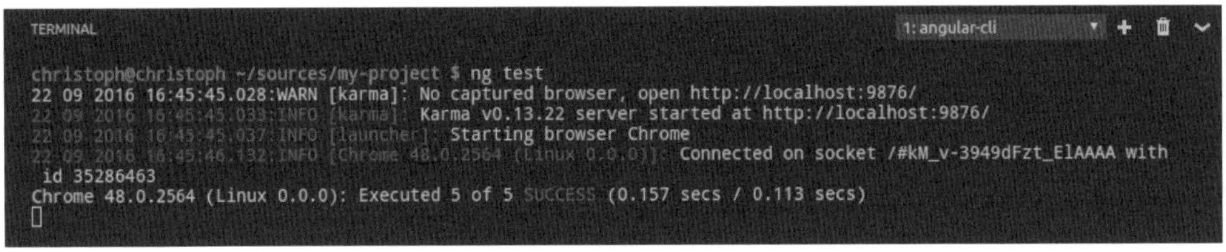

```
TERMINAL                                                        1: angular-cli
christoph@christoph ~/sources/my-project $ ng test
22 09 2016 16:45:45.028:WARN [karma]: No captured browser, open http://localhost:9876/
22 09 2016 16:45:45.033:INFO [karma]: Karma v0.13.22 server started at http://localhost:9876/
22 09 2016 16:45:45.037:INFO [launcher]: Starting browser Chrome
22 09 2016 16:45:46.132:INFO [Chrome 48.0.2564 (Linux 0.0.0)]: Connected on socket /#kM_v-3949dFzt_ElAAAA with
 id 35286463
Chrome 48.0.2564 (Linux 0.0.0): Executed 5 of 5 SUCCESS (0.157 secs / 0.113 secs)
```

**Abbildung 2.10** Erfolgreiche Ausführung der Komponententests

Da alle Generatoren, wie bereits angedeutet, neben dem eigentlichen Codegerüst zusätzlich einen rudimentären Testfall generieren, wurden hier bereits fünf Testfälle ausgeführt. Auch wenn Sie die Details zu Komponententests erst in Kapitel 13, »Komponenten- und Unit-Tests: das Angular-Testing-Framework«, kennenlernen, lohnt sich bereits jetzt ein Blick in eine Testdatei:

```
describe('App: MyProject', () => {
  ...
  it('should render title in a h1 tag', async(() => {
    let fixture = TestBed.createComponent(AppComponent);
    fixture.detectChanges();
    let compiled = fixture.debugElement.nativeElement;
```

```
    expect(compiled.querySelector('h1').textContent).toContain('app works!');
  }));
});
```

**Listing 2.7** »app.component.spec.ts«: Ausschnitt aus dem generierten Testfall

Ändern Sie nun beispielsweise das h1-Tag in der Datei *app.component.html* in »Hello CLI«, werden automatisch alle Testfälle erneut ausgeführt und die entsprechenden Fehler in der Kommandozeile ausgegeben (siehe Abbildung 2.11).

```
Chrome 48.0.2564 (Linux 0.0.0) App: MyProject should render title in a h1 tag FAILED
    Expected '
      Hello CLI
    ' to contain 'app works!'.
        at webpack:///home/christoph/sources/my-project/src/app/app.component.spec.ts:31:53 <- src/test.ts:8174:58
        at ZoneDelegate.invoke (webpack:///home/christoph/sources/my-project/~/zone.js/dist/zone.js:203:0 <- src/test.ts:17555:28)

        at AsyncTestZoneSpec.onInvoke (webpack:///home/christoph/sources/my-project/~/zone.js/dist/async-test.js:42:0
           <- src/test.ts:13731:39)
        at ProxyZoneSpec.onInvoke (webpack:///home/christoph/sources/my-project/~/zone.js/dist/proxy.js:69:0
           <- src/test.ts:14388:39)
Chrome 48.0.2564 (Linux 0.0.0): Executed 3 of 5 (1 FAILED) (0 secs / 0.264 secs)
```

**Abbildung 2.11** Fehlermeldung bei nicht erfolgreichem Test

Neben der Ausführung im Watch-Modus ist es des Weiteren möglich, die Tests einmalig zu starten, sodass sich deren Ausführung leicht in einen Build auf einem Continous-Integration-Server integrieren lässt:

```
ng test --watch=false
```

**npm test**

Äquivalent zum `npm start`-Befehl bietet Ihnen das CLI mit `npm test` außerdem bereits einen Task zum Start der Tests. Bei der Arbeit mit bestehenden Projekten sollten Sie auch hier die *npm*-Variante bevorzugen.

### 2.8.2 ng e2e – Ende-zu-Ende-Tests ausführen

Zur Ausführung der Ende-zu-Ende-Tests mit Protractor stellt Ihnen das CLI die Befehle

```
ng e2e
```

bzw.

```
npm run e2e
```

zur Verfügung. Da Protractor-Tests »gegen eine laufende Applikation« ausgeführt werden, müssen Sie hier aber zunächst dafür sorgen, dass Ihre Anwendung gestartet ist. Führen Sie also vor der Ausführung der Tests zunächst den `npm start`-Befehl in einer eigenen Kommandozeile aus. Der Befehl `npm run e2e` sorgt anschließend dafür, dass der für die Anwendung erzeugte rudimentäre Ende-zu-Ende-Test ausgeführt wird (siehe Abbildung 2.12).

```
> my-project@0.0.0 e2e /home/christoph/sources/my-project
> protractor "./protractor.conf.js"

[17:07:09] I/direct - Using FirefoxDriver directly...
[17:07:09] I/launcher - Running 1 instances of WebDriver
Spec started

  my-project App
    ✓ should display message saying app works

Executed 1 of 1 spec SUCCESS in 0.582 sec.
[17:07:12] I/launcher - 0 instance(s) of WebDriver still running
[17:07:12] I/launcher - firefox #01 passed

All end-to-end tests pass.
christoph@christoph ~/sources/my-project $
```

**Abbildung 2.12** Ausgabe des Ende-zu-Ende-Tests

Auch hier lohnt sich ein Blick in die entsprechenden Testdateien:

```
import { browser, element, by } from 'protractor/globals';
export class MyProjectPage {
  navigateTo() {
    return browser.get('/');
  }
  getParagraphText() {
    return element(by.css('app-root h1')).getText();
  }
}
```

**Listing 2.8** »app.po.ts«: Page-Objekt zur Kapselung der technischen Testdetails

```
import { MyProjectPage } from './app.po';
describe('my-project App', function() {
  let page: MyProjectPage;
  beforeEach(() => {
    page = new MyProjectPage();
  });
  it('should display message saying app works', () => {
    page.navigateTo();
    expect(page.getParagraphText()).toEqual('app works!');
  });
});
```

**Listing 2.9** »app.e2e-spec.ts«: Rudimentärer Testfall und Verwendung des Page-Objekts

Bei der Implementierung von Ende-zu-Ende-Tests hat es sich bewährt, technische Details in einem sogenannten Page-Objekt zu kapseln (Details hierzu lernen Sie in

Kapitel 14, »Integrationstests mit Protractor«). Das CLI unterstützt Sie hier erneut bei der Einhaltung solcher Best Practices.

## 2.9 CSS-Präprozessoren verwenden

Bei der Generierung der `HelloCliComponent` haben Sie bereits gesehen, dass das CLI zu jeder Komponente eine zugehörige CSS-Datei generiert. Alternativ werden hier aber auch die CSS-Präprozessoren Less (`less`), Sass (`sass`, `scss`) oder Stylus (`stylus`) unterstützt. Die Aktivierung dieser Präprozessoren kann entweder bei der Projekterstellung über den Befehl

```
ng new my-project --style=sass
```

oder nachträglich über den Befehl

```
ng set defaults.styleExt scss
```

erfolgen. Bei der weiteren Generierung von Komponenten werden nun automatisch Stylesheet-Dateien vom entsprechenden Typ erzeugt. Beachten Sie dabei, dass sich die Einstellung wirklich nur auf die Generierung auswirkt – transformiert werden die entsprechenden Dateitypen auch ohne diese Festlegung, sodass Sie die Verwendung eines Präprozessors ohne Probleme schrittweise einführen können.

## 2.10 Drittanbieter-Bibliotheken einbinden

Durch den konsequenten Einsatz von *npm* in Verbindung mit *webpack* ist die Integration von Drittanbieter-Bibliotheken über das Command-Line Interface ein Kinderspiel. Möchten Sie beispielsweise die Hilfsbibliothek *lodash* zu Ihrem Projekt hinzufügen, so müssen Sie nichts weiter tun, als sie per `npm` zu installieren und zu Ihrer *package.json*-Datei hinzuzufügen (`--save` Flag):

```
npm install lodash --save
```

Da lodash selbst keine TypeScript-Typinformationen bereitstellt, müssen Sie diese des Weiteren noch mit dem Befehl

```
npm install @types/lodash --save-dev
```

installieren. Bei `@types` handelt es sich um ein sogenanntes *Scoped-Package*, das eine Vielzahl an Typdefinitionen für eigentlich typunsichere Bibliotheken bereitstellt. Details hierzu finden Sie in Anhang B, »Typsicheres JavaScript mit TypeScript«.

Durch das Ausführen der beiden Befehle steht Ihnen lodash nun (typsicher) in Ihrer gesamten Anwendung zur Verfügung (siehe Abbildung 2.13).

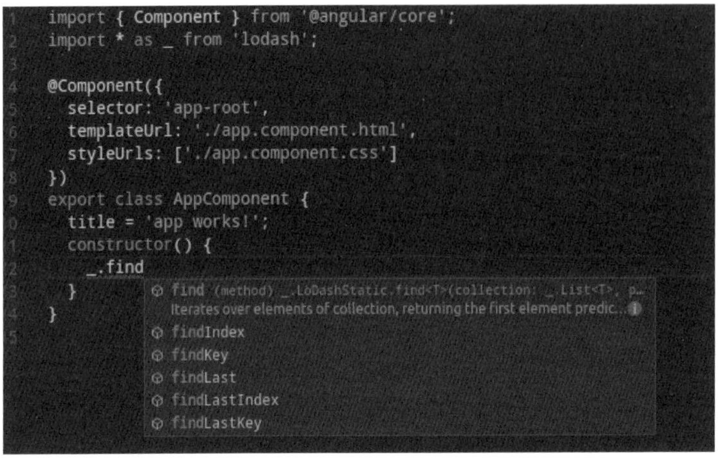

```
import { Component } from '@angular/core';
import * as _ from 'lodash';

@Component({
  selector: 'app-root',
  templateUrl: './app.component.html',
  styleUrls: ['./app.component.css']
})
export class AppComponent {
  title = 'app works!';
  constructor() {
    _.find
  }
}
```

```
find (method) _.LoDashStatic.find<T>(collection: _.List<T>, p...
Iterates over elements of collection, returning the first element predic...
findIndex
findKey
findLast
findLastIndex
findLastKey
```

**Abbildung 2.13** Verwendung von »lodash« nach der Installation per »npm«

### 2.10.1 Bibliotheken über die index.html einbinden

Das globale Einbinden von Bibliotheken erfolgt grundsätzlich auf dem gleichen Weg. In diesem Fall müssen Sie dem CLI lediglich noch mitteilen, dass das Skript oder die CSS-Datei in der *index.html* eingebunden werden soll. Möchten Sie beispielsweise die CSS-Bibliothek *Bootstrap* verwenden, so benötigen Sie dafür Bootstrap und *jQuery*:

```
npm install bootstrap --save
npm install jquery --save
```

Zum Einbinden der Dateien in die *index.html* stehen Ihnen in der *angular-cli.json* nun die bereits bekannte `styles`- sowie die `scripts`-Eigenschaft zur Verfügung:

```
"apps": [
  {
    "styles": [
      "../node_modules/bootstrap/dist/css/bootstrap.css",
      "styles.css"
    ],
    "scripts": [
      "../node_modules/jquery/dist/jquery.js",
      "../node_modules/bootstrap/dist/js/bootstrap.js"
    ]
    ...
  }
]
```

**Listing 2.10** »angular-cli.json«: globales Einbinden von Stylesheet- und JavaScript-Dateien

Bootstrap wird nun automatisch in der *index.html* geladen und kann somit aus Ihrer gesamten Anwendung heraus verwendet werden.



## 2.11 ng build: deploybare Builds erstellen

Sie haben bisher gesehen, wie Sie Ihre Anwendung mithilfe des `ng serve`-Befehls zur Entwicklungszeit ausführen können. Möchten Sie die Applikation hingegen auf einem Webserver deployen, so benötigen Sie hierfür eine gebaute (und sinnvoll gepackte) Version Ihrer Anwendung. Das CLI stellt Ihnen hierfür den Befehl

```
ng build
```

zur Verfügung. Das Ergebnis des Builds steht Ihnen anschließend im Ordner *dist* zur Verfügung.

**Build über die lokale CLI-Version**

Leider stellt das generierte Projekt Ihnen keinen Befehl für die Ausführung eines Builds über die CLI-Version zur Verfügung, die lokal im *node_modules*-Verzeichnis liegt. Weicht die im Projekt verwendete Version hier von der global installierten Version ab, können Sie aber sehr leicht selbst Abhilfe schaffen. Fügen Sie einfach ein eigenes Skript zur *package.json* Ihres Projekts hinzu:

```
"scripts": {
  "start": "ng serve",
  "build": "ng build",
  ...
}
```

Sie können den Build nun über den Befehl `npm run build` starten.

## 2.12 Build-Targets und Environments: Konfiguration unterschiedlicher Build- und Ausführungsumgebungen

Ohne weitere Konfiguration erstellt der `ng build`-Befehl einen Development-Build. Möchten Sie hingegen einen Produktions-Build erstellen, verwenden Sie den Befehl:

```
ng build --prod
```

Dies hat im Wesentlichen zwei Auswirkungen:

1. Der Build-Vorgang wird mit dem Target `production` ausgeführt, was dazu führt, dass die erzeugten Bundle-Files minifiziert werden. Des Weiteren wird mittels Tree-Shaking sichergestellt, dass ungenutzte Bestandteile nicht Teil des Bundles werden.

2. Der Build verwendet das Environment prod.

So hätten Sie den obigen Befehl auch in der Langschreibweise

```
ng build --target=production --environment=prod
```

starten können.

Die Konfiguration der zur Verfügung stehenden Environments erfolgt dabei erneut über die *angular-cli.json*:

```
"environments": {
  "source": "environments/environment.ts",
  "dev": "environments/environment.ts",
  "prod": "environments/environment.prod.ts"
}
```

Ein Blick in die dort hinterlegten Dateien zeigt, dass diese ein Konfigurationsobjekt folgender Form exportieren:

```
export const environment = {
  production: true
};
```

**Listing 2.11** »environment.prod.ts«: generiertes Environment-File für den Produktions-Build

Öffnen Sie nun die ebenfalls generierte Datei *main.ts*, so schließt sich der Kreis:

```
import { enableProdMode } from '@angular/core';
import { environment } from './environments/environment';

if (environment.production) {
  enableProdMode();
}
```

**Listing 2.12** »main.ts«: Verwendung der Environment-Eigenschaften im Applikationscode

So wird die production-Eigenschaft des geladenen environment-Objekts hier dazu verwendet, wahlweise den Produktionsmodus zu aktivieren oder nicht. Beachten Sie dabei, dass der Import des environment-Objekts immer aus der Datei *environments/environment.ts* erfolgt. Während des Build-Vorgangs ersetzt das CLI die dort liegende Datei durch das von Ihnen aktivierte Environment-File. Der Environment-Mechanismus stellt Ihnen somit einen interessanten Ansatz zur flexiblen Konfiguration Ihrer Anwendung zur Verfügung.

### 2.12.1 Eigene Environments hinzufügen

Möchten Sie zusätzlich zu `dev` und `prod` eigene Umgebungen hinzufügen, so ist dies ebenfalls leicht möglich: Legen Sie hierfür einfach ein neues Environment-File an, und verknüpfen Sie dieses in der *angular-cli.json*:

```
"environments": {
  "source": "environments/environment.ts",
  "dev": "environments/environment.ts",
  "prod": "environments/environment.prod.ts",
  "preprod": "environments/environment.preprod.ts"
}
```

**Listing 2.13** »angular-cli.json«: ein neues Environment anlegen

Anschließend erstellen Sie ein Produktions-Build für Ihr `preprod`-Environment mit dem Befehl:

```
ng build --target=production --environment=preprod
```

In Kapitel 14, »Integrationstests mit Protractor«, erfahren Sie, wie Sie diesen Mechanismus verwenden, um Ihre Anwendungskonfiguration so zu verändern, dass Sie Integrationstests durchführen können.

**Targets und Environments in Verbindung mit ng serve**

Außer bei der Erstellung von deploybaren Builds können Targets und Environments auch beim Start der Anwendung über den `ng serve`-Befehl angegeben werden. Möchten Sie beispielsweise auch während der laufenden Entwicklung Produktions-Builds erzeugen, so verwenden Sie folgenden Befehl:

```
ng serve --prod
```

(bzw. `ng serve --target=production --environment=prod`)

## 2.13 Der AOT-Modus

Ein wichtiger Bestandteil des Angular-Frameworks ist der sogenannte Template-Compiler, dessen Aufgabe darin besteht, Ihren HTML-Code in performanten JavaScript-Code zu übersetzen. Dieser Schritt kann entweder zur Laufzeit der Anwendung im Browser (JIT-Modus) oder während des Build-Vorgangs (AOT-Modus) erfolgen. Diesem Thema habe ich auch ein eigenes Kapitel gewidmet (siehe Kapitel 16, »Der Angular-Template-Compiler, Ahead-of-time Compilation und Tree-Shaking«), in dem Sie sich näher mit den Grundlagen und den jeweiligen Vor- und Nachteilen der beiden Ansätze auseinandersetzen können.

Das CLI bietet Ihnen auch in diesem Bereich eine komfortable Unterstützung zur Generierung von AOT-optimierten Anwendungen. Möchten Sie beispielsweise einen Produktions-Build mit AOT-Modus erzeugen, so können Sie dies mit folgendem Befehl tun:

```
ng build --prod --aot
```

Während des Build-Vorgangs werden alle HTML-Templates in JavaScript-Code vorkompiliert und anschließend minifiziert. Das Ergebnis ist ein schneller startendes und kleineres Applikations-Bundle. (Die Gründe für diese Verbesserung erfahren Sie im Detail ebenfalls in Kapitel 16.)

## 2.14 Zusammenfassung und Ausblick

Mit dem Angular-CLI steht Ihnen ein komfortables Tool zur Verwaltung Ihrer Angular-Projekte zur Verfügung. Außer bei der Generierung von Applikationsbestandteilen (`ng new` und `ng generate`) unterstützt das CLI Sie des Weiteren bei der Ausführung der Anwendung (`ng serve`) sowie bei der Erzeugung von deploybaren Software-Builds (`ng build`).

Das Angular-Team hat bereits angekündigt, dass in den kommenden Monaten noch eine Vielzahl an interessanten Features zu erwarten sind. So sind beispielsweise die direkte Unterstützung von mobilen Applikationen sowie ein Modus zur Entwicklung von wiederverwendbaren Bibliotheken geplant.

Spannend ist auch die Ankündigung, Entwickler beim Update auf neue Major-Versionen von Angular zu unterstützen: Durch die Verwendung von strikten Konventionen hat das CLI hier die Möglichkeit, sehr genaue Annahmen über Ihr Projekt zu treffen und Sie auf diese Weise dabei zu unterstützen, Ihren Code an nicht abwärtskompatible Änderungen anzupassen. Die folgende Liste fasst noch mal einige wichtige Punkte dieses Kapitels zusammen:

- Der Befehl `ng new` generiert ein voll funktionsfähiges Applikationsgerüst.
- Hierbei haben Sie die Möglichkeit, eine Vielzahl an Optionen festzulegen, z. B. das Selektor-Präfix, das verwendet werden soll.
- Anstelle von SystemJS verwendet das CLI das deutlich mächtigere *webpack* für das Laden von Modulen und das Bundling der Anwendung.
- Das CLI liefert Ihnen diverse Blueprints zur Generierung von Komponenten, Direktiven, Pipes etc.
- Die Generierung erfolgt über den Befehl `ng generate {blueprint}`.
- Der Start der Anwendung erfolgt über den Befehl `ng serve`; einen deploybaren Build erhalten Sie über `ng build`.

- Die Ausführung von Kompontentests starten Sie mit `ng test`, die von Integrationstests mit `ng e2e`.
- Für viele Befehle existieren außerdem lokale *npm*-Skripte, wie `npm start` (für `ng serve`) oder `npm test` (für `ng test`).
- Wenn Sie diese Skripte einsetzen, wird die im *node_modules*-Verzeichnis hinterlegte Version der CLI verwendet, sodass Sie somit dauerhaft unabhängig von Ihrer global installierten Version bleiben.
- Mit dem Befehl `ng lint` starten Sie das Linting Ihrer Anwendung.
- Die mitgelieferten Linting-Regeln decken nahezu vollständig den offiziellen Angular-Style-Guide ab.
- Drittanbieter-Bibliotheken wie *lodash* können direkt über *npm* installiert werden.
- Möchten Sie Skripte global laden, indem Sie sie zur *index.html* hinzufügen, so müssen Sie sie in der `scripts`-Eigenschaft der Datei *angular-cli.json* hinterlegen.
- Environments und Build-Targets bieten Ihnen die Möglichkeit, Ihre Anwendung für verschiedene Umgebungen (z. B. `dev`, `pre-prod`, `prod`) zu konfigurieren.
- Der AOT-Modus sorgt dafür, dass Ihre HTML-Dateien in JavaScript vorkompiliert werden, was zu einem schnelleren Start der Anwendung führt.

Sie haben nun einen Überblick über die Kernbestandteile einer Angular-Applikation und wissen, wie Sie mit dem Angular-CLI für eine professionelle Projektorganisation sorgen können. Im nächsten Kapitel beschäftigen wir uns eingehender mit dem Angular-Sprachkern. So werden Sie sich dort insbesondere mit den Themen Komponenten- und Templating-Syntax befassen.

# Kapitel 3
# Komponenten und Templating: der Angular-Sprachkern



*»Everything is a component« – ganz so einfach ist die neue Angular-Welt zwar nicht, aber Komponenten sind ohne Zweifel eines der wichtigsten Konzepte des neuen Frameworks.*

Nachdem Sie in Kapitel 1, »Angular-Kickstart: Ihre erste Angular-Webapplikation«, bereits erste Erfahrungen mit den wichtigsten Bestandteilen einer Angular-Applikation sammeln konnten, werde ich Ihnen in diesem Kapitel die beiden Themen *Komponenten* und *Templating* im Detail vorstellen. Neben einer ausführlichen Erläuterung des Data- und Event-Bindings werden Sie unter anderem lernen, wie Sie aus einer Vielzahl von Einzelkomponenten eine komplexe Anwendung erzeugen können und welche Möglichkeiten Sie bei der Definition Ihrer Komponentenschnittstellen haben.

Eine besondere Rolle wird in diesem Zusammenhang die Möglichkeit spielen, mithilfe der sogenannten Content-Insertion-Technik beliebige dynamische Komponentenhierarchen zu erstellen. Da es nur schwer möglich ist, alle diese Konzepte an einem einzigen Beispiel zu erläutern, werden Sie im Laufe dieses Kapitels direkt eine Vielzahl von eigenständigen Komponenten entwickeln. So werden Sie unter anderem einen Timepicker, eine Panel-Komponente sowie einen Tab-Container implementieren.

Mit Abschluss dieses Kapitels werden Sie den Grundstein für alle folgenden Kapitel gelegt haben, z. B. für das Routing und die Anbindung von HTTP-Services.

## 3.1 Etwas Theorie: der Angular-Komponentenbaum

Wie Sie bereits bei der Entwicklung der Blogging-Applikation gesehen haben, ist eine Angular-Anwendung im Grunde genommen nichts anderes als ein hierarchischer Baum aus Komponenten. Mit der Extraktion der `BlogEntry`-Komponente hatten Sie bereits einen ersten Schritt hin zur Modularisierung der Anwendung gemacht. Abbildung 3.1 zeigt hierauf aufbauend die weitere Unterteilung der Applikation in gekapselte Komponenten.

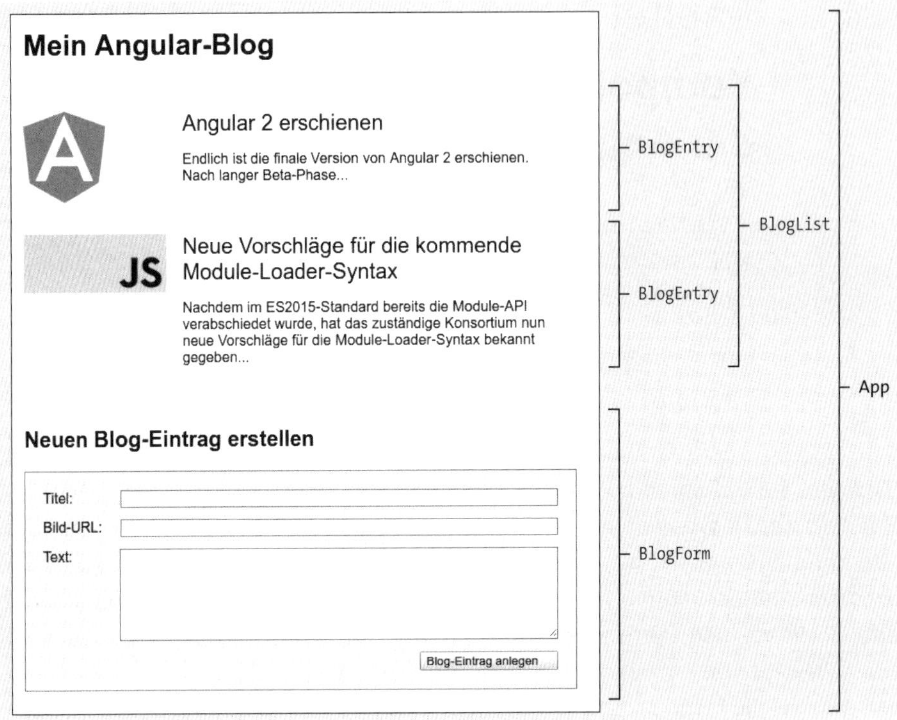


**Abbildung 3.1** Aufteilung der Blogging-Anwendung in Komponenten

Die `AppComponent` ist die Root-Komponente – und somit der Startpunkt der Applikation (siehe Abbildung 3.2). Hierbei ist es wichtig zu verstehen, dass sich eine Root-Komponente konzeptionell und syntaktisch in keinster Weise von anderen Komponenten der Applikation unterscheidet. Lediglich die Tatsache, dass diese Komponente dem Angular-Framework über die `bootstrap`-Eigenschaft des gestarteten `NgModule` als Einstiegspunkt bekannt gemacht wird, macht sie in diesem Fall zur Root-Komponente.

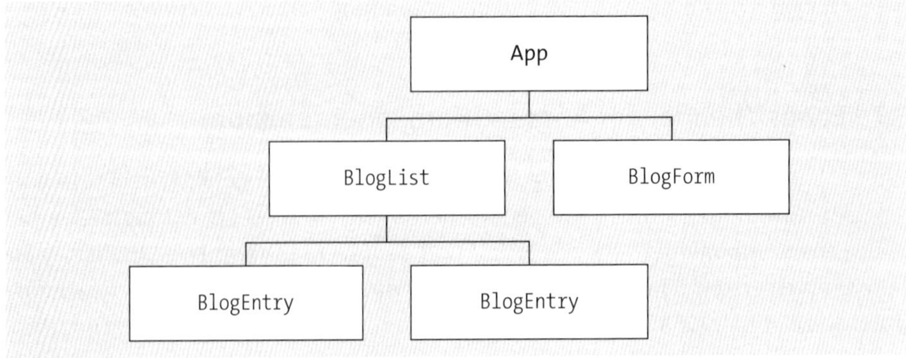


**Abbildung 3.2** Typischer Komponentenbaum einer Angular-Anwendung

Unterhalb der `AppComponent` finden Sie auf der nächsten Ebene die beiden Komponenten `BlogListComponent` zur Darstellung der Einträge und `BlogFormComponent` zur Erfassung und Bearbeitung von Einträgen. Die `BlogListComponent` enthält wiederum eine Liste von `BlogEntryComponent`-Komponenten.

Die hier dargestellte, strikt hierarchische Komponentenorganisation ist eines der wichtigsten Architekturprinzipien von Angular: Da das Framework zu jeder Zeit weiß, welche Komponenten Kenntnis voneinander haben und wie die einzelnen Komponenten untereinander verbunden sind, können Änderungen am Zustand der Applikation (dem sogenannten *Application State*) sehr effizient verwaltet werden.

Ein wichtiges Stichwort in diesem Zusammenhang ist der *Datenfluss* der Applikation. So sorgt Angular über diverse Mechanismen, die Sie in diesem Kapitel noch im Detail kennenlernen werden, dafür, dass Daten und Ereignisse immer auf einem klar definierten Weg den Komponentenbaum hinauf- bzw. hinunterlaufen. Aus Kapitel 1 kennen Sie bereits das Konzept des *Input-Bindings*: Durch die Definition des Inputs `entry` für die `BlogEntryComponent` hatten Sie dort dafür gesorgt, dass Daten aus der übergeordneten Komponente an die Kind-Komponente übergeben werden.

Bezogen auf den Datenfluss der Applikation sind Input-Bindings also dafür zuständig, Daten im Komponentenbaum von oben nach unten zu reichen. Abbildung 3.3 verdeutlicht dieses Konzept noch einmal grafisch.

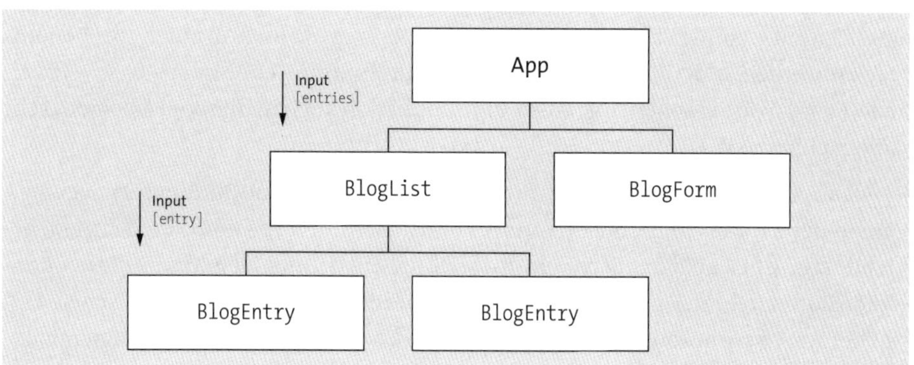


**Abbildung 3.3** Input-Bindings dienen zur Übergabe von Daten an Kind-Komponenten.

Die `AppComponent` übergibt hier eine Liste an Einträgen an die `BlogListComponent`. Diese übergibt jeder `BlogEntryComponent` wiederum einen einzelnen Eintrag zur Darstellung.

Ändert sich nun die `entries`-Liste, so kann Angular sehr exakt bestimmen, welche Komponenten von dieser Änderung betroffen sind und neu gerendert werden müssen und welche Komponenten unangetastet bleiben können. So muss im vorliegenden Beispiel lediglich der linke Zweig des Baumes neu gezeichnet werden. Die `BlogFormComponent` ist von der Änderung hingegen nicht betroffen.

Insbesondere bei der Implementierung von interaktiven Applikationen ist es natürlich meist nicht ausreichend, Daten lediglich im Baum nach unten zu reichen. Möchten Sie eine Eltern-Komponente über Änderungen oder Aktionen informieren – Daten also nach oben reichen –, so bietet Angular Ihnen hierfür sogenannte *Output-Bindings* an. Abbildung 3.4 verdeutlicht dieses Konzept erneut am Beispiel der Blogging-Applikation.

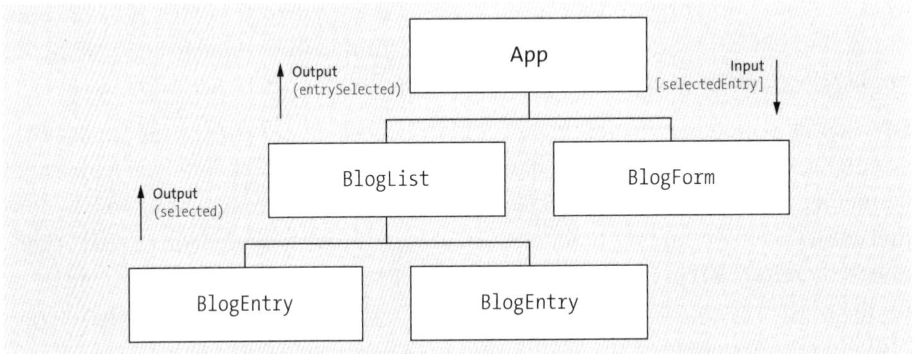


**Abbildung 3.4** Output-Binding zur Information von Eltern-Komponenten

Wird ein Blog-Eintrag ausgewählt, so informiert die `BlogEntryComponent` über ein Output-Binding die `BlogListComponent`. Diese reicht dieses Ereignis wiederum mithilfe eines Output-Bindings an die `AppComponent` weiter. Dort kann nun auf dieses Ereignis reagiert werden, indem beispielsweise ein Input-Binding der `BlogFormComponent` verändert wird. Wie Sie sehen, folgt die Kommunikation auch in diesem Fall einem sehr vorhersehbaren Weg.

Ich werde Ihnen die beiden Konzepte des Input- und Output-Bindings im weiteren Verlauf des Kapitels im Detail erläutern. Für das Gesamtverständnis der Framework-Architektur ist es aber zunächst einmal wichtig, die Grundideen hinter diesen Konzepten zu verstehen: Durch den definierten Datenfluss und den hierarchischen Aufbau der Applikation kann Angular deutlich effektiver auf Änderungen reagieren. Indem Sie einige wenige Regeln einhalten, können Sie somit ohne großen eigenen Aufwand sehr performante Anwendungen implementieren. Eine zentrale Rolle spielt dabei der Angular-`ChangeDetection`-Mechansimus, den Sie in Kapitel 5, »Fortgeschrittene Komponentenkonzepte«, kennenlernen werden. In diesem Kapitel geht es aber zunächst um die Basis einer jeden Angular-Applikation: um Komponenten und Templates.

## 3.2 Selektoren: vom DOM-Element zur Angular-Komponente

Selektoren sind gewissermaßen der Einstiegspunkt für die Verbindung zwischen dem DOM-Baum und der Angular-Applikation. Erinnern Sie sich hierfür noch einmal an die Implementierung der `HelloComponent` aus Kapitel 1:

```
@Component({
  selector: 'ch-hello',
  template: `<span>Hello {{name}}!</span>`
})
export class HelloComponent {
  name: string;
  constructor() {
    this.name = 'Angular';
  }
}
```

Findet Angular nun irgendwo in Ihrem DOM-Baum ein Tag der Form

```
<ch-hello></ch-hello>
```

wird der Body dieses Tags mit dem Markup gefüllt, das die Komponente erzeugt hat. Im Beispiel würde dies zu folgendem Ergebnis führen:

```
<ch-hello>
  <span>Hello Angular!</span>
</ch-hello>
```

Selektoren bieten Ihnen somit die Möglichkeit, Elemente aus dem ursprünglichen DOM-Baum zu »selektieren« und mit Ihrer Komponente zu verknüpfen. Hierfür stehen Ihnen unterschiedliche Arten von Selektoren zur Verfügung.

### 3.2.1 Tag-Selektoren

Die Selektor-Art aus dem obigen Abschnitt wird passenderweise auch als Tag-Selektor bezeichnet: Jedes HTML-Tag, das mit dem Wert der `selector`-Eigenschaft übereinstimmt, wird selektiert und mit der Komponente verbunden.

Dabei stellen Tag-Selektoren die vom Angular-Style-Guide empfohlene Selektor-Art für `@Component`-Komponenten dar. (Den Grund hierfür erfahren Sie in Abschnitt 3.2.2.)

### 3.2.2 Attribut-Selektoren

Neben Tag-Selektoren bietet Angular zusätzlich einige weitere Möglichkeiten, um DOM-Elemente aus dem DOM-Baum zu selektieren. So können Sie mithilfe von

Attribut-Selektoren alle Elemente auswählen, die ein bestimmtes Attribut besitzen. Das Attribut, das Sie selektieren wollen, schreiben Sie dabei in eckige Klammern. Für Attribut-Selektoren hat sich die *camelCase*-Notation als Best Practice etabliert. Die Konfiguration

```
@Component({
  selector: '[chHello]'
})
```

selektiert somit alle Elemente der Form:

```
<div chHello></div>
<span chHello></span>
```

**Restriktionen bei der Selektor-Definition**

An dieser Stelle möchte ich Sie auf eine wichtige Restriktion bei der Verwendung von Selektoren in Verbindung mit dem `@Component`-Decorator hinweisen. So müssen Sie sicherstellen, dass maximal eine einzige Komponente ein bestimmtes DOM-Element selektiert. Der Grund hierfür ist leicht zu verstehen. Stellen Sie sich vor, Sie hätten zusätzlich zu Ihrer `Hello`-Komponente die folgende `Important`-Komponente definiert:

```
@Component({
  selector: '[chImportant]'
  template: `<div> Ich bin sehr wichtig </div>`
})
class Important  {
}
```

In diesem Fall würde das DOM-Element

```
<div chHello chImportant> </div>
```

sowohl von Ihrer `Hello`-Komponente als auch von Ihrer `Important`-Komponente selektiert werden. Angular wüsste in diesem Fall nicht, welches Template verwendet werden soll, und würde mit der folgenden Exception abbrechen:

```
EXCEPTION: Only one component is allowed per element
```

Diese Einschränkung gilt im Übrigen nicht für Direktiven, die ich Ihnen im kommenden Kapitel vorstellen werde. Direktiven fügen einem DOM-Element neues Verhalten hinzu, bringen jedoch kein eigenes Template mit, sodass die soeben beschriebene Einschränkung auf sie nicht zutrifft.

### 3.2.3 Klassen-Selektoren

Eine weitere Form von Selektoren sind die Klassen-Selektoren. So können Sie mithilfe von Klassen-Selektoren sämtliche Elemente selektieren, die eine bestimmte Klasse besitzen. Die Selektion erfolgt dabei äquivalent zur CSS-Syntax über einen Punkt:

```
@Component({
  selector: '.hello'
})
```

Der obige Ausdruck selektiert somit alle folgenden Elemente:

```
<div class="hello"> </div>
<div class="hello important"> </div>
<span class="hello"> </span>
```

### 3.2.4 not()-Selektoren

Die letzte Möglichkeit zur Selektion von Elementen besteht in der Definition eines Ausschlusskriteriums. Die Syntax ist in diesem Fall äquivalent zur CSS-`not`-Syntax. Die Selektion

```
@Component({
  selector: 'div:not(.goodbye)'
})
```

wählt demnach alle `div`-Elemente aus, die nicht die Klasse `goodbye` besitzen:

```
<div class="hello"> </div>
<div class="hallo"> </div>
<div class="buongiorno"> </div>
```

### 3.2.5 Verknüpfung von Selektoren

Zusätzlich zu den vorgestellten Optionen ist es ebenfalls möglich, mehrere Selektoren mit der Komponente zu verknüpfen. Diese Verknüpfung erfolgt ebenfalls im CSS-Stil mit einem Komma. Die folgende Definition würde demnach alle `div`- und alle `span`-Elemente selektieren, die die Klasse `hello` besitzen:

```
@Component({
  selector: 'div.hello,span.hello'
})
```

Sie sehen: Ihrer Kreativität sind hier kaum Grenzen gesetzt. Achten Sie jedoch darauf, nicht allzu komplexe Selektoren zu definieren: Kleine Änderungen am DOM-Baum können dann bereits dazu führen, dass Ihre Komponente nicht mehr korrekt selektiert wird.

## 3.3 Die Templating-Syntax: Verbindung zwischen Applikationslogik und Darstellung

Bei der Templating-Syntax handelt es sich um diejenige Syntax, mit deren Hilfe Sie den Applikationscode einer Komponente mit dem zugehörigen HTML-Template verbinden können. In Kapitel 1, »Angular-Kickstart: Ihre erste Angular-Webapplikation«, haben Sie bereits einige Elemente dieser Syntax kennengelernt.

In diesem Abschnitt werde ich Ihnen darauf aufbauend sämtliche Bestandteile des Angular-Templatings inklusive ihrer möglichen Ausprägungen im Detail vorstellen. Sie lernen, in welchen Fällen die entsprechende Syntax sinnvoll verwendet werden kann, auf welche Fallstricke Sie bei der Implementierung achten müssen und wie Sie mithilfe der kanonischen Syntax auch dann mit Angular arbeiten können, wenn Ihre Umgebung die eigentliche Syntax nicht erlaubt.

### 3.3.1 Fallbeispiel: Timepicker-Komponente

Im Laufe der nächsten Abschnitte werde ich Ihnen die wichtigsten Templating-Konzepte am Beispiel einer Timepicker-Komponente vorstellen. Die Aufgabe dieser Komponente wird es sein, einem Anwender über drei Eingabefelder und zugeordnete Buttons die Eingabe einer Uhrzeit zu ermöglichen.

Dafür werde ich Ihnen in diesem Abschnitt zunächst zeigen, wie Sie die eingesetzten HTML-Elemente mithilfe der Templating-Syntax mit Ihrer Applikationslogik verknüpfen können. In den weiteren Abschnitten werden Sie dann lernen, wie Sie diese Funktionalität durch die Definition von Komponentenschnittstellen anderen Komponenten bereitstellen können.

Abbildung 3.5 zeigt die Oberfläche der Komponente, die Sie im Folgenden implementieren.

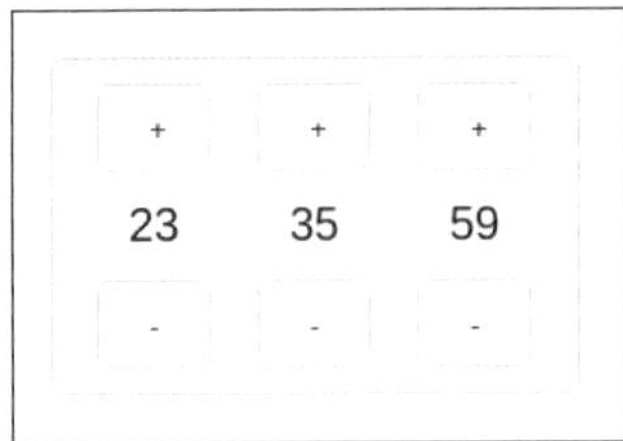


**Abbildung 3.5** Oberfläche der Timepicker-Komponente

**Die Beispiele dieses Kapitels**

Sie finden alle Beispielquelltexte dieses Kapitels im Beispielprojekt *sprachkern*. Dieses sowie alle weiteren Projekte des Buches sind für die Verwendung mit dem Angular-Command-Line-Interface (CLI) vorbereitet. Zur Kompilierung und Ausführung des Beispielsprojekts wechseln Sie somit wie gewohnt mit der Kommandozeile in das Verzeichnis. Installieren Sie dort zunächst mit dem Befehl `npm install` die benötigten Abhängigkeiten. Anschließend können Sie das Projekt über den Befehl `npm start` starten.

Importieren Sie das Projekt *sprachkern* nun in Ihre Entwicklungsumgebung. Den Quelltext der `Timepicker`-Komponente finden Sie innerhalb des Projekts in der Datei *time-picker.component.ts*.

### 3.3.2 Property-Bindings

Im ersten Schritt möchte ich Ihnen Property-Bindings im Detail vorstellen. Sie sind Ihnen bereits in Kapitel 1 begegnet. Property-Bindings ermöglichen es Ihnen, den Wert eines DOM-Propertys auf Basis eines Ausdrucks zu setzen. Die Zuweisung des Ausdrucks erfolgt dabei über eckige Klammern:

```
<elem [property]="Ausdruck">...</elem>
```

Innerhalb des zugeordneten Ausdrucks haben Sie nun Zugriff auf alle Eigenschaften und Methoden der zugeordneten Komponentenklasse. Die folgenden Listings zeigen beispielsweise die Verknüpfung des `value`-Propertys eines Input-Feldes mit der Eigenschaft `time.hours` aus der Komponentenklasse:

```
constructor() {
  this.time = {
    hours: 0,
    minutes: 0,
    seconds: 0
  }
}
```

**Listing 3.1** »time-picker.component.ts«: Initialisierung der Zeit im Konstruktor der Timepicker-Komponente

```
<input [value]="time.hours"/>
```

**Listing 3.2** »time-picker.component.html«: Property-Binding zum Setzen des Textfeld-Wertes

Das `value`-Property des Input-Feldes ist nun an die `time.hours`-Eigenschaft aus der Komponente gebunden: Ändert sich der Wert des Modells, so wird automatisch auch das `value`-Property des Input-Feldes angepasst.

**Anmerkung zum Styling der Komponente**

Wundern Sie sich an dieser Stelle nicht, dass die in diesem Kapitel vorgestellten HTML-Quellcodes mit sehr wenigen CSS-Regeln auskommen. Angular bietet für das Styling von Komponenten einen Mechanismus, der es erlaubt, die entsprechenden Regeln direkt an der Komponente zu hinterlegen. Hierdurch ist es oft möglich, auf CSS-Klassen im HTML zu verzichten. Eine detaillierte Beschreibung der Möglichkeiten, die Angular Ihnen in diesem Zusammenhang bereitstellt, finden Sie in Kapitel 5, »Fortgeschrittene Komponentenkonzepte«.

Bei der Verwendung des Property-Bindings ist es wichtig zu verstehen, dass der zugeordnete Ausdruck beliebige Operationen zum Setzten des Wertes ausführen kann. So ist es beispielsweise ebenfalls möglich, eine Methode der Klasse aufzurufen oder innerhalb des Ausdrucks eine Berechnung vorzunehmen:

```
getHours() {
  return this.time.hours;
}
...
<input [value]="getHours()"/>
```

**Listing 3.3** Property-Binding mit Methodenaufruf

```
<input [value]="2 + (3 * 6)"/>
```

**Listing 3.4** »basic-operations.components.html«: Property-Binding mit einer Berechnung innerhalb des Ausdrucks

Achten Sie hier darauf, dass nicht alle Beispielausschnitte Teil der Timepicker-Implementierung sind. Bestandteile, die nicht in die Implementierung des Timepickers passen, habe ich für Sie in der Komponente `BasicOperations` (*basic-operations.component.ts*) zusammengefasst.

### Der safe-navigation-Operator: Lästige null-checks vermeiden

In manchen Fällen kann es vorkommen, dass Sie nicht mit Sicherheit wissen, ob ein innerhalb des Ausdrucks verwendetes Objekt initialisiert ist oder nicht. Kann es beispielsweise vorkommen, dass die `time`-Eigenschaft der `TimePickerComponent` zu einem bestimmten Zeitpunkt nicht definiert ist, so würde die obige Definition mit der folgenden Exception fehlschlagen:

```
EXCEPTION: TypeError: Cannot read property 'hours' of null
```

In diesem Fall können Sie den Zugriff auf das Objekt über den sogenannten *safe-navigation-Operator* absichern:

```
<input [value]="time?.hours"/>
```

**Listing 3.5** Verwendung des »safe-navigation-Operators« zum sicheren Zugriff auf Objekte

Indem Sie ein ? an das Objekt hängen, teilen Sie Angular mit, dass die Auswertung der Objekteigenschaft nur erfolgen soll, wenn das Objekt definiert (also weder `undefined` noch `null`) ist.

### DOM-Propertys und HTML-Attribute

Die Unterscheidung zwischen DOM-Propertys und HTML-Attributen sorgt immer wieder für Verwirrung – insbesondere bei Entwicklern, die bislang hauptsächlich mit HTML gearbeitet haben. Damit Sie die Templating-Syntax verstehen, ist diese Unterscheidung aber elementar wichtig. So werden im Ausdruck

```
<input id="hello" value="Hallo Welt"/>
```

die beiden *HTML-Attribute* `id` und `value` des `input`-Tags beschrieben. Als Resultat dieser Definition erzeugt der DOM-Parser nun eine Instanz der Klasse `HTMLInputElement` und belegt die beiden *Propertys* `id` und `value` der Klasse mit den im HTML definierten Werten vor.

Nun haben Sie die Möglichkeit, die Propertys der Klasse per JavaScript zu manipulieren und somit beispielsweise den Wert des Eingabefeldes zu verändern:

```
document.getElementById('hello').value = 'Hello Angular 2';
```

Das Input-Feld zeigt anschließend den neuen Wert:

Hello Angular 2

Fragen Sie jetzt allerdings den Wert des `value`-*Attributs* des Eingabefeldes ab, werden Sie feststellen, dass dieser immer noch den ursprünglichen Wert »Hallo Welt« besitzt:

```
var value = document.getElementById('hello').getAttribute('value');
console.log(value); // Hallo Welt
```

HTML-Attribute sind somit lediglich dafür zuständig, die zugrunde liegenden DOM-Objekte *einmalig* zu initialisieren. Möchten Sie hingegen dynamische Operationen auf den Elementen vornehmen, so geschieht dies immer durch die Manipulation von DOM-Propertys und nicht durch die Manipulation von HTML-Attributen!

Ein Umstand, der an dieser Stelle leider noch weiter zur Verwirrung beiträgt, ist die Tatsache, dass DOM-Propertys und zugehörige HTML-Attribute nicht immer den gleichen Namen besitzen. So initialisiert der Ausdruck

```
<label for="hello">Label</label>
```

beispielsweise das `htmlFor`- Property des `HTMLLabelElements` und nicht – wie Sie vielleicht vermuten würden – das `for`-Property.

Des Weiteren gibt es verschiedene Propertys, die Ihnen gar nicht als Attribut zur Verfügung stehen, sowie umgekehrt einige Attribute, für die es kein entsprechendes Property gibt.

Eine sehr gute Übersicht über die bereitgestellte DOM-API bietet Ihnen das Mozilla Developer Network:

*https://developer.mozilla.org/en-US/docs/Web/API*

#### Kanonische Property-Binding-Syntax

In manchen Fällen kann es passieren, dass Ihre Umgebung die Syntax mit den eckigen Klammern nicht unterstützt. So verwenden beispielsweise einige HTML-Präprozessoren eckige Klammern in Ihrer Standardsyntax. In diesem Fall bietet Ihnen Angular die Möglichkeit, das Property-Binding über die sogenannte kanonische Syntax zu definieren. Der Aufbau dieses Bindings sieht dabei wie folgt aus:

```
<elem bind-property="Ausdruck">...</elem>
```

Das Binden des `time.hour`-Wertes würde somit über die Definition

```
<input bind-value="time.hours"/>
```

erfolgen.

### 3.3.3 Sonderfälle: Attribute, Klassen und Styles setzen

Wie oben gesagt, wird durch das Property-Binding im Normalfall das entsprechende DOM-Property des Elements verändert. In einigen Fällen ist es aber durchaus hilfreich, Attribute direkt beschreiben zu können. Ebenso besteht ein häufiger Anwendungsfall darin, Klassen oder Styles eines Elements auf Basis eines Ausdrucks zu verändern. In Angular sind für diese typischen Fälle jeweils Sonderbehandlungen implementiert, die ich Ihnen im Folgenden vorstellen möchte.

#### Attribute setzen

Möchten Sie ein Attribut direkt beschreiben, so erfolgt dies über die Syntax:

```
<elem [attr.attribute]="Ausdruck">...</elem>
```

So gibt es beispielsweise für das `colspan`-Attribut einer Tabellenzelle keine Entsprechung in der DOM-API. Um dieses Attribut nun mithilfe der Templating-Syntax zu verändern, können Sie den folgenden Ausdruck verwenden:

```
<td [attr.colspan]="calculateColSpan()"></td>
```

**Listing 3.6** »basic-operations.component.html«: Anwendung des Attribut-Bindings

#### CSS-Klassen setzen

Das Hinzufügen und Entfernen von Klassen ist ebenfalls ein sehr häufiger Anwendungsfall bei der Entwicklung von Webapplikationen. Da die entsprechende DOM-API hierfür aber leider recht aufwendig zu bedienen ist, bietet Angular für diesen Fall ebenfalls eine Sonderlösung. Mithilfe der Syntax

```
<elem [class.klassenname]="Ausdruck">...</elem>
```

wird die jeweilige Klasse abhängig vom Ausdruck dem Element hinzugefügt oder aus ihm entfernt.

Wollen Sie beispielsweise in einer Überwachungsanwendung die Klasse `alert` an einem `div`-Element abhängig vom Wert der `temperature`-Eigenschaft aktivieren, so können Sie dies mit dem folgenden Ausdruck erreichen:

```
<div [class.alert]="temperature > 100">...<div>
```

**Listing 3.7** »basic-operations.component.html«: Anwendung des Class-Bindings

> **Klassen-Binding vs. NgClass-Direktive**
>
> Neben dem Binden von Klassenwerten über die vorgestellte Syntax bietet Angular Ihnen mit der `NgClass`-Direktive eine weitere Möglichkeit, Klassen an einem Element dynamisch zu verändern. Mit der `NgClass`-Direktive haben Sie in diesem Zusammenhang noch flexiblere Konfigurationsmöglichkeiten. Ich werde Ihnen die Direktive im Detail in Kapitel 6, »Standarddirektiven und Pipes: wissen, was das Framework an Bord hat«, vorstellen. In vielen Fällen werden Sie jedoch mit dem hier vorgestellten einfachen Klassen-Binding auskommen.

#### Styles setzen

Das dynamische Setzen von Styles an einem Element funktioniert ähnlich wie das Setzen von Attributen. Zusätzlich haben Sie hierbei aber noch die Möglichkeit, optional die Einheit des Style-Wertes anzugeben. Dies ist beispielsweise dann sehr bequem, wenn Ihre Anwendungslogik Zahlenwerte berechnet und Sie auf Basis dieser Werte Pixelwerte eines Elements verändern möchten. Die Syntax hat dabei die Form:

```
<elem [style.stylename.einheit]="Ausdruck">...</elem>
```

Möchten Sie etwa die Schriftgröße eines Elements in Ihrer Anwendung berechnen lassen, könnten Sie dies wie folgt implementieren:

```
calculateFontSize() {
  if (this.temperature > 100) {
    return 20;
  } else  {
    return 12;
  }
}
```

**Listing 3.8** »basic-operations.component.ts«:
Methode zur Berechnung der Schriftgröße

```
<div [style.font-size.px]="calculateFontSize()">{{temperature}}<div>
```

**Listing 3.9** »basic-operations.component.html«: Setzen der Schriftgröße in Pixeln

### 3.3.4 Interpolation – Darstellung von Werten im View

Die Interpolationssyntax ist eine weitere Form des Data-Bindings. So haben Sie mithilfe der Interpolation die Möglichkeit, Eigenschaften der Komponente oder berechnete Werte im HTML-View als String auszugeben. Die Syntax hierfür besteht aus einer doppelten geschweiften Klammer:

```
<div>Gewählte Zeit: {{time.hours}}:{{time.minutes}}:{{time.seconds}}</div>
```

**Listing 3.10** Verwendung der Interpolationssyntax

Neben dem Zugriff auf Klassenvariablen können Sie, wie schon beim Property-Binding, beliebige Ausdrücke zur Berechnung des darzustellenden Wertes definieren:

```
<div>Gewählte Zeit: {{getTimeString(time)}}</div>
<div>1 + 2 ergibt {{ 1 + 2 }}</div>
```

**Listing 3.11** »basic-operations.component.html«:
Verwendung von dynamischen Ausdrücken bei der Interpolation

Des Weiteren können Sie auch den *safe-navigation*-Operator innerhalb einer Interpolation verwenden, der Ihnen bereits aus dem Property-Binding bekannt ist:

```
<div>Gewählte Zeit: {{time?.hours}}:{{time?.minutes}}:{{time?.seconds}}</div>
```

**Listing 3.12** Einsatz des »safe-navigation«-Operators innerhalb der Interpolation

Ist das `time`-Objekt nicht definiert, wird an dieser Stelle ein Leerstring ausgegeben.

### 3.3.5 Event-Bindings

Event-Bindings bilden gewissermaßen das Gegenstück zu Property-Bindings. So ist es mithilfe von Event-Bindings möglich, auf das Auftreten von DOM-Ereignissen zu reagieren, um daraufhin beispielsweise das Applikationsmodell zu verändern.

Die Syntax zum Erzeugen eines Event-Bindings sieht dabei wie folgt aus:

```
<elem (eventname)="aktion"></elem>
```

Möchten Sie beispielsweise im Timepicker-Beispiel beim Klick auf den »+«-Button den Wert für die Stunde erhöhen, so können Sie dies mithilfe der folgenden Definition erreichen:

```
<button (click)="time.hours = time.hours + 1"> + </button>
```

**Listing 3.13** »time-picker.component.html«: einfaches Event-Binding

In den meisten Fällen werden Sie an dieser Stelle jedoch keine direkte Zuweisung vornehmen, sondern vielmehr eine Klassenmethode der Komponentenklasse zur Manipulation des Models aufrufen. So macht es im Fall des Timepickers natürlich wenig Sinn, den Stundenzähler auf einen Wert über 23 zu erhöhen. Die folgende generische Inkrement-Methode behebt dieses Problem, indem sie beim Überschreiten eines vorgegebenen Maximalwertes mithilfe des Modulo-Operators wieder bei 0 beginnt:

```
export class TimePickerComponent {
  maxValues = {
    hours: 23,
    minutes: 59,
    seconds: 59
  };
  ...
  incrementTime(field: string) {
    const maxValue = this.maxValues[field];
```

```
    this.time[field] = (this.time[field] + 1) % (maxValue + 1);
  }
}
```

**Listing 3.14** »time-picker.component.ts«: Klassenmethode der TimepickerComponent zum Erhöhen eines Zeitwertes

Die Verwendung dieser Methode im Event-Binding sieht nun wie folgt aus:

```
<div class="col">
  <button (click)="incrementTime('hours')"> + </button>
  <input [value]="time?.hours"/>
  <button (click)="decrementTime('hours')"> - </button>
</div>
```

**Listing 3.15** »time-picker.component.html«: Methodenaufruf im Event-Binding

Beim Klick auf die »+«- bzw. »–«-Buttons erhöht bzw. verringert sich der Wert im Input-Feld nun jeweils um den Wert 1. Die vollständige Implementierung der decrementTime-Methode finden Sie ebenfalls innerhalb der Datei *time-picker.component.ts*.

**const: unveränderliche Variablen definieren**

Vermutlich ist Ihnen im obigen Listing bereits die Definition der maxValue-Variablen aufgefallen:

```
const maxValue = this.maxValues[field];
```

Hierbei handelt es sich um eine weitere Neuerung aus dem ES2015-Standard. So können Sie Konstanten – also unveränderliche Variablen – statt mit let mit dem Schlüsselwort const definieren. Genau wie let-Variablen sind const-Variablen nur im aktuellen Block gültig, allerdings ist eine erneute Zuweisung eines Wertes hier nicht mehr möglich. Der Vorteil von const-Variablen besteht darin, dass sie von der JavaScript-Engine besser optimiert werden können und somit zu einer verbesserten Performance Ihrer Applikation beitragen können. Für die einmalige Zuweisung eines Wertes sollten Sie somit immer auf das const-Schlüsselwort zurückgreifen.

#### Das $event-Objekt – Zugriff auf die Event-Eigenschaften

Möchten Sie direkt auf die Daten des ausgelösten Events zugreifen, so bietet Angular Ihnen hierfür den Zugriff über das $event-Objekt an. Möchten Sie beispielsweise auf die Änderung des Wertes im Eingabefeld reagieren, so können Sie den eingegebenen Wert wie folgt auslesen:

```
<input [value]="time?.hours" (change)="time.hours = $event.target.value"/>
```

**Listing 3.16** Zugriff auf die Event-Eigenschaften über das »$event«-Objekt

**Die Wahl des richtigen Events**

Das change-Event eines Input-Feldes wird immer dann ausgelöst, wenn die Eingabe in das Feld mit [↵] bestätigt wird oder das Input-Feld den Fokus verliert. Möchten Sie hingegen direkt auf jeden einzelnen Tastendruck reagieren, so steht Ihnen hierfür das input-Event zur Verfügung.



Wie schon zuvor bietet es sich natürlich auch bei der Direkteingabe des Wertes an, diesen auf Gültigkeit zu überprüfen. Beim Aufruf einer entsprechenden Klassenmethode können Sie einfach auf die Eigenschaften des $event-Objekts zugreifen:

```
changeTime(field: string, inputValue: string) {
  let value = Math.max(inputValue, 0);
  value = Math.min(value, this.maxValues[field]);
  this.time[field] = value;
}
```

**Listing 3.17** Implementierung der »changeTime«-Methode der Klasse »TimePicker«

```
<input [value]="time?.hours" (change)=
"changeTime('hours', $event.target.value)"/>
```

**Listing 3.18** Methodenaufruf mit Übergabe des Input-Wertes

Alternativ wäre es an dieser Stelle ebenfalls möglich gewesen, das $event-Objekt direkt an die changeTime-Methode zu übergeben und das Auslesen der value-Eigenschaft in Ihrem Applikationscode auszuführen. Wie Sie die Funktion definieren, ist letztendlich Geschmackssache – meine persönliche Empfehlung lautet jedoch, die Komponentenschnittstelle nicht unnötig mit UI-spezifischen Feinheiten zu »verschmutzen«. Durch fachliche Schnittstellen erreichen Sie einerseits eine deutlich höhere Wiederverwendbarkeit und sorgen andererseits dafür, dass sich Ihre Funktionen wesentlich leichter testen lassen.

### Die kanonische Event-Binding-Syntax

Wie schon für das Property-Binding gibt es auch für das Event-Binding eine kanonische Variante. Anstatt das Binding über runde Klammern zu definieren, erfolgt die Verknüpfung mit der Applikationslogik über das Präfix on-. Das Binding

```
<input (change)="changeTime('hours', $event.target.value)"/>
```

kann somit äquivalent über den Ausdruck

```
<input on-change="changeTime('hours', $event.target.value)"/>
```

definiert werden. Die generische Regel für das Erstellen eines Event-Bindings auf Basis der kanonischen Syntax lautet somit:

```
<elem on-eventname="aktion"></elem>
```

### Bequeme Verarbeitung von Tastatureingaben über Pseudo-Events

Möchten Sie lediglich auf bestimmte Tastatureingaben reagieren, so bietet Angular Ihnen hierfür ebenfalls eine sehr bequeme Lösung an. Mithilfe von sogenannten *Pseudo-Events* können Sie exakt bestimmen, bei welchen Tastaturcodes ein Event ausgelöst werden soll.

Möchten Sie beispielsweise zusätzlich zur Direkteingabe des Wertes im Texteingabefeld die Möglichkeit bereitstellen, den Wert über die Pfeiltasten zu verändern, so können Sie dies wie folgt erreichen:

```
<input [value]="time?.hours"
       (change)="changeTime('hours', $event.target.value)"
       (keydown.arrowup)="incrementTime('hours')"
       (keydown.arrowdown)="decrementTime('hours')"/>
```

**Listing 3.19** »time-picker.component.html«: Pseudo-Events zum Reagieren auf bestimmte Key-Codes

Die beiden Pseudo-Events `keydown.arrowup` und `keydown.arrowdown` lösen jeweils nur dann ein Event aus, wenn die entsprechende Pfeiltaste betätigt wird. Hat das Eingabefeld den Fokus, können Sie nun die Zeitwerte auch mithilfe der Tastatur erhöhen und verringern. Neben dem `keydown`-Event können Sie außerdem das `keyup`-Event als Pseudo-Event-Basis verwenden.

Tabelle 3.1 gibt Ihnen einen Überblick über die Möglichkeiten, die Ihnen zur Filterung zur Verfügung stehen.

| Event | Beispiel | Beschreibung |
|---|---|---|
| `enter` | `(keydown.enter)="action()"` | Drücken der [↵]-Taste |
| `tab` | `(keydown.tab)="action()"` | Loslassen der [↹]-Taste |
| `backspace` | `(keydown.backspace)="action()"` | Drücken der [←]-Taste |
| `pause` | `(keydown.pause)="action()"` | Drücken der [Pause]-Taste |
| `scrolllock` | `(keydown.scrolllock)="action()"` | Drücken der [Rollen]-Taste |
| `capslock` | `(keydown.capslock)="action()"` | Drücken der [⇩]-Taste |

**Tabelle 3.1** Übersicht über die zur Verfügung stehenden Pseudo-Events

| Event | Beispiel | Beschreibung |
|---|---|---|
| `insert` | `(keydown.insert)="action()"` | Drücken der Einfg-Taste |
| `delete` | `(keydown.delete)="action()"` | Drücken der Entf-Taste |
| `pageup` | `(keydown.pageup)="action()"` | Drücken der Bild↑-Taste |
| `pagedown` | `(keydown.pagedown)="action()"` | Drücken der Bild↓-Taste |
| `arrowup` | `(keydown.arrowup)="action()"` | Drücken der ↑-Taste |
| `arrowdown` | `(keydown.arrowdown)="action()"` | Drücken der ↓-Taste |
| `arrowleft` | `(keydown.arrowleft)="action()"` | Drücken der ←-Taste |
| `arrowright` | `(keydown.arrowright)="action()"` | Drücken der →-Taste |
| `a, b, c...` | `(keydown.a)="action()"` | Drücken eines Buchstabens |
| `f1, f2, f3...` | `(keydown.f1)="action()"` | Drücken einer Funktionstaste |
| `1, 2, 3...` | `(keydown.1)="action()"` | Drücken einer Zifferntaste |

**Tabelle 3.1** Übersicht über die zur Verfügung stehenden Pseudo-Events (Forts.)

Des Weiteren bietet Angular Ihnen zusätzlich die Möglichkeit, die Reaktion auf Tastatureingaben auf Basis von Kontrollcodes weiter einzuschränken. So würde der Ausdruck

```
(keydown.control.arrowdown)="decrementTime('hours')"
```

den Tastendruck nur auswerten, wenn gleichzeitig die Strg-Taste und die ↓-Taste gedrückt werden.

Die Codes aus Tabelle 3.2 stehen Ihnen für die weitere Filterung der Tastatureingaben zur Verfügung.

| Event | Beispiel | Beschreibung |
|---|---|---|
| `control` | `(keydown.control.enter)="action()"` | Das Event wird bei gleichzeitigem Drücken der Strg- und der ↵-Taste ausgelöst. |
| `alt` | `(keydown.alt.arrowup)="action()"` | Das Event wird bei gleichzeitigem Drücken der Alt- und der ↑-Taste ausgelöst. |

**Tabelle 3.2** Übersicht über die zur Verfügung stehenden Kontrollcodes

| Event | Beispiel | Beschreibung |
|---|---|---|
| `shift` | `(keydown.shift.enter)="action()"` | Das Event wird bei gleichzeitigem Drücken der ⇧- und der ↵-Taste ausgelöst. |
| `meta` | `(keydown.meta.enter)="action()"` | Das Event wird bei gleichzeitigem Drücken der Meta- und der ↵-Taste ausgelöst. Die Meta-Taste ist auf PC/Windows-Keyboards die ⊞-Taste bzw. auf Apple-Keyboards die cmd-Taste. |

**Tabelle 3.2** Übersicht über die zur Verfügung stehenden Kontrollcodes (Forts.)

### Das Standardverhalten von Events verhindern

Einen Schönheitsfehler hat die vorgestellte Tastatursteuerung noch. Hat das Eingabefeld den Fokus, so führt das Drücken der ↑-Taste dazu, dass der Cursor an den Anfang des Feldes gesetzt wird. Das Drücken der ↓-Taste positioniert den Zeiger am Ende des Eingabefeldes. Um dieses Verhalten zu unterbinden, bietet JavaScript die Möglichkeit, das Standardverhalten eines Events mithilfe der `preventDefault()`-Funktion zu verhindern. Das folgende Listing zeigt, wie Sie die Funktion zur Steuerung des TimePickers verwenden:

```
<input [value]="time?.hours"
  (change)="changeTime('hours', $event.target.value)"
  (keydown.arrowup)="incrementTime('hours'); $event.preventDefault()"
  (keydown.arrowdown)="decrementTime('hours'); $event.preventDefault()"
/>
```

**Listing 3.20** »time-picker.component.html«:
das Standardverhalten eines Events verhindern

## 3.3.6 Two-Way-Data-Bindings mit NgModel

Zu Beginn der Entstehung der neuen Angular-Plattform, bestand einer der größten Kritikpunkte der Community darin, dass das – sehr bequeme – aus AngularJS 1.x bekannte *Two-Way-Data-Binding* durch das One-Way-Binding-Konzept ersetzt wurde, das aus Property-Bindings und Event-Bindings besteht.

Die Angular-Entwickler reagierten schließlich auf diese Kritik und führten die `NgModel`-Direktive ein. Diese Direktive ist Teil des `FormsModule`, das Sie – wie das `BrowserModule` – über die `imports`-Eigenschaft Ihres Applikationsmoduls zu Ihrer Anwendung hinzufügen können:

```
import {FormsModule} from '@angular/forms';

@NgModule({
  imports: [BrowserModule, FormsModule],
  bootstrap: [AppComponent],
  ...
})
export class AppModule {
}
```

**Listing 3.21** »app.module.ts«: So fügen Sie das »FormsModule« zu Ihrem Applikationsmodul hinzu.

Details zur Arbeit mit Formularen finden Sie in Kapitel 8, »Template-Driven Forms: einfache Formulare auf Basis von HTML« und Kapitel 9, »Model-Driven Forms: Formulare dynamisch in der Applikationslogik definieren«. Möchten Sie eine Eingabekomponente nun direkt mit einem Wert aus Ihrer Komponentenklasse verbinden, so können Sie dies mithilfe von `NgModel` wie folgt erreichen:

```
<input [(ngModel)]="time.hours"/>
```

**Listing 3.22** Verwendung des Angular-Two-Way-Data-Bindings mit der »NgModel«-Direktive

Eine Veränderung des Eingabefeldes sorgt nun dafür, dass der Wert `time.hours` sofort angepasst wird. Umgekehrt wird das Eingabefeld bei einer anderweitigen Änderung des Stundenwertes automatisch aktualisiert – z. B. nach dem Laden des `time`-Objekts aus einem Backend.

Die etwas eigenwillige Syntax aus eckigen und runden Klammern `[(ngModel)]` deutet in diesem Zusammenhang bereits auf die interne Funktionsweise des Angular-Two-Way-Data-Bindings hin: Bei dem Ausdruck handelt es sich lediglich um eine Kurzschreibweise für die Kombination eines Property-Bindings und eines Event-Bindings. Listing 3.22 lässt sich somit äquivalent durch folgenden Code ausdrücken:

```
<input [ngModel]="time.hours" (ngModelChange)="time.hours = $event"/>
```

**Listing 3.23** Langschreibweise des Two-Way-Data-Bindings

In Abschnitt 3.4.3 werde ich Ihnen den generischen Angular-Mechanismus für *Two-Way-Data-Bindings* noch im Detail erläutern. Dort werden Sie ebenfalls lernen, wie Sie eigene Two-Way-Bindings für Ihre Komponenten implementieren können. An dieser Stelle ist es aber zunächst wichtig, dass es sich hierbei lediglich um eine Kurzschreibweise für ein kombiniertes Property- und Event-Binding handelt.

**»Banana in a box« – eine Eselsbrücke zum Two-Way-Data-Binding**

Auch wenn die Syntax des Two-Way-Data-Bindings sehr schön die Kombination aus Property- und Event-Binding widerspiegelt, ist es dennoch – gerade am Anfang – nicht leicht, sich zu merken, ob zunächst die eckigen oder doch erst die runden Klammern gesetzt werden müssen. Denken Sie als Eselsbrücke einfach an eine »Banane in einer Box«. Das hat zwar im Grunde nichts mit Angular zu tun, aber ich verspreche Ihnen dennoch, dass Sie ab jetzt genau wissen, wie Sie die Syntax einzusetzen haben.

### 3.3.7 Lokale Template-Variablen

Das nächste Konzept der Templating-Syntax, das ich Ihnen in diesem Kapitel vorstellen möchte, sind die lokalen Template-Variablen. Lokale Template-Variablen erlauben Ihnen den Zugriff auf die Eigenschaften und Methoden eines Elements innerhalb eines Templates. Die Deklaration der lokalen Variablen erfolgt dabei über das #-Zeichen. Mit dem folgenden Ausdruck erzeugen Sie also die lokale Variable `minutes`:

```
<input #minutes
       [value]="time?.minutes" ... />
```

**Listing 3.24** »time-picker.component.html«: Definition einer lokalen Variablen

Über diese Variable haben Sie nun Zugriff auf die gesamte DOM-API des Eingabefeldes. Wollten Sie beispielsweise dafür sorgen, dass der Fokus in das Minutenfeld wechselt, wenn der Anwender nach der Eingabe des Stundenwertes die ⇆-Taste drückt, so können Sie dies mithilfe der `minutes`-Variablen wie folgt erreichen:

```
<input [value]="time?.hours"
       ...
       (keydown.tab)="minutes.focus(); $event.preventDefault()"/>
```

**Listing 3.25** »time-picker.component.html«: Verwendung einer lokalen Variablen

In Abschnitt 3.4 werden Sie außerdem lernen, wie Sie mithilfe von lokalen Variablen auf die Eigenschaften und Methoden Ihrer selbst geschriebenen Komponenten zugreifen können.

#### Die kanonische Syntax für lokale Variablen

Wie schon für Property-Bindings und Event-Bindings bietet Ihnen Angular für lokale Variablen ebenfalls eine kanonische Syntax-Variante an. Die Definition einer Variablen geschieht dabei über ein vorangestelltes `ref-`. So lässt sich der Ausdruck

```
<input #minutes  ... />
```

äquivalent durch den Code

```
<input ref-minutes ... />
```

ausdrücken.



### 3.3.8 Die *-Templating-Microsyntax – neue DOM-Elemente dynamisch einfügen

Die Templating-Microsyntax ist der wahrscheinlich exotischste Bestandteil des Angular-Templating. Mit den beiden mitgelieferten Direktiven `NgIf` und `NgFor` haben Sie bereits zwei typische Beispiele für den Einsatz der Microsyntax kennengelernt. Listing 3.26 zeigt zur Erinnerung noch einmal die `NgFor`-Direktive im Einsatz:

```
<ch-blog-entry *ngFor="let entry of entries" [entry]="entry">
</ch-blog-entry>
```

**Listing 3.26** Verwendung der »NgFor«-Direktive

Der etwas sperrige Ausdruck *Microsyntax* beschreibt hierbei die Tatsache, dass es sich bei dem zugewiesenen String (`let entry of entries`) nicht um einen einfachen Templating-Ausdruck, sondern um eine (sehr kleine) eigene Sprache zur Erzeugung von DOM-Elementen handelt. Im konkreten Fall sagen Sie Angular hier: »Erzeuge für jeden Eintrag der `entries`-Liste eine neue Instanz eines `<ch-blog-entry>`.«

Als einfache Regel können Sie sich in diesem Zusammenhang merken, dass der vorangestellte * immer bei der Verwendung von sogenannten *strukturellen Direktiven* verwendet wird – also von Direktiven, die die Struktur des DOM-Baums verändern.

#### Einführung in HTML5-Templates

Für das tiefere Verständnis dieses Konzeptes ist es zunächst einmal wichtig, zu wissen, dass solche strukturellen Direktiven in Angular immer auf HTML-`<template>`-Elementen basieren. So definiert die mit HTML5 eingeführte Template-Spezifikation erstmals einen Standard, um wiederverwendbare HTML-Bausteine zu definieren. Code, der innerhalb eines `<template>`-Tags spezifiziert wird, wird dabei nicht direkt im DOM-Baum gerendert. Vielmehr dient dieser Code als Vorlage, die durch die Applikation importiert, mit Inhalt angereichert und anschließend dynamisch in den DOM-Baum eingefügt werden kann. Listing 3.27 zeigt als Basis für die weiteren Erklärungen zunächst einmal ein Beispiel für die Verwendung des `<template>`-Tags in einer von Angular unabhängigen Standard-HTML/JavaScript-Anwendung:

```
<body>
  <template id="blog-post-template">
    <div class="blog-post">
```

```
      <h2></h2>
      <div class="content">
      </div>
    </div>
  </template>

  <h1>Blog-Posts</h1>
  <div id="blog-posts">
  </div>
</body>
```

**Listing 3.27** »plain-templates.html«: Definition eines HTML-Templates im Markup

Sie finden den entsprechenden Quelltext im Beispielprojekt in der Datei *src/plain-templates.html*. Wenn Sie die HTML-Datei im Browser ohne weitere Manipulation öffnen, sehen Sie, dass das `<template>`-Tag zunächst ohne Auswirkung auf die Darstellung bleibt (siehe Abbildung 3.6).

**Abbildung 3.6** Initiale Darstellung der HTML-Seite

Die Verwendung des HTML-Templates erfolgt nun, sobald der Knoten innerhalb des JavaScript-Codes importiert wird:

```
<script>
  function appendBlogPost(post) {
    var template = document.querySelector('#blog-post-template').content;
    var blogPost = document.importNode(template, true);

    var title = blogPost.querySelector('h2');
    title.textContent = post.title;

    var content = blogPost.querySelector('.content');
    content.textContent = post.content;
    document.querySelector('#blog-posts').appendChild(blogPost);
  }
  appendBlogPost({title: "Erster Post", content: "Dies ist der Inhalt
                                                   des ersten Posts"});
  appendBlogPost({title: "Zweiter Post", content: "Dies ist der Inhalt
                                                    des zweiten Posts"});
</script>
```

**Listing 3.28** »plain-templates.html«: Verwendung des HTML-Templates

Die Funktion appendBlogPost selektiert zunächst den Inhalt des <template>-Tags und erzeugt mithilfe der importNode-Methode eine Kopie des Knotens. Anschließend kann der neue Knoten beliebig über das DOM-API manipuliert und schließlich in den DOM-Baum eingehängt werden. Im Beispiel werden exemplarisch zwei Blog-Einträge auf Basis des Templates erzeugt. Ein erneutes Öffnen der HTML-Seite zeigt, dass nun zwei Instanzen des Templates gerendert werden (siehe Abbildung 3.7).



Blog-Posts

Erster Post

Dies ist der Inhalt des ersten Posts

Zweiter Post

Dies ist der Inhalt des zweiten Posts

**Abbildung 3.7** Darstellung der Seite nach Verwendung des HTML-Templates

Des Weiteren spiegelt auch der generierte HTML-Code die korrekte Verwendung der Vorlage wider:

```
<div id="blog-posts">
  <div class="blog-post">
    <h2>Erster Post</h2>
    <div class="content">Dies ist der Inhalt des ersten Posts</div>
  </div>
  <div class="blog-post">
    <h2>Zweiter Post</h2>
    <div class="content">Dies ist der Inhalt des zweiten Posts</div>
  </div>
</div>
```

**Listing 3.29** Auf Basis des Templates erzeugter HTML-Code

#### Verwendung des <template>-Tags in Angular

Angular kapselt die Verwendung des Template-Tags für die Erzeugung von neuen DOM-Knoten nun auf sehr elegante Art und Weise. So handelt es sich bei dem Ausdruck

```
<div *ngIf="isVisible" >
  Ich werde nur dann gerendert, wenn isVisible wahr ist.
</div>
```

letztendlich nur um eine Kurzschreibweise für den folgenden Code:

```
<template [ngIf]="isVisible">
  <div>
    Ich werde nur dann gerendert, wenn isVisible wahr ist.
  </div>
</template>
```

**Listing 3.30** Langschreibweise der *-Syntax

Die `NgIf`-Direktive ist dabei so implementiert, dass sie den übergebenen Ausdruck auswertet und bei Bedarf das definierte Template in den DOM-Baum einhängt.

Die Implementierung der zweiten Ihnen schon bekannten Direktive, die die Microsyntax verwendet, ist nun noch ein wenig komplizierter. So wird der Code

```
<ul>
  <li *ngFor="let value of values">
    {{value}}
  </li>
</ul>
```

von Angular automatisch in das folgende Format übersetzt:

```
<ul>
  <template ngFor let-value [ngForOf]="values">
    <li>{{value}}</li>
  </template>
</ul>
```

Das Input-Binding (dazu mehr in Abschnitt 3.4.1) `ngForOf` wird an die `NgFor`-Direktive übergeben. Diese sorgt anschließend dafür, dass für jedes Element der übergebenen Liste eine Instanz des definierten Templates erzeugt wird. Die lokale Variable `let-value` dient als Eingangsvariable für jede Template-Instanz.

Zwar ist der eigentliche Algorithmus, nach dem die Microsyntax aufgelöst wird, durchaus auch interessant; an dieser Stelle ist es jedoch deutlich wichtiger, dass Sie verstehen, dass es sich auch bei der Umsetzung der strukturellen Direktiven nicht um eine spezielle Sonderlösung handelt. Angular setzt in diesem Punkt voll auf das eigene Komponentenmodell und auf die Nutzung des HTML-Template-Standards. Durch diese Art der Implementierung können Sie den Angular-Sprachumfang beliebig um eigene strukturelle Direktiven erweitern. Außerdem werden Sie in Kapitel 5, »Fortgeschrittene Komponentenkonzepte«, lernen, wie Sie `<template>`-Blöcke sogar als Variablen verwenden können, um auf diese Weise dynamisch Bestandteile einer Komponente zur Laufzeit auszutauschen.

### 3.3.9 Templating-Syntax-Spickzettel

Die Angular-Templating-Syntax lässt sich zwar durch wenige Regeln beschreiben; gerade am Anfang ist es aber durchaus leicht möglich, die Übersicht über die verschiedenen Syntax-Varianten zu verlieren.

Tabelle 3.3 fasst die vorgestellten Bestandteile aus diesem Grund noch einmal knapp zusammen. Sollten Sie bei der Entwicklung einmal nicht auf Anhieb auf die richtige Syntax kommen, so können Sie diese jederzeit hier nachschlagen.

| Syntaxbeispiel | Beschreibung |
|---|---|
| <input [value]="time.hours"/> | Property-Binding: Das DOM-Property value des input-Feldes wird an den Ausdruck time.hours gebunden. |
| <input bind-value="time.hours"/> | Kanonische Syntax-Variante des Property-Bindings. |
| <input [value]="time?.hours"/> | *Safe-navigation*-Operator zum sicheren Zugriff auf Objekteigenschaften |
| <td [attr.colspan]=<br>"calculateColSpan()"><br></td> | Binden des colspan-Attributs der Tabellenzelle an einen Ausdruck. Sondervariante des Property-Bindings, um Attribute zu binden. |
| <div [class.alert]=<br>"temperature > 100"><br></div> | Aktivieren/Deaktivieren einer CSS-Klasse abhängig vom Ergebnis eines Ausdrucks |
| <div [style.font-size.px]=<br>"calcSize()"><br></div> | Berechnung eines Style-Attributs – in diesem Fall Berechnung der Schriftgröße in der Einheit »Pixel« |
| <div>Zeit: {{time.hours}}:{{time.<br>minutes}}</div> | Verwendung der Interpolationssyntax zur Auswertung und Darstellung von Ausdrücken im Template |
| <input (change)=<br>"changeHours($event)"/> | Event-Binding: Das change-Event des Input-Feldes wird an die changeHours-Methode gebunden. Über die $event-Variable haben Sie Zugriff auf alle Eigenschaften des ausgelösten change-Events. |
| <input on-change=<br>"changeHours($event)"/> | Kanonische Variante des oben abgebildeten Event-Bindings |

**Tabelle 3.3** Spickzettel zur Templating-Syntax

| Syntaxbeispiel | Beschreibung |
|---|---|
| `<input (keydown.arrowup)= "incHours();"/>` | Auswertung von bestimmten Keyboard-Events mithilfe von Pseudo-Events |
| `<input [(ngModel)]="time.hours"/>` | Verwendung der `NgModel`-Direktive zur Simulation eines Two-Way-Data-Bindings in Angular |
| `<input #minutes />`<br>`<button (click)=`<br>`"minutes.focus()">`<br>`...`<br>`</button>` | Definition der lokalen Template-Variablen `minutes` und Verwendung der Variablen zum Setzen des Fokus |
| `<input ref-minutes />` | Kanonische Variante zur Definition einer lokalen Template-Variablen |
| `<div *ngIf="isVisible" > </div>` | Verwendung der Templating-Microsyntax für Direktiven, die neue Elemente in den DOM-Baum einhängen |

**Tabelle 3.3** Spickzettel zur Templating-Syntax (Forts.)

## 3.4 Komponentenschnittstellen definieren: von der einzelnen Komponente zur vollständigen Applikation

Bislang haben Sie gelernt, wie Sie mithilfe der Templating-Syntax eine Verbindung zwischen Ihrem Applikationscode und dem zugehörigen Template herstellen können. Wirklich interessant wird die Entwicklung in Angular jedoch erst durch die Möglichkeit, Ihre eigenen wiederverwendbaren Komponenten zu definieren und mehrere Komponenten miteinander zu verknüpfen.

Bezogen auf das Timepicker-Beispiel bedeutet dies, dass Sie den Nutzern Ihrer Komponente die Möglichkeit geben müssen, den Zeitwert von außen zu setzen bzw. abzufragen. Des Weiteren soll die Timepicker-Komponente diejenige Komponente, in der sie verwendet wird, aktiv über Änderungen des Zeitwertes informieren.

In den folgenden Abschnitten werden Sie lernen, mit welchen Techniken Sie diese Anforderungen umsetzen und somit sauber gekapselte Komponenten erzeugen können.

### 3.4.1 Input-Bindings – Werte in Ihre Komponenten hineinreichen

Im ersten Schritt möchte ich Ihnen zeigen, wie Sie mithilfe von Input-Bindings Daten in Ihre Komponente hineinreichen können. Das Ziel besteht darin, die Komponente wie folgt verwenden zu können:

```
<ch-time-picker [time]="calendarEntry.startTime"></ch-time-picker>
```

**Listing 3.31** »calendar.component.ts«: Verwendung der Timepicker-Komponente innerhalb der Kalenderkomponente

Der Kalender stellt die Uhrzeit in diesem Fall im ISO-8601-Zeitformat zur Verfügung, also als String der Form »HH:MM:SS«.

Wie Sie bereits sehen, erfolgt das Binding im HTML über eckige Klammern – ähnlich dem Property-Binding für Standard-DOM-Propertys. Um das zugehörige Input-Binding innerhalb der Komponentenklasse zu definieren, verwenden Sie den `@Input`-Decorator:

```
import {Component, Input, OnInit} from '@angular/core';
...
export class TimePickerComponent implements OnInit {
  @Input() time: string;
...
}
```

**Listing 3.32** »time-picker.component.ts«: Definition eines einfachen Input-Bindings mithilfe des »@Input«-Decorators

Stimmt der Name des Input-Propertys, das Sie binden wollen, mit dem Namen des Feldes in der Komponentenklasse überein, genügt es, das entsprechende Feld mit `@Input()` zu dekorieren.

Im Falle der `TimePickerComponent` kommt es nun allerdings zu einem Namenskonflikt. So hat die Membervariable zum Speichern der einzelnen Zeitbestandteile ebenfalls den Namen `time`. Sie könnten sich nun natürlich die Arbeit machen, eine der beiden Variablen umzubenennen. Angular bietet Ihnen für diesen Fall aber eine deutlich elegantere Lösung an: Indem Sie einen Namen an den `@Input`-Decorator übergeben, können Sie der gebundenen Membervariablen einen beliebigen anderen Namen verpassen. Listing 3.33 zeigt die entsprechende Deklaration der `timeString`-Variablen:

```
export class TimePickerComponent implements OnInit {
  @Input('time') timeString: string;
  ...
}
```

**Listing 3.33** Definition eines benannten Input-Bindings

**Benannte Input- (und Output-)Bindings und der Angular-Style-Guide**

Im offiziellen Angular-Style-Guide wird darauf hingewiesen, dass Sie nach Möglichkeit auf den Einsatz von benannten Bindings verzichten sollten. Meiner Meinung nach bietet Ihnen diese Schreibweise jedoch die Möglichkeit, auf einfachem Wege klare Schnittstellen zu definieren, sodass ich in meinen Projekten durchaus von dieser Technik Gebrauch mache.

Wie ich bereits erwähnt habe, soll die eingehende Schnittstelle auf dem ISO-8601-Zeitformat basieren. Innerhalb der `TimePickerComponent` müssen Sie diesen Zeit-String nun also zunächst parsen und in das intern verwendete Zeitformat übertragen. Instinktiv könnten Sie an dieser Stelle versuchen, diese Umwandlung innerhalb des Konstruktors vorzunehmen. Der Zugriff auf die `split`-Methode der `timeString`-Variablen würde in diesem Fall jedoch mit einer Exception fehlschlagen:

```
EXCEPTION: TypeError: Cannot read property 'split' of undefined
```

Der Grund hierfür ist, dass Input-Bindings zum Zeitpunkt des Konstruktoraufrufs noch nicht initialisiert sind. Für die Initialisierung von Bindings oder Ähnlichem stellt Ihnen Angular aus diesem Grund den *ngOnInit-Lifecycle-Callback* zur Verfügung.

Sie werden den Lebenszyklus einer Komponente in Abschnitt 3.7 dieses Kapitels noch im Detail kennenlernen. Um das Input-Binding zu verstehen, müssen Sie an dieser Stelle aber lediglich wissen, dass Angular eine bereitgestellte `ngOnInit`-Funktion automatisch aufruft, während Ihre Komponente erzeugt wird. Zum Zeitpunkt dieses Aufrufs sind sowohl die Input- als auch die Output-Bindings (die ich im nächsten Abschnitt vorstelle) vollständig initialisiert. Die Umwandlung des übergebenen Strings in das interne Format kann somit durch das Hinzufügen der folgenden Funktion zur `TimePickerComponent` erfolgen:

```
export class TimePickerComponent implements OnInit {
  ...
  ngOnInit() {
    const timeParts = this.timeString.split(":");
    if (timeParts.length === 3) {
      this.time = {
        hours: parseInt(timeParts[0]),
```

```
        minutes: parseInt(timeParts[1]),
        seconds: parseInt(timeParts[2])
      };
    }
  }
}
```

**Listing 3.34** »time-picker.component.ts«: Implementierung des »ngOnInit«-Lifecycle-Callbacks zur Initialisierung der »time«-Variablen

Die Verwendung der Timepicker-Komponente und die Übergabe des Zeitwertes erfolgt nun – wie eingangs dargestellt – mithilfe von eckigen Klammern:

```
<ch-time-picker [time]="calendarEntry.startTime"></ch-time-picker>
```

**Listing 3.35** »calendar.component.html«: Einbindung der Timepicker-Komponente in den Kalender

```
export class CalendarComponent {
  ...
  constructor() {
    this.calendarEntry = {
      startTime: '23:12:55'
    }
  }
}
```

**Listing 3.36** »calendar.component.ts«: Initialisierung der »calendarEntry«-Variablen

Abbildung 3.8 zeigt, dass der Timepicker jetzt mit dem Wert der `calendarEntry.startTime`-Eigenschaft initialisiert wird.

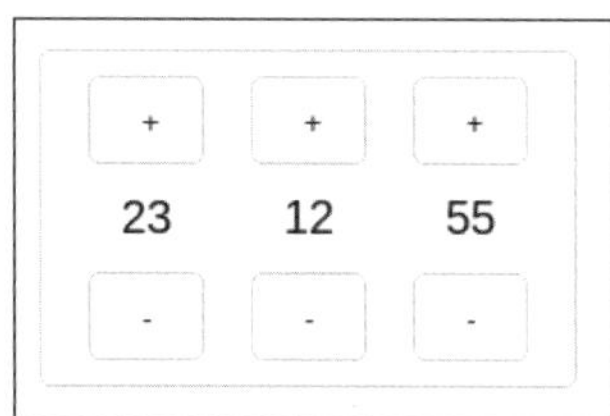


**Abbildung 3.8** Initiale Darstellung der Timepicker-Komponente im Kalender

**Implementierung des OnInit-Interface**

Die Implementierung des von Angular mitgelieferten `OnInit`-Interface führt dazu, dass der Compiler einen Fehler meldet, wenn Ihre Komponente keine `ngOnInit`-Funktion enthält. Dies führt zu einem noch höheren Level an Typsicherheit. Details zu allen von Angular mitgelieferten Lifecycle-Interfaces und Methoden werde ich Ihnen in Abschnitt 3.7 erläutern.

#### Die kanonische Input-Binding-Syntax

Neben der Möglichkeit, das Input-Binding über den `@Input`-Decorator zu erstellen, bietet Angular Ihnen ebenfalls die Möglichkeit, das Binding über die `inputs`-Eigenschaft des `@Component`-Decorators vorzunehmen. Diese Eigenschaft erwartet eine Liste von Strings, die die Input-Schnittstelle der Komponente beschreiben. Das zuvor erstellte Binding würde in diesem Fall wie folgt aussehen:

```
@Component({
  selector: 'ch-time-picker',
  inputs: ['timeString: time']
  ...
})
export class TimePickerComponent {
  timeString: string;
  ...
}
```

**Listing 3.37** Kanonisches Input-Binding über die »inputs«-Eigenschaft des »@Component«-Decorators

Sollte es nicht notwendig sein, das Binding zu benennen, so ist die Definition noch etwas einfacher:

```
@Component({
  selector: 'ch-time-picker',
  inputs: ['time']
})
export class TimePickerComponent {
  time: string;
}
```

**Listing 3.38** Unbenanntes kanonisches Input-Binding

Ein Vorteil des kanonischen Ansatzes besteht hier darin, dass Sie die gesamte öffentliche Schnittstelle an einer zentralen Stelle im Decorator beschreiben können. Nichtsdestotrotz hat sich in der Angular-Community aber mittlerweile der Einsatz des `@Input`-Decorators durchgesetzt, sodass ich Ihnen – beim Einsatz von TypeScript als Sprache – ebenfalls die Verwendung dieser Technik ans Herz legen möchte.

Haben Sie sich hingegen für den Einsatz von ECMAScript 5 entschieden, stehen Ihnen Dekoratoren nicht zur Verfügung (siehe Kapitel 17, »ECMAScript 5: Angular-Anwendungen auf klassische Weise entwickeln«). In diesem Fall stellt der kanonische Ansatz eine leicht zu verwendende Alternative dar.

### 3.4.2 Output-Bindings – andere Komponenten über Datenänderungen informieren

Output-Bindings stellen – wie der Name bereits vermuten lässt – das Gegenstück zu Input-Bindings dar. So ist es mit ihrer Hilfe möglich, Eltern-Komponenten über Änderungen am Zustand der Komponente zu informieren.

Auf den folgenden Seiten werde ich Ihnen zeigen, wie Sie die `TimePickerComponent` so erweitern können, dass diese die `CalendarComponent` über Änderungen des Zeitwertes auf dem Laufenden hält.

Die Definition eines Output-Bindings erfolgt äquivalent zum Input-Binding mithilfe des `@Output`-Decorators:

```
import {Component, Input, Output, EventEmitter} from '@angular/core';
...
export class TimePickerComponent {
  @Output('timeChange') changeEvent: EventEmitter;
  constructor() {
    this.changeEvent = new EventEmitter();
  }
  ...
}
```

**Listing 3.39** »time-picker.component.ts«:
Output-Binding mithilfe des »@Component«-Decorators

Ein Output-Binding ist immer vom Typ `EventEmitter`, was übersetzt so viel wie »Ereignis-Auslöser« bedeutet. Die `EventEmitter`-Klasse basiert dabei auf der `Observable`-Klasse, die Sie im weiteren Verlauf des Buches noch sehr intensiv kennenlernen werden. Zum jetzigen Zeitpunkt sollten Sie lediglich wissen, dass die `Observable`-Klasse Teil der von Angular verwendeten Bibliothek *RxJS* ist. Diese Bibliothek unterstützt die Entwicklung von sogenannten *reaktiven Programmen* – also Programmen, die darfür optimiert sind, asynchrone Ereignisse zu verarbeiten.

Um ein neues Event zu erzeugen, bietet die `EventEmitter`-Klasse die Methode `emit` an. Listing 3.39 und Listing 3.40 zeigen die Verwendung der Methode sowie die Implementierung einer Funktion, die aus dem internen `time`-Objekt wieder einen ISO-8601-kompatiblen String erzeugt:

```
incrementTime(field, maxValue) {
  this.time[field] = (this.time[field] + 1) % (maxValue + 1);
  this.changeEvent.emit(this.getTime());
}
```

**Listing 3.40** »time-picker.component.ts«: Auslösen eines neuen Events bei Änderung des Zeitwerts

```
getTime() {
  const hours = this.fillUpZeros(this.time.hours);
  const minutes = this.fillUpZeros(this.time.minutes);
  const seconds = this.fillUpZeros(this.time.seconds);
  return `${hours}:${minutes}:${seconds}:`;
}
```

**Listing 3.41** »time-picker.component.ts«: Methode zur Erzeugung eines ISO-8601-Zeit-Strings

Beim jedem Aufruf der `incrementTime`-Methode wird nun ein Event ausgelöst, in dem der generierte Zeit-String als Argument enthalten ist. Da das Event ebenfalls im Fall von `changeTime` und `decremtentTime` ausgelöst werden soll, bietet es sich hier an, die Event-Erzeugung in eine eigene Hilfsfunktion auszulagern:

```
emitTimeChange() {
  this.changeEvent.emit(this.getTime());
}
```

**Listing 3.42** »time-picker.component.ts«: ausgelagerte Hilfsmethode zum Erzeugen des Events

Bei der Verwendung der `TimePickerComponent` innerhalb der Kalender-Komponente haben Sie nun die Möglichkeit, sich für das `timeChange`-Event zu registrieren. So sagen Sie Angular mit dem folgenden Listing, dass beim Auftreten des Events die `onTimeChanged`-Methode der `CalendarComponent` aufgerufen werden soll:

```
<ch-time-picker [time]="calendarEntry.startTime" (timeChange)=
"onTimeChanged($event)"></ch-time-picker>
```

**Listing 3.43** »calendar.component.html«: Verwendung des Output-Bindings im HTML-Code

Ändert sich der Zeitwert, soll die `onTimeChanged`-Methode der Kalender-Komponente aufgerufen werden.

Die Verwendung der runden Klammern ist dabei äquivalent zur Event-Binding-Syntax für native DOM-Events. Beachten Sie außerdem die Verwendung des `$event`-Parameters beim Methodenaufruf: Dieser enthält immer den Wert, den Sie in der Komponente »emittet« haben – im Fall der `TimePickerComponent` also den aktuellen Zeit-String, sodass Sie innerhalb der `CalendarComponent` nun wie folgt auf die Zeitänderungen reagieren können:

```
export class CalendarComponent {
  ...
  onTimeChanged(time: string){
    console.log('Time changed: ', time);
    this.calendarEntry.startTime = time;
  }
}
```

**Listing 3.44** »calendar.component.ts«: Listener-Methode, die bei Zeitänderungen aufgerufen wird

Abbildung 3.9 zeigt, dass nun bei jedem Klick auf den »–«-Button die geänderte Zeit in der Konsole ausgegeben wird.

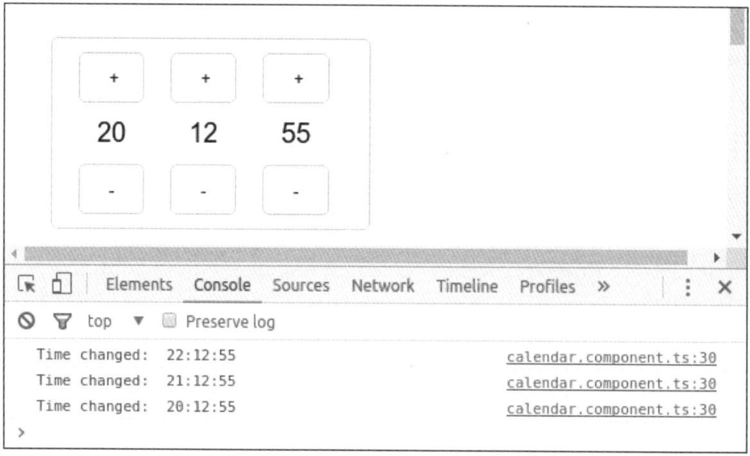


**Abbildung 3.9** Die Änderungen des Zeitwerts werden in der Developer-Konsole ausgegeben.

### Die kanonische Output-Binding-Syntax

Wie beim Input-Binding steht Ihnen für das Output-Binding ebenfalls eine kanonische Syntaxvariante zur Verfügung. Mithilfe der `outputs`-Eigenschaft des `@Component`-Decorators können Sie die ausgehende Schnittstelle der Komponente dabei wie folgt definieren:

```
@Component({
  selector: 'ch-time-picker',
  outputs: ['changeEvent: timeChange'],
```

```
  ...
})
export class TimePickerComponent {
  changeEvent: EventEmitter;
  ...
}
```

**Listing 3.45** »time-picker-component.ts«: kanonisches Output-Binding mithilfe des »@Component«-Decorators

### 3.4.3 Two-Way-Data-Bindings – syntaktischer Zucker für Ihre Komponentenschnittstelle

Mit der `NgModel`-Direktive haben Sie in Abschnitt 3.3.6 bereits eine sehr spezielle von Angular mitgelieferte Implementierung des Two-Way-Data-Bindings kennengelernt. In Ihrem Programmieralltag werden Sie jedoch immer wieder in die Situation kommen, dass Sie Komponenten entwickeln, die Daten annehmen, diese in irgendeiner Form manipulieren und anschließend wieder ausgeben sollen. In diesem Fall ist es für den Benutzer Ihrer Komponente sehr bequem, sich per Two-Way-Data-Binding mit Ihrer Implementierung verbinden zu können. Das Ziel ist somit die folgende Komponentenschnittstelle:

```
<ch-time-picker [(time)]="calendarEntry.startTime"></ch-time-picker>
```

**Listing 3.46** Two-Way-Data-Binding für die Timepicker-Komponente

Wie Sie schon bei der Vorstellung von `NgModel` gesehen haben, ist diese Schreibweise nun aber lediglich eine Kurzform für folgenden Ausdruck:

```
<ch-time-picker [time]="calendarEntry.startTime"
                (timeChange)="calendarEntry.startTime = $event">
</ch-time-picker>
```

**Listing 3.47** Langschreibweise des Two-Way-Data-Binding für die Timepicker-Komponente

Überraschung! Da die bisherige Implementierung exakt diese Schnittstelle bereits zur Verfügung stellt, ist es nun ohne weitere Änderungen am Komponentencode möglich, die Verwendung der `TimePickerComponent` auf Two-Way-Binding umzustellen. Die zuvor implementierte Funktion `onTimeChanged` der `CalendarComponent` ist nun nicht mehr notwendig.

Um Komponenten zu erstellen, die mit dem Two-Way-Data-Binding kompatibel sind, müssen Sie sich also lediglich an die folgenden Konventionen halten:

- Die Komponente besitzt ein Input-Binding mit einem beliebigen Namen, beispielsweise `prop`.
- Die Komponente besitzt ein Output-Binding mit dem im Input-Binding verwendeten Namen und dem Suffix `Change`, also `propChange`.

Eine Komponentenschnittstelle der Form

```
<any [prop]="value" (propChange)="value = $event"></any>
```

lässt sich also per Two-Way-Data-Binding immer mit der folgenden Syntax ausdrücken:

```
<any [(prop)]="value"></any>
```

### 3.4.4 Auf Änderungen von Bindings reagieren

Auf Basis des zuvor definierten Two-Way-Data-Bindings könnten Sie nun auf die Idee kommen, die Eingabe der Uhrzeit sowohl über den Timepicker als auch über ein einfaches Eingabefeld zu gestatten. Der entsprechende HTML-Code würde in diesem Fall wie folgt aussehen:

```
<ch-time-picker [(time)]="calendarEntry.startTime"></ch-time-picker>
<input [(ngModel)]="calendarEntry.startTime">
```

**Listing 3.48** »calendar.component.html«: Eingabe der Uhrzeit per Input-Feld

Nach einem erneuten Start der Anwendung werden Sie jedoch feststellen, dass sich Änderungen, die Sie über die Timepicker-Komponente vornehmen, zwar korrekt im Input-Feld widerspiegeln, eine Direkteingabe über das Input-Feld jedoch ohne Auswirkung auf den Timepicker bleibt.

Der Grund für dieses Verhalten ist, dass sich bei einer Eingabe im Eingabefeld zwar das gebundene Element (`calendarEntry.startTime`) ändert, die Timepicker-Komponente jedoch nicht auf diese Änderung reagiert. So verwendet die Komponente bislang die `ngOnInit`-Methode, um das Binding *einmalig* in die interne Repräsentation der Zeit umzusetzen:

```
ngOnInit() {
  const timeParts = this.timeString.split(":");
  if (timeParts.length === 3) {
    this.time = {
      hours: Math.min(parseInt(timeParts[0]),23),
```

```
      minutes: Math.min(parseInt(timeParts[1]), 59),
      seconds: Math.min(parseInt(timeParts[2]), 59)
    };
  }
}
```

**Listing 3.49** »time-picker.component.ts«: bisherige Implementierung der Umsetzung des Bindings in die interne Repräsentation

Für ein vollständig funktionsfähiges Two-Way-Binding benötigen Sie also die Möglichkeit, innerhalb der Timepicker-Komponente auf Änderungen des Bindings zu reagieren. Angular stellt Ihnen für diesen Fall den `ngOnChanges`-Callback zur Verfügung. Wie der Name vermuten lässt, wird dieser Callback jedes Mal aufgerufen, wenn sich ein Input-Binding ändert. Da dies auch dann geschieht, wenn das Binding zum ersten Mal initialisiert wird, müssen Sie für eine korrekte Implementierung nichts anderes tun, als die `ngOnInit`-Methode durch die `ngOnChanges`-Methode zu ersetzen und das implementierte Interface auszutauschen:

```
export class TimePickerComponent implements OnChanges {
  ...
  ngOnChanges() {
    const timeParts = this.timeString.split(":");
    if (timeParts.length === 3) {
      this.time = {
        hours: Math.min(parseInt(timeParts[0]),23),
        minutes: Math.min(parseInt(timeParts[1]), 59),
        seconds: Math.min(parseInt(timeParts[2]), 59)
      };
    }
  }
}
```

**Listing 3.50** »time-picker.component.ts«: Umwandlung des gebundenen Wertes in das interne Format im »ngOnChanges«-Callback

Sollten Sie an dieser Stelle genauere Informationen über die ausgeführte Änderung benötigen, können Sie diese auch über einen Methodenparameter auswerten. Der Parameter enthält dabei Angaben über das veränderte Binding sowie den neuen und den vorherigen Wert:

```
import {SimpleChanges, ...} from '@angular/core';
...
ngOnChanges(changes: SimpleChanges) {
```

```
  console.log('Changes: ', changes);
  const timeParts = this.timeString.split(":");
}
```

**Listing 3.51** Auswertung der durchgeführten Änderungen

Der Code aus Listing 3.51 führt in der Developer-Konsole zu der Ausgabe aus Abbildung 3.10.

```
Changes:  ▼ Object {timeString: SimpleChange}
            ▼ timeString: SimpleChange
                currentValue: "23:12:54"
                previousValue: "23:12:55"
              ▶ __proto__: SimpleChange
            ▶ __proto__: Object
```

**Abbildung 3.10** Ausgabe der Änderungen in der Developer-Konsole

### 3.4.5 Lokale Komponentenvariablen – Zugriff auf die API Ihrer Kind-Elemente im HTML-Code

Möchten Sie die Werte einer verwendeten Komponente nicht direkt mit Ihrem Datenmodell verbinden, sondern zu einem definierten Zeitpunkt ad hoc abfragen, so können Sie dies im HTML-Code über die Definition einer *lokalen Komponentenvariablen* erreichen. Die verwendete Syntax ist dabei erneut äquivalent zur Definition von lokalen Variablen für Standard-DOM-Elemente:

```
<ch-time-picker #timepicker [(time)]="calendarEntry.startTime">
</ch-time-picker>
```

**Listing 3.52** Definition einer lokalen Variablen zum Zugriff auf den Timepicker

Über diese Variable haben Sie nun von außen vollen Zugriff auf alle Eigenschaften und Methoden der `TimePickerComponent`. Wenn Sie beispielsweise beim Klick auf einen Button die Methode `reset` zum Zurücksetzen des Zeitwertes aufrufen wollen, so können Sie dies mithilfe der lokalen Variablen wie folgt erreichen:

```
<button (click)="timepicker.reset()">Zeit zurücksetzen</button>
```

**Listing 3.53** Aufruf der »reset«-Funktion der Timepicker-Komponente

## 3.5 ViewChildren: Zugriff auf Kind-Elemente aus der Komponentenklasse

Möchten Sie nicht innerhalb des HTML-Templates, sondern aus der Komponentenklasse heraus auf Kind-Komponenten zugreifen, so stellt Ihnen Angular die Möglichkeit bereit, mithilfe des `@ViewChildren`-Decorators eine sogenannte *View Query* zu definieren:

```
import {Component, ViewChildren, QueryList, AfterViewInit} from
  '@angular/core';
...
export class CalendarComponent implements AfterViewInit {
  ...
  @ViewChildren(TimePickerComponent) timePickers:
                               QueryList<TimePickerComponent>;
  timePicker: TimePickerComponent;
  constructor() {
    this.calendarEntry = {
      startTime: '23:12:55'
    }
  }
  ngAfterViewInit() {
    this.timePicker = this.timePickers.first;
    console.log('Ausgewählte Zeit: ' + this.timePicker.getTime());
  }
}
```

**Listing 3.54** Verwendung des »@ViewChildren«-Decorators zum Zugriff auf Kind-Elemente

Das Ergebnis der `ViewChildren`-Abfrage ist immer vom Typ `QueryList`. So handelt es sich bei `QueryList`-Objekten um sogenannte *Live-Listen*: Ändert sich der Komponentenbaum, wird ebenfalls die Liste automatisch aktualisiert. Die Schreibweise mit den spitzen Klammern steht dabei für sogenannte *Generics*, die ich Ihnen im Detail im Anhang B, »Typsicheres JavaScript mit TypeScript«, vorstelle. Vereinfacht gesagt, sorgt die Verwendung von Generics hier dafür, dass Sie die Timepicker-Liste typsicher durchlaufen können.

Bei der implementierten Methode `ngAfterViewInit` handelt es sich wie schon bei der `ngOnInit`-Methode um einen sogenannten Lifecycle-Hook. Die `ngAfterViewInit`-Methode wird aufgerufen, nachdem alle regulären Kind-Elemente der Klasse vollständig initialisiert wurden. (Neben den regulären Kind-Elementen werden Sie in Abschnitt 3.6.2 mit Content-Children einen weiteren Kinder-Typ kennenlernen.) So führt die oben dargestellte Implementierung erwartungsgemäß zur Konsolenausgabe:

```
Ausgewählte Zeit: 23:12:55
```

Tabelle 3.4 gibt Ihnen einen Überblick über die Eigenschaften und Methoden, die von der `QueryList`-Klasse zur Verfügung gestellt werden.

| Eigenschaft bzw. Methode | Beschreibung |
|---|---|
| `queryList.first` | Liefert das erste Element der Liste zurück. |
| `queryList.last` | Liefert das letzte Element der Liste zurück. |
| `querList.length` | Liefert die Anzahl der enthaltenen Elemente zurück. |
| `queryList.changes` | Stellt ein Observable-Objekt zur Verfügung, mit dessen Hilfe auf Änderungen an der Listenstruktur reagiert werden kann. (Details zu Observables lernen Sie u. a. in Kapitel 12 kennen)) |
| `queryList.toArray()` | Erzeugt ein statisches Array, das alle Elemente der Liste enthält, die zum Zeitpunkt des Aufrufs enthalten waren. Mithilfe der `toArray`-Methode ist es möglich, zu einem bestimmten Zeitpunkt über den Inhalt der `QueryList` zu iterieren. |

**Tabelle 3.4** Übersicht über die »QueryList«-API

### Der ViewChild-Decorator

Falls sich im Komponentenbaum exakt ein Kind-Element des gesuchten Typs befindet, können Sie alternativ zur vorgestellten Implementierung außerdem auf den `@ViewChild`-Decorator zurückgreifen. Dieser liefert immer das erste Vorkommen des gesuchten Komponententyps zurück. Die Implementierung aus Listing 3.54 hätten Sie somit ebenfalls wie folgt realisieren können:

```
export class CalendarComponent implements AfterViewInit {
  ...
  @ViewChild(TimePickerComponent) timePicker: TimePickerComponent;
  ...
  ngAfterViewInit() {
    console.log('Ausgewählte Zeit: ' + this.timePicker.getTime());
  }
}
```

**Listing 3.55** »calendar.component.ts«: Verwendung des ViewChild-Decorators zum Zugriff auf das erste Kind-Element vom Typ »TimePickerComponent«

Mithilfe der beiden Decorators `@ViewChild` und `@ViewChildren` können Sie somit aus der Komponentenklasse heraus auf die Schnittstellen von Kind-Komponenten zugreifen.

#### Injektion über den Namen der Template-Variablen

Des Weiteren ist es an dieser Stelle möglich, die Injektion nicht über den Typ der Kind-Komponente, sondern über den Namen einer lokalen Template-Variablen vorzunehmen:

```
<ch-time-picker #timepicker [(time)]="calendarEntry.startTime">
</ch-time-picker>
```

**Listing 3.56** »calendar.component.html«: Definition der lokalen Variablen »timepicker«

```
@ViewChild('timepicker') timePicker: TimePickerComponent;
```

**Listing 3.57** »calendar.component.ts«: Injektion des Timepickers über den Variablennamen

> **Kopplung zwischen Eltern- und Kind-Komponenten**
>
> Auch wenn es durchaus praktisch ist, dass Sie auf die gesamte öffentliche Schnittstelle der Kind-Komponente zugreifen können, sollten Sie sich hierbei dennoch darüber im Klaren sein, dass dies auf der anderen Seite auch die Kopplung zwischen Eltern- und Kind-Komponenten erhöht.
>
> Sie sollten sich bei der Implementierung Ihrer Komponenten also immer auch Gedanken darüber machen, welche Methoden und Eigenschaften öffentlich zugänglich sein sollen und welche Ihnen nur innerhalb der Komponente zur Verfügung stehen.

## 3.6 Content-Insertion: dynamische Komponentenhierarchien erstellen

Sie haben bis hierher gelernt, wie Sie Kind-Komponenten mithilfe von unterschiedlichen Schnittstellen in eine übergeordnete Komponente einbinden können. Bislang waren diese Komponentenhierarchien aber immer statisch: Innerhalb Ihres Komponenten-Templates haben Sie exakt festgelegt, an welcher Stelle welche andere Komponente eingebettet wird. Mit dem Content-Insertion-Mechanismus bietet Angular Ihnen nun die Möglichkeit, Punkte innerhalb eines Komponenten-Templates zu bestimmen, an denen dynamischer Inhalt eingefügt werden kann.

### 3.6.1 Einfachen HTML-Code injizieren

Ein typisches Beispiel für die Verwendung dieser Technik ist die Implementierung einer ein- und ausklappbaren Panel-Komponente. Diese Komponente soll die Möglichkeit bieten, beliebigen Text zu definieren, der innerhalb einer Komponente dargestellt werden soll. Die Komponente soll dann die Funktionalität bereitstellen, diesen Text bei einem Klick auf den Header des Panels ein- bzw. auszublenden. Abbildung 3.11 zeigt ein typisches Layout einer solchen Panel-Komponente.

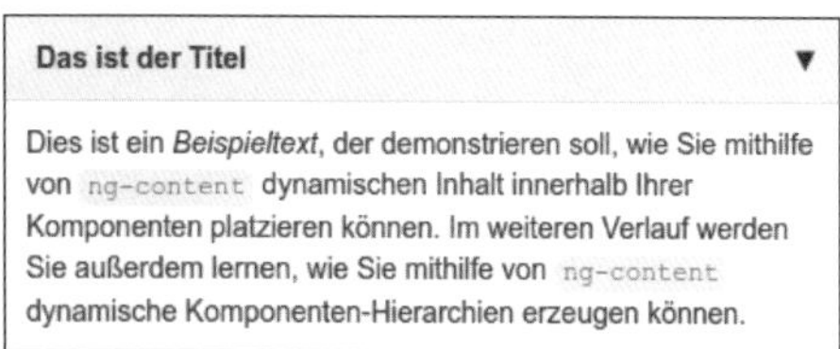
Das ist der Titel ▼
Dies ist ein Beispieltext, der demonstrieren soll, wie Sie mithilfe von ng-content dynamischen Inhalt innerhalb Ihrer Komponenten platzieren können. Im weiteren Verlauf werden Sie außerdem lernen, wie Sie mithilfe von ng-content dynamische Komponenten-Hierarchien erzeugen können.

**Abbildung 3.11** Einklappbare Panel-Komponente

Das Ziel der folgenden Implementierung besteht darin, die Erzeugung eines Panels im HTML-Code auf die folgende Art zu erlauben:

```
<ch-panel title="Das ist der Titel">
  Dies ist ein <i>Beispieltext</i>, der demonstrieren soll, wie Sie
  mithilfe von <code>ng-content</code> dynamischen Inhalt innerhalb
  Ihrer Komponenten platzieren können.
</ch-panel>
```

**Listing 3.58** »panel-demo.component.html«: Verwendung der Panel-Komponente

Neben dem Input-Binding für den Titel des Panels benötigen Sie also eine Möglichkeit, innerhalb der `PanelComponent` eine Stelle zu definieren, an der der Text gerendert werden soll, den Sie im Body des `<ch-panel>`-Tags definiert haben.

### Content-Insertion mit ng-content

Angular bietet Ihnen für diesen Anwendungsfall das `<ng-content>`-Tag an. Durch die Platzierung dieses Tags innerhalb eines Templates teilen Sie dem Framework mit, dass der Inhalt des Host-Tags (also in diesem Fall des `<ch-panel>`-Tags) an dieser Stelle eingefügt werden soll. Listing 3.59 zeigt die HTML-Implementierung der Panel-Komponente mithilfe des `ng-content`-Tags:

```
<div class="panel">
  <div class="header" (click)="togglePanel()">
    <span>{{title}}</span>
    <span class="arrow">{{ open ?  '&#9660;' : '&#9668;'}}</span>
  </div>
  <div *ngIf="open" class="body">
    <ng-content></ng-content>
  </div>
</div>
```

**Listing 3.59** »panel.component.html«: Einsatz des »ng-content«-Tags zur Definition des Content-Insertion-Points

Die zugehörige Komponentenklasse benötigt keine Kenntnis über den gerenderten Inhalt – sie definiert lediglich das `title`-Input-Binding und stellt eine Methode zum Ein- und Ausklappen des Panels bereit:

```
@Component({
    selector: 'ch-panel',
    ...
})
export class PanelComponent {
    open = true;
    @Input() title: string;
    togglePanel() {
        this.open = !this.open;
    }
}
```

**Listing 3.60** »panel.component.ts«: Implementierung der Panel-Komponentenklasse

Der `ng-content`-Mechanismus ermöglicht es Ihnen somit, Inhalt (Content) in Ihre Komponenten zu injizieren, ohne dass diese Kenntnis über die Struktur der injizierten Daten haben müssen.

Abbildung 3.12 demonstriert die Zusammenhänge grafisch.

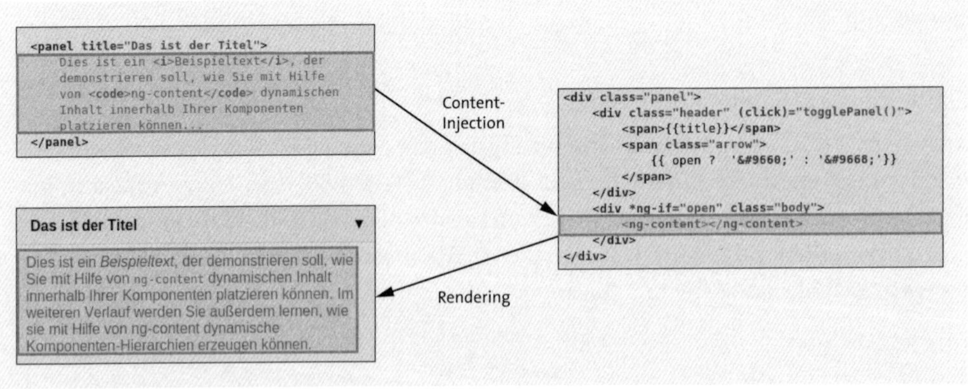
<panel title="Das ist der Titel">
Dies ist ein <i>Beispieltext</i>, der demonstrieren soll, wie Sie mit Hilfe von <code>ng-content</code> dynamischen Inhalt innerhalb Ihrer Komponenten platzieren können...
</panel>
Content-Injection
<div class="panel">
<div class="header" (click)="togglePanel()">
<span>{{title}}</span>
<span class="arrow">
{{ open ? '▼' : '◄'}}
</span>
</div>
<div *ng-if="open" class="body">
<ng-content></ng-content>
</div>
</div>
Rendering
Das ist der Titel ▼
Dies ist ein Beispieltext, der demonstrieren soll, wie Sie mit Hilfe von ng-content dynamischen Inhalt innerhalb Ihrer Komponenten platzieren können. Im weiteren Verlauf werden Sie außerdem lernen, wie sie mit Hilfe von ng-content dynamische Komponenten-Hierarchien erzeugen können.

**Abbildung 3.12** Content-Insertion mithilfe des »ng-content«-Tags

Das Markup, das Sie im Body des `<ch-panel>`-Tags definiert haben, wird an der mit `<ng-content>` ausgezeichneten Stelle in das Panel-Template injiziert. Im sichtbaren Endergebnis wird dieser Text nun innerhalb des umgebenden Komponenten-Templates gerendert.

### Mehrere Insertion-Punkte definieren

Im vorherigen Beispiel haben Sie einen einzelnen Content-Insertion-Point für das Einfügen des Panel-Textes definiert. Der Titel des Panels wurde bislang per Input-Binding an die Panel-Komponente übertragen. Leider hat dieser Ansatz einen Nachteil: Innerhalb der `title`-Eigenschaft des `panel`-Tags können Sie lediglich einen unformatierten String definieren, sodass der Titel des Panels immer auf die gleiche Art formatiert dargestellt wird:

```
<span>{{title}}</span>
```

Anstatt den Titel über ein Input-Binding zu übergeben, bietet Angular Ihnen alternativ auch die Möglichkeit, einen zweiten Content-Insertion-Point für das Einfügen des Header-Markups zu definieren. Listing 3.61 zeigt die Definition des Insertion-Points in der `PanelComponent`:

```
<div class="panel">
  <div class="header" (click)="togglePanel()">
    <ng-content select="ch-panel-header"></ng-content>
    <span class="arrow">{{ open ?  '&#9660;' : '&#9668;'}}</span>
  </div>
  <div *ngIf="open" class="body">
    <ng-content></ng-content>
  </div>
</div>
```

**Listing 3.61** »panel.component.html«: Definition eines »ng-content«-Tags mit Selektor

Wie Sie sehen, erfolgt die Definition des Insertion-Points für den Header mithilfe eines CSS-Selektors. Über den Ausdruck

```
<ng-content select="ch-panel-header"></ng-content>
```

teilen Sie Angular mit, dass Sie an dieser Stelle den Inhalt aller `<ch-panel-header>`-Tags aus dem Body des Host-Elements injizieren möchten.

Da Angular bei der Verwendung von eigenen Tags (wie dem `<ch-panel-header>`-Tag) davon ausgeht, dass für das Tag eine Angular-Komponente existiert, müssen Sie nun lediglich noch dafür sorgen, dass Angular das entsprechende Tag »akzeptiert«.

Hierfür bietet sich eine triviale Direktive an. Sie werden Direktiven im Detail in Kapitel 4 kennenlernen. Vereinfacht gesagt sind Direktiven »Komponenten ohne eigenes Template«, die der Anwendung lediglich Verhalten hinzufügen. Indem Sie eine `PanelHeaderDirective` definieren, können Sie dafür sorgen, dass Angular das `<ch-panel-header>`-Tag akzeptiert:

```
@Directive({
  selector: 'ch-panel-header'
})
export class PanelHeaderDirective {
}
```

**Listing 3.62** »panel.component.ts«: Definition der »PanelHeader«-Direktive

Über den zweiten Insertion-Point in Kombination mit der neuen Direktive können Sie nun also beliebiges Markup bei der Definition des Panel-Titels verwenden:

```
<ch-panel>
  <ch-panel-header>
    <span style="text-decoration: underline">
        Das ist ein <i>gestylter Titel</i>
    </span>
  </ch-panel-header>
  Dies ist ein <i>Beispieltext</i>, der demonstrieren soll, wie Sie
  mithilfe von <code>ng-content</code> dynamischen Inhalt innerhalb
  Ihrer Komponenten platzieren können.
</ch-panel>
```

**Listing 3.63** »panel-demo.component.html«: Verwendung der Panel-Komponente mit gestyltem Titel

Abbildung 3.13 zeigt das gerenderte Ergebnis des Listings.

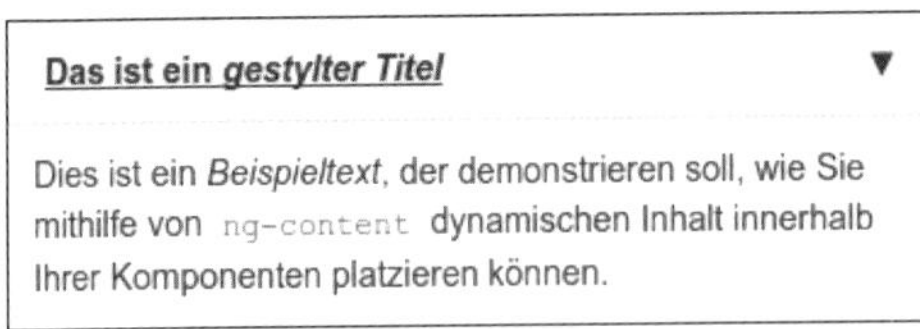
Das ist ein gestylter Titel
▼
Dies ist ein Beispieltext, der demonstrieren soll, wie Sie
mithilfe von ng-content dynamischen Inhalt innerhalb
Ihrer Komponenten platzieren können.

**Abbildung 3.13** Darstellung des gestylten Headers

### Kurzexkurs: Zusammengehörende Komponenten über NgModule verwalten

Möchten Sie die `PanelComponent` und die `PanelHeaderDirective` innerhalb der Anwendung verwenden, so könnten Sie nun auf die Idee kommen, diese direkt in das `declarations`-Array des Applikationsmoduls aufzunehmen. Besser ist es in diesem Fall jedoch, ein eigenes `NgModule` – nämlich das `PanelModule` – zu definieren, das die beiden Komponenten deklariert und als »Paket« zur Verfügung stellt. Listing 3.64 zeigt die Implementierung des entsprechenden Moduls:

```
import {NgModule} from '@angular/core';
import {CommonModule} from '@angular/common';
```

```
import {PanelComponent, PanelHeaderDirective} from './panel.component';
import {AccordionDirective} from './accordion.directive';

@NgModule({
  imports: [CommonModule],
  declarations: [PanelComponent, PanelHeaderDirective],
  exports: [PanelComponent, PanelHeaderDirective],
})
export class PanelModule {
}
```

**Listing 3.64** »panel.module.ts«: Definition des »PanelModule« zum Bereitstellen der Panel-Funktionalität

In Hinblick auf das bereits bekannte Applikationsmodul (*app.module.ts*) enthält dieses Listing zwei neue Bestandteile: den Import des `CommonModule` sowie die `exports`-Eigenschaft. Vereinfacht gesagt sorgt der Import des `CommonModule` dafür, dass Ihnen innerhalb der `PanelComponent` und der `PanelHeaderDirective` Angular-Standardfunktionalität wie `NgIf` und `NgFor` zur Verfügung steht. Die `exports`-Eigenschaft definiert schließlich die öffentliche Schnittstelle bzw. die von Ihrem Modul veröffentlichten Bestandteile. Der Kreis schließt sich, wenn Sie sich nun die Verwendung des Moduls im `AppModule` anschauen:

```
@NgModule({
  imports: [BrowserModule, FormsModule, PanelModule],
  ...
export class AppModule {
}
```

**Listing 3.65** »app.module.ts«: Import der Panel-Funktionalität über das »PanelModule«

Anstatt die Bestandteile direkt zu deklarieren, importiert das `AppModule` die vom `PanelModule` exportierten (über `exports` bereitgestellten) Bestandteile. Daher müssen Sie in diesem Zusammenhang wissen, dass eine Komponente (oder Direktive) immer nur *von genau einem Modul deklariert werden* darf. Die Verwendung der Komponente erfolgt dann durch Import des entsprechenden Moduls. `NgModules` stellen somit den grundlegenden Baustein für die Erstellung von wiederverwendbaren Komponentenbibliotheken zur Verfügung. Da die Technik – insbesondere im Bezug auf die Modularisierung Ihrer Anwendung – noch einiges mehr zu bieten hat, habe ich mich entschieden, diesem Thema ein eigenes Kapitel zu widmen (siehe Kapitel 15, »NgModule und Lazy-Loading: Modularisierung Ihrer Anwendungen«).

### 3.6.2 ContentChildren: Erzeugung von dynamischen Komponentenbäumen am Beispiel einer Tabs-Komponente

Sie können nicht nur einfaches Markup in einen `ng-content`-Platzhalter injizieren, sondern auf diesem Weg auch andere Komponenten in den Body einer Komponente einbinden. Auf diese Weise können Sie sehr einfach dynamische Komponentenhierarchien erstellen. Ein typisches Anwendungsbeispiel für diese Art der Komponentenverwendung ist die Implementierung einer Tab-Komponente zur Darstellung von beliebigem Inhalt in einer Tab-Ansicht.

Abbildung 3.14 zeigt zur Verdeutlichung die fertige Komponente im Einsatz.

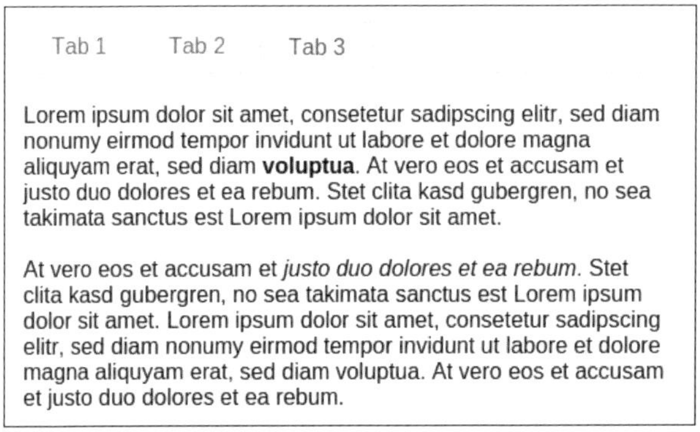

Tab 1 Tab 2 Tab 3

Lorem ipsum dolor sit amet, consetetur sadipscing elitr, sed diam nonumy eirmod tempor invidunt ut labore et dolore magna aliquyam erat, sed diam **voluptua**. At vero eos et accusam et justo duo dolores et ea rebum. Stet clita kasd gubergren, no sea takimata sanctus est Lorem ipsum dolor sit amet.

At vero eos et accusam et *justo duo dolores et ea rebum*. Stet clita kasd gubergren, no sea takimata sanctus est Lorem ipsum dolor sit amet. Lorem ipsum dolor sit amet, consetetur sadipscing elitr, sed diam nonumy eirmod tempor invidunt ut labore et dolore magna aliquyam erat, sed diam voluptua. At vero eos et accusam et justo duo dolores et ea rebum.

**Abbildung 3.14** Typische Implementierung einer Tab-Komponente

Die Definition dieser Tabs im HTML-Quellcode soll nun wie folgt aussehen:

```
<ch-tabs>
  <ch-tab title="Tab 1">
    Inhalt von Tab 1
  </ch-tab>
  <ch-tab title="Tab 2">
    Inhalt von Tab 2
  </ch-tab>
  <ch-tab title="Tab 3">
    Inhalt von Tab 3
  </ch-tab>
</ch-tabs>
```

**Listing 3.66** Instanz der Tabs-Komponente im HTML-Code

Sie benötigen also eine Möglichkeit innerhalb der Tabs-Komponente eine beliebige Anzahl von Tab-Komponenten hinzuzufügen. Diese Tab-Komponenten enthalten ihrerseits dann den jeweiligen Inhalt.

Wie schon bei der Implementierung der Panel-Komponente zeichnen Sie die Stelle, an der der dynamische Inhalt gerendert werden soll, mit `<ng-content>` aus.

Listing 3.67 zeigt zunächst die HTML-Implementierung der Tabs-Komponente:

```
<div class="tabs">
  <ul>
    <li *ngFor="let tab of tabs" [class.active]="tab.active"
                                 (click)="activate(tab)">
      <a>{{tab.title}}</a>
    </li>
  </ul>
  <ng-content></ng-content>
</div>
```

**Listing 3.67** »tabs.component.html«: View-Implementierung der Tabs-Komponente

Der Einsatz von `ng-content` ist Ihnen bereits aus Abschnitt 3.6.2 bekannt. Eine neue Anforderung besteht jedoch darin, innerhalb der `TabsComponent`-Implementierung auf die eingefügten Komponenten zugreifen zu können. So iterieren Sie im oberen Teil der Komponente über alle Tab-Komponenten, um deren `title`-Attribut als Link für die Aktivierung des jeweiligen Tabs darzustellen. Listing 3.68 und Listing 3.69 zeigen zunächst die Implementierung der `TabComponent` als Container für den Inhalt sowie anschließend die Injektion der einzelnen `Tab`-Komponenten in die `TabsComponent`.

```
@Component({
  selector: 'ch-tab',
  template: `
    <div *ngIf="active" class="tab-content">
       <ng-content></ng-content>
    </div>`
})
export class TabComponent {
  @Input() title: string;
  active: boolean;
  constructor() {
    this.active = false;
  }
}
```

**Listing 3.68** »tabs.component.ts«: Implementierung der Tab-Komponente als Container für den Inhalt eines Tabs

```
import {Component, ContentChildren, QueryList} from '@angular/core';
@Component({
  selector: 'ch-tabs',
  ...
})
class TabsComponent {
  @ContentChildren(TabComponent) tabs: QueryList<TabComponent>;
  ngAfterContentInit() {
    this.tabs.first.active = true;
  }
  activate(tab) {
    for (const tab of this.tabs.toArray()) {
      tab.active = false;
    }
    tab.active = true;
  }
}
```

**Listing 3.69** »tabs.component.ts«: Implementierung der Tabs-Komponente zur Verwaltung der Tab-Instanzen

Die `TabComponent` sollte keine besonderen Überraschungen für Sie bereithalten: Mithilfe von `ng-content` stellt sie ebenfalls eine Stelle bereit, an der der Inhalt des Tabs gerendert werden soll. Über die `active`-Eigenschaft stellen Sie hierbei sicher, dass lediglich der Inhalt des aktuell aktiven Tabs dargestellt wird.

Im Gegensatz dazu ist die Implementierung der `TabsComponent` schon deutlich spannender. So werden die enthaltenen Tab-Komponenten mithilfe des `@ContentChildren`-Decorators in die Klasse injiziert.

Der `@ContentChildren`-Decorator stellt in diesem Zusammenhang das Gegenstück zum bereits bekannten `@ViewChildren`-Decorator dar. Während Sie mit dem `@ViewChildren`-Decorator Zugriff auf »reguläre« Kind-Elemente der Klasse erhalten, ermöglicht es Ihnen der `@ContentChildren`-Decorator, die sogenannten Content-Children in Ihrer Klasse abzufragen.

Äquivalent zur `ngAfterViewInit`-Methode stellt Ihnen Angular mit der `ngAfterContentInit`-Methode außerdem einen Lifecycle-Hook bereit, der aufgerufen wird, sobald alle Content-Children initialisiert wurden. Die Implementierung

```
ngAfterContentInit () {
  this.tabs.first.active = true;
}
```

sorgt somit dafür, dass nach der Initialisierung aller Tab-Instanzen der erste Tab sichtbar gemacht wird. Die Aktivierung eines Tabs erfolgt hier dadurch, dass zunächst alle Tabs ausgeblendet werden. Anschließend wird das `active`-Flag des übergebenen Tabs auf `true` gesetzt:

```
activate(tab) {
  for (const tab of this.tabs.toArray()) {
    tab.active = false;
  }
  tab.active = true;
}
```

Beachten Sie auch, dass die `QueryList` für das Iterieren in ein `Array` umgewandelt wird. Leider unterstützt die `QueryList`-Klasse bislang noch nicht die ES2015-Iterator-Schnittstelle (siehe Anhang A, »ECMAScript 2015«), sodass Sie ohne die Umwandlung einen Compile-Error erhalten würden.

### View-Children vs. Content-Children

Um die Angular-Komponenten-Architektur wirklich zu verstehen, ist es sehr wichtig, den Unterschied zwischen regulären Kind-Elementen (`ViewChildren`) und Content-Kind-Elementen (`ContentChildren`) zu verstehen. So bietet Ihnen der `ViewChildren`-Ansatz zunächst die Möglichkeit, innerhalb Ihrer Komponente (bekannte) andere Komponenten zu importieren und zu verwenden. Erinnern Sie sich hierfür beispielsweise an die Verwendung des Timepickers in der Kalenderkomponente:

```
@Component({
  ...
  template: `
    <h1>Kalender</h1>
    <ch-time-picker #timepicker  [(time)]="calendarEntry.startTime">
    </ch-time-picker>
  ` })
export class CalendarComponent {
  @ViewChild(TimePickerComponent) timePicker: TimePickerComponent;
  ...
}
```

**Listing 3.70** Einbetten einer View-Child-Komponente

An dieser Stelle steht bereits zur Entwicklungszeit fest, welche Komponenten Teil Ihrer Komponentenhierarchie sind.

Aufbauend auf diesem Konzept, ermöglicht Ihnen der Content-Child-Mechanismus nun die Implementierung beliebiger dynamischer Komponentenhierarchien. So können Sie innerhalb der vorgestellten Tabs-Komponente wiederum beliebige Komponenten und Komponentenbäume einfügen:

```
<ch-tabs>
  <ch-tab title="Kalender">
    <ch-calendar></ch-calendar>
  </ch-tab>
  <ch-tab title="Verschachtelte Tabs">
    <ch-tabs>
      <ch-tab title="Kind-Tab 1">
        <ch-panel>
          <ch-panel-header>Panel 1</ch-panel-header>
          ...
        </ch-panel>
      </ch-tab>
      <ch-tab title="Kind-Tab 2">
        ...
      </ch-tab>
    </ch-tabs>
  </ch-tab>
</ch-tabs>
```

**Listing 3.71** »tabs-demo.component.html«: dynamische Komponentenhierarchie

Dabei ist es aber wichtig zu verstehen, dass Sie durch diese Dynamik innerhalb Ihres Komponentencodes noch nicht wissen, welche Kind-Komponenten im Body Ihrer Komponente enthalten sind.

Indem Sie in Ihrem Code zwischen `ViewChildren` und `ContentChildren` unterscheiden, können Sie dediziert auf dynamische Elemente reagieren. Im weiteren Verlauf des Buches werden Sie noch diverse Angular-Techniken kennenlernen, bei denen die Unterscheidung der beiden Kind-Beziehungen von Bedeutung ist. So ist es beispielsweise bei Verwendung des Dependency-Injection-Mechanismus möglich, zu steuern, ob eine Abhängigkeit nur für die direkten Kinder oder aber auch für alle Content-Kinder zugänglich sein soll.

## 3.7 Der Lebenszyklus einer Komponente

Sie haben im Laufe des Kapitels schon einige Lifecycle-Callbacks kennengelernt, die Angular bereitstellt. In diesem Abschnitt beschränke ich mich deswegen darauf, die zur Verfügung stehenden Methoden und deren typische Anwendungsfälle kurz zusammenzufassen.

Abbildung 3.15 gibt Ihnen einen Überblick über die Callbacks, die Ihnen zur Verfügung stehen, und deren Reihenfolge.

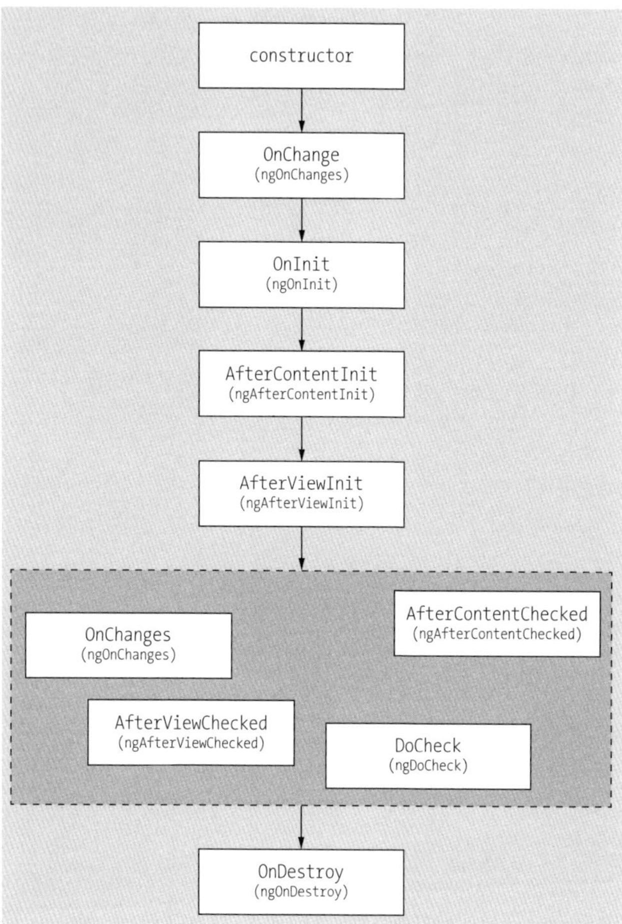


**Abbildung 3.15** Überblick über die zur Verfügung stehenden Lifecycle-Hooks

Die Beispielquelltexte dieses Abschnitts finden Sie in der Datei *lifecycle-demo.component.ts*. Außer der Klasse `LifecycleMainComponent` sind dort die beiden Klassen `ViewChildComponent` und `ContentChildComponent` definiert, die im Beispiel exemplarisch als Kind-Komponenten fungieren:

```
@Component({
  selector: 'ch-view-child',
  template: `<h3>View Child</h3>
             <span>Text: {{text}}</span>`,
})
export class ViewChildComponent {
```

```
  @Input() text: string;
...
}
```

**Listing 3.72** »lifecycle-demo.component.ts«: die »ViewChildren«-Klasse mit dem Input-Binding »text«

```
@Component({
  selector: 'ch-content-child',
  template: '<h3>Content Child</h3>',
})
export class ContentChildComponent {
}
```

**Listing 3.73** »lifecycle-demo.component.ts«: die »ContentChildren«-Klasse

```
@Component({
  selector: 'ch-lifecycle-main',
  template: `<h2>Lifecycle-Demo</h2>
             <ch-view-child [text]="text"></ch-view-child> <br>
             <input type="text" [(ngModel)]="text"/>
             <ng-content></ng-content>`
})
export class LifecycleMain {
  @ViewChild(ViewChildComponent) viewChild;
  @ContentChild(ContentChildComponent) contentChild;
  text = 'Hello Lifecycle';
  ...
}
```

**Listing 3.74** »lifecycle-demo.component.ts«: die Hauptklasse, die sowohl ein »ViewChild« als auch ein »ContentChild« besitzt

Im Template der Haupt-Komponente dieses Beispiels (der `LifecycleDemoComponent`) ist die `LifecycleMainComponent` schließlich wie folgt eingebunden:

```
<ch-lifecycle-main>
    <ch-content-child></ch-content-child>
</ch-lifecycle-main>
```

**Listing 3.75** »lifecycle-demo.component.ts«: Einbinden der »LifecycleMain«-Komponente mit einem Content-Child

Die Ausgangsposition besteht somit aus einem simplen Komponentenbaum, der sowohl ein einfaches `ViewChild` als auch ein `ContentChild` enthält.

### 3.7.1 Der Konstruktor: Instanziierung der Komponente

Auch wenn der Konstruktor kein von Angular bereitgestellter Lifecycle-Callback ist, ist dieser in Bezug auf den Lebenszyklus einer Komponente durchaus interessant. So ist der Konstruktor für die erstmalige Instanziierung der Komponente zuständig. Bei der Entwicklung von Angular- Anwendungen sollten Sie jedoch möglichst wenig Logik im Konstruktor ausführen. So sind zum Zeitpunkt des Konstruktoraufrufs weder Input- und Output-Bindings noch die Referenzen zu Kind-Komponenten verfügbar. Die folgenden Versuche, auf die jeweiligen Elemente zuzugreifen, scheitern alle mit der Ausgabe `undefined`:



```
export class ViewChildComponent {
  @Input() text: string;
  constructor() {
    console.log('Text: ', this.text)
  }
}
...
export class LifecycleMainComponent {
  ...
  constructor() {
    this.logChildren('constructor');
  }
  logChildren(callback) {
    console.log(`---${callback}---`);
    console.log('ViewChild:', this.viewChild);
    console.log('ContentChild:', this.contentChild);
  }
}
```

**Listing 3.76** »lifecycle-demo.component.ts«: Zugriff auf Elemente aus dem Konstruktor heraus

```
---constructor---
ViewChild: undefined
ContentChild: undefined
Text:  undefined
```

**Listing 3.77** Konsolenausgabe der Konstruktorzugriffe

Um die Komponente zu initialisieren, sollten Sie daher auf die Callbacks zurückgreifen, die ich in den folgenden Abschnitten vorstelle. Nichtsdestotrotz kommt dem Konstruktor in Angular-Anwendungen eine besondere Rolle zu: Abhängigkeiten, die über das Dependency-Injection-Framework zur Verfügung gestellt werden, werden immer über den Konstruktor in eine Komponente oder einen Service injiziert. Die Details hierzu lernen Sie in Kapitel 7, »Services und Dependency-Injection: lose Kopplung für Ihre Business-Logik«, kennen.

### 3.7.2 ngOnInit – Initialisierung der eigenen Komponente

Sie haben den `ngOnInit`-Callback bereits bei der Implementierung der Timepicker-Komponente kennengelernt. Der Callback bietet Ihnen die Möglichkeit, die eigene Komponente zu initialisieren. So ist es garantiert, dass alle Bindings zum Zeitpunkt des `ngOnInit`-Aufrufs zur Verfügung stehen:

```
import { OnInit, ...} from '@angular/core';
export class ViewChildComponent implements OnInit {
  @Input() text: string;
  ngOnInit() {
    console.log('ViewChild ngOnInit');
    console.log('Text: ', this.text)
  }
}
```

**Listing 3.78** »lifecycle-demo.component.ts«: Auslesen des Input-Bindings im »ngOnInit«-Callback

```
ViewChild ngOnInit
Text:  Hello Lifecycle
```

**Listing 3.79** Ausgabe des »ngOnInit«-Callbacks

Die `ngOnInit`-Methode stellt Ihnen somit die Möglichkeit bereit, sämtliche Initialisierungslogik auszuführen, die sich auf die eigene Komponente bezieht. So bietet sich der Callback beispielsweise dazu an, Daten aus einem Backend anzufordern oder Ihre Input-Bindings mit Default-Werten zu belegen. `ViewChildren` und `ContentChildren`-Bindings sind zu diesem Zeitpunkt jedoch noch nicht verfügbar.

**Implementierung der Lifecycle-Interfaces**

Listing 3.78 definiert nicht nur die `ngOnInit`-Funktion, sondern implementiert zusätzlich das von Angular bereitgestellte TypeScript-Interface `OnInit` (siehe Anhang B, »Typsicheres JavaScript mit TypeScript«). So bringt das Framework für jede Lifecycle-Methode ein eigenes Interface mit.

Auch wenn die explizite Implementierung dieser Interfaces optional ist und ich im weiteren Verlauf des Buches aus Gründen der Übersichtlichkeit in einigen Listings auf die Darstellung aller implementierten Interfaces verzichte, rate ich Ihnen dennoch dazu, die verwendeten Interfaces explizit anzugeben. Ein kleiner Tippfehler im Methodennamen führt sonst dazu, dass Ihre Lifecycle-Methode niemals ausgeführt wird. Eine explizite Angabe des Interfaces fängt solche Fälle bereits zur Compile-Time ab!



### 3.7.3 ngOnChanges – auf Änderungen reagieren

Den `ngOnChanges`-Callback kennen Sie ebenfalls schon aus dem Timepicker-Beispiel. Er wird einmalig *vor* der `ngOnInit`-Methode und anschließend immer dann aufgerufen, wenn sich ein Input-Binding der Komponente ändert. Im Beispiel kann die Variable, die über das Text-Binding der `ViewChildComponent` gebunden ist, ebenfalls über das Input-Feld der `LifecycleMain`-Komponente verändert werden. Änderungen im Textfeld führen somit zum Aufruf der `ngOnChanges`-Methode der Kind-Komponente. Das mitgelieferte `SimpleChanges`-Objekt enthält dabei eine Map von `SimpleChange`-Objekten, die jeweils Informationen zum vorherigen und neuen Wert der geänderten Input-Bindings enthalten:

```
import { OnChanges, SimpleChanges, ...} from '@angular/core';
export class ViewChildComponent implements OnChanges, OnInit {
  @Input() public text;
  ...
  ngOnChanges(changes: SimpleChanges) {
    console.log('ViewChild ngOnChanges: ', changes);
    console.log('Previous Text: ', changes['text'].previousValue);
    console.log('New Value: ', changes['text'].currentValue);
  }
}
```

**Listing 3.80** »lifecycle-demo.component.ts«: Auswertung der Binding-Changes

Wird das `text`-Binding erstmalig gesetzt, enthält die `previousValue`-Eigenschaft ein leeres Objekt; bei allen weiteren Aufrufen enthält sie den bisherigen Wert. Wenn Sie also die Anwendung starten und anschließend ein Ausrufezeichen über das Eingabefeld hinzufügen, so erhalten Sie die folgende Ausgabe:

```
ViewChild ngOnChanges:  Object {text: SimpleChange}
Previous Text:  Object {}
New Value:  Hello Lifecycle
ViewChild ngOnInit
...
```

```
ViewChild ngOnChanges:  Object {text: SimpleChange}
Previous Text:  Hello Lifecycle
New Value:  Hello Lifecycle!
```

**Listing 3.81** Ausgabe der Binding-Changes

### 3.7.4 ngAfterContentInit – auf die Initialisierung von Content-Children reagieren

Den `ngAfterContentInit`-Callback kennen Sie bereits aus der Implementierung der Tabs-Komponente in Abschnitt 3.6.2. Er bietet Ihnen die Möglichkeit, auf die Initialisierung der Content-Children zu reagieren. Möchten Sie innerhalb der `LifecycleMain`-Komponente also auf die `ContentChildComponent`-Instanz zugreifen, so können Sie dies (frühestens) im `ngAfterContentInit`-Callback tun. `ViewChildren` der Komponente sind zu diesem Zeitpunkt im Übrigen noch nicht initialisiert.

```
import { AfterContentInit, ...} from '@angular/core';
export class LifecycleMainComponent implements AfterContentInit {
  @ViewChild(ViewChildComponent) viewChild;
  @ContentChild(ContentChildComponent) contentChild;
  ngAfterContentInit() {
    this.logChildren('ngAfterContentInit');
  }
  ...
}
```

**Listing 3.82** »lifecycle-demo.component.ts«:
Zugriff auf die Kind-Elemente im »ngAfterContentInit«-Callback

```
---ngAfterContentInit---
ViewChild: undefined
ContentChild: ContentChildComponent {}
```

**Listing 3.83** Ausgabe der »logChildren«-Methode

### 3.7.5 ngAfterViewInit – auf die Initialisierung von ViewChildren reagieren

Möchten Sie auf die `ViewChildren` einer Komponente zugreifen, so können Sie dies frühestens im `ngAfterViewInit`-Callback tun. Zum Zeitpunkt dieses Callbacks sind außerdem alle `ContentChildren` und alle Bindings initialisiert:

```
import { AfterViewInit, ...} from '@angular/core';
export class LifecycleMain implements AfterViewInit {
  @ViewChild(ViewChildComponent) viewChild;
  @ContentChild(ContentChildComponent) contentChild;
```

```
  ngAfterViewInit() {
    this.logChildren('ngAfterViewInit');
  }
  ...
}
```

**Listing 3.84** »lifecycle-demo.component.ts«:
Zugriff auf die Kind-Elemente im »ngAfterViewInit«-Callback

```
---ngAfterViewInit---
ViewChild: ViewChildComponent {text: "Hello Lifecycle"}
ContentChild: ContentChildComponent {}
```

**Listing 3.85** Ausgabe in der Developer-Konsole

### 3.7.6 ngOnDestroy – Aufräumarbeiten vornehmen

Den `ngOnDestroy`-Callback haben Sie bislang noch nicht kennengelernt. Mit ihm können Sie Aufräumarbeiten vornehmen, bevor eine Komponente zerstört wird. Dies ist zum Beispiel dann notwendig, wenn Ihre Komponente einen Timer über die Funktion `setInterval` gestartet hat, der andere Komponenten (oder Services) regelmäßig nach Updates fragt.

Im `ngOnDestroy`-Callback hätten Sie dann die Möglichkeit, diesen Timer zu stoppen. In Kapitel 12, »Reaktive Architekturen mit RxJS«, werden Sie außerdem sehen, wie Sie den Callback für das Abmelden von Datenströmen verwenden können. Der Callback wird immer dann aufgerufen, wenn das DOM-Element der Komponente aus dem DOM-Baum entfernt wird. Wechseln Sie im Beispiel vom Lifecycle-Tab zu einem anderen Reiter, so führt dies zur Zerstörung der Komponente und zur Ausführung des Callbacks:

```
import { OnDestroy, ...} from '@angular/core';
export class LifecycleMainComponent implements OnDestroy {
  ...
  ngOnDestroy() {
    console.log('LifecycleMain Destroyed');
  }
}
```

**Listing 3.86** »lifecycle-demo.component.ts«: Registrierung des »ngOnDestroy«-Callbacks

```
...
LifecycleMain Destroyed
```

**Listing 3.87** Ausgabe beim Wechsel des Reiters

### 3.7.7 ngAfterContentChecked, ngAfterViewChecked – den ChangeDetection-Mechanismus verfolgen

Während Sie die bisher vorgestellten Methoden in Ihrem Entwickleralltag durchaus regelmäßig verwenden werden, handelt es sich bei den Callbacks, die ich in diesem Abschnitt vorstelle, um etwas exotischere Vertreter.

Mit den Methoden `ngAfterContentChecked` und `ngAfterViewChecked` können können Sie die Ausführung der Angular-ChangeDetection verfolgen. Vereinfacht gesagt, ist der ChangeDetection-Mechanismus dafür zuständig, Ihre Komponenten beim Auftreten von Änderungen neu zu zeichnen. Details hierzu lernen Sie in Kapitel 5, »Fortgeschrittene Komponentenkonzepte«.

Für das Verständnis der Callbacks ist es zunächst nur wichtig zu wissen, dass Angular jede Komponente mit einem sogenannten `checked`-Flag ausstattet. Steht dieses Flag auf `false`, weiß Angular, dass es noch prüfen muss, ob die Komponente neu gezeichnet werden soll.

Um die Performance Ihrer Anwendung zu optimieren, bietet Angular Ihnen dabei die Möglichkeit, die Ausführung der ChangeDetection zu beeinflussen. So können Sie beispielsweise festlegen, dass eine Komponente nur dann überprüft werden soll, wenn sich Input-Bindings geändert haben. Die einfache Regel lautet hier: *Je seltener die ChangeDetection für Ihre Komponente ausgeführt wird, umso besser ist dies für die Performance Ihrer Applikation.*

Die Registrierung für die entsprechenden Callbacks bietet Ihnen die Möglichkeit, die Häufigkeit der ChangeDetection-Aufrufe zu kontrollieren. Da diese Ausgaben aber auch schnell das Log »fluten«, habe ich das ChangeDetection-Logging im Beispiel zunächst auskommentiert. Um es zu aktivieren müssen, Sie lediglich die entsprechende Zeile in der Datei *lifecycle-demo.component.ts* einkommentieren:

```
function logChangeDetection(entry) {
  console.debug(entry);
}
```

Innerhalb der Komponenten wird diese Funktion nun genutzt, um die unterschiedlichen Lebenszyklus-Methoden zu verfolgen:

```
import { AfterViewChecked, AfterContentChecked } from '@angular/core';
export class ViewChildComponent implements AfterViewChecked,
                                           AfterContentChecked {
  ...
  ngAfterViewChecked() {
    logChangeDetection('ViewChildComponent: ngAfterViewChecked');
  }
  ngAfterContentChecked() {
```

```
    logChangeDetection('ViewChildComponent: ngAfterContentChecked');
  }
}
```

**Listing 3.88** »lifecycle-demo.component.ts«: Logging der »Angular-ChangeDetection«



Die Developer-Konsole zeigt jetzt jeden Aufruf der ChangeDetection. Wenn Sie nun beispielsweise mit dem Fokus in das Eingabefeld wechseln und dort einen neuen Wert eintippen, werden Sie überrascht sein, wie oft die ChangeDetection durchlaufen wird: Für jeden Buchstaben werden in der aktuellen Konfiguration alle Komponenten überprüft.

```
ContentChildComponent: ngAfterContentChecked
LifecycleMain: ngAfterContentChecked
ViewChild ngOnChanges:  Object {text: SimpleChange}
Previous Text:  Hello Lifecycle
New Value:  Hello Lifecycle!
ViewChildComponent: ngAfterContentChecked
ViewChildComponent: ngAfterViewChecked
ContentChildComponent: ngAfterViewChecked
LifecycleMain: ngAfterViewChecked
```

**Listing 3.89** Konsolenausgabe bei Änderung des Textfeldes

Der Grund hierfür ist, dass Angular bei der Änderung des Applikationsstatus standardmäßig alle vorhandenen Komponenten überprüft. Da das Eingabefeld nun per Two-Way-Data-Binding die Variable `text` verändert, führt jeder Tastendruck zur Ausführung der ChangeDetection. Wie bereits angekündigt, werde ich Ihnen im folgenden Kapitel Möglichkeiten vorstellen, dieses Verhalten zu optimieren.

### 3.7.8 ngDoCheck – den ChangeDetection-Mechanismus verändern

In einigen (sehr wenigen) Fällen kann es außerdem notwendig sein, Applikationslogik nicht nur bei Änderungen an Input-Bindings auszuführen. Dies kann beispielsweise dann der Fall sein, wenn sich Daten *innerhalb* eines gebundenen Objekts ändern. Schauen Sie sich hierfür zunächst das folgende Listing an:

```
@Component({
  selector: 'ch-lifecycle-main',
  template: `
    <ch-view-child [greeting]="greeting"></ch-view-child>
    <input type='text' (input)="textChanged($event.target.value)"/>`
})
export class LifecycleMainComponent {
```

```
  greeting = {
    text: ''
  };
  textChanged(text) {
    this.greeting.text = text;
  }
}
```

**Listing 3.90** »lifecycle-demo.component.ts«: Verwendung eines veränderbaren Objekts im Input-Binding

Ändern Sie in diesem Fall den Wert des Input-Feldes, ändert sich zwar die `text`-Eigenschaft des `greeting`-Objekts, das Objekt an sich bleibt aber das gleiche, sodass der `ngOnChanges`-Callback der `ViewChildComponent` nicht ausgelöst wird. Möchten Sie an dieser Stelle trotzdem explizit auf eine Textänderung reagieren, so können Sie hierfür die Lifecycle-Methode `ngDoCheck` implementieren. Innerhalb dieser Methode müssen Sie dann manuell überprüfen, ob sich der Wert geändert hat:

```
export class ViewChildComponent implements DoCheck {
  @Input() public greeting;
  private previousGreetingText = '';
  ...
  ngDoCheck() {
    if (this.greeting.text !== this.previousGreetingText) {
      this.previousGreetingText = this.greeting.text;
      console.log('New greeting text: ', this.greeting.text);
    }
  }
}
```

**Listing 3.91** »lifecycle-demo.component.ts«: manuelle Überprüfung auf Änderungen

**ngDoCheck: Performance-Warnung**

Setzen Sie die `ngDoCheck`-Methode wirklich nur in absoluten Ausnahmefällen ein, und führen Sie in ihr auf keinen Fall aufwendige Logik aus: Die Methode wird bei jedem ChangeDetection-Lauf der Anwendung ausgeführt!

Wenn Sie auf den `ngDoCheck`-Callback reagieren müssen, deutet das in der Regel auf eine nicht optimale Datenmodellierung hin. In Abschnitt 5.4, »ChangeDetection-Strategien: Performance-Boost für Ihre Applikation«, werden Sie lernen, wie Sie Ihre Daten so strukturieren können, dass Sie gar nicht erst in die Verlegenheit geraten, den `ngDoCheck`-Mechanismus zu verwenden (Stichwort: *Immutable Data-Structures*).

## 3.8 Zusammenfassung und Ausblick



Mit dem Abschluss dieses Kapitels haben Sie die Grundlage für alle kommenden Themen gelegt. Sie können somit selbst entscheiden, ob Sie direkt noch tiefer in die Angular-Komponententechniken einsteigen wollen oder ob Sie sich lieber zunächst mit weiterführenden Themen befassen möchten, z. B. mit der Erstellung von Formularen oder dem Routing innerhalb einer Applikation.

Die folgende Liste gibt Ihnen noch einmal einen Überblick über die Themen, die Sie in diesem Kapitel gelernt haben:

- Über Selektoren haben Sie die Möglichkeit, Ihre Komponentenklasse auf bestimmte Elemente des DOM-Baums anzuwenden.
- Mithilfe der Templating-Syntax verbinden Sie Standard-DOM-Elemente mit Ihrer Applikationslogik.
- Property-Bindings werden durch eckige Klammern (`[property]="..."`) definiert. Mithilfe von Property-Bindings können Sie DOM-Propertys auf Basis von selbst definierten Ausdrücken befüllen.
- Angular bindet standardmäßig immer an DOM-Propertys. Möchten Sie an DOM-Attribute, CSS-Klassen oder Styles binden, so bietet Ihnen Angular hierfür spezielle Sonderlösungen.
- Event-Bindings werden durch runde Klammern definiert (`(event)="..."`). Über Event-Bindings können Sie auf DOM-Events reagieren.
- Two-Way-Data-Bindings sind in der neuen Angular-Plattform lediglich eine Kombination aus Property- und Event-Bindings.
- Die `NgModel`-Direktive ist eine spezielle Implementierung des Two-Way-Data-Binding-Mechanismus, um Objekteigenschaften auf einfache Art und Weise an Eingabeelemente zu binden.
- Angular bietet Ihnen eine Vielzahl an Möglichkeiten, um Schnittstellen zu Ihren eigenen Komponenten zu definieren.
- Mit Input-Bindings können Sie Daten in Ihre Komponente hineinreichen.
- Mit Output-Bindings können Sie übergeordnete Komponenten über Änderungen an Ihrem Komponenten-Model informieren.
- Mit lokalen Variablen und dem `ViewChild`-Mechanismus erhalten Sie Zugriff auf die vollständige API von verwendeten Komponenten.
- Die Templating-Microsyntax erleichtert es Ihnen, neue DOM-Knoten zu erzeugen. Sie basiert auf der HTML5-Templating-Spezifikation.
- Content-Insertion ist ein sehr mächtiger Mechanismus zum Erzeugen von dynamischen Komponentenhierarchien.

- Die Unterscheidung von direkten Kindern (`ViewChildren`) und Kindern im dynamischen Komponentenbaum (`ContentChildren`) ermöglicht Ihnen einen flexiblen Umgang mit der Komponentenhierarchie Ihrer Anwendung.
- Lifecycle-Methoden bieten Ihnen die Möglichkeit, auf unterschiedliche Lebenszyklen Ihrer Komponente zu reagieren.

Im nächsten Kapitel werden Sie aufbauend auf diesen Grundlagen lernen, wie Sie mit Direktiven Komponenten ohne eigenes Template bereitstellen können. Anhand diverser Anwendungsfälle werde ich Ihnen dort zeigen, welche Szenarien auf diesem Weg elegant umgesetzt werden können und welche Vorteile die Verwendung von Direktiven gegenüber (`@Component`-) Komponenten haben kann.

# Kapitel 4
# Direktiven: Komponenten ohne eigenes Template



*Komponenten ohne Template? Das mag zunächst etwas unnötig klingen. Aber insbesondere dann, wenn Sie Bestandteile Ihrer Anwendung lediglich um Verhalten erweitern möchten, können Direktiven Ihnen das Leben deutlich erleichtern!*

In den vorangegangenen Kapiteln haben Sie Komponenten immer als Einheit aus der Komponentenklasse und zugeordnetem Template behandelt. Möchten Sie mithilfe Ihrer Komponente aber lediglich vorhandene Templates manipulieren, so benötigen Sie hierfür eine Möglichkeit, Komponenten ohne eigenes Template zu definieren. Angular bietet Ihnen für diesen Anwendungsfall den `@Directive`-Decorator an. Anstatt Ihre Klasse wie bislang mit dem `@Component`-Decorator auszuzeichnen, teilen Sie Angular mit diesem Decorator mit, dass Ihre Komponente kein eigenes Template mitbringt. *Direktiven* erweitern Ihre Anwendung also lediglich um *Verhalten*.

Um diese etwas abstrakte Erklärung leichter zu verstehen, sollten Sie sich zunächst an die Verwendung von `ngIf` erinnern. So haben Sie mithilfe des Ausdrucks

```
<div *ngIf="isVisible" >
  ...
</div>
```

festgelegt, dass ein bestimmter Teil Ihres DOM-Baums nur dann gerendert werden soll, wenn eine vorgegebene Bedingung erfüllt ist. Die Implementierung der Angular-eigenen `NgIf`-*Direktive* bringt in diesem Zusammenhang kein eigenes Template mit, sondern fügt dem vorhandenen Code lediglich ein bestimmtes Verhalten hinzu.

Auch wenn die Syntaxelemente zur Erstellung von Direktiven weitestgehend die gleichen wie bei der Implementierung von Komponenten sind, ergeben sich durch ihre Verwendung viele neue Anwendungsmöglichkeiten. Ich werde Ihnen in den kommenden Abschnitten einige typische Szenarien vorstellen, die auf Basis von Komponenten nicht oder nur sehr umständlich umsetzbar gewesen wären. So werden Sie unter anderem lernen,

- wie Sie Direktiven dazu verwenden können, DOM-Eigenschaften des selektierten Elements zu verändern.
- was HostBindings und HostListener sind und warum diese insbesondere bei der Implementierung von Direktiven hilfreich sind.
- wie Direktiven eingesetzt werden können, um Bestandteile aus Drittanbieter-Bibliotheken (wie jQuery-UI) in Ihre Anwendung zu integrieren.
- warum Direktiven der perfekte Syntaxbaustein für die Steuerung von mehreren Unterkomponenten sind (Stichwort: *Accordion-Direktive*).
- welche Besonderheit Sie bei der Definition von lokalen Template-Variablen für Direktiven beachten müssen.

## 4.1 ElementRef und Renderer: Manipulation von DOM-Eigenschaften eines Elements

Obwohl Direktiven kein eigenes Template mitbringen, bieten sie dennoch die Möglichkeit, aus der Direktiven-Klasse heraus auf den DOM-Baum des selektierten Elements zuzugreifen. Ein einfaches Beispiel hierfür ist die Implementierung einer `Border`-Direktive. Die Direktive soll auf beliebige DOM-Elemente anwendbar sein und diese mit einem konfigurierbaren Rahmen versehen. Listing 4.1 zeigt die gewünschte Verwendung der Direktive:

```
<div chBorder="2">
  Ich habe einen Rahmen mit einer Breite von 2 Pixeln.
</div>
```

**Listing 4.1** »directive-demo.component.html«: Verwendung der Border-Direktive, die Sie implementieren wollen

Um die Selektion beliebiger Tags zu ermöglichen, erfolgt die Konfiguration der Direktive mithilfe eines Attribut-Selektors. Der Zugriff auf das dekorierte Element wird über die Klasse `ElementRef` realisiert:

```
import {ElementRef, Directive, Input} from '@angular/core';
...
@Directive({
  selector: '[chBorder]',
})
export class BorderDirective {
  @Input() chBorder = 1;
  constructor(private elementRef: ElementRef) {
  }
  ngOnChanges() {
```

```
    const style = `solid ${this.chBorder}px`;
    this.elementRef.nativeElement.style.border = style;
  }
}
```

**Listing 4.2** »border.directive.ts«: Implementierung der Border-Direktive



Wie Sie sehen, wird die Element-Referenz von Angular automatisch in den Konstruktor der Direktiven-Klasse injiziert.

**Anmerkung zur Dependency-Injection**

Sie werden den Dependency-Injection-Mechanismus in Kapitel 7, »Services und Dependency-Injection: lose Kopplung für Ihre Business-Logik«, noch im Detail kennenlernen. Um dieses Beispiel zu verstehen, müssen Sie nur wissen, dass Angular Ihnen die Möglichkeit bietet, verschiedene Objekte, wie etwa die Element-Referenz, über den Konstruktor in Ihre Klasse zu injizieren.

Wie schon bei der Implementierung der `TimePicker`-Komponente verwenden Sie hier den `ngOnChanges`-Callback, um auf das Setzen und auf Veränderungen des Input-Bindings `chBorder` zu reagieren. Interessant ist an dieser Stelle, dass auch der Selektor für die Direktive auf das `chBorder`-Attribut eingestellt ist, sodass Sie über den HTML-Code

```
<div chBorder="2"> ... </div>
```

gleichzeitig die Direktive instanziieren und das Input-Binding der Direktive beschreiben können.

**Best Practices für die Selektor-Definition**

Bei der Implementierung von Direktiven hat es sich als gute Praxis etabliert, Selektoren in *camelCase*-Schreibweise zu definieren. Auf diese Weise können Sie – wie Sie in Listing 4.2 gesehen haben – elegant gleichnamige Selektoren und Input-Bindings definieren.

Der Zugriff auf das native DOM-Element geschieht anschließend über die Eigenschaft `nativeElement` der `ElementRef`-Klasse. Über das native Element haben Sie nun vollen Zugriff auf die DOM-API und können beliebige Manipulationen am DOM vornehmen. Die Verwendung der Direktive führt nun, wie in Abbildung 4.1 dargestellt, dazu, dass ein 2 Pixel breiter Rahmen um das Element gezeichnet wird.

Ich habe einen Rahmen mit einer Breite von 2 Pixeln.

**Abbildung 4.1** Verwendung des Border-Decorators

Wenn Sie den ngOnChanges-Callback in Verbindung mit einem Input-Binding verwenden, können Sie nun außerdem out-of-the-box die Rahmenbreite in Abhängigkeit von einer Membervariablen verändern. Listing 4.3 zeigt den entsprechenden HTML-Code für diesen Use Case, wobei es sich bei borderWidth um eine Membervariable der DirectiveDemoComponent handelt:

```
<p [chBorder]="borderWidth">
  Ich habe einen Rahmen mit einer dynamischen Breite.
</p>
<button (click)="borderWidth = borderWidth + 1">
  Rahmen verbreitern
</button>
<p>Breite des Rahmens: {{borderWidth}}</p>
```

**Listing 4.3** »directive-demo.component.html«: Setzen der Rahmenbreite auf Basis einer Membervariablen

Ein mehrfaches Drücken des Buttons führt dazu, dass der Rahmen des Elements immer breiter wird (siehe Abbildung 4.2).

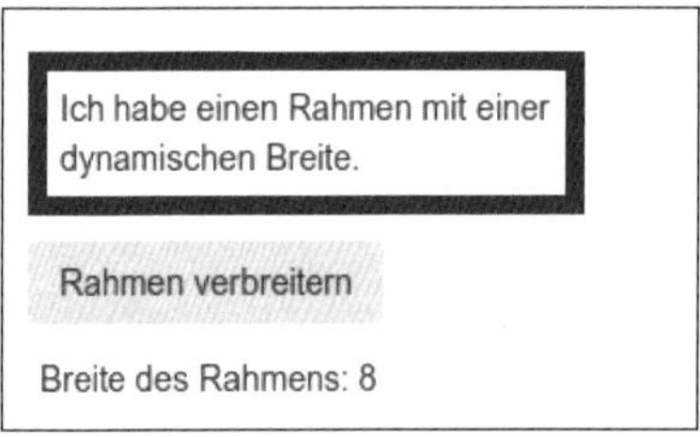


**Abbildung 4.2** Dynamische Anpassung des Rahmens bei Input-Änderungen

**Registrierung der Direktive beim Hauptmodul**

Vergessen Sie bei der Verwendung von Direktiven nicht, diese beim Hauptmodul Ihrer Anwendung zu registrieren. Ebenso wie bei Komponenten erfolgt die Registrierung hier über die declarations-Eigenschaft des NgModule-Decorators:

```
import {BorderDirective} from './components/directives-demo/
  border.directive';

@NgModule({
  ...
  declarations: [
    BorderDirective,
    ...
```

```
  ]})
export class AppModule {}
```

**Listing 4.4** »app.module.ts«: Deklaration der »BorderDirective« beim Hauptmodul der Anwendung



### 4.1.1 Die Renderer-Klasse: das native Element plattformunabhängig manipulieren

Insbesondere bei der Implementierung von Anwendungen, die potenziell auch auf anderen Plattformen als dem Browser funktionieren sollen, kann der direkte Zugriff auf die DOM-API über kurz oder lang zu Problemen führen. Angular bietet Ihnen in diesem Zusammenhang über die `Renderer`-Klasse eine zusätzliche Abstraktion zur Manipulation des nativen Elements an. Den Renderer können Sie dabei ebenso wie die Element-Referenz über den Konstruktor injizieren. Listing 4.5 zeigt die plattformunabhängige Umsetzung der `BorderDirective`:

```
import {ElementRef, Renderer, ...} from '@angular/core';
...
export class BorderDirective {
  @Input('chBorder') border = 1;
  constructor(private elementRef: ElementRef,
              private renderer: Renderer) {
  }
  ngOnChanges(change: any) {
    this.renderer.setElementStyle(this.elementRef.nativeElement,
      'border',
      `solid ${this.border}px`);
  }
}
```

**Listing 4.5** »directives-demo.component.ts«: plattformunabhängige Implementierung des Border-Decorators

Anstatt die `style`-Eigenschaft des nativen Elements direkt über die DOM-API zu beschreiben, erfolgt die Manipulation hier über die `setElementStyle`-Methode der `Renderer`-Klasse. Ein alternativer Renderer, z. B. für native mobile Applikationen, kann diese Methode nun entsprechend seinen Anforderungen implementieren. Möchten Sie sich für Ihre Applikation die Möglichkeit offen halten, in Zukunft beispielsweise auch mobile Plattformen zu unterstützen, empfehle ich Ihnen, die Abhängigkeiten zur DOM-API in Ihrem Komponentencode so gering wie möglich zu halten. Die Renderer-Klasse kann Ihnen hierbei durchaus behilflich sein!

## 4.2 HostBinding und HostListener: Auslesen und Verändern von Host-Eigenschaften und -Events

Als Host-Eigenschaften werden im Angular-Umfeld Eigenschaften bezeichnet, die direkt Bestandteil des selektierten DOM-Elements sind.

Ein Beispiel für einen entsprechenden Anwendungsfall könnte hier etwa die Implementierung einer `LowerCase`-Direktive sein, die dafür sorgt, dass der Text, den ein Anwender ins Eingabefeld eintippt, immer in Kleinbuchstaben umgewandelt wird. Dies kann etwa bei der Eingabe von E-Mail-Adressen notwendig sein. Listing 4.6 zeigt die gewünschte Verwendung der entsprechenden Direktive:

```
<label>Email: </label>
<input type="text" chLowerCase/>
```

**Listing 4.6** »directive-demo.component.html«: Verwendung der »LowerCase«-Direktive

Für die Umsetzung des beschriebenen Anwendungsfalls benötigen Sie nun Zugriff auf die DOM-Propertys und -Events des verwendeten Input-Feldes. So müssen Sie einerseits auf die Änderung des eingegebenen Textes reagieren (Host-Event) sowie andererseits das `value`-Property des Feldes manipulieren (Host-Eigenschaft).

Angular bietet Ihnen für diese Aufgabe die Möglichkeit, mithilfe der beiden Decorators `@HostBinding` und `@HostListener` auf die Eigenschaften und Ereignisse des *Host-Elements* (also in diesem Fall des `<input>`-Elements) zuzugreifen bzw. zu reagieren. Listing 4.7 zeigt die vollständige Implementierung der `LowerCaseDirective` mithilfe der beiden Decorators:

```
import {HostListener, HostBinding, Directive} from '@angular/core';

@Directive({
  selector: '[chLowerCase]'
})
export class LowerCaseDirective {
  @HostBinding() value = '';
  @HostListener('change', ['$event']) onChange($event) {
    this.value = $event.target.value.toLowerCase();
  }
}
```

**Listing 4.7** »lower-case.directive.ts«: Implementierung der »LowerCase«-Direktive, um lediglich Kleinbuchstaben zuzulassen

Die Deklaration

```
@HostBinding('value') value;
```

bindet in dieser Implementierung das value-Property des Eingabefeldes an die value-Membervariable der Direktive.

Äquivalent dazu sorgt die Deklaration

```
@HostListener('change', ['$event']) onChange($event) {
  this.value = $event.target.value.toLowerCase();
}
```

dafür, dass beim Auslösen des change-Events des Input-Feldes die onChange-Methode der Direktiven-Klasse aufgerufen wird. Innerhalb der Methode wird nun das value-Property des Eingabefeldes in Kleinbuchstaben umgewandelt und anschließend wieder an das value-Property zugewiesen.

Listing 4.8 zeigt exemplarisch die Verwendung der Direktive für die Implementierung eines Formulars zur Eingabe einer E-Mail-Adresse:

```
<p>
  <label>E-Mail: </label>
  <input type="text" #email chLowerCase/>
</p>
<button (click)="submit(email.value)">Anmelden</button>
```

**Listing 4.8** »directive-demo.component.html«: Verwendung der »LowerCase«-Direktive

Die Eingabe in das Feld kann, wie Sie in Abbildung 4.3 sehen, zunächst in Groß- und Kleinschreibung erfolgen.

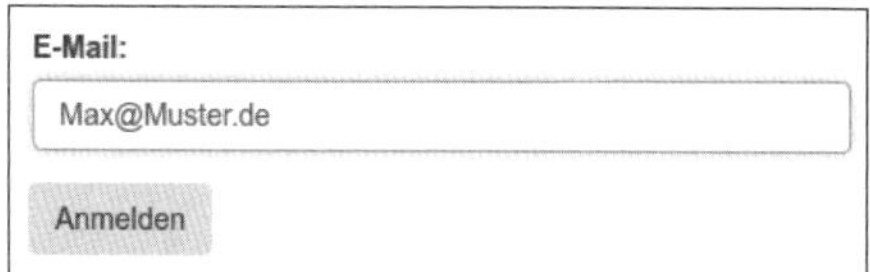


**Abbildung 4.3** Eingabefeld für E-Mail-Adressen

Ein Verlassen des Feldes sorgt aber nun dafür, dass das change-Event vom Browser ausgelöst wird und die Direktive den Wert in Kleinbuchstaben umwandelt (siehe Abbildung 4.4).

**Abbildung 4.4** Zustand des Eingabefelds, nachdem das »change«-Event ausgelöst wurde

### 4.2.1 Kanonisches Host-Binding

Neben der Konfiguration über Dekoratoren stellt Angular Ihnen außerdem erneut eine kanonische Syntaxvariante für das Binden an Host-Eigenschaften zur Verfügung:

```
@Directive({
  selector: '[chLowerCase]',
  host: {
    '(change)': 'onChange($event)',
    '[value]': 'value'
  }
})
export class LowerCaseCanonicalDirective {
  value = "";
  onChange($event) {
    this.value = $event.target.value.toLowerCase();
  }
}
```

**Listing 4.9** Kanonische Implementierung der »LowerCase«-Direktive

Wie Sie sehen, erwartet die `host`-Eigenschaft eine Liste der Host-Propertys und Host-Events, die innerhalb der Direktive verwendet werden. Das Binden eines Propertys erfolgt, wie beim regulären Property-Binding, durch die Angabe von eckigen Klammern:

```
'[value]': 'value'
```

Äquivalent dazu erfolgt das Binden an ein Event des Host-Elements durch runde Klammern:

```
'(change)': 'onChange($event)',
```

**Host-Bindings und Komponenten**

In diesem Zusammenhang ist es außerdem erwähnenswert, dass Ihnen der Zugriff auf Host-Eigenschaften und -Events auch bei der Implementierung von normalen (`@Component`-)Komponenten zur Verfügung steht. Auf diese Weise können Sie beispielsweise dynamisch Attribute des Root-Elements der Komponente verändern. Im In Kapitel 19, »Das Animations-Framework: Angular-Anwendungen animieren«, werden Sie beispielsweise sehen, wie Sie mithilfe von Host-Bindings den Routing-Container der aktuellen Komponenten erfragen können, um ihn zu animieren.

## 4.3 Anwendungsfall: Einbinden von Drittanbieter-Bibliotheken

Sollten Sie bereits in Erfahrung in der Entwicklung mit Angular 1.x haben, so werden Sie sich sicher daran erinnern, dass das Einbinden von Bibliotheken, wie *jQuery-UI* oder *D3.js*, nur sehr umständlich möglich war. Mithilfe von Direktiven kann eine solche Anbindung in Angular nun auf sehr elegante Art und Weise erfolgen. Das Ziel dieses Abschnitts ist es, eine Wrapper-Direktive für das `jQuery`-Slider-Plug-in zu entwickeln. Abbildung 4.5 zeigt einen Screenshot des Plug-ins.

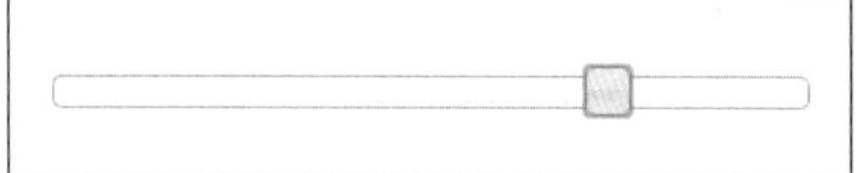

**Abbildung 4.5** jQuery-Slider-Plug-in

Das Plug-in erlaubt es, Werte mit einem Schieberegler zu verändern. Möchten Sie das Plug-in nun aus einer Angular-Applikation heraus verwenden, ist es natürlich wünschenswert, dass die hierfür implementierte Komponente, die Standard-Angular-Schnittstellentechniken unterstützt, wie z. B. das Two-Way-Data-Binding.

Da es sich beim Beispielprojekt um ein Angular-CLI-Projekt handelt, müssen Sie für die Installation von jQuery und jQuery-UI nichts weiter tun, als die beiden Bibliotheken per *npm* zu installieren:

```
npm i --save jquery
```

```
npm i --save jquery-ui-bundle
```

Im Anschluss daran fügen Sie die benötigten JavaScript- und CSS-Dateien über die *angular-cli.json* zu den globalen Abhängigkeiten hinzu (siehe dazu Kapitel 2, »Das Angular-CLI: professionelle Projektorganisation für Angular-Projekte«):

```
{
  "apps": [
    {
      "styles": [
        "assets/styles/styles.css",
        "../node_modules/jquery-ui-bundle/jquery-ui.css",
      ],
      "scripts": [
        "../node_modules/jquery/dist/jquery.js",
        "../node_modules/jquery-ui-bundle/jquery-ui.js"
      ],
      ...
```

```
    }
  ],
}
```

**Listing 4.10** »angular-cli.json«: Einbinden der Dateien, die Sie zur Arbeit mit jQuery und jQuery-UI benötigen

Nach dem Einbinden stellt jQuery Ihnen nun die globale Variable `jQuery` zur Arbeit mit der Bibliothek zur Verfügung. Listing 4.11 zeigt zunächst die einfache Verbindung zwischen jQuery und dem verwendeten DOM-Element mithilfe der Element-Referenz:

```
declare var jQuery: any;

@Directive({
  selector: '[chSlider]'
})
export class SliderDirective {
  constructor(private elementRef: ElementRef) {
    jQuery(elementRef.nativeElement).slider({
      slide: (event, ui) => {
        console.log(ui.value);
      }
    });
  }
}
```

**Listing 4.11** »slider.directive.ts«: Erste Integration des jQuery-Plug-ins in die »SliderDirective«

**Deklaration von Variablen über das declare-Keyword**

Ein Ihnen bislang unbekanntes Syntaxelement ist an dieser Stelle die Deklaration der `jQuery`-Variablen:

```
declare var jQuery: any;
```

jQuery stellt zwar automatisch die globale Variable `jQuery` zur Verfügung, Ihre TypeScript-Klasse weiß ohne weitere Konfiguration jedoch nichts von dieser Variablen, sodass eine Verwendung der `jQuery`-Variablen ohne diese Deklaration zu einem Fehler bei der Kompilierung führt.

Beim `declare`-Keyword handelt es sich somit vereinfacht gesagt um einen TypeScript-Mechanismus, mit dessen Hilfe globale Variablen dem TypeScript-Compiler bekannt gemacht werden können. So sagen Sie TypeScript mit der obigen Implementierung im Endeffekt nichts anderes als: *Vertrau mir – es gibt wirklich eine jQuery-Variable.*

Weitere Details zu diesem Thema finden Sie in Anhang B, »Typsicheres JavaScript mit TypeScript«. Dort werden Sie im Übrigen auch lernen, wie es sogar möglich ist, ursprünglich typunsichere Bibliotheken über die Integration von Typing-Dateien typsicher zu verwenden.

Durch den Aufruf

```
jQuery(elementRef.nativeElement).slider({
  slide: (event, ui) => {
    console.log(ui.value)
  }
});
```

sorgen Sie hier dafür, dass das Slider-Plug-in auf das zugrunde liegende DOM-Element angewendet wird. Die Implementierung des `slide`-Callbacks führt zunächst lediglich dazu, dass neue Slider-Werte in der Developer-Konsole ausgegeben werden.

Um die neue Direktive auszuprobieren, fügen Sie nun einfach den `slider`-Selektor zu einem beliebigen DOM-Element hinzu:

```
<div chSlider></div>
```

**Listing 4.12** »directives-demo.component.html«: Verwendung der Slider-Direktive

Das `div`-Element wird nun erwartungsgemäß in einen jQuery-Slider umgewandelt. Abbildung 4.6 zeigt des Weiteren, dass die Auswertung des `slide`-Callbacks ebenfalls wie gewünscht funktioniert.

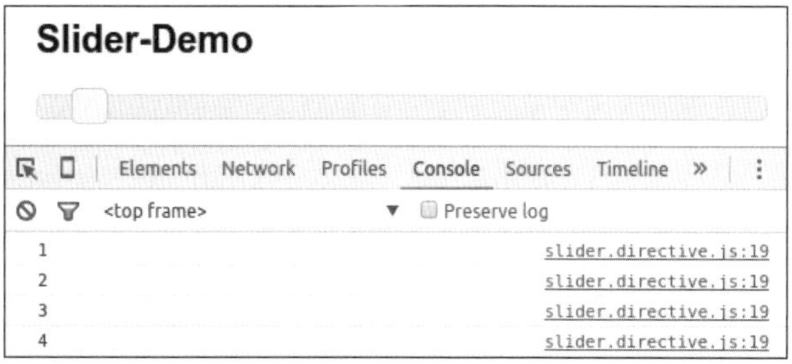

**Abbildung 4.6** Ausgabe der Slider-Werte in der Developer-Konsole

### 4.3.1 Two-Way-Data-Binding für die Slider-Komponente

Wie bereits angekündigt, soll die implementierte Direktive nun die Integration in das Applikationsmodell über Two-Way-Data-Binding unterstützen.

So soll es mithilfe des Ausdrucks

```
<div chSlider [(value)]="sliderValue"></div>
```

möglich sein, den dargestellten Slider mit der Variablen `sliderValue` zu verbinden.

Wie Sie bereits wissen, benötigen Sie für diese Aufgabe ein `Input`-Binding zum Setzen des Slider-Wertes sowie ein `Output`-Binding, um die Komponente, die die Direktive verwendet über Wertänderungen zu informieren. Listing 4.13 demonstriert die notwendigen Erweiterungen am Code der Direktive:

```
@Directive({
  selector: '[chSlider]'
})
export class SliderDirective {
  sliderRef:any;
  @Input() value: number;
  @Output() valueChange = new EventEmitter();

  constructor(private elementRef:ElementRef) {
    this.sliderRef = jQuery(this.elementRef.nativeElement).slider({
      slide: (event, ui) => {
        this.valueChange.emit(ui.value);
      }
    });
  }
  ngOnChanges() {
    this.sliderRef.slider('option', {value: this.value});
  }
}
```

**Listing 4.13** Implementierung der »Slider«-Direktive mit Two-Way-Data-Binding-Unterstützung

Innerhalb des Konstruktors merken Sie sich mithilfe der Membervariablen `sliderRef` zunächst die Referenz auf das `Slider`-Objekt. Anstatt den Slider-Wert bei einer Änderung in der Konsole auszugeben, wird der neue Wert nun über das `valueChange`-Output-Binding nach außen propagiert. Die Implementierung des Input-Bindings erfolgt wie im Border-Beispiel in Verbindung mit dem `ngOnChanges`-Callback, sodass eine Änderung des Input-Wertes durch eine andere Quelle (z. B. durch ein weiteres Eingabefeld) in jedem Fall an den Slider weitergegeben wird. Die eigentliche Übergabe des Wertes an das `jQuery`-Plug-in geschieht schließlich über folgenden Aufruf:

```
this.sliderRef.slider('option', { value: this.value } );
```

Die Direktive kann nun sehr elegant innerhalb Ihrer Applikation zur Eingabe von Zahlenwerten verwendet werden:

```
<div chSlider [(value)]="sliderValue"></div>
<input [(ngModel)]="sliderValue"/>
<p>Der aktuelle Wert des Sliders ist: {{sliderValue}} </p>
```



**Listing 4.14** Verwendung der »Slider«-Direktive

Durch die vorgestellte Implementierung führt eine Änderung des Wertes im Eingabefeld automatisch dazu, dass sich der Slider an die korrekte Stelle bewegt. Umgekehrt ändern sich bei der Verwendung des Sliders sowohl der Wert im Eingabefeld als auch der ausgegebene String (siehe Abbildung 4.7).

32

Der aktuelle Wert des Sliders ist: 32

**Abbildung 4.7** Verwendung der »Slider«-Direktive in der Applikation

### jQuery und Angular: Eine kleine Warnung

Das jQuery-Ökosystem ist riesig, und es wäre in jedem Fall falsch, Ihnen grundsätzlich von der Verwendung von jQuery-Plug-ins in Angular-Applikationen abzuraten (ansonsten hätte ich Ihnen auch nicht dieses Beispiel vorgestellt).

Nichtsdestotrotz möchte ich Sie aber noch einmal explizit davor warnen, aus jQuery bekannte Entwicklungsmuster in Ihre Angular-Anwendungen zu übertragen. Sollten Sie beispielsweise in einer Angular-Applikation Code der Form

```
$('p').addClass('important');
```

finden, sollten bei Ihnen sofort alle Alarmglocken läuten: Diese imperative Manipulation des DOMs hat nichts mit Angular-Prinzipien zu tun und sollte auf der Stelle durch ein deklaratives Property-Binding ersetzt werden!

## 4.4 Anwendungsfall: Accordion-Direktive – mehrere Kind-Komponenten steuern

Ein weiterer typischer Anwendungsfall in der Webentwicklung besteht darin, das Verhalten von mehreren Kind-Komponenten zu koordinieren. Direktiven ermöglichen es Ihnen in diesem Zusammenhang, die Komponenten auf einfache Art und Weise zu identifizieren und zu steuern.

Ein Beispiel für diese Art der Komponentenkommunikation ist die Implementierung einer Accordion-Direktive. Aufbauend auf der bereits vorgestellten Panel-Komponente, soll diese Direktive dafür sorgen, dass immer nur ein Panel innerhalb eines Accordions geöffnet ist. Abbildung 4.8 zeigt die Direktive im Einsatz.

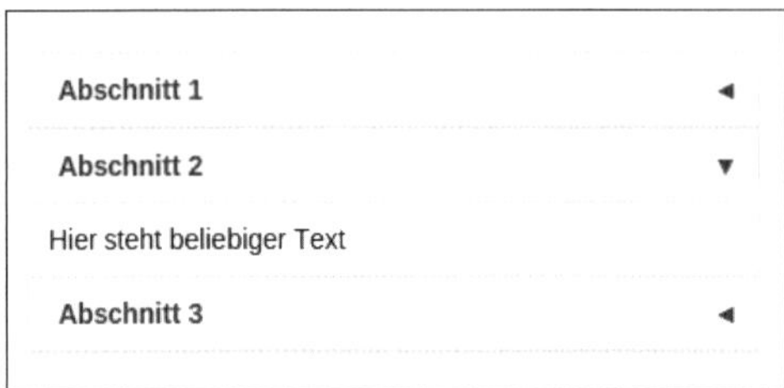


**Abbildung 4.8** Die »Accordion«-Direktive im Einsatz

Die Erzeugung eines Accordions im HTML-Code soll dabei auf folgende Art und Weise möglich sein:

```
<ch-accordion onlyOneOpen="true">
  <ch-panel title="Abschnitt 1">...</ch-panel>
  <ch-panel title="Abschnitt 2">...</ch-panel>
  <ch-panel title="Abschnitt 3">...</ch-panel>
</ch-accordion>
```

**Listing 4.15** Verwendung der »Accordion«-Direktive

Um die Implementierung des Accordions vorzubereiten, müssen Sie zunächst dafür sorgen, dass die Panel-Komponente Sie über eine Änderung des open-Status informiert. Dies können Sie auf altbekannte Weise über die Bereitstellung eines Output-Bindings realisieren:

```
export class PanelComponent {
    ...
    @Output() panelToggled = new EventEmitter();
    togglePanel() {
        this.open = !this.open;
        this.panelToggled.emit(this);
    }
}
```

**Listing 4.16** »EventEmitter« zur Information über Panel-Statusänderungen

Die Implementierung des Accordions erfolgt nun in Form einer Direktive:

```
@Directive({
  selector: 'ch-accordion, [chAccordion]'
```

```
})
export class AccordionDirective {
  @Input() onlyOneOpen;
  @ContentChildren(PanelComponent) panels: QueryList<PanelComponent>;
  ngAfterContentInit() {
    this.panels.forEach((panel) => {
      panel.open = false;
      panel.panelToggled.subscribe(panel => {
        if (panel.open && this.onlyOneOpen) {
          this.closeOthers(panel);
        }
      });
    });
  }
  closeOthers(opened) {
    this.panels.forEach((panel) => {
      if (opened != panel && panel.open) {
        panel.open = false;
      }
    });
  }
}
```

**Listing 4.17** »accordion.directive.ts«: Implementierung der Accordion-Direktive

Die meisten hier verwendeten Sprachmittel sollten Ihnen mittlerweile vertraut vorkommen: Der Selektor sorgt dafür, dass die Direktive sowohl über ein <ch-accordion>-Tag als auch über das Hinzufügen eines chAccordion-Attributs initialisiert werden kann. Über das Input-Binding onlyOneOpen wird festgelegt, dass nur ein Panel gleichzeitig offen sein darf. Mithilfe des @ContentChildren-Decorators werden die enthaltenen Panel-Komponenten erfragt.

Das einzige neue Syntaxelement findet sich in der Implementierung der Initialisierungsmethode. Mithilfe des Ausdrucks

```
panel.panelToggled.subscribe(panel => {
    if (this.onlyOneOpen && panel.open) {
        this.closeOthers(panel);
    }
})
```

wird hier für das panelToggled-Event eines jeden Panels eine anonyme Callback-Funktion registriert. Anstatt die Reaktion auf ein Output-Event im HTML-Code zu definieren, ist es auf diesem Weg ebenfalls möglich, sich aus der Komponentenklasse heraus für ein Event anzumelden.

Die eigentliche Accordion-Funktionalität ist schließlich innerhalb der Methode `closeOthers` implementiert. Beim Auftreten eines `panelToggled`-Events iteriert die Methode über die `QueryList` und schließt alle Panels, außer dem übergebenen.

**Implementierung als Komponente vs. Implementierung als Direktive**

Vielleicht haben Sie sich bereits gefragt, aus welchem Grund die Implementierung des Accordions in Form einer Direktive und nicht als »normale« (`@Component`-)Komponente realisiert wurde. So hätten Sie die vorgestellte Funktionalität ebenfalls erreichen können, wenn Sie eine reguläre Komponente in Verbindung mit einem `ng-content`-Platzhalter bereitgestellt hätten.

Die Implementierung als Direktive hat in diesem Fall aber einen entscheidenden Vorteil. So können Sie an ein einzelnes HTML-Tag maximal eine Komponente, aber beliebig viele Direktiven binden. Stellen Sie sich nun vor, Sie möchten zusätzlich zum Accordion und zum Panel noch eine PanelGroup implementieren. Diese Komponente soll die enthaltenen Panels noch einmal optisch gruppieren. Des Weiteren möchten Sie auch in der Lage sein, das Accordion-Verhalten für die PanelGroup zu aktivieren. Bei einer Implementierung des Accordions als Komponente wäre dies nicht möglich gewesen. Auf Basis der Direktiven-Lösung können Sie dieses Ziel jedoch sehr einfach wie folgt erreichen:

```
<ch-panel-group chAccordion>
    <ch-panel title="Abschnitt 1">
        ...
    </ch-panel>
</ch-panel-group>
```

Meine persönliche Empfehlung für die Frage »Komponente oder Direktive?« lautet somit: Implementieren Sie Komponenten nur dann als `@Component`, wenn Sie ein eigenes View-Template besitzen. Erweitert die Komponente Ihre Anwendung lediglich um Verhalten, so implementieren Sie sie als `@Directive`.

## 4.5 exportAs: Zugriff auf die Schnittstelle einer Direktive

Bei der Implementierung von Komponenten haben Sie bereits gesehen, wie Sie mithilfe von lokalen Variablen innerhalb des HTML-Templates auf die Schnittstelle einer verwendeten Komponente zugreifen können. So war es mithilfe des folgenden Quellcodes möglich, die lokale Variable `timepicker` zu definieren und anschließend auf Ihre Eigenschaften und Methoden zuzugreifen:

```
<ch-time-picker #timepicker [(time)]="calendarEntry.startTime">
</ch-time-picker>
<span>Die ausgewählte Zeit lautet: {{timepicker.getTime()}}</span>
```

**Listing 4.18** Lokale Variable zum Zugriff auf die Komponentenschnittstelle



Bei der Arbeit mit Direktiven funktioniert dieser Ansatz nicht out-of-the-box. So haben Sie in Abschnitt 4.4 gesehen, dass Sie an einem HTML-Tag mehrere Direktiven verwenden können bzw. dass Sie einem Komponenten-Tag noch beliebig viele Direktiven hinzufügen können:

```
<ch-panel-group chAccordion chBordered>
  ...
</ch-panel-group>
```

**Listing 4.19** Komponente und zwei Direktiven an einem HTML-Tag

Wollen Sie nun eine lokale Variable zum Zugriff auf die Schnittstelle der Accordions definieren, stößt der ursprüngliche Mechanismus an seine Grenzen. Durch die Anweisung

```
<ch-panel-group #group chAccordion chBordered>
  ...
</ch-panel-group>
```

bekommen Sie lediglich Zugriff auf die Panel-Group.

Abhilfe verschafft hier die `exportAs`-Eigenschaft des `@Directive`-Decorators. So können Sie mithilfe dieser Direktivenkonfiguration festlegen, unter welchem Namen die Direktive exportiert werden soll. Listing 4.20 zeigt die entsprechende Konfiguration für die Accordion-Direktive:

```
@Directive({
    selector: 'ch-accordion, [chAccordion]',
    exportAs: 'accordion'
})
export class AccordionDirective {
  ...
}
```

**Listing 4.20** Verwendung der »exportAs«-Eigenschaft

Die Direktive wird nun unter dem Namen `accordion` exportiert. Um innerhalb des HTML-Codes auf das Accordion zu verweisen, müssen Sie jetzt lediglich den exportierten Namen bei der Definition der Variablen angeben:

```
<ch-panel-group chAccordion #firstAccordion="accordion">
  <ch-panel title="Abschnitt 1">...</ch-panel>
  <ch-panel title="Abschnitt 2">...</ch-panel>
  <ch-panel title="Abschnitt 3">...</ch-panel>
</ch-panel-group>
<button (click)="firstAccordion.closeAll()">Alle schließen</button>
```

**Listing 4.21** Definition einer Variablen, die auf die »Accordion«-Direktive verweist

Über die `firstAccordion`-Variable haben Sie nun vollen Zugriff auf die Schnittstelle der Direktive. Der Vollständigkeit halber zeigt Listing 4.22 noch die Implementierung der `closeAll`-Methode des Accordions:

```
export class AccordionDirective {
  ...
  closeAll() {
    this.panels.forEach((panel) => {
      panel.open = false;
    });
  }
}
```

**Listing 4.22** »accordion.directive.ts«: eine »closeAll«-Methode zum Schließen aller Panels

## 4.6 Zusammenfassung und Ausblick

Mit Direktiven können Sie Ihre Anwendung sehr elegant um Verhalten erweitern. Typische Anwendungsfälle sind dabei die Integration von Fremdbibliotheken, die Veränderung von Host-Eigenschaften sowie die Steuerung von anderen Komponenten. Die folgende Liste fasst noch einmal die wichtigsten Eckpunkte des Kapitels zusammen:

- Die Konfiguration von Direktiven erfolgt über den `@Directive`-Decorator.
- Direktiven sind im Grunde genommen nichts anderes als Komponenten ohne eigenes Template.
- Sie können ein DOM-Element mit beliebig vielen Direktiven versehen. (Bei Komponenten geht das nicht.) Die Dekoratoren `@HostBinding` und `@HostListener` ermöglichen Ihnen die Arbeit mit Host-Eigenschaften und -Events eines selektierten DOM-Elements.
- Möchten Sie in einer Direktive auf eine Liste untergeordneter Komponenten zugreifen, so können Sie dies mithilfe der Klasse `QueryList` erreichen.

- Mit der `exportAs`-Eigenschaft des `@Directives`-Decorators legen Sie fest, unter welchem Namen eine Direktive exportiert werden soll.
- Bei der Definition einer lokalen Template-Variablen im HTML-Code können Sie den unter `exportAs` verwendeten Bezeichner nutzen, um eine Referenz auf die Direktive zu erhalten (`#mySliderVariable="slider"`).



Aufbauend auf den Grundlagen, die Sie in diesem Kapitel und in Kapitel 3 erworben haben, werde ich Ihnen im kommenden Kapitel tiefergehende Komponentenkonzepte vorstellen. Unter anderem lernen Sie dort, welche Möglichkeiten Sie beim Styling Ihrer Komponenten haben und wie Sie durch den Einsatz von Template-Referenzen noch dynamischere Anwendungen implementieren können.

# Kapitel 5
# Fortgeschrittene Komponentenkonzepte



*Nachdem Sie nun die Grundlagen der Angular-Entwicklung kennen, geht es in diesem Kapitel in die Tiefe. Das Framework wartet mit einer Reihe interessanter Innovationen auf, die Ihnen bei der Entwicklung von professionellen Webanwendungen behilflich sein werden.*

Mit den Grundlagen, die Sie bereits gelernt haben, können Sie tiefer in alle weiteren Bereiche der Angular-Entwicklung einsteigen. Neben den vorgestellten Basiskonzepten bietet Ihnen das Framework aber zusätzlich noch einige fortgeschrittene Komponentenkonzepte und Techniken, die Ihnen bei der Entwicklung von komplexen Webanwendungen durchaus behilflich sein können. So werden Sie in diesem Kapitel unter anderem lernen,

- welche Möglichkeiten Ihnen Angular bietet, um das CSS-Styling Ihrer Komponenten direkt an den Komponenten zu pflegen.
- wie Sie mithilfe der Klassen `TemplateRef` und `NgTemplateOutlet` Teile Ihres Komponenten-Markups dynamisch austauschen können.
- wie Sie die Klassen `ComponentFactory` und `ViewContainerRef` dazu verwenden können, Komponenten aus Ihrem Komponenten-Code heraus zu instanziieren und zu löschen.
- wie der Angular-ChangeDetection-Mechanismus funktioniert und welche Optionen Ihnen zur Optimierung des ChangeDetection-Verhaltens und somit zur Optimierung Ihrer Performance zur Verfügung stehen.

## 5.1 Styling von Angular-Komponenten

Mit CSS3 steht Ihnen eine sehr ausdrucksstarke Sprache zur Gestaltung Ihrer Webanwendungen zu Verfügung. Sollten Sie bereits in größeren Web-Projekten mitgearbeitet haben, so werden Sie aber mit Sicherheit auch wissen, dass CSS durchaus seine Tücken hat. Insbesondere die Tatsache, dass CSS-Regeln global definiert werden – und sich somit auf die gesamte Webapplikation auswirken –, führt in diesem Zusammenhang immer wieder zu Problemen. So hat vermutlich jeder Webentwickler schon einmal erlebt, dass eine Regel, die er nachträglich für eine neue Komponente eingeführt hat, dazu führte, dass an einer anderen Stelle der Anwendung das Layout zerstört wurde (und das oft zunächst unbemerkt). CSS-Präprozessoren wie Sass oder Less unterstützen Entwickler in diesem Zusammenhang zwar stark – das Kernproblem bleibt aber auch bei der Nutzung dieser Tools bestehen: Definierte Regeln gelten immer für die gesamte Applikation.

### 5.1.1 Styles an der Komponente definieren

Angular bietet für diese Problematik einen sehr eleganten Lösungsansatz. So ist es möglich, über die beiden Eigenschaften `styles` und `styleUrls` des `@Component`-Decorators CSS-Regeln direkt an einer Komponente zu hinterlegen.

#### Die style-Eigenschaft

Listing 5.1 zeigt exemplarisch die Implementierung einer sehr einfachen `RedCircle`-Komponente:

```
@Component({
  selector: 'ch-red-circle',
  template: '<div></div>',
  styles: [`
    div {
      border-radius: 50%;
      width: 40px;
      height: 40px;
      background-color: red;
    }
  `]
})
export class RedCircleComponent {
}
```

**Listing 5.1** »red-circle.ts«: Definition von Styles direkt an der Komponente

Der einzige Zweck dieser Komponente besteht darin, einen roten Kreis zu zeichnen. Auffällig ist hierbei zunächst, dass das implementierte Template komplett auf die Verwendung von CSS-Klassen verzichtet:

```
template: '<div></div>'
```

Der Angular-Styling-Mechanismus ermöglicht es so, die Auswirkungen der an einer Komponente hinterlegten CSS-Regeln auf diese Komponente zu beschränken, sodass es oft nicht notwendig ist, innerhalb des HTML-Codes CSS-Klassen zu verwenden. Details hierzu erläutere ich in Abschnitt 5.1.2. Über die `styles`-Eigenschaft werden anschließend die benötigten Regeln definiert.

Alternativ ist es an dieser Stelle ebenfalls möglich, über die Eigenschaft `styleUrls` auf eine oder mehrere CSS-Dateien zu verweisen. Diese Variante werden Sie im weiteren Verlauf des Kapitels ebenfalls noch in Aktion sehen.

Der Verwendung der Komponente erfolgt auf altbekannte Weise:

```
<ch-red-circle></ch-red-circle>
<div>Ich bin ein normales div-Tag</div>
```

**Listing 5.2** »app.component.html«: Einsatz der »RedCircle«-Komponente

Wie erwartet, wird als Ergebnis lediglich die `RedCircleComponent` mit den definierten Regeln gestylt. Das zusätzliche `div`-Tag bleibt, wie Sie in Abbildung 5.1 sehen, vom CSS unberührt.

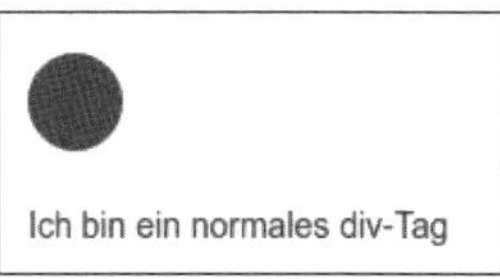


**Abbildung 5.1** Darstellung des roten Kreises

### 5.1.2 ViewEncapsulation – Strategien zum Kapseln Ihrer Styles

Doch wie genau schafft es Angular jetzt eigentlich, dass die hinterlegten Regeln nur auf die jeweilige Komponente angewendet werden? Der Schlüssel zu diesem Rätsel liegt in den von Angular bereitgestellten *View-Encapsulation-Strategien*. Diese Strategien werden am `@Component`-Decorator definiert und legen fest, inwiefern das implementierte CSS für die Komponente gekapselt werden soll. Insgesamt bietet das Framework Ihnen drei Optionen zur Auswahl:

- `ViewEncapsulation.Emulated`: Die Style-Kapselung wird durch Angular emuliert. (Dies ist der Standardwert.)
- `ViewEncapsulation.None`: Es findet keine Kapselung der hinterlegten Styles statt.
- `ViewEncapsulation.Native`: Die Kapselung erfolgt über den nativen *WebComponents-Shadow*-DOM-Mechanismus.

Welche Strategie zum Einsatz kommt, legen Sie in der `encapsulation`-Eigenschaft des `@Component`-Decorators fest:

```
import {Component, ViewEncapsulation } from '@angular/core';
@Component({
  ...
  encapsulation: ViewEncapsulation.Native
```

```
})
export class MyComponent {
...
}
```

### Der Standardfall: ViewEncapsulation.Emulated

Entscheiden Sie sich nicht explizit für eine Strategie, so wird automatisch die `ViewEncapsulation.Emulated`-Strategie für Ihre Komponente aktiviert. Diese sorgt, wie ich bereits kurz angedeutet habe, dafür, dass Angular die Kapselung der Styles für den Browser emuliert.

Was dies konkret bedeutet, sehen Sie am besten bei einem Blick in die Developer-Konsole. Schauen Sie sich hierfür zunächst das `<head>`-Tag der gestarteten Anwendung an. Neben den von Ihnen selbst definierten Einträgen werden Sie dort eine Reihe von `<style>`-Tags entdecken, die Angular generiert hat.

Jedes einzelne Tag enthält die CSS-Styles für eine bestimmte Komponente. Wenn Sie sich durch die Tags klicken, werden Sie auch auf den Block treffen, der für die `RedCircleComponent` zuständig ist (siehe Abbildung 5.2).

```
▼<style>
   div[_ngcontent-lou-14] {
           border-radius: 50%;
           width: 40px;
           height: 40px;
           background-color: red;
        }
  </style>
```

**Abbildung 5.2** Von Angular generierte CSS-Definition

Wie Sie sehen, hat Angular aus dem einfachen `div`-Selektor den Selektor

```
div[_ngcontent-lou-14] {
    ...
}
```

generiert. Der Selektor trifft somit nur noch auf `div`-tags zu, die zusätzlich das Attribut `_ngcontent-lou-14` besitzen. Untersuchen Sie nun mithilfe der Developer-Konsole den weiteren Quelltext der gerenderten Applikation, werden Sie feststellen, dass Angular exakt dieses Attribut ebenfalls zum `div`-Tag der `RedCircleComponent` hinzugefügt hat. Das `div`-Tag außerhalb der Komponente wurde hingegen nicht manipuliert. Abbildung 5.3 zeigt das entsprechend gerenderte Markup.

```
▼<ch-red-circle _nghost-lou-14>
   <div _ngcontent-lou-14></div>
  </ch-red-circle>
  <div>Ich bin ein normaler div-Tag</div>
```

**Abbildung 5.3** Generierter HTML-Code der gerenderten Komponente

So schafft es Angular durch einen recht einfachen Trick, die Auswirkungen von CSS-Regeln auf die aktuelle Komponente zu beschränken.

**Kapselung von CSS? Ja, aber nicht zu viel!**

Die Möglichkeit, CSS-Styles direkt an der Komponente zu hinterlegen, ist durchaus verlockend: Anstatt sich für jedes Styling neue Klassennamen ausdenken zu müssen, können Sie so sicher sein, dass Ihre auf Komponentenebene implementierten Regeln wirklich auch nur dort Auswirkungen haben.

Lassen Sie sich deswegen aber nicht dazu hinreißen, sämtliche CSS-Regeln nur noch in Ihren Komponenten zu definieren: Dies kann Ihnen am Ende mehr Arbeit machen, als es Ihnen nützt. So kann beispielsweise die Festlegung von `margin`- und `padding`-Werten auf Komponenten-Ebene schnell dazu führen, dass Sie für eine Änderung Ihres Themes jede einzelne Komponente der Anwendung anfassen müssen.

Mein Tipp lautet hier: Ist ein CSS-Style für das Aussehen der Komponente ausschlaggebend, so sollten Sie ihn auch direkt mit dieser Komponente kapseln. Handelt es sich jedoch um die Dinge wie die Festlegung von Abständen innerhalb der Seite oder Ähnlichem, gehören diese Regeln eher doch in ein globales Stylesheet. Bei einem späteren Refactoring werden Sie sich über die fehlende Kapselung sicher freuen!



### CSS-Kapselung abschalten: ViewEncapsulation.None

In gewissen Fällen ist es sinnvoll, die Kapselung von CSS-Styles abzuschalten. Ein typisches Beispiel hierfür ist die Implementierung von Container-Komponenten. Stellen Sie sich beispielsweise vor, Sie wollten eine speziell gestylte Dialog-Komponente entwerfen. Der Benutzer Ihrer Komponente soll ebenfalls die von Ihnen bereitgestellten Klassen verwenden können, um dort beispielsweise passend gestaltete Buttons zu platzieren. Die Benutzung dieser Komponente könnte etwa wie folgt aussehen:

```
<ch-styled-dialog title="Wollen Sie Ihre Styles kapseln?">
  <button class="ch-styled-dialog-button">Ja</button>
  <button class="ch-styled-dialog-button">Nein</button>
</ch-styled-dialog>
```

**Listing 5.3** Verwendung des gestylten Dialogs

Mit der Standardstrategie `Emulated` wären die für den `StyledDialog` definierten CSS-Regeln im Body der Komponente aber überhaupt nicht sichtbar. Die Klasse `ch-styled-dialog-button` würde somit ohne Auswirkung bleiben. Möchten Sie die innerhalb der Komponente definierten Styles auch den Kind-Elementen zugänglich machen, so verwenden Sie `StyleEncapsulation.None`. Listing 5.4 zeigt die entsprechende Komponenten-Implementierung:

```
import {Component, Input, ViewEncapsulation} from '@angular/core';
@Component({
  selector: 'ch-styled-dialog',
  templateUrl: 'styled-dialog.component.html',
  styleUrls: ['styled-dialog.component.css'],
  encapsulation: ViewEncapsulation.None
})
export class StyledDialogComponent {
  @Input() title: string;
}
```

**Listing 5.4** »styled-dialog.component.ts«: Einsatz der »ViewEncapsulation.None«-Strategie

Zunächst werden die benötigten Klassen importiert. In der weiteren Konfiguration sehen Sie einerseits die Angabe der `Encapsulation`-Strategie sowie andererseits die Verwendung der `styleUrls`-Eigenschaft zum Verweis auf eine CSS-Datei. Innerhalb dieser Datei sind nun alle Regeln definiert, die sowohl für die Komponente selbst als auch für alle anderen Elemente der Applikation gültig sein sollen:

```
.ch-styled-dialog {
    background-color: #fff;
    border: 1px solid #ddd;
}
...
.ch-styled-dialog-button {
    display: inline-block;
    background-color: white;
    padding: 4px 12px;
    ...
}
```

**Listing 5.5** »styled-dialog.component.css«: Auszug aus der CSS-Datei

Durch die Verwendung der `ViewEncapsulation.None`-Strategie werden die Buttons nun, wie in Abbildung 5.4 zu sehen, korrekt dargestellt.

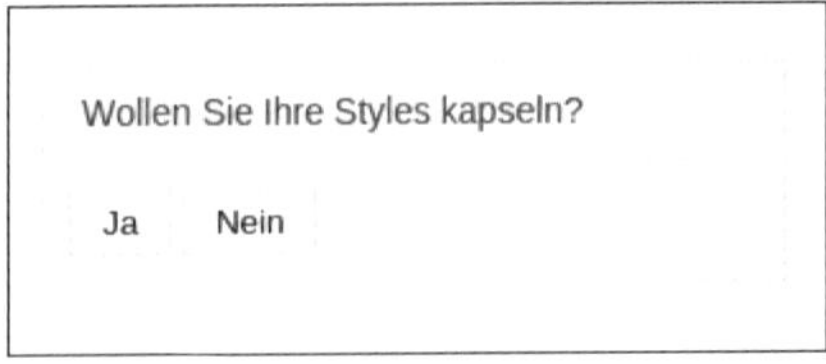


**Abbildung 5.4** Gerenderte Dialog-Komponente

Auch die Untersuchung des Quellcodes zeigt, dass weder die generierten CSS-Regeln im Kopf der Seite noch der erzeugte HTML-Code für die Komponente von Angular manipuliert wurden (siehe Abbildung 5.5 und Abbildung 5.6).



```
▼ <style>
    .ch-styled-dialog {
        background-color: #fff;
        border: 1px solid #ddd;
    }

    .ch-styled-dialog-header {
        position: relative;
        padding: 10px 15px;
        border-bottom: 1px solid transparent;
        color: #333;
```

**Abbildung 5.5** Generierter CSS-Code

```
▼ <ch-styled-dialog title="Wollen Sie Ihre Styles kapseln?" ng-refle
  ▼ <div class="ch-styled-dialog">
    ▼ <div class="ch-styled-dialog-header">
        <span>Wollen Sie Ihre Styles kapseln?</span>
      </div>
    ▼ <div class="ch-styled-dialog-body">
        <button class="ch-styled-dialog-button">Ja</button>
        <button class="ch-styled-dialog-button">Nein</button>
      </div>
    </div>
  </ch-styled-dialog>
```

**Abbildung 5.6** HTML-Code bei Verwendung der Komponente

### Vollständige Kapselung: ViewEncapsulation.Native

Die letzte Möglichkeit zum Kapseln von CSS-Regeln ist die `ViewEncapsulation.Native`-Strategie. Diese Strategie verlässt sich (wie der Name bereits andeutet) auf den nativen Kapselmechanismus des verwendeten Renderers. Bei der Implementierung einer regulären Webanwendung auf Basis des DOMs bedeutet dies, dass das Shadow-DOM verwendet wird – eine Funktionalität aus dem (sehr neuen) WebComponents-Standard.

Die Grundidee hinter der Shadow-DOM-Technik besteht vereinfacht ausgedrückt darin, bestimmte Teile des DOM-Baums vor der restlichen Applikation »zu verstecken«. So ist die interne Implementierung einer Komponente im Optimalfall völlig irrelevant für die verwendende Anwendung und sollte somit auch nicht für diese sichtbar (und veränderbar) sein. Diese Anforderung löst die Shadow-DOM-Technik dadurch, dass genau solche internen Implementierungsdetails innerhalb eines sogenannten `shadow-root` Knotens in die Applikation eingehängt werden. Alle Elemente innerhalb dieses Knotens sind nun nicht mehr von außen zugreifbar, können also z. B. nicht mithilfe eines `querySelector`-Aufrufs über die DOM-API selektiert werden.

Des Weiteren garantiert das Shadow-DOM, dass keine CSS-Regeln, die innerhalb des `shadow-root`-Knotens definiert wurden, außerhalb des Knotens sichtbar sind und dass keine Regeln, die außerhalb definiert wurden, Auswirkungen auf das Styling der

Komponente haben. Dieser letzte Punkt ist somit auch der für die Angular-Entwicklung relevante.

Während globale Styles bei der ViewEncapsulation.Emulated-Strategie in der Komponente sichtbar sind, bleiben sie bei der ViewEncapsulation.Native-Strategie ohne Effekt. Erinnern Sie sich hierfür noch einmal an die Implementierung der Timepicker-Komponente. Bei der Implementierung des Layouts haben Sie für die Aufteilung in drei Spalten die Klasse col verwendet:

```
<div class="timepicker">
  <div class="col">
    <button (click)="incrementTime('hours')"> + </button>
    <input [value]="time?.hours" .../>
    <button (click)="decrementTime('hours')"> - </button>
  </div>
  ...
</div>
```

Durch die ViewEncapsulation.Emulated-Kapselung bleiben die für diese Klasse definierten Styles zwar ohne Auswirkung auf die restliche Anwendung; wenn allerdings in einem globalen CSS-Stylesheet ebenfalls ein Selektor für die Klasse col definiert wurde, werden diese Styles nun zusätzlich auf das div-Tag angewendet. Sollten Sie beispielsweise ein CSS-Framework verwenden, das zufällig die Klasse col wie folgt definiert

```
.col {
    background-color: lightgrey;
}
```

so würde dies dazu führen, dass Ihre Timepicker-Komponente urplötzlich die grau hinterlegten Flächen aufweist, die Sie in Abbildung 5.7 sehen.

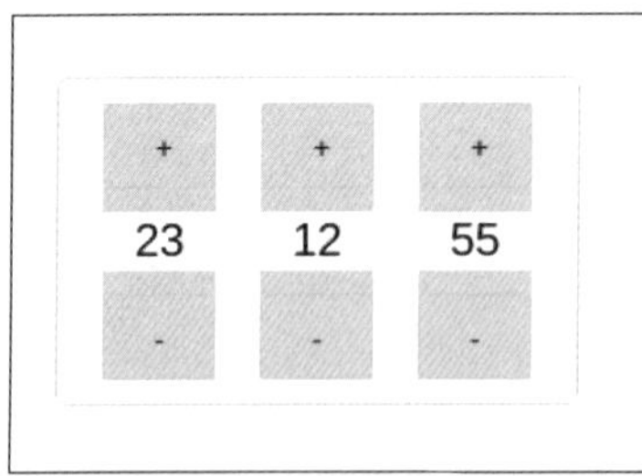


**Abbildung 5.7** Timepicker-Komponente mit Styles aus dem globalen Stylesheet

Diesen Effekt können Sie verhindern, indem Sie die ViewEncapsulation.Native-Strategie verwenden. Listing 5.6 zeigt die entsprechende Konfiguration des Timepickers:

```
@Component({
  selector: 'time-picker',
  encapsulation: ViewEncapsulation.Native
  ...
})
export class TimePickerComponent {
...
}
```

**Listing 5.6** »time-picker.component.ts«: Konfiguration zur Verwendung des Shadow-DOM

Wie erwartet, wird der Timepicker anschließend wieder korrekt dargestellt.

Interessant ist in diesem Zusammenhang erneut der Blick in die Developer-Ansicht. Schauen Sie sich hierfür den generierten HTML-Code aus Abbildung 5.8 an.

```
▼<ch-time-picker _ngcontent-epb-4 ng-reflect-time-string="23:12:55">
  ▼#shadow-root (open)
    ▶<style>…</style>
    ▶<style>…</style>
     <style>.col {
          width: 50px;
          float: left;
          margin: 0px 10px;
     }
     ...</style>
    ▼<div class="timepicker">
      ▶<div class="col" id="hours">…</div>
      ▶<div class="col" id="minutes">…</div>
      ▶<div class="col" id="seconds">…</div>
     </div>
     <style>.panel[_ngcontent-epb-7] {
          background-color: #fff;
     }
     ...
     </style>
     <style></style>
    ▶<style>…</style>
    ▶<style>…</style>
  </ch-time-picker>
```

**Abbildung 5.8** »shadow-root«-Knoten zum Kapseln der Timepicker-Komponente

Dieser Ausschnitt enthält einige sehr interessante Aspekte: Zunächst sehen Sie, dass – wie zuvor beschrieben – die internen Teile der Komponente unterhalb des `#shadow-root`-Knotens versteckt wurden. Des Weiteren wurden alle Styles des Timepickers direkt in diesen Knoten integriert, sodass sie nur innerhalb des Knotens sichtbar sind. Die Selektoren können aus diesem Grund ebenfalls unmanipuliert bleiben.

Auf den ersten Blick erscheint es etwas verwirrend, dass Angular zusätzlich zu den Styles der `TimePicker`-Komponente ebenfalls die Styles der anderen verfügbaren Komponenten in den `shadow-root`-Knoten kopiert.

Der Grund hierfür ist, dass es andernfalls nicht möglich wäre, innerhalb einer nativ gekapselten Komponente andere Komponenten zu verwenden: Die native Kapselung würde in diesem Fall den Zugriff auf die Styles verhindern, die Sie im `head` des Dokuments definiert haben.

Auch wenn dieses Verhalten für die Praxistauglichkeit von Angular durchaus sinnvoll ist, können hierdurch dennoch ungewünschte Effekte entstehen: Sollten es neben Ihrer nativ gekapselten Komponente zusätzlich weitere Komponenten mit der Strategie `ViewEncapsulation.None` geben, so hätten die in diesen Komponenten definierten Styles nun doch wieder Einfluss auf die eigentlich abgekapselte Native-Komponente.

**Shadow-DOM und Browserkompatibilität**

Ein großer Schwachpunkt der Shadow-DOM-Technik ist, dass sie zum aktuellen Zeitpunkt nur von sehr wenigen Browsern unterstützt wird. Zu dem Zeitpunkt, als dieses Buch verfasst wurde (November 2016), unterstützten lediglich die Browser Chrome und Opera sowie einige Android-Browser den neuen Kapselungsstandard.

Sollten Sie also eine Anwendung schreiben, bei der Sie nicht die vollständige Kontrolle über die vom Nutzer verwendeten Browser haben, würde ich Ihnen momentan vom Einsatz der `ViewEncapsulation.Native`-Strategie abraten.

Eine sehr hilfreiche Adresse zur Überprüfung von Browserkompatibilität ist die Seite *caniuse.com*. So können Sie unter

*http://caniuse.com/#feat=shadowdom*

jederzeit verfolgen, welche Browser das Shadow-DOM bereits unterstützen und welche nicht.

## 5.2 TemplateRef und NgTemplateOutlet: dynamisches Austauschen von Komponenten-Templates

Bei der Entwicklung von wiederverwendbaren Komponenten ist es ein durchaus üblicher Anwendungsfall, dem Nutzer Ihrer Komponente die Möglichkeit zu geben, ihr Aussehen seinen Wünschen entsprechend anzupassen.

In den meisten Webanwendungen wird diese Anforderung dadurch erfüllt, dass man eigene CSS-Styles für die Komponenten bereitstellt, die gerendert werden sollen. Wie Sie in Abschnitt 5.1.2 bereits gesehen haben, ist dies in Angular ebenfalls leicht möglich, wenn Sie die `ViewEncapsulation.None`-Strategie verwenden. Angular geht bezüglich der Anpassbarkeit von Komponenten aber noch einen großen Schritt weiter.

Durch selbst definierte Template-Referenzen können Sie Entwicklern, die Ihre Komponenten-Bibliothek verwenden, sogar die Möglichkeit geben, Teile der Komponenten-View auszutauschen und durch eigene Templates zu ersetzen.

Erinnern Sie sich hierfür zunächst an das Blog-Beispiel aus Kapitel 1, »Angular-Kickstart: Ihre erste Angular-Webapplikation«. In dieser Anwendung wurde über ein Array von `Blog`-Objekten iteriert. Anschließend wurden die `Blog`-Objekte in der Liste gerendert, die Sie in Abbildung 5.9 sehen.

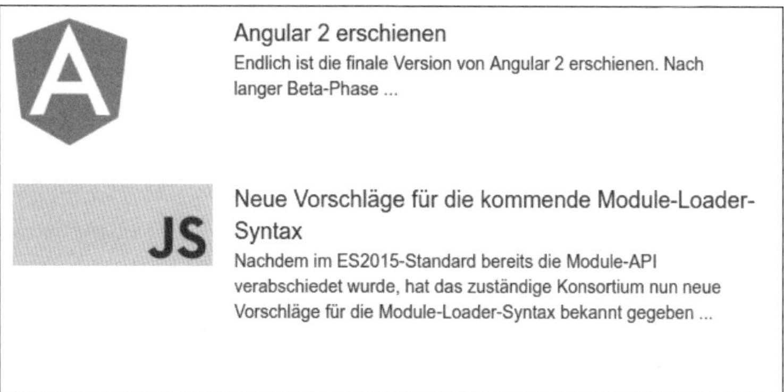


**Abbildung 5.9** Darstellung der Blog-Einträge in der Liste

Zugegebenermaßen war die Business-Logik in diesem Beispiel noch recht überschaubar. In einer echten Applikation hätte sich diese Komponente aber vermutlich ebenfalls darum gekümmert, die Blog-Einträge über einen Service auszulesen und sie auf bestimmte Art und Weise aufzubereiten.

Stellen Sie sich nun vor, Sie möchten an anderer Stelle ebenfalls die Liste der Blog-Einträge darstellen, diesmal aber in einer minimalistischeren Form – zum Beispiel als Überblick in einer Sidebar. In diesem Fall wäre es schön, die Komponente wiederzuverwenden und lediglich die Darstellung der Listenelemente zu verändern. Über die Klasse `TemplateRef` bietet Ihnen Angular exakt diese Möglichkeit.

### 5.2.1 NgFor mit angepassten Templates verwenden

In den Quelltexten dieses Kapitels finden Sie eine leicht abgewandelte Version der Blog-Anwendung aus Kapitel 1. In der neuen Version wurde die Listendarstellung zusätzlich in die Komponente `BlogListComponent` ausgelagert. Auf diesem Weg ist es in den kommenden Abschnitten leichter, die `TemplateRef`-Funktionalität zu erläutern.

Listing 5.7 zeigt als Ausgangspunkt für die weitere Implementierung zunächst, wie die Verwendung der `BlogListComponent` im »Normalfall« aussieht. In Listing 5.8 sehen Sie die Komponente bei Nutzung eines eigenen Templates.

```
<h2>Blogeinträge</h2>
<ch-blog-list [entries]="entries"></ch-blog-list>
```

**Listing 5.7** »blog.component.html«: reguläre Verwendung der »BlogList«-Komponente

```
<ch-blog-list [entries]="entries">
  <template let-entry>
    <div  class="entry-minimal" >
      <div class="summary-image">
        <img [src]="entry?.image" [alt]="entry?.title" class="small"/>
      </div>
      <div class="summary-title">
        <span>{{entry?.title}}</span>
      </div>
    </div>
  </template>
</ch-blog-list>
```

**Listing 5.8** »blog.component.html«: Verwendung der »BlogListComponent« mit eigenem Template

Die Idee dahinter lautet wie folgt: »Wird kein eigenes Template mitgeliefert, soll die Standardansicht zum Rendern der Einträge verwendet werden. Wird ein Template mitgeliefert, soll dieses zur Darstellung herangezogen werden.«

Sie benötigen also innerhalb der `BlogListComponent` zunächst einmal Zugriff auf das im Body definierte `<template>`. Hierfür stellt Angular die bereits angesprochene `TemplateRef`-Klasse bereit. In Verbindung mit dem bereits bekannten `@ContenChild`-Decorator können Sie so leicht in Ihrer Anwendungslogik auf das Template zugreifen:

```
@Component({
  selector: 'ch-blog-list',
  ...
})
export class BlogListComponent {
    @Input() entries: any[];
    @ContentChild(TemplateRef) entryTemplate: TemplateRef<any>;
    hasCustomTemplate: boolean;
    ngAfterContentInit() {
        this.hasCustomTemplate = this.entryTemplate != null;
    }
    ...
}
```

**Listing 5.9** Implementierung der »BlogListComponent« und Zugriff auf das angepasste Template

Ist ein eigenes Template definiert, so können Sie nun im HTML-Code über die `entryTemplate`-Variable darauf zugreifen. Zur leichteren Behandlung der beiden Fälle wird innerhalb des ngAfterContentInit-Callbacks außerdem noch die Hilfsvariable hasCustomTemplate definiert. Die tatsächliche Einbettung des Templates geschieht nun im HTML-Code der BlogListComponent:

```
<div *ngIf="!hasCustomTemplate">
  <ch-blog-entry [entry]="entry" *ngFor="let entry of entries">
  </ch-blog-entry>
</div>
<div *ngIf="hasCustomTemplate">
  <template ngFor [ngForOf]="entries" [ngForTemplate]="entryTemplate">
  </template>
</div>
```

**Listing 5.10** »blog-list.component.html«: Verwendung des übergebenen Templates im HTML-Code

Der erste Block des Codes sollte Sie mittlerweile nicht mehr überraschen: Ist kein eigenes Template definiert, so wird mithilfe der NgFor-Direktive über die Einträge iteriert. Zur Darstellung der einzelnen Einträge wird die BlogEntryComponent verwendet. Im zweiten Teil wird es nun etwas spannender. Rufen Sie sich hierfür zunächst noch einmal die Funktionsweise der Angular-Microsyntax in Erinnerung: Die *-Schreibweise ist demnach lediglich eine Kurzschreibweise für die Arbeit mit HTML-Templates. So ist der Code

```
<ch-blog-entry [entry]="entry" *ngFor="let entry of entries">
</ch-blog-entry>
```

funktional identisch mit dieser Langschreibweise:

```
<template ngFor let-entry [ngForOf]="entries">
  <ch-blog-entry [entry]="entry"></ch-blog-entry>
</template>
```

Zusätzlich hierzu bietet die NgFor-Direktive Ihnen aber außerdem die Möglichkeit, über das ngForTemplate-Input-Binding ein zu renderndes Template an die Direktive zu übergeben. Über den Code

```
<template ngFor [ngForOf]="entries" [ngForTemplate]="entryTemplate">
</template>
```

teilen Sie NgFor somit mit, dass Sie für jedes Element der Schleife das entryTemplate rendern möchten. Eine etwas eigenwillige Besonderheit besteht zusätzlich darin, dass die Zählvariable let-entry in diesem Fall nicht im umschließenden template-Tag, sondern bei der Implementierung des entryTemplate definiert wird:

```
<ch-blog-list [entries]="entries">
    <template let-entry>
        <div class="entry-summary" >
          ...
        </div>
    </template>
</ch-blog-list>
```

**Listing 5.11** Definition der Zählvariablen »let-entry« im »customTemplate«

Die neue Implementierung der `BlogListComponent` gibt den Benutzern der Komponente nun die volle Flexibilität in Hinblick auf die Darstellung der Listeneinträge. Das im Beispiel definierte `entryTemplate` führt beispielsweise dazu, dass Sie mit wenig Aufwand eine zusätzliche Kurzübersicht über Ihre vorhandenen Blog-Einträge bereitstellen können (siehe Abbildung 5.10).

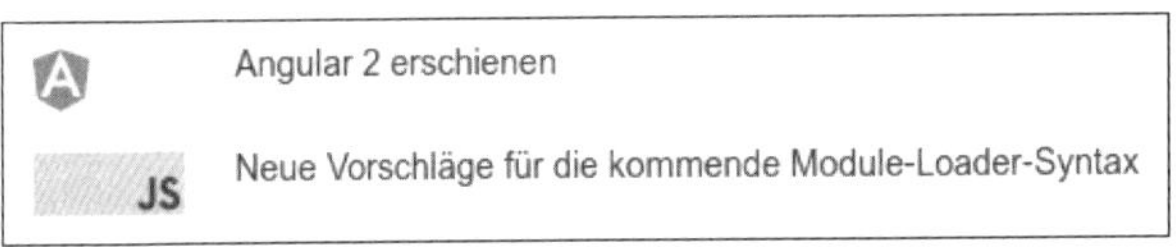


**Abbildung 5.10** »BlogList« mit Custom-Renderer

### 5.2.2 NgTemplateOutlet: zusätzliche Templates an die Komponente übergeben

Sie wissen nun, wie Sie Templates dynamisch austauschen können, die von der `NgFor`-Direktive verwendet werden. In manchen Fällen kann es aber auch notwendig sein, Templates außerhalb von Schleifen hinzuzufügen oder zu verändern. Angular stellt Ihnen für diesen Anwendungsfall die `NgTemplateOutlet`-Direktive zur Verfügung. Sie verwenden sie recht ähnlich wie die zuvor vorgestellte `ngFor`-Syntax. Möchten Sie den Nutzern Ihrer `BlogListComponent` beispielsweise die Möglichkeit geben, zusätzliches Markup einzufügen (zum Beispiel zur Personalisierung der Komponente), so können Sie dies mithilfe der `NgTemplateOutlet`-Direktive wie folgt realisieren:

```
<template [ngTemplateOutlet]="additionalMarkup"></template>
```

**Listing 5.12** »blog-list.component.html«: Verwendung der »NgTemplateOutlet«-Direktive

Bei der `additionalMarkup`-Variablen handelt es sich – genau wie bei der `entryTemplate`-Variablen – um ein `TemplateRef`-Objekt. Innerhalb Ihrer Komponente benötigen Sie nun also die Möglichkeit, zwei Template-Referenzen zu übergeben. Listing 5.13 zeigt, wie Sie die `BlogListComponent` in der Blog-Komponente verwenden:

```
<ch-blog-list [entries]="entries">
  <template let-entry #entryTemplate>
    <div  class="entry-summary" >
      ...
    </div>
  </template>
  <template #additionalMarkup>
    <div>Insgesamt: {{entries.length}} Einträge</div>
  </template>
</ch-blog-list>
```

**Listing 5.13** »blog-component.html«: Übergabe von zwei Templates an die »BlogListComponent«

Beachten Sie in diesem Listing insbesondere die Definition der beiden lokalen Variablen `entryTemplate` und `additionalMarkup`. So haben Sie innerhalb der `BlogListComponent` über diese Variablen die Möglichkeit, die beiden Templates gezielt zu injizieren. Als Schlüssel dient dabei nicht mehr die Klasse des Elements (`TemplateRef`), sondern der Name der lokalen Variablen:

```
export class BlogListComponent {
    @Input() entries: any[];
    @ContentChild('entryTemplate') entryTemplate: TemplateRef;
    @ContentChild('additionalMarkup') additionalMarkup: TemplateRef;
    hasCustomTemplate: boolean;
    ngAfterContentInit() {
        this.hasCustomTemplate = this.entryTemplate != null;
    }
}
```

**Listing 5.14** »blog-list.component.ts«: Injektion der beiden Templates über den Namen der Template-Variablen

Die Nutzer haben nun die Möglichkeit, beliebiges Markup zu Ihrer Komponente hinzuzufügen (siehe Abbildung 5.11).

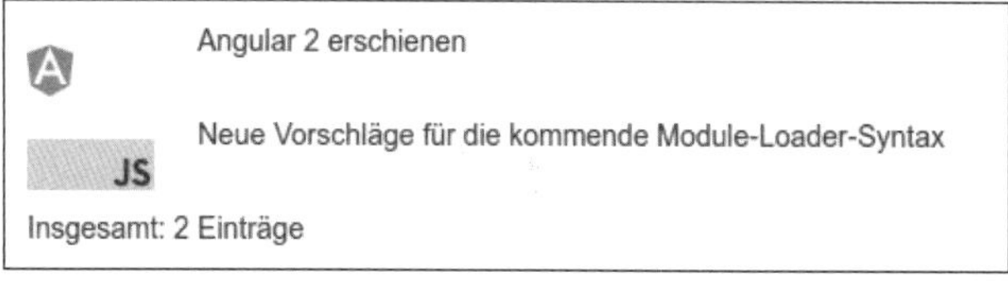


**Abbildung 5.11** Darstellung der Blog-Liste nach dem Hinzufügen von zusätzlichem Markup

Des Weiteren haben Sie über die `NgTemplateOutlet`-Direktive die Möglichkeit, bestehende Templates dynamisch auszutauschen. Erinnern Sie sich hierfür noch einmal an das Formular zum Anlegen eines neuen Blog-Eintrags (siehe Abbildung 5.12).

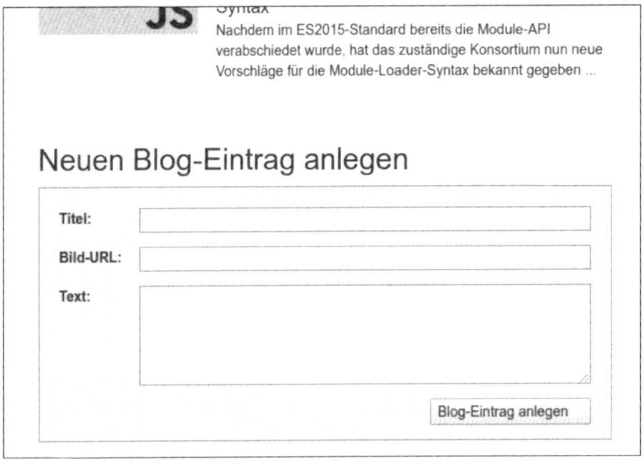

**Abbildung 5.12** Standardansicht des Formulars

In den Quelltexten dieses Kapitels habe ich dieses Formular in eine eigene Komponente ausgelagert (*blog-form.component.ts*). Die Komponente kann bei Verwendung des Standard-Templates wie folgt eingesetzt werden:

```
<ch-blog-list [entries]="entries"></ch-blog-list>

<h2>Neuen Blog-Eintrag anlegen</h2>
<ch-blog-form (entryCreated)="entries.push($event)"> </ch-blog-form>
```

**Listing 5.15** »blog.component.html«: Verwendung der »BlogFormComponent« ohne eigenes Template

Möchten Sie den Nutzern Ihrer Komponente nun die Möglichkeit bieten, ein eigenes Formular-Layout bereitzustellen, so können Sie dies erneut durch die Übergabe eines Templates realisieren. Listing 5.16 zeigt die Definition eines eigenen Formular-Layouts, das direkt beim Anlegen eines Blog-Eintrags ein Vorschaubild des Blog-Images bereitstellt:

```
<ch-blog-form (entryCreated)="entries.push($event)" #form>
  <template>
    <div class="custom-form">
      <form>
        ...
        <div class="right">
          <input type="url" #image placeholder="Bild"/>
          <div class="preview">
```

```
          <img [src]="image.value" >
        </div>
      </div>
      <div>
        <button (click)="form.createBlogEntry(title.value,
                                              image.value, text.value)">
          Blog-Eintrag anlegen
        </button>
      </div>
    </form>
  </div>
 </template>
</ch-blog-form>
```

**Listing 5.16** »blog.component.html«: Verwendung der »BlogFormComponent« und Übergabe eines eigenen Templates zur Darstellung des Formulars

Wie schon bei den vorherigen Beispielen können Sie das Template nun mithilfe des `ContentChild`-Decorators in die `BlogFormComponent` injizieren:

```
export class BlogFormComponent {
  @Output() entryCreated = new EventEmitter();
  @ContentChild(TemplateRef) customTemplate: TemplateRef;
  ...
}
```

**Listing 5.17** »blog-form.component.ts«: Injektion des nutzerdefinierten Templates

Innerhalb des Templates können Sie anschließend mithilfe der `NgIf`-Direktive entscheiden, ob Sie die Standardansicht oder die vom Nutzer definierte Ansicht verwenden wollen. Die `NgTemplateOutlet`-Direktive ist dabei so »intelligent«, dass sie in dem Fall, dass kein Template übergeben wurde, einfach nichts darstellt. Daher können Sie hier auf eine eigene Überprüfung verzichten:

```
<div class="form" *ngIf="!customTemplate">
  <div class="control">
    <label for="title">Titel:</label>
    <input type="text" id="title" #title/>
  </div>
  ...
</div>
<template [ngTemplateOutlet]="customTemplate"></template>
```

**Listing 5.18** »blog-form.component.html«: Verwendung der »customTemplate«-Variablen zur Darstellung der Standardansicht oder der nutzerdefinierten Ansicht

Wie Sie in Abbildung 5.13 sehen, wird das Formular nun mit dem neuen Layout in der Oberfläche dargestellt.

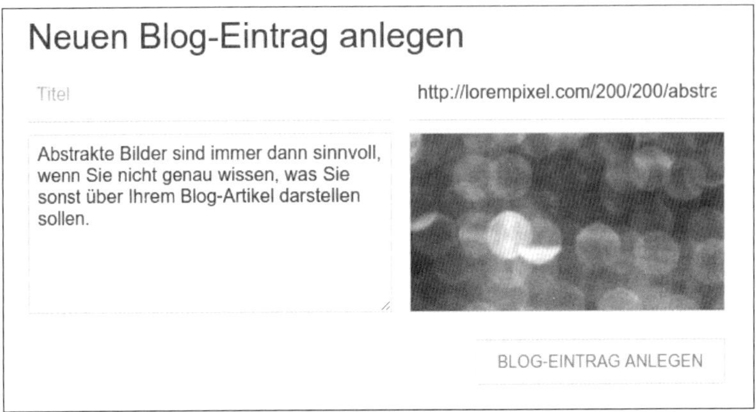


**Abbildung 5.13** Darstellung des Formulars bei Übergabe eines eigenen Templates

## 5.3 ViewContainerRef und ComponentFactory: Komponenten zur Laufzeit hinzufügen

In allen bisherigen Beispielen wussten Sie bereits zur Entwicklungszeit, welche Komponenten Sie an welcher Stelle im Komponentenbaum darstellen wollen. So war es in diesen Fällen leicht möglich, innerhalb eines Templates einfach das entsprechende Tag der Komponente zu verwenden.

Möchten Sie hingegen erst zur Laufzeit entscheiden, welche Komponente in einen Baum eingefügt werden soll, stößt dieser statische Ansatz an seine Grenzen. Mit den Klassen `ViewContainerRef` und `ComponentFactory` bietet Angular Ihnen jedoch zusätzlich die Möglichkeit, Komponenten zur Laufzeit der Anwendung zu einem Template hinzuzufügen.

In den folgenden Abschnitten zeige ich Ihnen am Beispiel einer generischen `CircleComponent`, wie Sie Komponenten dynamisch zu einem Template hinzufügen, dort verschieben und wieder löschen können. Des Weiteren werden Sie lernen, wie Sie über die Komponenten-Referenz mit der Komponente interagieren können, um dort beispielsweise aus Ihrem TypeScript-Code heraus Input-Bindings zu verändern.

Listing 5.19 zeigt zum Einstieg zunächst einmal die einfache Komponente zur Darstellung eines Kreises. Über das Input-Binding `color` lässt sich hierbei die Hintergrundfarbe des Kreises verändern:

```
@Component({
  selector: 'ch-circle',
  template: `<div [ngStyle]="{'background-color' : color}"></div>`,
```

```
  styles: [...]
})
export class CircleComponent {
  @Input() color = 'black';
}
```

**Listing 5.19** »dynamic-components-demo.component.ts«: Definition einer einfachen Circle-Komponente



### 5.3.1 ViewContainerRef und entryComponents: Komponenten zur Laufzeit hinzufügen

Möchten Sie diese Komponente nun dynamisch zu einer existierenden Komponente bzw. zu deren Template hinzufügen, benötigen Sie zunächst einmal einen »Ort« im Template (den sogenannten *ViewContainer*), an dem die Komponente(n) eingefügt werden soll(en). Erstellen Sie hierfür einfach ein beliebiges DOM-Element, und machen Sie dieses mithilfe einer lokalen Variablen (hier `container`) selektierbar:

```
<div class="element-container" #container></div>
```

**Listing 5.20** »dynamic-components-demo.component.html«: Definition des »div«-Elements zum Einfügen der dynamischen Komponenten

Listing 5.21 zeigt die gesamte Implementierung zur dynamischen Erzeugung von zwei Kreis-Komponenten. Die Details der Implementierung werde ich Ihnen im Anschluss Schritt für Schritt erläutern:

```
export class DynamicComponentsDemoComponent implements AfterViewInit {
  @ViewChild('container', {read: ViewContainerRef}) container;
  circleFactory: ComponentFactory<CircleComponent>;
  constructor(private resolver: ComponentFactoryResolver){
    this.circleFactory =
              this.resolver.resolveComponentFactory(CircleComponent);
  }
  ngAfterViewInit(){
    this.container.createComponent(this.circleFactory);
    this.container.createComponent(this.circleFactory);
  }
}
```

**Listing 5.21** »dynamic-components-demo.component.ts«: dynamisches Einfügen von zwei Circle-Komponenten

Innerhalb der Komponentenklasse benötigen Sie zunächst eine Referenz auf den View-Container in Form der Klasse `ViewContainerRef`. Wie bei der Selektion von Kind-

Komponenten erfolgt dies mithilfe des `@ViewChild`-Decorators. Als Schlüssel verwenden Sie dabei den Namen der lokalen Variablen. In Listing 5.22 sehen Sie nun aber außerdem eine neue Technik im Einsatz: die *read-Notation*.

```
export class DynamicComponentsDemoComponent implements AfterViewInit {
  @ViewChild('container', {read: ViewContainerRef}) container;
  ...
}
```

**Listing 5.22** »dynamic-components-demo.component.ts«:
Verwendung der »read«-Notation zum Zugriff auf den »ViewContainer«

So kann das selektierte DOM-Element je nach Einsatzzweck unterschiedliche »Rollen« einnehmen. Möchten Sie beispielsweise Zugriff auf das Native-DOM-Element erhalten, so benötigen Sie dafür eine Instanz der Klasse `ElementRef` (siehe auch Kapitel 4, »Direktiven: Komponenten ohne eigenes Template«). Möchten Sie hingegen auf ein HTML5-Template zugreifen, erfolgt dies über die Klasse `TemplateRef` (siehe Abschnitt 5.2), und für die Arbeit mit dynamischen Templates benötigen Sie die `ViewContainerRef`. Mithilfe der `read`-Notation haben Sie hier die Möglichkeit, je nach Einsatzzweck explizit zu bestimmen, welche Referenz Sie gerade benötigen.

Der zweite wichtige Bestandteil bei der Erzeugung von dynamischen Komponenten ist die `ComponentFactory`. So bietet Angular Ihnen mit der Klasse `ComponentFactoryResolver` die Möglichkeit, Zugriff auf die `ComponentFactory` für eine bestimmte Komponentenklasse zu erhalten:

```
circleFactory: ComponentFactory<CircleComponent>;
constructor(private resolver: ComponentFactoryResolver){
  this.circleFactory =
             this.resolver.resolveComponentFactory(CircleComponent);
}
```

**Listing 5.23** »dynamic-components-demo.component.ts«:
Zugriff auf die »ComponentFactory« mithilfe des »ComponentFactoryResolver«

Innerhalb des `ngAfterViewInit`-Callbacks können Sie nun auf Basis der `ComponentFactory` sowie des View-Containers neue Komponenten in den Komponentenbaum einfügen. Die Instanziierung der Komponente erfolgt dabei über die Methode `createComponent`:

```
ngAfterViewInit(){
  this.container.createComponent(this.circleFactory);
  this.container.createComponent(this.circleFactory);
}
```

#### entryComponents: dynamische Komponenten bei der Applikation bekannt machen

Grundsätzlich haben Sie nun alle Schritte zum dynamischen Hinzufügen einer Komponente implementiert. Ein Blick in die Developer-Konsole zeigt allerdings, dass der Start der Applikation mit einer Exception fehlschlägt (siehe Abbildung 5.14).

```
Console
<top frame>   Preserve log
▶ EXCEPTION: Error in ./AppComponent class AppComponent - inline template:25:6 caused by: No component factory found for CircleComponent   main.bundle.js:36843
▶ ORIGINAL EXCEPTION: No component factory found for CircleComponent   error_handler.js:47
▶ ORIGINAL STACKTRACE:   error_handler.js:50
▶ Error: No component factory found for CircleComponent   error_handler.js:51
    at NoComponentFactoryError.Error (native)
    at NoComponentFactoryError.BaseError [as constructor] (http://localhost:4200/main.bundle.js:5830:34)
    at new NoComponentFactoryError (http://localhost:4200/main.bundle.js:16376:16)
    at _NullComponentFactoryResolver.resolveComponentFactory (http://localhost:4200/main.bundle.js:16385:15)
    at NgModuleInjector.CodegenComponentFactoryResolver.resolveComponentFactory (http://localhost:4200/main.bundle.js:16410:35)
    at new DynamicComponentsDemoComponent (http://localhost:4200/main.bundle.js:55133:44)
```

**Abbildung 5.14** Exception beim Laden der »ComponentFactory«

Der Grund hierfür ist, dass der Angular-Compiler während des Compile-Vorgangs festgestellt hat, dass die `CircleComponent` nicht verwendet wird (obwohl sie im Applikationsmodul über die `declarations`-Eigenschaft deklariert wurde). Zur Optimierung der Performance wird die Komponente in diesem Fall vom Compiler entfernt. Um dies zu verhindern, bietet Ihnen der `@NgModule`-Decorator die Möglichkeit, über die `entryComponents`-Eigenschaft Komponenten zu definieren, die zwar nicht statisch in Ihrer Anwendung verwendet werden, die Sie aber dennoch dynamisch über den `ViewContainerRef`-Mechanismus einbinden möchten:

```
@NgModule({
  imports: [BrowserModule, FormsModule],
  bootstrap: [AppComponent],
  entryComponents: [CircleComponent],
  declarations: [ ... ]
})
export class AppModule {
}
```

**Listing 5.24** »app.module.ts«: Einbinden der »CircleComponent« über die »entryComponents«-Eigenschaft

Ein erneuter Blick auf die Oberfläche zeigt, dass nun tatsächlich zwei `CircleComponent`-Instanzen im View der `DynamicComponentsDemoComponent` dargestellt werden (siehe Abbildung 5.15).

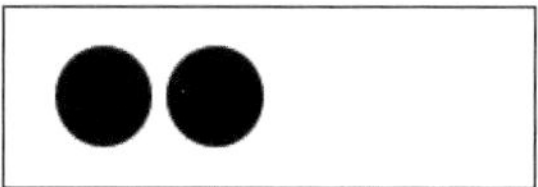

**Abbildung 5.15** Darstellung der beiden dynamisch hinzugefügten Kreise

### 5.3.2 ComponentRef: Interaktion mit der dynamisch erzeugten Komponente

So weit, so gut: Sie wissen nun, wie Sie Komponenten über die Methode `createComponent` zur Laufzeit zu einem Template hinzufügen können. Um echte Anwendungsfälle mit dem Mechanismus abdecken zu können, benötigen Sie aber selbstverständlich die Möglichkeit, mit der erzeugten Komponente auch nach ihrer Erzeugung zu interagieren.

Für diesen Zweck liefert die `createComponent`-Methode Ihnen als Rückgabewert eine Instanz der Klasse `ComponentRef`. Über deren Eigenschaft `instance` haben Sie anschließend Zugriff auf die erzeugte Komponenten-Instanz. Möchten Sie beispielsweise das Input-Binding `color` nach der Erzeugung der Komponente verändern, so können Sie dies wie folgt erreichen:

```
export class DynamicComponentsDemoComponent implements AfterViewInit {
  ...
  addCircle(color: string) {
    const circleRef = this.container.createComponent(this.circleFactory);
    circleRef.instance.color = color;
  }
}
```

**Listing 5.25** »dynamic-components-demo.component.ts«:
Verwendung der »ComponentRef«-Instanz zum Setzen des Input-Bindings

Listing 5.26 zeigt, wie Sie mit der Methode nun einen weißen Kreis erzeugen können:

```
ngAfterViewInit(){
  this.container.createComponent(this.circleFactory);
  this.container.createComponent(this.circleFactory);
  this.addCircle('white');
}
```

**Listing 5.26** »dynamic-components-demo.component.ts«: Aufruf der »addCircle«-Methode zum Anhängen eines weißen Kreises

Abbildung 5.16 zeigt das Ergebnis der Implementierung.

**Abbildung 5.16** Kreis mit verändertem Input-Binding

Selbstverständlich ist es über die `ComponentRef` ebenfalls möglich, sich bei einem Output-Binding anzumelden oder sonstige Methoden der Komponente aufzurufen – Ihrer Kreativität sind hier keine Grenzen gesetzt.

### 5.3.3 Komponenten an einer bestimmten Stelle einfügen

Ohne weitere Parameter hängt die `createComponent`-Methode neu erzeugte Komponenten immer ans Ende an. Über einen zusätzlichen Parameter haben Sie aber außerdem die Möglichkeit, den Index zu bestimmen, an dem die Komponente eingefügt werden soll. Möchten Sie über die Methode `addCircle` erzeugte Komponenten beispielsweise immer vorne (an der ersten Position) einfügen, so können Sie dies wie folgt erreichen:

```
addCircle(color: string) {
  const circleRef = this.container.createComponent(this.circleFactory, 0);
  circleRef.instance.color = color;
  return circleRef;
}
```

**Listing 5.27** »dynamic-components-demo.component.ts«:
Verwendung des »index«-Parameters

Der weiße Kreis wird nun, wie in Abbildung 5.17 zu sehen, vor den beiden schwarzen Kreisen im DOM-Baum positioniert.

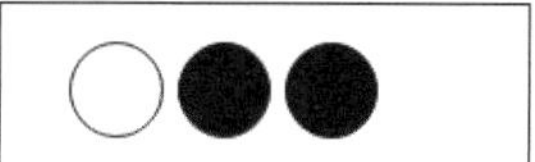

**Abbildung 5.17** Hinzufügen der Komponente an erster Position

### 5.3.4 Komponenten innerhalb des ViewContainers verschieben und löschen

Des Weiteren ist es ebenfalls möglich, erzeugte Komponenten nachträglich im DOM-Baum zu verschieben bzw. sie wieder zu löschen. So können Sie sich über die `ViewContainerRef`-Methode `get` zunächst Zugriff auf die Komponente verschaffen, die sich an einer bestimmten Stelle im Container befindet. Über die Methode `move` können Sie die Komponente anschließend an einen beliebigen Index verschieben. Beide Methoden arbeiten dabei mit Instanzen der Klasse `ViewRef`:

```
moveCircle(oldIndex, newIndex) {
  const viewRef = this.container.get(oldIndex);
  this.container.move(viewRef, newIndex)
}
```

**Listing 5.28** »dynamic-components-demo.component.ts«:
Implementierung der »moveCircle«-Methode

Möchten Sie nun den ersten schwarzen Kreis an die erste Position verschieben, gehen Sie wie folgt vor:

```
ngAfterViewInit(){
  this.container.createComponent(this.circleFactory);
  this.container.createComponent(this.circleFactory);
  this.addCircle('white');
  this.moveCircle(1, 0);
}
```

Der weiße Kreis befindet sich nun, wie Abbildung 5.18 zeigt, in der Mitte.

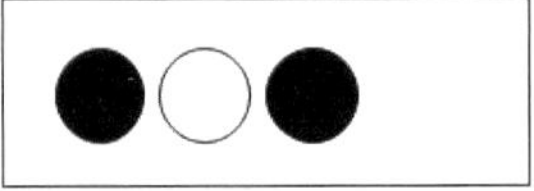

**Abbildung 5.18** Darstellung nach dem Verschieben des schwarzen Kreises

Des Weiteren haben Sie außerdem die Möglichkeit, direkt über die Komponenten-Referenz Zugriff auf die `ViewRef` zu erhalten. Die Klasse `ComponentRef` stellt Ihnen hierfür die Eigenschaft `hostView` zur Verfügung:

```
ngAfterViewInit(){
  ...
  const circleRef = this.addCircle('gray');
  this.container.move(circleRef.hostView, 1);
}
```

**Listing 5.29** »dynamic-components-demo.component.ts«: Verwendung der »hostView«-Eigenschaft der »Component«-Referenz

Wie erwartet wird der graue Kreis nun an zweiter Stelle dargestellt (Abbildung 5.19).

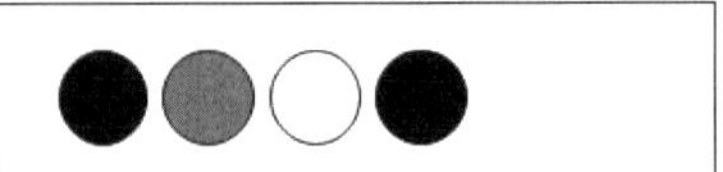

**Abbildung 5.19** Darstellung nach dem Verschieben des grauen Kreises

Zu guter Letzt bietet Ihnen die Klasse `ViewContainerRef` mit der `remove`-Methode die Möglichkeit, Komponenten über ihren Index aus dem DOM-Baum zu entfernen. Möchten Sie beispielsweise den letzten Kreis entfernen, so können Sie dies mit der `remove`-Methode sowie mit der `length`-Eigenschaft wie folgt erreichen:

```
this.container.remove(this.container.length - 1);
```

Hierdurch wird die Komponente einerseits aus der View entfernt und andererseits ordnungsgemäß beendet. So haben Sie über den `ngOnDestroy`-Callback auch für dynamische Komponenten die Möglichkeit, notwendige Aufräumarbeiten durchzuführen.

**Komponenten mit der detach-Methode aushängen**

Bei der Recherche im Netz sind Sie unter Umständen über das ein oder andere Online-Tutorial gestolpert, in dem dynamisch erzeugte Komponenten mithilfe der `ViewContainerRef`-Methode `detach` entfernt werden.

Beachten Sie hierbei, dass `detach` die Komponente zwar aus dem DOM-Baum entfernt, diese aber weiterhin »am Leben« ist! So können Sie per `detach` entfernte Komponenten zu einem späteren Zeitpunkt über die `insert`-Methode wieder in den Baum einhängen. Möchten Sie eine Komponente wirklich entfernen, sollten Sie also auf jeden Fall die `remove`-Methode einsetzen!

### 5.3.5 createEmbeddedView: Templates dynamisch einbinden

Neben dem Hinzufügen von Komponenten-Instanzen bietet Ihnen die Klasse `ViewContainerRef` über die `createEmbeddedView`-Methode außerdem die Möglichkeit, Template-Referenzen zur Laufzeit zu Ihrer View hinzuzufügen. So können Sie über diese Technik leicht eigene *strukturelle Direktiven* erstellen, also Direktiven, die zur Laufzeit neue DOM-Knoten erzeugen.

#### Die Repeater-Direktive

Möchten Sie beispielsweise eine Repeater-Direktive implementieren, die ein Template mehrfach darstellt, so tun Sie dies mithilfe von `createEmbeddedView` wie folgt:

```
@Directive({
  selector: '[chRepeater]'
})
export class RepeaterDirective {
  constructor(private container: ViewContainerRef,
              private template: TemplateRef<any>) {
  }
  @Input('chRepeater') set repeatIt(count: number) {
    this.container.clear();
    for (let i = 0; i < count; i++) {
      this.container.createEmbeddedView(this.template);
    }
  }
}
```

**Listing 5.30** »repeater.directive.ts«: Implementierung der strukturellen Repeater-Direktive

Die Direktive erhält die Referenzen auf die `ViewContainerRef` sowie die `TemplateRef` direkt über die Konstruktor (und nicht wie in den vorigen Beispielen über `Content-`

Children-Querys). Die Direktive erwartet durch diese Implementierung, dass sie direkt auf einem <template>-Element eingesetzt wird. Das Input-Binding wird an dieser Stelle über eine ES2015-Setter-Methode (siehe Anhang A, »ECMAScript 2015«) implementiert, sodass die Logik der repeatIt-Methode jedes Mal ausgeführt wird, wenn sich das Binding ändert.

Innerhalb der Methode wird der Container zunächst geleert. Anschließend wird das Template so oft wie gewünscht über die createEmbeddedView-Methode zur View hinzugefügt. Im HTML-Code können Sie die Direktive nun wie folgt verwenden:

```
<input type="number" [(ngModel)]="repeatCnt"> <br><br>
<template [chRepeater]="repeatCnt">
  <div>
    <i>Ich werde wiederholt!</i>
  </div>
</template>
```

**Listing 5.31** »dynamic-components-demo.component.ts«: Verwendung der Repeater-Direktive in der Anwendung

Das div-Element, das Sie innerhalb des <template>-Tags definiert haben, wird nun so oft wiederholt, wie der Wert im Input-Feld angibt (siehe Abbildung 5.20).

**Abbildung 5.20** Die Repeater-Direktive im Einsatz

Doch Moment: Eventuell erinnert der Aufbau von Listing 5.31 Sie bereits an die Beschreibungen zur Templating-Microsyntax aus Kapitel 3, »Komponenten und Templating: der Angular-Sprachkern«. Dort habe ich erklärt, dass die *-Syntax lediglich eine Kurzschreibweise für den Einsatz von HTML5-Templates ist und dass die beiden Schreibweisen

```
<div *ngIf="isVisible" > Hallo NgIf </div>
```

und

```
<template [ngIf]="isVisible">
 <div> > Hallo NgIf </div>
</template>
```

funktional vollkommen identisch sind. So haben Sie – ohne es gemerkt zu haben – soeben Ihre erste strukturelle, Microsyntax-kompatible Direktive entwickelt. Ändern

Sie Listing 5.31 somit wie folgt, und freuen Sie sich über einen weiteren Baustein in Ihrer Angular-Sprachkiste:

```
<div *chRepeater="repeatCnt">
  <i>Ich werde wiederholt!</i>
</div>
```



### Der Template-Kontext: Übergabe von Parametern an dynamisch erzeugte Templates

In manchen Fällen kann es des Weiteren notwendig sein, Parameter an ein dynamisch erzeugtes Template zu übergeben. Da reine Template-Elemente allerdings keine Input-Bindings oder Ähnliches unterstützen, müssen Sie hier eine etwas eigenwillige Schreibweise verwenden. So haben Sie im vorigen Abschnitt gesehen, wie Sie Eingangs-Parameter von Templates über die `let`-Schreibweise definieren können:

```
<template let-entry>
  ...
  <img [src]="entry?.image" [alt]="entry?.title" class="small"/>
</template>
```

**Listing 5.32** »blog.component.html«: Übergabe der »entry«-Variablen im Blog-Beispiel

Im Zusammenspiel mit der `createEmbeddedView`-Methode benötigen Sie nun aber noch eine Möglichkeit, diesen Eingangs-Parameter dynamisch zu beschreiben. Dazu können Sie in der Methode über einen zweiten Parameter den sogenannten *Template-Kontext* definieren. Möchten Sie beispielsweise ein dynamisch erzeugtes Todo-Template befüllen, so können Sie dies wie folgt implementieren:

```
export class DynamicComponentsDemoComponent {
  @ViewChild('todoContainer', {read: ViewContainerRef}) todoContainer;
  @ViewChild('todoTemplate') todoTemplate;
  ...
  ngAfterContentInit() {
    this.todoContainer.createEmbeddedView(this.todoTemplate, {
      todoParam: {
        text: 'Aufräumen',
        done: true
      }
    })
  }
}
```

**Listing 5.33** »dynamic-components-demo.component.ts«: Übergabe eines Kontext-Objekts an die »createEmbeddedView«-Methode

So enthält der Template-Kontext nun ein Objekt mit dem Schlüssel todoParam. Innerhalb des eigentlichen Templates müssen Sie dieses Objekt nun nur noch dem let-todo-Eingangsparameter zuweisen:

```
<template #todoTemplate let-todo="todoParam">
 <div [ngStyle]="{'text-decoration': todo.done ? 'line-through' : ''}">
   <b>{{todo.text}}</b>
 </div>
</template>
```

**Listing 5.34** »dynamic-components-demo.component.html«:
Zuweisung der Template-Kontextvariablen

Abbildung 5.21 zeigt, dass das dynamisch geladene Template nun mit den Daten aus dem Kontext-Parameter befüllt wird.

Todo-Liste

~~**Aufräumen**~~

**Abbildung 5.21** Darstellung des »todoTemplate« nach der Befüllung über den Template-Kontext

**Missbrauch von createEmbeddedView für Applikationslogik**

Beachten Sie dabei, dass Sie den obigen Anwendungsfall in einer echten Anwendung deutlich eleganter mit Standardsprachmitteln wie ngFor in Verbindung mit einer Membervariablen implementieren würden.

Um den Templating-Mechanismus wirklich zu verstehen, ist es aber dennoch sinnvoll, die Konzepte zu kennen, die dem View-Container zugrunde liegen.

## 5.4 ChangeDetection-Strategien: Performance-Boost für Ihre Applikation

Der Angular-ChangeDetection-Mechanismus bestimmt, wann bzw. wie oft Ihre Komponenten auf Änderungen untersucht werden: Ändern sich die Daten der Applikation, so muss das Framework betroffene Komponenten untersuchen und gegebenenfalls neu zeichnen. Wenn Sie – besonders bei der Definition Ihrer Data-Bindings und der Konfiguration der ChangeDetection – einige einfache Regeln einhalten, können Sie hier beachtliche Performance-Steigerungen erzielen.

Einer der größten Kritikpunkte an AngularJS 1.x war, dass sich der ChangeDetection-Mechanismus nicht konfigurieren ließ. Da die Version 1.x zusätzlich von Haus aus Two-Way-Data-Bindings für die Verbindung zwischen Komponente und View verwendete, führten bereits einfache Tastendrücke oft dazu, dass der gesamte Komponentenbaum auf Änderungen untersucht werden musste.



Die neue Angular-Plattform bietet Ihnen in diesem Punkt deutlich mehr Kontrolle. So können Sie pro Komponente entscheiden, in welchen Fällen ein ChangeDetection-Aufruf notwendig ist. Die Kernfrage lautet in diesem Zusammenhang immer:

*Woher weiß Angular, dass es eine Komponente neu zeichnen muss?*

### 5.4.1 Die Beispielapplikation

Um diese Frage zu beantworten, ist es zunächst einmal notwendig, dass Sie den grundlegenden Mechanismus des Input-Bindings sowie die Objektverwaltung von JavaScript im Detail verstehen. Als Beispiel dient in diesem Fall die Implementierung einer sehr simplen Kontaktliste. Die Anwendung bietet Ihnen die Möglichkeit, neue Kontakte anzulegen und bestehende Kontakte zu editieren. Abbildung 5.22 zeigt die hierfür vorbereitete Oberfläche.

**Abbildung 5.22** Anwendung zur Pflege von Kontaktdaten

Um einen Kontakt zu editieren, können Sie ihn per Mausklick markieren. Das Formular wird anschließend mit Daten gefüllt, die Sie bearbeiten können.

**Hinweis zu den Beispielquelltexten**

Sie finden die Ausgangsquelltexte dieses Beispiels in der Datei *change-detection-demo.component.ts*. Die optimierte Version befindet sich in der Datei *change-detection-demo-optimized.component.ts*. Damit Sie die folgenden Erklärungen besser nachvollziehen können, habe ich in der jeweiligen Datei alle beteiligten Klassen hinterlegt. In einem »echten Projekt« wäre es hingegen sauberer, die Komponenten in eigenen Dateien zu definieren.

Der Komponentenbaum des Beispiels sieht daher so aus wie in Abbildung 5.23 dargestellt.

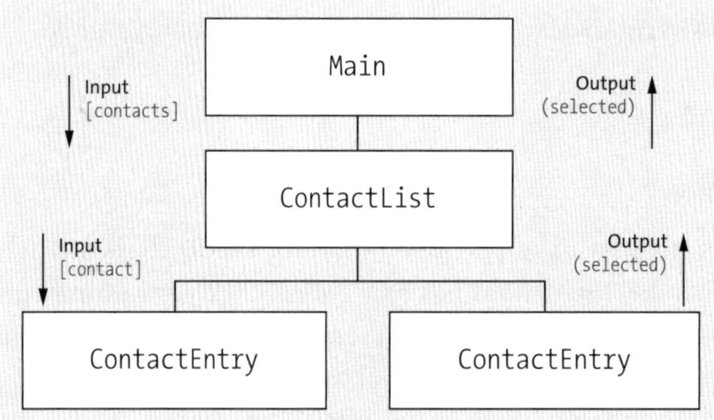


**Abbildung 5.23** Komponentenbaum der Kontaktanwendung

Die Hauptkomponente enthält eine Instanz der `ContactListComponent` sowie zwei Eingabefelder für das Anlegen und Bearbeiten der Kontakte. Die `ContactListComponent` besitzt das Input-Binding `contacts`, die `ContactEntryComponent` das Input-Binding `contact`. Wenn Sie einen Eintrag markieren, wird dieser per Output-Binding bis zur Hauptkomponente hochgereicht.

Da Sie bereits alle für die Umsetzung notwendigen Angular-Kenntnisse besitzen, verzichte ich an dieser Stelle auf eine ausführliche Vorstellung der Implementierung. Die folgenden Listings zeigen somit lediglich die entscheidenden Ausschnitte des Quelltextes:

```
@Component({
  selector: 'ch-contact-entry',
  template: `
  <div class="contact-entry" (click)="selectEntry()">
    <b>Name:</b> {{contact.name}} <br>
    <b>Anschrift:</b> {{contact.address}}<br>
  </div>`,
})
export class ContactEntryComponent {
  @Input() contact: Contact;
  @Output("onSelect") selectEmitter = new EventEmitter();
  selectEntry() {
```

```
    this.selectEmitter.emit(this.contact);
  }
  ...
}
```

**Listing 5.35** »change-detection-demo.component.ts«: die »ContactEntry«-Komponente mit Input- und Output-Bindings

Die `ContactEntryComponent` ist für die Darstellung eines einzelnen Eintrags zuständig. Wird dieser Eintrag selektiert, wird das `onSelected`-Event ausgelöst. Die Kontaktlisten-Komponente erhält im Input-Binding nun eine Liste von `ContactEntryComponent`-Objekten. Meldet ein Eintrag, dass ein Kontakt selektiert wurde, so wird dieses Event nach oben durchgereicht:

```
@Component({
  selector: 'ch-contact-list',
  template: `
     <ch-contact-entry *ngFor="let contact of contacts"
                       [contact]="contact"
                       (onSelect)="contactSelected(contact)">
     </ch-contact-entry> `
})
export class ContactListComponent {
  @Input() contacts: Contact[];
  @Output('onSelect') selectEmitter = new EventEmitter();
  contactSelected(selected: Contact) {
    this.selectEmitter.emit(selected);
  }
}
```

**Listing 5.36** »change-detection-demo.component.ts«: die »ContactListComponent« mit Input- und Output-Bindings

Die Hauptkomponente verwendet die `ContactListComponent` nun zur Darstellung der Kontakte. Die Formularlogik wurde mithilfe von `NgModel` und Two-Way-Data-Bindings realisiert:

```
<h2>Meine Kontakte</h2>
<ch-contact-list [contacts]="contacts"
                 (onSelect)="contactSelected($event)">
</ch-contact-list>
<h3>Kontakt bearbeiten</h3>
<form>
  <label for="name">Name</label>
```

```
  <input type="text" id="name" [(ngModel)]="contactName">
  <label for="address">Anschrift</label>
  <input type="text" id="address" [(ngModel)]="contactAddress">
  <button (click)="editContact()">Speichern</button>
  <button (click)="createContact()">Neu anlegen</button>
</form>
```

**Listing 5.37** »change-detection-demo.component.html«: HTML-Code der Hauptkomponente

### 5.4.2 Veränderungen des Applikationsstatus

So weit, so gut. Die bisherige Implementierung sollte Sie vor keine größeren Herausforderungen gestellt haben. Interessant wird nun jedoch die Implementierung der beiden Methoden `editContact` und `createContact` in der Hauptkomponente, die die Kontaktliste einbindet. Eine (vollkommen legitime) Umsetzung der beiden Methoden könnte an dieser Stelle wie folgt aussehen:

```
export class ChangeDetectionMainComponent {
  ...
  contactSelected(selected: Contact) {
    this.selectedContact = selected;
    this.contactName = selected.name;
    this.contactAddress = selected.address;
  }
  editContact() {
    if (this.selectedContact) {
      this.selectedContact.name = this.contactName;
      this.selectedContact.address = this.contactAddress;
    }
  }
  createContact() {
    const contact = new Contact(this.contactName, this.contactAddress);
    this.contacts.push(contact);
  }
}
```

**Listing 5.38** »change-detection-demo.component.ts«: Veränderung des Applikationsstatus

Wird ein Kontakt selektiert, so merkt sich die Komponente diesen Kontakt im Objekt `selectedContact`. Beim Aufruf der `editContact`-Methode werden die Daten der Eingabefelder in dieses Objekt übertragen. Die `createContact`-Methode erstellt lediglich einen neuen Kontakt und fügt ihn der `contacts`-Liste hinzu.

Wie bereits angedeutet, funktioniert diese Implementierung grundsätzlich einwandfrei. In Bezug auf die Performance der Anwendung besitzt die Umsetzung jedoch ein (nicht auf den ersten Blick ersichtliches) Problem. Dieses lässt sich leicht dadurch veranschaulichen, dass Sie innerhalb Ihrer `ContactEntryComponent` den `ngOnChanges`-Callback implementieren:

```
export class ContactEntryComponent {
  ...
  ngOnChanges(changes: SimpleChanges) {
    console.log('Contact changed', changes['contact'].currentValue);
  }
}
```

**Listing 5.39** Logging der Änderungen in der »ContactEntry«-Klasse

Beim Öffnen des Tabs werden nun wie erwartet zwei Change-Callbacks geloggt:

```
Contact changed Contact {name: "John Doe", address: "123 Main Street, Anytown"}
Contact changed Contact {name: "Richard Roe", address: "456 Fifth Avenue,
  Otherville"}
```

Wenn Sie nun jedoch einen Eintrag markieren, ihn verändern und dann den SPEICHERN-Button drücken, werden Sie sehen, dass diesmal – obwohl die Adresse geändert wurde – kein Callback ausgelöst wird (siehe Abbildung 5.24).

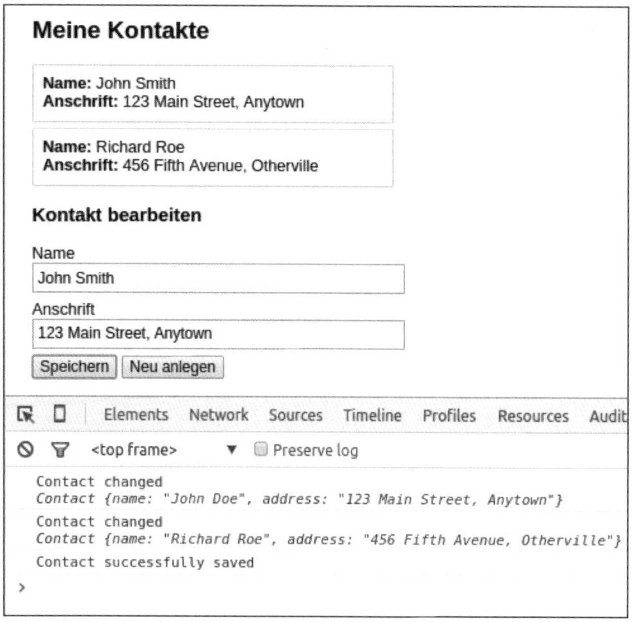

**Abbildung 5.24** Kein »ngOnChanges«-Callback nach der Speicherung

Der Grund hierfür ist, dass Sie mit der Speicherung des Eintrags nicht das Input-Binding verändern, sondern lediglich die beiden Felder des JavaScript-Objekts neu beschreiben – das eigentliche Objekt bleibt weiterhin dasselbe:

```
if (this.selectedContact) {
  this.selectedContact.name = this.contactName;
  this.selectedContact.address = this.contactAddress;
}
```

**Listing 5.40** Veränderung der Eigenschaften des selektierten »Contact«-Objekts

Aus Sicht des Frameworks hat sich das Input-Binding also gar nicht geändert. Doch wie schafft Angular es nun, dass die Anzeige in der Kontaktliste trotzdem aktuell bleibt? Ganz einfach: Ohne weitere Optimierungen überprüft das Framework *bei jeder Änderung des Applikationsmodells alle im Komponentenbaum enthaltenen Komponenten*! Noch deutlicher wird das Problem durch das Einfügen des `ngAfterViewChecked`-Callbacks:

```
export class ContactEntryComponent implements AfterViewChecked {
  ...
  checkCount = 0;
  ngAfterViewChecked() {
    console.log(`Contact ${this.contact.name} checked ${this.checkCount++}
      times`);
  }
}
```

**Listing 5.41** Implementierung des »ngAfterViewChecked«-Callbacks zur Überprüfung der Anzahl der Komponenten-Checks

Mithilfe des `ngAfterViewChecked`-Callbacks können Sie überprüfen, wann Angular für eine bestimmte Komponente die ChangeDetection ausführt. Der grundsätzliche Mechanismus der ChangeDetection funktioniert vereinfacht gesagt so, dass das Framework für jede Komponente ein `checked`-Flag vorhält. Bei einer Änderung wird das Flag auf `false` gesetzt, sodass Angular weiß, dass es die Komponente erneut überprüfen muss.

Öffnen Sie die Anwendung nun erneut und erstellen Sie eine neue Adresse über das Formularfeld, so werden Sie sehen, dass beide Komponenten bei jedem Tastendruck (!) überprüft werden. Da über den Tastendruck das Applikationsmodell verändert wird, kann Angular nicht ausschließen, dass dies Auswirkungen auf die `ContactEntryComponent` haben kann. »Zur Sicherheit« wird diese Komponente also überprüft. Abbildung 5.25 zeigt die entsprechenden Ausgaben in der Developer-Konsole.

**Abbildung 5.25** Überprüfung der »ContactEntry«-Komponente bei jedem Tastendruck

### 5.4.3 ChangeDetection-Strategien: Optimierung des Standardverhaltens

Wie Sie sich sicher vorstellen können, kann dieses Verhalten schnell zu Performance-Problemen führen – insbesondere bei einer großen Anzahl an Komponenten (z. B. beim Zeichnen von umfangreichen Tabellen). Zum Glück bietet Angular Ihnen aber die Möglichkeit, dieses Standardverhalten mithilfe von ChangeDetection-Strategien pro Komponente zu beeinflussen.

Die Konfiguration erfolgt dabei über die Eigenschaft `changeDetection` des `@Component`-Decorators, die über einen Wert der Konstantenklasse `ChangeDetectionStrategy` gefüllt werden kann. Für die Konfiguration stehen Ihnen hier die beiden Werte `ChangeDetectionStrategy.Default` und `ChangeDetectionStrategy.OnPush` zur Verfügung.

#### ChangeDetectionStrategy.OnPush – Komponenten nur bei Änderungen des Input-Bindings überprüfen

Den Default-Fall haben Sie dabei bereits kennengelernt: Jede Änderung führt dazu, dass die Komponente überprüft wird. Interessant ist nun hingegen die `ChangeDetectionStrategy.OnPush`-Strategie. So führt diese Strategie dazu, dass Angular die Komponente nur dann überprüft, wenn sich das Input-Binding der Komponente tatsächlich ändert (wenn also ein neuer Input-Wert »hineingepusht« wird). Um die Strategie für die `ContactEntryComponent` zu aktivieren, erweitern Sie zunächst den `@Component`-Decorator:

```
import {ChangeDetectionStrategy} from '@angular/core';
...
@Component({
  selector: 'ch-contact-entry-optimized',
  changeDetection: ChangeDetectionStrategy.OnPush,
  ...
})
export class ContactEntryComponentOptimized {
  ...
}
```

**Listing 5.42** »change-detection-demo-optimized.component.ts«:
Aktivierung der »OnPush«-Strategie

Starten Sie die Anwendung nun erneut und versuchen Sie, einen bestehenden Eintrag zu editieren, so werden Sie zwei Dinge feststellen:

1. Ein Tastendruck führt nun nicht mehr dazu, dass der `ngAfterViewChecked`-Callback der Komponente ausgeführt wird. (Gut!)
2. Das Speichern eines Kontakts wird in der Kontaktliste nicht mehr korrekt dargestellt. (Schlecht!)

Den Grund hierfür haben Sie sich vermutlich schon selbst erschlossen: Die aktuelle Implementierung *verändert den Inhalt* des gebundenen Objekts, Angular führt die ChangeDetection nun aber nur noch dann aus, wenn die Komponente ein neues Objekt erhält.

#### Die Lösung: Immutable-Data-Structures

Um sicherzustellen, dass die Komponente mit der neuen ChangeDetection-Strategie wieder neu gezeichnet wird, müssen Sie also dafür sorgen, dass sie im Input-Binding ein neues Objekt erhält. Für die Änderung eines Kontaktes müssen Sie also in der Liste das bisherige Objekt gegen ein neues Objekt austauschen. Eine recht elegante Lösung dieses Ansatzes kann mithilfe der `Array.map`-Funktion implementiert werden:

```
export class ChangeDetectionMainOptimizedComponent implements OnInit {
  editContact() {
    if (this.selectedContact) {
      this.contacts = this.contacts.map((entry) => {
        if (entry !== this.selectedContact) {
          return entry;
        }
        return new Contact(this.contactName, this.contactAddress);
      });
```

```
      }
    }
  }
```

**Listing 5.43** »change-detection-demo-optimized.component.ts«: Erzeugung einer neuen Liste und eines neuen Kontakt-Objekts bei Änderung eines Kontakts über das Formular



Der Algorithmus kopiert alle vorhandenen Kontakt-Objekte – außer dem selektierten – in die neue Liste. Das selektierte Objekt wird durch einen neuen `Contact` ersetzt. Starten Sie die Anwendung jetzt erneut, werden Sie sehen, dass Änderungen nun korrekt in der Liste dargestellt werden. Checks werden nur noch dann durchgeführt, wenn sie wirklich erforderlich sind!

Ohne es zu merken, haben Sie mit dieser Lösung bereits zwei Fliegen mit einer Klappe geschlagen. Dadurch, dass jede Änderung dazu führt, dass eine neue Liste erzeugt wird, ändert sich gleichzeitig auch das Input-Binding der `ContactListComponent`. Um für diese Komponente die `OnPush`-Strategie zu aktivieren, müssen Sie also lediglich noch die `createContact`-Methode so anpassen, dass auch dort für jeden neuen Eintrag eine neue `contacts`-Liste erzeugt wird:

```
createContact() {
  const newContact = new Contact(this.contactName, this.contactAddress);
  this.contacts = [...this.contacts, newContact];
}
```

**Listing 5.44** Erzeugung eines neuen »contacts«-Arrays beim Erzeugen von Kontakten

Im Listing wird der mit ECMAScript 2015 eingeführte *Spread-Operator* (siehe Anhang A, »ECMAScript 2015«) verwendet, um aus dem bisherigen Array und dem neuen Objekt ein neues Array zu erstellen. Dadurch, dass nun sowohl beim Editieren als auch beim Neuerstellen eines Kontakts ein neues `contacts`-Array erstellt wird, können Sie auch die `ContactListComponent` optimieren:

```
@Component({
  selector: 'ch-contact-list-optimized',
  changeDetection: ChangeDetectionStrategy.OnPush,
  ...
})
export class ContactListOptimizedComponent {
  ...
}
```

**Listing 5.45** »change-detection-demo-optimized.component.ts«:
Optimierung der Kontaktlisten-Komponente

Durch die Änderungen, die Sie an der `createContact`- und der `editContact`-Methode vorgenommen haben, basiert Ihr Applikationsmodell nun vollständig auf sogenannten *Immutable-Objects* – also auf unveränderlichen Objekten: Bei Änderungen über das User Interface werden bestehende Objekte nicht verändert, sondern durch neue Objekte ersetzt. Der große Vorteil: Angular (und Sie) können sich nun darauf verlassen, dass jede Änderung gleichzeitig zu einer Änderung des Input-Bindings führt und ein ständiges Überprüfen der Komponenten somit unnötig ist!

**Der Input-Binding-»Vertrag« zwischen Komponenten**

Eine Besonderheit, die Sie bei der Optimierung der ChangeDetection beachten müssen, ist, dass die Optimierungen komponentenübergreifend stattfinden müssen. Aktivieren Sie also für eine Komponente die `OnPush`-Strategie, so fordern Sie vom Verwender der Komponente, dass er bei Änderungen am Applikationsmodell dafür sorgt, dass das Input-Binding eine neue Objektreferenz erhält.

So haben Sie im Beispiel die ChangeDetection-Strategie von `ContactListOptimizedComponent` und `ContactEntryOptimizedComponent` verändert. Die eigentlichen Änderungen der Applikationsmodell-Logik mussten jedoch in der Klasse `ChangeDetectionMainOptimizedComponent` erfolgen. Insbesondere beim Bereitstellen von Bibliotheken müssen die Anforderungen an das Binding also klar kommuniziert werden – am besten durch eine API-Dokumentation!

### 5.4.4 ChangeDetectorRef: die vollständige Kontrolle über den ChangeDetector

In den meisten Fällen werden Sie mit den bislang vorgestellten Optimierungen genügend Kontrolle über das ChangeDetection-Verhalten Ihrer Anwendung bekommen. Insbesondere bei der reaktiven Programmierung mit RxJS-Observables kann es aber durchaus passieren, dass sich Eingangsdaten Ihrer Komponente ändern, ohne dass sich ein Input-Binding verändert.

Sie werden Observables in Kapitel 12, »Reaktive Architekturen mit RxJS«, noch im Detail kennenlernen. Ganz vereinfacht formuliert, bieten Observables Ihnen die Möglichkeit, sich bei Änderungen aktiv informieren zu lassen. So könnte ein typischer Anwendungsfall für Observables eine `Counter`-Komponente sein, die die Anzahl der aktuell vorhandenen Kontakte darstellt. Die Komponente erhält ein Observable, das sie im Laufe der Zeit über neue Kontakte informiert. Listing 5.46 zeigt die entsprechende Implementierung:

```
import {Observable} from 'rxjs/Observable';
...
@Component({
  selector: 'ch-contact-counter',
  template: '<div>Anzahl an Kontakten: {{count}}</div>'
})
export class ContactCounterComponent {
  count = 0;
  @Input() contacts: Observable<Contact[]>;
  ngOnInit() {
    this.contacts.subscribe((contacts) => {
      this.count = contacts.length;
    })
  }
}
```

**Listing 5.46** »change-detection-demo-optimized.component.ts«: Implementierung einer einfachen Counter-Komponente mit Rx.js-Observables

Wie Sie sehen, erhält die Komponente nicht die Kontakte an sich, sondern ein Observable als Input-Binding. Ich gebe zu, hier wirkt dies etwas »overengineered«, im weiteren Verlauf des Buches werden Sie aber noch deutlich sinnvollere Einsatzzwecke dieses Patterns kennenlernen. In Bezug auf die ChangeDetection ist es hier aber wichtig, dass Sie erkennen, dass sich der dargestellte `count`-Wert auch dann ändert, wenn sich kein Input-Binding ändert.

Bei besonders performance-kritischen Anwendungen kann es aber dennoch sein, dass Sie die Komponente nicht bei jeder Datenänderung in der Applikation neu zeichnen wollen. In diesem Fall bietet Ihnen die Klasse `ChangeDetectorRef` die Möglichkeit, das Neuzeichnen selber zu triggern.

Listing 5.47 zeigt die performance-optimierte Version der Komponente:

```
@Component({
  selector: 'ch-contact-counter',
  template: '<div>Anzahl an Kontakten: {{count}}</div>',
  changeDetection: ChangeDetectionStrategy.OnPush
})
export class ContactCounterComponent {
  count = 0;
  @Input() contacts: Observable<Contact[]>;
  constructor(private changeDetector: ChangeDetectorRef) {
  }
  ngOnInit() {
```

```
    this.contacts.subscribe((contacts) => {
      this.count = contacts.length;
      this.changeDetector.markForCheck();
    })
  }
}
```

**Listing 5.47** »change-detection-demo-optimized.component.ts«: Verwendung von »ChangeDetectorRef« zur manuellen Triggerung des Neuzeichnens

Wie schon bei der Element-Referenz (siehe Abschnitt 4.1) können Sie über den Konstruktor ebenfalls eine Referenz auf den `ChangeDetector` der Komponente injizieren. Diese bietet Ihnen nun sehr detaillierte Kontrolle über das ChangeDetection-Verhalten der Komponente. Im Beispiel wissen Sie, dass die Komponente neu gezeichnet werden muss, wenn ein neuer Wert über das Observable gesendet wird. Dies teilen Sie dem ChangeDetector mithilfe der Methode `markForCheck` mit. Die Komponente wird nun nur noch dann neu gezeichnet, wenn sich das Input-Binding ändert oder ein Wert im `Observable` ankommt.

Ein weiteres Beispiel für die Verwendung der ChangeDetector-Referenz ist die Implementierung von Komponenten zur lesenden Darstellung von großen, sich ändernden Datenmengen. Stellen Sie sich beispielsweise vor, Sie möchten in Ihrer Webanwendung das Log-File Ihres Backends darstellen. Der Server meldet hierfür alle paar Millisekunden neue Einträge.

Anstatt Ihre Log-Liste nun bei jedem Eintrag neu zu rendern, können Sie mithilfe der ChangeDetector-Referenz sehr leicht dafür sorgen, dass sich die Komponente nur noch alle 2 Sekunden aktualisiert. Listing 5.48 zeigt die Implementierung einer entsprechenden `LogViewerComponent`:

```
@Component({
  selector: 'ch-log-viewer',
  ...
})
export class LogViewerComponent {
  @Input() logs: string[];
  constructor(private changeDetector: ChangeDetectorRef) {
  }
  ngOnInit() {
    this.changeDetector.detach();
    setInterval(() => {
      this.changeDetector.reattach();
      this.changeDetector.detectChanges();
      this.changeDetector.detach();
```

```
    }, 2000);
  }
}
```

**Listing 5.48** »log-viewer.component.ts«: Verwendung des »ChangeDetector« zum manuellen Rendern der Komponente



Im `ngOnit`-Callback »`detach`en« Sie die Komponente zunächst aus der ChangeDetection. Die Komponente wird bei Änderungen nun vollständig vom ChangeDetector ignoriert. Innerhalb des `setInterval`-Callbacks sorgen Sie mit der Befehlsfolge

```
this.changeDetector.reattach();
this.changeDetector.detectChanges();
this.changeDetector.detach();
```

anschließend dafür, dass die Komponente alle zwei Sekunden einmal prüft, ob Änderungen vorliegen. Bei Bedarf wird der Log-Viewer neu gezeichnet. Die Besonderheit dieser Lösung besteht also darin, dass Ihre Komponente selbst entscheidet, wann sie neu gezeichnet wird – eine Klasse, die Ihre Komponente verwendet, muss sich um Performance-Themen also keine Gedanken machen. Über das `logs`-Input-Binding können Sie String-Listen binden, die sich beliebig schnell ändern:

```
export class ChangeDetectionMainOptimizedComponent implements OnInit {
  ngOnInit() {
    let counter = 0;
    setInterval(() => {
      const newEntry = `${new Date()}: Logeintrag ${counter++}`;
      this.logs = [newEntry, ...this.logs];
    }, 50);
  }
  ...
}
```

**Listing 5.49** »change-detection-demo-optimized.component.ts«: Erzeugung eines Logs, das alle 50 ms neue Werte erhält

```
<ch-log-viewer [logs]="logs"></ ch-log-viewer>
```

**Listing 5.50** »change-detection-demo-optimized.component.html«: Verwendung eines einfachen Input-Bindings

In den Quelltexten des Beispielprojekts finden Sie in der Datei *log-viewer.component.ts* eine Version der LogViewer-Komponente, die zusätzlich das Pausieren und manuelle Refreshen der Live-Ansicht ermöglicht.

## 5.5 Zusammenfassung und Ausblick

Mit dem Styling von Komponenten, der dynamischen Manipulation von Template-Bestandteilen, dem Hinzufügen von Komponenten zur Laufzeit sowie der Optimierung des ChangeDetection-Mechanismus haben Sie sich in diesem Kapitel erneut einige wichtige Kenntnisse für die Implementierung von Angular-Anwendungen erarbeitet.

Die folgende Liste fasst die wichtigsten Erkenntnisse dieses Kapitels noch einmal kurz zusammen:

- Der `@Component`-Decorator bietet Ihnen die Möglichkeit, über die Eigenschaften `styles` bzw. `styleUrls` CSS-Regeln direkt an einer Komponente zu hinterlegen.
- Für das Styling stehen Ihnen die drei Kapselungsstrategien `Emulated`, `None` und `Native` zur Verfügung.
- Die Festlegung einer Strategie erfolgt ebenfalls auf Komponenten-Ebene über die Eigenschaft `encapsulation`.
- Die Klassen `TemplateRef` und `NgTemplateOutlet` ermöglichen es Ihnen, austauschbare Bereiche in Ihrem Komponenten-Markup zu definieren.
- Möchten Sie Komponenten zur Laufzeit manuell erzeugen und zu Ihrem Markup hinzufügen, erfolgt dies über die Klassen `ViewContainerRef` und `ComponentFactory`.
- Dynamisch hinzugefügte Komponenten müssen über die Eigenschaft `entryComponents` beim Applikationsmodul registriert werden.
- Die `ViewContainerRef`-Methode `createEmbeddedView` ermöglicht es Ihnen, Templates in Form von `TemplateRef`-Elementen zur Laufzeit zur View hinzuzufügen.
- Auf diesem Wege lassen sich leicht sogenannte strukturelle Direktiven implementieren.
- Der Angular-ChangeDetection-Mechanismus hat erheblichen Einfluss auf die Performance Ihrer Anwendung.
- Mithilfe der `ChangeDetectionStrategy` `OnPush` können Sie festlegen, dass eine Komponente nur dann neu gezeichnet werden soll, wenn sich ein Input-Binding ändert.
- Bei der Verwendung der `OnPush`-Strategie müssen Sie darauf achten, dass Ihre Input-Bindings auf unveränderlichen Objekten (*Immutable Objects*) basieren. Bei der Änderung von internen Eigenschaften eines solchen Input-Bindings wird Ihre Komponente nicht neu gezeichnet!
- Über die Klasse `ChangeDetectorRef` haben Sie noch feingranularere Möglichkeiten, das ChangeDetection-Verhalten einer Komponente zu beeinflussen.

Nachdem Sie in diesem Kapitel eine Menge selbst programmiert haben, werden Sie im folgenden Kapitel lernen, welche Direktiven Angular bereits von Haus aus mitliefert und wie diese Ihnen den Entwickleralltag deutlich erleichtern können. Des Weiteren werden Sie lernen, wie Sie Daten vor der Darstellung über Pipes transformieren können und worauf Sie bei der Implementierung von eigenen Pipes achten sollten.

Kapitel 6

# Standarddirektiven und Pipes: wissen, was das Framework an Bord hat



*Neben den Ihnen bereits bekannten Direktiven »NgIf« und »NgFor« bietet Angular Ihnen noch einige weitere vorgefertigte Direktiven und Pipes, die Ihnen Ihr Leben als Entwickler deutlich erleichtern können.*

In diesem Kapitel möchte ich Ihnen die mit Angular mitgelieferten Standarddirektiven vorstellen. Sie werden lernen, in welchen Szenarien bestimmte Direktiven hilfreich sind und welche Optionen zur Konfiguration und Verwendung von den jeweiligen Direktiven bereitgestellt werden. Der zweite Teil des Kapitels wird sich anschließend mit Pipes beschäftigen. Pipes bieten Ihnen die Möglichkeit, Daten on-the-fly für die Darstellung im UI zu transformieren. Mit dem Abschluss dieses Kapitels werden Sie wissen,

- wie Sie mithilfe von `NgIf` und `NgSwitch` Teile Ihrer View abhängig von Eigenschaften ein- bzw. ausblenden können.
- wie `NgClass` und `NgStyle` Ihnen dabei helfen, das Aussehen Ihrer Komponenten dynamisch zu beeinflussen.
- welche Möglichkeiten Ihnen die `NgFor`-Direktive für die flexible Darstellung von Listen bietet.
- was Pipes sind und wie sie Sie bei der dynamischen Transformation von dargestellten Werten unterstützen.
- welche Standard-Pipes Angular Ihnen bereitstellt.
- wie Sie das Verhalten von Pipes wie der `DatePipe` oder der `NumberPipe` abhängig vom eingestellten Sprach-Locale verändern können.
- inwiefern die `AsyncPipe` eine Sonderrolle unter den Pipes darstellt und wie sie Ihnen die Arbeit mit asynchronen Daten vereinfacht.
- wie Sie eigene Pipes implementieren können und was der Unterschied zwischen *Pure* und *Impure Pipes* ist.

## 6.1 Standarddirektiven

Da Angular bei der Templating-Syntax voll auf die Standard-DOM-API setzt, kommt das Framework mit deutlich weniger vorgefertigten Direktiven aus als die Version 1.x. Nichtsdestotrotz gibt es einige Anwendungsfälle, in denen die direkte Arbeit mit dem DOM entweder recht umständlich ist oder noch nicht von allen benötigten Browsern voll unterstützt wird. So bietet die DOM-API beispielsweise Methoden zum Hinzufügen oder Entfernen von `class`-Attributen an. Möchte man diese aber nutzen, um abhängig von einem Wert eine Klasse zu setzen, ist dies nur recht umständlich möglich. Durch die Verwendung der mitgelieferten `NgClass`-Direktive kann dieser Standardanwendungsfall deutlich eleganter gelöst werden. Auch wenn Sie einige der hier vorgestellten Direktiven im Laufe der vorangegangenen Kapitel bereits verwendet haben, möchte ich Ihnen an dieser Stelle noch mal eine detailliertere Übersicht über die Funktionalität geben, die das Framework bereitstellt. So bietet Ihnen beispielsweise die bereits bekannte `NgFor`-Direktive noch einige interessante Zusatzoptionen in der Benutzung an.

**Hinweis zu den Beispielquelltexten**

Die im Laufe dieses Abschnitts vorgestellten Beispiele finden Sie im Quelltext-Ordner im Projekt *standard_direktiven*. Zum Start der Anwendung führen Sie zunächst den Befehl `npm install` und anschließend `npm start` aus. Die Anwendung steht Ihnen anschließend unter der Adresse *http://localhost:4200* zur Verfügung.

### 6.1.1 NgIf: Elemente abhängig von Bedingungen darstellen

Die `NgIf`-Direktive ermöglicht es Ihnen, Elemente innerhalb Ihrer Anwendung abhängig von einer Bedingung anzuzeigen oder auszublenden. Ergibt die Bedingung `true`, wird das Element gerendert, andernfalls nicht. Listing 6.1 zeigt einige Beispiele für die Definition solcher Bedingungen:

```
<div *ngIf="showDiv">
  Sichtbar, wenn die boolesche Variable showDiv wahr ist
</div>
<div *ngIf="x > 5">
  Sichtbar, wenn die Variable x größer als 5 ist
</div>
<div *ngIf="display === 'true'">
  Sichtbar, wenn die Stringvariable display den Wert 'true' hat
</div>
```

```
<div *ngIf="calculateVisibility()">
  Sichtbar, wenn die Methode calculateVisibility true liefert
</div>
```

**Listing 6.1** »standard-direktiven.component.html«:
Verschiedene Einsatzmöglichkeiten von »NgIf«



Wie Sie sehen, können Sie beliebige Ausdrücke zur Berechnung der Sichtbarkeit verwenden. Neben booleschen Variablen sind auch Vergleiche und Funktionsaufrufe erlaubt.

**Reminder: Die *-Syntax, also known as »Templating Microsyntax«**

Sollten Sie das Buch nicht von Kapitel 1 an bis hier durchgelesen haben, werden Sie sich an dieser Stelle eventuell über den vorangestellten * bei der Verwendung der `NgIf`-Direktive wundern. Bei dieser Syntax handelt es sich um die sogenannte Templating-Microsyntax.

Vereinfacht gesagt, setzen Sie diese Syntax immer dann ein, wenn durch die Verwendung neue Elemente in den DOM-Baum eingefügt oder aus ihm entfernt werden. Direktiven, die diese Syntax verwenden, werden daher auch als *strukturelle Direktiven* bezeichnet – also als Direktiven, die die Struktur des DOM-Baums verändern. Technisch gesehen, erzeugt Angular hierfür aus der *-Schreibweise HTML5-`<template>`-Tags, die später bei Bedarf in den DOM eingehängt werden können. Außer bei der `NgIf`-Direktive ist dies ebenfalls bei den Direktiven `NgSwitch` und `NgFor` der Fall, die ich in Abschnitt 6.1.2 und Abschnitt 6.1.5 vorstelle. Im Detail erläutere ich Ihnen diese Syntax in Kapitel 3, »Komponenten und Templating: der Angular-Sprachkern«.

### 6.1.2 NgSwitch: Switch-Case-Verhalten implementieren

Wenn Sie abhängig vom Wert einer Eigenschaft unterschiedliche DOM-Elemente rendern möchten, so können Sie dies mithilfe der `NgSwitch` Direktive oft sehr elegant erreichen. Die Definition der zu rendernden Elemente erfolgt dabei über insgesamt drei Direktiven:

- Mit der `[ngSwitch]`-Anweisung bestimmen Sie den Ausdruck, der zur Bestimmung der Sichtbarkeit verwendet werden soll.
- Die `*ngSwitchCase`-Anweisung bestimmt, bei welchem Wert des Ausdrucks das jeweilige Element gerendert werden soll.
- Trifft keine Bedingung zu, so kann über das `*ngSwitchDefault` ein Default-Element bestimmt werden:

```
<div [ngSwitch]="myVariable">
  <div *ngSwitchCase="1"> Die Variable hat den Wert 1</div>
  <div *ngSwitchCase="2"> Die Variable hat den Wert 2</div>
  <div *ngSwitchDefault> Die Variable hat einen anderen Wert</div>
</div>
```

**Listing 6.2** »standard-direktiven.component.html«: Verwendung der »NgSwitch«-Direktive

Insbesondere die Möglichkeit, einen Default-Wert zu definieren, kann Ihnen die Arbeit als Entwickler deutlich erleichtern. So hätten Sie das gleiche Ergebnis zwar auch mithilfe der `NgIf`-Direktive erreichen können, hätten für den Default-Fall aber alle anderen Anweisungen einzeln negieren müssen:

```
<div *ngIf="myVariable === 1"> Die Variable hat den Wert 1 </div>
<div *ngIf="myVariable === 2"> Die Variable hat den Wert 2 </div>
<div *ngIf="myVariable !== 1 && myVariable !== 2">
  Die Variable hat einen anderen Wert
</div>
```

**Listing 6.3** Äquivalente Umsetzung des Switch-Statements über die »NgIf«-Direktive

Wollen Sie nun beispielsweise noch eine weitere Bedingung hinzufügen, so müssen Sie bei der Verwendung von `NgIf` einerseits ein neues `div`-Element für die Bedingung erstellen und andererseits die Default-Bedingung anpassen. Bei der Verwendung der `NgSwitch`-Direktive genügt es, eine neue `ngSwitchCase`-Bedingung einzufügen.

#### Verwendung von logischen Ausdrücken und Funktionen

Außer einer Controller-Variablen können Sie ebenfalls boolesche Operationen oder Funktionsaufrufe für die Bestimmung der `ngSwitch`-Bedingung verwenden:

```
<div [ngSwitch]="myVariable > 1">
  <div *ngSwitchCase="true"> Die Variable ist größer als 1</div>
  <div *ngSwitchCase="false"> Die Variable ist kleiner oder gleich 1</div>
</div>
```

**Listing 6.4** »standard-direktiven.component.html«:
Verwendung von logischen Ausdrücken im »NgSwitch«-Statement

### 6.1.3 NgClass: CSS-Klassen dynamisch hinzufügen und entfernen

Die `NgClass`-Direktive dient dazu, abhängig von Bedingungen CSS-Klassen zu einem Element hinzufügen oder zu entfernen. Wie schon bei `NgIf` können Sie auch für `NgClass` beliebige Ausdrücke zur Berechnung verwenden.

Die zu verwendenden Klassen können hierbei auf drei unterschiedliche Weisen an die Direktive übergeben werden:

- als Objektliteral,
- als String oder
- als Array.



### Definition über Objektliterale

Die üblichste Verwendung der NgClass-Direktive ist die Übergabe eines Objektliterals. In diesem Fall bestimmen die Schlüssel des übergebenen Objekts die zu setzenden Klassen und die jeweiligen Werte die Bedingung, bei der die Klasse aktiviert werden soll:

```
<div [ngClass]="{'alert' : isAlert, 'bordered': showBorder()}">
  Ich bin eine Meldung
</div>
```

**Listing 6.5** »standard-direktiven.component.html«: Verwendung der »NgClass«-Direktive über Objektliterale

Im Beispiel bekommt das div-Element die Klasse alert, wenn die Eigenschaft isAlert true ist, sowie die Klasse bordered, wenn die Methode showBorder zu true evaluiert. Ein großer Vorteil der Verwendung der Objektliteral-Schreibweise besteht darin, dass die Definition der Klassen, die verwendet werden sollen, im Gegensatz zu den noch folgenden Beispielen lediglich im HTML-Code stattfindet. Sie haben somit eine klare Trennung zwischen Anwendungslogik und Darstellung. An dieser Stelle ist es ebenfalls wichtig zu verstehen, dass die über NgClass definierten Klassen immer additiv zu bereits vorhandenen Klassen sind. Die Definition

```
<div [ngClass]="{'alert' : isAlert, 'bordered': showBorder()}"
     class="message">
  Ich bin eine Meldung
</div>
```

**Listing 6.6** »standard-direktiven.component.html«: additives Verhalten von »NgClass«

würde also ein div-Element rendern, das immer die Klasse message und je nach Bedingung zusätzlich die Klassen alert bzw. bordered besitzt.

**CSS-Klassen als Objektschlüssel**

Im vorliegenden Beispiel hätten Sie die Anführungszeichen um die Klassennamen alert und bordered auch weglassen können. Dies funktioniert aber nur, solange der Klassenname keinen Bindestrich enthält. Da JavaScript keine Bindestriche in Objektschlüsseln erlaubt, hätte die Definition der Klasse is-bordered beispielsweise wieder mit Anführungszeichen erfolgen müssen. Des Weiteren macht die Schreibweise mit Anführungszeichen auf den ersten Blick deutlich, dass es sich beim Schlüssel um die CSS-Klasse und beim Wert um die Bedingung handelt. Meine persönliche Empfehlung lautet somit, die Schlüsseldefinition immer in Anführungszeichen zu setzen.

### Klassendefinition über Strings

Neben der Definition über Objektliterale ist es ebenfalls möglich, die Klassen, die verwendet werden sollen, als String an die Direktive zu übergeben. Listing 6.7 würde das div-Element somit immer mit der alert-Klasse versehen.

```
<div class="message" [ngClass]="'alert'">
  Ich bin ein Alarm
</div>
```

**Listing 6.7** »standard-direktiven.component.html«: Übergabe eines statischen Strings an die »NgClass«-Direktive

Zugegebenermaßen ist diese Verwendung nicht sonderlich sinnvoll, da Sie im vorliegenden Fall auch einfach direkt das class-Attribut verwenden könnten. Möchten Sie die zu verwendenden Klassen jedoch über Objekteigenschaften aus Ihrer Anwendungslogik steuern, so kann die String-Schreibweise durchaus hilfreich sein. Listing 6.8 zeigt beispielsweise die Definition der Message-Klasse, die die CSS-Klassen, die Sie verwenden wollen, als Membervariable bereitstellt:

```
class Message {
  cssClasses: string = '';
  constructor(public text: string,
              public severity: string,
              public success: boolean) {
    this.cssClasses = success ? 'success' : 'alert';
  }
}
```

**Listing 6.8** »standard-direktiven.component.ts«: die »Message«-Klasse mit der Membervariablen »cssClasses«

Besitzt Ihre Komponente nun eine Membervariable message von diesem Typ, können Sie die NgClass-Direktive wie folgt verwenden, um das class-Attribute zu beschreiben:

```
<div class="message" [ngClass]="message.cssClasses">
  {{message.text}}
</div>
```

**Listing 6.9** »standard-direktiven.component.html«: Auslesen der »cssClasses«-Membervariablen



Möchten Sie mehrere Klassen mithilfe der String-Schreibweise definieren, so trennen Sie diese einfach durch ein Leerzeichen:

```
class Message {
  cssClasses: string = '';
  constructor(public text: string,
              public severity: string,
              public success: boolean) {
    this.cssClasses = success ? 'success' : 'alert';
    if (severity === 'high') {
      this.cssClasses += ' bordered';
    }
  }
}
```

**Listing 6.10** »standard-direktiven.component.ts«: Übermittlung mehrerer CSS-Klassen bei Verwendung der String-Schreibweise

#### Klassendefinition über Arrays

Möchten Sie mehrere CSS-Klassen auf einmal setzen und haben Sie die Klassen, die Sie verwenden wollen, bereits in Form eines Arrays vorliegen, so wird dies ebenfalls durch die `NgClass`-Direktive unterstützt. Listing 6.11 zeigt eine alternative Implementierung der `Message`-Klasse aus dem vorigen Abschnitt:

```
class Message {
  cssClasses: string[] = [];
  constructor(public text: string,
              public severity: string,
              public success: boolean) {
    this.cssClasses.push(success ? 'success' : 'alert');
    if (severity === 'high') {
        this.cssClasses.push('bordered');
    }
  }
}
```

**Listing 6.11** »standard-direktiven.component.ts«: Verwaltung der CSS-Klassen in Form eines Arrays

Wie schon bei der Verwendung der String-Notation können Sie das Array nun direkt an die NgClass-Direktive übergeben:

```
<div class="message" [ngClass]="message.cssClasses">
  {{message.text}}
</div>
```

**Listing 6.12** »standard-direktiven.component.html«: Zugriff auf das »cssClasses«-Array für die Berechnung der zu verwendenden Klassen

### 6.1.4 NgStyle: das style-Attribut manipulieren

Die NgStyle-Direktive ist der NgClass-Direktive sehr ähnlich. Während Sie bei der NgClass-Direktive die Klassen definieren, die Sie verwenden wollen, beschreiben Sie mithilfe der NgStyle-Direktive direkt das style-Attribut des Elements.

Sie nutzen die NgStyle-Direktive ebenfalls über ein Objektliteral, bei dem die Schlüssel die Style-Attribute und die Werte die Styles repräsentieren, die Sie verwenden wollen:

```
<div [ngStyle]="{'font-style' : fontStyle, 'font-size': fontSize + 'px'}">
  Ich bin ein gestylter Text
</div>
Aktueller Style: {{fontStyle}}, aktuelle Schriftgröße: {{fontSize}}
<button
  (click)="fontStyle = (fontStyle === 'italic') ? 'normal' : 'italic'">
  Fontstyle verändern
</button>
<button (click)="fontSize = fontSize + 1">
  Schrift vergrößern
</button>
```

**Listing 6.13** »standard-direktiven.component.html«: Verwendung der »NgStyle«-Direktive

Durch einen Klick auf die Buttons können Sie nun dynamisch die Styles des div-Elements verändern (siehe Abbildung 6.1).

**Abbildung 6.1** Die »NgStyle«-Direktive im Einsatz

### 6.1.5 NgFor: Komfortabel über Listen iterieren

Die NgFor-Direktive haben Sie in den vorigen Kapiteln bereits intensiv verwendet. Sie dient dazu, über Listen zu iterieren und deren Werte zu rendern. Listing 6.14 zeigt die Darstellung einer einfachen Liste von Strings in einer Unordered-List:

```
this.friends = ['Bob' , 'Jane', 'John', 'Mary'];
```

**Listing 6.14** Definition der String-Liste



```
<h2>Meine Freunde</h2>
<ul>
  <li *ngFor="let friend of friends">
    {{friend}}
  </li>
</ul>
```

**Listing 6.15** »standard-direktiven.component.html«: Auslesen der String-Liste mithilfe der »NgFor«-Direktive

Wie schon bei den Direktiven NgIf und NgSwitch erfolgt die Verwendung der NgFor-Direktive mithilfe der *-Syntax. Über den Ausdruck

```
let friend of friends
```

definieren Sie die lokale Zählvariable friend, auf die Sie anschließend innerhalb des li-Elements Zugriff haben.

#### index – den Index eines Elements auslesen

Des Weiteren bietet Ihnen die NgFor-Direktive die Möglichkeit, den Index des entsprechenden Listeneintrags ausgeben zu lassen. Die Zählung beginnt dabei bei 0. Möchten Sie Ihre Freundesliste durchnummerieren, so können Sie dies über die folgende Schleifendefinition erreichen:

```
<ul>
  <li *ngFor="let friend of friends; let i = index">
    {{i + 1}} {{friend}}
  </li>
</ul>
```

**Listing 6.16** »standard-direktiven.component.html«: Verwendung der »index«-Eigenschaft zur Nummerierung der Einträge

#### odd und even – gerade und ungerade Einträge bestimmen

Insbesondere bei der Ausgabe eines Arrays in einer Tabelle ist es oft hilfreich zu wissen, ob der aktuelle Eintrag einen geraden oder ungeraden Indexwert hat. Die NgFor-Direktive stellt Ihnen für diesen Fall die beiden Eigenschaften even und odd bereit.

Listing 6.17 zeigt die Verwendung der NgFor-Direktive zum Rendern einer Tabelle:

```
<table>
  <thead>
  <th>City</th>
  <th>Country</th>
  <th>Population</th>
  </thead>
  <tr *ngFor="let city of cities; let isEven=even; let isOdd=odd"
      [ngClass]="{'row-even': isEven, 'row-odd': isOdd}">
    <td>{{city.name}}</td>
    <td>{{city.country}}</td>
    <td>{{city.population}}</td>
  </tr>
</table>
```

**Listing 6.17** »standard-direktiven.component.html«: Verwendung der »even«- und »odd«-Eigenschaften

Zunächst definieren Sie über das Statement

```
let isEven=even; let isOdd=odd
```

die beiden Hilfsvariablen isEven und isOdd. Diese übergeben Sie anschließend an die NgClass-Direktive. Die Zeilen der Tabelle erhalten nun, wie Sie in Abbildung 6.2 sehen, alternierend entweder die Klasse row-even oder die Klasse row-odd.

**Biggest Cities**

| City | Country | Population |
|---|---|---|
| Shanghai | China | 24,1 million |
| Karachi | Pakistan | 23,5 million |
| Beijing | China | 21,5 million |
| Tianjin | China | 14,7 million |
| Istanbul | Turkey | 14,3 million |

**Abbildung 6.2** Verwendung der »odd«- und »even«-Eigenschaft der »NgFor«-Direktive

### last – das letzte Element identifizieren

Wenn Sie wissen möchten, ob das aktuelle Element das letzte Element der zu rendernden Liste ist, können Sie dies über die Eigenschaft last herausfinden. Ein typischer Anwendungsfall hierfür ist das Einfügen eines Trenners zwischen den einzelnen Elementen. In der Regel soll in diesem Fall hinter dem letzten Element kein Trenner eingefügt werden:



```
<div *ngFor="let friend of friends; let isLast=last">
  <span>{{friend}}</span>
  <hr *ngIf="!isLast"/>
</div>
```

**Listing 6.18** »standard-direktiven.component.html«: Die »last«-Eigenschaft dient zur Bestimmung des letzten Elements der Liste.

Durch die Verwendung der last-Eigenschaft wird hier verhindert, dass hinter dem letzten Element das <hr/>-Tag gerendert wird (siehe Abbildung 6.3).

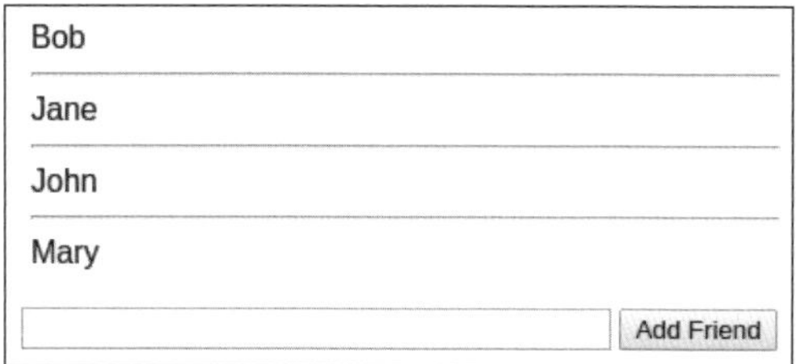


**Abbildung 6.3** Verwendung der »last«-Eigenschaft

### trackBy – eigene Identifikatoren für Elemente angeben

Bei der trackBy-Eigenschaft handelt es sich um ein Feature, das insbesondere für die Performance-Optimierung gedacht ist. Um die Funktionsweise von trackBy zu verstehen, müssen Sie zunächst einmal wissen, wie Angular die Elemente einer Liste mit einem DOM-Knoten verknüpft. Schauen Sie sich hierfür die Definition der folgenden refresh-Funktion an:

```
players = [
  {name: 'John', score: 20},
  ...
];
refreshPlayers() {
  const newPlayers = [];
  for (const player of this.players) {
    const inc = Math.random() > 0.4;
    const newScore = inc? player.score + 1 : player.score - 1;
    newPlayers.push({name: player.name, score: newScore});
```

```
    }
    this.players = newPlayers;
  }
  ngOnInit() {
    window.setInterval(() => {
      this.refreshPlayers();
    }, 2000);
  }
```

**Listing 6.19** »standard-direktiven.component.ts«: regelmäßige Erzeugung einer neuen Liste

Die Funktion erzeugt bei jedem Aufruf eine neue Liste mit zufällig berechneten score-Werten für eine Liste von Player-Objekten. Über ein im ngOnInit-Callback erzeugtes Intervall wird die Funktion alle zwei Sekunden aufgerufen.

Auf Basis Ihrer bisherigen Kenntnisse können Sie die Darstellung der Player-Liste im HTML nun wie folgt implementieren:

```
<tr *ngFor="let player of players" class="fade-in">
  <td>{{player.name}}</td>
  <td>{{player.score}}</td>
</tr>
```

**Listing 6.20** »standard-direktiven.component.html«: klassische Verwendung der »ngFor«-Schleife zur Darstellung der »players«-Liste

Das tr-Element besitzt hier noch die Klasse fade-in, die dafür sorgt, dass ein Element beim Einfügen in den DOM-Baum »eingefadet« wird. Schauen Sie sich das Ergebnis Ihrer Implementierung nun im Browser an, werden Sie feststellen, dass alle zwei Sekunden die gesamte Liste aufblinkt.

Der Grund hierfür ist, dass Angular beim Rendern der Liste nicht weiß, dass die Zeile für einen bestimmten Spieler (z. B. John) bereits einmal gezeichnet wurde. Die Entscheidung darüber, ob der DOM-Knoten für eine Zeile neu erstellt werden muss oder nicht, basiert ohne weitere Einstellungen also immer auf der jeweiligen *Objektidentität*. Da im Beispiel aber alle zwei Sekunden neue Objekte verwendet werden, erzeugt Angular auch alle zwei Sekunden die DOM-Knoten für die gesamte Liste neu.

trackBy kann in einem solchen Fall für eine beträchtliche Performance-Steigerung sorgen. So können Sie über trackBy eine Funktion registrieren, die Angular mitteilt, nach welcher Regel ein neuer DOM-Knoten angelegt werden muss und wann ein Knoten wiederverwendet werden kann. So bietet sich im Beispiel das name-Property des Player-Objekts an, um die Zeilen voneinander zu unterscheiden. Listing 6.21 und

Listing 6.22 zeigen die Implementierung und Verwendung einer entsprechenden trackBy-Funktion:

```
playerTrackBy(index: number, player: Player) {
  return player.name;
}
```

**Listing 6.21** »standard-direktiven.component.ts«: Implementierung der »trackBy«-Funktion



```
<tr *ngFor="let player of players; trackBy: playerTrackBy"
     class="fade-in">
  <td>{{player.name}}</td>
  <td class="fade-in">{{player.score}}</td>
</tr>
```

**Listing 6.22** »standard-direktiven.component.html«: Verwendung der »trackBy«-Funktion im HTML-Code

Werfen Sie nun erneut einen Blick in den Browser, werden Sie feststellen, dass die Zeilen jetzt nicht mehr aufblinken – Angular erkennt nun, dass für das Objekt mit dem Namen »John« bereits ein DOM-Knoten existiert, und verwendet diesen für weitere Rendering-Vorgänge wieder.

### 6.1.6 NgNonBindable-Auswertung durch die Templating-Syntax verhindern

In manchen Fällen kann es außerdem notwendig sein, Zeichen, die eigentlich Teil der Templating-Syntax sind, eins zu eins auf der Oberfläche auszugeben. Angular bietet Ihnen in diesem Zusammenhang die Möglichkeit, über das Setzen des ngNonBindable-Attributs an einem Element dafür zu sorgen, dass die Regeln der Templating-Syntax nicht auf den Body dieses Elements angewendet werden.

So handelt es sich bei NgNonBindable genau genommen gar nicht um eine Direktive, sondern lediglich um ein Schlüsselwort, das dem Angular-Template-Compiler mitteilt, dass er dieses Element nicht auswerten soll. Der Quellcode aus Listing 6.23 wird somit, wie Sie in Abbildung 6.4 sehen, eins zu eins im gerenderten Template ausgegeben:

```
<h2>Interpolation</h2>
<div ngNonBindable>
  Zur Interpolation von Variablen können Sie doppelte geschweifte
  Klammern verwenden. Der Ausdruck:
  <pre> {{title}} </pre>
  würde also den Wert der title-Variablen an dieser Stelle darstellen.
</div>
<h2>Property-Bindings</h2>
```

```
<div ngNonBindable>
  Property-Bindings werden über eckige Klammern definiert. Der Ausdruck:
  <pre>&lt;input type="text" [value]="title"&gt; </pre>
  bindet somit den Wert der Variablen an die value-Property des
  Input-Feldes.
</div>
```

**Listing 6.23** »standard-direktiven.component.html«: Beschreibung der Templating-Syntax mithilfe von »ngNonBindable«

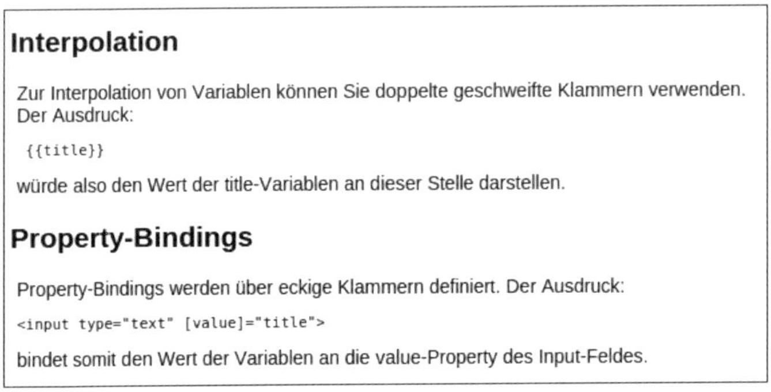

**Interpolation**

Zur Interpolation von Variablen können Sie doppelte geschweifte Klammern verwenden. Der Ausdruck:

```
{{title}}
```

würde also den Wert der title-Variablen an dieser Stelle darstellen.

**Property-Bindings**

Property-Bindings werden über eckige Klammern definiert. Der Ausdruck:

```
<input type="text" [value]="title">
```

bindet somit den Wert der Variablen an die value-Property des Input-Feldes.

**Abbildung 6.4** »ngNonBindable« im Einsatz

## 6.2 Pipes: Werte vor dem Rendern transformieren

Die Aufgabe, Werte des Modells vor der Darstellung zu transformieren bzw. in einer bestimmten Art und Weise in der HTML-View darzustellen, ist ein immer wiederkehrender Anwendungsfall in der Software-Entwicklung.

Ein typisches Beispiel hierfür ist die Darstellung von Datumswerten. Während Ihre Modell-Klasse vermutlich ein Objekt der Klasse `Date` enthält, werden Sie das Datum im HTML in den meisten Fällen als String der Form `21.10.2016` darstellen wollen. Die Standardausgabe der Date-Klasse würde jedoch das folgende Format erzeugen: `Wed Oct 21 2016 00:00:00 GMT+0200 (CEST)`.

Mit Pipes können Sie solche Transformation deklarativ in Ihrem HTML-Template vornehmen. So wäre es zwar ebenfalls möglich, innerhalb Ihres Komponentencodes eine Methode bereitzustellen, die den entsprechenden String generiert; in diesem Fall würden Sie jedoch Ihre Applikationslogik mit view-spezifischen Feinheiten »verschmutzen«. Pipes helfen Ihnen somit, eine klare Trennung zwischen Darstellung und Logik zu gewährleisten.

Äquivalent zu Unix-Pipes erfolgt die Transformation eines Wertes dabei mithilfe des `|`-Zeichens. Weitere für die Transformation benötigte Parameter können Sie hinter einem Doppelpunkt anhängen. Der folgende Ausdruck transformiert beispielsweise den Wert des `dateObject`-Objekts mithilfe der `DatePipe` in einen lesbaren String. Als Formatvorlage wird dabei `fullDate` übergeben.

```
{{ dateObject | date:'fulldate' }}
```

In den folgenden Abschnitten werde ich Ihnen zunächst die von Angular mitgelieferten Pipes vorstellen. Im Anschluss daran werden Sie lernen, wie Sie selbst eigene Pipes implementieren können.



### 6.2.1 UpperCasePipe und LowerCasePipe: Strings transformieren

Möchten Sie Strings entweder komplett in Groß- oder komplett in Kleinbuchstaben darstellen, so können Sie dies mithilfe der `UpperCasePipe` bzw. der `LowerCasePipe` erreichen. Listing 6.24 und Listing 6.25 zeigen die beiden Pipes im Einsatz:

```
export class PipesDemoComponent {
  header = 'Ich bin eine Überschrift';
  email = 'John.Doe@foo.com';
  ...
}
```

**Listing 6.24** »pipes-demo.component.ts«: Definition und Initialisierung der Membervariablen

```
<h4>{{header | uppercase }}</h4>
<span>{{email | lowercase }}</span>
```

**Listing 6.25** »pipes-demo.component.html«: Verwendung der »UpperCase«- und »LowerCase«-Pipes im Template

In der Oberfläche werden die jeweiligen Strings nun wie erwartet komplett in Groß- bzw. Kleinbuchstaben gerendert (siehe Abbildung 6.5).

ICH BIN EINE ÜBERSCHRIFT
john@doe.com

**Abbildung 6.5** Ergebnis der Pipe-Transformationen

### 6.2.2 Die SlicePipe: nur bestimmte Bereiche von Arrays und Strings darstellen

Die `SlicePipe` ermöglicht es Ihnen, Ausschnitte aus Strings oder Arrays in der Oberfläche darzustellen. Die Syntax zur Verwendung der Pipe hat dabei folgende Form:

```
expression | slice:start[:end]
```

**Listing 6.26** Generische Syntax der »Slice«-Pipe

Soll beispielsweise von dem String »Hello World« lediglich das Wort »World« auf der Oberfläche dargestellt werden, können Sie mithilfe der `SlicePipe` dafür sorgen, dass erst die Werte ab dem sechsten Zeichen des Strings verwendet werden:

```
<p>{{'Hello World' | slice:6 }}</p>
```

Des Weiteren eignet sich die `SlicePipe` hervorragend dafür, die Eingangswerte der `ngFor`-Schleife zu filtern. So lässt sich auf diesem Weg beispielsweise sehr elegant *clientseitiges Paging* realisieren. Möchten Sie etwa, wie in Abbildung 6.6 dargestellt, alle Werte ab dem fünften Wert des Arrays in der Oberfläche rendern, so können Sie dies über die folgende Konfiguration erreichen:

```
export class PipesDemoComponent {
  ...
  numbers = [];
  constructor() {
    for (let i = 1; i <= 10; i++) {
      this.numbers.push(i);
    }
  }
}
```

**Listing 6.27** »pipes-demo.component.ts«: Befüllung eines Beispiel-Arrays mit den Werten 1 bis 10

```
<h4>Alle Werte ab dem 5. Wert darstellen</h4>
<ul>
  <li *ngFor="let number of numbers | slice:5"> {{number}}</li>
</ul>
```

**Listing 6.28** »pipes-demo.component.html«: Verwendung der »Slice«-Pipe zur Darstellung der Werte ab dem 5. Wert

Alle Werte ab dem 5. Wert darstellen

- 6
- 7
- 8
- 9
- 10

**Abbildung 6.6** Ergebnis der »Slice«-Pipe-Transformation

Beachten Sie an dieser Stelle, dass es sich bei der Definition der Grenzen um ein sogenanntes *halboffenes Intervall* handelt. Die untere Grenze ist also im Ergebnis enthalten, die obere jedoch nicht. Wollten Sie also lediglich die ersten 5 Werte darstellen, so könnten Sie dies mithilfe des folgenden Quellcodes erreichen:

```
<h4>Nur die ersten 5 Werte darstellen</h4>
<ul>
  <li *ngFor="let number of numbers | slice:0:5"> {{number}}</li>
</ul>
```

**Listing 6.29** »pipes-demo.component.html«: Verwendung der »Slice«-Pipe zur Darstellung der ersten 5 Werte

Die Grenzen 0 und 5 sorgen an dieser Stelle dafür, dass alle Werte von Index 0 bis einschließlich Index 4 in der Oberfläche dargestellt werden (siehe Abbildung 6.7).

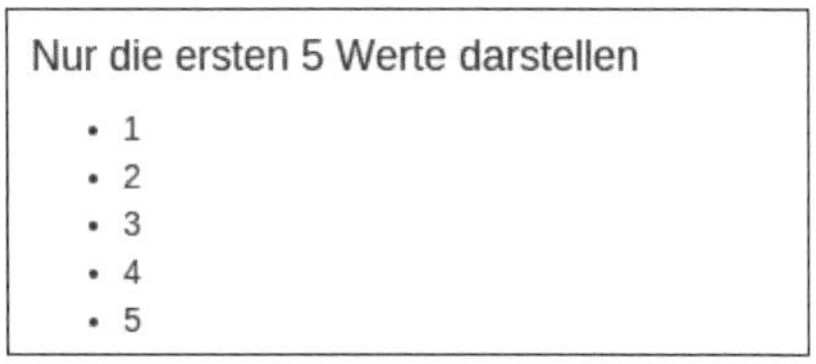

Nur die ersten 5 Werte darstellen

- 1
- 2
- 3
- 4
- 5

**Abbildung 6.7** Darstellung der ersten 5 Werte

Zusätzlich zu dieser Konfiguration erlaubt es die `SlicePipe` außerdem, die Grenzen »vom Ende des Arrays« aus zu bestimmen. Die Darstellung der letzten drei Werte des Arrays kann durch die Negation der unteren Grenze erreicht werden:

```
<h4>Die letzten 3 Werte darstellen</h4>
<ul>
  <li *ngFor="let number of numbers | slice:-3"> {{number}}</li>
</ul>
```

**Listing 6.30** »pipes-demo.component.html«: Verwendung der »Slice«-Pipe zur Darstellung der 3 letzten Werte

Sie können sich diese Schreibweise als »Starte beim drittletzten Wert« einprägen (siehe Abbildung 6.8).

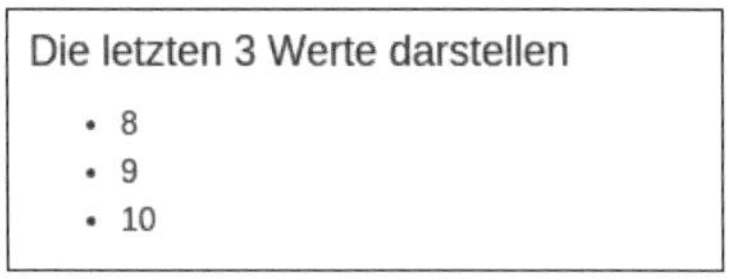

Die letzten 3 Werte darstellen

- 8
- 9
- 10

**Abbildung 6.8** Darstellung der letzten 3 Werte

Des Weiteren ist es bei der Zählung »von hinten« ebenfalls möglich, eine obere Grenze anzugeben. Wie schon bei der Angabe von positiven Grenzen ist die obere Grenze dabei nicht Teil der Ergebnismenge. Um alle Werte vom fünftletzten bis zum drittletzten Wert darzustellen, müssen Sie somit den Bereich von –5 bis –2 herausschneiden (siehe Abbildung 6.9).

```
<h4>Vom fünftletzten bis zum drittletzten Wert darstellen</h4>
<ul>
  <li *ngFor="let number of numbers | slice:-5:-2"> {{number}}</li>
</ul>
```

**Listing 6.31** »pipes-demo.component.html«: Verwendung von negativen Grenzen

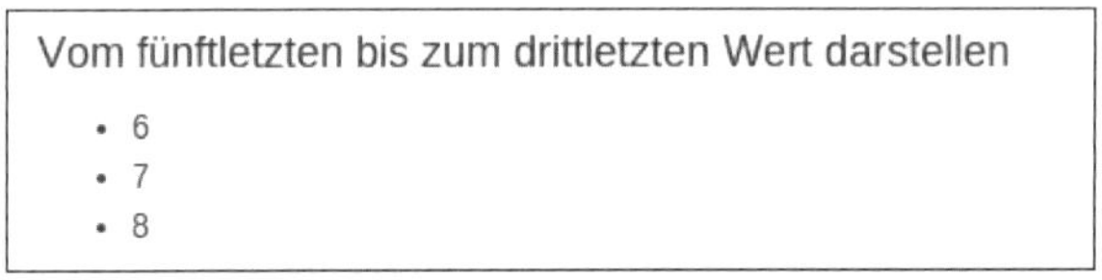

Vom fünftletzten bis zum drittletzten Wert darstellen

- 6
- 7
- 8

**Abbildung 6.9** Darstellung des fünftletzten bis zum drittletzten Wert

### 6.2.3 Die JSON-Pipe: JavaScript-Objekte als String ausgeben

Mithilfe der JSON-Pipe können Sie auf einfache Art und Weise JavaScript- (oder TypeScript-)Objekte als JSON-String in der Oberfläche ausgeben. Dies kann insbesondere während der Entwicklung einer Anwendung sehr nützlich sein. So könnten Sie beispielsweise den Wert eines Modell-Objekts unterhalb eines Formulars ausgeben und somit leicht überprüfen, ob die von Ihnen vorgenommenen Eingaben wie gewünscht im Objekt gespeichert werden. Listing 6.32 und Listing 6.33 zeigen die Definition eines einfachen JavaScript-Objekts sowie dessen Ausgabe in der Oberfläche:

```
export class PipesDemoComponent {
  ...
  currentUser = {
    firstName: 'John',
    lastName: 'Doe',
    email: 'John@Doe.com'
  };
}
```

**Listing 6.32** »pipes-demo.component.ts«: Definition des JavaScript-Objekts

```
<pre>{{currentUser | json}}</pre>
```

**Listing 6.33** pipes-demo.component.html«: Verwendung der »Json«-Pipe zur Ausgabe des Objekts in der Oberfläche

Das Objekt wird nun, wie Sie in Abbildung 6.10 sehen, schön formatiert in der Oberfläche als JSON-String gerendert.

```
{
  "firstName": "John",
  "lastName": "Doe",
  "email": "John@Doe.com"
}
```

Abbildung 6.10 Ausgabe des Objekts in der Oberfläche



### 6.2.4 DecimalPipe: Zahlenwerte formatieren

Die `DecimalPipe` bietet Ihnen die Möglichkeit, Zahlenwerte formatiert in der Oberfläche darzustellen. Die Pipe hat dabei die Form

```
myNumber | number:formatString
```

wobei die Angabe des Format-Strings optional ist und in der Form

```
minVorkommaStellen.minNachkommaStellen-maxNachkommaStellen
```

erfolgen kann. Möchten Sie beispielsweise die Zahl in der Oberfläche mit 5 Nachkommastellen darstellen, so können Sie dies mithilfe des folgenden Codes erreichen:

```
<p>{{ pi | number:'1.1-5' }}</p>
```

Wollen Sie hingegen zwei Vorkommastellen erzwingen und maximal zwei Nachkommastellen darstellen, so erfolgt die Ausgabe mit folgendem Ausdruck:

```
<p>{{ pi | number:'2.1-2' }}</p>
```

Abbildung 6.11 zeigt das Ergebnis der Zahlen-Tranformation.

```
3.14159
03.14
```

Abbildung 6.11 Ausgabe der formatierten Zahlenwerte

### 6.2.5 Kurzexkurs: Lokalisierbare Pipes – Werte der aktuellen Sprache entsprechend formatieren

Wie Sie sehen, erfolgt die Ausgabe der Zahlenwerte dabei ohne weitere Einstellungen in der englischen Form, also mit einem Punkt als Trennzeichen. Möchten Sie hier die deutsche Schreibweise mit einem Komma verwenden, bietet Angular Ihnen die Möglichkeit, das entsprechende Sprach-Locale für Ihre Anwendung zu aktivieren.

Auch wenn ich dem Thema »Internationalisierung« ein eigenes Kapitel gewidmet habe (siehe Kapitel 18, »Internationalisierung: mehrsprachige Angular-Anwendungen implementieren«), macht es an dieser Stelle bereits Sinn, sich kurz diejenigen Bestandteile des i18n-Frameworks anzuschauen, die für die Pipe-Verwendung relevant sind. Die Grenzen der beiden Themen sind hier nämlich fließend.

Die Aktivierung eines Locales erfolgt im Applikationsmodul der Anwendung auf Basis eines sogenannten *OpaqueToken*. Sie werden *OpaqueToken* im Detail in Kapitel 7, »Services und Dependency-Injection: lose Kopplung für Ihre Business-Logik«, kennenlernen. Für den Moment müssen Sie lediglich wissen, dass Sie Ihrer Applikation mithilfe von Dependency-Injection (DI) Services und Werte zur Verfügung stellen können. Diese Bereitstellung erfolgt in Form von sogenannten Providern und Token, die über das `providers`-Array der Modulkonfiguration hinzugefügt werden können. Angular stellt Ihnen dabei das vordefinierte Token `LOCALE_ID` zur Verfügung, das Sie über den DI-Mechanismus wie folgt konfigurieren können:

```
import {NgModule, LOCALE_ID} from '@angular/core';
...
@NgModule({
  declarations: [
    AppComponent,
    ...
  ],
  providers: [
    {provide: LOCALE_ID, useValue: 'de-de'}
  ]
})
export class AppModule {
}
```

**Listing 6.34** »app.module.ts«: Verwendung des deutschen Locales in der Anwendung

Ein Neustart der Anwendung zeigt, dass ab jetzt die deutsche Schreibweise bei der Formatierung verwendet wird (siehe Abbildung 6.12).

3,14159

03,14

**Abbildung 6.12** Verwendung des deutschen Locales bei der Ausgabe der Zahl Pi

In den Erklärungen der folgenden Abschnitte werde ich weiterhin das deutsche Locale verwenden. Möchten Sie hingegen die englische Schreibweise aktivieren, so genügt es, die entsprechende Konfiguration aus dem `AppModule` zu entfernen.

**Browser-Kompatibilität von lokalisierbaren Pipes**

Die Implementierung von lokalisierbaren Pipes basiert auf der *ECMAScript Internationalization API* (ECMA-402). Diese API wird zum aktuellen Zeitpunkt lediglich von Chrome, Firefox, Opera und dem IE ab Version 11 unterstützt. Möchten Sie weitere Browser wie Safari oder frühere IE-Versionen unterstützen, benötigen Sie hierfür ein entsprechendes Polyfill. So empfiehlt das Angular-Team beispielsweise die Bibliothek *Intl.js* von Andy Yearnshaw:

*https://github.com/andyearnshaw/Intl.js*

Eine umfassende Übersicht über benötigte Polyfills steht Ihnen des Weiteren in der Online-Dokumentation von Angular zur Verfügung:

*https://angular.io/docs/ts/latest/guide/browser-support.html*



### 6.2.6 DatePipe: Datums- und Zeitwerte darstellen

Möchten Sie Datumswerte in der Oberfläche formatiert darstellen, so steht Ihnen hierfür die `DatePipe` zur Verfügung. Aufgrund der Vielzahl an möglichen Datumsformaten stellt Ihnen diese Pipe einerseits bereits einige vordefinierte Formate zur Verfügung und bietet Ihnen andererseits die Möglichkeit, das Datum frei nach Ihren Wünschen zu formatieren. Möchten Sie das aktuelle Datum im Standardformat auf der Oberfläche darstellen, so können Sie dies wie folgt erreichen:

```
export class PipesDemoComponent {
  currentDate = new Date();
  ...
}
```

**Listing 6.35** »pipes-demo.component.ts«: Objekt mit aktuellem Datum

```
{{ currentDate | date }}
```

**Listing 6.36** »pipes-demo.component.html«: formatierte Ausgabe des Datums

Bei aktiviertem deutschen Locale gibt dieser Ausdruck das Datum so aus, wie Sie es in Abbildung 6.13 sehen.

Date Pipe:

**19. Sep. 2016**

**Abbildung 6.13** Ausgabe des aktuellen Datums über die »Date«-Pipe

Die Formatierung entspricht dabei der Standardkonfiguration `mediumDate`, sodass Sie die gleiche Ausgabe auch über den Ausdruck

```
{{ currentDate | date:'mediumDate' }}
```

erhalten hätten. Neben `mediumDate` stehen Ihnen des Weiteren die vordefinierten Formate aus Tabelle 6.1 zur Verfügung.

| Format | Ausgabe |
| --- | --- |
| `shortDate` | 19.9.2016 |
| `mediumDate` | 19. Sep. 2016 |
| `longDate` | 19. September 2016 |
| `fullDate` | Montag, 19. September 2016 |
| `shortTime` | 10:23 |
| `mediumTime` | 10:23:46 |

**Tabelle 6.1** Vordefinierte Formate für die Datumsformatierung

Sagt Ihnen keines dieser Formate zu, haben Sie, wie bereits angedeutet, außerdem die Möglichkeit, das Format frei zu bestimmen. Leider setzt Angular bei der Definition dieses Formatstrings nicht auf den ISO-Standard. Tabelle 6.2 gibt Ihnen einen Überblick über die möglichen Bestandteile des Formatstrings am Beispiel des Datums 5.9.2016 19:05:03 Uhr.

| Bestandteil | Kurzform | Langform | Num. Wert | Num. Wert (2-stellig) |
| --- | --- | --- | --- | --- |
| Ära | `G` (n. Chr.) | `GGGG` (n.Chr.) | | |
| Jahr | | | `y` (2016) | `yy` (16) |
| Monat | `MMM` (Sep.) | `MMMM` (September) | `M` (9) | `MM` (09) |
| Tag | | | `d` (5) | `dd` (05) |
| Wochentag | `EEE` (Mo) | `EEEE` (Montag) | | |
| Stunde (12) | | | `h` (7) | `hh` (07) |
| Stunde (24) | | | `H` (19) | `HH` (19) |

**Tabelle 6.2** Konfigurationsbestandteile des Formatstrings der »Date«-Pipe

| Bestandteil | Kurzform | Langform | Num. Wert | Num. Wert (2-stellig) |
|---|---|---|---|---|
| Minute | | | m (5) | mm (05) |
| Sekunde | | | s (3) | ss (03) |
| Zeitzone | Z (MESZ) | z (Mittel-europäische Sommerzeit) | | |
| Zeitzone (für Zeit) | a (nachm.) | | | |

**Tabelle 6.2** Konfigurationsbestandteile des Formatstrings der »Date«-Pipe (Forts.)

Möchten Sie bei der Ausgabe des Datums beispielsweise dafür sorgen, dass Monat und Tag immer mit zwei Dezimalstellen und das Jahr mit 4 Dezimalstellen dargestellt wird, so erreichen Sie dies mithilfe des folgenden Ausdrucks:

```
{{ currentDate | date:'dd.MM.y' }}
```

### 6.2.7 Percent- und CurrencyPipe: Prozent- und Währungswerte formatieren

Die beiden Pipe-Typen `PercentPipe` und `CurrencyPipe` stellen zwei komfortable Möglichkeiten zur Formatierung von Werten als Prozent- bzw. Währungswert dar. Wie schon bei der `DecimalPipe` wird dabei je nach Locale ein Komma oder ein Punkt als Trennzeichen für die Werte verwendet.

#### PercentPipe – Prozentwerte darstellen

Möchten Sie beispielsweise den Fortschritt eines Uploads in der Oberfläche darstellen, so bietet sich hierfür die `PercentPipe` an:

```
export class PipesDemoComponent {
  completed = 0.79;
  ...
}
```

**Listing 6.37** »pipes-demo.component.ts«: Simulation des Upload-Fortschritt-Wertes

Über folgenden Ausdruck können Sie nun dafür sorgen, dass in der Oberfläche der Wert als Prozentzahl dargestellt wird:

```
<p>{{completed | percent}}</p>
```

**Listing 6.38** »pipes-demo.component.html«: Formatierung als Prozentwert

Wie die `DecimalPipe` nimmt die `PercentPipe` des Weiteren optional einen Konfigurationsstring der Form

```
minVorkommaStellen.minNachkommaStellen-maxNachkommaStellen
```

entgegen. Möchten Sie also immer mindestens zwei Nachkommastellen bei der Darstellung erzwingen, so können Sie dies mithilfe des Ausdrucks

```
<p>{{completed | percent:'.2'}}</p>
```

erreichen (siehe Abbildung 6.14).

79 %

79,00 %

**Abbildung 6.14** Darstellung des Prozentwertes mit und ohne Formatstring

#### CurrencyPipe – Währungswerte darstellen

Bei der Darstellung von Währungswerten müssen Sie einerseits festlegen, in welcher Währung die zu formatierende Zahl vorliegt, und andererseits, ob Sie das Währungssymbol oder den Währungscode darstellen möchten. Des Weiteren ist es auch hier möglich, den Dezimalwert über einen Konfigurationsstring zu formatieren. Das grundlegende Format der `CurrencyPipe` sieht somit wie folgt aus:

```
zahlenWert | currency:währungsCode:symbolJaNein:formatString
```

Für den Währungscode können Sie einen Wert aus dem ISO-4217-Standard angeben (z. B. `EUR` für Euro oder `USD` für US-Dollar). Möchten Sie beispielsweise die Membervariable `price` mit dem Wert `3.99` als Euro-Wert formatieren, so erreichen Sie dies über folgenden Ausdruck:

```
<p>{{price | currency:'EUR' }}</p>
```

**Listing 6.39** »pipes-demo.component.html«: Formatierung als Euro-Wert

Soll dabei anstelle des Währungscodes das €-Symbol verwendet werden und möchten Sie den Wert immer mit mindestens 2 Vorkomma- und exakt 2 Nachkommastellen formatieren, so schreiben Sie folgenden Ausdruck:

```
<p>{{price | currency:'EUR':true:'2.2-2' }}</p>
```

**Listing 6.40** »pipes-demo.component.html«: Formatierung als Euro-Wert mit Symbol und Dezimalwert-Formatierung

Abbildung 6.15 zeigt die entsprechend gerenderte Preisausgabe in der Oberfläche.

3,99 EUR

03,99 €

**Abbildung 6.15** Darstellung des Währungswertes mit und ohne Symbol und Formatierung

### 6.2.8 Die AsyncPipe: auf asynchrone Werte warten



Unter den von Angular bereitgestellten Pipes kommt der `AsyncPipe` in gewisser Weise eine Sonderrolle zu: Während alle anderen Pipes lediglich die Aufgabe haben, eingehende Werte in irgendeiner Form zu transformieren, erweitert die `AsyncPipe` Ihre Anwendung tatsächlich um Funktionalität. So ermöglicht die Pipe Ihnen die Darstellung von asynchron geladenen Werten. Hierbei werden sowohl ECMAScript-2015-*Promises* als auch die bereits angesprochenen RxJS-*Observables* unterstützt.

#### Verwendung mit Promises

Sollten Sie bislang noch nicht mit Promises gearbeitet haben, so möchte ich Sie an dieser Stelle auf Anhang A, »ECMAScript 2015«, verweisen. Vereinfacht gesagt, sind Promises ein Ersatz für die Arbeit mit Callback-Funktionen zur Auswertung asynchroner Aufrufe. Listing 6.41 zeigt die Definition eines Promises, das nach 5 Sekunden erfolgreich aufgelöst (resolved) wird und den Wert »Der asynchrone Wert wurde geladen« zurückliefert:

```
export class PipesDemoComponent {
  ...
  promise = new Promise((resolve, reject)  => {
       setTimeout(() => {
         resolve('Der asynchrone Wert wurde geladen');
       }, 5000);
    });
}
```

**Listing 6.41** »pipes-demo.component.ts«: Definition eines sehr einfachen Promises

Ohne die Async-Pipe würden Sie sich nun über die `then`-Methode des Promises registrieren und dort den Wert setzen, der in der Oberfläche dargestellt werden soll:

```
this.promise.then(value => {
  this.resolvedPromiseValue = value;
});
```

**Listing 6.42** »pipes-demo.component.ts«: reguläre Verwendung des Promises

Möchten Sie den geladenen Wert aber lediglich in der Oberfläche darstellen, so können Sie mithilfe der Async-Pipe auf diesen Zwischenschritt verzichten. Die Pipe selbst übernimmt in diesem Fall die Anmeldung beim Promise:

```
<h2>Promises</h2>
<p>{{promise | async}}</p>
```

**Listing 6.43** »pipes-demo.component.html«: Verwendung der Async-Pipe mit einem Promise

In der Oberfläche wird der noch nicht aufgelöste Wert zunächst als Leerstring dargestellt. Nach 5 Sekunden erscheint der Wert dann, wie in Abbildung 6.16 zu sehen, aber automatisch.

Promises

Der asynchrone Wert wurde geladen

**Abbildung 6.16** Darstellung des asynchron geladenen Wertes

### Verwendung mit Observables

Wie ich schon mehrfach angekündigt habe, werden Sie die Verwendung der Bibliothek *RxJS* sowie der darin enthaltenen Klasse `Observable` im Laufe des Buches noch sehr intensiv kennenlernen. So bauen unter anderem das Angular-HTTP-Modul, die Implementierung von Event-Emittern sowie die Überwachung von Formularen auf Änderungen auf der `Observable`-Klasse auf.

Weil die Bibliothek und die damit verbundenen Entwicklungsprinzipien so wichtig sind, habe ich dem Thema ein eigenes Kapitel gewidmet. Möchten Sie sich also im Detail mit reaktiver Programmierung auf Basis von *RxJS* und Observables beschäftigen, können Sie dies gerne in Kapitel 12, »Reaktive Architekturen mit RxJS«, tun.

Bei einem `Observable` handelt es sich um einen sogenannten *asynchronen Event-Stream*, also einen Datenstrom, der zu beliebigen Zeiten neue Werte ausliefern kann. Zusätzlich zu dieser Funktionalität stellt die Klasse außerdem einige Factory-Methoden bereit, mit denen bereits fertige Observables für bestimmte Anwendungsfälle erzeugt werden können.

Listing 6.44 zeigt die Erzeugung eines Observables, das nach 2 Sekunden den ersten Wert (0) und dann nach jeweils einer weiteren Sekunde den jeweils nächsten Wert liefert:

```
counter = Observable.timer(2000, 1000);
```

**Listing 6.44** »pipes-demo.component.ts«: Instanziierung eines Observables mithilfe der »timer«-Factory-Methode

Um die ausgelieferten Werte nun in der Developer-Konsole auszugeben, müssen Sie sich mithilfe der `subscribe`-Methode bei diesem `Observable` anmelden:

```
this.counter.subscribe((value) => {
  console.log('Wert: ', value);
});
```

**Listing 6.45** »pipes-demo.component.ts«: Anmeldung beim Observable im TypeScript-Code



Benötigen Sie den ausgelieferten Wert jedoch lediglich zur Darstellung in der Oberfläche, so können Sie auch in diesem Fall auf die `AsyncPipe` zurückgreifen:

```
<h3>Observables</h3>
<p>{{counter | async}}</p>
```

**Listing 6.46** »pipes-demo.component.html«: Verwendung der Async-Pipe zur Ausgabe der vom Observable gelieferten Werte

Die Pipe übernimmt in diesem Fall sowohl die Anmeldung über die `subscribe`-Methode als auch die Abmeldung beim Verlassen der Seite über die `unsubscribe`-Methode. Kommt ein neuer Wert auf dem Event-Stream an, wird die Anzeige, wie in Abbildung 6.17 dargestellt, automatisch aktualisiert.

Observables

7

**Abbildung 6.17** Ausgabe des aktuellen Wertes in der Oberfläche

### 6.2.9 Pipes im Komponentencode verwenden

Auch wenn Pipes im Normalfall aus dem HTML-Code heraus verwendet werden, kann es in bestimmten Situationen durchaus nützlich sein, die durch eine Pipe bereitgestellte Funktionalität auch innerhalb Ihres Komponentencodes zur Verfügung zu haben. Erinnern Sie sich hierfür beispielsweise an die Implementierung der Timepicker-Komponente und an die Formatierung des Ausgangsstrings, die Sie dort vorgenommen haben:

```
getTime() {
  const hours = this.fillUpZeros(this.time.hours);
  const minutes = this.fillUpZeros(this.time.minutes);
  const seconds = this.fillUpZeros(this.time.seconds);
  return `${hours}:${minutes}:${seconds}`;
}
```

**Listing 6.47** Implementierung der »getTime«-Methode des Timepickers

Die Methode fillUpZeros war dabei eine eigene Implementierung, um sicherzustellen, dass jeder Bestandteil der Zeit immer aus exakt 2 Zeichen besteht. Leider bietet die JavaScript-Standardbibliothek in diesem Zusammenhang keine komfortable Möglichkeit, um Zahlen zu formatieren.

Möchten Sie nun aber beispielsweise die zuvor vorgestellte DecimalPipe zur Formatierung verwenden, so ist dies problemlos möglich: Da es sich bei Pipe-Klassen um ganz normale ECMAScript-2015-Klassen handelt, können Sie sie ganz einfach in Ihre Komponentenklasse importieren und dort selbstständig instanziieren.

Handelt es sich dabei um eine lokalisierbare Pipe, müssen Sie ihr im Konstruktor zusätzlich noch das Locale übergeben, das Sie verwenden wollen. Hierbei können Sie den in Abschnitt 6.2.8 bereitgestellten Wert ebenfalls über den Dependency-Injection-Mechanismus in Ihre Komponente injizieren (siehe Kapitel 7):

```
import {LOCALE_ID, Inject} from '@angular/core';
import {DecimalPipe} from '@angular/common';
export class PipesDemo {
  deciPipe: DecimalPipe;
  ...
  constructor(@Inject(LOCALE_ID) localeId) {
    this.deciPipe = new DecimalPipe(localeId);
  }
}
```

**Listing 6.48** »pipes-demo.component.ts«: Import und Instanziierung der »Decimal«-Pipe

Innerhalb der getTime-Methode können Sie die Instanz der Pipe nun wie folgt verwenden:

```
getTime() {
  const hours = this.deciPipe.transform(this.time.hours, '2.0-0');
  const minutes = this.deciPipe.transform(this.time.minutes, '2.0-0');
  const seconds = this.deciPipe.transform(this.time.seconds, '2.0-0');
  return `${hours}:${minutes}:${seconds}`;
}
```

**Listing 6.49** »pipes-demo.component.ts«: Verwendung der »Decimal«-Pipe zur Formatierung des Zeit-Strings

Hierbei müssen Sie lediglich wissen, dass die Transformation eines Wertes bei Pipes immer über die transform-Methode erfolgt. Der erste Parameter ist dabei der zu transformierende Wert; alle weiteren Parameter sind die Argumente, die an die Transformation übergeben werden.

### 6.2.10 Eigene Pipes implementieren

Sie haben nun alle wichtigen Pipes kennengelernt, die Angular bereitstellt. Zusätzlich dazu bietet Angular Ihnen aber auch die Möglichkeit, eigene Pipes mit beliebigen Transformationen zu implementieren.

In diesem Abschnitt stelle ich Ihnen exemplarisch die Implementierung einer `Centimeter`-Pipe vor. Die Pipe nimmt Werte in Inch entgegen und wandelt den Wert in den entsprechenden Zentimeter-Wert um. Die Verwendung der neuen Pipe soll dabei wie folgt möglich sein:



```
{{inchVariable | cm}}
```

**Listing 6.50** Verwendung der Pipe, die in diesem Abschnitt implementiert wird

Eine eigene Pipe definieren Sie mithilfe des `@Pipe`-Decorators. Die Eigenschaft `name` bestimmt hierbei den Namen, mit dem die Pipe in der Oberfläche verwendet werden soll. Zur Transformation eines Wertes müssen Sie anschließend lediglich die `transform`-Methode implementieren.

Listing 6.51 zeigt eine erste Implementierung der `CentimeterPipe`:

```
import {Pipe, PipeTransform} from '@angular/core';
@Pipe({
    name: 'cm'
})
export class CentimeterPipe implements PipeTransform {
  transform(value: any) {
    if(value && !isNaN(value) ) {
       const cm = value * 2.54;
       return cm;
    }
    return null;
  }
}
```

**Listing 6.51** »centimeter.pipe.ts«: Implementierung der »Centimeter«-Pipe

**Best Practices für die Pipe-Benennung**

Bei der Implementierung von Pipes hat es sich als Best Practice etabliert, dass der Dateiname immer die Endung *pipe.ts* erhält. Des Weiteren sollte der Klassenname immer mit dem Suffix *Pipe* enden. Konventionen wie diese ermöglichen es Ihnen und anderen Entwicklern, sich leicht in Ihrem Quellcode zurechtzufinden.

Die transform-Methode überprüft hier zunächst, ob es sich beim übergebenen Wert um eine Zahl handelt. Ist dies der Fall, wird die Zahl mit 2,54 multipliziert und zurückgegeben. Beachten Sie an dieser Stelle auch die explizite Implementierung des Interface PipeTransform. Die explizite Angabe des Interface ist zwar optional, hat aber den Vorteil, dass der Compiler einen Fehler produziert, wenn Sie die transform-Funktion nicht oder falsch implementieren.

Ebenso, wie dies für selbst geschriebene Direktiven der Fall ist, müssen Sie eigene Pipes zur Verwendung zunächst innerhalb des Applikationsmoduls registrieren. Nehmen Sie die Pipe hierfür einfach ebenfalls in das declarations-Array Ihres AppModules auf:

```
import {CentimeterPipe} from './pipes/centimeter.pipe';
...
@NgModule({
  ...
  bootstrap: [AppComponent],
  declarations:[
    ...
    CentimeterPipe
  ]
})
export class AppModule {
}
```

**Listing 6.52** »app.module.ts«: Import und Registrierung der neuen Pipe beim Applikationsmodul

Die Pipe steht Ihnen nun in Ihrer gesamten Anwendung zur Verfügung, sodass Sie sie nun im Template dazu verwenden können, Inch-Werte in Zentimeter-Werte umzuwandeln. Listing 6.53 zeigt exemplarisch die einfache Implementierung eines Zentimeter-Umrechners:

```
<label> Geben Sie die Maßzahl in Inch ein: </label>
<input type="number" #inch>

<div *ngIf="inch.value">
  {{inch.value}} inch ergeben <b>{{inch.value | cm}} cm</b>
</div>
```

**Listing 6.53** »pipes.demo.component.html«: Umrechnung von Inch-Werten in Zentimeter-Werte

Bei der Eingabe einer Zahl in das Input-Feld berechnet die Pipe nun automatisch den entsprechenden Zentimeter-Wert und gibt ihn auf der Oberfläche aus. Abbildung 6.18 zeigt den Rechner in Aktion.

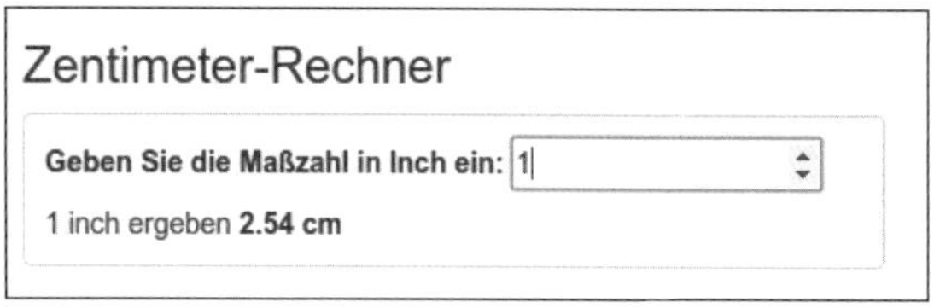

Zentimeter-Rechner

Geben Sie die Maßzahl in Inch ein: 1

1 inch ergeben **2.54 cm**

**Abbildung 6.18** Ausgabe des Inch-Wertes in Zentimetern



### Parameter an eigene Pipes übergeben

Eine unschöne Eigenheit hat die vorliegende Implementierung allerdings noch: Da die `transform`-Methode keinerlei Rundung vornimmt, kann es in bestimmten Fällen zu sehr langen Zentimeterausgaben kommen (siehe Abbildung 6.19).

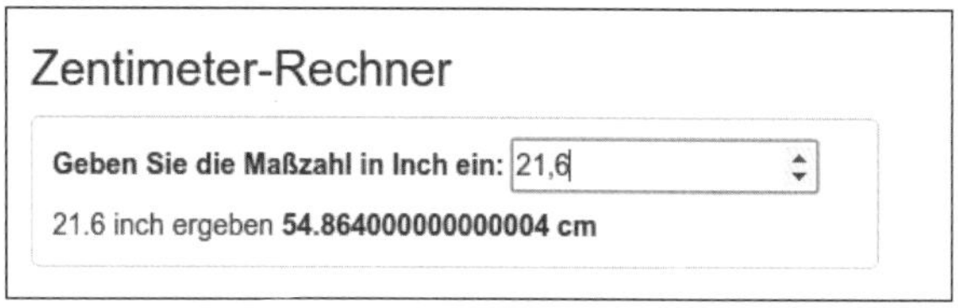

Zentimeter-Rechner

Geben Sie die Maßzahl in Inch ein: 21,6

21.6 inch ergeben **54.864000000000004 cm**

**Abbildung 6.19** Rundungsproblem bei der Berechnung der Zentimeter-Angabe

Sie könnten die Implementierung der `CentimeterPipe` nun so anpassen, dass standardmäßig immer auf die zweite Nachkommastelle gerundet wird. Schöner ist es an dieser Stelle jedoch, dem Benutzer Ihrer Pipe selbst die Wahl zu lassen, wie exakt der Wert ausgegeben werden soll. Wie schon bei den mitgelieferten Pipes ist es hierfür leicht möglich, Parameter an die Pipe zu übertragen. Erweitern Sie Ihre `transform`-Methode hierfür einfach um den optionalen zweiten `args`-Parameter. Bei diesem Parameter handelt es sich um einen sogenannten *Rest-Parameter* (siehe Anhang A, »ECMAScript 2015«), dem eine beliebige Anzahl an Parameterwerten übergeben werden kann:

```
import {Pipe, PipeTransform} from '@angular/core';
@Pipe({
  name: 'cm'
})
export class CentimeterPipe implements PipeTransform {
  transform(value: any, ...args: any[]) {
    if(value && !isNaN(value) ) {
      const cm = value * 2.54;
      const decimals = (args && args[0]) || 2;
```

```
      return cm.toFixed(decimals);
    }
    return null;
  }
}
```

**Listing 6.54** »centimeter.pipe.ts«: Auswertung der übergebenen Parameter zur korrekten Rundung des Wertes

Möchten Sie den Zentimeterwert nun auf 3 Nachkommastellen runden, so können Sie Ihre Pipe einfach wie folgt parametrisieren:

```
<div *ngIf="inch.value">
  {{inch.value}} inch ergeben <b>{{inch.value | cm:3}} cm</b>
</div>
```

**Listing 6.55** »pipes-demo.component.html«: Verwendung der »Centimeter«-Pipe für die Darstellung von 3 Nachkommastellen

Wie Abbildung 6.20 zeigt, werden die Werte nun wie gewünscht gerundet.

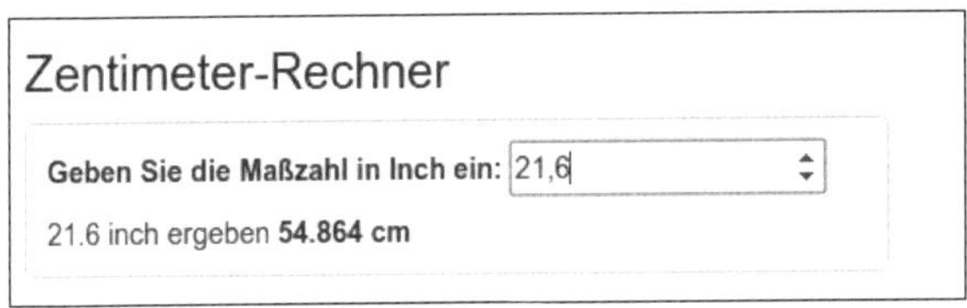


**Abbildung 6.20** Korrekt gerundete Zentimeter-Angabe

### 6.2.11 Pure vs. Impure Pipes: Pipe, ändere dich!

Ein Konzept, das unter Entwicklern schon vielfach für Irritationen gesorgt hat, ist das Konzept der *Pure* bzw. *Impure Pipes*. Um dieses Problem zu verstehen, schauen Sie sich zunächst die folgende Implementierung der `CountPipe` an:

```
import {Pipe} from '@angular/core';
@Pipe({
  name: 'count'
})
export class CountPipe implements PipeTransform {
  transform(value: any, ...args: any[]) {
    if (!this.checkInput(value)) {
      return 0;
    }
    return value.length;
  }
```

```
  private checkInput(obj: any) :boolean {
    return obj && (typeof obj === "string" || Array.isArray(obj));
  }
}
```

**Listing 6.56** »count.pipe.ts«: erste Implementierung der »Count«-Pipe



Die Pipe zählt entweder die Zeichen eines Strings oder die Einträge eines Arrays und liefert die ermittelte Anzahl an den Aufrufer zurück. Möchten Sie nun beispielsweise innerhalb eines Kontaktformulars die bereits eingegebenen Zeichen zählen, so können Sie dies mithilfe der Pipe wie folgt erreichen:

```
<label>Hinterlassen Sie uns eine Nachricht</label><br>
<textarea [(ngModel)]="message" rows="4" cols="50">
</textarea>
<br>Zeichen: {{message | count}}
```

**Listing 6.57** »pipes-demo.component.html«: Kontaktformular mit Counter für die geschriebenen Zeichen

Abbildung 6.21 zeigt einen Screenshot des Formulars.



**Abbildung 6.21** Verwendung der »Count«-Pipe zum Zählen einer String-Länge

Die implementierte Pipe funktioniert in diesem Fall wie gewünscht. Interessant wird nun jedoch die Verwendung der Pipe im Zusammenspiel mit einem Array. Listing 6.58 zeigt die Ausgabe einer Liste von Freunden, die innerhalb der Komponente definiert ist, und die Verwendung der `CountPipe` zum Ermitteln der Freundesanzahl:

```
<ul>
  <li *ngFor="let friend of friends"> {{friend}}</li>
</ul>
<div>
  Anzahl der Freunde: <b> {{friends | count}} </b>
</div>
```

**Listing 6.58** »pipes-demo.component.html«: Verwendung der »Count«-Pipe mit einem Array

Der initial errechnete und dargestellte Wert ist, wie Abbildung 6.22 zeigt, auch in diesem Fall korrekt.

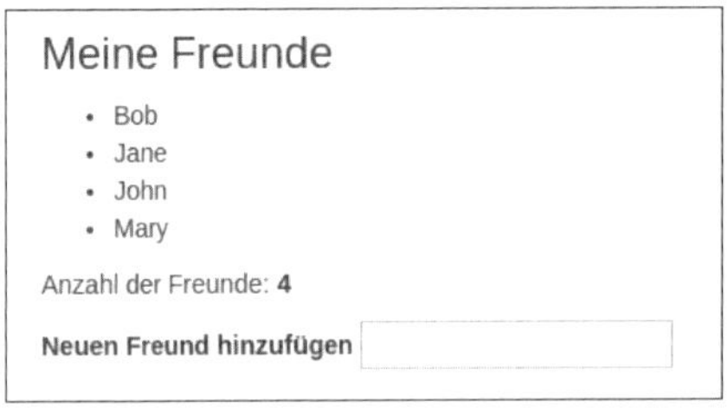

**Abbildung 6.22** Verwendung der »Count«-Pipe, um die Länge eines Arrays zu zählen

Problematisch wird es nun allerdings, wenn Sie über das Input-Feld neue Freunde hinzufügen (siehe Abbildung 6.23).

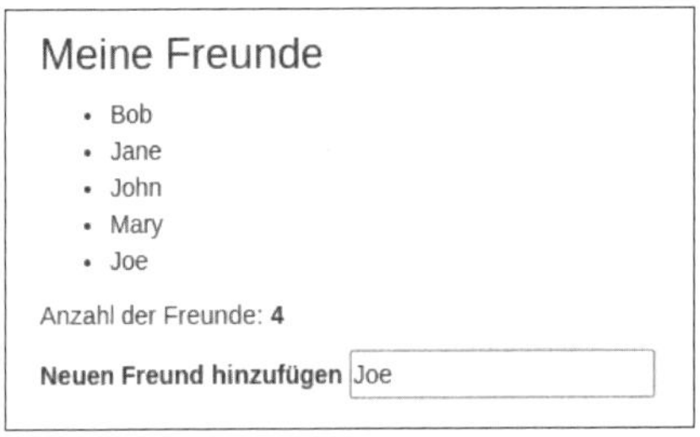

**Abbildung 6.23** Fehlerhaftes Verhalten der »Count«-Pipe

Obwohl die Liste mittlerweile 5 Elemente enthält, behauptet der Zähler immer noch, dass Sie lediglich 4 Freunde hätten. Der Grund hierfür ist, dass Angular standardmäßig davon ausgeht, dass die Funktion zur Transformation eine *pure function* ist – dass sich das Ergebnis also nur dann ändert, wenn sich auch der Eingangswert ändert. Im Fall von Arrays ändert sich jedoch nicht das übergebene Array, sondern lediglich der Inhalt des Arrays. Angular geht also weiterhin davon aus, dass keine Änderung stattgefunden hat.

Die Lösung dieses Problems ist denkbar einfach. So bietet Angular Ihnen die Möglichkeit, Pipes als »Impure« zu definieren:

```
@Pipe({
  name: 'count',
  pure: false
})
export class CountPipe {
   ...
}
```

**Listing 6.59** Definition der »Count«-Pipe als »Impure«

Indem Sie die `pure`-Eigenschaft auf `false` setzen, teilen Sie Angular mit, dass der Ergebniswert nicht nur bei einer Änderung des Eingangswertes, sondern bei jedem Durchlauf des ChangeDetection-Algorithmus erfolgen soll. Abbildung 6.24 zeigt, dass sich die Pipe nun auch bei der Verwendung mit Arrays wie gewünscht verhält.

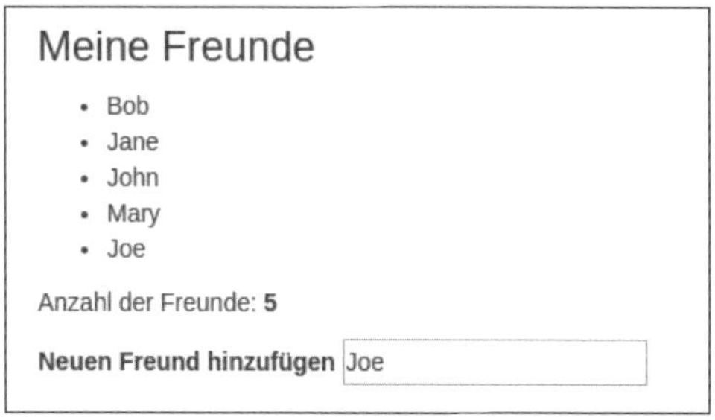

Meine Freunde

- Bob
- Jane
- John
- Mary
- Joe

Anzahl der Freunde: **5**

**Neuen Freund hinzufügen** Joe

**Abbildung 6.24** Korrekte Ausgabe der Länge des Arrays

Außer bei der Auswertung von Arrays kann das beschriebene Problem insbesondere dann auftreten, wenn Sie verschachtelte Objekte in Ihrer Pipe verarbeiten wollen (beispielsweise wenn Sie aus einem User-Objekt einen String zur Darstellung des Namens extrahieren). Sollte sich eine Pipe also einmal nicht so verhalten, wie Sie es erwarten, erinnern Sie sich einfach an diesen Abschnitt.

**Impure Pipes und die Performance**

In gewisser Weise sind Impure Pipes das Pipe-Gegenstück zur `ChangeDetectionStrategy.Default`, die Sie in Kapitel 5 kennengelernt haben: Durch den Einsatz von `pure: false` zwingen Sie Angular dazu, Pipe-Werte deutlich öfter zu überprüfen, als dies bei einer Pure Pipe der Fall wäre. Haben Sie die gesamte Applikation unter Ihrer Kontrolle, sollten Sie also besser auf Immutable-Objects als Eingangswert für Ihre Pipes zurückgreifen. Auf diese Weise können Sie durchgängig Pure Pipes verwenden!

## 6.3 Zusammenfassung und Ausblick

Nachdem Sie sich in den vergangenen Kapiteln hauptsächlich mit den Basisfunktionalitäten des Frameworks auseinandergesetzt haben, haben Sie in diesem Kapitel gelernt, wie Angular Sie durch bereits mitgelieferte Direktiven und Pipes bei der Entwicklung Ihrer Anwendungen unterstützen kann.

Die folgende Liste fasst noch einmal die wichtigsten Punkte dieses Kapitels zusammen:

- Mithilfe der `NgIf`-Direktive können Sie DOM-Knoten abhängig von einer Bedingung rendern.

- Die `NgSwitch`-Direktive bietet sich immer dann an, wenn Sie mehrere Entweder-oder-Zweige für eine Bedingung abbilden möchten.
- Über die Direktiven `NgClass` und `NgStyle` ist es elegant möglich, Klassen- bzw. Style-Attribute eines DOM-Elements zu beschreiben.
- Neben dem einfachen Iterieren über Listen bietet Ihnen die `NgFor`-Direktive eine Vielzahl nützlicher Hilfsvariablen (z. B. `even`, `odd` und `last`).
- Pipes bieten Ihnen eine komfortable Möglichkeit, Werte vor der Darstellung in der Oberfläche zu transformieren.
- Angular hat bereits eine Vielzahl vorgefertigter Pipes an Bord.
- Für lokalisierbare Pipes wie die `DatePipe` oder die `CurrencyPipe` können Sie über das OpaqueToken `LOCALE_ID` das Locale festelegen, das in der Anwendung verwendet werden soll (siehe auch Kapitel 18, »Internationalisierung: mehrsprachige Angular-Anwendungen implementieren«).
- Unter den mitgelieferten Pipes kommt der `AsyncPipe` eine Sonderrolle zu. Diese Pipe ermöglicht es Ihnen, asynchrone Werte direkt in der Oberfläche darzustellen.
- Eigene Pipes lassen sich leicht mithilfe des `@Pipe`-Decorators implementieren.
- Möchten Sie eine Pipe bereitstellen, die Werte auch dann transformiert, wenn sich die Identität des Eingangsobjekts nicht ändert, so müssen Sie sie als Impure deklarieren (`pure: false`).

Das folgende Kapitel widmet sich dem letzten wirklichen Kernbestandteil einer jeden Webanwendung: *Services*. Neben den Bereichen »Komponenten« und »Direktiven« bilden Services den wesentlichen Baustein zur Kapselung Ihrer Applikationslogik und zur Verwaltung von Daten. Eine besondere Rolle kommt dabei der Dependency-Injection und somit der losen Kopplung Ihrer Anwendung zu. Angular geht hier erneut innovative Wege!

# Kapitel 7
# Services und Dependency-Injection: lose Kopplung für Ihre Business-Logik

*Während Dependency-Injection in anderen Programmiersprachen schon lange zu den verbreiteten Standardkonzepten gehört, ist das Thema in der JavaScript-Welt immer noch recht neu. Angular nimmt hier erneut eine Vorreiterrolle ein.*



Einer der Gründe für den großen Erfolg von AngularJS 1.x war mit Sicherheit die innovative Unterstützung von Dependency-Injection (DI) in JavaScript-Anwendungen. Während Nutzern von Java, .NET oder Ruby on Rails schon seit Jahren ausgereifte Frameworks zur Injektion von Abhängigkeiten zur Verfügung standen, gab es im JavaScript-Umfeld lange Zeit keine wirkliche Lösung für die lose Kopplung von Abhängigkeiten.

Mit der neuen Version von Angular geht das Entwicklerteam nun aber noch einen Schritt weiter: Das neue Dependency-Injection-Framework ist deutlich flexibler und leistungsstärker als die bisherige Lösung und bietet insbesondere in Bezug auf die Konfigurierbarkeit deutliche Vorteile. Freuen Sie sich also wieder auf eine Vielzahl neuer Themen. So werden Sie mit Abschluss dieses Kapitels wissen,

- was Dependency-Injection im Detail bedeutet und wieso diese Technik gut für Ihre Architektur ist.
- welche Rolle Services im Rahmen Ihrer Anwendung spielen.
- welche Möglichkeiten Ihnen der Angular-DI-Mechanismus für die Bereitstellung von Klassen-Instanzen, einfachen Werten und dynamischen Factorys bietet.
- wie Sie über den hierarchischen Injector-Baum für noch mehr Flexibilität in Ihrer Anwendung sorgen können.
- warum es sinnvoll sein kann, die Sichtbarkeit von Abhängigkeiten zu reduzieren, und wie Angular Sie dabei unterstützt.
- wie Sie über die Konfiguration des Lookups von Abhängigkeiten Anwendungsfälle wie optionale Dependencys und rekursive Strukturen realisieren können.

## 7.1 Grundlagen der Dependency-Injection

Die Vorteile der Dependency-Injection lassen sich am besten an einem einfachen Beispiel demonstrieren. In der Softwareentwicklung hat es sich als guter Stil etabliert, zusammengehörige fachliche Logik durch Services zu kapseln. Abbildung 7.1 zeigt eine typische Komposition einer Login-Komponente, die über einen Service mit einem Backend kommuniziert.

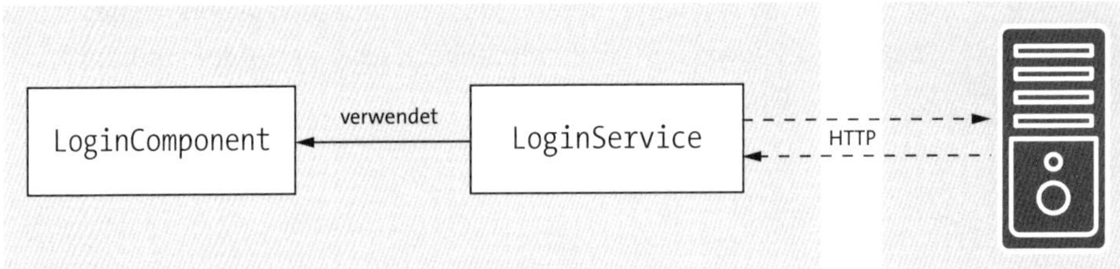


**Abbildung 7.1** Komposition der Login-Komponente

Der `LoginService` koordiniert die Kommunikation mit dem Server und stellt fachliche Methoden für Login und Logout bereit. Die `LoginComponent` verwendet den Service und benötigt so keine Kenntnisse über die technische Realisierung des Login-Vorgangs.

Eine erste naive Implementierung der `LoginComponent` in TypeScript könnte etwa wie folgt aussehen:

```
class LoginComponent {
    private loginService: LoginService;
    constructor() {
        this.loginService = new LoginService();
    }
    submit(loginData) {
        this.loginService.login(loginData);
    }
}
```

**Listing 7.1** Naive Implementierung der »LoginComponent«

Die `LoginComponent` erzeugt in Ihrem Konstruktor eine Instanz des `LoginService` und speichert diesen für die spätere Verwendung in einer Membervariablen.

Auch wenn diese Implementierung prinzipiell funktionsfähig ist, hat die vorgestellte Lösung eine Schwachstelle: Durch die direkte Instanziierung des `LoginService` innerhalb der Komponente ist diese nun direkt an eine spezifische Implementierung des `LoginService` gebunden. Eine Folge davon ist, dass es jetzt nicht mehr möglich ist, die

`LoginComponent` unabhängig vom `LoginService` zu testen. Ebenso ist es nicht möglich, in unterschiedlichen Umgebungen unterschiedliche Implementierungen des Service zu verwenden. Diese Art der Verbindung zweier Software-Bausteine ist auch unter dem Begriff *enge Kopplung* bekannt.

Die grundsätzliche Idee zur Lösung dieses Problems ist denkbar einfach: Anstatt den `LoginService` innerhalb der Komponente zu instanziieren, wird er durch eine übergeordnete Instanz erzeugt und der Komponente übergeben. Eine sehr einfache Eigenimplementierung eines Dependency-Injectors könnte somit wie folgt aussehen:

```
class LoginComponent {
  constructor(loginService: LoginService) {
    this.loginService = loginService;
  }
  submit(loginData) {
    this.loginService.login(loginData);
  }
}
```

**Listing 7.2** »LoginComponent« mit Dependency-Injection

```
class Injector {
  constructor() {
    httpConnector = HttpConnector();
    loginService = new LoginService(httpConnector);
    loginComponent = new LoginComponent(loginService);
  }
}
```

**Listing 7.3** Exemplarische Eigen-Implementierung einer »Injector«-Klasse

Durch die Entkopplung der Klassen ist es nun leicht möglich, die Implementierung des `LoginService` auszutauschen, zum Beispiel für einen Test. Die Komponenten sind nun *lose gekoppelt*:

```
class TestInjector {
  constructor() {
    loginService = new MockLoginService();
    loginComponent = new LoginComponent(loginService);
  }
}
```

**Listing 7.4** Exemplarische Implementierung eines Injectors für einen Unit-Test der »Login«-Komponente

In Kapitel 13, »Komponenten- und Unit-Tests: das Angular-Testing-Framework«, werden Sie diese Technik noch im Detail kennenlernen.

## 7.2 Services in Angular-Applikationen

Um die grundlegenden Zusammenhänge von Dependency-Injection verstehen zu können, ist es sinnvoll, sich zunächst einmal die Bedeutung von Services im Kontext einer Angular-Applikation zu veranschaulichen. Neben Komponenten und Direktiven sind Services der dritte Kernbestandteil einer jeden Angular-Anwendung. Services haben dabei im Wesentlichen zwei Aufgaben:

1. Kapselung von Applikationslogik
2. Speicherung von Daten, die von einer oder mehreren Komponenten der Anwendung benötigt werden

Mit dem zuvor skizzierten `LoginService` haben Sie bereits ein Beispiel für die Kapselung von Applikationslogik kennengelernt: Anstatt direkt aus einer Komponente heraus die HTTP-Aufrufe zur Authentifizierung auszulösen, stellt der Service Ihnen eine fachliche Schnittstelle für den Login bereit. Etwas spannender ist in diesem Zusammenhang die Verwendung von Services zur Speicherung von Daten.

Die Organisation von Anwendungen in Form eines *Komponentenbaums*, die ich in Kapitel 3, »Komponenten und Templating: der Angular-Sprachkern«, vorgestellt habe, sorgt zwar für einen sehr vorhersehbaren Datenfluss zwischen den Komponenten. Diese strikt hierarchische Struktur kann die Kommunikation zwischen unterschiedlichen Bestandteilen der Applikation aber auch sehr umständlich machen.

Hier kommen Services ins Spiel: Anstatt Daten direkt mithilfe von `Output`-Bindings durch den Komponentenbaum zu schleifen, können Sie sie alternativ an einen gemeinsam genutzten Service (einen sogenannten *Shared Service*) übergeben. Dieser Service speichert die Daten und stellt sie anschließend allen interessierten Komponenten zur Verfügung.

So könnten Sie den `LoginService` beispielsweise auch dazu verwenden, die Daten des eingeloggten Benutzers zu speichern. Nach dem Login könnte eine `UserBadge`-Komponente dann auf die Nutzerdaten zugreifen, die vom Service bereitgestellt werden. Abbildung 7.2 verdeutlicht diesen Ablauf.

Sie werden im Laufe dieses Kapitels noch im Detail lernen, wie Sie solche Anwendungsfälle mithilfe des DI-Frameworks sehr elegant realisieren können. So bietet Angular Ihnen beispielsweise die Möglichkeit, sehr granular zu entscheiden, welche Komponente welche Instanz eines Service erhält: Durch die richtige Verwendung des DI-Mechanismus haben Sie somit die maximale Kontrolle über den Datenfluss und die Datenhaltung innerhalb Ihrer Applikation.

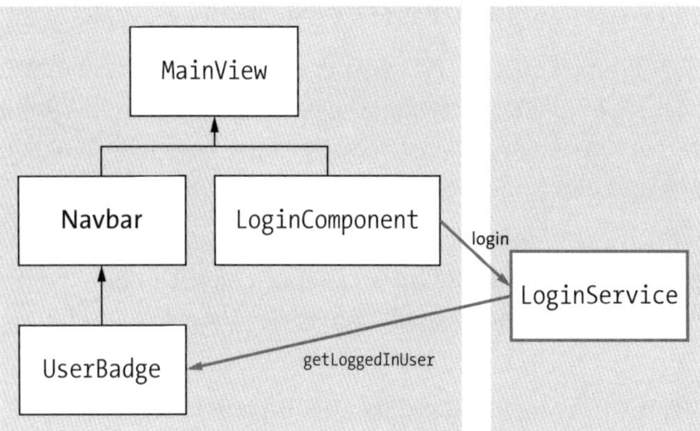


**Abbildung 7.2** Kommunikation zwischen Komponenten über Services



## 7.3 Das Angular-Dependency-Injection-Framework

Das von Angular bereitgestellte Dependency-Injection-Framework basiert grundsätzlich auf der Idee der losen Kopplung. Anstatt die Abhängigkeiten, die Sie instanziieren wollen, im *Injector* selbst zu erzeugen (wie Sie es in Listing 7.4 gesehen haben), verwendet das Framework sogenannte *Provider* zur Konfiguration der Abhängigkeiten.

Einen Provider können Sie sich in diesem Zusammenhang als eine Regel vorstellen, die besagt, was passieren soll, wenn eine bestimmte Abhängigkeit benötigt wird.

Der `Injector` verwaltet nun eine Liste solcher Provider. Trifft eine Anfrage nach einer Abhängigkeit bei ihm ein, verwendet er die ihm bekannten Provider, um die Abhängigkeit aufzulösen. Abbildung 7.3 zeigt exemplarisch die Bausteine, die zusammenspielen, wenn die `LoginComponent` das Framework nach einer Abhängigkeit vom Typ `LoginService` fragt.

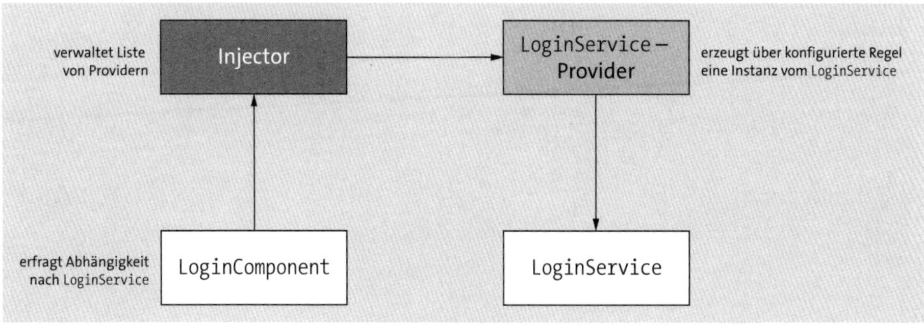


**Abbildung 7.3** Bestandteile der Angular-Dependency-Injection

### 7.3.1 Injector- und Provider-Konfiguration: das Herz der DI

Bei der Verwendung des DI-Frameworks ist es wichtig zu verstehen, dass dieses grundsätzlich völlig unabhängig von einer laufenden Angular-Applikation ist. Durch die sehr modulare Architektur von Angular ist es beispielsweise ebenfalls denkbar, das Framework in einer bestehenden Node.js-Serverapplikation einzusetzen.

In diesem Abschnitt werde ich mich somit zunächst auf die – von einer Angular-Anwendung unabhängige – Verwendung der Low-Level-API des DI-Frameworks konzentrieren. Sie finden die entsprechenden Quelltexte in der Datei *low-level-injection.ts*.

Im weiteren Verlauf des Kapitels werden Sie dann darauf aufbauend lernen, wie Sie diese API in Ihrer Angular-Anwendung verwenden können.

**Hinweis zu den Beispielquelltexten**

Alle Beispiele dieses Kapitels finden Sie im Ordner *dependency_injection*. Um die Anwendung zu starten, wechseln Sie wie gewohnt auf der Kommandozeile in den Ordner und führen dort die Befehle `npm install` und `npm start` aus. Die Ausführung der Low-Level-Injection-Funktionalität können Sie anschließend über den Button Low Level-Beispiel ausführen starten.

Wie Sie in Abbildung 7.3 gesehen haben, erfolgt die Bereitstellung von Abhängigkeiten durch die Registrierung von *Providern* bei einem *Injector*. Listing 7.5 zeigt die Verwendung der Low-Level-API zur Implementierung des Login-Beispiels aus Listing 7.2:

```
import {ReflectiveInjector, Inject} from '@angular/core';
class LoginService {
  login(loginData) {
    console.log('Executing login with data', loginData);
  }
}
class LoginComponent {
  loginService: LoginService
  constructor(@Inject(LoginService) loginService: LoginService) {
    this.loginService = loginService;
  }
  submit(loginData) {
    this.loginService.login(loginData);
  }
}
```

```
export function executeInjection() {
  const injector = ReflectiveInjector.resolveAndCreate([
    {provide: LoginService, useClass: LoginService },
    {provide: LoginComponent, useClass: LoginComponent }
  ]);
  const loginComponent = injector.get(LoginComponent);
  loginComponent.submit({username: 'chris', password: 's3cret'});
}
```

**Listing 7.5** »low-level-injection.ts«: Die Dependency-Low-Level-API in Aktion



Zunächst werden die beiden Klassen `ReflectiveInjector` und `Inject` importiert. So handelt es sich bei der Klasse `ReflectiveInjector` um die von Angular bereitgestellte Implementierung des `Injector`-Interface. Über den Aufruf

```
const injector = ReflectiveInjector.resolveAndCreate([
  {provide: LoginService, useClass: LoginService },
  {provide: LoginComponent, useClass: LoginComponent }
]);
```

wird ein neuer `ReflectiveInjector` erzeugt. Ihm werden die Provider für die beiden Klassen `LoginService` und `LoginComponent` übergeben. Die Definition eines Providers hat dabei immer folgende Form:

```
{provide: Token, Formel zur Erzeugung der Abhängigkeit }
```

Benötigt eine Komponente der Applikation eine Abhängigkeit, erfolgt die Anfrage danach über das sogenannte *Token*, das somit den Schlüssel zur Abhängigkeit darstellt. Der Injector durchläuft nun alle ihm bekannten Provider und überprüft, ob er einen Provider mit dem benötigten Token kennt. Ist dies der Fall, wird die Formel des Providers ausgeführt. Der Ausdruck

```
{provide: LoginService, useClass: LoginService }
```

besagt somit:

*Wenn eine Komponente eine Abhängigkeit mit dem Token »LoginService« erfragt, gib eine Instanz der Klasse »LoginService« zurück.*

Nach der vollständigen Konfiguration des Injectors können Sie diesen nun verwenden, um Instanzen der ihm bekannten Komponenten zu laden. Der Aufruf

```
const loginComponent = injector.get(LoginComponent);
```

sorgt zunächst dafür, dass der Injector versucht, über die Regel `{ useClass: LoginComponent }` eine Instanz der Klasse `LoginComponent` zu erstellen. Im Rahmen dieser Instanziierung wird nun über die Konstruktor-Definition der Klasse erkannt, dass die `LoginComponent` selbst eine Abhängigkeit zum `LoginService` hat:

```
constructor(@Inject(LoginService) loginService: LoginService) {
}
```

Der Injector übernimmt nun die Aufgabe, alle mit dem `@Inject`-Decorator definierten Abhängigkeiten aufzulösen, sie gegebenenfalls zu erstellen und anschließend in die `LoginComponent` zu injizieren. Nach dem erfolgreichen Durchlaufen der `injector.get()`-Funktion ist die zurückgegebene `LoginComponent` also vollständig konfiguriert. Der Aufruf

```
loginComponent.submit({username: 'chris', password: 's3cret'});
```

führt schließlich zur Konsolenausgabe:

```
Executing login with data {username: "chris", password: "s3cret"}
```

#### Vereinfachungen bei der Provider-Definition

Falls wie im vorgestellten Anwendungsfall der Schlüssel des Providers und die zu verwendende Implementierungsklasse identisch sind, können Sie außerdem von einer komfortablen Vereinfachung Gebrauch machen. In diesem Fall müssen Sie lediglich die Klassennamen aufführen:

```
const injector = ReflectiveInjector.resolveAndCreate([
  LoginService,
  LoginComponent
]);
```

In vielen Fällen werden Sie mit dieser vereinfachten Syntax auskommen. Für Ihre zukünftige Arbeit mit dem DI-Framework ist es aber wichtig zu wissen, dass es sich hierbei lediglich um eine von Angular bereitgestellte Abkürzung handelt. In Wirklichkeit registrieren Sie auch hier immer noch einen Provider beim Injector.

Zugegebenermaßen scheint das Ergebnis der Dependency-Injection in diesem Fall zunächst recht unspektakulär zu sein. Bei etwas genauerer Betrachtung des Codes werden Sie aber feststellen, dass Ihre Anwendung kein einziges Mal das Schlüsselwort `new` enthält. Das gesamte Zusammensetzen Ihrer Applikation (das sogenannte *Wiring*) erfolgt über die Zeilen:

```
const injector = ReflectiveInjector.resolveAndCreate([
    LoginService,
    LoginComponent
])
const loginComponent = injector.get(LoginComponent);
```

Die Benutzung des Injectors hat also dazu geführt, dass Ihre Anwendung vollständig *lose gekoppelt* ist.

### 7.3.2 Weitere Provider-Formen

Neben dem Bereitstellen von Klassenimplementierungen unterstützt das DI-Framework zusätzlich noch einige weitere Provider-Formen, die ich im Folgenden kurz beschreibe.



#### useValue: Bereitstellen von Werten

Möchten Sie keine Klasseninstanzen, sondern einfache Werte bereitstellen, verwenden Sie die `useValue`-Eigenschaft. Über die Anweisung

```
{provide: 'greeting', useValue: 'Howdy'}
```

wird dem Token `greeting` der Wert »Howdy« zugewiesen. Die Injection erfolgt im Anschluss über den angegebenen String:

```
constructor(@Inject('greeting') greeting: string) {
    ...
}
```

**Listing 7.6** »low-level-injection.ts«: Bereitstellen von Werten

Diese Art der Injektion kann insbesondere dann hilfreich sein, wenn abhängig von der Umgebung unterschiedliche Konfigurationen oder Konstanten gebunden werden sollen. Über den Mechanismus ist es beispielsweise leicht möglich, während einer Testausführung eine andere Konfiguration als in der produktiv laufenden Anwendung bereitzustellen.

#### useFactory: Bereitstellen von Elementen über eine Factory

Beim Bereitstellen von Elementen über eine Factory wird dem Provider kein direkter Wert, sondern eine Funktion übergeben, die den bereitgestellten Wert berechnet. Listing 7.7 zeigt die Implementierung eines Providers für eine zufällige Zahl zwischen 1 und 100:

```
export function generateRandomValue() {
  return Math.floor(Math.random() * 101);
}

const injector = ReflectiveInjector.resolveAndCreate([
```

```
  ...
  {provide: 'random-value', useFactory: generateRandomValue}
]);
```

**Listing 7.7** »low-level-injection.ts«: Bereitstellen einer Factory-Funktion

Beachten Sie an dieser Stelle, dass die Factory hier als eigenständige exportierte Funktion bereitgestellt wird. So wäre es grundsätzlich auch möglich gewesen, die Funktion direkt als anonyme Funktion zu definieren:

```
{provide: 'random-value', useFactory: () => {
  return Math.floor(Math.random() * 101);
}}
```

**Listing 7.8** Nicht AOT-kompatible Variante des Factory-Providers

Diese Variante ist jedoch nicht kompatibel mit dem Ahead-of-time-Compiler (AOT) von Angular, den ich in Kapitel 16, »Der Angular-Template-Compiler, Ahead-of-time Compilation und Tree-Shaking«, vorstelle. In Hinblick auf eine spätere Performance-Optimierung mit AOT sollten Sie Factory-Funktionen also immer als explizite Funktionen bereitstellen.

Ein weiterer interessanter Punkt besteht in diesem Zusammenhang darin, dass eine Factory ebenfalls auf andere bereitgestellte Token zugreifen kann. Auf diese Weise ist es beispielsweise möglich, je nach Konfiguration unterschiedliche Services bereitzustellen. Um innerhalb einer Factory auf andere Abhängigkeiten zuzugreifen, müssen Sie nichts weiter tun, als der Provider-Definition die Eigenschaft deps hinzuzufügen. Innerhalb dieser Liste verweisen Sie anschließend auf die Abhängigkeit, die verwendet werden soll. Die Abhängigkeit wird daraufhin beim Aufruf der Factory-Funktion als Parameter übergeben:

```
export function getLoginService(useOAuth: boolean) {
  if (useOAuth) {
    return new OAuthLoginService();
  } else {
    return new LoginService();
  }
}
const injector = ReflectiveInjector.resolveAndCreate([
  LoginComponent,
  {provide: 'ENABLE_OAUTH', useValue: true},
```

```
  {provide: LoginService, useFactory: getLoginService,
                          deps: ['ENABLE_OAUTH']
  }
]);
```

**Listing 7.9** »low-level-injection.ts«: Zugriff auf weitere Elemente mithilfe der »deps«-Eigenschaft

Die Abhängigkeit `ENABLE_OAUTH` wird nun im Funktionsaufruf der Factory aufgelöst und übertragen. In Listing 7.19 würde die Factory also mit dem Wert `useOAuth == true` aufgerufen, wodurch beim Erfragen einer `LoginService`-Abhängigkeit ein `OAuthLoginService` bereitgestellt würde.



#### useExisting: Bereitstellen über einen Alias

Das Bereitstellen über einen Alias ist die wohl exotischste Provider-Form. In Ihrem Projektalltag werden Sie diese Variante wahrscheinlich eher selten einsetzen. Der Vollständigkeit halber möchte ich Ihnen diese Technik aber dennoch kurz vorstellen.

Über die Anweisung

```
{provide: LoginService,  useClass: OAuthLoginService },
{provide: 'currentLoginService',  useExisting: LoginService }
```

können Sie einen Alias für den `LoginService` definieren. In Ihrer Applikation können Sie ihn nun sowohl über die Anweisung

```
@Inject(LoginService) loginService
```

als auch über die Anweisung

```
@Inject('currentLoginService') loginService
```

injizieren. Dabei wird in beiden Fällen exakt die gleiche Objektinstanz zurückgeliefert.

### 7.3.3 Opaque-Tokens: kollisionsfreie Definition von DI-Schlüsseln

In den vorangegangenen Abschnitten haben Sie in vielen Fällen Strings als Token für die Provider-Registrierung verwendet. Dies kann insbesondere dann zum Problem werden, wenn Sie Fremdbibliotheken einbinden. Registrieren diese Bibliotheken zufällig unter dem gleichen String einen anderen Provider, kann es zu Fehlern kommen, die schwer zu finden sind.

Um diesem Problem vorzubeugen, bietet Angular Ihnen mit *Opaque-Tokens* die Möglichkeit, Schlüssel auf Basis eines (Singleton-)Objekts zu definieren und somit den beschriebenen Kollisionen aus dem Weg zu gehen. Listing 7.10 und Listing 7.11 zeigen zunächst die Erzeugung und Bereitstellung des Tokens in der Datei *app-tokens.ts* sowie anschließend dessen Verwendung in der Provider-Definition der Random-Value-Factory:

```
import {OpaqueToken} from '@angular/core';
export const RANDOM_VALUE = new OpaqueToken('random-value');
```

**Listing 7.10** »app-tokens.ts«: Erzeugung und Export des »RANDOM_VALUE«-Opaque-Tokens

```
import {RANDOM_VALUE} from './app-tokens.ts';
...
const injector = ReflectiveInjector.resolveAndCreate([
  {provide: RANDOM_VALUE, useFactory: generateRandomValue}
]);
```

**Listing 7.11** »low-level-injection.ts«: Bereitstellen des zufälligen Wertes über ein Opaque-Token

Die Definition von Tokens in einer eigenen Datei hat hier den Vorteil, dass Sie bei der Injektion des Wertes in die Komponente nun ebenfalls auf die Datei *app-tokens.ts* zurückgreifen können, um von dort das Token für die Injektion zu importieren:

```
import {RANDOM_VALUE} from './app-tokens.ts';
...
class LoginComponent {

   constructor(@Inject(RANDOM_VALUE) randomValue) {
    console.log(`Der zufällige Wert lautet ${randomValue}`);
  }
  ...
}
```

**Listing 7.12** »low-level-injection.ts«: Injektion des zufälligen Wertes über das Opaque-Token

Da Sie nun ein Objekt als Schlüssel verwenden, wäre es kein Problem, wenn eine Fremdbibliothek ebenfalls ein `OpaqueToken` mit dem String `random-value` definieren und als Schlüssel verwenden würde. Da es sich um unterschiedliche Objektinstanzen handelt, würde es nun nicht mehr zu einer Kollision kommen.

Ein netter Nebeneffekt dieser Technik besteht außerdem darin, dass die Verwendung von `OpaqueToken` deutlich refactoring-freundlicher ist als die Verwendung von Strings: Falls Sie `RANDOM_VALUE` lediglich an einer Stelle in `MY_RANDOM_VALUE` umbenennen, wird Ihnen der TypeScript-Compiler einen Fehler melden. Bei Strings würde ein solches unvollständiges Refactoring erst zur Laufzeit auffallen! Sie sollten Opaque-Tokens also immer der Verwendung von Strings vorziehen!

## 7.4 Verwendung des DI-Frameworks in Angular-Applikationen

Sie kennen jetzt alle Grundlagen der Dependency-Injection-API und wissen, wie Sie Provider für verschiedene Szenarien erstellen. In diesem Abschnitt werde ich Ihnen aufbauend darauf zeigen, wie das DI-Framework in Angular integriert wurde und welche Optionen Sie bei der Registrierung von Abhängigkeiten haben.



### 7.4.1 Der Injector-Baum

Eine Besonderheit, die das Angular-Dependency-Injection-Framework von den meisten anderen DI-Lösungen unterscheidet, ist die Tatsache, dass eine Applikation nicht nur *einen* Injector besitzt, sondern dass jede Komponente der Applikation zusätzlich einen eigenen Injector mit sich bringt. Schauen Sie sich hierfür zunächst in Abbildung 7.4 den Entwurf einer Webanwendung zur Recherche in Medieninformationen an.

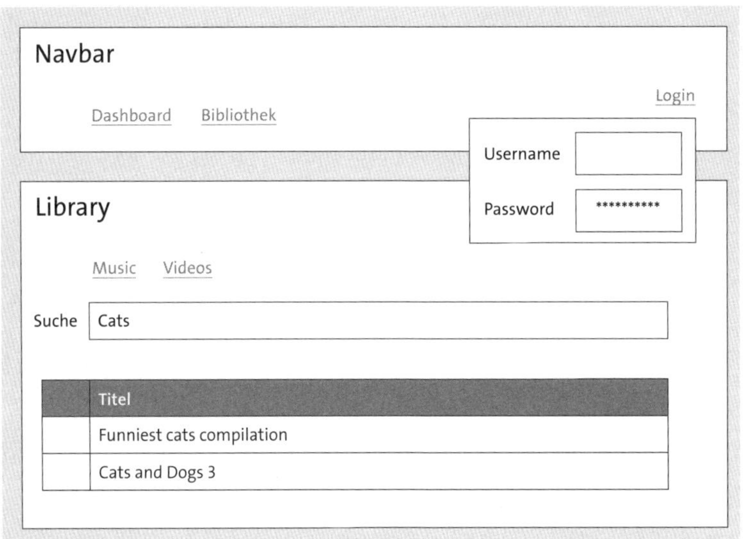


**Abbildung 7.4** Einfacher Entwurf einer Applikation zur Medienrecherche

Abbildung 7.5 zeigt darauf aufbauend einen vereinfachten Komponentenbaum dieser Applikation.

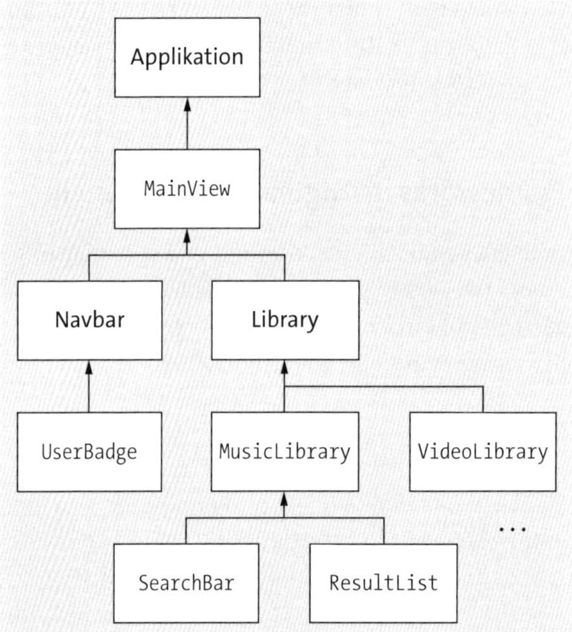


**Abbildung 7.5** Komponentenbaum der Anwendung

Zur Kommunikation mit dem Backend benötigt Ihre Anwendung außerdem noch drei Services:

- `UserService`: zur Abfrage und Speicherung von User-Informationen
- `MusicSearchService`: zur Suche in der Musik-Bibliothek
- `VideoSearchService`: zur Suche in der Video-Bibliothek

Alle diese Services kommunizieren per HTTP mit einem Server und benötigen somit Zugriff auf die HTTP-Basisfunktionalitäten. So können Sie an dieser Stelle bereits zwei Arten von Services unterscheiden:

- globale Services, die Ihrer kompletten Anwendung zur Verfügung stehen (z. B. der `UserService`)
- komponentenbezogene Services, die nur bestimmten Komponenten und deren Kindern zur Verfügung stehen (`MusicSearchService` und `VideoSearchService`)

### 7.4.2 Registrierung von globalen Services: der UserService

Der `UserService` ist in diesem Zusammenhang ein typisches Beispiel für einen globalen Service – so wird vermutlich eine Vielzahl von Komponenten auf die vom `UserService` bereitgestellten Informationen zugreifen. Die Registrierung erfolgt in diesem Fall beim sogenannten *RootInjector*. Abbildung 7.6 verdeutlicht die Bereitstellung des Service und seine Injektion noch einmal am Beispiel des UserBadge-Zweigs des Komponentenbaums.

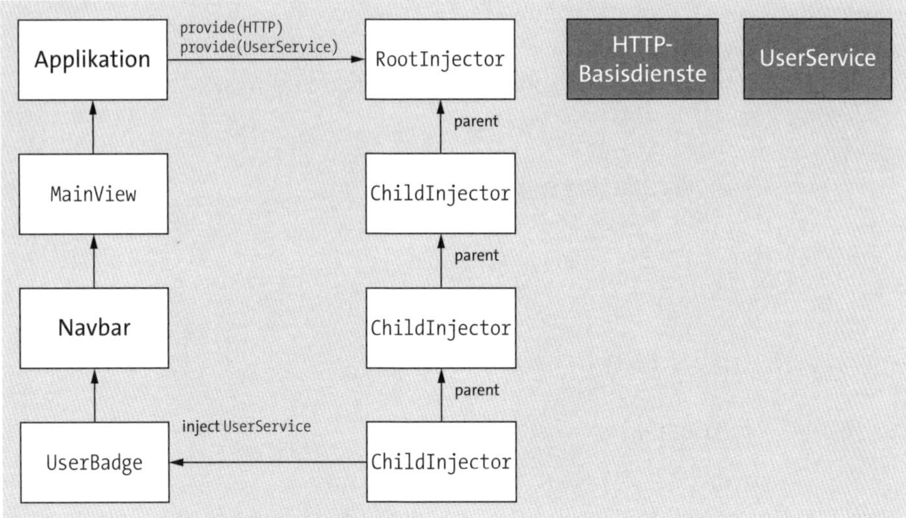


**Abbildung 7.6** Hierarchischer Injector-Baum

Die UserBade-Komponente benötigt eine Instanz eines UserService, der seinerseits eine Abhängigkeit vom HTTP-Framework besitzt. Um die UserService-Abhängigkeit aufzulösen, fragt das DI-Framework nun zunächst den ChildInjector, der der UserBadge-Komponente zugeordnet ist. Dieser ChildInjector findet selbst keine eigene passende Abhängigkeit, sodass der hierarchische Injector-Baum bis zum RootInjector durchlaufen wird, wo schließlich ein passender Provider gefunden wird. Hier wird ebenfalls ein Provider für die HTTP-Funktionalität bereitgestellt, sodass alle Abhängigkeiten erfolgreich aufgelöst werden können.

**Dependency-Injection im Web**

Insbesondere im Webumfeld, in dem Applikationen von Natur aus aus einem Baum von Komponenten bestehen (Stichwort: DOM-Tree), bietet dieser Mechanismus die größtmögliche Flexibilität für die Verwaltung von Objektabhängigkeiten. Im weiteren Verlauf des Kapitels werden Sie noch verschiedene Beispiele kennenlernen, die in dieser Form mit anderen DI-Systemen nicht oder nur sehr umständlich umzusetzen wären.

Die globale Bereitstellung von Services erfolgt über das Applikationsmodul Ihrer Anwendung. So können Sie beim NgModule-Decorator zusätzlich zu der Komponente, die gestartet werden soll, und zu den deklarierten Komponenten und Direktiven auch eine Liste an Providern definieren, die für das Applikationsmodul der Anwendung zur Verfügung stehen sollen. Die Konfiguration erfolgt dabei über die Eigenschaft `providers`:

```
import {HttpModule} from '@angular/http';
import {AppComponent} from './app.component';
import {UserService} from './services/user-service/user.service';

@NgModule({
  imports: [BrowserModule, HttpModule],
  providers: [
    UserService
  ],
  declarations: [...],
  bootstrap: [AppComponent],
})
export class AppModule {
}
```

**Listing 7.13** »app.module.ts«: Bereitstellung der globalen Abhängigkeiten beim Hauptmodul der Applikation

**Applikation vs. Modul**

In den bisherigen Beispielen bestand Ihre Anwendung immer aus einem einzigen Modul – dem Applikationsmodul. Wenn die Komplexität Ihrer Applikation zunimmt, ist es jedoch sinnvoll, Ihre Anwendung in mehrere Module zu unterteilen.

Ich stelle Ihnen diesen Ansatz in Kapitel 15, »NgModule und Lazy-Loading: Modularisierung Ihrer Anwendungen«, im Detail vor. Dort werden Sie auch sehen, welche Besonderheiten Sie bei der Arbeit mit Services über Modul-Grenzen hinweg beachten müssen.

Der grundsätzliche Ansatz der Dependency-Injection ist hiervon jedoch unabhängig. Lassen Sie sich im Moment also nicht von den Feinheiten der Applikations- oder Modul-Abgrenzung irritieren, sondern konzentrieren Sie sich zunächst einmal auf den DI-Mechanismus!

Die Syntax zum Bereitstellen eines Providers ist hierbei äquivalent zu der Low-Level-API, die ich in Abschnitt 7.3 vorgestellt habe. Sie könnten an dieser Stelle somit ebenfalls Werte oder Factorys bereitstellen.

Beachten Sie hier außerdem den Import des `HttpModule` zum Hinzufügen der HTTP-Funktionalität zur Applikation. So handelt es sich beim `HttpModule` selbst wiederum um ein `NgModule`, das seinerseits ebenfalls Provider bereitstellt.

Über die `import`-Anweisung stehen Ihnen diese Dienste nun auch im Hauptmodul zur Verfügung. Für den Moment ist es also zunächst einmal wichtig zu verstehen, das Sie über `NgModule` die Möglichkeit haben, eine *Sammlung an injizierbaren Elementen* zu definieren, die von anderen Modulen über die `import`-Eigenschaft importiert werden kann. Details hierzu lernen Sie ebenfalls in Kapitel 15!

Der `UserService` steht jetzt allen Komponenten Ihrer Applikation zur Verfügung. Die Injektion in die `UserBadge`-Komponente erfolgt ebenfalls äquivalent zur Low-Level-API über den Konstruktor der Komponente und den `@Inject`-Decorator:



```
@Component({
  selector: 'ch-user-badge',
  ...
})
export class UserBadgeComponent {
  user: User;
  constructor(@Inject(UserService) userService: UserService) {
    this.user = userService.getLoggedInUser();
  }
}
```

**Listing 7.14** »user-badge.component.ts«: Injektion des »UserService«

**Singleton-Services**

Beim `UserService` handelt es sich somit um einen sogenannten *Singleton-Service,* also um einen Service, von dem nur eine einzige Instanz innerhalb der gesamten Applikation zur Verfügung steht. Solche Singleton-Services eignen sich neben der Kapselung von Applikationslogik hervorragend zur Speicherung von anwendungsweit benötigten Daten.

Anders als bei komponentenbasierten Services, die ich im folgenden Abschnitt vorstelle, müssen Sie bei der Verwendung von Singletons aber immer im Hinterkopf behalten, dass vorgenommene Änderungen gegebenenfalls Auswirkungen auf eine Vielzahl anderer Komponenten haben können. Bei unbedachter Verwendung kann dies schnell zu Datenchaos führen!

### 7.4.3 Registrieren von komponentenbezogenen Services: MusicSearchService und VideoSearchService

Im Gegensatz zum `UserService` wird der `MusicSearchService` nicht global, sondern lediglich innerhalb der `SearchBarComponent` benötigt. Es liegt also auf den ersten Blick nahe, ihn direkt in dieser Komponente zu registrieren. Die Registrierung von Abhängigkeiten an einer Komponente erfolgt dabei über die `providers`-Eigenschaft des `@Component`-Decorators.

Listing 7.15 demonstriert die entsprechende Konfiguration und die Injection innerhalb der `SearchBarComponent`:

```
@Component({
  selector: 'ch-search-bar',
  providers: [MusicSearchService],
  template: `
    <label>Suche</label>
    <input type="text" #query (keyup.enter)="search(query.value)" />
    <button (click)="search(query.value)">Suchen</button>`,
})
export class SearchBarComponent {
  results: any[];
  searchService: MusicSearchService;
  constructor(@Inject(MusicSearchService) searchService:
              MusicSearchService){
    this.searchService = searchService;
  }
  search(searchQuery) {
    this.results = this.searchService.search(searchQuery);
  }
}
```

**Listing 7.15** »search-bar.component.ts«: Straight-Forward-Implementierung der »MusicSearchService Injection«

Listing 7.15 funktioniert technisch gesehen einwandfrei. In Hinblick auf die Entwicklung von wiederverwendbaren Komponenten hat die Implementierung jedoch eine Schwachstelle: Obwohl die `SearchBarComponent` an sich keine fachliche Abhängigkeit zur Musik-Bibliothek hat, kann sie mit dem obigen Code nur für die Suche innerhalb der Musikdatenbank verwendet werden. Wünschenswert wäre es jedoch, eine generische Suchkomponente zu haben, die – je nach Kontext – die Möglichkeit bietet, in unterschiedlichen Datenquellen zu suchen.

In genau diesem Anwendungsgebiet kann das Angular-DI-Framework nun seine Vorteile gegenüber anderen DI-Lösungen ausspielen: Der hierarchische Mechanismus erlaubt es Ihnen, problemlos in unterschiedlichen Szenarien verschiedene `SearchService`-Implementierungen an die `SearchBarComponent` zu binden. Wichtig ist dabei lediglich, dass diese Services über eine einheitliche Schnittstelle verfügen – im obigen Beispiel also die `search`-Methode anbieten. Abbildung 7.7 verdeutlicht diese Idee noch einmal visuell.

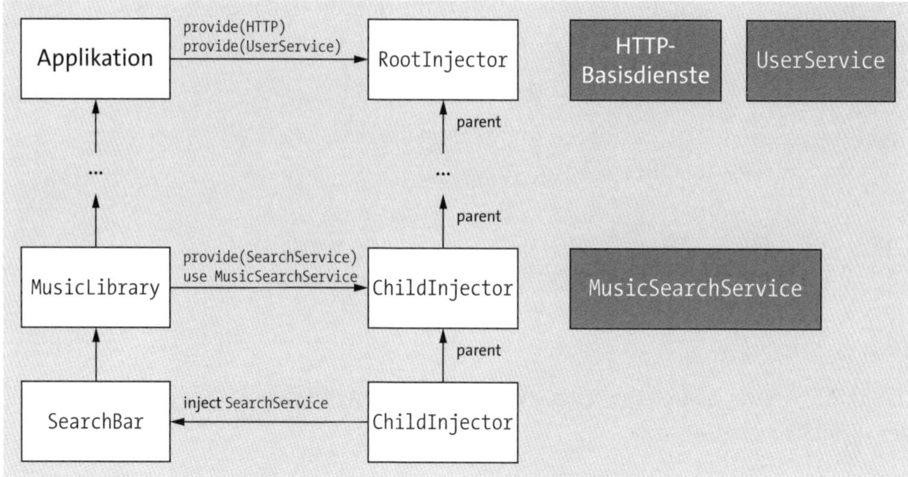


**Abbildung 7.7** DI für eine generische »SearchBar«-Implementierung



Anstatt direkt den `MusicSearchService` zu injizieren, erfragt die `SearchBarComponent` eine Instanz eines generischen `SearchService`. Die tatsächliche Bereitstellung des Service geschieht »weiter oben« im Komponentenbaum in der Komponente `MusicLibraryComponent`.

Die Umsetzung dieses Patterns in TypeScript ist nun simpel. Zunächst erstellen Sie eine abstrakte Basisklasse `SearchService`, die die `search`-Methode deklariert:

```
export abstract class SearchService {
  abstract search(keyword: string): any[];
}
```

**Listing 7.16** »search.service.ts«: Implementierung der abstrakten Basisklasse »SearchService«

### Abstrakte Basisklasse vs. Interfaces in TypeScript

Insbesondere Java-Entwickler haben an dieser Stelle oft den Reflex, den hier vorgestellten Anwendungsfall mithilfe von Interfaces zu realisieren. Da TypeScript-Interfaces etwas anders funktionieren als Java-Interfaces, ist dies hier jedoch nicht möglich: So haben Interfaces in TypeScript lediglich den Zweck, Typsicherheit zur *Compile-Zeit* sicherzustellen – im generierten JavaScript-Code werden Interface-Definitionen hingegen vollständig entfernt, was es unmöglich macht, ein Interface als Schlüssel für die Dependency-Injection zu verwenden. Nichtsdestotrotz stellen Interfaces auch in TypeScript ein sehr interessantes Sprachkonstrukt dar, das ich Ihnen in Anhang B, »Typsicheres JavaScript mit TypeScript«, im Detail erläutere.

Die abstrakte Klasse definiert hier lediglich die Schnittstelle, die durch eine Implementierung bereitgestellt werden muss. Im nächsten Schritt lassen Sie nun den MusicSearchService diese Klasse implementieren:

```
class MusicSearchService implements SearchService{
  constructor(@Inject(Http) http: Http){
  }
  search(keyword: string): any[] {
    // ... lade Daten aus dem Music-Backend
  }
}
```

**Listing 7.17** »music-search.service.ts«: konkrete Implementierung der »SearchService«-Klasse

Der MusicSearchService implementiert nun die spezifischen, für die Abfrage an der Musik-Datenbank notwendigen HTTP-Aufrufe.

Nun folgt der entscheidende Schritt: In der MusicLibraryComponent erstellen Sie einen Provider, der dafür sorgt, dass bei der Injection eines SearchService eine Instanz des MusicSearchService bereitgestellt wird. Den hierfür notwendigen Mechanismus haben Sie bereits kennengelernt:

```
@Component({
  selector: 'ch-music-library',
  providers: [{provide: SearchService, useClass: MusicSearchService}],
  ...
})
export class MusicLibraryComponent {
   ...
}
```

**Listing 7.18** »music-library.component.ts«:Registrierung des »MusicSearchService« für alle Komponenten unterhalb der Musik-Bibliothek

Mit der Definition

```
{provide: SearchService, useClass: MusicSearchService}
```

binden Sie das Token SearchService an die Implementierungsklasse MusicSearchService. Alle Komponenten unterhalb der MusicLibraryComponent erhalten nun bei der Injektion eines SearchService automatisch den MusicSearchService.

Die Implementierung der `SearchBarComponent` kann dadurch jetzt völlig ohne Annahmen über den aktuellen fachlichen Kontext erfolgen:

```
@Component({
  selector: 'ch-search-bar',
  template: `
    <label>Suche</label>
    <input type="text" #query (keyup.enter)="search(query.value)" />
    <button (click)="search(query.value)">Suchen</button>`,
})
export class SearchBarComponent {
  results: any[];
  searchService: SearchService;
  constructor(@Inject(SearchService) searchService: SearchService){
    this.searchService = searchService;
  }
  search(searchQuery) {
    this.results = this.searchService.search(searchQuery);
  }
}
```



**Listing 7.19** »search-bar.component.ts«: generische »SearchBar«-Komponente

Wie Sie sehen, ist die `SearchBarComponent` jetzt völlig unabhängig von der spezifischen Implementierung des `MusicSearchServices` und könnte nun innerhalb der Video-Bibliothek wiederverwendet werden, ohne dass Sie eine Zeile Code ändern müssen.

In diesem Fall müssten Sie nur einen entsprechenden `VideoSearchService` implementieren und ihn innerhalb der `VideoLibraryComponent` registrieren. Bei einer Verwendung der `SearchBarComponent` in der Video-Komponente würde dann automatisch der `VideoSearchService` zur Suche verwendet werden.

## 7.5 Injection by Type: Vereinfachungen für TypeScript-Nutzer

Sollten Sie sich bei der Wahl der Programmiersprache für TypeScript entschieden haben, können Sie bei der Injektion von Abhängigkeiten zusätzlich von einigen Annehmlichkeiten profitieren.

### 7.5.1 Den @Inject-Decorator vermeiden

Wenn Sie Typen in der Konstruktordefinition verwenden, können Sie in den meisten Fällen auf die Angabe des `@Inject`-Decorators verzichten. Listing 7.20 zeigt die Injektion des `SearchService` in die `SearchBarComponent` ohne den Decorator:

```
searchService: SearchService;
constructor(searchService: SearchService) {
  this.searchService = searchService;
}
```

**Listing 7.20** »search-bar.component.ts«: Injektion ohne »@Inject«-Decorator

Diese Art der Injektion funktioniert vereinfacht ausgedrückt immer dann, wenn die Klasse, die eine Abhängigkeit anfordert, über Decorators verfügt. Da die `SearchBarComponent` mit `@Component` dekoriert wurde, kann in diesem Fall der `@Inject`-Decorator weggelassen werden.

Um diese Funktionalität zu realisieren, nutzt das Angular-DI-Framework einen interessanten Trick. Bei der »normalen« Kompilierung einer TypeScript-Klasse zu JavaScript würden alle Typinformationen verloren gehen. Durch die Angabe der Compiler-Option

```
emitDecoratorMetadata=true
```

in der Datei *tsconfig.json* kann der TypeScript-Compiler aber so konfiguriert werden, dass er für dekorierte Klassen zusätzliche Metadaten im erzeugten JavaScript-Code bereitstellt. Ein Teil dieser Metadaten besteht dabei aus der Angabe der Typen der Konstruktorargumente. Listing 7.21 zeigt den von TypeScript erzeugten JavaScript-Code für die `SearchBarComponent`:

```
SearchBarComponent = __decorate([
    core_1.Component({
        selector: 'ch-search-bar',
        template: '...',
    }),
    __param(0, core_1.Inject(search_service_1.SearchService)),
    __metadata('design:paramtypes',
               [search_service_1.SearchService])
], SearchBarComponent);
```

**Listing 7.21** »search-bar.component.js«: kompilierte Version der »SearchBarComponent«

Die hier erzeugten Metadaten kann das Angular-DI-Framework nun nutzen, um den Lookup der passenden Abhängigkeit aufzulösen.

### 7.5.2 Der @Injectable-Decorator: TypeScript-optimierte Injections für Services

Umgekehrt bedeutet die Verwendung dieses Tricks nun aber auch, dass nicht dekorierte Klassen auch nicht von dieser Vereinfachung profitieren können. Schauen Sie sich hierfür noch einmal die bisherige Implementierung des `MusicSearchService` an:

```
class MusicSearchService implements SearchService{
  constructor(http: Http){
    ...
  }
}
```

Da es sich bei diesem Service um eine reine TypeScript-Klasse ohne Decorator handelt, würden bei der Erzeugung des JavaScript-Codes keine Metadaten erzeugt. Das DI-Framework kann somit nicht wissen, welche Klasse in den `MusicSearchService` injiziert werden soll – die Injektion des HTTP-Dienstes würde also fehlschlagen. Um dieses Problem zu beheben, stellt Angular Ihnen mit dem `@Injectable`-Decorator einen Decorator zur Verfügung, dessen einzige Aufgabe darin besteht, die Metadaten-Generierung für einen Service zu erzwingen:



```
@Injectable()
class MusicSearchService extends SearchService{
    constructor(http: Http){
    ...
    }
}
```

**Listing 7.22** »music-search.service.ts«: Verwendung des »@Injectable«-Decorators

### 7.5.3 Member-Injection – automatische Erzeugung von Membervariablen

Eine weitere Vereinfachung, von der Sie bei der Verwendung von TypeScript profitieren können, ist die Möglichkeit der direkten Erzeugung von Membervariablen. So werden Sie häufig in die Situation kommen, dass Sie injizierte Abhängigkeiten für eine spätere Verwendung in einer Membervariablen abspeichern wollen:

```
export class SearchBarComponent {
  searchService: SearchService;
  constructor(searchService: SearchService) {
    this.searchService = searchService
  }
  search(searchQuery) {
    this.results = this.searchService.search(searchQuery)
  }
}
```

**Listing 7.23** Normale Injektion des »SearchService«

TypeScript bietet für diesen Anwendungsfall eine sehr bequeme Kurzschreibweise an. Indem Sie einen Sichtbarkeitsmodifikator in der Konstruktordefinition angeben, können Sie in einem Schritt den SearchService in die Klasse injizieren und eine Membervariable anlegen:

```
export class SearchBarComponent {
  constructor(private searchService: SearchService) {
  }
  search(searchQuery) {
    this.results = this.searchService.search(searchQuery)
  }
}
```

**Listing 7.24** »search-bar.component.ts«: automatische Erzeugung der »searchService«-Membervariablen

TypeScript übernimmt in diesem Fall die Zuweisung des Konstruktorparameters an eine gleichnamige private Membervariable für Sie. Neben private stehen Ihnen außerdem die Modifikatoren public und protected zur Verfügung (Details hierzu finden Sie in Anhang B, »Typsicheres JavaScript mit TypeScript«). In den meisten Fällen fahren Sie mit der Verwendung von private aber sehr gut.

## 7.6 Sichtbarkeit und Lookup von Dependencys

Sie haben bis hierher gelernt, wie Sie den hierarchischen Dependency-Injector dazu nutzen können, bestimmten Komponenten Ihrer Anwendung unterschiedliche Abhängigkeiten zuzuweisen. Insbesondere bei der Implementierung von größeren Anwendungen kann dieser Abhängigkeitsbaum aber auch schnell sehr komplex werden.

In diesen Fällen kann es sinnvoll sein, die Sichtbarkeit von Providern zu beschränken oder den Lookup der Abhängigkeiten zu beeinflussen. Angular bietet hierfür einige interessante Möglichkeiten, die ich Ihnen auf den kommenden Seiten vorstellen möchte.

### 7.6.1 Sichtbarkeit von Providern beschränken

Wie ich bereits gesagt habe, sorgt die Verwendung der providers-Eigenschaft dafür, dass die registrierten Abhängigkeiten der Komponente selbst und allen Kind-Elementen (inklusive der Content-Kind-Elemente) zur Verfügung stehen. Dies kann bei unbedachter Anwendung aber auch dazu führen, dass Ihre Kind-Elemente Abhängigkeiten zugewiesen bekommen, die eigentlich gar nicht für sie gedacht waren.

Um dieser Situation vorzubeugen, bietet Angular Ihnen die Möglichkeit, die Sichtbarkeit eines Providers auf den eigenen View zu beschränken. Das Binding erfolgt in diesem Fall nicht mehr über die `providers`-, sondern über die `viewProviders`-Eigenschaft.

Rufen Sie sich, um dieses Konzept besser zu verstehen, noch einmal den Unterschied zwischen regulären Kind-Elementen und Content-Kind-Elementen in Erinnerung. Listing 7.25 demonstriert den Unterschied am Beispiel der Medienbibliothek:

```
<span class="header">Medipedia</span>
<div class="right">
  <ch-user-badge></ch-user-badge> <!-- View-Child -->
</div>
<div id="content">
  <ng-content></ng-content> <!-- Platz für Content-Children -->
</div>
```

**Listing 7.25** »main-view.component.html«: HTML-View der »MainView«-Komponente

Während die `UserBadgeComponent` ein reguläres Kind-Element der `MainViewComponent` ist, werden die `MusicLibraryComponent` und die `VideoLibraryComponent` über den `ng-content` Mechanismus als Content-Children hinzugefügt:

```
<main-view>
  <tabs>
    <tab title="MUSIK">
      <music-library></music-library>
    </tab>
    <tab title="VIDEO">
      <video-library></video-library>
    </tab>
    ...
  </tabs>
</main-view>
```

**Listing 7.26** »app.component.html«: Hinzufügen der einzelnen Bibliotheken als Content-Children

Ein typischer Anwendungsfall könnte nun sein, dass Sie die Hauptseite um eine globale Suchleiste erweitern möchten. Um dies zu erreichen, könnten Sie die `SearchBarComponent`-Komponente mit einem `GlobalSearchService` wiederverwenden:

```
@Component({
  selector : 'ch-main-view',
  providers:[{provide: SearchService, useClass: GlobalSearchService}]
  ...
})
```

```
export class MainViewComponent {
    constructor() {
    }
}
```

**Listing 7.27** Reguläre Registrierung des »GlobalSearchService«

Weil er über die `providers`-Eigenschaft bereitgestellt wird, steht der `GlobalSearchService` nun aber ebenfalls allen Kind-Elementen zur Verfügung – also auch der `MusicLibraryComponent`. Sollten Sie nun aufgrund eines Refactorings oder Ähnlichem vergessen, innerhalb der `MusicLibraryComponent` Ihren spezifischen `MusicSearchService` zu registrieren, würde dort nun der `GlobalSearchService` verwendet werden. Die unkontrollierte Vererbung der Abhängigkeiten kann somit zu schwer zu findenden Fehlern und ungewolltem Verhalten Ihrer Anwendung führen.

Abhilfe schafft in diesem Fall die Verwendung der `viewProviders`-Eigenschaft:

```
@Component({
  selector : 'ch-main-view',
  viewProviders: [{provide: SearchService,
                   useClass: GlobalSearchService}]
})
```

**Listing 7.28** Verwendung der »viewProviders«-Eigenschaft

Die Abhängigkeit ist nun nur noch innerhalb der `MainView` und ihrer regulären Kind-Elemente sichtbar. Content-Children, wie die `MusicLibraryComponent`, sehen die Abhängigkeit nicht mehr. Würden Sie nun vergessen, den `MusicSearchService` zu registrieren, würde die Dependency-Injection Ihnen wie gewünscht einen Fehler melden:

```
EXCEPTION: No provider for SearchService! (SearchBarComponent -> SearchService)
```

**Sichtbarkeit von Abhängigkeiten bei der Verwendung des Routers**

Auch wenn Sie das Angular-Routing-Framework erst in Kapitel 10, »Routing: Navigation innerhalb der Anwendung«, kennenlernen, werden Sie sich sicher bereits gedacht haben, dass die Komponenten für die Musik- und Video-Bibliothek in einer echten Anwendung nicht über den `ng-content`-Mechanismus, sondern über die Definition von eigenen Routen in einem Routing-Framework abgebildet werden.

Die Sichtbarkeit von Abhängigkeiten verhält sich in diesem Fall aber äquivalent zu Content-Child-Komponenten: Über die `providers`-Eigenschaft bereitgestellte Abhängigkeiten sind auch innerhalb von untergeordneten Routen sichtbar, `viewProviders`-Abhängigkeiten aber nicht!

### 7.6.2 Den Lookup von Abhängigkeiten beeinflussen

Sie wissen nun, wie Sie dafür sorgen können, dass bestimmte Abhängigkeiten nur in gewissen Teilen Ihrer Applikation sichtbar sind. Umgekehrt ist es aber ebenfalls oft hilfreich, den Lookup der Abhängigkeiten gezielt zu steuern.

So sorgt der `@Inject`-Decorator ohne weitere Konfiguration immer dafür, dass zunächst innerhalb des eigenen Injectors nach der Abhängigkeit gesucht wird. Wird diese dort nicht gefunden, läuft die Suche den Dependency-Tree bis zum Root-Injector hinauf. Wird immer noch keine Abhängigkeit gefunden, löst das DI-Framework einen Fehler aus. Falls dieses Verhalten so nicht gewünscht ist, bietet Angular Ihnen einige zusätzliche Möglichkeiten, um den Lookup zu beeinflussen.



#### @Optional – optionale Abhängigkeiten definieren

Nicht immer ist eine Abhängigkeit zwangsläufig notwendig, damit die Applikation funktioniert. Möchten Sie eine Abhängigkeit als Optional definieren, können Sie dies über den `@Optional`-Decorator tun. Listing 7.29 zeigt die Registrierung eines optionalen `CacheService`:

```
import {Optional} from '@angular/core';
constructor(@Optional() cacheService: CacheService) {
  if (cacheService) {
    ...
  }
}
```

**Listing 7.29** Injektion des optionalen »CacheService«

#### @Host – nur innerhalb des aktuellen Hosts suchen

Mithilfe des `@Host`-Decorators können Sie dem Injector mitteilen, dass der Lookup den Dependency-Tree maximal bis zum nächsten Host-Element hinauflaufen soll. Wollten Sie beispielsweise für den Lookup des `SearchService` in der `SearchBarComponent` festlegen, dass innerhalb des jeweiligen Hosts ein passender `SearchService` registriert sein muss, so könnten Sie dies mithilfe der folgenden Anweisung tun:

```
import {Host} from '@angular/core';
...
constructor(@Host() searchService: SearchService) {
  ...
}
```

Dies kann beispielsweise immer dann sinnvoll sein, wenn Ihre Komponente oder Ihr Service eine eigene Instanz eines Service benötigt und Sie verhindern möchten, dass aus Versehen ein globaler Provider verwendet wird. Über den @Host-Decorator können Sie Angular hier dazu zwingen, nur innerhalb des eigenen Host-Bereichs nach der Abhängigkeit zu suchen. Beachten Sie dabei, dass der @Host-Decorator nur Abhängigkeiten berücksichtigt, die mithilfe der viewProviders-Eigenschaft registriert wurden.

### @SkipSelf – den eigenen Injector auslassen

Mithilfe des @SkipSelf-Decorators können Sie festlegen, dass der Lookup für die entsprechende Abhängigkeit direkt beim Parent-Injector beginnen soll. Der eigene Injector wird in diesem Fall ausgelassen. Dies kann beispielsweise bei der Implementierung von rekursiven Strukturen notwendig sein.

Listing 7.30 und Listing 7.31 zeigen die Implementierung einer DirectoryComponent zur Modellierung eines Verzeichnisbaums und deren Verwendung. Ein Verzeichnis besitzt in diesem Beispiel einen Namen und ein optionales Parent-Verzeichnis:

```
import {..., Optional, SkipSelf} from '@angular/core';

@Component({
  selector: 'ch-directory',
  template: `
    <div>{{name}}</div>
    <div class="child">
      <ng-content></ng-content>
    </div>
  `
})
export class DirectoryComponent implements OnInit {
  @Input() name: string;
  constructor(@Optional() @SkipSelf() private parent: DirectoryComponent) {
  }
  ngOnInit() {
    const parent = this.parent ? this.parent.name : 'null';
    console.log('Name: ' + this.name + ' Parent: ' + parent);
  }
}
```

**Listing 7.30** »directory.component.ts«: Komponente zur Darstellung eines Verzeichnisbaums

```
<ch-directory name ="root">
  <ch-directory name="child1"></ch-directory>
```

```
  <ch-directory name="child2"></ch-directory>
</ch-directory>
```

**Listing 7.31** »app.component.html«: Verwendung der »DirectoryComponent«

Die obige Implementierung führt in der Kommandozeile nun zu folgender Ausgabe:

```
Name: root Parent: null
Name: child1 Parent: root
Name: child2 Parent: root
```



Ein Weglassen des `@SkipSelf`-Decorators hätte in diesem Fall hingegen dazu geführt, dass das DI-Framework zunächst im eigenen Injector nach einer Directory-Abhängigkeit fragt. Dort würde die Komponente selbst als Abhängigkeit gefunden werden. Der Versuch, diese zu injizieren, würde mit einer `CyclicDependencyException` fehlschlagen:

```
EXCEPTION: Cannot instantiate cyclic dependency! (DirectoryComponent -> Directory
  Component)
```

**Dependency-Injection und Komponenten**

Auch wenn sich die bisherigen Beispiele auf die Verwendung des DI-Mechanismus zur Injektion von Services beschränkt haben, ist es, wie Sie sehen, genauso möglich, andere Komponenten in eine Komponente zu injizieren.

So lässt sich auf diesem Wege beispielsweise das gegenteilige Verhalten zum `@ContentChildren`-Decorator realisieren: Anstatt innerhalb der Komponente nach weiteren Komponenten zu suchen, übernimmt der DI-Mechanismus hier die Aufgabe, den Komponentenbaum hinaufzulaufen und Ihnen »weiter oben« angesiedelte Elemente zu liefern.

### @Self – nur innerhalb des eigenen Injectors suchen

In gewissen Fällen kann es notwendig sein, sicherzustellen, dass eine Abhängigkeit lediglich im aktuellen Injector gesucht wird. So besteht ein gängiger Anwendungsfall darin, das Verhalten einer Direktive nur dann zu verändern, falls eine andere Direktive an diesem Element vorhanden ist.

Listing 7.32 zeigt die Implementierung einer Alarm-Direktive, die dafür sorgt, dass die Schrift eines dekorierten Elements in Rot und fett dargestellt wird:

```
@Directive({
  selector: '[chAlert]'
})
export class AlertDirective {
```

```
  constructor(private el: ElementRef) {
    this.el.nativeElement.style.color = 'red';
    this.el.nativeElement.style['font-weight'] = 'BOLD';
  }
}
```

**Listing 7.32** »alert.directive.ts«: Alarm-Direktive zur Darstellung in Rot

Ein mögliches Szenario könnte nun darin bestehen, zusätzlich eine `Border`-Direktive zu implementieren. Diese Direktive soll einen Rahmen um das dekorierte Element zeichnen. Abhängig davon, ob am gleichen Element zusätzlich eine `AlertDirective` definiert wurde, soll dieser Rahmen entweder einen Pixel oder drei Pixel breit sein. Listing 7.33 zeigt die entsprechende Implementierung mithilfe von `@Self`:

```
@Directive({
  selector: '[chBorder]'
})
export class BorderDirective {
  constructor(private el: ElementRef,
              @Self() @Optional() alert: AlertDirective) {
    const borderWidth = alert ? '3px' : '1px';
    this.el.nativeElement.style.border = 'solid '+  borderWidth;
  }
}
```

**Listing 7.33** »border.directive.ts«: Direktive zum Zeichnen eines Rahmens um ein Element

Je nachdem, ob die Alarm-Direktive vorhanden ist oder nicht, wird der Rahmen nun entweder mit einer Breite von drei Pixeln oder einem Pixel gezeichnet (siehe Abbildung 7.8).

```
<div chAlert chBorder >Ich bin ein Alarm</div> <!-- Border-Breite 3px-->
<div chBorder>Ich bin eine normale Box</div> <!-- Border-Breite 1px -->
```

**Listing 7.34** »app.component.html«: Verwendung der Direktiven

Ich bin ein Alarm

Ich bin eine normale Box

**Abbildung 7.8** Darstellung bei Verwendung der »Border«-Direktive

## 7.7 Zusammenfassung und Ausblick

Mit diesem Kapitel haben Sie den letzten Kernbestandteil des Angular-Frameworks – Services – kennengelernt. Nun ist es an der Zeit, sich größeren Aufgaben zu widmen! In den kommenden Kapiteln werden Sie am durchgehenden Beispiel einer Projektverwaltung die Themen Formulare, Routing, HTTP und reaktive Programmierung kennenlernen.

Zunächst fasst die folgende Liste aber noch einmal die wichtigsten Punkte dieses Kapitels zusammen:



- Services bieten Ihnen einerseits die Möglichkeit, Ihre Business-Logik zu kapseln, und stellen Ihnen andererseits eine komfortable Möglichkeit zum Teilen von Daten innerhalb der Anwendung zur Verfügung.
- Die Dependency-Injection hilft Ihnen dabei, Ihre Anwendung lose zu koppeln und so eine leichte Testbarkeit zu gewährleisten.
- Das Angular-Dependency-Injection-Framework ist grundsätzlich völlig unabhängig von einer laufenden Angular-Applikation und kann somit auch in anderen JavaScript-Anwendungen verwendet werden.
- Beim Einsatz in einer Angular-Anwendung bietet das Framework Ihnen die Möglichkeit, pro Komponente zu entscheiden, welche Instanz eines Service Sie verwenden wollen.
- Dieser Mechanismus ermöglicht Ihnen die Implementierung von generischen Komponenten, die keine Kenntnis über ihren fachlichen Kontext benötigen.
- Bei der Verwendung von TypeScript können Sie von einigen Vereinfachungen wie Member-Injection und dem Verzicht auf den `@Inject`-Decorator profitieren.
- Die `viewProviders`-Eigenschaft ermöglicht es Ihnen, die Sichtbarkeit von Abhängigkeiten auf die eigene View zu beschränken.
- Neben der Injektion von Services können Sie den DI-Mechanismus auch verwenden, um übergeordnete (Parent-)Komponenten in eine Kindkomponente zu injizieren.
- Die Dekoratoren `@Optional`, `@Host`, `@SkipSelf` und `@Self` helfen Ihnen dabei, den Lookup von Abhängigkeiten entsprechend Ihren Anforderungen zu beeinflussen.

# Kapitel 8
# Template-Driven Forms: einfache Formulare auf Basis von HTML

*Formulare bilden die wichtigste Schnittstelle zwischen Ihren Nutzern und der Applikation. In diesem Kapitel werden Sie lernen, wie Sie mithilfe der Angular-Forms-API auch komplexe Eingabeszenarien sehr intuitiv umsetzen können.*



In diesem und den folgenden Kapiteln werden Sie drei weitere Kernbestandteile einer jeden Webapplikation kennenlernen: Formulare, Routing und die Anbindung von HTTP-Backends. In Verbindung mit den Grundlagen, die Sie bereits erworben haben, werden Sie anschließend in der Lage sein, vollwertige Webanwendungen auf Basis der Angular-Plattform zu realisieren.

Wie Sie sich sicher vorstellen können, ist es nicht wirklich praxisnah, die drei Themen komplett isoliert voneinander zu behandeln. So benötigen Sie beispielsweise für die Anbindung eines Backends zunächst einmal Eingangsdaten, die Sie übermitteln können. Ebenso können Nutzereingaben oder Validierungen Einfluss auf das Routing der Applikation nehmen.

Sie werden somit im Laufe der nächsten Kapitel eine komplette Webanwendung entwickeln, die alle diese Teilbereiche verwendet. Am Beispiel einer einfachen Projektverwaltung werden Sie lernen, wie die einzelnen Themengebiete ineinandergreifen. Des Weiteren werden Sie viele Grundlagen, die Sie bereits kennen, erneut anwenden und somit noch einmal vertiefen.

In diesem Kapitel geht es zunächst darum, das komplexe Eingabeformular aus Abbildung 8.1 zu implementieren. Es dient zum Anlegen von Aufgaben.

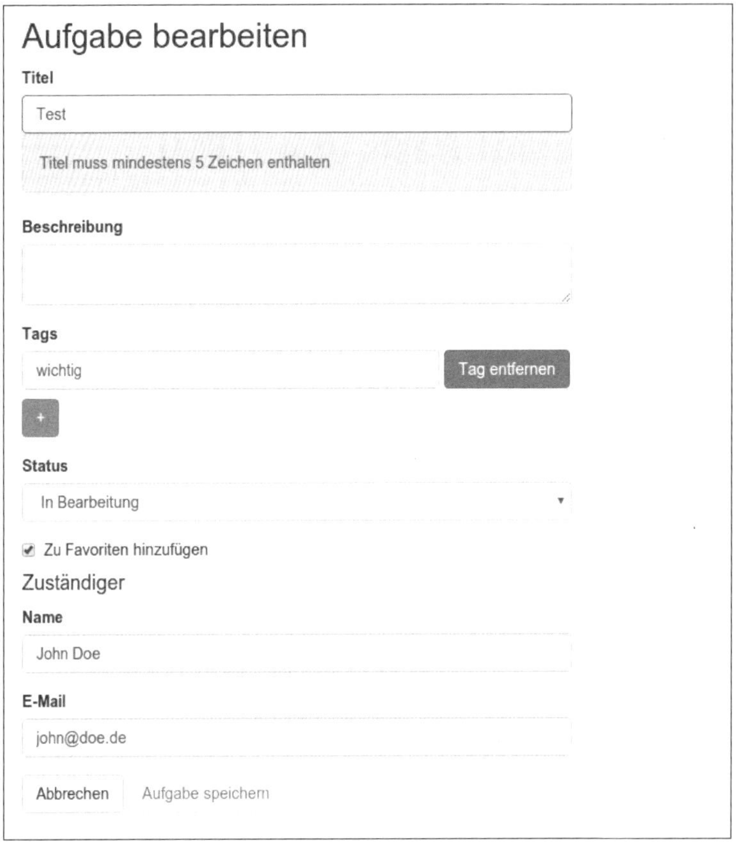

**Abbildung 8.1** Komplexes Eingabeformular für das Anlegen von Aufgaben

So werden Sie in diesem Kapitel lernen,

- wie Sie mithilfe von *Template-Driven Forms* komplexe Formulare auf Basis von HTML definieren können.
- wie Sie auf Basis von `NgModel` sowohl One-Way- als auch Two-Way-Data-Binding-Szenarien umsetzen.
- welche Möglichkeiten Ihnen das Framework für die Validierung von Nutzereingaben bereitstellt.
- wie Ihre in HTML definierten Formulare mit dem Forms-API und den dort verwendeten Klassen `FormGroup` und `FormControl` zusammenarbeiten.

**Hinweis zu den Beispielquelltexten**

Die Beispielquelltexte dieses Kapitels finden Sie im Ordner *formulare*. Wie schon in den Kapiteln zuvor erfolgt der Start der Anwendung mithilfe der Befehle `npm install` und `npm start`.

## 8.1 Grundlagen zu Formularen: template-driven oder reaktiv?

Formulare müssen nicht nur die eigentliche Eingabe von Daten durch den Benutzer unterstützen, sondern auch Dinge wie Validierung oder die Überwachung von Formularzuständen zur weiteren Steuerung der Applikation. Die folgende Liste zeigt einen Ausschnitt von typischen Anforderungen, die im Zusammenhang mit Formularen immer wieder auftreten:

- Es soll nur möglich sein, ein Formular abzuschicken, wenn es keine Validierungsfehler mehr besitzt.
- Es muss möglich sein, Abhängigkeiten zwischen Feldern zu modellieren.
- Validierungsfehler sollen nur sichtbar sein, wenn der Nutzer bereits einmal mit dem Fokus innerhalb des Feldes war.
- Nutzereingaben sollen sich sofort auf die Darstellung der Validierungsfehler auswirken. So soll es beispielsweise nicht notwendig sein, ein Feld zu verlassen, um die Neuvalidierung zu starten.
- Wenn der Nutzer ungespeicherte Änderungen innerhalb eines Formulars vorgenommen hat, soll ihm beim Verlassen der Seite eine Warnung angezeigt werden.

Diese Liste könnte man leicht noch erweitern. Sie sollten jedoch schon an diesen Punkten die wichtigste Schlussfolgerung erkennen: Die Definition von Formularen hängt in der Regel sehr eng mit Ihrer Business- bzw. Applikationslogik zusammen.

Die Angular-Forms-API bietet Ihnen umfangreiche Möglichkeiten, Ihr HTML-Formular mit Ihrem Anwendungscode zu verbinden. Je nach Use Case können Sie dabei Ihre Formularlogik entweder komplett in TypeScript bzw. JavaScript implementieren (*Reactive* bzw. *Model-Driven Forms*) oder die Formulardefinition deklarativ im HTML vornehmen (*Template-Driven Forms*).

In diesem Kapitel werde ich mich zunächst auf den zweitgenannten Ansatz beschränken: die *Template-Driven Forms*. Für die meisten Anwendungsfälle ist diese Technik absolut ausreichend. Implementieren Sie hingegen sehr dynamische Formulare, die je nach Anwendungszustand unterschiedliche Felder oder Validierungsregeln besitzen, so bieten sich hierfür eher die *Model-Driven-Forms* an. Diese fortgeschrittenere Technik werde ich Ihnen in Kapitel 9 vorstellen. Aber nun zunächst einmal zu Ihrem ersten Formular!

## 8.2 Das erste Formular: Übersicht über die Forms-API

Für einen ersten Überblick über die wichtigsten Bestandteile der Forms-API beschränke ich mich in diesem Abschnitt auf die ersten beiden Felder des Formulars aus Abbildung 8.1: `title` und `description`. Das Ziel besteht dabei darin, Formularlogik und Applikationscode miteinander zu verbinden und die Daten des Formulars in Ihr Applikationsmodell zu übertragen.

### 8.2.1 Einbinden des Formular-Moduls

Bevor Sie die Forms-API verwenden können, müssen Sie zunächst einmal das entsprechende Modul in Ihre Anwendung integrieren. Angular setzt auch im Bereich der Formulare voll auf Modularisierung. Das bedeutet, die gesamte Forms-API ist über das Modul `@angular/forms` gekapselt und muss bei Bedarf explizit zur Anwendung hinzugefügt werden. Möchten Sie die Forms-API in einem Projekt verwenden, so installieren Sie das Paket zunächst über diese Anweisung:

```
npm install @angular/forms --save
```

Das Paket ist anschließend innerhalb Ihres *node_modules*-Ordners verfügbar. Je nach Module-Loader müssen Sie jetzt noch dafür sorgen, dass Ihre Anwendung Zugriff auf das Paket bekommt. (Auch dies ist im Fall der Angular-CLI bereits erfolgt).

Ähnlich dem `BrowserModule`, das Ihnen Zugriff auf die Kern-Direktiven wie `NgIf` oder `NgFor` bietet, stellt das Forms-API Ihnen nun die beiden Module `FormsModule` (für Template-Driven Forms) und `ReactiveFormsModule` (für reaktive/modellgetriebene Formulare) zur Verfügung. Möchten Sie die Funktionalität aus diesen Modulen verwenden, müssen Sie sie lediglich in das Hauptmodul Ihrer Anwendung importieren:

```
import {FormsModule, ReactiveFormsModule} from '@angular/forms';
...
@NgModule({
  imports: [BrowserModule, FormsModule, ReactiveFormsModule],
  ...
})
export class AppModule {
}
```

**Listing 8.1** »app.module.ts«: Registrierung der beiden Module der Formular-API

Auch wenn Sie in diesem Kapitel nur die Funktionalität aus dem `FormsModule` verwenden werden, sehen Sie bereits hier, dass es problemlos möglich ist, beide Ansätze parallel zu betreiben.

### 8.2.2 Implementierung des ersten Formular-Prototyps

Abbildung 8.2 zeigt einen Screenshot des Formulars, das Sie in diesem Abschnitt implementieren.

Titel*

Beschreibung

Aufgabe speichern

**Abbildung 8.2** Das erste Formular



Obwohl das Formular zunächst ziemlich trivial aussieht, können Sie hier schon eine interessante Tatsache erkennen: Der AUFGABE SPEICHERN-Button ist initial deaktiviert – erst wenn das Pflichtfeld TITEL gefüllt wird, soll der Button aktiviert werden. Listing 8.2 und Listing 8.3 zeigen die komplette Implementierung dieser Funktionalität sowie die Übergabe des Formular-Werts an die Komponente:

```
<form novalidate (ngSubmit)="saveTask(form.value)" #form="ngForm">
  <div class="form-group">
    <label>Titel*</label>
    <input type="text" class="form-control" name="title" ngModel required/>
  </div>
  <div class="form-group">
    <label>Beschreibung</label>
    <textarea class="form-control" name="description" ngModel>
    </textarea>
  </div>
  <button type="submit" class="btn btn-default"
          [disabled]="!form.valid">
    Aufgabe speichern
  </button>
</form>
```

**Listing 8.2** »first-form.component.html«: HTML-Implementierung eines einfachen Angular-Formulars

```
@Component({ ... })
export class FirstFormComponent {
  saveTask(value: any) {
    console.log(value);
  }
}
```

**Listing 8.3** »first-form.component.ts«: Ausgabe des Formular-Wertes in der Komponente

Auch wenn es auf den ersten Blick nicht so wirkt, passiert hier insbesondere im HTML-Teil doch eine ganze Menge. Lassen Sie mich das Listing also Schritt für Schritt erklären.

Bereits in der Definition des Formular-Tags versteckt sich implizit einige Funktionalität:

```
<form novalidate (ngSubmit)="saveTask(form.value)" #form="ngForm">
  ...
</form>
```

Allein der Import des `FormsModule` in Ihr Applikationsmodul sorgt an dieser Stelle dafür, dass *alle* Formulare der Applikation automatisch eine Instanz der Direktive `NgForm` erzeugen. So ist diese Direktive Teil der Forms-API, und sie ist innerhalb des Angular-Quellcodes wie folgt definiert:

```
@Directive({
  selector: 'form:not([ngNoForm]):not([formGroup]),ngForm,[ngForm]',
  providers: [formDirectiveProvider],
  host: {'(submit)': 'onSubmit()', '(reset)': 'onReset()'},
  outputs: ['ngSubmit'],
  exportAs: 'ngForm'
})
export class NgForm extends ControlContainer implements Form {
  ...
}
```

**Listing 8.4** »ng_form.ts«: Definition der »NgForm«-Direktive im Angular-Quellcode

Die Direktive wird also auf alle Formulare angewendet (die nicht das `ngNoForm`-oder das `formGroup`-Attribut besitzen) und exportiert sich selbst über den Bezeichner `ngForm`. In Ihrer Formularimplementierung erhalten Sie über die Zuweisung `#form="ngForm"` somit Zugriff auf die gesamte Schnittstelle der Direktive.

Beachten Sie außerdem, dass die Standard-HTML-Validierungen über das Attribut `novalidate` explizit ausgeschaltet werden. Der Grund hierfür ist, dass Angular selbst die Kontrolle über die Validierung übernimmt!

Der nächste interessante Ausschnitt ist die Definition der Input-Felder:

```
<label>Titel*</label>
<input type="text" class="form-control" name="title" ngModel required/>
...
<label>Beschreibung</label>
<textarea class="form-control" name="description" ngModel>
```

Die Angabe des Attributs ngModel sorgt hier dafür, dass das Input-Feld bei der NgForm-Direktive registriert wird. Als Schlüssel wird dabei der Name des Input-Felds (title) verwendet. Zusätzlich verwendet das Input-Feld über das required-Attribut den ebenfalls von der Forms-API bereitgestellten RequiredValidator.

**Das Bootstrap-CSS-Framework**

Die im obigen Beispiel verwendete CSS Klasse form-control ist Teil der CSS-Bibliothek *Bootstrap* und hat keine Auswirkung auf die Funktionsweise des Formulars. Das Gleiche gilt ebenfalls für die weiteren im Formular verwendeten Klassen, wie form-group oder btn. Bei Bootstrap handelt es sich um eine Bibliothek, die die Entwicklung von responsiven Webanwendungen unterstützt. So ist es beispielsweise leicht möglich, für unterschiedliche Auflösungen eigene Layouts zu definieren. Neben dem Layouting bietet Bootstrap außerdem eine Vielzahl vordefinierter CSS-Klassen, über die Sie recht einfach ein ansehnliches Styling einer Applikation erreichen können. Sollten Sie sich näher mit dem Framework befassen wollen, können Sie dies unter

*http://getbootstrap.com*

tun. Wo es für das funktionale Verständnis der Beispiele wichtig ist, werde ich Ihnen das notwendige Wissen aber ebenfalls on-the-fly vermitteln.

Die erste echte Interaktion mit der Forms-API geschieht schließlich in der Definition des Submit-Buttons:

```
<button type="submit" class="btn btn-default"
        [disabled]="!form.valid">
  Aufgabe speichern
</button>
```

Das disabled-Property des Button wird hier an die valid-Eigenschaft der NgForm-Direktive gebunden. In Kombination mit dem Einsatz des RequiredValidator am title-Kontrollelement sorgt diese Definition dafür, dass der Button erst aktiviert wird, wenn der Nutzer einen Wert für den Titel angegeben hat. Ein Formular ist also nur dann valide, wenn keine Validierungsfehler mehr vorhanden sind. Angular bietet Ihnen in diesem Zusammenhang noch eine Vielzahl weiterer Standardvalidierungen an, die Sie im weiteren Verlauf des Kapitels noch kennenlernen werden.

Nach einem Start der Anwendung und dem Ausfüllen des Formulars können Sie nun in der Developer-Konsole das Ergebnis Ihrer ersten Formular-Implementierung sehen (siehe Abbildung 8.3).

Neue Aufgabe anlegen

Titel*

Neues Entwickler-Team zusammenstellen

Beschreibung

Notwendige Kenntnisse: Angular 2 & TypeScript

Aufgabe speichern

Elements Network Profiles Console Sources Timeline Resources Security Audits

<top frame> Preserve log

Object {title: "Neues Entwickler-Team zusammenstellen", description: "Notwendige Kenntnisse: Angular 2 & TypeScript"}

Abbildung 8.3 Ausgabe der »value«-Eigenschaft der »NgForm« in der Developer-Konsole

### 8.2.3 NgModel, NgForm, FormControl und FormGroup: die wichtigsten Bestandteile der Forms-API

Im ersten Beispiel haben Sie bereits gesehen, dass die Verwendung der Direktiven `NgForm` und `NgModel` »irgendwie« dazu führt, dass Sie in Ihrer Applikationslogik auf Eigenschaften wie `valid` oder `value` der Kontrollelemente und des Formulars zugreifen können. Für das weitere Verständnis ist es aber durchaus sinnvoll, sich diese Verbindung etwas genauer anzuschauen. Das grundsätzliche Prinzip ist dabei denkbar simpel: Indem Sie die Direktiven einsetzen, erkennt Angular den Aufbau des Formulars und erzeugt daraus *automatisch* das zugehörige Objekt-Modell der Forms-API. Abbildung 8.4 stellt diese Zusammenhänge noch einmal grafisch dar.

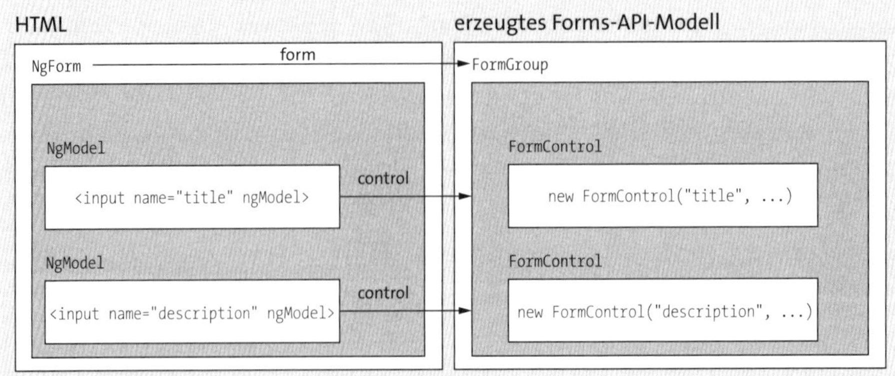


Abbildung 8.4 Von der Forms-API erzeugte Objektstruktur

Die Objekte der Forms-API werden hier von den beiden Klassen `FormGroup` und `FormControl` repräsentiert. Die Klasse `FormGroup` ist das Gegenstück zur `NgForm`-Direktive und die Klasse `FormControl` das Gegenstück zur `NgModel`-Direktive.

Das generierte Forms-API-Modell bietet Ihnen schließlich Zugriff auf alle Methoden und Eigenschaften für die Arbeit mit Formularen, wobei die `FormGroup` den Zustand von allen enthaltenen `FormControl`-Objekten *aggregiert*. Ist beispielsweise ein einziges Kontrollelement nicht valide, so ist auch der Status der `FormGroup` nicht valide. Des Weiteren haben Sie bereits gesehen, dass auch die `value`-Eigenschaft des Formulars die Werte aller enthaltenen Controls aggregiert.



In diesem Zusammenhang ist es wichtig, dass Sie verstehen, dass die Klassen `FormGroup`, `FormControl` und (die noch nicht behandelte Klasse) `FormArray` völlig unabhängig vom gewählten Ansatz (Template-Driven oder Model-Driven) *immer* die Basis für die Implementierung von Formularlogik darstellen.

Des Weiteren teilen alle drei Klassen die gemeinsame Basisklasse `AbstractControl`, sodass Ihnen für die meisten Eigenschaften und Methoden eine einheitliche API zur Verfügung steht. Abbildung 8.5 zeigt den entsprechenden Klassenbaum.

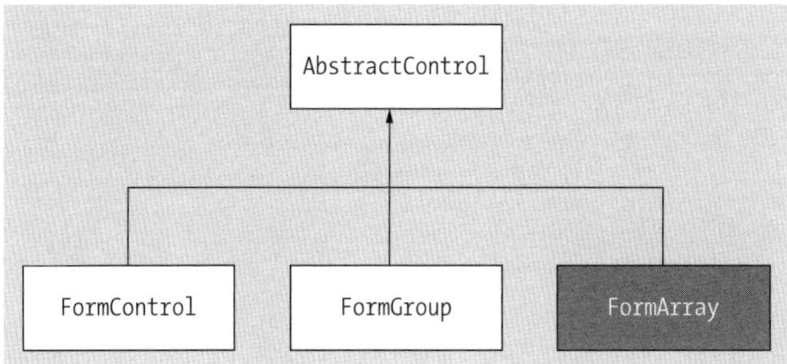


**Abbildung 8.5** Hierarchie der Kernklassen der Angular-Forms-API

Möchten Sie sich bereits jetzt einen detaillierten Überblick über die Möglichkeiten dieser API verschaffen, so können Sie dies in Abschnitt 9.5 tun. Dort habe ich Ihnen die Eigenschaften und Methoden der einzelnen Klassen noch einmal konzentriert zusammengefasst. Die für den jeweiligen Abschnitt relevanten Teile stelle ich Ihnen aber selbstverständlich auch on-the-fly in diesem Kapitel vor.

## 8.3 NgModel im Detail: Two-Way-Data-Binding oder nicht?

Sollten Sie in der Vergangenheit bereits mit AngularJS 1.x gearbeitet haben, so haben Sie sich bei der Implementierung des ersten Formulars vermutlich etwas gewundert: Die `NgModel`-Direktive war in der Vorgängerversion dafür zuständig, den Wert eines Eingabefeldes per Two-Way-Data-Binding an ein Model-Objekt zu binden.

Doch keine Panik: Die Direktive bietet Ihnen in der neuen Angular-Plattform nicht weniger, sondern deutlich mehr Funktionalität! So können Sie bei der Implementierung Ihres Formulars selbst entscheiden, ob Sie NgModel lediglich verwenden möchten, um das Eingabefeld bei der NgForm-Direktive zu registrieren (bisheriges Beispiel), oder ob Sie ein One-Way- bzw. Two-Way-Data-Binding mit einem Model-Objekt aktivieren möchten.

### 8.3.1 One-Way-Binding mit NgModel

Listing 8.5 zeigt zunächst, wie Sie NgModel zur Befüllung des Formulars über ein One-Way-Binding verwenden:

```
<form novalidate (ngSubmit)="saveTask(form.value)" #form="ngForm">
  <div class="form-group">
    <label>Titel*</label>
    <input type="text" class="form-control"
           name="title" [ngModel]="task.title" required/>
  </div>
  <div class="form-group">
    <label>Beschreibung</label>
    <textarea class="form-control"
              name="description" [ngModel]="task.description">
    </textarea>
  </div>
  <button type="submit" class="btn btn-default"
          [disabled]="!form.valid">
    Aufgabe speichern
  </button>
</form>
<pre>{{task | json}}</pre>
```

**Listing 8.5** »first-form-one-way.component.html«: Verwendung von »NgModel« zum One-Way-Binding mit dem »task«-Objekt

Über ein Property-Binding binden Sie hier den Wert des Eingabefelds an die title-Eigenschaft des task-Objekts. Im Komponentencode können Sie das Objekt nun im Konstruktor vorbefüllen. Die saveTask-Methode verwendet anschließend die value-Eigenschaft der NgForm, um das task-Objekt neu zu beschreiben:

```
export class FirstFormOneWayComponent {
  task: any;
  constructor() {
    this.task = {
```

```
      title: 'Neues Entwickler-Team zusammenstellen',
      description: 'Notwendige Kenntnisse Angular 2 & TypeScript'
    };
  }
  saveTask(value: any) {
    this.task = value;
  }
}
```

**Listing 8.6** »first-form-one-way.component.ts«: Initiale Befüllung des »task«-Objekts und Verwendung der »value«-Eigenschaft beim Speichern des Formulars



Ein Blick in die Oberfläche zeigt, dass das Formular mit den Werten des `task`-Objekts befüllt wird. Änderungen werden aber erst beim `submit` des Formulars übertragen (siehe Abbildung 8.6).

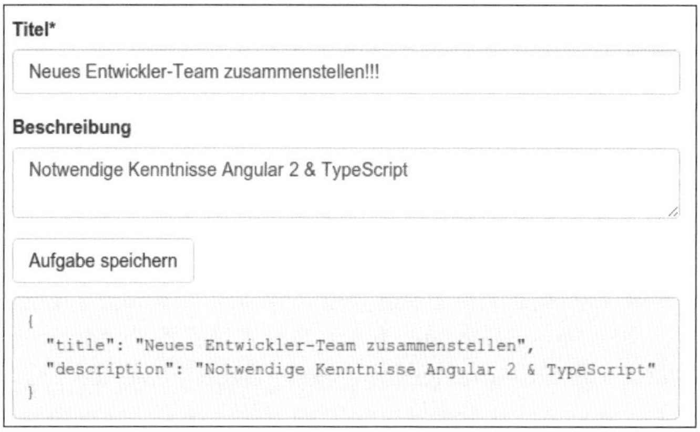

**Abbildung 8.6** One-Way-Data-Binding: Änderungen erfolgen erst nach dem Speichern im Task. Two-Way-Binding mit NgModel

Möchten Sie hingegen dafür sorgen, dass Eingaben im Formular direkt in das Model übertragen werden, können Sie für die `NgModel`-Direktive alternativ das Two-Way-Data-Binding aktivieren. Anstatt eines Property-Bindings verwenden Sie hierfür einfach die Two-Way-Binding-Syntax:

```
<div class="form-group">
  <label>Titel*</label>
  <input type="text" class="form-control"
         name="title" [(ngModel)]="task.title" required/>
</div>
<div class="form-group">
  <label>Beschreibung</label>
```

```
  <textarea class="form-control"
            name="description" [(ngModel)]="task.description">
  </textarea>
</div>
```

**Listing 8.7** »first-form-two-way.component.html«: Verwendung von »NgModel« zum Two-Way-Binding mit dem »task«-Objekt

Wenn Sie jetzt neue Werte über die Oberfläche eingeben, werden diese sofort in das `task`-Objekt übertragen!

### Unerwünschte Effekte bei der Verwendung von Two-Way-Data-Bindings

Auch wenn diese Technik auf den ersten Blick sehr bequem erscheint, birgt der Two-Way-Data-Binding-Ansatz auch gewisse Risiken. So kann insbesondere die Tatsache, dass Sie bestehende Objekte on-the-fly verändern, bei unbedachtem Einsatz zu Chaos in Ihren Daten führen. Möchten Sie beispielsweise die Eingabe abbrechen, so benötigen Sie in diesem Fall eine Kopie des zu bearbeitenden Objekts, um den ursprünglichen Zustand wiederherzustellen.

Des Weiteren kann die exzessive Nutzung von Two-Way-Data-Bindings durchaus zu Performance-Nachteilen führen. So führt jeder Tastendruck dazu, dass ein neuer ChangeDetection-Lauf gestartet wird. Bei sehr umfangreichen Formularen kann dies einerseits sehr teuer und andererseits oft auch unnötig sein. Lassen Sie sich von diesen Punkten aber nicht grundsätzlich abschrecken: Two-Way-Data-Bindings können Ihnen – richtig eingesetzt – durchaus auch eine Menge Arbeit ersparen und in den meisten Anwendungsfällen (und bei korrekter Datenarchitektur) fallen die angesprochenen Nachteile kaum ins Gewicht. Sie sollten sich aber dennoch immer über den Nutzen und die Auswirkungen des Two-Way-Data-Bindings im Klaren sein.

**Data-Binding im weiteren Beispiel**

Trotz der angesprochenen potenziellen Nachteile werde ich im weiteren Verlauf des Kapitels die Two-Way-Data-Binding-Syntax verwenden. Dies hat im Wesentlichen zwei Gründe: Erstens handelt es sich hierbei um den einfachsten Weg, Ihr Datenmodell mit Ihrem Formular zu synchronisieren, und zweitens werden Sie den Ansatz, Ihr Modell über das `value`-Property des Formulars zu befüllen, im Detail in Kapitel 9, »Model-Driven Forms: Formulare dynamisch in der Applikationslogik definieren«, kennenlernen. Als Ergebnis dieses Abschnitts sollten Sie sich jedoch einen Punkt merken: *Die Verwendung von Template-Driven Forms ist in keinster Weise an die Verwendung von Two-Way-Data-Binding über »NgModel« gebunden!*

### Zugriff auf die Forms-API über die NgModel-Direktive

Die NgModel-Direktive stellt Ihnen neben der Registrierung des Controls beim übergeordneten Formular und der Möglichkeit des Data-Bindings außerdem auch die Möglichkeit zur Verfügung, auf die Schnittstelle der Forms-API zuzugreifen.

Möchten Sie beispielsweise in Ihrem HTML-Code eine Meldung anzeigen, wenn das zum NgModel gehörende FormControl nicht valide ist, so benötigen Sie hierfür zunächst Zugriff auf die eigentliche Instanz der Direktive. NgModel exportiert sich dabei selber als NgModel. Über die Eigenschaft control können Sie anschließend auf die Forms-API zugreifen. Listing 8.8 zeigt somit exemplarisch die Darstellung einer Meldung, wenn der aktuelle Wert nicht gültig ist und das Eingabefeld schon einmal den Fokus hatte:



```
<input type="text" class="form-control"
       name="title" [(ngModel)]="task.title"
       #title="ngModel" required/>
<div *ngIf="!title.control.valid && title.control.touched"
      class="alert alert-danger">
  Bitte geben Sie einen Titel an
</div>
```

**Listing 8.8** »first-form-two-way.component.html«:
Interaktion mit der Schnittstelle der »NgModel«-Direktive

Und praktischerweise können Sie an dieser Stelle noch von einer weiteren Vereinfachung profitieren: Da der Zugriff auf die Statuseigenschaften eines FormControl sehr häufig benötigt wird, stellt die NgModel-Direktive Ihnen diese Informationen auch noch einmal selbst zur Verfügung. Die valid-Eigenschaft sowie die weiteren Eigenschaften wie touched, dirty, pristine oder errors, die ich im weiteren Verlauf des Kapitels noch vorstelle, können Sie somit auch direkt auslesen:

```
<div *ngIf="!title.valid && title. touched" class="alert alert-danger">
  Bitte geben Sie einen Titel an
</div>
```

In Abschnitt 8.7, »Validierungen«, werden Sie noch ausgefeiltere Techniken zur Fehlerauswertung kennenlernen. Die Idee sollte aber klar sein: NgModel bietet Ihnen Zugang zu allen Informationen, die Ihnen die Forms-API für ein Eingabeelement bereitstellt!

## 8.4 Kurzexkurs: Verwendung von Interfaces für die Definition des Applikationsmodells

Bevor ich in den kommenden Abschnitten in die Details der Template-Driven-Forms-Entwicklung einsteige, möchte ich Ihnen an dieser Stelle noch kurz das von der Anwendung verwendete Applikationsmodell vorstellen. So wurde das task-Objekt in den bisherigen Beispielen lediglich als typunsicheres Objektliteral mit dem any-Type definiert (task: any). Dies ist für sehr einfache Formulare zwar grundsätzlich in Ordnung, bei der Verwendung von TypeScript wäre es aber natürlich schön, auch hier von Features wie Typsicherheit und Autovervollständigung zu profitieren.

Ich habe mich in diesem Zusammenhang entschieden, das Applikationsmodell der Beispielanwendung, die Sie im Rahmen dieses Buches entwickeln, auf Basis von TypeScript-Interfaces zu realisieren (und nicht wie in Kapitel 1, »Angular-Kickstart: Ihre erste Angular-Webapplikation«, auf Basis von echten Klassen). So zeigt Listing 8.9 die Definition der drei Interfaces Task, User und Tag:

```
export interface Tag {
  label?: string;
}
export interface User {
  name?: string;
  email?: string;
}
export interface Task {
  id?: number;
  title?: string;
  description?: string;
  tags?: Tag[];
  favorite?: boolean;
  state?: string;
  assignee?: User;
}
```

**Listing 8.9** »model-interfaces.ts«: Definition des Applikationsmodells auf Basis von Interfaces

Wie Sie sehen, werden Interfaces über das Schlüsselwort interface definiert. Die Fragezeichen hinter den Objekteigenschaften definieren dabei optionale Eigenschaften. Wenn Sie das Task-Interface nun zur Definition einer Variablen innerhalb der Komponente verwenden, stellt TypeScript sicher, dass Sie nur Objekte an die Variable zuweisen können, die dem Interface genügen:

```
import {Task} from '../models/model-interfaces';
...
export class FirstFormInterfacesComponent {
  task: Task;
  constructor() {
    this.task = {
      title: 'Neues Entwickler-Team zusammenstellen',
      description: 'Notwendige Kenntnisse Angular 2 & TypeScript'
    }
  }
  saveTask(value: any) {
    this.task = value;
    console.log(this.task);
  }
}
```

**Listing 8.10** »first-form-interfaces.component.ts«: Verwendung des Interface in der Komponenten-Klasse

Anstatt hier ein »echtes« `Task`-Objekt zu erzeugen, stellt TypeScript lediglich über Duck-Typing (siehe Anhang B, »Typsicheres JavaScript mit TypeScript«) sicher, dass das zugewiesene Objektliteral auf das Interface »passt«.

Interessant ist hier außerdem die Zuweisung des `value`-Parameters an die `task`-Variable: Da der `value`-Parameter den Typ `any` hat, kann die Zuweisung ohne weitere Umwandlungen erfolgen. Versuchen Sie nun hingegen, ein Objektliteral mit der Eigenschaft `status` (anstelle von `state`) zuzuweisen, so meldet der TypeScript-Compiler einen Fehler und bietet Ihnen über die Autovervollständigung sogar das richtige Feld an (siehe Abbildung 8.7).

```
constructor() {
  this.task = {
    title: "Neues Entwickler-Team zusammenstellen",
    description: "Notwendige Kenntnisse Angular 2 & TypeScript",
    status: "BACKLOG",
        state (property) Task.state: string
  }
}
```

**Abbildung 8.7** Typsichere Arbeit mit Interfaces

Interfaces stellen Ihnen somit eine interessante, etwas leichtgewichtigere Alternative zum Einsatz von echten Klassen bereit.

**Interfaces vs. Klassen für die Definition von Applikationsmodellen**

Meine Entscheidung, für das `Task`-Modell Interfaces anstelle von Klassen zu verwenden, hat zu einer interessanten Diskussion mit meinem Gutachter Sebastian Springer geführt. So kann die »Leichtgewichtigkeit« von Interfaces durchaus auch als Argument gegen deren Verwendung betrachtet werden.

Möchten Sie beispielsweise neu erstellte Tasks mit bestimmten Eigenschaften vorinitialisieren, so erfolgt dies bei der Verwendung von Klassen über die Implementierung eines Default-Konstruktors. Bei Interfaces steht Ihnen hierfür hingegen kein standardisiertes Sprachkonstrukt zur Verfügung, sodass Sie hier auf die Eigenimplementierung von entsprechenden Factory-Methoden zurückgreifen müssen:

```
export function createInitialTask(): Task {
  return {
    assignee: {},
    tags: []
  }
}
```

**Listing 8.11** »model-interfaces.ts«: Bereitstellung einer Factory-Methode als Ersatz für Konstruktoren

Falls Sie in diesem Zusammenhang von allen Vorteilen profitieren möchten, die Klassen bieten, habe ich Ihnen in den Beispielquelltexten ebenfalls eine auf Klassen basierende Implementierung des vorgestellten Formulars bereitgestellt (*model-classes.ts* und *template-driven-form-classes.component.ts*).

Zusammenfassend gesagt, hängt die Entscheidung darüber, welcher Ansatz hier der »richtige« ist, im Endeffekt von Ihrem Anwendungsfall ab: Möchten Sie lediglich für Typsicherheit sorgen, stellen Interfaces eine elegante, wenig invasive Implementierungsoption dar; haben Sie hingegen komplexere Anforderungen an das Applikationsmodell, bietet sich eher der klassenbasierte Ansatz an.

## 8.5 Weitere Eingabeelemente

Nachdem Sie nun das komplette Applikationsmodell kennengelernt haben, wird es Zeit, dieses mit Leben zu füllen. So unterstützt die Angular-Forms-API neben einfachen Textfeldern selbstverständlich auch Auswahllisten, Checkboxen und Radio-Buttons.

### 8.5.1 Auswahllisten

Auswahllisten werden in HTML mit dem `<select>`-Tag definiert. Möchten Sie eine solche Auswahlliste in Ihrem Formular verwenden, können Sie dies sehr einfach mithilfe einer einfachen ngFor-Schleife erreichen. Das folgende Beispiel erweitert das Task-Formular um die Möglichkeit, einen Status für den Task festzulegen.

Hierfür wird zunächst in der Modell-Definition die Liste der möglichen Status definiert und die Erstellung des initialen Tasks um die Zuweisung eines Default-States (BACKLOG) erweitert:

```
export const states = ['BACKLOG', 'IN_PROGRESS', 'TEST', 'COMPLETED'];
export function createInitialTask(): Task {
  return {
    assignee: {},
    tags: [],
    state: states[0]
  };
}
```

**Listing 8.12** »model-interfaces.ts«: Definition der möglichen Task-States

Damit Sie aus dem HTML-Code heraus auf die Liste zugreifen können, müssen Sie diese nun noch in Ihrer Komponente verfügbar machen. Eine sehr elegante Möglichkeit hierfür besteht darin, alle Exporte der Datei *model-interfaces.ts* über eine Membervariable verfügbar zu machen:

```
import * as model from '../models/model-interfaces';
...
export class TemplateDrivenFormComponent {
  model = model;
  ...
}
```

**Listing 8.13** »template-driven-form.component.ts«: Import aller Model-Elemente

Innerhalb Ihres HTML-Codes können Sie nun geradewegs über die Liste der States iterieren und damit die Auswahlliste füllen:

```
<select name="state" [(ngModel)]="task.state" class="form-control">
  <option *ngFor="let state of model.states">{{state}}</option>
</select>
```

**Listing 8.14** »template-driven-form.component.html«:
Erstellung einer einfachen Select-Liste

Das Eingabefeld wird anschließend wie erwartet mit dem vorinitialisierten Wert BACKLOG in der Oberfläche dargestellt (siehe Abbildung 8.8).

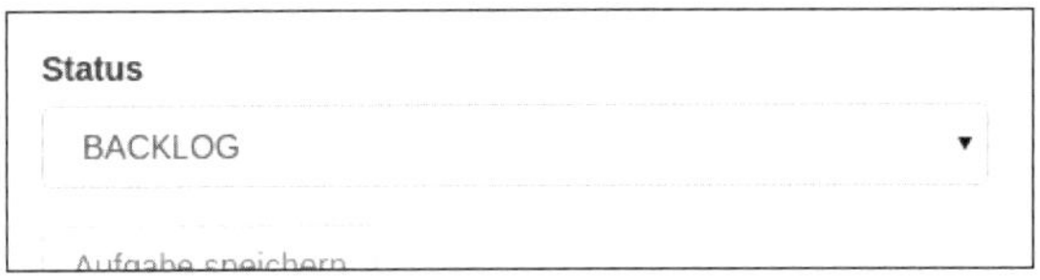

**Abbildung 8.8** Auswahlliste ohne »value«-Binding

In der Regel wollen Sie an dieser Stelle jedoch nicht den technischen Schlüssel Ihres Status in der Oberfläche darstellen, sondern stattdessen einen Anzeigetext definieren. Um dies zu erreichen, können Sie einfach das `value`-Property des `option`-Tags verwenden:

```
<select name="state" [(ngModel)]="task.state"  class="form-control">
  <option  value="">--- Bitte auswählen ---</option>
  <option *ngFor="let state of model.states" [value]="state">
    {{model.stateTexts[state]}}
  </option>
</select>
```

**Listing 8.15** »template-driven-form.html«: Auswahlliste mit »value«-Binding

Der Einfachheit halber habe ich für dieses Beispiel ein Objektliteral der Form

```
export const stateTexts = {
  'BACKLOG': 'Backlog',
  'IN_PROGRESS': 'In Bearbeitung',
  'TEST': 'Im Test',
  'COMPLETED': 'Abgeschlossen'
};
```

zur Definition der darzustellenden Texte verwendet. Des Weiteren habe ich die Auswahlliste noch um die Auswahl eines »Leerwertes« ergänzt, mit dem Sie den Wert des Status löschen können (siehe Abbildung 8.9).

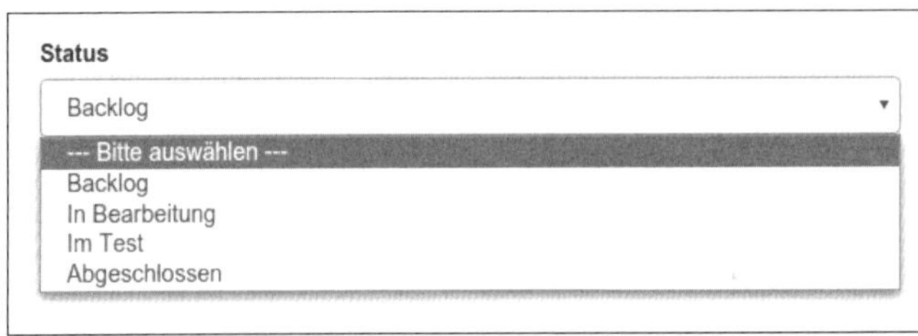


**Abbildung 8.9** Select-Liste mit »value«-Binding

### Unterteilung der Optionen in Gruppen

Insbesondere bei langen Optionslisten kann es außerdem hilfreich sein, die möglichen Optionen noch einmal optisch in Gruppen aufzuteilen. Um dies zu erreichen, bieten HTML-Auswahllisten die Definition von `<optgroup>`-Elementen an. In Angular kann die Implementierung einer solchen Menüstruktur sehr einfach über zwei verschachtelte `ngFor`-Schleifen realisiert werden. Die Einteilung der Gruppen erfolgt dafür im Anwendungscode mithilfe der folgenden Struktur:

```
export const stateGroups = [
  {
    label: 'Planung',
    states: ['BACKLOG']
  },
  {
    label: 'Entwicklung',
    states: ['IN_PROGRESS', 'TEST']
  },
  {
    label: 'In Produktion',
    states: ['COMPLETED']
  }
];
```

Im HTML-Code wird nun über diese Struktur iteriert:

```
<div class="form-group">
  <select name="state"
          [(ngModel)]="task.state"
          class="form-control">
    <optgroup *ngFor="let group of model.stateGroups"
              [label]="group.label">
      <option *ngFor="let state of group.states"
              [value]="state">
        {{model.stateTexts[state]}}
      </option>
    </optgroup>
  </select>
</div>
```

**Listing 8.16** »template-driven-form.component.html«:
Erzeugung einer unterteilten Select-Box

Abbildung 8.10 zeigt die gerenderte Auswahlliste, die nun optisch in drei Gruppen untergliedert ist.

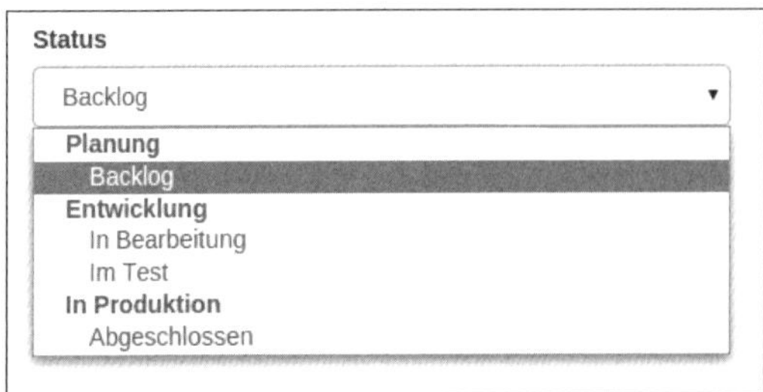


**Abbildung 8.10** Auswahlliste mit Untergruppen

### NgValue – Objekte als Wert verwenden

Im bisherigen Beispiel wurde lediglich ein String als Wert der Select-Box verwendet. In manchen Situationen kann es aber notwendig sein, ganze Objekte als Select-Wert zu nutzen. Da die Standard-HTML-Select-Box dieses Verhalten nicht von Haus aus unterstützt, bringt Angular hierfür die `NgValue`-Direktive mit. Listing 8.17 zeigt zunächst die Definition der möglichen States in Form eines Objekt-Arrays:

```
export const statesAsObjects  = [{ name: 'BACKLOG', text: 'Backlog'},
  { name: 'IN_PROGRESS', text: 'In Bearbeitung'},
  { name: 'TEST', text: 'Test'},
  { name: 'COMPLETED', text: 'Abgeschlossen'}];
```

**Listing 8.17** »model-interfaces.ts«: Definition der States als Objekt-Array

Innerhalb des HTML-Codes können Sie die einzelnen Werte des Arrays jetzt über die `NgValue`-Direktive als Wert verwenden:

```
<select name="selectAsObject" class="form-control" ngModel>
  <option *ngFor="let state of model.statesAsObjects" [ngValue]="state">
    {{state.text}}
  </option>
</select>
```

**Listing 8.18** »template-driven-form.html«: Verwendung der »NgValue«-Direktive

Abbildung 8.11 zeigt, dass anstelle des Status-Strings nun das gesamte Objekt verwendet wird.

Titel

Test der Websocket-Funktionalität

Beschreibung

In Bearbeitung

Abbrechen Aufgabe speichern

Elements Network Profiles Console Sources Timeline Resources Securit

<top frame> Preserve log

```
▼Object {title: "Test der Websocket-Funktionalität", description: undefined, sel
   description: undefined
  ▼selectAsObject: Object
     name: "IN_PROGRESS"
     text: "In Bearbeitung"
    ▶ __proto__: Object
   title: "Test der Websocket-Funktionalität"
  ▶ __proto__: Object
```

**Abbildung 8.11** Ausgabe des »NgValue«-Wertes in der Kommandozeile

### 8.5.2 Checkboxen

Checkboxen werden in der Regel dann verwendet, wenn ein boolescher Wert im Formular abgebildet werden soll. HTML bietet für diesen Anwendungszweck das `<checkbox>`-Tag an. Die Integration mit der Angular-Forms-API ist hierbei trivial. Listing 8.19 zeigt die Erweiterung des Task-Formulars um eine Checkbox, die festlegt, ob der jeweilige Task zu den Favoriten des Nutzers hinzugefügt werden soll.

```
<div class="checkbox">
  <label>
    <input type="checkbox" name="favorite" [(ngModel)]="task.favorite">
    Zu Favoriten hinzufügen
  </label>
</div>
```

**Listing 8.19** »template-driven-form.html«: Einbinden einer Checkbox

### 8.5.3 Radio-Buttons

Radio-Buttons stellen eine Alternative zur Verwendung von Select-Boxen dar. Möchten Sie den Status beispielsweise über Radio-Buttons auswählen, so können Sie dies auf die folgende Art erreichen:

```
<div class="radio">
  <label>
    <input type="radio" name="state" [(ngModel)]="task.state"
                                     value="BACKLOG" >
    Backlog
  </label>
</div>
<div class="radio">
  <label>
    <input type="radio" name="state" [(ngModel)]="task.state"
                                     value="IN_PROGRESS" >
    In Bearbeitung
  </label>
</div>
...
```

**Listing 8.20** Manuelles Einbinden von Radio-Buttons im Formular

Beachten Sie hier, dass alle Radio-Buttons den gleichen Namen und das gleiche `ngModel`-Binding besitzen. Den Wert bestimmt hier das `value`-Attribut.

Wenn Sie das wissen, ist es sehr einfach, die Liste der Radio-Buttons auf Basis der vorgegebenen möglichen States zu generieren. Anstatt das `value`-Attribut statisch zu hinterlegen, definieren Sie es einfach auf Basis eines Property-Bindings:

```
<div class="radio" *ngFor="let state of model.states">
  <label>
    <input type="radio" name="state" [(ngModel)]="task.state"
                                     [value]="state" >
    {{model.stateTexts[state]}}
  </label>
</div>
```

**Listing 8.21** »template-driven-form.component.html«: Status-Auswahl über Radio-Buttons

Abbildung 8.12 zeigt die aus diesem Listing generierte Darstellung der Radio-Button-Auswahl im Formular.

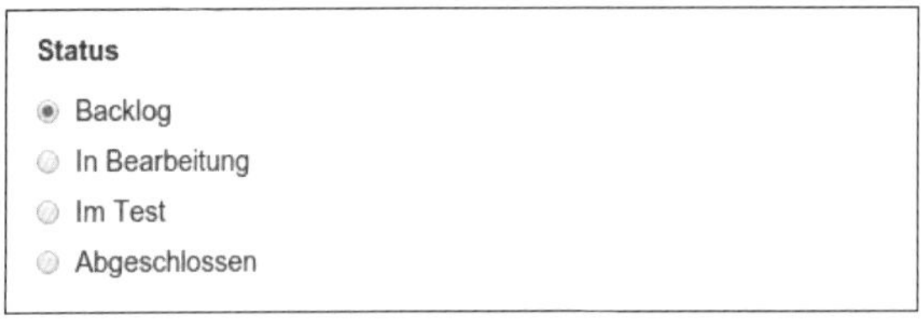

**Abbildung 8.12** Status-Auswahl über Radio-Buttons

## 8.6 Verschachtelte Eigenschaften definieren

Bei allen bislang vorgestellten Eigenschaften handelte es sich um Top-Level-Eigenschaften des Task-Objekts. Möchten Sie nun jedoch den User, der für die Aufgabe zuständig sein soll, in das Formular integrieren, benötigen Sie zusätzlich die Möglichkeit, verschachtelte Objekte zu definieren.

**Wiederholbare Strukturen und Template-Driven Forms**

Neben der Definition von verschachtelten Eigenschaften besteht ein weiterer typischer Anwendungsfall in der Modellierung von wiederholbaren Strukturen. Da Sie sich hierfür im Zusammenspiel mit Template-Driven Forms einiger Tricks bedienen müssen, stelle ich Ihnen diese Technik in einem eigenen Abschnitt vor (siehe Abschnitt 8.8, »Implementierung der Tags-Liste: wiederholbare Strukturen mit Template-Driven Forms«).



### 8.6.1 Verschachtelte Eigenschaften mit NgModelGroup

Zur Definition von verschachtelten Eigenschaften verwenden Sie die `NgModelGroup`-Direktive. Die Direktive ermöglicht es Ihnen, mehrere Kontrollelemente einer eigenen `ControlGroup` zu kapseln. Listing 8.22 zeigt die entsprechende Implementierung im HTML-Code:

```
<h4>Zuständiger</h4>
<div ngModelGroup="assignee">
  <div class="form-group">
    <label>Name</label>
    <input type="text" class="form-control"
           name="name" [(ngModel)]="task.assignee.name"/>
  </div>
  <div class="form-group">
    <label>E-Mail</label>
    <input type="text" class="form-control"
           name="email" [(ngModel)]="task.assignee.email"/>
  </div>
</div>
```

**Listing 8.22** »template-driven-form.component.html«: Verwendung der »NgModelGroup«-Direktive zur Kapselung von Formularbereichen

Der Einsatz der `NgModelGroup`-Direktive sorgt hier dafür, dass die Werte aller Controls, die Sie innerhalb der Gruppe definieren, in einem `assignee`-Objekt gekapselt werden.

Ein Ausfüllen des Formulars und anschließendes Auslesen der `value`-Eigenschaft der `NgForm` wird Ihnen somit das Bild aus Abbildung 8.13 zeigen.

```
▼Object {title: "Neues Entwickler-Team zusammenstellen", description: undefined, st
  ▼assignee: Object
      email: "john@doe.com"
      name: "John Doe"
    ▶ __proto__: Object
    description: undefined
    favorite: undefined
    state: "BACKLOG"
    title: "Neues Entwickler-Team zusammenstellen"
  ▶ __proto__: Object
```

**Abbildung 8.13** Verschachteltes »assignee«-Objekt im Form-Value

Wie schon beim `NgForm`-Objekt (das ja ebenfalls über eine `FormGroup` abgebildet wird) bietet Ihnen diese Gruppe nun außerdem die Möglichkeit, sämtliche Eigenschaften der enthaltenen Kontrollelemente zu aggregieren. So werden Sie beispielsweise in Abschnitt 8.7, »Validierungen«, sehen, wie Sie mithilfe von `FormGroups` elementübergreifende Validierungen spezifizieren können. Abbildung 8.14 zeigt noch einmal grafisch die erzeugte Forms-API-Struktur bei der Verwendung einer `NgModelGroup`:

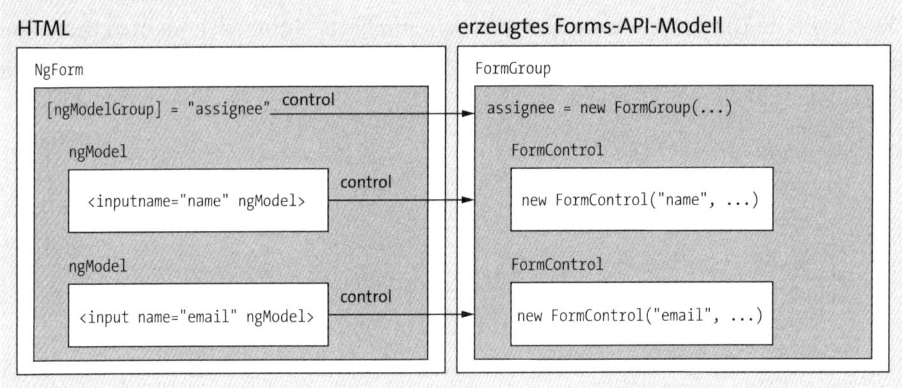


**Abbildung 8.14** Zusammenhang zwischen HTML-Code und zugehörigen Forms-API-Objekten bei Verwendung einer »NgModelGroup«

## 8.7 Validierungen

Mit der `required`-Validierung haben Sie bereits ein Beispiel für eine von Angular bereitgestellte Validierungsregel kennengelernt. In Abschnitt 8.7.1 stelle ich Ihnen zunächst die weiteren vom Framework mitgelieferten Regeln vor. Anschließend lernen Sie, wie Sie Validierungsfehler im UI darstellen und eigene Validierungsregeln implementieren können.

### 8.7.1 Vom Framework mitgelieferte Validierungsregeln

Tabelle 8.1 gibt Ihnen zunächst einen Überblick über alle Validierungsregeln, die Angular standardmäßig mitliefert.

| Validierung | Regel | Rückgabe bei Fehler |
|---|---|---|
| `required` | Das Element darf nicht undefined, null oder leer sein. | `true` |
| `minlength="5"` | Das Element muss mindestens 5 Zeichen lang sein. | `{"requiredLength": 5, "actualLength": 1 }` |
| `maxlength="100"` | Das Element darf maximal 100 Zeichen lang sein. | `{"requiredLength": 5, "actualLength": 1 }` |
| `pattern="[A-Z]+"` | Das Element muss dem übergebenen regulären Ausdruck entsprechen. (In diesem Fall sind nur Großbuchstaben erlaubt.) | `{"requiredPattern": "^[A-Z]+$", "actualValue": "d" }` |

**Tabelle 8.1** Diese Validierungsregeln sind in Angular bereits enthalten.

Wollen Sie also dafür sorgen, dass der Titel mindestens 5 Zeichen enthalten muss, aber höchstens 100 Zeichen enthalten darf, so können Sie dies mithilfe der folgenden Konfiguration erreichen:

```
<input type="text" class="form-control"
       name="title"
       [(ngModel)]="task.title"
       required minlength="5" maxlength="100"/>
```

**Listing 8.23** »template-driven-form.component.html«: Definition von mehreren Validierungen im Input-Feld

### 8.7.2 Validierungen im Formular darstellen

Bei der Beschreibung der `NgModel`-Direktive haben Sie bereits gesehen, wie Sie mithilfe der Eigenschaften `valid` und `touched` eine Fehlermeldung in der Benutzeroberfläche darstellen können. Listing 8.24 zeigt zur Erinnerung noch einmal die entsprechende Implementierung:

```
<input type="text" class="form-control"
       name="title" [(ngModel)]="task.title"
       #title="ngModel" required/>
```

```
<div *ngIf="!title.valid && title.touched" class="alert alert-danger">
  Bitte geben Sie einen Titel an
</div>
```

**Listing 8.24** Mithilfe der Eigenschaften »valid« und »touched« eine Fehlermeldung in der Benutzeroberfläche darstellen

Mithilfe des Ausdrucks `#title="ngModel"` erzeugen Sie zunächst die lokale Variable `title`, die auf die `NgModel`-Direktive verweist. Über die Variable haben Sie nun Zugriff auf die Eigenschaften der Direktive. Die Bedingung für die Anzeige des Fehlers besagt schließlich, dass dieser dann dargestellt werden soll, wenn das Feld nicht valide ist und bereits einmal »getoucht« wurde – wenn das Feld also bereits einmal den Fokus erhalten hat.

### Explizite Abfrage der Fehler über die hasError- und getError-Methoden

Da Ihr Eingabefeld aber mittlerweile eine Vielzahl von Validierungen besitzt, wäre es nun natürlich schön, für die unterschiedlichen Fälle spezifische Meldungen zu erhalten. Da die `NgModel`-Direktive für die spezifische Abfrage leider keine eigene Methode anbietet, müssen Sie hierfür den kleinen Umweg über die `control`-Eigenschaft gehen, die auf das zugeordnete `FormControl` verweist:

```
<input type="text" class="form-control"
       name="title"
       [(ngModel)]="task.title"
       required minlength="5" maxlength="100"
       #title="ngModel"/>
<div *ngIf="!title.valid && title.touched" class="alert alert-danger">
  <div *ngIf="title.control.hasError('required')">
    Der Titel ist erforderlich
  </div>
  <div *ngIf="title.control.hasError('minlength')">
    Der Titel muss mindestens
    {{ title.control.getError('minlength').requiredLength }}
    Zeichen enthalten
  </div>
  <div *ngIf="title.control.hasError('maxlength')">
    Der Titel darf maximal
    {{ title.control.getError('maxlength').requiredLength }}
    Zeichen enthalten
  </div>
</div>
```

**Listing 8.25** »template-driven-form.component.html«: Verwendung der »hasError«- und »getError«-Methoden zur Darstellung spezifischer Fehlermeldungen

Durch die Auswertung der einzelnen Fehlercodes werden nun deutlich genauere Fehlermeldungen angezeigt (siehe Abbildung 8.15).

Titel*

Te

Der Titel muss mindestens 5 Zeichen enthalten

**Abbildung 8.15** Spezifischere Fehlermeldung durch Auswertung der Errors



### Von der NgModel-Direktive gesetzte CSS-Klassen

Möchten Sie das jeweilige Eingabeelement abhängig von seinem Status stylen, so bietet Ihnen die `NgModel`-Direktive dafür ebenfalls einen sehr bequemen Weg an. Sie müssen hier nicht direkt auf die Eigenschaften der Direktive zugreifen, sondern die Direktive fügt einem Eingabeelement je nach Status automatisch CSS-Klassen hinzu. Tabelle 8.2 gibt Ihnen einen Überblick über die zur Verfügung stehenden Klassen.

| Klasse | Bedeutung |
|---|---|
| `ng-touched` | Das Eingabefeld hatte bereits einmal den Fokus und hat ihn wieder verloren. |
| `ng-untouched` | Das Eingabefeld hatte noch keinen Fokus bzw. hat ihn noch nicht wieder verloren. |
| `ng-pristine` | Das Eingabefeld hat noch keine Eingaben erhalten. |
| `ng-dirty` | Das Eingabefeld hat bereits Eingaben erhalten. |
| `ng-valid` | Es liegen Validierungsfehler für das Eingabeelement vor. |
| `ng-invalid` | Es liegen keine Validierungsfehler für das Eingabeelement vor. |
| `ng-pending` | Es läuft gerade eine asynchrone Validierung des Feldes. |

**Tabelle 8.2** Übersicht über automatisch hinzugefügte CSS-Klassen

Möchten Sie nun also einen roten Rahmen um ein ungültiges und bereits angefasstes Element zeichnen, müssen Sie lediglich noch eine passende CSS-Regel implementieren:

```
.ng-touched.ng-invalid {
    border-color: #a94442
}
```

Abbildung 8.16 zeigt die Darstellung der Fehlermeldung im Formular.

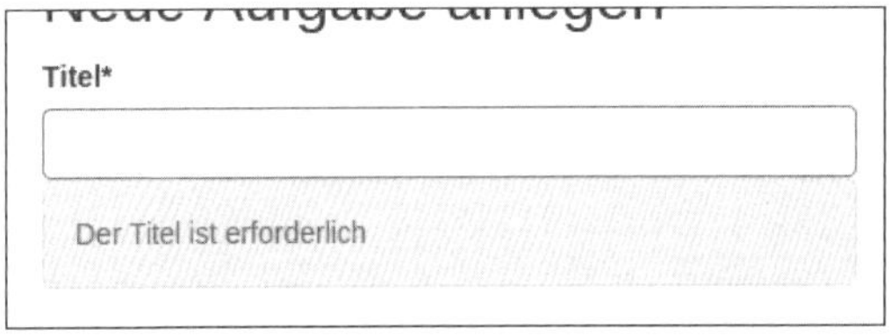

**Abbildung 8.16** Styling des Input-Elements über die mitgelieferten Klassen

### 8.7.3 Implementierung einer generischen ShowError-Komponente

Sollten Sie sehr spezielle Anforderungen an die Darstellung Ihrer Fehlertexte haben, so ist das bisher vorgestellte Verfahren die einfachste Möglichkeit, diese zu implementieren. Bei einer großen Anzahl an Formularfeldern kann es aber auch sehr aufwendig sein, jedes Feld einzeln zu behandeln. In diesem Fall kann es durchaus Sinn machen, die Fehlerbehandlung etwas generischer zu implementieren.

Im Folgenden werde ich Ihnen eine mögliche Umsetzung einer generischen `ShowError`-Komponente vorstellen. Die Idee ist hierbei, der zu implementierenden Komponente ein Kontrollelement und optional den Namen des Feldes zu übergeben. Die Logik der Komponente sorgt dann automatisch für eine ansehnliche Darstellung der vorhandenen Validierungsfehler. Das Ziel ist es somit, eine Komponente zu erstellen, die in der folgenden Form verwendet werden kann:

```
<textarea class="form-control"
          name="description"
          [(ngModel)]="task.description"
          minlength="5"
          maxlength="1000">
</textarea>
<pjm-show-error text="Beschreibung" path="description"></pjm-show-error>
```

Um die Validierungsfehler des `description`-Feldes nun über die Komponente darzustellen, sind im Wesentlichen drei Schritte notwendig:

1. über den angegebenen Pfad das korrekte Kontrollelement suchen
2. auf Basis der Informationen der Forms-API entscheiden, ob eine Fehlermeldung angezeigt werden soll
3. die Fehlermeldung in einem Format erzeugen, das ein Nutzer lesen kann

Listing 8.26 zeigt die Implementierung einer entsprechenden Komponente auf Basis der Forms-API:

```
@Component({
  selector: 'pjm-show-error',
  template: `
    <div *ngIf="errorMessages" class="alert alert-danger">
      <div *ngFor="let errorMessage of errorMessages">
        {{errorMessage}}
      </div>
    </div>`})
export class ShowErrorComponent {
  @Input('path') controlPath;
  @Input('text') displayName = '';
  constructor(private ngForm: NgForm) {
  }
  get errorMessages(): string[] {
    const messages = [];
    const form: FormGroup = this.ngForm.form;
    const control = form.get(this.controlPath);
    if (!control || !(control.touched) || !control.errors) {
      return null;
    }
    for (const code in control.errors) {
      if (control.errors.hasOwnProperty(code)) {
        const error = control.errors[code];
        let message = '';
        switch (code) {
          case 'required':
            message = `${this.displayName} ist ein Pflichtfeld`;
            break;
            // Auswertung der weiteren Fehlercodes ...
        }
        messages.push(message);
      }
    }
    return messages;
  }
}
```

**Listing 8.26** »show-error.component.ts«: Implementierung der generischen Error-Komponente

Über die beiden @Input-Bindings werden der Pfad zum Kontrollelement sowie der darzustellende Name aus dem UI entgegengenommen. Die displayName-Variable wird an dieser Stelle als Leerstring vorinitialisiert, sodass ein Weglassen des Bindings nicht zur Ausgabe `undefined` führt.

Im Konstruktor merken Sie sich anschließend die Referenz auf die `NgForm`-Direktive:

```
constructor(private ngForm: NgForm) {
}
```

Das eigentliche Auslesen der Fehlermeldungen erfolgt nun über ein neues Sprachkonstrukt aus dem ES2015-Standard: über eine *Getter-Methode*. Über das Schlüsselwort `get` können Sie eine Methode definieren, die immer dann aufgerufen wird, wenn auf die entsprechende Eigenschaft des Objekts zugegriffen wird. Die im HTML definierte `ngFor`-Schleife

```
<div *ngFor="let errorMessage of errorMessages">
    {{errorMessage}}
</div>
```

führt somit dazu, dass beim Auslesen der Fehlermeldungen über die `errorMessages`-Eigenschaft immer die Getter-Methode zur Berechnung der Nachrichten aufgerufen wird:

```
get errorMessages() {
  ...
}
```

Innerhalb der Methode sehen Sie nun die bisher noch nicht genutzte `get`-Methode der `FormGroup` in Aktion:

```
const form: FormGroup = this.ngForm.form;
const control = form.get(this.controlPath);
```

Die Methode liefert auf Basis eines Pfades das entsprechende Kontrollelement zurück. Möchten Sie dabei in eine Untergruppe »hineinnavigieren«, erfolgt dies wie bei einer Objektnotation mithilfe eines Punktes als Trennzeichen. Als Rückgabewert erhalten Sie hier ein Objekt der Klasse `AbstractControl` (der Basisklasse von `FormControl` und `FormGroup`), das Sie anschließend verwenden können, um zu entscheiden, ob und welche Fehlermeldungen angezeigt werden sollen:

```
if (!control || !(control.touched) || !control.errors) {
  return null;
}
for (const code in control.errors) {
  // Berechnung der lesbaren Fehlermeldungen
}
```

**Die for-in-Schleife zum Iterieren über Objekteigenschaften**

Beachten Sie an dieser Stelle auch die Verwendung der `for-in`-Schleife. Diese Schleife iteriert über die Schlüssel eines Objekts. So enthält das `errors`-Objekt eines Controls keine Liste von Validierungsfehlern, sondern ein Objektliteral dieser Form:

```
{
  required: true,
  minlength: {
    requiredLength: 5,
    actualLength: 1
  }
}
```

Die `for-in`-Schleife bietet Ihnen hier eine elegante Möglichkeit, über diese Struktur zu iterieren.



Die eigentliche Generierung der Fehlermeldungen ist nun nur noch Fleißarbeit. So zeigt Listing 8.27 die Erzeugung auf Basis einer einfachen `switch-case`-Anweisung. In einer echten Applikation könnten Sie hier aber selbstverständlich auch einen Service zur Berechnung der Meldungen anbinden:

```
for (const code in control.errors) {
  if (control.errors.hasOwnProperty(code)) {
    const error = control.errors[code];
    let message = '';
    switch (code) {
      case 'required':
        message = `${this.displayName} ist ein Pflichtfeld`;
        break;
      case 'minlength':
        message = `${this.displayName} muss mindestens
                   ${error.requiredLength} Zeichen enthalten`;
        break;
      ...
      default:
        message = `${name} ist nicht valide`;
    }
    messages.push(message);
  }
}
```

**Listing 8.27** »show-error.component.ts«: So bestimmen Sie die Fehlernachricht, die dargestellt werden soll.

Möchten Sie nun beispielsweise dafür sorgen, dass der Name des Zuständigen mindestens drei Zeichen enthalten soll, und die entsprechende Fehlermeldung über die `ShowErrorComponent` realisieren, so können Sie dies wie folgt erreichen:

```
<div ngModelGroup="assignee">
  <div class="form-group">
    <label>Name</label>
    <input type="text" class="form-control"
           name="name" [(ngModel)]="task.assignee.name"
           minlength="3"/>
    <pjm-show-error path="assignee.name" text="Name"></pjm-show-error>
  </div>
  ...
</div>
```

**Listing 8.28** »template-driven-form.component.html«:
Verwendung der »ShowErrorComponent« mit verschachteltem Pfad

Eine fehlerhafte Eingabe führt nun zu der Fehlermeldung, die Sie in Abbildung 8.17 sehen.

Zuständiger

**Name**

Jo

Name muss mindestens 3 Zeichen enthalten

**Abbildung 8.17** Validierungsfehler bei fehlerhaftem Namen

### 8.7.4 Eigene Validierungsregeln definieren

Angular liefert zwar einige Validierungen mit, es ist aber ebenfalls leicht möglich, eigene spezifische Validierungsregeln zu definieren. Das Ziel ist es dabei, die eigenen Validierungen – genau wie die von Angular mitgelieferten Regeln – als Attribut an ein Eingabefeld zu binden.

```
<input type="text" class="form-control"
       name="email" [(ngModel)]="task.assignee.email"
       pjmEmailValidator/>
<pjm-show-error path="assignee.email"></pjm-show-error>
```

Eine Validierungsregel ist somit im Endeffekt nichts anderes als eine Direktive, die eine bestimmte Schnittstelle bereitstellt. Eine kleine Besonderheit besteht dabei noch darin, dass Sie diese Direktive beim Angular-Validierungsframework registrieren müssen – doch dazu gleich mehr. Listing 8.29 zeigt Ihnen als Ausgangspunkt zunächst einmal die komplette Implementierung einer E-Mail-Validator-Direktive:

```
import {NG_VALIDATORS, ...} from '@angular/forms';

...

@Directive({
  selector: '[pjmEmailValidator]',
  providers: [{
    provide: NG_VALIDATORS,
    useExisting: EmailValidatorDirective, multi: true
  }]
})
export class EmailValidatorDirective {
  validate(control: AbstractControl): {[key: string]: any} {
    const re = /^([\w-]+(?:\.[\w-]+)*)@((?:[\w-]+\.)*\w[\w-]{0,66})
            \.([a-z]{2,6}(?:\.[a-z]{2})?)$/i;
    if (!control.value || control.value === '' ||
        re.test(control.value)) {
      return null;
    } else {
      return {'invalidEMail': true};
    }
  }
}
```

**Listing 8.29** »app-validators.ts«: Implementierung der »EmailValidator«-Direktive

Konzentrieren Sie sich an dieser Stelle zunächst auf die Implementierung der `validate`-Methode: Diese Methode bekommt immer ein `AbstractControl` als Eingangsparameter übergeben. Als Rückgabewert wird ein Objekt-Literal definiert, das die Fehlercodes als Schlüssel und beliebige weitere Informationen als Wert enthält. Innerhalb der Methode testen Sie nun mit einem regulären Ausdruck, ob der Wert des Controls eine gültige E-Mail-Adresse repräsentiert. Ist dies der Fall, liefert die Funktion `null` (kein Fehler) zurück. Andernfalls liefert sie das Literal `{'invalidEMail': true}`.

So weit, so gut. Bis hierher sollte dieses Listing Sie nicht vor größere Herausforderungen gestellt haben. Etwas ungewöhnlicher ist nun jedoch die Registrierung des Validators beim Forms-Framework. So muss Angular bei der Berechnung von Eigenschaften wie `valid` oder `errors` wissen, welche Validatoren berücksichtigt werden müssen. Das Framework stellt Ihnen hierfür den sogenannten *Multi-Provider* `NG_VALIDATORS` zur Verfügung.

Multi-Provider enthalten nicht nur einen einzelnen Wert, sondern eine Liste von Werten (in diesem Fall die Liste aller Validatoren, die Angular kennt). Über die Angabe `multi: true` sorgen Sie hier dafür, dass die `EmailValidatorDirective` dieser globalen Liste hinzugefügt wird.

**Die useExisting-Strategie zur Registrierung von existierenden Direktiven**

Beachten Sie in Listing 8.29 besonders die Verwendung der `useExisting`-Strategie. So müssen Sie, um den Validator in Ihrer Applikation nutzen zu können, zunächst einmal dafür sorgen, dass er bei Ihrem Applikationsmodul registriert wird (siehe Listing 8.30). Da auf diesem Weg bereits eine Instanz des Validators erzeugt wurde, können Sie mithilfe der `useExisting`-Strategie anschließend dafür sorgen, dass exakt dieses Objekt auch innerhalb des Forms-Frameworks verwendet wird.

Möchten Sie den neuen Validator nun in Ihrer Applikation verwenden, so müssen Sie ihn zum `declarations`-Array des Applikationsmoduls hinzufügen. Da dieser Validator aber vermutlich nicht der einzige Custom-Validator der Applikation bleiben wird, bietet es sich in diesem Zusammenhang an, Validatoren über einen Sammel-Export bereitzustellen:

```
export const APPLICATION_VALIDATORS = [EmailValidatorDirective];
```

**Listing 8.30** »app-validators.ts«: Bereitstellen eines Exports, der alle selbst implementierten Validatoren enthält

In Ihrem Modul können Sie diesen Sammel-Export nun importieren und über das `declarations`-Array Ihrer Anwendung zur Verfügung stellen:

```
@NgModule({
  imports: [BrowserModule, FormsModule, ReactiveFormsModule],
  declarations: [
    ShowErrorComponent,
    APPLICATION_VALIDATORS,
    ...
  ],
  ...
  bootstrap: [AppComponent]
})
export class AppModule {
}
```

**Listing 8.31** »app.modules.ts«: Bereitstellen der Validatoren für die Anwendung

Der letzte Schritt besteht nun noch darin, einen lesbaren Text für den neuen Fehlertyp bereitzustellen. Erweitern Sie hierfür einfach das `switch-case`-Statement Ihrer `ShowErrorComponent`:

```
switch (code) {
  ...
  case 'invalidEMail':
    message = `Bitte geben Sie eine gültige E-Mail-Adresse an`;
    break;
}
```

**Listing 8.32** »show-error.component.ts«: Bereitstellung eines Fehlertextes für den neuen Validierungsfehler



Die Eingabe einer fehlerhaften E-Mail-Adresse führt nun zur Anzeige einer schön formatierten Fehlermeldung (siehe Abbildung 8.18).



**Abbildung 8.18** Die »EmailValidator«-Direktive im Einsatz

### 8.7.5 Asynchrone Validierungen

Insbesondere bei der Anbindung von externen Services ist es durchaus üblich, dass ein Validierungsergebnis nicht synchron zur Verfügung steht, sondern zunächst über ein Observable oder ein Promise asynchron geladen werden muss.

Angular bietet Ihnen auch für diesen Fall eine sehr komfortable Unterstützung. So steht Ihnen neben dem `NG_VALIDATORS`-Token für synchrone Validierungen auch das `NG_ASYNC_VALIDATORS`-Token für asynchrone Validierungen zur Verfügung. Das folgende Beispiel zeigt die Implementierung eines Validators, der überprüft, ob der eingegebene Nutzername im System existiert. In einer echten Applikation würden Sie, um diese Information zu bekommen, nun einen HTTP-Aufruf machen, der Ihnen ein Observable zurückliefert (Details hierzu lernen Sie in Kapitel 11, »HTTP: Anbindung von Angular-Applikationen an einen Webserver«). Für dieses Beispiel habe ich das gleiche Verhalten über die `Observable.of`-Methode simuliert:

```
import {Observable} from 'rxjs/Observable';
...
export class UserService {
  checkUserExists(name: string): Observable<boolean> {
```

```
    const exists = name == null ||
      name.toLowerCase() !== 'johnny incognito';
    return Observable.of(exists).delay(250);
  }
}
```

**Listing 8.33** »user.service.ts«: Simulation eines asynchronen Aufrufs zur Überprüfung, ob ein Nutzer existiert

(Der Einfachheit halber existieren im Beispiel alle User außer »johnny incognito«.) Innerhalb der `UserExistsValidatorDirective` können Sie den Service nun über den Konstruktor injizieren und anschließend innerhalb der `validate`-Methode zur Überprüfung des Nutzers verwenden:

```
@Directive({
  selector: '[pjmUserExistsValidator]',
  providers: [ {
      provide: NG_ASYNC_VALIDATORS,
      useExisting: UserExistsValidatorDirective, multi: true }]
})
export class UserExistsValidatorDirective {
  constructor(private userService: UserService) {
  }
  validate(control: AbstractControl): Observable<any> {
    return this.userService.checkUserExists(control.value)
      .map(userExists => {
        return (userExists === false) ? {userNotFound: true} : null;
      });
  }
}
```

**Listing 8.34** »app-validators.ts«: Implementierung eines asynchronen Validators

Beachten Sie hier insbesondere die Verwendung des `map`-Operators von RxJS. Mit seiner Hilfe ist es sehr elegant möglich, das Ergebnis des Service-Aufrufs in einen Validierungsfehler umzuwandeln. Die Registrierung des Validators beim Forms-Framework erfolgt nun wie bereits angedeutet über das `NG_ASYNC_VALIDATORS`-Token:

```
{
  provide: NG_ASYNC_VALIDATORS,
  useExisting: UserExistsValidatorDirective, multi: true
}
```

Um die Direktive Ihren Applikationskomponenten zur Verfügung zu stellen, müssen Sie sie nun lediglich noch der Liste der `APPLICATION_VALIDATORS` hinzufügen:

```
export const APPLICATION_VALIDATORS = [EmailValidatorDirective,
                                       UserExistsValidatorDirective];
```

Innerhalb des HTML-Codes können Sie dem Eingabefeld, das Sie validieren wollen, anschließend wie bereits bekannt das Selektor-Attribut der Direktive hinzufügen:

```
<input type="text" class="form-control"
       name="name" [(ngModel)]="task.assignee.name"
       pjmUserExistsValidator/>
```

**Listing 8.35** »template-driven-form.component.html«: Verwendung des »UserExists«-Validators



Für einen lesbaren Fehlertext wird außerdem erneut das `switch-case`-Statement der `ShowErrorComponent` erweitert:

```
switch (code) {
  ...
  case 'userNotFound':
    message = `Der eingetragene Benutzer existiert nicht.`;
    break;
}
```

**Listing 8.36** »show-error.component.ts«: Bereitstellung eines Fehlertextes für den neuen Validierungsfehler

Wenn Sie in der Oberfläche nun wider besseren Wissens versuchen, »johnny incognito« für Ihre neue Aufgabe zuständig zu machen, wird die Forms-API dies, wie Sie in Abbildung 8.19 sehen, mit dem soeben implementierten Validierungsfehler quittieren.

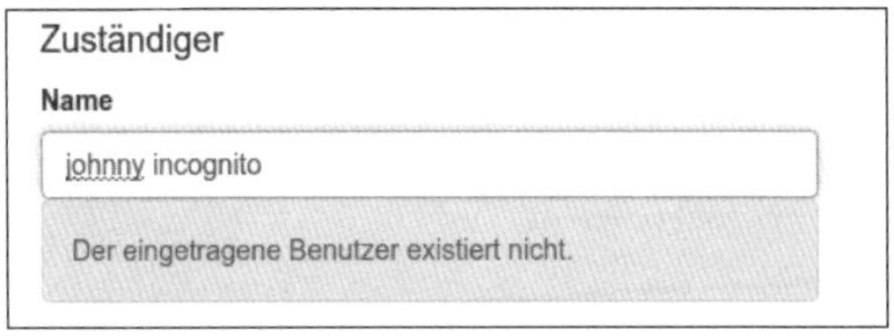

**Abbildung 8.19** Darstellung des Validierungsfehlers

**Hinweis zum Import von RxJS-Funktionalität**

Auch wenn Sie die Bibliothek RxJS erst in Kapitel 12, »Reaktive Architekturen mit RxJS«, im Detail kennenlernen, sollten Sie bereits hier die Besonderheiten beim Import von RxJS-Funktionalität beachten.

So haben Sie zwei Möglichkeiten, um Bestandteile aus der Bibliothek zu importieren: über einen Import aus dem »universellen« Paket `rxjs/Rx` oder über Importe aus spezifischen Paketen wie `rxjs/Observable`. Verwenden Sie hier immer die Importe aus den spezifischen Paketen.

So stellt das von der Angular-CLI verwendete *webpack* Ihnen die Möglichkeit bereit, bei der Erzeugung des Produktions-Builds nur die Dateien zu berücksichtigen, die tatsächlich benötigt werden (Stichwort »Tree Shaking«). Bei der Verwendung des Paketes `rxjs/Rx` wird hier jedoch immer die gesamte RxJS-Bibliothek eingepackt. Im Gegensatz dazu importieren Sie bei der Verwendung der spezifischen Importe exakt die Bestandteile der Bibilothek, die Sie auch wirklich verwenden.

Erzeugungsmethoden werden dabei über `rxjs/add/observable/{methode}`, Operatoren über `rxjs/add/operator/{operator}` importiert. Diese »Lade-Importe« müssen lediglich ein einziges Mal pro Applikation erfolgen, sodass es sich anbietet, hierfür die Datei *main.ts* zu verwenden. So haben Sie im Beispiel die Erzeugungsmethode `of` sowie die beiden Operatoren `delay` und `map` verwendet. Ihre *main.ts* muss somit wie folgt erweitert werden:

```
import 'rxjs/add/operator/delay';
import 'rxjs/add/operator/map';
import 'rxjs/add/observable/of';
```

### Die pending-Eigenschaft: Aktivitätsindikator während einer asynchronen Validierung anzeigen

Insbesondere bei der Anbindung von externen Services für die Validierung kann es unter Umständen einige Zeit dauern, bis das Ergebnis der Validierung zur Verfügung steht. Für diesen Fall stellt Ihnen die Klasse `AbstractControl` die Eigenschaft `pending` zur Verfügung. Findet für ein Kontrollelement (oder eine Gruppe) gerade eine Validierung statt, so hat diese Eigenschaft den Wert `true`. Möchten Sie diese Tatsache nun Ihren Nutzern mitteilen, können Sie dies ganz einfach über die Auswertung der `control`-Eigenschaft der `NgModel`-Direktive tun:

```
  <input type="text" class="form-control"
         name="name" [(ngModel)]="task.assignee.name"
         pjmUserExistsValidator
         #assigneeName="ngModel"/>
  <pjm-show-error path="assignee.name" text="Name"></pjm-show-error>
  <p *ngIf="assigneeName.control.pending">
    Der Benutzer wird überprüft ...
  </p>
</div>
```

**Listing 8.37** »template-driven-form.component.html«: Darstellung einer Meldung während einer asynchronen Validierung

### 8.7.6 Feldübergreifende Validierungen

Ein weiterer interessanter Anwendungsfall ist die Definition von feldübergreifenden Validierungen. Im folgenden Beispiel soll der Name des assignee zum Pflichtfeld werden, sobald der Status der Aufgabe nicht mehr BACKLOG ist. Die Validierung erfolgt in diesem Fall nicht direkt auf einem Eingabefeld, sondern auf der übergeordneten FormGroup.

Listing 8.38 zeigt zunächst einmal die Verwendung der zu implementierenden Validierung im HTML-Code:



```
<form (ngSubmit)="saveTask(form.value)" pjmIfNotBacklogThanAssignee ...>
  ...
  <label>Status</label>
  <select name="state" [(ngModel)]="task.state"> ... </select>

  <h4>Zuständiger</h4>
  <div ngModelGroup="assignee">
    <label>Name</label>
      <input type="text" class="form-control"
             name="name" [(ngModel)]="task.assignee.name"
             minlength="3" pjmUserExistsValidator/>
    ...
  </div>
    ...
</form>
```

**Listing 8.38** »template-driven-form.component.html«: Verwendung der feldübergreifenden Validierung, die implementiert werden soll

Den Ausgangspunkt bildet somit die FormGroup der NgForm-Direktive. Wie schon bei der Implementierung der ShowErrorComponent können Sie diese FormGroup nun dazu verwenden, über die get-Methode auf die untergeordneten FormControl-Objekte zuzugreifen. Listing 8.39 zeigt die entsprechende Implementierung des Validators:

```
@Directive({
  selector: '[pjmIfNotBacklogThanAssignee]',
  providers: [
    {provide: NG_VALIDATORS,
     useExisting: IfNotBacklogThanAssigneeValidatorDirective,
     multi: true}]
})
export class IfNotBacklogThanAssigneeValidatorDirective {
  validate(formGroup: AbstractControl): {[key: string]: any} {
```

```
    const nameControl = formGroup.get('assignee.name');
    const stateControl = formGroup.get('state');
    if (!nameControl || !stateControl) {
      return null;
    }
    if (stateControl.value !== 'BACKLOG' &&
       (!nameControl.value || nameControl.value === '')) {
      return {'assigneeRequired': true};
    }
    return null;
  }
}
```

**Listing 8.39** »app-validators.ts«: Definition einer feldübergreifenden Validierung

Eine kleine Besonderheit besteht hier darin, dass die Verknüpfung zwischen `FormGroup` und `FormControl` im Fall von Template-Driven Forms asynchron erfolgt. Es kann also durchaus vorkommen, dass die Validator-Direktive bereits ausgewertet wird, obwohl das Formular noch gar nicht vollständig konfiguriert wurde. Achten Sie bei solchen Validierungen also immer darauf, zunächst zu überprüfen, ob die `get`-Methode überhaupt ein Element gefunden hat. Die eigentliche Validierungslogik ist schließlich trivial: Hat das `stateControl` nicht den Wert `BACKLOG` und ist der Wert des `nameControl` nicht definiert oder leer, so wird ein Fehler ausgelöst.

```
{'assigneeRequired': true};
```

Für die Darstellung des Fehlers im UI könnten Sie nun erneut die `ShowErrorComponent` um die Möglichkeit erweitern, auch `ControlGroups` zu verarbeiten. Da feldübergreifende Validierungen aber in den meisten Fällen sehr speziell auf das konkrete Formular zugeschnitten sind und somit ohnehin nicht wiederverwendet werden, ist es hier oft einfacher, die Fehlermeldung explizit im HTML-Code auszuwerten:

```
<div *ngIf="form.form.hasError('assigneeRequired')"
     class="alert alert-danger">
  Der Task befindet sich nicht mehr im Backlog. <br>
  Bitte geben Sie einen Zuständigen an.
</div>
```

**Listing 8.40** »template-driven-form.component.html«: Auswertung der Fehler an der »FormGroup«

Abbildung 8.20 zeigt die Darstellung der entsprechenden Fehlermeldung.

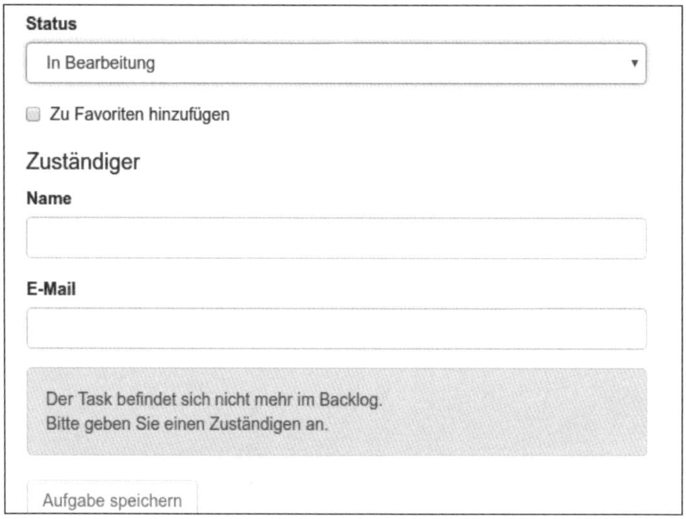

**Abbildung 8.20** Darstellung der Fehler der »FormGroup«

## 8.8 Implementierung der Tags-Liste: wiederholbare Strukturen mit Template-Driven Forms

Während Ihnen für die Erzeugung eines `FormControl` bzw. einer `FormGroup` die beiden Direktiven `NgModel` und `NgModelGroup` zur Verfügung stehen, existiert für die Modellierung von wiederholbaren Strukturen zum aktuellen Zeitpunkt leider noch keine entsprechende Direktive. Hier müssen Sie also leider einige kleinere Tricks einsetzen. Damit Sie die Aufgabenstellung besser nachvollziehen, zeigt Abbildung 8.21 die Oberfläche, die Sie realisieren werden.

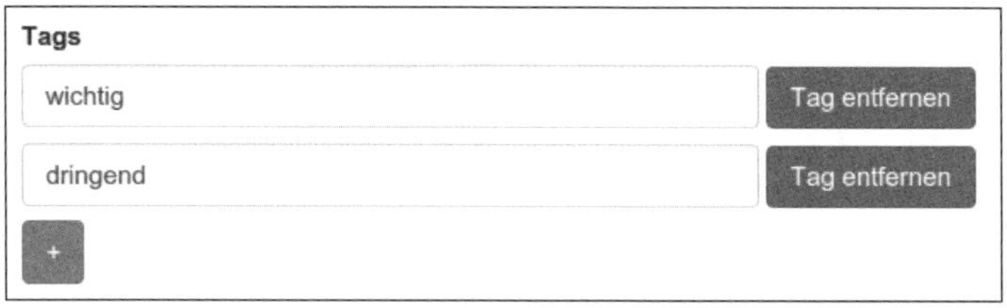

**Abbildung 8.21** Wiederholbare Struktur zum Anlegen mehrerer Tags

In Ihrem Applikationsmodell soll jeder Eintrag in dieser Liste über ein Objekt der Form

```
{
  label: 'wichtig'
}
```

repräsentiert werden. Die Speicherung der Tags erfolgt dabei im `tags`-Array des `Task`-Objekts. Möchten Sie nun zunächst einmal dafür sorgen, dass für jeden Eintrag dieses

Arrays ein Eingabefeld sowie ein Button dargestellt werden, so können Sie dies mithilfe des folgenden HTML-Codes erreichen:

```
<div *ngFor="let tag of task.tags; let i = index" class="tag-controls">
  <input class="form-control" name="{{i}}" [(ngModel)]="tag.label">
  <button class="btn btn-danger" (click)="removeTag(i)">
    Tag entfernen
  </button>
</div>
<div class="form-group">
  <button class="btn btn-success" (click)="addTag()">
    +
  </button>
</div>
```

**Listing 8.41** »template-driven-form.component.html«: Iteration über das »tags«-Array zur Darstellung der Eingabefelder

Die Methode `removeTag` entfernt dabei lediglich den Eintrag am Index `i` aus dem `tags`-Array, und `addTag` fügt einen neuen leeren Eintrag zum Array hinzu:

```
addTag() {
  this.task.tags.push({label: ''});
  return false;
}
removeTag(i: number) {
  this.task.tags.splice(i, 1);
  return false;
}
```

**Listing 8.42** »template-driven-form.component.ts«: Methoden zum Hinzufügen und Entfernen von Tags

Durch die Manipulation des `tags`-Array in Verbindung mit der `*ngFor`-Schleife im HTML-Code sorgen Sie dafür, dass sich die gerenderte Liste der Eingabeelemente bei einem Klick auf einen der Buttons automatisch aktualisiert.

**Achtung: Direkte Veränderung des Applikationsmodells!**

Wenn Sie diesen Ansatz nutzen, sollten Sie sich darüber im Klaren sein, dass Sie durch die direkte Manipulation des `tags`-Array bei einem Klick auf einen Button Ihr unterliegendes Modell-Objekt verändern!

Bislang wäre es problemlos möglich gewesen, das Formular nur einmalig per One-Way-Data-Binding mit dem geladenen Task zu füllen und Änderungen erst beim Speichern mithilfe der `value`-Eigenschaft von `NgForm` zu übernehmen.

Dies ist bei der Modellierung von wiederholbaren Strukturen so nicht mehr ohne Weiteres möglich. Möchten Sie sicherstellen, dass sich Ihre Daten nicht aus Versehen »zu früh« verändern, sollten Sie in Ihrem Formular zunächst eine Kopie des geladenen Tasks verwenden.

So weit, so gut – auf dem vorgestellten Weg sind Sie nun in der Lage, beliebig viele Tasks über das Formular anzulegen. Zum aktuellen Zeitpunkt fehlt jedoch noch die Verbindung zum Forms-API und damit beispielsweise die Möglichkeit, Validierungen für wiederholbare Strukturen zu hinterlegen. Da es, wie bereits beschrieben, aktuell keine Direktive für das Zusammenfassen aller `tags`-Kontrollelemente gibt, müssen Sie sich hier mit der `NgModelGroup`-Direktive behelfen, die ich in Abschnitt 8.6 vorgestellt habe. In Listing 8.43 habe ich Listing 8.41 um eine `minLength`-Validierung und um die Darstellung etwaiger Validierungsfehler über die `ShowErrorComponent` erweitert:



```
<div ngModelGroup="tags">
  <div *ngFor="let tag of task.tags; let i = index">
    <div class="tag-controls">
      <input class="form-control" name="{{i}}" [(ngModel)]="tag.label"
             minlength="3">
      <button class="btn btn-danger" (click)="removeTag(i)">
        Tag entfernen
      </button>
      <pjm-show-error text="Ein Tag" path="tags.{{i}}"></pjm-show-error>
    </div>
  </div>
</div>
```

**Listing 8.43** »minLength«-Validierung und Validierungsfehler über die »ShowErrorComponent«

Über den Ausdruck `ngModelGroup="tags"` sorgen Sie hier dafür, dass alle Kontrollelemente, die unterhalb dieses Elements definiert sind, in der Gruppe `tags` gekapselt werden. Wie schon in Abschnitt 8.6 können Sie anschließend über die Punktnotation in die Gruppe hineinnavigieren, um auf die einzelnen Elemente zuzugreifen:

```
<pjm-show-error text="Ein Tag" path="tags.{{i}}"></pjm-show-error>
```

Ein fehlerhaftes Ausfüllen sorgt nun dafür, dass eine entsprechende Fehlermeldung im UI dargestellt wird. Des Weiteren wird außerdem das gesamte Formular als `invalid` gekennzeichnet. Sie haben das dynamische `tags`-Array nun also vollständig in Ihr Formular integriert!

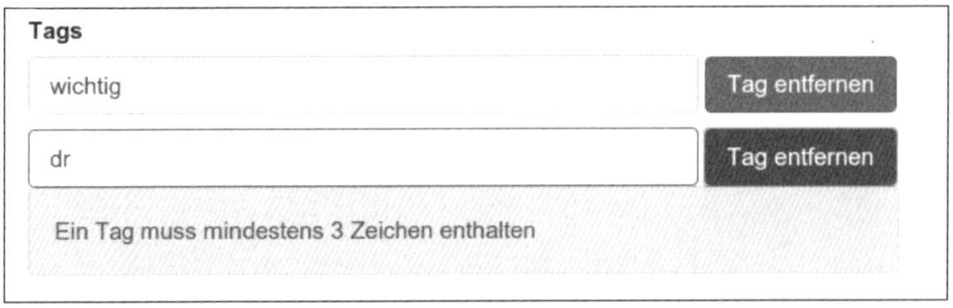

Tags

wichtig — Tag entfernen

dr — Tag entfernen

Ein Tag muss mindestens 3 Zeichen enthalten

**Abbildung 8.22** Darstellung der Fehlermeldung für die Tags-Validierung

**Achtung: Abweichung zwischen gebundenem Task-Objekt und Form-Wert**

Leider muss ich Sie an dieser Stelle auf eine weitere unschöne Eigenheit der vorgestellten Implementierung hinweisen. Durch die Verwendung der `NgModelGroup`-Direktive werden die Werte der untergeordneten Eingabeelemente in Form eines verschachtelten Objekts und nicht in Form einer Liste in der `value`-Eigenschaft des Formulars gespeichert. Die Struktur des Task-Objekts, das ich per Two-Way-Data-Binding gebunden habe, und des Form-Wertes weichen nun voneinander ab!

Möchten Sie die zu speichernde Aufgabe erst beim Absenden des Formulars aus dem Formular-Wert erzeugen, müssen Sie in diesem Fall also eine manuelle Transformation des Objekts in eine Liste vornehmen.

Sie sehen: Bei der Implementierung von wiederholbaren Strukturen gilt es einige kleinere Fallstricke zu beachten. Insbesondere beim Einsatz von Two-Way-Data-Bindings können Sie aber dennoch recht komfortabel dynamische Objektlisten verwalten!

## 8.9 Zusammenfassung und Ausblick

Auch wenn es auf den ersten Blick oft nicht direkt ersichtlich ist, müssen Sie bei der Implementierung von Formularen eine Vielzahl von Anwendungsfällen beachten: Fehlermeldungen sollen erst dargestellt werden, wenn ein Element einmal den Fokus hatte; ein Absenden soll erst bei gültigem Formularwert möglich sein; aus Services geladene Daten sollen leicht in das Formular übertragen werden können ...

Angular bietet Ihnen mit Template-Driven Forms eine sehr elegante Technik, diese Anwendungsfälle auf Basis von HTML umzusetzen. Die folgende Liste fasst noch einmal die wichtigsten Erkenntnisse dieses Kapitels zusammen:

- Die Direktiven `ngModel` und `ngModelGroup` sorgen dafür, dass aus der Struktur Ihres HTML-Formulars eine Repräsentation in Form der Forms-API-Klassen `FormControl` und `FormGroup` erstellt wird.

- Als Schlüssel für die Forms-API werden die `name`-Attribute des jeweiligen HTML-Eingabeelements verwendet.
- `ngModel` kann entweder nur für die Generierung des Forms-API-Modells oder zusätzlich für One-Way- und Two-Way-Data-Bindings eingesetzt werden.
- Verschachtelte Eigenschaften wie das `assignee`-Objekt werden über die Direktive `ngModelGroup` zusammengefasst.
- Das Forms-Framework bringt von Haus aus bereits eine Vielzahl von Validierungen mit, z. B. `required` oder `minlength`.
- Über CSS-Klassen wie `ng-invalid` oder `ng-dirty` können Sie im HTML sehr elegant auf unterschiedliche Zustände eines Kontrollelements reagieren.
- Die Implementierung von eigenen Validierungen erfolgt durch die Bereitstellung einer Direktive, die die Methode `validate` implementiert.
- Synchrone Validierungen müssen dem Multi-Provider `NG_VALIDATORS` hinzugefügt werden.
- Asynchrone Validierungen werden über den Multi-Provider `NG_ASYNC_VALIDATORS` verwaltet.
- Die Implementierung von elementübergreifenden Validierungen erfolgt durch Hinzufügen der Validierung zur übergeordneten `FormGroup` bzw. zum Formular.
- Über die `FormGroup`-Methode `get` können Sie auf die Werte der untergeordneten Kontrollelemente zugreifen.
- Die Implementierung von wiederholbaren Strukturen mit Template-Driven Forms ist aktuell noch etwas holprig und erfordert den Einsatz von Two-Way-Data-Bindings.

Nach dem Template-Driven-Ansatz werde ich Ihnen im folgenden Kapitel den Model-Driven-Ansatz zur Implementierung von Formularen vorstellen. Während Sie in diesem Kapitel primär mit HTML-Code gearbeitet haben, werden Sie die Formularlogik dort vollständig in Ihrer Komponentenklasse umsetzen. So werden Sie sehen, dass dieser Ansatz zwar etwas mehr Schreibarbeit erfordert, Ihnen dafür aber in Bezug auf Flexibilität und Kontrolle ganz neue Möglichkeiten bietet.

# Kapitel 9
# Model-Driven Forms: Formulare dynamisch in der Applikationslogik definieren

*Nachdem Sie sich im vorigen Kapitel mit dem HTML-zentrierten Ansatz der Template-Driven Forms befasst haben, lernen Sie in diesem Kapitel den gegenteiligen modellgetriebenen Ansatz kennen.*



Die Definition von Formularlogik im HTML-Code hat viele Vorteile: Sie können Ihre Formulare um Funktionalität erweitern, ohne dafür eine Zeile TypeScript-Code zu schreiben; Sie haben sämtliche Formular-Funktionalität an einer Stelle gekapselt, und Sie können bei der Erstellung von Formularen voll auf bekannte Webstandards zurückgreifen (z. B. `required`-Validierung).

Nichtsdestotrotz stößt dieser Ansatz dann an seine Grenzen, wenn Sie sehr dynamische Anforderungen an Ihre Formulare haben. Möchten Sie beispielweise abhängig von Benutzerrechten unterschiedliche Validierungsregeln hinterlegen oder Ihre Formulare komplett dynamisch auf Basis einer (vom Server geladenen) JSON-Repräsentation generieren, so ist dies auf Basis von Template-Driven Forms, wenn überhaupt, nur sehr aufwendig möglich. Hier kommt der Ansatz der Model-Driven Forms ins Spiel.

Die wichtigsten Unterschiede zur bisherigen Umsetzung sind:

- Die Erzeugung der Formularlogik erfolgt im TypeScript- (bzw. JavaScript)-Code.
- Über den HTML-Code wird lediglich eine *Verknüpfung* zu dem Formular hergestellt, das in TypeScript definiert wurde.
- Anstatt durch Two-Way-Data-Bindings erfolgt die Verbindung zum Applikationsmodell durch explizite Auswertung der `value`-Eigenschaft des Formulars.

In Abschnitt 9.1 und Abschnitt 9.2 werde ich Ihnen zunächst zeigen, wie Sie das Task-Formular aus Kapitel 8 mit dem modellgetriebenen Ansatz umsetzen können. Dort werden Sie alle von der Forms-API bereitgestellten Klassen und Direktiven zum Data-Binding sowie für die Validierung von Model-Driven Forms kennenlernen. In den folgenden Abschnitten werden Sie die Möglichkeiten des neuen Ansatzes dann voll ausschöpfen. Am Beispiel eines dynamischen Fragebogens werden Sie lernen, wie Sie mithilfe der Forms-API Formulare erzeugen können, die über externe Datenquellen (zum Beispiel über Einträge in einer Datenbank) definiert werden.

## 9.1 Aktivierung von Model-Driven Forms für Ihre Applikation

Äquivalent zum `FormsModule` steht Ihnen für die Definition von Model-Driven Forms das Modul `ReactiveFormsModule` zur Verfügung. Möchten Sie das Modul aktivieren, so können Sie es über die `imports`-Eigenschaft in das Hauptmodul Ihrer Applikation importieren.

```
import {FormsModule, ReactiveFormsModule} from '@angular/forms';
...
@NgModule({
  imports: [BrowserModule, FormsModule, ReactiveFormsModule],
  ...
})
export class AppModule {
}
```

**Listing 9.1** »app.module.ts«: Registrierung der beiden Module der Formular-API

**Model-Driven oder Reactive?**

Sie werden den Mechanismus, den ich in diesem Kapitel vorstelle, bei weiteren Recherchen auch immer mal wieder unter dem Namen *Reactive Forms* finden. Der Grund hierfür ist, dass die Definition von Formularen in der Anwendungslogik sehr elegant mit reaktiven Techniken zusammenspielt. So ist es beispielsweise leicht möglich, sich durch einen Stream über eingegebene Werte informieren zu lassen.

Da sich bis zum Entstehungszeitpunkt dieses Buches noch keine der beiden Bezeichnungen klar durchgesetzt hatte, habe ich mich für den Ausdruck *Model-Driven* bzw. *modellgetrieben* entschieden. Denn dieser Begriff sorgt meiner Meinung nach für eine deutlich klarere Abgrenzung von dem zuvor vorgestellten template-getriebenen Ansatz. Für Ihre weitere Arbeit können Sie sich aber einfach merken: »Model-Driven Forms = Reactive Forms«.

## 9.2 Das Task-Formular im modellgetriebenen Ansatz

Um Ihnen die wichtigsten Unterschiede zwischen dem modellgetriebenen und dem template-getriebenen Ansatz nahezubringen, habe ich mich entschieden, Ihnen in diesem Abschnitt die neuen Konzepte am bereits bekannten Aufgaben-Formular zu erläutern. Abbildung 9.1 zeigt zur Erinnerung noch einmal einen Screenshot des Formulars.

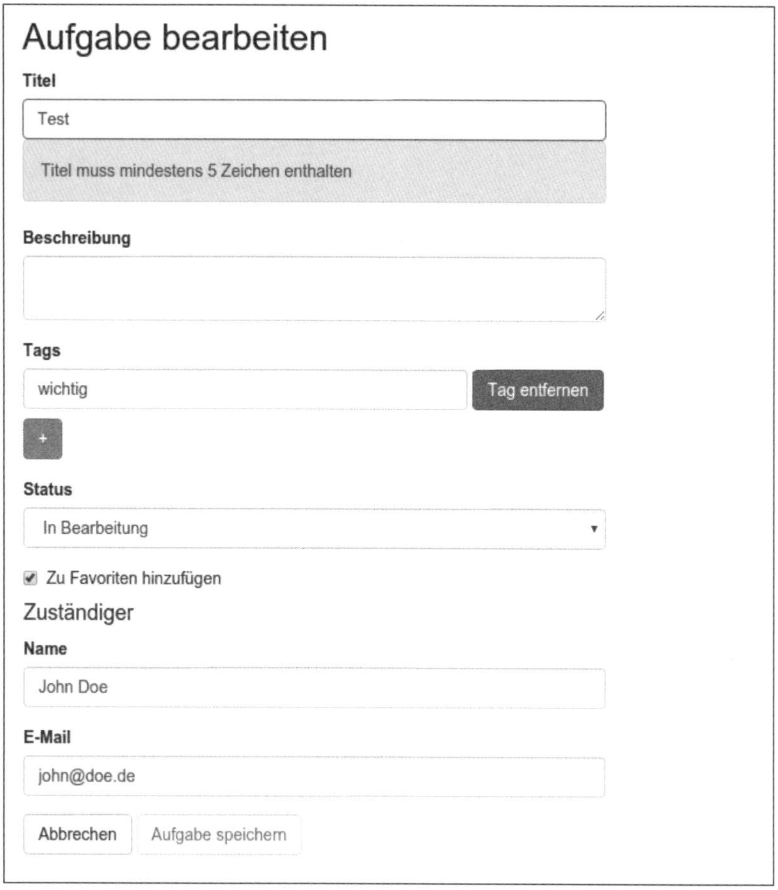

**Abbildung 9.1** Komplexes Eingabeformular für das Anlegen von Aufgaben



### 9.2.1 Definition des Formulars im TypeScript-Code

Möchten Sie dieses Formular nun mithilfe des Model-Driven-Ansatzes umsetzen, so besteht der erste Schritt darin, die Formularstruktur in Ihrem Controller-Code »nachzubauen«. Listing 9.2 zeigt eine entsprechende Implementierung (zunächst ohne Validierungen):

```
import {FormGroup, FormArray, FormControl} from '@angular/forms';
...
export class ModelDrivenFormComponent {
  taskForm: FormGroup;
  constructor() {
    this.taskForm = new FormGroup({
```

```
      title: new FormControl(''),
      description: new FormControl(''),
      favorite: new FormControl(false),
      state: new FormControl('BACKLOG'),
      tags: new FormArray([
        new FormGroup({
          label: new FormControl('')
        })
      ]),
      assignee: new FormGroup({
        name: new FormControl(''),
        email: new FormControl('')
      }),
    });
  }
}
```

**Listing 9.2** »model-driven-form.component.ts«: Erzeugung der Formularstruktur im TypeScript-Code

Über die Klassen `FormGroup` und `FormControl`, die Ihnen bereits aus Kapitel 8 bekannt sind, sowie über die neue Klasse `FormArray` wird hier zunächst eins zu eins die in Abbildung 9.1 dargestellte Struktur des Formulars in TypeScript nachgebildet.

Die Klasse `FormGroup` fungiert dabei einerseits als Container des gesamten Formulars und bietet Ihnen andererseits die Möglichkeit, in sich gekapselte Teile (z. B. `assignee`) zu definieren.

Folgerichtig entspricht die Klasse `FormControl` einem einzelnen Eingabeelement. Hierbei haben Sie die Möglichkeit, als ersten Parameter den Default-Wert des Elements anzugeben. Im Beispiel wird ein neues Formular also immer mit dem Default-Status `BACKLOG` initialisiert.

Die Klasse `FormArray` ermöglicht es Ihnen, wiederholbare Strukturen in Ihrem Formular zu definieren. Hierbei sind einige Feinheiten zu beachten, so dass ich dieser Struktur einen eigenen Abschnitt gewidmet habe (siehe Abschnitt 9.2.3, »FormArray im Detail: Wiederholbare Strukturen definieren«.

### 9.2.2 Verknüpfung des Formulars mit dem HTML-Code

Im nächsten Schritt müssen Sie nun dafür sorgen, dass das HTML-Formular sowie die Eingabefelder mit Ihrem in TypeScript erstellten `taskForm`-Objekt verbunden werden. Die Forms-API stellt Ihnen hierfür einige Direktiven zur Verfügung, die Sie in Listing 9.3 im Einsatz sehen:

```
<form novalidate [formGroup]="taskForm"
      (ngSubmit)="saveTask(taskForm.value)">
  <div class="form-group">
    <label>Titel</label>
    <input class="form-control" formControlName="title"/>
  </div>
  ... <!--Tags werden später gesondert vorgestellt! -->
  <h4>Zuständiger</h4>
  <div formGroupName="assignee">
    <div class="form-group">
      <label>Name</label>
      <input type="text" class="form-control" formControlName="name"/>
    </div>
    <div class="form-group">
      <label>E-Mail</label>
      <input type="text" class="form-control" formControlName="email"/>
    </div>
  </div>
  ...
  <button type="submit" class="btn btn-default"
          [disabled]="!taskForm.valid">
    Aufgabe speichern
  </button>
</form>
```

**Listing 9.3** »model-driven-form.component.html«: Verknüpfung des HTML-Codes mit dem manuell definierten Formular



Die eigentliche Verbindung des Formulars zum FormGroup-Objekt taskForm erfolgt über die Direktive FormGroupDirective mit dem Selektor [formGroup]:

```
<form novalidate [formGroup]="taskForm">
  ...
</form>
```

Innerhalb des Formulars bieten Ihnen die beiden Direktiven FormControlName und FormGroupName anschließend die Möglichkeit, auf Basis des im TypeScript-Code definierten Namens eine Verknüpfung zwischen Eingabeelementen und logischer Formularstruktur herzustellen. So teilen Sie Angular mit der Definition

```
<input class="form-control" formControlName="title"/>
```

mit, dass das Eingabefeld mit dem title-Feld des taskForm-Objekts verknüpft werden soll.

```
this.taskForm = new FormGroup({
  title: new FormControl(''),
  ...
}
```

Über den Code

```
<div formGroupName="assignee">
  <div class="form-group">
    <label>Name</label>
    <input type="text" class="form-control" formControlName="name"/>
  </div>
...
```

stellen Sie folgerichtig eine Verbindung zum `name-FormControl` unterhalb der `FormGroup` namens `assignee` her:

```
this.taskForm = new FormGroup({
  ...
  assignee: new FormGroup({
    name: new FormControl(''),
    email: new FormControl('')
  }),
});
```

**Und noch einmal: Template-Driven Forms vs. Model-Driven Forms**

Auch wenn ich es bereits in der Einleitung angedeutet habe, ist es an dieser Stelle wichtig, sich noch einmal den wesentlichen Unterschied zum template-getriebenen Ansatz bewusst zu machen: Während Sie in Kapitel 8 über die `NgModel`-Direktive dafür gesorgt haben, dass auf Basis des HTML-Codes eine logische Struktur aus `FormControl` und `FormGroup` *erzeugt* wurde, übernehmen Sie diese Erzeugung beim Model-Driven-Ansatz selbst. Aus dem HTML-Code heraus stellen Sie nun nur noch eine Verbindung zum manuell erzeugten Formularobjekt her!

Die erste echte Interaktion mit der Forms-API können Sie nun in der Implementierung der `saveTask`-Methode sehen. So übergeben Sie der Methode beim Absenden des Formulars die `value`-Eigenschaft des `taskForm`-Objekts:

```
<form [formGroup]="taskForm" (ngSubmit)="saveTask(taskForm.value)">
  ...
</form>
```

Die Ausgabe des Wertes in der Developer-Konsole zeigt nun bereits, dass die Verknüpfung zwischen HTML und TypeScript dazu geführt hat, dass das `value`-Objekt exakt die über die `FormGroup` spezifizierte Struktur widerspiegelt (siehe Abbildung 9.2).

```
model-driven-form.
▼Object {title: "Neues Entwickler-Team zusammenstellen", description: "Notwendige K
lar 2 & TypeScript", favorite: false, state: "BACKLOG", tags: Array[1]…}
  ▶assignee: Object
   description: "Notwendige Kenntnisse Angular 2 & TypeScript"
   favorite: false
   state: "BACKLOG"
  ▶tags: Array[1]
   title: "Neues Entwickler-Team zusammenstellen"
  ▶ proto : Object
```

**Abbildung 9.2** Ausgabe des Werts in der Developer-Konsole

In den folgenden Abschnitten werden Sie noch im Detail lernen, wie Sie im modellgetriebenen Ansatz eine Verbindung zwischen dem Formular und Ihrem Applikationsmodell herstellen können. Sie können aber bereits hier sehen, dass die vom Formular gelieferte Struktur der Struktur eines Task-Objekts entspricht – beste Voraussetzungen für eine nahtlose Integration!

9

### 9.2.3 FormArray im Detail: Wiederholbare Strukturen definieren

Die Klasse `FormArray` bietet Ihnen die Möglichkeit, wiederholbare Strukturen in Ihren Formularen zu definieren. Hierbei müssen Sie einige Details beachten, die ich Ihnen in diesem Abschnitt im Detail erläutern möchte.

Der wichtigste Unterschied zum template-getriebenen Ansatz mit Two-Way-Data-Binding besteht zunächst einmal darin, dass Sie beim Two-Way-Data-Binding die Möglichkeit haben, innerhalb Ihres HTML-Codes über die Eigenschaften des gebundenen Objekts zu iterieren. Diese Option steht Ihnen bei modellgetriebenen Ansatz nicht zur Verfügung, sodass Sie in diesem Fall das `FormArray` selbst als Basis für die Umsetzung der Template-Logik verwenden.

Listing 9.4 zeigt hierfür zunächst einmal die Definition des `FormArray` und die Zwischenspeicherung des Arrays in der Membervariablen `tagsArray`:

```
tagsArray: FormArray;
constructor() {
  this.taskForm = new FormGroup({
    ...
    tags: new FormArray([
      new FormGroup({
        label: new FormControl('')
      })
    ]),
```

```
  });
  this.tagsArray = <FormArray>this.taskForm.controls['tags'];
}
```

**Listing 9.4** »model-driven-form.component.ts«: Definition eines »FormArray« für die Verwaltung der Tasks

Der Konstruktor des `FormArray` nimmt eine Liste von `AbstractFormControl`-Objekten entgegen. Die Klasse `AbstractFormControl` stellt dabei die Basisklasse von `FormControl`, `FormGroup` und `FormArray` dar, sodass Sie auf diese Weise in der Lage sind, beliebig komplexe wiederholbare Strukturen zu definieren. Im Beispiel bilden Sie auf diesem Weg ein Objekt mit der einzigen Eigenschaft `label` ab – exakt der Struktur eines Tag-Objekts.

Zusätzlich zur Definition merken Sie sich außerdem den Verweis auf das `FormArray` in der Membervariablen `tagsArray`, die Sie anschließend im HTML-Code für die Darstellung der Eingabefelder verwenden können. Listing 9.5 zeigt die entsprechende HTML-Implementierung:

```
<form novalidate [formGroup]="taskForm" (ngSubmit)="saveTask(taskForm.value)">
  ...
  <label>Tags</label>
  <div formArrayName="tags">
    <div *ngFor="let tag of tagsArray.controls; let i = index">
      <div class="tag-controls" formGroupName="{{i}}">
        <input class="form-control" formControlName="label">
        <button class="btn btn-danger" (click)="removeTag(i)">
          Tag entfernen
        </button>
      </div>
    </div>
  </div>
  <div class="form-group">
    <button class="btn btn-success" (click)="addTag()"> + </button>
  </div>
</form>
```

**Listing 9.5** »model-driven-forms.component.ts«: HTML-Implementierung der Tag-Eingabe

Die erste Neuerung in diesem Listing ist die Verwendung der `FormArrayName`-Direktive, die zunächst eine Verbindung zum `tags-FormArray` herstellt. Innerhalb des `div`-Blocks iterieren Sie anschließend über die Kontrollelemente des `tagsArray`. Beachten Sie hierbei, dass Sie sich den `index` des Schleifendurchlaufs in der Variablen `i` merken:

```
<div *ngFor="let tag of tagsArray.controls; let i = index">
  ...
<div>
```

So spielt der Index im Kontext von Form-Arrays insofern eine besondere Rolle, als dass die einzelnen Einträge des `FormArray` über Ihren Index identifiziert werden. Über die Konfiguration

```
<div class="tag-controls" formGroupName="{{i}}">
  ...
<div>
```

erhalten Sie somit jeweils Zugriff auf die `i`-te `FormGroup` des `tagsArray`.



Ein Blick in die Oberfläche der Applikation zeigt, dass die Vorinitialisierung des Arrays mit einer `FormGroup` bereits dazu führt, dass initial ein Eingabefeld zur Eingabe eines Tags dargestellt wird (siehe Abbildung 9.3).

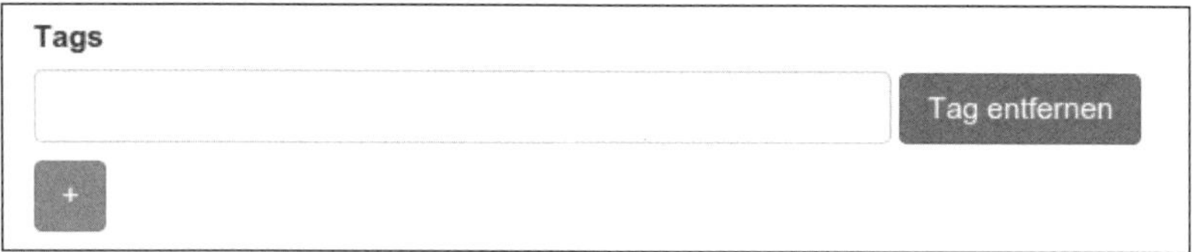


**Abbildung 9.3** Darstellung des initialen Tag-Controls

Schauen Sie sich als Nächstes die Funktionalität zum Hinzufügen (`addTag`) und Entfernen (`removeTag`) von Elementen aus dem `tagsArray` an. Haben Sie im templategetriebenen Ansatz an dieser Stelle direkt das Modell um neue Tasks erweitert, müssen Sie im modellgetriebenen Fall neue `FormControls` zum `tagsArray` hinzufügen bzw. daraus entfernen. Hierfür bietet es sich zunächst an, die Erzeugung einer entsprechenden `FormGroup` in eine eigene Funktion auszulagern:

```
private createTagControl(): FormGroup {
  return new FormGroup({
    label: new FormControl('')
  });
}
```

**Listing 9.6** »model-driven-form.component.ts«: Auslagerung der Tag-Control-Erzeugung

Mit den beiden Funktionen `push` und `removeAt` bietet Ihnen die `FormArray`-Klasse nun die Möglichkeit, die Liste der verwalteten Controls zu manipulieren. Listing 9.7 zeigt Ihnen die entsprechende Umsetzung der Methoden `addTag` und `removeTag`:

```
addTag() {
  this.tagsArray.push(this.createTagControl());
  return false;
}
removeTag(i: number) {
  this.tagsArray.removeAt(i);
  return false;
}
```

**Listing 9.7** »model-driven-form.component.ts«: Implementierung der Methoden zum Hinzufügen und Entfernen von Tags

Neben `push` und `removeAt` bietet Ihnen die Klasse im Übrigen auch die Möglichkeit, mit `insert(index, control)` ein Control an einer bestimmten Stelle im Array einzufügen. Die Rückgabe des Wertes `false` verhindert in Listing 9.7, dass ein Klick auf den jeweiligen Button das Formular absendet.

Geschafft! Sie sind nun in der Lage, beliebig viele Tags zu Ihrem Formular hinzuzufügen. Ein Absenden des Formulars und ein Blick in die Developer-Konsole zeigen, dass die Struktur der übermittelten Liste exakt der Struktur einer Tag-Liste entspricht (siehe Abbildung 9.4 und Abbildung 9.5).

**Abbildung 9.4** Anlegen von zwei Tags über das Formular

```
▼Object {title: "Neues Entwickler-Team zusammenstellen", descripti
gular 2 & TypeScript", favorite: false, state: "BACKLOG", tags: Ar
  ▶assignee: Object
   description: "Notwendige Kenntnisse Angular 2 & TypeScript"
   favorite: false
   state: "BACKLOG"
  ▼tags: Array[2]
    ▼0: Object
       label: "wichtig"
     ▶ proto : Object
    ▼1: Object
       label: "dringend"
     ▶ proto : Object
     length: 2
   ▶ proto : Array[0]
   title: "Neues Entwickler-Team zusammenstellen"
  ▶ proto : Object
```

**Abbildung 9.5** Ausgabe der erzeugten »value«-Eigenschaft des Formulars

### 9.2.4 Verbindung des Formulars mit dem Applikationsmodell

Die Verbindung zwischen dem Formular und Ihrem Applikationsmodell wurde bei der Verwendung von `NgModel` und Two-Way-Data-Bindings mehr oder wenig automatisch von Angular übernommen. Beim modellgetriebenen Ansatz müssen Sie sich hierum selbst kümmern. Doch keine Sorge – bei der korrekten Definition Ihrer Formularstruktur ist dies mit sehr wenig Aufwand verbunden.

#### Laden von existierenden Aufgaben und Befüllung des Formulars

In den bisherigen Abschnitten bin ich immer davon ausgegangen, dass Sie mit einem leeren Formular starten. Insbesondere bei der Implementierung von CRUD-Anwendungen werden Sie jedoch oft in die Situation kommen, dass Sie das Formular mit (vom Server geladenen Daten) vorbefüllen wollen.



Die Forms-API bietet Ihnen für diesen Fall die beiden Methoden `setValue` und `patchValue` an. Beide Methoden erwarten ein Objekt, das der Struktur des Formulars entspricht, und befüllen alle untergeordneten Kontrollelemente rekursiv mit den Daten des übergebenen Objekts.

Während `setValue` hierbei eine Exception auslöst, falls das Objekt Eigenschaften enthält, zu denen es kein passendes Kontrollelement gibt, werden solche Eigenschaften bei der Verwendung der `patchValue`-Methode einfach ignoriert. So enthalten aus einer Datenbank geladene Objekte beispielsweise oft eine technische `id` oder das Erzeugungsdatum des Objekts. Möchten Sie solche Objekte sofort für die Befüllung des Formulars verwenden bietet, sich somit die Nutzung der `patchValue`-Methode an.

Um dieses Verhalten zu demonstrieren, stellt Ihnen der `TaskService` einige vordefinierte Tasks zur Verfügung, die Sie über die `getTask`-Methode laden können. Das folgende Listing zeigt die Verwendung der `patchValue`-Methode im Zusammenspiel mit einem geladenen Task:

```
loadTask(id: number) {
  this.task = this.taskService.getTask(id);
  this.taskForm.patchValue(this.task);
  return false;
}
```

Wie Sie sehen, wird hier einfach der gesamte geladene Task an die `patchValue`-Funktion übergeben. Alle Werte, die der Struktur des Formulars entsprechen, werden nun automatisch und rekursiv in die Kontrollelemente übertragen, die zum `taskForm` gehören.

Für die Verwendung der Funktion habe ich Ihnen im Beispielprojekt bereits zwei Buttons zur Verfügung gestellt: einen zum Laden des Tasks mit der ID 1 und einen zum Laden des Tasks mit der ID 2. Klicken Sie nun mit der obigen Implementierung auf den ersten Button, wird der Task so im Formular geladen, wie in Abbildung 9.6 dargestellt.

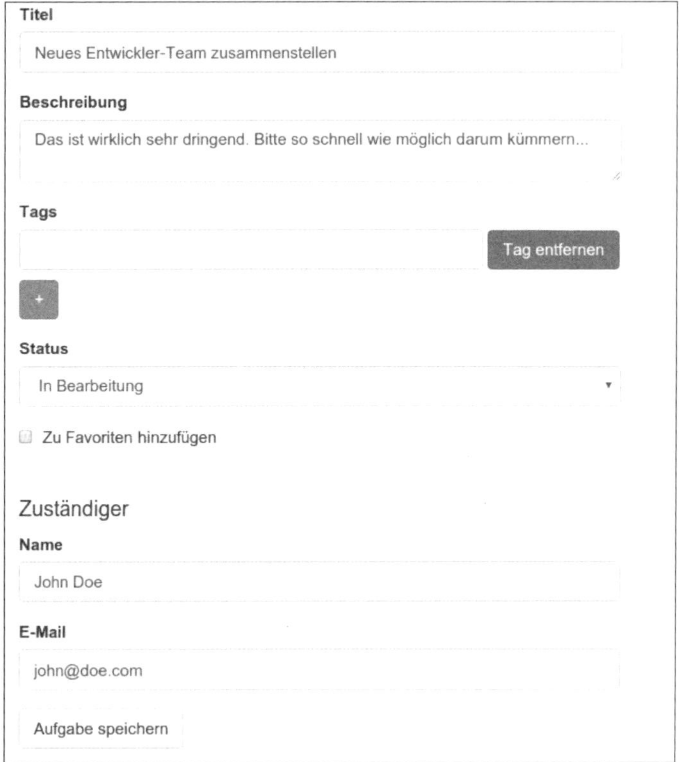


**Abbildung 9.6** Den ersten Task in das Formular laden

### Besonderheit bei der Verwendung von FormArrays

Klicken Sie mit der oben beschriebenen Implementierung der `loadTask`-Methode jedoch auf den zweiten Button, werden Sie zunächst eine böse Überraschung erleben: Das Übertragen des Tasks in das Formular schlägt mit der Exception fehl, die Sie in Abbildung 9.7 sehen.

```
▶ORIGINAL EXCEPTION: Cannot find form control at index 1
▶ORIGINAL STACKTRACE:
▶Error: Cannot find form control at index 1
    at new BaseException (http://localhost:4200/vendor/@angular/forms/src/facade/exceptions.js:27:23)
    at FormArray._throwIfControlMissing (http://localhost:4200/vendor/@angular/forms/src/model.js:646:19)
    at eval (http://localhost:4200/vendor/@angular/forms/src/model.js:628:19)
    at Array.forEach (native)
    at FormArray.updateValue (http://localhost:4200/vendor/@angular/forms/src/model.js:627:15)
    at eval (http://localhost:4200/vendor/@angular/forms/src/model.js:490:34)
    at Function.StringMapWrapper.forEach (http://localhost:4200/vendor/@angular/forms/src/facade/collection.js:142:17)
```

**Abbildung 9.7** Exception beim Laden eines Tasks mit Tags

Der Grund hierfür ist, dass der geladene Task zwei Tags besitzt, Sie beim Anlegen Ihres Formulars initial aber nur ein `FormControl` in das `tagsArray` eingefügt haben. Sie müssen nach dem Laden eines Tasks also zunächst einmal dafür sorgen, dass Ihr Formular eine passende Anzahl an Kontrollelementen im FormArray bereitstellt. Listing 9.8 zeigt die Implementierung der adjustTagsArray-Methode und deren Verwendung beim Laden eines Tasks:

```
loadTask(id: number) {
  this.task = this.taskService.getTask(id);
  this.adjustTagsArray(this.task.tags);
  this.taskForm.patchValue(this.task);
  return false;
}
private adjustTagsArray(tags: any[]) {
  const tagCount = tags ? tags.length : 0;
  while (tagCount > this.tagsArray.controls.length) {
    this.addTag();
  }
  while (tagCount <  this.tagsArray.controls.length) {
    this.removeTag(0);
  }
}
```

**Listing 9.8** »model-driven-form.component.ts«: Anpassung des Tags-Arrays beim Laden eines Tasks

**Trennung von Formularlogik und Datenhaltung**

Zugegebenermaßen erscheint dieser Ablauf auf den ersten Blick etwas umständlich. Der Grund hierfür liegt aber in der klaren Trennung von Datenhaltung und Formularlogik. So könnte man zunächst intuitiv vermuten, dass Angular die fehlenden FormControl-Elemente auch selbst anlegen könnte. In diesem Fall hätten Sie jedoch keine Chance, die Validatoren festzulegen, die für die Überprüfung verwendet werden sollen (siehe nächster Abschnitt)!

Klicken Sie nun erneut auf den Button zum Laden des zweiten Tasks, so werden Sie feststellen, dass das Formular beide Tags korrekt in der Oberfläche abbildet (siehe Abbildung 9.8).

**setValue und patchValue für FormControl und FormArray**

Äquivalent zur FormGroup bieten Ihnen auch die Klassen FormControl und FormArray die Möglichkeit, den jeweiligen Wert bzw. die Werte des Arrays über die Methoden setValue und patchValue zu verändern. So haben Sie sehr feingranular die Möglichkeit, Daten für bestimmte Teile Ihres Formulars nachzuladen.

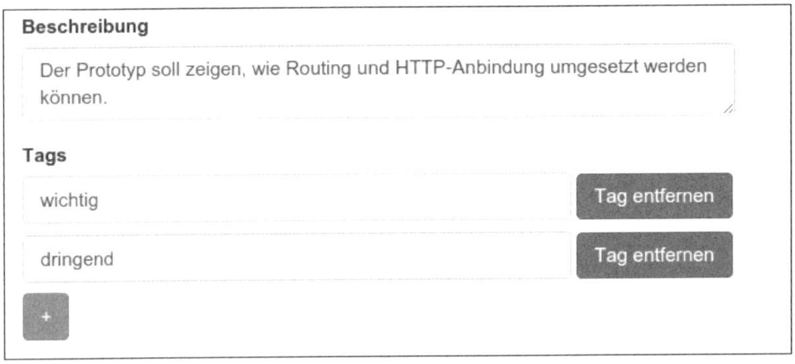

Beschreibung

Der Prototyp soll zeigen, wie Routing und HTTP-Anbindung umgesetzt werden können.

Tags

wichtig Tag entfernen

dringend Tag entfernen

+

**Abbildung 9.8** Automatische Anpassung der Liste der Tag-»FormControl«-Elemente

### Übertragen der Formulardaten ins Applikationsmodell

Möchten Sie die Daten des Formulars nun (zurück) in Ihr Datenmodell übertragen, so ist dies ebenfalls leicht möglich. Da die Struktur des `value`-Objekts im Wesentlichen bereits der Struktur eines Tasks entspricht, können Sie die Daten einfach eins zu eins in das Objekt übernehmen.

Der einzige kritische Punkt, auf den Sie hierbei achten müssen, ist, dass Ihr geladenes Task-Objekt gegebenenfalls mehr Eigenschaften enthält als die `value`-Eigenschaft des Formulars (beispielsweise die bereits angesprochene technische `id`).

Eine elegante Lösung für diese Aufgabenstellung bietet Ihnen die mit ECMAScript 2015 eingeführte Methode `Object.assign` (Details finden Sie in Anhang A, »ECMA-Script 2015«). Die Methode nimmt als ersten Parameter das Zielobjekt und anschließend beliebig viele Quellobjekte entgegen. Die Eigenschaften der Quellobjekte werden dann nacheinander in das Zielobjekt kopiert. Möchten Sie nun also alle Daten des Form-Wertes in Ihr geladenes Task-Objekt übernehmen, so können Sie dies auf die folgende Art erreichen:

```
<form novalidate [formGroup]="taskForm"
      (ngSubmit)="saveTask(taskForm.value)">
  ...
</form>
```

**Listing 9.9** »model-driven-form.component.ts«: Aufruf der »saveTask«-Funktion

```
saveTask(value: any) {
  Object.assign(this.task, value);
  this.taskService.saveTask(this.task);
}
```

**Listing 9.10** »model-driven-form.component.ts«: Übernahme der Werte aus dem Formular in das Task-Objekt

Über die `Object.assign`-Methode wird Ihr Objekt hier zunächst mit den im `value`-Objekt vorhandenen Eigenschaften aktualisiert. Im Anschluss können Sie das aktualisierte Objekt mithilfe der `saveTask`-Methode über den `TaskService` speichern.

### 9.2.5 Der FormBuilder – komfortable Definition von Formularen

In den vorangegangenen Listings haben Sie gesehen, wie Sie mithilfe der Klassen `FormGroup`, `FormControl` und `FormArray` Formulare im Komponentencode definieren können. Die Definition von umfangreicheren Formularen kann mit der vorgestellten Technik aber recht umständlich sein. Mit dem `FormBuilder` bietet Angular Ihnen hier eine etwas bequemere Alternative an. Anstatt die einzelnen Formularbestandteile direkt zu instanziieren, werden diese über eine *Fluent-API* angelegt.



Damit der `FormBuilder` verwendet werden kann, muss er zunächst importiert und eine Instanz über den Konstruktor injiziert werden. Listing 9.11 zeigt die Definition des bislang vorgestellten Formulars mithilfe des `FormBuilder`:

```
import { FormBuilder, ...} from '@angular/forms';
...
constructor(fb: FormBuilder) {
  this.taskForm = fb.group({
    title: [''],
    description: [''],
    favorite: [''],
    state: ['BACKLOG'],
    tags: fb.array([
      fb.group({
        label: ['']
      })
    ]),
    assignee: fb.group({
      name: [''],
      email: [''],
    })
  });
}
```

**Listing 9.11** »model-driven-form.component.ts«: Erzeugung der Formularstruktur mithilfe des »FormBuilder«

Wie Sie sehen, stellt der `FormBuilder` lediglich zwei Methoden bereit:

- die `group`-Methode zur Erstellung einer neuen `FormGroup`
- die `array`-Methode zur Erstellung eines neuen `FormArray`

Wollen Sie ein neues `FormControl` erstellen, geschieht dies über die Angabe eines einfachen Arrays. Dabei bestimmt der erste Wert des Arrays den Default-Wert des Controls, über weitere Parameter können Sie außerdem die verwendeten Validatoren festlegen (siehe Abschnitt 9.2.6).

Da die Verwendung der `FormBuilder`-Syntax sowohl kompakter als auch deutlich übersichtlicher als die manuelle Instanziierung der Formularbestandteile ist, werde ich im weiteren Verlauf des Kapitels diese Syntax verwenden.

### 9.2.6 Validierungen von Model-Driven Forms

Anders als bei Template-Driven Forms, bei denen Sie die Validatoren, die Sie verwenden wollen, über Direktiven im HTML-Code festgelegt haben, erfolgt diese Definition beim modellgetriebenen Ansatz ebenfalls bei der Erstellung des Formulars im Komponentencode.

Für die von Framework mitgelieferten Standardvalidierugen wie `required` oder `minlength` steht Ihnen hier die Klasse `Validators` bereit. Die Registrierung von synchronen Validierungen für ein `FormControl` erfolgt dabei über einen zweiten Eintrag im Definitions-Array für das Element. Hierbei können Sie entweder eine einzelne Validierung oder direkt eine Liste von Validatoren übergeben. Listing 9.12 zeigt zunächst einmal, wie Sie die Validatoren registrieren, die Angular für das Formular mitliefert:

```
this.taskForm = fb.group({
  title: ['', [Validators.required, Validators.minLength(5)]],
  description: ['', Validators.maxLength(2000)],
  ...
  tags: fb.array([
    fb.group({
      label: ['', Validators.minLength(3)]
    })
  ]),
  ...
});
```

**Listing 9.12** »model-driven-form.component.ts«: Registrierung der Standardvalidatoren

Neben den im Listing verwendeten Validatoren steht Ihnen außerdem noch die Funktion `Validators.pattern` zur Verfügung, der Sie einen regulären Ausdruck zum Testen des Wertes übergeben können. Beachten Sie hier besonders, dass keinerlei Änderungen am HTML-Code vorgenommen werden – die gesamte Formularlogik liegt somit weiterhin im Komponentencode!

### Definition von eigenen Validierungen

Beim template-getriebenen Ansatz mussten Sie für die Definition von eigenen Validierungen jeweils eigene Direktiven bereitstellen. Der modellgetriebene Ansatz etwas komfortabler: Hier genügt es, anstelle einer Direktive lediglich eine Funktion bereitzustellen, die – äquivalent zum Direktiven-Ansatz – ein beliebiges Kontrollelement (`AbstractControl`) übergeben bekommt und daraufhin ein Objekt zurückliefert, das aus Fehlercode und Fehlerbeschreibung besteht.

Listing 9.13 zeigt exemplarisch die Implementierung der `emailValidator`-Funktion:

```
export function emailValidator(control): {[key: string]: any} {
  const re = /^([\w-]+(?:\.[\w-]+)*)@((?:[\w-]+\.)*\w[\w-]{0,66})\.([a-z]
    {2,6}(?:\.[a-z]{2})?)$/i;
  if (!control.value || control.value === '' || re.test(control.value)) {
    return null;
  } else {
    return {'invalidEMail': true};
  }
}
```

**Listing 9.13** »app-validators.ts«: Definition der »emailValidator«-Funktion

Genau wie die von Angular mitgelieferten Validierungen können Sie diese Funktion nun während der Erstellung des Formulars beim `FormControl` registrieren:

```
this.taskForm = fb.group({
  ...
  assignee: fb.group({
    name: [''],
    email: ['', emailValidator],
  })
});
```

**Listing 9.14** »model-driven-form.component.ts«: Registrierung der »emailValidator«-Funktion beim Kontrollelement

### Wiederverwendung von bestehenden Validator-Direktiven

Möchten Sie die von Ihnen bereitgestellten Validierungsregeln sowohl für Template-Driven- als auch für Model-Driven Forms zur Verfügung stellen, ist es selbstverständlich nicht ratsam, die Logik für beide Fälle neu zu implementieren. Angular bietet Ihnen auch für diesen Fall eine elegante Lösung.

Für Template-Driven Forms war es notwendig, die bereitgestellte Direktive über den `NG_VALIDATORS`-Multi-Provider beim Forms-Framework zu registrieren. Anstatt die Direktive selbst zu registrieren, ist es an dieser Stelle aber ebenfalls möglich, die `email-`

Validator-Funktion aus Listing 9.14 zu registrieren. Die Direktive bringt in diesem Fall keine eigene validate-Methode mit, sondern sorgt lediglich dafür, dass die Funktion dem Framework bereitgestellt wird:

```
@Directive({
  selector: '[pjmEmailValidator]',
  providers: [
    {provide: NG_VALIDATORS, useValue: emailValidator, multi: true}
  ]
})
export class EmailValidatorWithFunctionDirective {
}
```

**Listing 9.15** »app-validators.ts«: Registrierung einer Funktion beim »NG_VALIDATORS«-Provider

Auf diese Weise haben Sie die eigentliche Implementierungslogik sauber in der emailValidator-Funktion gekapselt. Die Direktive ist nur noch für die Registrierung beim Forms-Framework zuständig. Für asynchrone Validierungen funktioniert dies selbstverständlich äquivalent über den NG_ASYNC_VALIDATORS-Multi-Provider.

### Von Services abhängige Validierungen

Möchten Sie im modellgetriebenen Ansatz Validierungen definieren, die ihrerseits wieder auf Services zugreifen, so wird es ein klein wenig komplizierter. Bei der Definition einer solchen Validierung hatten Sie im template-getriebenen Fall die Möglichkeit, den verwendeten Service über den Dependency-Injection-Mechanismus in die Direktive zu injiziieren. Im modellgetriebenen Fall müssen Sie jedoch darauf achten, dass Sie die Validierungsfunktion in einem Kontext definieren, dem der Service zur Verfügung steht.

Listing 9.16 zeigt eine entsprechende Implementierung der »User exists«-Validierung direkt in der Komponentenklasse:

```
export class ModelDrivenFormComponent {
  constructor(private taskService: TaskService,
              private userService: UserService,
              fb: FormBuilder) {
    this.taskForm = new FormGroup({
      ...
      assignee: fb.group({
        name: ['', null, this.userExistsValidator],
        email: ['', emailValidator],
      })
    });
```

```
  }
  userExistsValidator = (control: AbstractControl) => {
    return this.userService.checkUserExists(control.value)
      .map(checkResult => {
        return (checkResult === false) ? {userNotFound: true} : null;
      });
  }
}
```

**Listing 9.16** »model-driven-form.component.ts«: Definition der Validator-Funktion innerhalb der Komponente



Die eigentliche Implementierung der Validator-Funktion besitzt hier eine etwas eigenwillige Signatur. Über die Anweisung

```
userExistsValidator = (control: AbstractControl) => {
    ...
}
```

definieren Sie die Membervariable `userExistsValidator`, die auf eine anonyme Funktion verweist. Diese Funktion nimmt wie alle Validatoren ein `AbstractControl`-Objekt als Parameter entgegen und liefert eine Map mit den gefundenen Validierungsfehlern zurück.

Da es sich bei der `userExistsValidator`-Funktion um eine asynchrone Validierung handelt, erfolgt die Registrierung beim `FormControl` nun nicht über den zweiten, sondern über den dritten Eintrag im Definitions-Array:

```
this.taskForm = fb.group({
  ...
  assignee: fb.group({
    name: ['', null, this.userExistsValidator],
    email: ['', emailValidator],
  })
}...);
```

**Listing 9.17** »model-driven-form.component.ts«: Registrierung der asynchronen Validator-Funktion am »FormControl«

Eine kleine unschöne Eigenheit besteht hier allerdings noch darin, dass Sie die Logik zur Validierung nun doch doppelt implementiert haben – einmal für den templategetriebenen Ansatz in der `UserExistsValidatorDirective` und nun direkt in der Komponentenklasse.

In diesem Fall können Sie von der Tatsache Gebrauch machen, dass es sich bei einer Direktive im Endeffekt um nichts anderes als um eine ES2015-Klasse handelt:

```
export class UserExistsValidatorDirective {
  constructor(private userService: UserService) {
  }
  validate(control: AbstractControl): Observable<any> {... }
}
```

Auch wenn eine Direktive in der Regel von Angular instanziiert wird, ist es ebenso leicht möglich, diese Instanziierung selbst im Komponentencode vorzunehmen. Die `userExistsValidator`-Funktion lässt sich somit auch unter Zuhilfenahme der `UserExistsValidatorDirective` realisieren:

```
userExistsValidatorReused = (control) => {
  const validator = new UserExistsValidatorDirective(this.userService);
  return validator.validate(control);
};
```

**Listing 9.18** »model-driven-form.component.ts«: Wiederverwendung der »UserExistsValidator«-Direktive

So haben Sie auch hier die Möglichkeit, vorhandene Validierungslogik elegant wiederzuverwenden.

### Kontrollelementübergreifende Validierungen

Die Registrierung von kontrollelementübergreifenden Validierungen erfolgt wie schon beim template-getriebenen Ansatz auf Ebene der übergeordneten `FormGroup`. Erinnern Sie sich hierfür noch einmal an die in Kapitel 8 vorgestellte Validierung, die sicherstellen soll, dass der Name des zuständigen Bearbeiters gefüllt ist, sobald der Task nicht mehr den Status `BACKLOG` hat. Listing 9.19 zeigt die entsprechende Implementierung in Form einer einfachen Funktion:

```
export function ifNotBacklogThanAssignee(formGroup: AbstractControl):
                                          {[key: string]: any} {
  const nameControl = formGroup.get('assignee.name');
  const stateControl = formGroup.get('state');
  if (!nameControl || !stateControl) {
   return null;
  }
  if (stateControl.value !== 'BACKLOG' &&
    (!nameControl.value || nameControl.value === '')) {
    return {'assigneeRequired': true};
```

```
  }
  return null;
}
```

**Listing 9.19** »app.validators.ts«: Implementierung der elementübergreifenden Validierung

Die Registrierung des Validators erfolgt nun nicht mehr an den Controls selbst, sondern durch die Übergabe eines zusätzlichen Objekts an die `group`-Funktion des `FormBuilder`. Erweitern Sie die Formulardefinition hierfür einfach wie folgt:

```
this.taskForm = fb.group({
  ...
}, {validator: ifNotBacklogThanAssignee});
```



**Listing 9.20** »model-driven-form.component.ts«: Registrierung einer synchronen Validator-Funktion bei der »FormGroup«

Wenn Sie an dieser Stelle einen asynchronen feldübergreifenden Validator definieren möchten, so tun Sie dies über die `asyncValidator`-Eigenschaft:

```
this.taskForm = fb.group({
  ...
}, {asyncValidator: someAsyncValidation});
```

**Listing 9.21** Registrierung einer asynchronen Validator-Funktion bei der »FormGroup«

### Anpassungen an der ShowError-Komponente

Nachdem Sie die Validierungsregeln definiert haben, müssen Sie nun selbstverständlich noch dafür sorgen, dass diese benutzerfreundlich in der Oberfläche dargestellt werden. Anstatt hierfür eine neue Lösung zu implementieren, ist es in diesem Zusammenhang sehr leicht möglich, die `ShowErrorComponent` aus Abschnitt 8.7.3 so zu erweitern, dass sie auch für Model-Driven Forms eingesetzt werden kann. Erinnern Sie sich hierfür zunächst einmal an die bisherige Implementierung der Komponente:

```
constructor(private ngForm: NgForm) {
}

get errorMessages(): string[] {
  const form: FormGroup = this.ngForm.form;
  const control = form.get(this.path);
  const messages = [];
  if (!control || !(control.touched) || !control.errors) {
    return null;
  }
```

```
    for (const code in control.errors) {
      // Berechnung der lesbaren Fehlermeldungen
    }
  }
```

**Listing 9.22** »show-error.component.ts«: bisherige Struktur der »ShowErrorComponent«

Der einzige Teil, der hier speziell auf die Verwendung von Template-Driven Forms zugeschnitten ist, ist die Injektion und Verwendung der `NgForm`-Direktive. Alle weiteren Bestandteile des Listings beziehen sich auf Standardfunktionalität der Klassen `FormGroup` und `FormControl`!

Möchten Sie nun also dafür sorgen, dass die Direktive auch für Model-Driven Forms funktioniert, müssen Sie nichts weiter tun, als zusätzlich zur `NgForm` auch das modellgetriebene Äquivalent `FormGroupDirective` zu unterstützen. Listing 9.23 zeigt die entsprechenden Änderungen an der Komponente:

```
constructor(@Optional() private ngForm: NgForm,
            @Optional() private formGroup: FormGroupDirective){
}

get errorMessages(): string[] {
  let form: FormGroup;
  if (this.ngForm) {
    form = this.ngForm.form;
  } else {
    form = this.formGroup.form;
  }
  const control = form.get(this.path);
  ...
}
```

**Listing 9.23** »show-error.component.ts«: Anpassungen an der »ShowErrorComponent« zur Unterstützung von Model-Driven Forms

Im Konstruktor wird hier sowohl die Instanziierung mit einem übergeordneten `NgForm` als auch mit einer `FormGroupDirective` vorgesehen.

Über den `@Optional`-Decorator stellen Sie dabei sicher, dass Angular damit klarkommt, dass nur einer der beiden Parameter wirklich gefüllt ist. Die eigentliche Fallunterscheidung erfolgt anschließend in der `getter`-Methode `errorMessages`. Dies hat den Grund, dass die Verbindung zwischen der `FormGroupDirective` und der `FormGroup` asynchron erzeugt wird. Im `ngOnInit`-Callback stünde die `formGroup.form`-Eigenschaft also noch nicht zur Verfügung!

Fertig – aufgrund der Tatsache, dass Template- und Model-Driven Forms im Endeffekt das gleiche Objektmodell verwenden, ist die Erweiterung der ShowErrorComponent mit wenigen Zeilen Code erledigt. Im HTML-Code können Sie die Komponente nun auch in Verbindung mit einer FormGroupDirective verwenden:

```
<form novalidate [formGroup]="taskForm"
      (ngSubmit)="saveTask(taskForm.value)">
  <div class="form-group">
    <label>Titel</label>
    <input class="form-control" formControlName="title"/>
  </div>
  <pjm-show-error path="title"></pjm-show-error>
  ...
</form>
```

**Listing 9.24** »model-driven-form.component.html«: Einsatz der »ShowErrorComponent« in Verbindung mit der »FormGroupDirective«

Beachten Sie hier nochmals: Weder das input-Feld noch die ShowError-Komponente haben hier irgendeine Kenntnis über Validierungsregeln oder Default-Werte. Die einzige Verbindung zur Formularlogik besteht in der Angabe des Namens des Kontrollelements. Ihr HTML-Code bleibt also nach wie vor »dumm«!

## 9.3 Formulare und Kontrollelemente auf Änderungen überwachen

Eine Technik, die insbesondere im Zusammenspiel mit anderen Angular-Bestandteilen interessant ist, ist die Möglichkeit, Formulare oder einzelne Eingabefelder auf Basis von Observables zu überwachen. So stellt Ihnen die Klasse AbstractControl das Observable valueChanges zur Verfügung. Über den Code

```
this.taskForm.valueChanges.subscribe((value) => {
  Object.assign(this.task, value);
});
```

**Listing 9.25** »model-driven-form.component.ts«: Anmeldungen für Änderungen am »taskForm«-Wert

können Sie nun beispielsweise dafür sorgen, dass das lokale task-Objekt nicht erst beim Speichern, sondern bereits bei jeder Eingabe den aktuellen Formularwert zugewiesen bekommt. Sie könnten somit in gewisser Weise ein Two-Way-Data-Binding für modellgetriebene Formulare implementieren.

In Kapitel 12, »Reaktive Architekturen mit RxJS«, werde ich Ihnen des Weiteren noch einige andere interessante Anwendungsfälle vorstellen. So werden Sie dort unter anderem lernen, wie Sie den hier vorgestellten Ansatz dafür verwenden können, mit wenigen Zeilen Code eine Typeahead-Suche zu implementieren.

## 9.4 Fallbeispiel: Umfragebogen – Formulare komplett dynamisch definieren

Sie haben bei der Umsetzung des Task-Formulars bereits gesehen, dass Sie mithilfe des modellgetriebenen Ansatzes dafür sorgen können, dass die gesamte Formularlogik über den Komponentencode erstellt und gesteuert wird.

Im bisherigen Beispiel war der Mehrwert dieses Ansatzes aber zugegebenermaßen nicht direkt ersichtlich. So steht meistens schon im Vorhinein fest, welche Felder und welche Validierungsregeln für ein Formular gelten sollen. Die Entscheidung, ob Sie diese Logik nun im Komponentencode oder im HTML unterbringen, ist in diesen Fällen letztlich eine Frage des Geschmacks.

Seine echten Stärken spielt der modellgetriebene Ansatz aber dann aus, wenn Sie Formulare dynamisch erzeugen möchten. Im Folgenden möchte ich Ihnen diesen Ansatz am Beispiel einer konfigurierbaren Fragebogen-Applikation vorstellen. Die Grundidee besteht hierbei darin, dass Nutzer Ihrer Applikation selbst die Möglichkeit haben sollen, eigene Fragebogen zu definieren, um damit Umfragen für andere Nutzer zu erstellen. Die Fragebogen-Definitionen bestehen dabei aus einem JSON-Format der folgenden Struktur:

```
{
  id: '1',
  question: 'Seit wann entwickeln Sie bereits Software?',
  type: 'TEXT',
  required: true
}, {
  id: '2',
  question: 'Bitte beschreiben Sie Ihr letztes Angular-Projekt',
  type: 'LONGTEXT',
}, {
  id: '3',
  question: 'Würden Sie Angular 2 weiterempfehlen?',
  type: 'CHOICE',
  choices: ['Ja', 'Nein', 'Vielleicht'],
  required: true
}
```

**Listing 9.26** »question.service.ts«: Definition eines Fragebogens im JSON-Format

Das Beispielprojekt stellt für das Laden dieser Fragebogenstruktur die Klasse `QuestionsService` mit der Methode `loadQuestions` bereit. Wie Sie wahrscheinlich bereits vermuten, besteht das Ziel dieses Abschnitts nun darin, diese einfache Objektstruktur in ein Forms-API-kompatibles Formular umzuwandeln. Abbildung 9.9 zeigt einen Screenshot des Formulars, das in diesem Abschnitt entwickelt wird.

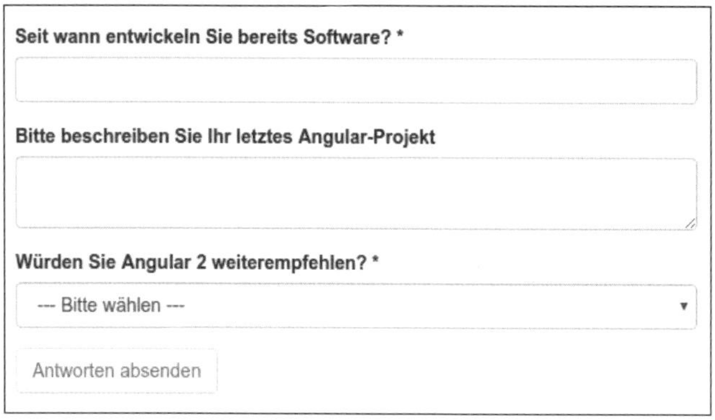

**Abbildung 9.9** Screenshots des dynamischen Formulars



Machen Sie sich für einen Lösungsansatz nun zunächst einmal die einzelnen Schritte der Implementierung bewusst:

1. Sie benötigen ein Objekt der Klasse `FormGroup`, das als Verbindungselement zwischen Forms-API und HTML-Code fungiert.
2. Diese `FormGroup` muss passend zur geladenen Struktur für jedes `Question`-Objekt ein `FormControl`-Objekt enthalten.
3. Bei der Generierung der `FormControl`-Objekte müssen gegebenenfalls Validierungen zum Control hinzugefügt werden.
4. Im HTML-Code muss abhängig vom Typ der jeweiligen Frage ein anderes Kontrollelement gezeichnet werden (z. B. Text-Input, Text-Area oder Select-Box).

Listing 9.27 zeigt hierauf aufbauend die gesamte Umsetzung der Schritte 1 bis 3 mithilfe der Model-Driven-Forms-API:

```
export class GeneratedFormComponent implements OnInit {
  questionsForm: FormGroup;
  questions: Question[];
  constructor(private questionService: QuestionsService) {
    this.questionsForm = new FormGroup({});
  }
  ngOnInit() {
    this.questions = this.questionService.loadQuestions();
    for (const question of this.questions) {
```

```
      const formControl = this.createControl(question);
      this.questionsForm.addControl(question.id, formControl);
    }
  }
  private createControl(question: Question): FormControl {
    const validators = [];
    if (question.required) {
      validators.push(Validators.required);
    }
    return new FormControl('', validators);
  }
}
```

**Listing 9.27** »generated-form.component.ts«: Erzeugung eines dynamischen Formulars auf Basis einer geladenen Objektstruktur

Im Konstruktor wird hier die zunächst leere `FormGroup` namens `questionsForm` erzeugt. Die eigentliche Befüllung dieser `FormGroup` erfolgt anschließend im `ngOnInit`-Callback. Dort werden zunächst die darzustellenden Fragen geladen. Für jede Frage wird dann ein `FormControl`-Objekt erstellt und der `questionForm` über die Methode `addControl` hinzugefügt:

```
for (const question of this.questions) {
  const formControl = this.createControl(question);
  this.questionsForm.addControl(question.id, formControl);
}
```

Beachten Sie hier, dass Sie als Schlüssel für das Control die ID der Frage verwenden. Hierüber können Sie später sehr leicht eine Verknüpfung zum HTML-Eingabeelement herstellen!

Interessant ist hier außerdem die Implementierung der `createControl`-Funktion, die ein `Question`-Objekt in ein `FormControl` umwandelt. So wird dort abhängig davon, ob das `boolean`-Flag `required` gesetzt ist oder nicht, die `Validators.required`-Validierung zum `FormControl` hinzugefügt:

```
private createControl(question: Question): FormControl {
  const validators = [];
  if (question.required) {
    validators.push(Validators.required);
  }
  return new FormControl('', validators);
}
```

Hier hätten Sie nun ebenfalls die Möglichkeit, auch andere Validierungen (wie `minLength` oder `pattern`) sowie das Setzen von Default-Werten zu unterstützen.

**Weitere Möglichkeiten zur dynamischen Manipulation der FormGroup**

Neben der addControl-Funktion bietet Ihnen die Klasse FormGroup noch einige weitere Möglichkeiten zur dynamischen Veränderung der Formular-Strukur bzw. des Formularverhaltens. So können Sie beispielsweise über die removeControl-Funktion Kontrollelemente mit einem bestimmten Namen entfernen oder über die include-Funktion testen, ob ein Element in der Gruppe vorhanden ist, und daraufhin gegebenenfalls weitere Logik ausführen.

Der letzte Schritt besteht nun noch darin, HTML-Code zu generieren, der zum Fragebogen passt. Hierfür müssen Sie im Grunde genommen nur über die FormGroup-Direktive die Verbindung zum questionsForm-Objekt herstellen. Anschließend können Sie dann über das questions-Array iterieren und für jede Frage ein Label sowie ein passendes Eingabeelement erzeugen.



Listing 9.28 zeigt zunächst einmal den grundsätzlichen Aufbau dieser Lösung:

```
<form novalidate [formGroup]="questionsForm"
      (ngSubmit)="saveForm(questionsForm.value)">
  <div *ngFor="let question of questions">
    <!-- Die Eingabeelemente folgen im nächsten Listing! -->
  </div>
  <button type="submit" class="btn btn-default"
          [disabled]="!questionsForm.valid">
    Antworten absenden
  </button>
</form>
```

**Listing 9.28** »generated-form.component.html«: Aufbau des dynamischen Formulars

Hier fällt bereits auf den ersten Blick auf, dass der Code große Ähnlichkeit mit der Implementierung des Task-Formulars hat. So wird beispielsweise auch hier der submit-Button abhängig von der valid-Eigenschaft der questionForm-FormGroup aktiviert oder deaktiviert, und das ngSubmit-Binding verwendet die value-Eigenschaft der FormGroup für die Speicherung der Eingaben.

Jetzt fehlt nur noch die Generierung der Eingabeelemente! Eine einfache Lösung ist hier die Verwendung der ngSwitch-Direktive, um abhängig von der type-Eigenschaft des Question-Objekts unterschiedliche Eingabeelemente darzustellen. Falls es sich bei der Frage um eine Pflichtangabe handelt, wird des Weiteren ein Sternchen an das zugehörige Label angehängt:

```
<div class="form-group" [ngSwitch]="question.type">
  <label>{{question.question}}
    <span *ngIf="question.required"> *</span>
  </label>
  <div *ngSwitchCase="'TEXT'">
    <input type="text" class="form-control"
           [formControlName]="question.id"/>
  </div>
  <div *ngSwitchCase="'LONGTEXT'">
    <textarea class="form-control" [formControlName]="question.id">
    </textarea>
  </div>
  <div *ngSwitchCase="'CHOICE'">
    <select class="form-control" [formControlName]="question.id">
      <option> --- Bitte wählen ---</option>
      <option *ngFor="let choice of question.choices">{{choice}}</option>
    </select>
  </div>
  <pjm-show-error [path]="question.id" text="Dies"></pjm-show-error>
</div>
```

**Listing 9.29** »generated-form.component.html«: Verwendung von »ngSwitch« zur dynamischen Generierung von Eingabeelementen

Der »Knackpunkt« ist hier die Verwendung der `FormControlName`-Direktive mit einem dynamischen Property-Binding. Während Sie die Direktive bislang statisch in der Form `formControlName="title"` eingesetzt haben, sorgt die oben abgebildete Implementierung nun dafür, dass jedes Eingabeelement dynamisch an das `FormControl` gebunden wird, dessen Name dem Wert der `question.id`-Eigenschaft entspricht.

Beachten Sie außerdem, dass wie im Tasks-Formular die `ShowErrorComponent` für die Darstellung der Fehlermeldungen verwendet wird und dass auch hier das Binding zur Komponente über ein Property-Binding erfolgt.

Im gerenderten Formular werden nun, wie Sie in Abbildung 9.10 sehen, abhängig vom Typ der Frage unterschiedliche Kontrollelemente verwendet. Fehlermeldungen werden auf gewohnte Art und Weise dargestellt.

Ein vollständiges Ausfüllen des Formulars mit anschließender Ausgabe des Form-`value` auf der Developer-Konsole zeigt Ihnen, dass die Kontrollelemente korrekt gebunden wurden (Abbildung 9.11).

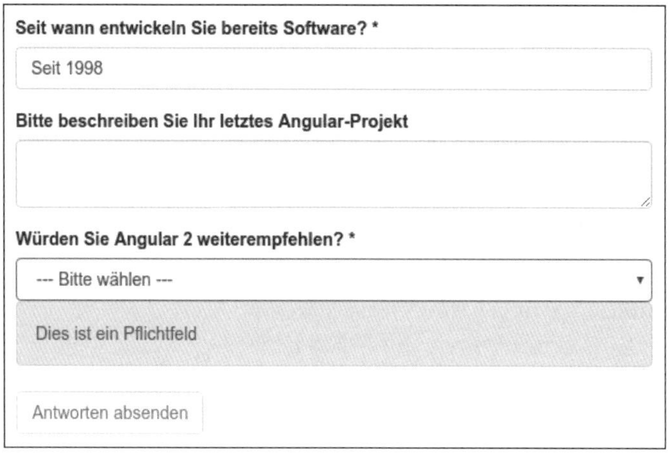

Seit wann entwickeln Sie bereits Software? *

Seit 1998

Bitte beschreiben Sie Ihr letztes Angular-Projekt

Würden Sie Angular 2 weiterempfehlen? *

--- Bitte wählen ---

Dies ist ein Pflichtfeld

Antworten absenden



**Abbildung 9.10** Dynamisch generiertes Formular inklusive Validierungsfehlern

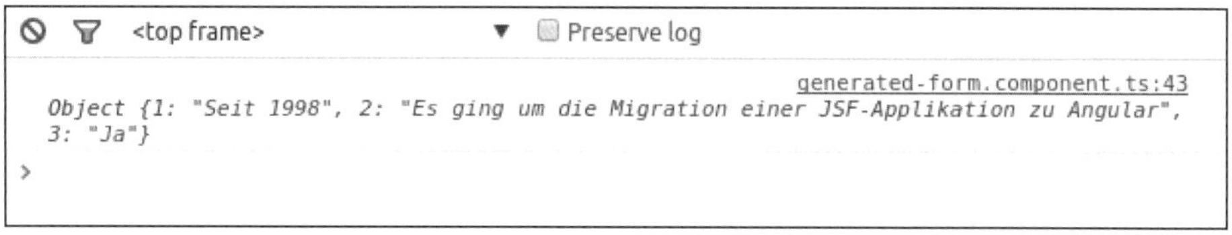

<top frame> Preserve log

generated-form.component.ts:43

Object {1: "Seit 1998", 2: "Es ging um die Migration einer JSF-Applikation zu Angular", 3: "Ja"}

**Abbildung 9.11** Struktur des »value«-Objekts des dynamischen Formulars

Wie erwartet, stellen die Werte der Question-IDs die jeweiligen Schlüssel und die gewählten Antworten die Werte der übermittelten Map dar. In einer echten Applikation könnten Sie diese Struktur nun dafür nutzen, die Antworten in Ihrer Datenbank zu speichern.

Des Weiteren ist es mithilfe der `Array.map`-Funktion ebenfalls leicht möglich, Ihrem Nutzer noch mal eine Zusammenfassung seiner Antworten zu zeigen:

```
export class GeneratedFormComponent {
  ...
  showSummary = false;
  saveForm(formValue: any) {
    this.questionService.saveAnswers(formValue);
    this.answerSummary = this.questions.map(question => {
      return {
        text: question.text,
        answer: formValue[question.id]
      };
    });
```

```
    this.showSummary = true;
  }
}
```

**Listing 9.30** »generated-form.component.ts«: Erstellung des »answerSummary«-Objekts nach Speicherung der Antworten

```
<div *ngIf="showSummary">
  <p class="bg-success">
    Vielen Dank für die Beantwortung unseres Fragebogens.
    Hier ist noch mal eine Zusammenfassung Ihrer Antworten:
  </p>
  <div *ngFor="let answer of answerSummary" class="answer">
    <label>{{answer.text}}</label>
    <span>{{answer.answer}}</span>
  </div>
  <button class="btn btn-default" (click)="backToForm()">
    Zurück zur Eingabe
  </button>
</div>
```

**Listing 9.31** »generated-form.component.html«: HTML-Code für die Zusammenfassung der Nutzereingaben

Nachdem Ihr Nutzer die Fragen beantwortet hat, wird er nun die in Abbildung 9.12 dargestellte Übersicht über die von ihm abgesendeten Werte erhalten.

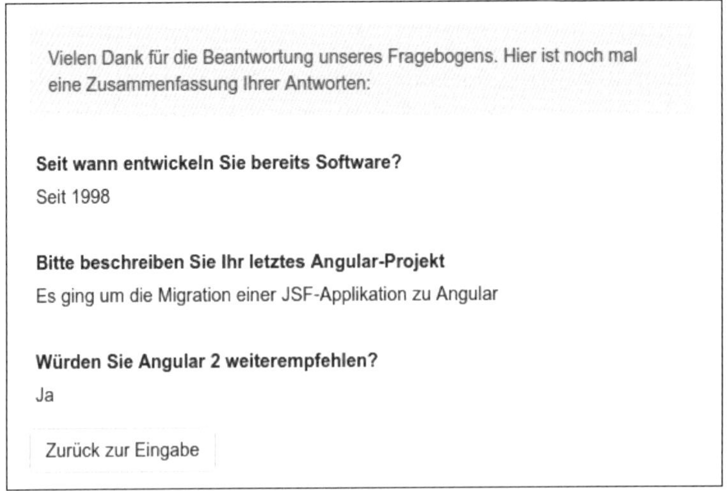


**Abbildung 9.12** Zusammenfassung der Antworten, die ein Nutzer gegeben hat

Der Vollständigkeit halber zeigt das folgende Listing außerdem noch die Implementierung der backToForm-Funktion:

```
export class GeneratedFormComponent implements OnInit {
  ...
  backToForm() {
    this.showSummary = false;
    this.questionsForm.reset({});
  }
}
```

Über die FormGroup-Funktion reset stellen Sie hier sicher, dass die Neueingabe der Daten mit einem »frischen« Formular startet. So setzt die Funktion alle von der Forms-API verwalteten Flags wie dirty, pristine und touched auf ihren initialen Wert zurück. Dabei wird der value der FormGroup mit dem übergebenen Objekt vorinitialisiert. Hier hätten Sie somit auch die Möglichkeit, Default-Werte zu übergeben. Die obige Implementierung sorgt hingegen für ein komplett leeres Ausgangsformular.



## 9.5 Die Forms-API im Überblick

Sie haben in diesem und in Kapitel 8 eine Vielzahl interessanter Anwendungsfälle auf Basis der Forms-API umgesetzt. Nichtsdestotrotz gibt es immer noch Methoden und Eigenschaften, die ich Ihnen im Rahmen der beiden Kapitel nicht im Detail vorstellen konnte.

In diesem Abschnitt möchte ich Ihnen daher noch einmal einen Überblick über die bereitgestellten Eigenschaften und Methoden der Kernklassen FormControl, FormGroup, FormArray und AbstractControl geben. Sollten Sie in Zukunft einmal unsicher bezüglich der Möglichkeiten der API sein, können Sie die Details hier jederzeit nachschlagen.

### 9.5.1 AbstractControl: die Basis für alle Forms-API-Basisklassen

Die Klasse AbstractControl stellt, wie bereits beschrieben, die Basisklasse für alle weiteren Control-Klassen der Forms-API dar. Alle hier beschriebenen Eigenschaften und Methoden stehen Ihnen somit sowohl für einfache Kontrollelemente als auch für Gruppen und Arrays zur Verfügung.

Als einfache Regel können Sie sich merken, dass die Eigenschaften in Gruppen und Arrays immer eine Aggregation der Werte der Einzelkomponenten sind. Tabelle 9.1 gibt Ihnen einen Überblick über die hier zur Verfügung stehende Schnittstelle.

| Eigenschaft/Methode | Beschreibung |
|---|---|
| `value` | Gibt den aktuellen Wert des Kontrollelements zurück (für `FormGroup` das Aggregat aller Werte). |
| `pristine` | Ein Flag, das besagt, ob der Wert des Controls bzw. der Gruppe seit der initialen Erstellung im HTML-Form *nicht* verändert wurde. |
| `dirty` | Ein Flag, das besagt, ob der Wert des Controls bzw. der Gruppe seit der initialen Erstellung im HTML-Form verändert wurde (Gegenstück zu `pristine`). |
| `untouched` | Ein Flag, das besagt, ob das entsprechende HTML-Element noch nicht den Fokus hatte. Dieses Feld wird insbesondere bei der Darstellung von Validierungsfehlern benötigt. |
| `touched` | Ein Flag, das besagt, ob das entsprechende HTML-Element schon einmal den Fokus hatte. |
| `valid` | Ein Flag, das besagt, ob das Element bzw. die gesamte Gruppe gültig ist – also keine Validierungsfehler besitzt. |
| `invalid` | Ein Flag, das besagt, ob das Element bzw. ein Element der Gruppe Validierungsfehler besitzt. |
| `pending` | Ein Flag, das besagt, ob aktuell eine Validierung durchgeführt wird. |
| `errors` | Ein Objekt, das alle Validierungsfehler des Controls enthält. Der Schlüssel ist in diesem Fall der Code der Validierung; der Wert ist ein von der Regel abhängiger Wert, der den Fehler näher beschreibt. (Achtung! Diese Werte werden hier nicht zwischen Control und Gruppe aggregiert.) |
| `status` | Der Status des Elements bzw. der Gruppe (`VALID` oder `INVALID`) |
| `valueChanges` | Ein Observable, durch das Sie sich über Wertänderungen informieren lassen können. |
| `statusChanges` | Ein Observable, über dass Sie sich über Änderungen des Status informieren lassen können. |
| `setValue(value)` | Setzt den Wert des Kontrollelements auf den übergebenen Wert. Bei Gruppen und Arrays wird der Wert mit dem entsprechenden Schlüssel oder Index rekursiv gesetzt. |

**Tabelle 9.1** Übersicht über die API der Basisklasse »AbstractControl«

| Eigenschaft/Methode | Beschreibung |
|---|---|
| `reset(value)` | Wie `setValue`; allerdings wird das Element zusätzlich als `untouched` und `pristine` gekennzeichnet. |
| `patchValue(value)` | Wie `setValue`; allerdings werden Werte, zu denen kein passendes Kontrollelement gefunden wird, ignoriert. |
| `hasErrors()` | Liefert `true`, wenn das Element Fehler enthält. |
| `setErrors(map)` | Bietet Ihnen die Möglichkeit, Fehler manuell zu setzen (etwa nach einer fehlgeschlagenen Speicherung wegen Duplikaten). |
| `get(path)` | Liefert das untergeordnete `AbstractControl` mit dem übergebenen Pfad zurück. (Eine detaillierte Beschreibung finden Sie in Abschnitt 8.7.3). |
| `markAsTouched()` | Markiert das Element als »angefasst«. |
| `markAsUntouched()` | Markiert das Element als nicht »angefasst«. |
| `markAsDirty()` | Markiert das Element als verändert. |
| `markAsPristine()` | Markiert das Element als unverändert. |
| `markAsPending()` | Markiert das Element als *pending*. |

**Tabelle 9.1** Übersicht über die API der Basisklasse »AbstractControl« (Forts.)

### 9.5.2 FormControl: Eigenschaften und Methoden für einzelne Kontrollelemente

Die Klasse `FormControl` fügt der obigen API keine neuen Methoden oder Eigenschaft hinzu, sondern implementiert die jeweiligen Methoden lediglich für die Verwendung mit einzelnen Kontrollelementen. Sie haben die Klasse in den vergangenen Abschnitten bereits intensiv zur Erstellung von Formularstrukturen verwendet, sodass ich an dieser Stelle auf eine weitere Beschreibung verzichte.

### 9.5.3 FormGroup: API zur Verwaltung von Gruppen und Formularen

FormGroups werden einerseits für die Abbildung ganzer Formulare und andererseits für die Modellierung von verschachtelten Strukturen verwendet. So stellt die Klasse zusätzlich zur vorgestellten `AbstractControl`-API einige Methoden für die Verwaltung der enthaltenen Controls bereit.

Tabelle 9.2 gibt Ihnen einen Überblick über die Bestandteile.

| Eigenschaft/Methode | Beschreibung |
|---|---|
| `registerControl(name, ctrl)` | Fügt der Gruppe ein neues Kontrollelement (`AbstractControl`) hinzu. |
| `addControl(name, ctrl)` | Wie `registerControl`, allerdings werden zusätzlich der Wert und die Gültigkeit der Gruppe neu berechnet. Im Zweifel sollten Sie also diese Methode bevorzugen. |
| `removeControl(name)` | Entfernt das Control mit dem übergebenen Namen aus der Gruppe. |

**Tabelle 9.2** Übersicht über die API der Klasse »FormGroup«

### 9.5.4 FormArray: wiederholbare Strukturen managen

Die Klasse `FormArray` ermöglicht Ihnen die Verwaltung wiederholbarer Strukuren, wie zum Beispiel mehrerer Adressen oder mehrerer Tags in einem Formular.

Wie bei der Klasse `FormGroup` werden Eigenschaften wie `valid` oder `dirty` auf Ebene eines `FormArray` aggregiert. Neben den vorgestellten Basisfunktionen bietet Ihnen die Klasse aber außerdem Schnittstellen zur Verwaltung der im Array enthaltenen `AbstractControls`. Tabelle 9.3 gibt Ihnen einen kurzen Überblick.

| Eigenschaft/Methode | Beschreibung |
|---|---|
| `push(ctrl)` | Fügt das übergebene `AbstractControl` ans Ende des `FormArray` an. |
| `insert(index, ctrl)` | Fügt das übergebene `AbstractControl` an der Stelle `index` in das `FormArray` ein. |
| `removeAt(index)` | Entfernt das Kontrollelement mit dem übergebenen Index aus der Liste. |
| `at(index)` | Liefert das Kontrollelement mit dem übergebenen Index zurück. |

**Tabelle 9.3** Übersicht über die API der Klasse »FormArray«

## 9.6 Zusammenfassung und Ausblick

Sie haben in diesem Kapitel gelernt, wie Sie mithilfe von Model-Driven Forms Formulare auf sehr dynamische Art und Weise anlegen und zur Laufzeit verändern können.

Eine der wichtigsten Erkenntnisse ist in diesem Zusammenhang die Feststellung, dass es sich bei Template-Driven Forms und Model-Driven Forms nicht um konkurrierende Ansätze handelt. Vielmehr stellen die beiden Techniken lediglich unterschiedliche Wege bereit, um Ihren HTML-Code mit der Forms-API und deren Klassen `FormGroup`, `FormControl` und `FormArray` zu verbinden.

So konnten Sie beispielsweise die in Kapitel 8 implementierte `ShowErrorComponent` mit wenigen Zeilen Code so anpassen, dass sie sowohl für den modellgetriebenen als auch für den template-getriebenen Ansatz verwendet werden kann.

Die Kenntnisse zu Formularen, die Sie in diesem und in Kapitel 8 erworben haben, sollten Sie somit in die Lage versetzen, abhängig von Ihrem eigenen Anwendungsfall den einen oder anderen Ansatz zu wählen und sinnvoll einzusetzen. So werden Sie vermutlich für einfache, statische Formulare eher auf Template-Driven Forms und für komplexe dynamische Formulare eher auf Model-Driven Forms zurückgreifen. Die Basics sind in beiden Fällen die gleichen!



Die folgende Liste fasst zunächst noch einmal die wichtigsten Eckpunkte dieses Kapitels zusammen:

- Model-Driven Forms ermöglichen es Ihnen, die gesamte Formularlogik innerhalb der Komponentenklasse zu definieren.
- Der HTML-Code stellt nur noch eine Verknüpfung zur erstellten Definition her.
- Die Direktive `FormGroupDirective` (`[formGroup]="myForm"`) stellt bei diesem Ansatz das Gegenstück zur `NgForm`-Direktive dar.
- Unabhängig vom Ansatz (Model-Driven oder Template-Driven) wird die Formularstruktur und -logik über die Klassen `FormGroup`, `FormControl` und `FormArray` abgebildet.
- `FormArrays` ermöglichen es, wiederholbare Strukturen in Formularen zu definieren.
- Die Verknüpfung zwischen Formular und Applikationsmodell erfolgt über die `FormGroup`-Eigenschaft `value`.
- Über die Methode `setValue` bietet Ihnen die `FormGroup` die Möglichkeit, rekursiv den Wert aller enthaltenen Kontrollelemente zu beschreiben.
- Besitzt Ihr Eingangsobjekt Eigenschaften, zu denen es kein passendes Kontrollelement gibt (z. B. die Datenbank-ID des Objekts), können Sie alternativ die Methode `patchValue` verwenden.
- Die Klasse `FormBuilder` ermöglicht Ihnen die Definition von Formularen auf Basis einer komfortablen Fluent-API.
- Validierungen werden im modellgetriebenen Ansatz über einfache Funktionen definiert (anstatt über Direktiven wie im template-getriebenen Ansatz).

- Möchten Sie Ihre Validierungsregeln in beiden Ansätzen verwenden, bietet Angular Ihnen die Möglichkeit, Funktionen an der Direktive zu registrieren oder die Direktivenklassen innerhalb der Validierungsfunktion manuell zu instanziieren.
- Kontrollelementübergreifende Validierungen werden mithilfe eines Konfigurationsobjekts über die Eigenschaften `validators` bzw. `asyncValidators` an die übergeordnete `FormGroup` übergeben.
- Seine volle Stärke zeigt der modellgetriebene Ansatz bei der Definition von dynamischen Formularen.
- Über die Funktionen `addControl` und `removeControl` können Sie hier zur Laufzeit Kontrollelemente hinzufügen oder entfernen.

Nachdem Sie nun für die Verarbeitung von Nutzereingaben gerüstet sind, wird es im folgenden Kapitel darum gehen, Ihr neu erlangtes Wissen in einen vollständigen Anwendungskontext einzubetten: Über das Angular-Routing-Framework werden Sie komplexe Anforderungen an die Navigation innerhalb einer Angular-Anwendung realisieren.

# Kapitel 10

# Routing: Navigation innerhalb der Anwendung

*Routing ist deutlich mehr als der Wechsel von einer Seite zur nächsten. Durch umfangreiche Konfigurationsmöglichkeiten und die durchdachte Integration von reaktiven Techniken bietet Angular Ihnen auch in diesem Bereich Unterstützung für komplexeste Anforderungen.*



Eine der Kernfunktionalitäten einer Webapplikation ist das Routing, also die Abbildung des aktuellen Zustands der Applikation auf eine adressierbare URL. In diesem Kapitel werden Sie lernen, welche Funktionalitäten Angular bereitstellt, um Sie bei der Umsetzung von komplexen Routing-Anforderungen zur unterstützen. Außer mit der eigentlichen Routenkonfiguration werden Sie dabei mit einer Vielzahl an interessanten Techniken in Kontakt kommen. So werden Sie im Laufe des Kapitels unter anderem lernen,

- wie Sie beliebig tief verschachtelte Routen definieren können.
- welche Vorteile Ihnen die Verwendung der RouterLink-DSL (*Domain Specific Language*) zur Erstellung von Links bietet.
- wie Sie dynamische Parameter an Ihre Komponenten übertragen können und welche Unterschiede es zwischen Pfad-, Matrix- und Query-Parametern gibt.
- warum Sie manchmal direkt mit der Browser-URL interagieren sollten.
- wie Sie mithilfe des `Title`-Service den Seitentitel dynamisch verändern können.
- auf welchem Weg Sie Routen vor unberechtigtem Zugriff schützen können und wie Sie das Verlassen einer Seite verhindern.
- wie Sie über mehrere RouterOutlets noch mehr Flexibilität bei Ihrer Routendefinition erhalten.

Sie sehen bereits hier: Routing ist nicht nur ein sehr zentrales, sondern gleichzeitig auch ein sehr umfangreiches Themengebiet. Freuen Sie sich also auf eine Menge neuen Wissens!

## 10.1 Project-Manager: die Beispielanwendung

Aufbauend auf dem Formular zum Anlegen eines Tasks aus Kapitel 8, »Template-Driven Forms: einfache Formulare auf Basis von HTML«, werden Sie in diesem Kapitel das Grundgerüst einer typischen Projektverwaltung erstellen. Sie finden die Quelltexte des Beispiels im Ordner *project-manager-routing*.

Die Anwendung wird aus diversen Top-Level-Seiten (wie DASHBOARD, EINSTELLUNGEN und ÜBER UNS) bestehen und als Kernfunktionalität einen gekapselten Bereich zum Erstellen, Bearbeiten und Suchen von Tasks bereitstellen.

Da dieses Projekt Sie auch in den kommenden Kapiteln begleiten wird, möchte ich Ihnen an dieser Stelle einleitend eine Übersicht über die wichtigsten Komponenten geben:

- Nach der Vorstellung der Routing-Funktionalität in diesem Kapitel lernen Sie in Kapitel 11, wie Sie ein HTTP-Backend zur Speicherung der Daten anbinden können.
- In Kapitel 12, »Reaktive Architekturen mit RxJS«, werden Sie alternative Datenarchitekturen kennenlernen, und Kapitel 15, »NgModule und Lazy-Loading: Modularisierung Ihrer Anwendungen«, wird Ihnen zeigen, wie Sie Ihre Anwendungen modularisieren und per Lazy-Loading skalierbar gestalten können.
- In Kapitel 13, »Komponenten- und Unit-Tests: das Angular-Testing-Framework«, und Kapitel 14, »Integrationstests mit Protractor«, werden Sie schließlich lernen, wie Sie die Anwendung auf Herz und Nieren testen können.

Abbildung 10.1 zeigt eine Übersicht über die Seiten, die die Anwendung bereitstellt.

Wie Sie sehen, besitzt die Applikation eine für Webanwendungen typische URL-Struktur. Bei den Seiten für DASHBOARD, EINSTELLUNGEN und ÜBER UNS handelt es sich in gewisser Weise um Dummy-Seiten, die optisch nicht viel mehr als eine Überschrift enthalten. Um die Routing-Funktionalität zu erlernen, reicht dies aber vollkommen aus.

Funktional interessanter ist hingegen der Tasks-Bereich. Aus der Abbildung lässt sich bereits erahnen, dass alle Seiten unter */tasks* sowohl thematisch als auch technisch eine Einheit bilden. Hier spielt Angular erneut eine seiner großen Stärken aus: Durch die strikte Komponentenorientierung ist es möglich, einzelne Teilbereiche einer Applikation als in sich gekapselte Routing-Module zu definieren – doch dazu später mehr.

Zusätzlich zu den abgebildeten Komponenten besitzt die Anwendung des Weiteren zwei Services: einen zur Verwaltung der Aufgaben (`TaskService`) sowie einen zur Bereitstellung einer sehr einfachen Login-Funktionalität (`LoginService`). Da Sie alle grundlegenden Techniken für die Erstellung der einzelnen Komponenten bereits kennen, verzichte ich an dieser Stelle auf eine vollständige Vorstellung des Quellcodes – alle für das Routing relevanten Bestandteile werden Sie in den folgenden Abschnitten on-the-fly kennenlernen.

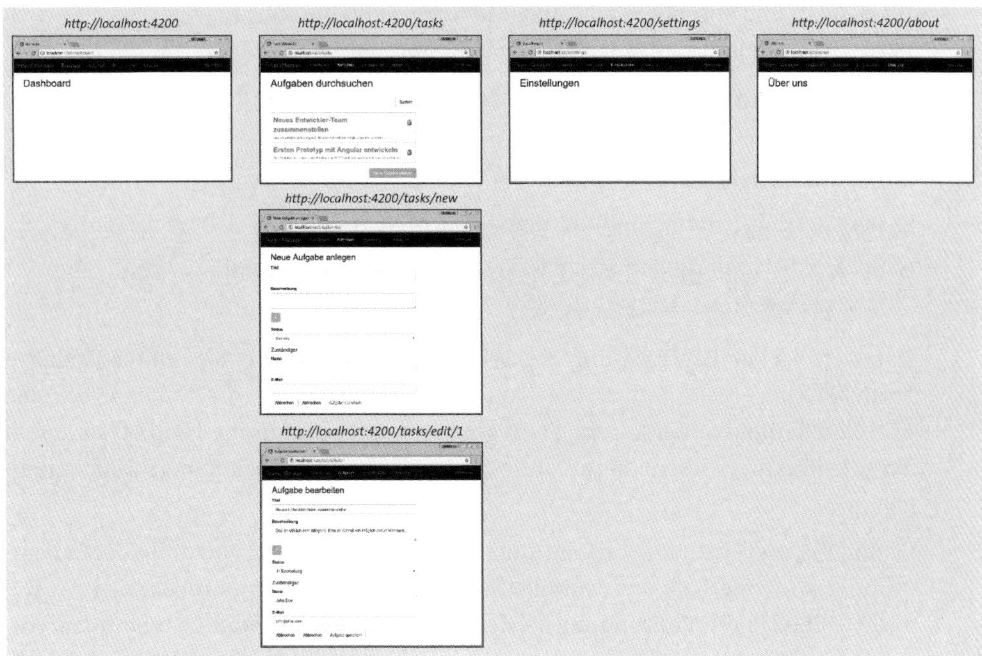


**Abbildung 10.1** Übersicht über die URL-Struktur der implementierten Anwendung

10

> **Hinweis zu den Beispielquelltexten**
>
> Wechseln Sie zum Starten der Applikation wie gewohnt mit der Kommandozeile in das Verzeichnis *project-manager-routing*, und führen Sie dort zunächst den Befehl `npm install` und anschließend `npm start` aus. Die Anwendung ist nun unter der Adresse *http://localhost:4200* erreichbar.

## 10.2 Die erste Routenkonfiguration: das Routing-Framework einrichten

Auch wenn vermutlich die Mehrzahl aller Webanwendungen Routing-Funktionalität benötigt, bleibt Angular auch in diesem Bereich seiner Modularisierungslinie treu: Um die in diesem Kapitel vorgestellte Funktionalität verwenden zu können, müssen Sie zunächst das Routing-Modul in Ihre Anwendung einbinden. Bei der Verwendung der Angular-CLI ist dieser Schritt bereits automatisch erfolgt. Sollten Sie aber ein alternatives Starter-Kit verwenden oder Ihre Anwendung von Grund auf selbst erstellen, so können Sie den Router zunächst mithilfe der Anweisung

```
npm install @angular/router --save
```

installieren und anschließend Ihrem Module-Loader bekannt machen. (Auch das ist bei der Verwendung der Angular-CLI bereits automatisch erfolgt.)

Die eigentliche Arbeit mit dem Router besteht nun im Wesentlichen aus drei Kernbestandteilen:

- der Routendefinition
- dem Bereich, in dem der Routeninhalt dargestellt werden soll (`<router-outlet>`)
- der Link-DSL zur dynamischen Navigation zu den definierten Routen (`[routerLink]`)

Dabei erfolgt die Registrierung der definierten Routen über das Router-Modul in Form der Klasse `RouterModule`. Das Modul stellt die Funktion `forRoot` bereit, die eine Liste von Routenkonfigurationen als Parameter entgegennimmt. Hierbei hat es sich als gute Praxis erwiesen, diese Konfigurationen in eine eigenständige Datei auszulagern.

Listing 10.1 und Listing 10.2 zeigen zunächst die Registrierung von drei Routen beim `RouterModule` innerhalb der zentralen Routing-Konfiguration (*app.routing.ts*) sowie anschließend deren Verwendung bei der Definition des Applikationsmoduls der Anwendung:

```
import {Routes} from '@angular/router';

import {DashboardComponent} from './dashboard/dashboard.component';
import {SettingsComponent} from './settings/settings.component';
import {AboutComponent} from './about/about.component';

export const appRoutes: Routes = [
  {path: '', component: DashboardComponent},
  {path: 'settings', component: SettingsComponent},
  {path: 'about', component: AboutComponent},
];
export const appRouting = RouterModule.forRoot(appRoutes);
export const routingComponents = [
DashboardComponent, SettingsComponent, AboutComponent];
```

**Listing 10.1** »app.routing.ts«: einfache Konfiguration von »Top-Level«-Routen

```
import {routingComponents, appRouting} from './app.routing';
...
@NgModule({
  imports: [BrowserModule, FormsModule, ReactiveFormsModule,
           appRouting],
  providers: [LoginService,
```

```
    TaskService
  ],
  declarations: [AppComponent,
                 routingComponents,
                 /*weitere Komponenten der Applikation*/ ],
  bootstrap: [AppComponent]
})
export class AppModule {
}
```

**Listing 10.2** »app.module.ts«: Import und Registrierung der Routen beim Start der Applikation



Wie Sie sehen, besteht eine einfache Routendefinition im Wesentlichen aus einem Pfad (`path`) und einer Komponente (`component`), die für diese Route verwendet werden soll. Einige weitere Eigenschaften werden Sie im weiteren Verlauf des Kapitels noch kennenlernen.

Über die `forRoot`-Methode des `RouterModule` wird anschließend das `appRouting`-Modul konfiguriert, das Ihre Routenkonfiguration enthält und das Sie bei Ihrem Hauptapplikationsmodul registrieren können.

Des Weiteren müssen Sie hier daran denken, die Komponenten, die am Routing beteiligt sind, zum `declarations`-Array Ihres Applikationsmoduls hinzuzufügen. Dabei hat es sich als gute Praxis erwiesen, diese über ein Array aus der Routing-Konfiguration heraus zu exportieren. Dies hat den Vorteil, dass es so nicht notwendig ist, im Applikationsmodul jede Routing-Komponente erneut zu importieren und dort einzeln zur `declarations`-Eigenschaft hinzuzufügen. Sie haben somit die gesamte routing-spezifische Konfiguration innerhalb der Datei *app.routing.ts* gebündelt.

**Die RouterModule.forRoot-Methode im Detail**

In den vorangegangenen Kapiteln haben Sie Module wie das `FormsModule` oder das `BrowserModule` einfach über die Angabe der Klasse in die Applikation integriert. Bei der Einbindung des Routing-Frameworks müssen Sie hierfür die Methode `forRoot` des `RouterModule` verwenden.

Die `forRoot`-Methode übernimmt dabei die Aufgabe, alle für das Routing benötigten Services bei der Applikation zu registrieren und die übergebenen Routen beim Routing-Framework anzumelden.

Neben der `forRoot`-Methode besitzt das `RouterModule` außerdem noch die `forChild`-Methode, die Sie in Kapitel 15, »NgModule und Lazy-Loading: Modularisierung Ihrer Anwendungen«, kennenlernen werden. Über diese Methode haben Sie die Möglichkeit, für Untermodule gekapselte Routing-Konfigurationen bereitzustellen.

Der nächste Schritt besteht nun darin, der Anwendung mitzuteilen, wo der Inhalt der Routen dargestellt werden soll. Ihre View besteht bei der Verwendung des Routers immer aus zwei Teilen: einem statischen Teil, in dem beispielsweise die Links zu den Unterseiten dargestellt werden können, und einem dynamischen Teil – dem sogenannten *RouterOutlet* –, in dem die dynamischen Inhalte der Route gerendert werden.

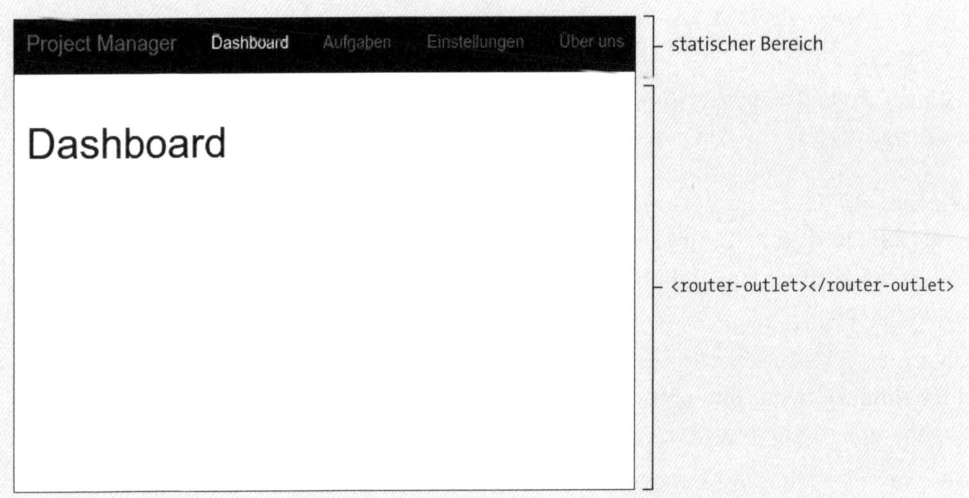


**Abbildung 10.2** Statischer und dynamischer Teil der Hauptroutenkonfiguration

Wie Sie in Abbildung 10.2 sehen, erfolgt die Definition des dynamischen Bereichs über das Tag `<router-outlet>` im HTML-Code. Links erzeugen Sie mit der `RouterLink`-Direktive, die Bestandteil des `RouterModule` ist, das bei der Applikation registriert ist.

Listing 10.3 zeigt die entscheidenden Teile einer entsprechenden Navigationsleisten-Implementierung sowie die Definition des `RouterOutlet`:

```
<div class="collapse navbar-collapse" id="mynavbar">
  <ul class="nav navbar-nav">
    <li>
      <a routerLink='/' class="link">Dashboard</a>
    </li>
    <li>
      <a routerLink='/settings' class="link">Einstellungen</a>
    </li>
    <li>
      <a routerLink='/about' class="link">Über uns</a>
    </li>
```

```
  </ul>
</div>
...
<div class="content">
  <router-outlet></router-outlet>
</div>
```

**Listing 10.3** »app.component.html«: Definition der Links und des RouterOutlets

Die Beispielapplikation verwendet (wie schon Kapitel 8 und Kapitel 9) die CSS-Bibliothek *Bootstrap*. Die `class`-Attribute haben hier also erneut keinen Einfluss auf die Funktionalität, sondern sorgen lediglich für ein netteres Styling.



Deutlich interessanter ist hier die Verwendung der `RouterLink`-Direktive:

```
<a routerLink='/about'>Einstellungen</a>
```

Die Direktive übernimmt die Aufgabe, einen gültigen Link (inkl. Basis-Pfad) zur ÜBER UNS-Seite zu generieren. Neben dieser sehr einfachen Schreibweise unterstützt die Direktive außerdem noch die Übergabe von komplexen Pfaden in Form eines Arrays. Diese Technik wird Ihnen bei der dynamischen Erzeugung von komplexeren Links noch sehr nützlich sein.

Ein Klick auf den entsprechenden Link oder eine Direkteingabe der gewünschten URL zeigen, dass die angeforderte Komponente im `<router-outlet>` dargestellt wird (siehe Abbildung 10.3).

**Abbildung 10.3** Darstellung der »Über uns«-Seite

Glückwunsch: Das Routing Ihrer Anwendung ist nun vollständig konfiguriert, sodass Sie sich jetzt voll auf weiterführende Themen konzentrieren können!

## 10.3 Location-Strategien: »schöne URLs« vs. »Routing ohne Server-Konfiguration«

Sie kennen nun die grundlegenden Schritte zur Registrierung und Konfiguration von Routen bei der Anwendung. Bevor ich Ihnen die weiteren Routing-Techniken vorstelle, müssen Sie aber noch eine grundlegende Entscheidung treffen: Soll Ihre Anwendung schöne HTML-5-URLs unterstützen oder verwenden Sie die Hash-Schreibweise, die Ihnen gegebenenfalls schon aus AngularJS 1.x bekannt ist?

### 10.3.1 PathLocation-Strategie – schöne URLs

Die Entscheidung für eine der beiden Optionen treffen Sie in Angular, indem Sie eine sogenannte Location-Strategie beim Router registrieren. Wenn Sie keine Angabe machen, wird als Default-Verhalten der HTML5-Modus bzw. technisch gesprochen die PathLocation-Strategie verwendet. Diese Strategie führt dazu, dass Sie in der Browser-Adresszeile »schön« formatierte URLs der Form

*http://meine-webanwendung.de/settings*

erhalten. Auch wenn diese Schreibweise in der Regel erwünscht ist, müssen einige Voraussetzungen erfüllt sein, damit Sie sie verwenden können. Das Kernproblem besteht an dieser Stelle darin, dass Sie sich ja in Wirklichkeit in einer *»Single-Page«-Applikation* befinden, die – wie der Name schon sagt – technisch gesehen aus einer einzigen HTML-Seite besteht (der *index.html*). Innerhalb dieser HTML-Seite werden anschließend lediglich Bestandteile ausgetauscht.

Um Ihnen bzw. Ihren Nutzern nun dennoch den Eindruck eines »normalen« Routings zu vermitteln, nutzt Angular die mit HTML5 eingeführte *History-API*, die es erlaubt, aus JavaScript heraus die Browser-URL zu verändern.

Damit dies zuverlässig geschehen kann, müssen Sie nun zwei Dinge tun:

1. Sie müssen Angular mitteilen, wie der Basis-Pfad Ihrer Anwendung lautet.
2. Sie müssen dafür sorgen, dass der Webserver, auf dem Ihre Anwendung läuft, eine eintreffende Anfrage an die Angular-Anwendung weiterleitet.

#### Den Basis-Pfad einrichten

Die Einrichtung des Basis-Pfades muss dabei an zwei Stellen erfolgen: innerhalb der *index.html* und in Ihrem `AppModule`. Stellen Sie sich beispielsweise vor, dass auf Ihrem Webserver neben der Projekt-Management-Anwendung viele weitere Anwendungen laufen, sodass Ihre Anwendung unter der folgenden URL erreichbar sein soll:

*http://mein-server.de/project-manager*

Damit nun alle relativen Pfade innerhalb Ihrer Anwendung funktionieren, müssen Sie dem Browser zunächst einmal mitteilen, auf welcher Basis relative Pfade (etwa zu Bildern o. Ä.) definiert wurden. Die Angabe erfolgt dabei mithilfe des Standard-HTML-Tags base im head-Bereich Ihrer *index.html*:

```
<head>
  <title>Project Manager</title>
  <base href="/project-manager/">
  ...
</head>
```

**Listing 10.4** »index.html«: Definition des Basis-Pfades der Applikation

Damit der Router nun ebenfalls alle URLs auf Basis des richtigen Base-Paths erzeugt, stellt Angular Ihnen mit dem Opaque-Token APP_BASE_HREF eine Möglichkeit bereit, den entsprechenden Pfad bei der Applikation zu registrieren:



```
import {APP_BASE_HREF} from '@angular/common';
@NgModule({
  providers: [
    ...
    {provide: APP_BASE_HREF, useValue: '/project-manager/'}
  ]
})
export class AppModule { }
```

**Listing 10.5** »app.module.ts«: Überschreiben des Basis-Pfades für die Routen-Generierung

**Hinweis zur Konfiguration des Webservers**

Ein Punkt, der bei der initialen Konfiguration des HTML5-Modus leider oft vergessen wird, ist die Konfiguration des Webservers. So kann Angular zwar dafür sorgen, dass bei einem Klick auf den EINSTELLUNGEN-Link die Browser-URL in

*http://mein-server.de/project-manager/settings*

geändert wird.

Bei einer Direkteingabe des Links oder beim Neuladen der Seite würde die Anfrage aber dennoch zuerst an den Webserver geleitet, der versuchen würde, eine unter */project-manager/settings* bereitgestellte Resource auszuliefern. Ohne weitere Konfiguration würde dies zu einem HTTP-404-Fehler (*Not Found*) führen.

Bei der Einrichtung Ihres Webservers müssen Sie also darauf achten, dass Sie eine Regel hinterlegen, die dafür sorgt, dass eine Anfrage an */project-manager/settings* auf die *index.html*-Datei der Anwendung weiterleitet. Die technische Realisierung dieser Weiterleitung hängt dabei von der Webserver-Lösung ab, die Sie verwenden. In der Regel werden Sie hierfür aber sogenannte *Rewrite-Regeln* hinterlegen.

Da das in diesem Kapitel verwendete Projekt bereits eine passende Konfigurationsdatei für den vom Angular-CLI verwendeten Webserver enthält, werde ich im weiteren Verlauf des Kapitels den HTML5-Modus verwenden.

### 10.3.2 HashLocation-Strategie – Routing ohne aufwendige Konfiguration

Haben Sie beim Deployment Ihrer Anwendung nicht die Möglichkeit, Einfluss auf die Webserver-Konfiguration zu nehmen, so bietet Ihnen Angular alternativ die sogenannte *HashLocation*-Strategie zur Erzeugung von Routen an.

Die Idee hinter dieser Strategie ist die folgende: Anstelle der im vorherigen Abschnitt vorgestellten URLs erzeugt die Strategie URLs dieser Form:

*http://mein-server.de/project-manager/#/settings*

So wird durch den »Zwischenpfad« `/#/` sichergestellt, dass jede Anfrage direkt an die *index.html*-Datei der Anwendung weitergeleitet wird. Ab dort kann Angular nun die Kontrolle übernehmen und alle folgenden Pfadelemente dynamisch auswerten.

Um die Strategie zu aktivieren, übergeben Sie ein zusätzliches Konfigurationsobjekt an die `forRoot`-Methode:

```
export const appRouting = RouterModule.forRoot(appRoutes, {
  useHash: true
});
```

**Listing 10.6** »app.routing.ts«: Konfiguration der Anwendung zur Verwendung der »HashLocationStrategy«

Sie erhalten so zwar nicht ganz so schöne URLs wie bei der Verwendung der `PathLocationStrategy`, haben aber den Vorteil, dass Ihre Anwendung auch ohne Konfiguration des Servers voll funktionsfähig ist.

**Fragment-URLs im Browser-Standard**

Bei der Verwendung der HashLocation-Strategie ist es interessant zu wissen, dass es sich hierbei um keine Angular-Erfindung handelt. Vielmehr nutzt das Framework die *Fragment-URL-Technik*, um dafür zu sorgen, dass ein Klick auf einen Link nicht zu einem Page-Reload führt.

Während Fragmente früher hauptsächlich genutzt wurden, um bestimmte Stellen innerhalb eines Dokumentes, wie zum Beispiel

*http://www.meine-url/anleitung.html#einrichtung*

zu adressieren, haben sie sich in den vergangenen Jahren in diversen JavaScript-Frameworks zur Realisierung des Routings innerhalb von Single-Page-Applications etabliert.

Ich möchte Ihnen an dieser Stelle aber dennoch die Verwendung der PathLocation-Strategie ans Herz legen. Auf Basis des neuen HTML5-Standards lassen sich deutlich schönere URLs erzeugen.

## 10.4 ChildRoutes: verschachtelte Routenkonfigurationen erstellen



In Abschnitt 10.2 haben Sie gelernt, wie Sie mithilfe einer Routenkonfiguration sehr einfach sogenannte »Top-Level«-Routen – also Routen auf oberster Ebene – definieren können. Das volle Potenzial des neuen Routing-Frameworks wird aber erst dann deutlich, wenn Sie einzelne Teile Ihrer Applikation in eigenständige »Routing-Einheiten« auslagern.

Der Angular-Router bietet Ihnen die Möglichkeit, Unterbereiche in einer eigenständigen Routenkonfiguration zu definieren. Auf den Projekt-Manager bezogen ist es beispielsweise sinnvoll, alle Routen zusammenzufassen, die sich mit der Verwaltung von Tasks beschäftigen.

Listing 10.7 zeigt die hierfür neu erstellte Datei *tasks.routing.ts:*

```
export const tasksRoutes = [{
  path: 'tasks', component: TasksComponent,
  children: [
    {path: '', component: TaskListComponent},
    {path: 'edit/:id', component: EditTaskComponent},
    {path: 'new', component: EditTaskComponent}
  ]
}];
export const tasksRoutingComponents = [TasksComponent,
      TaskListComponent, EditTaskComponent];
```

**Listing 10.7** »tasks.routing.ts«: Definition einer abgeschlossen Routing-Einheit für Tasks

Die Verwaltung der Tasks besteht aus einer Listenansicht sowie aus jeweils einer Ansicht zum Anlegen von neuen Tasks und zur Bearbeitung von bestehenden Tasks. (Die Übergabe des `id`-Parameters zur Bearbeitung von Tasks stelle ich Ihnen in Abschnitt 10.6.1 vor.)

Beachten Sie hier erneut, dass die `TaskListComponent` mit dem Pfad `''` definiert wurde, was dafür sorgt, dass im Standardfall die Listenansicht dargestellt wird.

Die Zusammenfassung der Unterseiten unter dem /tasks-Knoten erfolgt schließlich mithilfe der neuen Eigenschaft `children`. So können Sie dieser Eigenschaft eine Liste von Routen zur Verfügung stellen, die anschließend im `RouterOutlet` der Container-Komponente (hier `TasksComponent`) dargestellt werden sollen. Listing 10.8 zeigt die Implementierung dieser Klasse:

```
import {Component} from '@angular/core';
@Component({
  template: '<router-outlet></router-outlet>',
})
export class TasksComponent {
}
```

**Listing 10.8** »tasks.component.ts«: Definition der Container-Komponente »TasksComponent«

Das Template der `TasksComponent` besteht bislang ausschließlich aus dem eigenen `RouterOutlet`, in das der Inhalt der Unterseiten gerendert werden soll. An dieser Stelle wäre es aber beispielsweise ebenfalls möglich, eine gemeinsame Überschrift für alle aufgabenbezogenen Daten zu hinterlegen oder eine eigene Navigationsleiste einzublenden.

**Selektoren in Routing-Komponenten**

Beachten Sie hier außerdem, dass die `TasksComponent` keinen `selector` definiert. Dieser ist für Komponenten, die lediglich über das Routing instanziiert werden, überflüssig!

Als Letztes müssen Sie die Tasks-Routen nun nur noch in Ihre Hauptroutenkonfiguration einbinden. Dies kann beispielsweise sehr elegant mithilfe des ES2015-Spread-Operators erfolgen (siehe Anhang A, »ECMAScript 2015«), der alle Elemente aus `tasksRoutes` in das `appRoutes`-Array einfügt.

Des Weiteren wird auch die `routingComponents`-Konstante um die Task-Routen erweitert:

```
import {tasksRoutes,
        tasksRoutingComponents} from './tasks/tasks.routing';

export const appRoutes: Routes = [
  {path: '', component: DashboardComponent},
  {path: 'settings', component: SettingsComponent},
  {path: 'about', component: AboutComponent},
  ...tasksRoutes
];
```

```
export const routingComponents = [
DashboardComponent, SettingsComponent, AboutComponent,
  ...tasksRoutingComponents];
```

**Listing 10.9** »app.routing.ts«: Integration der Tasks-Routen in die Hauptapplikation

Fertig! Durch die Konfiguration der `TaskListComponent` mit dem Pfad `''` können Sie nun über den Link */tasks* direkt zur Task-Listen-Ansicht navigieren:

```
<li>
  <a routerLink='/tasks' >Aufgaben</a>
</li>
```

**Listing 10.10** »app.component.html«: Link zur Task-Listen-Ansicht



Ein Klick auf den Link öffnet unter der URL *http://localhost:4200/tasks* die Ansicht aus Abbildung 10.4.

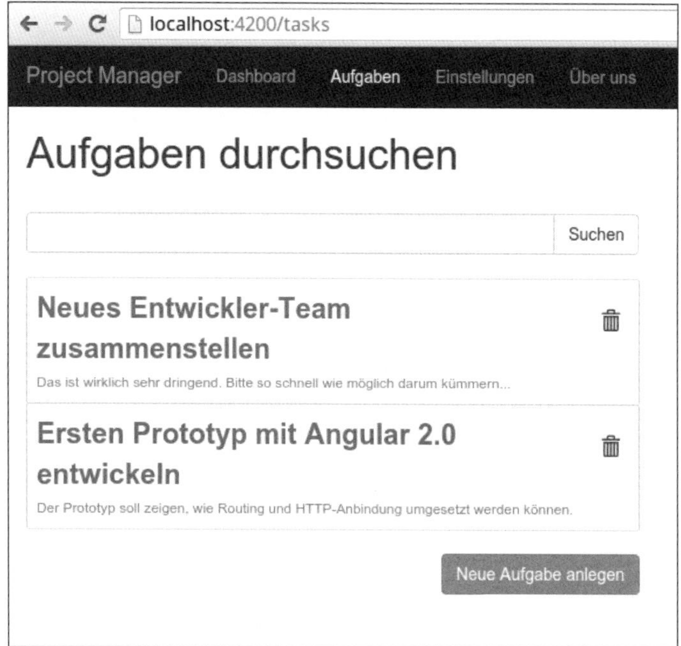


**Abbildung 10.4** Screenshot der Task-Listen-Ansicht

Die Details der Task-Listen-Implementierung sind an dieser Stelle zunächst unwichtig – Sie werden die Komponente im weiteren Verlauf ohnehin noch genauer kennenlernen. In Bezug auf das Routing sind Sie mit den neuen Techniken nun bereits in der Lage, beliebig verschachtelte Routen zu erstellen.

### 10.4.1 Componentless-Routes: Routendefinitionen ohne eigene Komponente

Eine unschöne Eigenschaft der bisherigen Routenkonfiguration besteht zum aktuellen Zeitpunkt noch darin, dass der Knoten, unter dem die Tasks-Ansicht verfügbar sein soll (*/tasks*), im Tasks-Bereich selbst konfiguriert wird. In Bezug auf Wiederverwendbarkeit und Flexibilität wäre es hier schöner, diese Entscheidung in der Hauptapplikation zu treffen.

Um für diese Konfiguration nicht erneut eine Container-Klasse anlegen zu müssen, bietet Ihnen das Routing-Framework hier die Möglichkeit, Parent-Routen ohne eigene Komponenten anzulegen. Listing 10.11 zeigt die entsprechende Umsetzung in der Datei *app.routing.ts*:

```
export const appRoutes: Routes = [
  {path: '', component: DashboardComponent},
  ...
  {path: 'tasks', children: tasksRoutes},
];
```

**Listing 10.11** »app.routing.ts«: Definition des »/tasks«-Knoten ohne eigene Komponente

Die Konfiguration des Tasks-Bereichs benötigt jetzt keine Kenntnisse mehr über den Kontext, in dem sie eingesetzt wird, und könnte nun in einem anderen Szenario zusätzlich unter dem Knoten */myTasks* eingehängt werden:

```
export const tasksRoutes = [{
   path: '', component: TasksComponent,
   children: [
     {path: '', component: TaskListComponent},
     {path: 'edit/:id', component: EditTaskComponent},
     {path: 'new', component: EditTaskComponent}
   ]
}];
```

**Listing 10.12** »tasks.routing.ts«: vom Root-Kontext unabhängige Task-Routenkonfiguration

Neben der Definition der Kind-Komponenten erlauben Componentless-Routes Ihnen des Weiteren, benötigte URL-Parameter zu verwalten oder Guards hinzuzufügen (die das Aktivieren oder Verlassen von Routen verhindern können). Diese Themen werden Sie in Abschnitt 10.6, »Routing-Parameter: dynamische Adresszeilenparameter auswerten«, und Abschnitt 10.8, »Routing-Guards: Routen absichern und die Navigation generisch beeinflussen«, noch im Detail kennenlernen.

**Einbinden von Child-Routes über Feature-Modules**

Eine weitere Technik, um gekapselte Bereiche wie den Tasks-Bereich in Ihr Routing zu integrieren, besteht in der Definition von sogenannten Feature-Modulen. Neben der Routing-Konfiguration enthalten solche Module dann ebenfalls die Bereitstellung von task-bezogenen Services sowie die Deklarationen der mitgelieferten Komponenten.

Da die Definition von gekapselten Modulen grundsätzlich unabhängig vom Routing ist, habe ich mich entschieden, diesem Thema ein eigenes Kapitel zu widmen (siehe Kapitel 15, »NgModule und Lazy-Loading: Modularisierung Ihrer Anwendungen«). Dort werden Sie – wie bereits in der Einleitung angedeutet – ebenfalls lernen, wie Sie die Integration des Task-Bereichs über ein Feature-Modul realisieren können und wie der Angular-Router das nachträgliche Laden von Modulen (Lazy-Loading) unterstützt.



### 10.4.2 Relative Links

Um innerhalb einer gekapselten Route zu einer anderen Ansicht zu navigieren, bietet sich die Verwendung von relativen Links an. So besitzt die Task-Listen-Ansicht, wie Sie in Abbildung 10.5 sehen, am Ende der Seite einen Link zur Erstellung eines neuen Tasks.

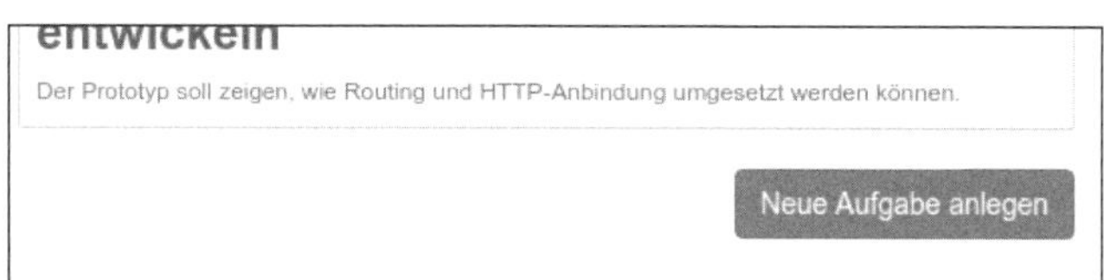


**Abbildung 10.5** Link zum Anlegen einer neuen Aufgabe

Entsprechend der Routenkonfiguration soll dieser Link auf die URL *http://localhost:4200/tasks/new* zeigen. Auf Basis eines absoluten Links würde die `RouterLink`-Direktive somit wie folgt aussehen:

```
<a routerLink='/tasks/new' class="..."> Neue Aufgabe anlegen </a>
```

**Listing 10.13** »task-list.component.html«: Link zum Task-Formular mit absolutem Pfad

Wie Sie sich aber sicher bereits gedacht haben, hat dieser Ansatz einen entscheidenden Nachteil: Durch die Festlegung eines absoluten Links innerhalb der Task-Listen-Implementierung benötigt eine task-spezifische Funktionalität nun doch Kenntnis über den gesamten Kontext!

Das Routing-Framework bietet Ihnen in diesem Fall die Möglichkeit, relative Links statt eines absoluten Links zu definieren. Wollen Sie aus der Listenansicht relativ auf die NEUER TASK-Ansicht verlinken, so können Sie dies auf die folgende Art realisieren:

```
<a routerLink='./new' class="..."> Neue Aufgabe anlegen </a>
```

**Listing 10.14** »task-list.component.html«: Relativer Link zum Task-Formular

Der Router weiß nun, dass er die entsprechende Konfiguration relativ zur aktuellen Ebene suchen muss. Ein Klick auf den Link führt Sie anschließend also wie erwartet zur korrekten URL unterhalb des */tasks*-Knotens (siehe Abbildung 10.6).

**Abbildung 10.6** Screenshot der Formularmaske mit Deep-Link-URL

Dabei ist es wichtig zu verstehen, dass die Navigation immer relativ zur aktuellen URL (und nicht relativ zur Position in der Routenkonfiguration) erfolgt. Um aus dem Task-Formular heraus zurück auf die Task-Übersicht zu navigieren, müssen Sie also zwei Fälle unterscheiden: Die Ansicht NEUE AUFGABE ANLEGEN ist unter der URL *http://localhost:4200/tasks/new* verfügbar, wohingegen die Edit-Ansicht eine URL der Form *http://localhost:4200/tasks/edit/1* besitzt.

Im ersten Fall müssen Sie somit »eine Stufe« nach oben navigieren, im zweiten Fall zwei Stufen. Eine pragmatische Lösung für dieses Problem kann nun so aussehen, dass Sie die Navigation davon abhängig machen, ob das aktuelle Task-Objekt bereits eine ID besitzt. In diesem Fall befinden Sie sich im Edit-View und müssen zwei Stufen nach oben navigieren:

```
<a class="btn btn-default"
   [routerLink]="task.id ? '../..' : '..'">
  Zurück zur Task-Liste
</a>
```

**Listing 10.15** »edit-task.component.html«: relative Navigation abhängig von Bedingungen

## 10.5 RouterLinkActive: Styling des aktiven Links

Ein weiterer typischer Anwendungsfall ist das Styling des aktuell aktiven Links in der Navigationsleiste. Angular stellt Ihnen hierfür eine sehr bequeme Lösung zu Verfügung. So können Sie mithilfe der `RouterLinkActive`-Direktive komfortabel beliebige Klassen zu einem Link bzw. zu übergeordneten Elementen hinzufügen. Möchten Sie beispielsweise die Klasse `active` zum übergeordneten Listenelement eines Links hinzufügen, wenn dieser Link aktiv ist, so können Sie dies mithilfe des folgenden HTML-Codes erreichen:

```
<ul class="nav navbar-nav">
  ...
  <li routerLinkActive="active">
    <a routerLink='/about' class="link">Über uns</a>
  </li>
</ul>
```

**Listing 10.16** »app.component.html«: Verwendung der »RouterLinkActive«-Direktive

Öffnen Sie nun den Link *http://localhost:4200/about*, werden Sie sehen, dass der Link zur ÜBER UNS-Seite nun richtig gestylt dargestellt wird (siehe Abbildung 10.7).

**Abbildung 10.7** Verwendung der »RouterLinkActive«-Direktive

### 10.5.1 RouterLinkActiveOptions: Exakt oder nicht?

Eine Besonderheit müssen Sie beachten, wenn Sie die `RouterLinkActive`-Direktive in Verbindung mit verschachtelten Routen verwenden. Falls Sie beispielsweise den Link zur AUFGABEN-Übersichtseite mit der Direktive ausstatten und zusätzlich einen Deep-Link zur NEUE AUFGABE ANLEGEN-Route zur Navigationsleiste hinzufügen, werden Sie feststellen, dass ein Wechsel zur URL *http://localhost:4200/tasks/new* dazu führt, dass nun beide Links als aktiv gekennzeichnet werden (siehe Abbildung 10.8).

```
<li routerLinkActive="active" >
  <a routerLink='/tasks' class="link">Aufgaben</a>
</li>
...
<li routerLinkActive="active">
  <a routerLink='/tasks/new' class="link">Neue Aufgabe anlegen</a>
</li>
```

**Listing 10.17** »app.component.html«: Link zur Tasks-Ansicht mit »RouterLinkActive«-Direktive

**Abbildung 10.8** Verhalten der »RouterLinkActive«-Direktive ohne weitere Konfiguration

Der Grund hierfür ist, dass die `RouterLinkActive`-Direktive einen Link ohne weitere Konfiguration bereits dann als aktiv ansieht, wenn die aktuelle Browser-URL den Link *enthält*.

Um an dieser Stelle dafür zu sorgen, dass der Aufgaben-Link nur bei exakt übereinstimmender URL (*http://localhost:4200/tasks)* als aktiv dargestellt wird, können Sie einfach die Eigenschaft `exact` des Input-Bindings `routerLinkActiveOptions` auf den Wert `true` setzen:

```
<li routerLinkActive="active"
    [routerLinkActiveOptions]="{exact: true}">
  <a routerLink='/tasks' class="link">Aufgaben</a>
</li>
```

**Listing 10.18** »app.component.html«: Verwendung der »exact«-Eigenschaft zur Konfiguration des »RouterLinks«

Ein erneuter Blick in die Oberfläche zeigt, dass der Link nun nur noch für die Task-Übersicht-Seite als aktiv dargestellt wird (siehe Abbildung 10.9).

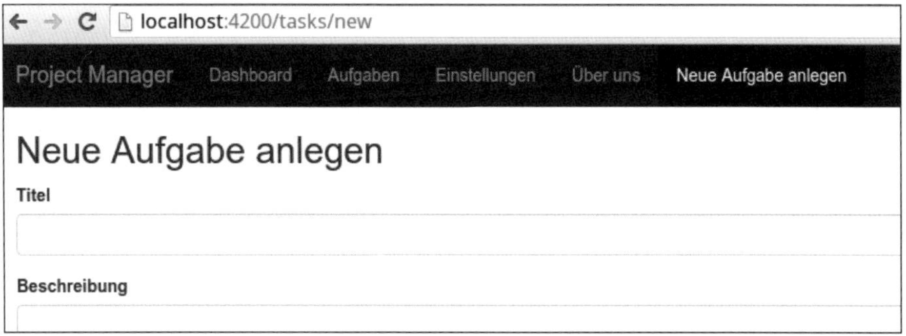


**Abbildung 10.9** Verhalten der »RouterLinkActive«-Direktive mit dem »exact-flag«



## 10.6 Routing-Parameter: dynamische Adresszeilenparameter auswerten

Ein weiterer wichtiger Punkt bei der Definition von Routen besteht darin, dynamische Parameter an eine Komponente übergeben zu können. Hierfür stehen Ihnen unterschiedliche Arten von Parametern zur Verfügung.

Im folgenden Abschnitt werden Sie zunächst lernen, wie Sie Pflicht-Parameter über sogenannte Pfad-Parameter definieren können. Im weiteren Verlauf lernen Sie mit Matrix-Parametern, Query-Parametern und Fragmentbezeichnern drei weitere Parameterarten zur Definition von optionalen Parametern kennen.

Tabelle 10.1 gibt Ihnen zunächst einmal einen Überblick über die unterschiedlichen Optionen.

| Parameterart | Beispiel-URL | Einsatzzweck |
|---|---|---|
| Pfad-Parameter | *${baseUrl}/tasks/edit/1* | Übergabe von Pflicht-Parametern |
| Matrix-Parameter | *${baseUrl}/tasks;q=Test* | Übergabe von segmentabhängigen optionalen Parametern |
| Query-Parameter | *${baseUrl}/tasks?q=Test* | Übergabe von globalen optionalen Parametern |
| Fragmentbezeichner | *${baseUrl}/tasks#new* | Adressierung von Punkten innerhalb des Dokuments |

**Tabelle 10.1** Dynamische Adresszeilenparameter

### 10.6.1 Pfad-Parameter: Pflicht-Parameter in Routen definieren

In der zuvor vorgestellten Routenkonfiguration haben Sie bereits ein typisches Beispiel für Pflicht-Parameter gesehen: Die EditTaskComponent wird einerseits für das Neuanlegen und andererseits für das Editieren eines bestehenden Tasks verwendet. In letzterem Fall erwartet die Komponente die Übergabe einer ID in Form eines Pfad-Parameters. Die Definition eines solchen Parameters in einer Route erfolgt dabei durch die Angabe des Parameternamens mit einem vorangestellten Doppelpunkt:

```
children: [
  {path: '', component: TaskListComponent},
  {path: 'edit/:id', component: EditTaskComponent},
  {path: 'new', component: EditTaskComponent}
]
```

**Listing 10.19** »tasks.routing.ts«: Definition der Edit-Route mit Pfad-Parameter

Möchten Sie nun aus einer HTML-Datei heraus auf diese Route verlinken, so können Sie hierfür die bereits angesprochene erweiterte Syntax der RouterLink-Direktive verwenden: Anstatt einen statischen Pfad zu hinterlegen, können Sie hierbei ein dynamisches Array an die Direktive übergeben. Jeder Eintrag im Array entspricht dabei einem Pfad-Abschnitt in der URL.

Listing 10.20 zeigt die Verwendung innerhalb der TaskItemComponent (der Komponente zur Darstellung eines Listeneintrags):

```
<a [routerLink]="['./edit', task.id]" >
  {{task.title}}
</a>
```

**Listing 10.20** »task-item.component.html«: Router-Link zur Navigation zum Task-Formular

Wie Sie sehen, wird hier erneut ein relativer Link verwendet. Ein Klick auf den Link für den Task mit der id Nummer 1 führt Sie somit zur URL:

*http://localhost:4200/tasks/edit/1*

#### Routen-Parameter auslesen

Innerhalb der EditTaskComponent haben Sie anschließend mehrere Möglichkeiten, auf die übergebene id zuzugreifen. So stellt das Routing-Framework Ihnen die Möglichkeit bereit, über den Konstruktor Ihrer Komponenten-Klasse ein Objekt der Klasse ActivatedRoute zu injizieren. Dieses Objekt bietet Ihnen Zugang zu einer Vielzahl an

Informationen der aktuell aktivierten Route. Der Zugriff auf die übergebenen Parameter erfolgt dabei über die Eigenschaft `params`.

Und hier wird es spannend: Anstatt lediglich ein statisches Objekt mit dem Inhalt der Parameter zurückzuliefern, liefert Ihnen die `params`-Eigenschaft ein `Observable`, das einen Stream von Parameter-Objekten enthält.

Listing 10.21 zeigt eine erste Implementierung zum Auslesen des Parameters und zum Laden des entsprechenden `Task` aus dem `TaskService`:

```
import {Subscription} from "rxjs/Subscription";

export class EditTaskComponent {
  ...
  subscription: Subscription;
  constructor(private route: ActivatedRoute,
              private taskService: TaskService) {
  }
  ngOnInit() {
    this.subscription = this.route.params
      .subscribe(params => {
        const id = (params['id'] || '');
        this.task = this.taskService.getTask(id);
      });
  }
  ngOnDestroy() {
    this.subscription.unsubscribe();
  }
}
```



**Listing 10.21** »edit-task.component.ts«: Anmeldung zur Information über dynamische Parameter

**Anmerkung zum TaskService**

Betrachten Sie den `TaskService` in diesem Kapitel zunächst einmal als Blackbox. Die in diesem Kapitel verwendete Implementierung basiert auf dem LocalStorage des Browsers und stellt Methoden zum Speichern, Löschen und Suchen von Tasks zur Verfügung. In den folgenden Kapiteln werden Sie den Service dann für die Verbindung mit einem HTTP-Backend erweitern und unterschiedliche Strategien für Datenarchitekturen in Angular-Anwendungen kennenlernen.

Wie schon in einigen vorausgegangenen Beispielen melden Sie sich hier mithilfe der `subscribe`-Methode beim `Observable` an, um über neue Parameter-Werte informiert zu werden. Erreicht ein neuer Wert den Stream, wird das `id`-Feld des Parameter-Objekts ausgelesen und der entsprechende Task über den `TaskService` geladen. Dieser zunächst etwas umständlich wirkende Ansatz hat im Wesentlichen zwei entscheidende Vorteile:

- Die Bereitstellung der Parameter in Form eines Streams spielt sehr elegant mit weiteren Bestandteilen von Angular zusammen (z. B. mit dem HTTP-Framework).
- Insbesondere bei Aufgaben wie *Pagination* oder Filterung muss Angular auf diese Weise oft keine neue Instanz der aktuellen Komponente erzeugen. Ein Wechsel auf die nächste Seite schickt in diesem Fall lediglich einen neuen Wert in den Stream.

Sie werden für beide Fälle in diesem Kapitel noch erste Beispiele kennenlernen. Ihre volle Stärke spielt die Technik aber erst in Kombination mit den weiteren Bestandteilen des Frameworks aus. Ich verspreche Ihnen, Sie werden den Ansatz lieben lernen!

Da die `EditTaskComponent` mit Two-Way-Data-Binding realisiert wurde, wird der Task, der bearbeitet werden soll, anschließend automatisch im Formular dargestellt (siehe Abbildung 10.10).

**Abbildung 10.10** Ansicht der »Aufgaben bearbeiten«-Maske

### 10.6.2 Snapshots – statisch auf Parameterwerte zugreifen

Sind die Vorteile des Parameter-Streams für Ihren Anwendungsfall irrelevant oder möchten Sie einfach zu einem beliebigen Zeitpunkt auf den aktuellen Parameterwert zugreifen, ohne ihn irgendwo zwischenspeichern zu müssen, so ist dies selbstverständlich ebenfalls möglich.

Das Zauberwort heißt hier: Snapshots. Über die `ActivatedRoute`-Eigenschaft `snapshot` können Sie so den aktuell gültigen Zustand der Route erfragen:

```
constructor(private route: ActivatedRoute,
            private taskService: TaskService) {
}
ngOnInit() {
  const id = this.route.snapshot.params['id'];
  this.task = this.taskService.getTask(id);
}
```

**Listing 10.22** »edit-task.component.ts«: statische Alternative zum Auslesen der Parameter

Außer auf das `params`-Objekt bieten Ihnen Snapshots im Übrigen auch Zugriff auf alle weiteren Eigenschaften, die Ihnen über die `ActivatedRoute` zur Verfügung stehen. So können Sie beispielsweise ebenfalls die aktuelle URL statisch über den Snapshot ermitteln.



### 10.6.3 Matrix-Parameter: optionale Parameter

Neben Pfad-Parametern, die in jedem Fall einen Wert enthalten müssen, haben Sie außerdem die Möglichkeit, optionale Parameter an eine Komponente zu übergeben. Ein typischer Anwendungsfall für einen optionalen Parameter ist die Übergabe eines Suchstrings an eine Komponente. So besitzt der `TaskService` die Methode `findTasks`, mit der Sie Tasks auf Basis einer Volltextsuche aufspüren können. Die Task-Listen-Ansicht bietet in diesem Zusammenhang bereits ein Suchfeld an, über das Sie diese Suche anstoßen können. Listing 10.23 und Listing 10.24 zeigen die entsprechenden Quellcode-Ausschnitte:

```
export class TaskListComponent {
  tasks: Task[];
  findTasks(queryString: string) {
    this.tasks = this.taskService.findTasks(queryString);
  }
  ...
}
```

**Listing 10.23** »task-list.component.ts«: Definition der »findTasks«-Methode

```
<h1>Aufgaben durchsuchen</h1>
<div class="input-group search-bar">
  <input type="text" #query class="form-control"
         id="searchField"
         (keyup.enter)="findTasks(query.value)"
         [formControl]="searchTerm">
```

```
    <span class="input-group-btn">
      <button class="btn btn-default" type="button"
              (click)="findTasks(query.value)">
        Suchen
      </button>
    </span>
  </div>
```

**Listing 10.24** »task-list.component.html«: Input-Feld und Button zur Suche in den Tasks

Um nun zusätzlich zur Suche über das Eingabefeld auch Aufgaben per URL-Parameter suchen zu können, können Sie erneut das params-Observable der ActivatedRoute-Klasse verwenden. So werden optionale Parameter ebenfalls über das params-Observable in die Komponente hineingereicht, wobei es hierfür (im Gegensatz zu Pfad-Parametern) nicht notwendig ist, dies in der Routing-Config zu konfigurieren. Listing 10.25 zeigt die entsprechende Implementierung innerhalb der TaskListComponent:

```
export class TaskListComponent {
  searchTerm = new FormControl();
  constructor(private taskService: TaskService,
              private route: ActivatedRoute) {
  }
  ngOnInit() {
    this.route.params.subscribe((params) => {
      const query = decodeURI(params['query'] || '');
      this.searchTerm.setValue(query);
      this.tasks = this.taskService.findTasks(query);
    });
  }
}
```

**Listing 10.25** »task-list.component.ts«: Auslesen des optionalen »query«-Parameters

Bei dieser Implementierung profitieren Sie von einer sehr nützlichen Tatsache: Der subscribe-Callback wird auch dann aufgerufen, wenn kein einziger Parameter in der URL vorhanden ist. Das params-Objekt ist in diesem Fall einfach leer, sodass ohne Parameter eine Suche mit leerem Wert ausgeführt wird. Nach dem Auslesen und Dekodieren des query-Parameters wird dieser Wert als neuer Wert in das Suchfeld eingetragen. Anschließend wird die findTasks-Methode zum Laden der Tasks aufgerufen. Abbildung 10.11 zeigt die Listen-Ansicht nach dem Aufruf mit einem URL-Parameter.

**Abbildung 10.11** Filtern der Task-Liste mithilfe eines URL-Parameters



**Die decodeURI-Funktion**

Eine Besonderheit in Listing 10.25 besteht außerdem noch in der Verwendung der `decodeURI`-Funktion. Hierbei handelt es sich um eine globale, vom Browser bereitgestellte Funktion, die dafür sorgt, dass URI-kodierte Strings der Form »Neues%20Entwickler-Team« wieder in einen »normalen« String (»Neues Entwickler-Team«) zurückübersetzt werden.

Das Gegenstück hierzu ist die `encodeURI`-Funktion, die Sie in den nächsten Abschnitten verwenden werden, um Strings so vorzubereiten, dass sie Teil der URI werden können.

Beachten Sie an dieser Stelle, dass der Angular-Router anstelle der deutlich bekannteren Query-Parameter, die mit einem Fragezeichen eingeleitet werden (siehe nächster Abschnitt), standardmäßig sogenannte Matrix-Parameter verwendet. Dies hat den Grund, dass Query-Parameter immer für die gesamte URL gültig sind.

Matrix-Parameter können hingegen auch für einen bestimmen Teil einer URL definiert werden. So bezieht sich der Matrix-Parameter im vorgestellten Fall lediglich auf die Listenansicht. Matrix-Parameter bieten Ihnen somit eine deutlich höhere Flexibilität bei der Routendefinition.

### Optionale Parameter mit dem RouterLink übergeben

Sollen solche optionalen Parameter nun mit einem `RouterLink` erzeugt werden, ist dies ähnlich wie bei den zuvor vorgestellten Pfad-Parametern sehr leicht möglich. Anstatt nur den Wert des Parameters zu übergeben, übergeben Sie einfach ein Objektliteral, das alle optionalen Parameter im Key-Value-Format aufführt.

Listing 10.26 zeigt exemplarisch die in Abbildung 10.12 dargestellte HTML-Implementierung eines SCHNELLZUGRIFF-Menüs, mit dem Sie aus der Navigationsleiste heraus direkt zu Tasks mit einem bestimmten Status verlinken können:

```
<ul class="dropdown-menu">
  <li>
    <a [routerLink]="['/tasks', {query: 'BACKLOG'}]">Backlog</a>
  </li>
  ...
</ul>
```

**Listing 10.26** »app.component.html«: Menü zum Schnellzugriff auf bestimmte Tasks

**Abbildung 10.12** Menü zum Schnellzugriff auf bestimmte Tasks

Wählen Sie nun beispielsweise den Backlog-Eintrag aus dem Menü aus, werden Sie sehen, dass Ihre Anwendung wie erwartet auf den Link

*http://localhost:4200/tasks;query=BACKLOG*

verweist. In diesem Zusammenhang können Sie nun außerdem das erste Mal die Vorteile des Observable-Ansatzes in Aktion sehen. Erweitern Sie die Task-Listen-Implementierung hierfür wie folgt:

```
constructor(private taskService: TaskService,
            private route: ActivatedRoute) {
  console.log('Creating Tasklist');
}

ngOnInit() {
  this.route.params.subscribe((params) => {
    ...
    console.log('Searching with query: ', query);
  });
}
```

Wenn Sie sich nun durch die Links des SCHNELLZUGRIFF-Menüs klicken, werden Sie feststellen, dass die `TaskListComponent` nur ein einziges Mal erzeugt wird; jeder weitere Seitenwechsel wird lediglich über einen neuen `params`-Eintrag im Stream repräsentiert (siehe Abbildung 10.13).

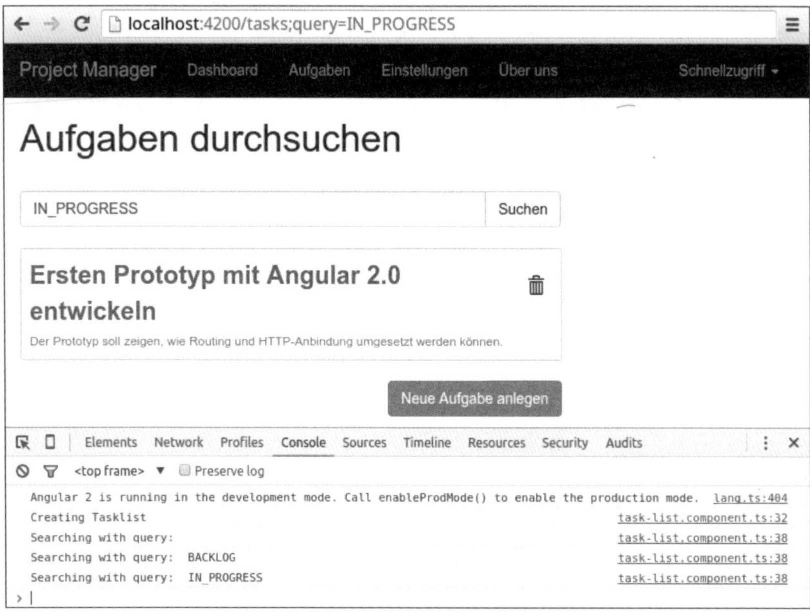


**Abbildung 10.13** Wiederverwendung der »TaskListComponent«-Instanz

Das ist ein klarer Performance-Vorteil gegenüber einer ständigen Neu-Instanziierung!

### 10.6.4 Query-Parameter: optionale Parameter unabhängig vom Segment definieren

Neben Pfad- und Matrix-Parametern stellt Ihnen Angular selbstverständlich auch Unterstützung für die Arbeit mit den bereits angesprochenen, bekannteren Query-Parametern zur Verfügung.

Der wichtigste Unterschied zwischen Matrix- und Query-Parametern besteht darin, dass sich Query-Parameter immer auf die gesamte URL beziehen, also von allen Routenabschnitten geteilt werden.

Das Auslesen von Query-Parametern erfolgt über die `queryParams`-Eigenschaft der `ActivatedRoute`:

```
export class TaskListComponent implements OnInit {
  ...
  constructor(private taskService: TaskService,
              private route: ActivatedRoute) {
  }
```

```
  ngOnInit() {
    this.route.queryParams.subscribe((params) => {
      const query = decodeURI(params['query'] || '');
      this.searchTerm.setValue(query);
      this.tasks = this.taskService.findTasks(query);
    });
}
```

**Listing 10.27** »task-list.component.ts«: Auslesen von Query-Parametern über das »queryParams«-Observable

Auch wenn die Umsetzung mit Matrix-Parametern an dieser Stelle technisch »korrekter« wäre, bevorzugen viele Entwickler für die Implementierung von Suchfunktionalität dennoch Query-Parameter. So können Sie auf diese Weise mit URLs der Form

*http://localhost:4200/tasks?query=BACKLOG*

arbeiten, die vielen Anwendern vertrauter sind.

Soll nun mithilfe der `RouterLink`-Direktive eine URL mit Query-Parameter erzeugt werden, so geschieht dies folgerichtig nicht durch Einfügen des Parameters an eine bestimmte Stelle im Pfad-Array, sondern global über das Input-Binding `queryParams`:

```
<a routerLink='/tasks' [queryParams]="{query: 'BACKLOG'}">
  Backlog
</a>
```

**Listing 10.28** »app.component.html«: Erzeugung eines Links mit Query-Parametern

### 10.6.5 Fragmentbezeichner

Fragmentbezeichner werden in der Regel verwendet, um eine bestimmte Stelle des Dokuments zu adressieren. Dabei kann es sich beispielsweise um einen Ankerpunkt im Dokument oder auch um eine bestimmte Stelle in einem Video handeln.

Möchten Sie beispielsweise auf der Video-Plattform *Vimeo* einen Link zu einer bestimmten Stelle eines Videos versenden, so nutzen Sie Fragmente:

*https://vimeo.com/9073365#t=1m9s*

Fragmente werden sehr ähnlich wie Query-Parameter behandelt. Anstelle einer Key-Value-Map erhalten Sie jedoch lediglich einen einfachen String, den Sie anschließend selbst auswerten müssen. Ein typischer Anwendungsfall für die Verwendung eines Fragmentbezeichners ist das Markieren eines bestimmten Tasks in der Task-Liste.

Listing 10.29 zeigt eine Implementierung, die dafür sorgt, dass beim Aufruf der URL *localhost:4200/tasks#select=1* die `selectedTaskId`-Eigenschaft den Wert 1 erhält:

```
this.route.fragment.subscribe(fragment => {
  if (!fragment) { return; }
  const [key, value] = fragment.split("=");
  if (key === 'select' && value !== undefined) {
    this.selectTask(value);
  }
});
selectTask(taskId: number) {
  this.selectedTaskId = taskId;
}
```

**Listing 10.29** »task-list.component.ts«: Auswertung des Fragmentbezeichners



Der Zugriff auf Fragmentbezeichner erfolgt über das `fragment`-Observable, das Ihnen im oben gezeigten Fall den String »select=1« liefert. Mithilfe der `split`-Methode und des ES2015-Array-Destructuring (siehe Anhang A, »ECMAScript 2015«) extrahieren Sie anschließend die beiden Variablen `key` und `value`. Falls der `key` den Wert `select` hat, wird der entsprechende Eintrag markiert. In Ihrem Template können Sie nun auf Basis der `selectedTaskId` entscheiden, ob das Input-Binding `selected` des Eintrags gesetzt werden soll:

```
<task-item *ngFor="let task of tasks"
           [task]="task"
           (taskDelete)="deleteTask(task)"
           (taskSelected)="selectTask($event)"
           [selected]="task.id == selectedTaskId">
</task-item>
```

**Listing 10.30** »task-list.component.html«: Die »selectedTaskId«-Eigenschaft zum Markieren eines Eintrags verwenden

Das Binding sorgt innerhalb der `TaskItemComponent` dafür, dass die Aufgabe leicht bläulich hinterlegt wird, sodass sich Ihnen anschließend das Bild aus Abbildung 10.14 zeigen sollte.

Sie erzeugen einen Link mit einem entsprechenden Fragmentbezeichner, wie bei Query-Parametern, indem Sie ein Input-Binding an die `RouterLink`-Direktive übergeben. Der obige Link kann somit wie folgt erzeugt werden:

```
<a routerLink="/tasks" fragment="select=1">Zu Aufgabe 1</a>
```

**Listing 10.31** Übergabe eines Fragmentbezeichners an die »RouterLink«-Direktive

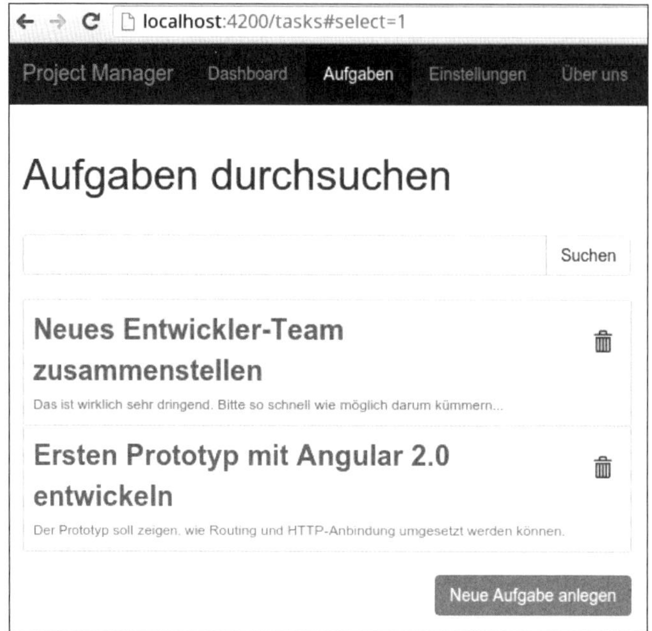


**Abbildung 10.14** Auswirkung des Fragmentbezeichners auf die Oberfläche

## 10.7 Aus der Anwendungslogik heraus navigieren

In bestimmten Fällen ist es notwendig, nicht nur über die Oberfläche, sondern direkt aus der Anwendungslogik heraus zu einer anderen Seite zu navigieren. Die `Router`-Klasse stellt Ihnen hierfür zwei komfortable Methoden zur Verfügung: die `navigate`-Methode und die `navigateByUrl`-Methode.

### 10.7.1 Die navigate-Methode: Navigation auf Basis der Routing-DSL

Möchten Sie beispielsweise nach dem Speichern eines Tasks wieder zur Listen-Ansicht zurücknavigieren, so können Sie dies mithilfe der `router.navigate`-Methode tun.

```
export class EditTaskComponent {
  constructor(private taskService: TaskService,
              private router: Router) {
  ...
  }
  saveTask() {
    this.task = this.taskService.saveTask(this.task);
```

```
    this.router.navigate(['/tasks']);
  }
}
```

**Listing 10.32** »edit-task.component.ts«: Navigation zur Task-Listen-Ansicht nach dem Speichern eines Tasks

Die `navigate`-Methode erwartet wie die `RouterLink`-Direktive ein Array von Anweisungen. Listing 10.32 sorgt somit dafür, dass nach dem Speichern die Task-Listen-Ansicht angesteuert wird.

Doch Moment: Durch die obige Implementierung haben Sie nun wieder die Unabhängigkeit des Aufgaben-Bereichs von einer festgelegten Root-URL (*/tasks*) »kaputt gemacht«.



Zum Glück bietet Ihnen die `navigate`-Methode aber ebenfalls die Möglichkeit, relativ zu einer vorgegebenen Basis zu navigieren. Listing 10.33 demonstriert die entsprechende Implementierung:

```
export class EditTaskComponent {
  constructor(private route: ActivatedRoute,
              private taskService: TaskService,
              private router: Router) {
  }
  saveTask() {
    this.task = this.taskService.saveTask(this.task);
    const relUrl = this.router.url.includes('edit') ? '../..' : '..';
    this.router.navigate([relUrl], {relativeTo: this.route});
  }
}
```

**Listing 10.33** »edit-task.component.ts«: relative Navigation zur Task-Listen-Ansicht

Zunächst wird hier auf Basis der `url`-Eigenschaft des Routers entschieden, ob Sie eine oder zwei Ebenen nach oben navigieren müssen. Mithilfe der `navigate`-Methode und der Option `relativeTo` können Sie anschließend eine Navigation relativ zur aktuellen Route auslösen.

### 10.7.2 navigateByUrl: Navigation auf Basis von URLs

Soll hingegen nicht auf Basis von Anweisungen, sondern direkt über einen URL-String zu einer anderen Seite navigiert werden, so können Sie dies mithilfe der `navigateByUrl`-Methode tun. Listing 10.34 und Listing 10.35 zeigen die Implementierung der ABBRECHEN-Funktion des Task-Formulars auf Basis von `navigateByUrl`:

```
<button (click)="cancel()"
        class="btn btn-default">
    Abbrechen
</button>
```

**Listing 10.34** »edit-task.component.html«: HTML-Code des »Abbrechen«-Buttons

```
cancel() {
  this.router.navigateByUrl('/tasks');
  return false;
}
```

**Listing 10.35** »edit-task.component.ts«: Navigation über die »navigateByUrl«-Methode

Der Rückgabewert `false` sorgt hier dafür, dass das Formular im Anschluss an die Navigationsanweisung nicht abgesendet wird. Beachten Sie an dieser Stelle außerdem, dass die `navigateByUrl`-Methode immer eine absolute URL benötigt. In diesem Fall würden Sie also die Kapselung der Komponente »kaputt machen«.

## 10.8 Routing-Guards: Routen absichern und die Navigation generisch beeinflussen

Eine der interessantesten Neuerungen des Angular-Routing-Frameworks ist die Einführung von sogenannten *Guards*, mit deren Hilfe Sie auf die Navigation zwischen zwei Komponenten reagieren bzw. diese beeinflussen können. An dieser Stelle stehen Ihnen zwei Arten von Guards zur Verfügung:

- `CanActivate`-Guards: Diese Guards bestimmen, ob eine bestimmte Route angesteuert werden darf.
- `CanDeactivate`-Guards: Mit diesen Guards können Sie das Verlassen einer Route verhindern.

**Aktivierung des Login-Mechanismus für das Projekt**

Das in diesem Kapitel vorgestellte Beispielprojekt besitzt bereits eine rudimentäre Implementierung eines Login-Mechanismus. So speichert der bereitgestellte `LoginService` die Informationen über den eingeloggten User einfach im LocalStorage des Browsers. Des Weiteren ist bereits eine Login-Seite unter der Adresse */login* konfiguriert.

Da die Login-Funktionalität bei der Vorstellung der sonstigen Routing-Themen aber eher stören würde, habe ich mich entschieden, diesen Mechansimus im Default-Fall zu deaktivieren. Um eine abgesicherte Anwendung zu erhalten, müssen Sie jedoch lediglich die folgende Zeile in der Datei *app.module.ts* einkommentieren:

```
providers: [
  ...
  { provide: AUTH_ENABLED, useValue: true },
];
```

Im Login-Formular können Sie sich anschließend mit dem Benutzernamen `user` und dem Passwort `secret` anmelden.

### 10.8.1 CanActivate – Routen absichern

Ein `CanActivate`-Guard bietet sich insbesondere für die Realisierung von Login-Funktionalität bzw. für die Abfrage von bestimmten Nutzerrechten an. Möchten Sie beispielsweise dafür sorgen, dass der gesamte Tasks-Bereich nur für angemeldete Nutzer aufrufbar ist, so können Sie die */tasks*-Route mithilfe eines entsprechenden Guards absichern. Listing 10.36 zeigt zunächst eine sehr einfache Implementierung der hierfür vorgesehenen Klasse `LoginGuard`:

```
import {Injectable}    from '@angular/core';
import {CanActivate, Router,  ActivatedRouteSnapshot,
        RouterStateSnapshot} from '@angular/router';
import {Observable} from 'rxjs/Observable';
import {LoginService} from '../services/login-service/login-service';

@Injectable()
export class LoginGuard implements CanActivate {
  constructor(private loginService: LoginService,
              private router: Router) {
  }
  canActivate(routeSnapshot: ActivatedRouteSnapshot,
              routerSnapshot: RouterStateSnapshot)
                                   : Observable<boolean> | boolean {
    if (!this.loginService.isLoggedIn()) {
      const url = encodeURI(routerSnapshot.url);
      this.router.navigate('/login', {queryParams: {redirect: url}});
    }
    return true;
  }
}
```

**Listing 10.36** »login.guard.ts«: Implementierung eines Login-Guards

Die Importe der verwendeten Klassen sowie die Injektion des `LoginService` und der `Router`-Klasse in den Guard werden Sie nicht mehr überraschen.

Konzentrieren Sie sich daher auf die eigentliche Logik der Klasse: Zunächst fällt hier auf, dass diese das CanActivate-Interface implementiert. Dieses Interface sorgt dafür, dass die Klasse eine passende Implementierung der canActivate-Methode bereitstellen muss.

Die canActivate-Methode stellt Ihnen dabei sowohl den aktuellen Snapshot der Route (ActivatedRouteSnapshot) als auch des Routers (RouterStateSnapshot) zur Verfügung, sodass Sie auf diese Weise Zugang zu allen Informationen über den Routing-Vorgang haben, die Sie benötigen.

Wollten Sie beispielsweise die übermittelten Matrix-Parameter des Routings abfragen, so könnten Sie dies über die params-Eigenschaft des ActiveRouteSnapshot tun. In Listing 10.36 wird hingegen die anzusteuernde URL aus dem Router-Snapshot ausgelesen:

```
if (!this.loginService.isLoggedIn()) {
  const url = encodeURI(routerSnapshot.url);
  this.router.navigate('/login', {queryParams: {redirect: url}});
}
return true;
```

Ist aktuell kein Nutzer eingeloggt, so wird mithilfe der navigate-Methode des Routers zur Login-Seite navigiert. Die eigentlich gewünschte Ziel-URL wird dabei als Query-Parameter übertragen. Ist hingegen ein Nutzer angemeldet, so liefert die Methode den Wert true zurück und der Navigationsvorgang wird regulär ausgeführt.

**Guards und asynchrone Prüfoperationen**

Beachten Sie an dieser Stelle, dass es hier ebenfalls möglich ist, anstelle von true oder false ein Observable oder ein Promise zurückzuliefern und somit eine asynchrone Authentifizierung vorzunehmen. Insbesondere bei der Integration mit dem HTTP-Framework kann diese Option zu sehr elegantem Code führen.

Der nächste Schritt besteht nun darin, Ihre Routen für die Verwendung des Guards zu konfigurieren. Die Registrierung erfolgt in diesem Fall über die canActivate-Eigenschaft, der Sie eine Liste an Guards übergeben können.

Des Weiteren hat es sich auch hier als gute Praxis etabliert, auf das Routing bezogene Services über eine eigene Liste zu exportieren, sodass Sie diese im Applikationsmodul leicht in das providers-Array aufnehmen können. Um alle Routen unterhalb des */tasks*-Knotens abzusichern, erweitern Sie Ihre Routenkonfiguration einfach wie folgt:

```
export const appRoutes: Routes = [
  ...
  {path: 'tasks', canActivate: [LoginGuard],
```

```
    children: tasksRoutes
  },

];
export const routingProviders = [LoginGuard];
```

**Listing 10.37** »app.routing.ts«: Konfiguration des Login-Guards für alle Komponenten unterhalb des »/tasks«-Knotens

```
@NgModule({
  imports: [BrowserModule, FormsModule, ReactiveFormsModule,
            appRouting],
  ...
  providers: [
    routingProviders,
    ...
  ]
})
export class AppModule {
}
```

**Listing 10.38** »app.module.ts«: Hinzufügen der »routingProviders« zum Hauptmodul

Versuchen Sie nun, über das Menü oder per Direkteingabe auf die Adresse *http://localhost:4200/tasks* zuzugreifen, so werden Sie, wie in Abbildung 10.15 dargestellt, über den Guard automatisch auf die Login-Seite geleitet.

**Abbildung 10.15** Redirect zur Login-Seite

Die Eingabe von gültigen Zugangsdaten (z. B. `user/secret`) führt Sie anschließend wie gewünscht zur Task-Liste.

### 10.8.2 CanDeactivate – das Verlassen einer Route verhindern

Der `CanDeactivate`-Guard stellt in gewisser Weise das Gegenstück zum `CanActivate`-Guard dar: Anstatt den Zugang zu einer Seite zu kontrollieren, können Sie mit einem `CanDeactivate`-Guard dafür sorgen, dass ein Nutzer eine Seite nicht verlassen kann. Ein typischer Anwendungsfall hierfür ist das Einblenden eines Hinweises auf ungespeicherte Änderungen in einem Formular.

Neben Informationen zum aktuellen Routing-Zustand benötigen Sie hierfür zusätzlich Zugriff auf die konkrete Komponente, die Sie verlassen möchten. So sieht das übliche Vorgehen bei der Implementierung der `CanDeactivate`-Funktionalität wie folgt aus: Die betroffene Komponente stellt eine Methode bereit, die auf Basis des Komponentenzustands entscheidet, ob ein Verlassen der Route erlaubt ist.

Der Guard verwendet diese Methode, um das Routing zu beeinflussen. Listing 10.39 und Listing 10.40 zeigen somit einerseits die Methode `canDeactivate` der `EditTaskComponent` sowie andererseits die Implementierung des zugehörigen Guards:

```
export class EditTaskComponent {
  @ViewChild(NgForm) form: NgForm;
  canDeactivate() : boolean {
    if (this.saved || !this.form.dirty) {
      return true;
    }
    return window.confirm(`Ihr Formular besitzt ungespeicherte
              Änderungen, möchten Sie die Seite wirklich verlassen?`);
  }
}
```

**Listing 10.39** »edit-task.component.ts«: Bereitstellung der komponentenspezifischen »canDeactivate«-Methode

```
@Injectable()
export class EditTaskGuard implements CanDeactivate<EditTaskComponent>{
  canDeactivate(component: EditTaskComponent,
              route: ActivatedRouteSnapshot,
              router: RouterStateSnapshot)
                                    : Observable<boolean> | boolean {
    return component.canDeactivate();
  }
}
```

**Listing 10.40** »edit-task.guard.ts«: Implementierung des »CanDeactivate«-Guards

Die `EditTaskComponent` verwendet hier das `dirty`-Flag des `ngForm`-Objekts, um zu entscheiden, ob ein Hinweis eingeblendet werden soll. Ist das Formular `dirty` und wurde das Formular noch nicht gespeichert, wird der Nutzer mithilfe der `window.confirm`-Funktion gefragt, ob er die Seite wirklich verlassen möchte.

Der Aufbau der `EditTaskGuard`-Implementierung erinnert stark an den bereits vorgestellten `LoginGuard`. Interessant ist hier insbesondere die Definition des Interfaces, das Sie implementieren wollen.

Über den Ausdruck `implements CanDeactivate<EditTaskComponent>` teilen Sie Angular mit, dass Sie das `CanDeactivate`-Interface für den Typ `EditTaskComponent` implementieren möchten, sodass Sie innerhalb der `canDeactivate`-Methode typsicher auf die Komponente zugreifen können, die der Nutzer verlassen will.



Neben der Komponente selbst stehen Ihnen dort, wie schon beim `CanActivate`-Guard, alle Informationen zur aktuellen Route zur Verfügung:

```
canDeactivate(component: EditTaskComponent,
              route: ActivatedRouteSnapshot,
              router: RouterStateSnapshot)
                                    : Observable<boolean> | boolean {
  return component.canDeactivate();
}
```

Um den Guard für die `EditTaskComponent` zu aktivieren, fügen Sie ihn einfach über die `canDeactivate`-Eigenschaft zur Routendefinition hinzu:

```
export const tasksRoutes: Routes = [
  {path: '', component: TasksComponent,
    children: [
      ...
      {path: 'edit/:id', component: EditTaskComponent,
                         canDeactivate: [EditTaskGuard]},
    ]
  }
];
export const tasksRoutingProviders = [EditTaskGuard];
```

**Listing 10.41** »tasks.routing.ts«: Konfiguration des »CanDeactivate«-Guards

Wenn Sie nun einen Task öffnen, ihn bearbeiten und anschließend versuchen, die Seite zu verlassen, wird sich Ihnen das Bild aus Abbildung 10.16 zeigen.

**Abbildung 10.16** Abfrage vor dem Verlassen des Formulars

Wenn Sie hier ABBRECHEN wählen, liefert die `window.confirm`-Funktion den Wert `false` zurück. Der Guard verhindert in diesem Fall das Verlassen der Seite, und Ihr Nutzer kann seine Änderungen speichern, die ansonsten verloren gegängen wären.

## 10.9 Redirects und Wildcard-URLs

Zusätzlich zu den bisher vorgestellten Methoden der Routenkonfiguration stellt das Routing-Framework Ihnen mit Redirects und Wildcard-URLs zwei weitere Techniken zur Verfügung, mit denen Sie Routen noch flexibler definieren können.

### 10.9.1 Absolute Redirects

Ein typischer Anwendungsfall für Redirects besteht darin, beim Besuch der Hauptseite (*http://localhost:4200*) zu einer Unterseite weiterzuleiten. Bisher haben Sie dies dadurch erreicht, dass Sie die `DashboardComponent` mit einem leeren Pfad konfiguriert haben:

```
export const appRoutes: Routes = [
  {path: '', component: DashboardComponent},
  ...
];
```

Soll diese Seite nun unter der URL */dashboard* verfügbar sein, müssen Sie zusätzlich dafür sorgen, dass Ihre Nutzer beim Besuch der Hauptseite auf die Dashboard-Ansicht weitergeleitet werden. Dies können Sie über die folgende Redirect-Konfiguration tun:

```
export const appRoutes: Routes = [
  {path: 'dashboard', component: DashboardComponent},
  {path: '', redirectTo: '/dashboard', pathMatch: 'full'}
  ...
];
```

**Listing 10.42** »app.routing.ts«: Redirect-Konfiguration zur Weiterleitung auf das Dashboard

Hier sehen Sie bereits eine Besonderheit bei der Implementierung von Redirects auf dem Root-Knoten. So teilen Sie dem Routing-Framework über die Eigenschaft `pathMatch: 'full'` mit, dass der Redirect nur durchgeführt werden soll, wenn die angesteuerte URL exakt übereinstimmt.



Der Standardwert für die `pathMatch`-Eigenschaft lautet an dieser Stelle `'prefix'`, was dazu führen würde, dass jede Route, die mit dem konfigurierten `path` beginnt (also in diesem Fall *jede* Route), auf */dashboard* weiterleiten würde!

### 10.9.2 Relative Redirects

Neben absoluten Redirects (die mit einem / eingeleitet werden) stellt das Framework Ihnen des Weiteren die Möglichkeit bereit, relative Redirects zu definieren. Möchten Sie beispielsweise im AUFGABEN-Bereich zusätzlich kurze URLs anbieten, so können Sie dies wie folgt erreichen:

```
export const tasksRoutes: Routes = [{
  path: '', component: TasksComponent,
  children: [
    ...
    {path: 'edit/:id', component: EditTaskComponent,
                       canDeactivate: [EditTaskGuard]},
    {path: 'e/:id', redirectTo: 'edit/:id'}
}];
```

**Listing 10.43** »tasks.routing.ts«: relativer Redirect innerhalb der Tasks-Routen-Konfiguration

Durch das Weglassen des führenden / wird hier der aktuelle Knoten (also */tasks*) als Basis verwendet, sodass Sie über eine URL der Form *http://localhost:4200/tasks/e/1* zur Edit-Sicht für den Task mit der ID 1 weitergeleitet werden.

### 10.9.3 Wildcard-URLs – Platzhalter-Routen definieren

Wildcard-URLs bieten Ihnen die Möglichkeit, eine Route zu definieren, die angesteuert wird, wenn ansonsten keine passende Route gefunden wurde:

```
export const appRoutes: Routes = [
  ...
  {path: '**', component: NotFoundComponent} //letzte Konfiguration!
];
```

**Listing 10.44** »app.routing.ts«: Wildcard-Route als letzter Konfigurationseintrag

Achten Sie dabei darauf, dass die Wildcard-Route immer als letzter Eintrag in der Routenkonfiguration steht: Da das Routing-Framework die erste passende Route aus der Konfiguration verwendet, würde die Wildcard-Route alle danach definierten Routen verdecken!

#### Wildcards in Kind-Routen

Des Weiteren ist es möglich, Wildcard-Routen mit Redirects zu kombinieren sowie Wildcard-Routen innerhalb von `children`-Knoten zu definieren. Sollen im Tasks-Bereich alle unbekannten Routen auf die Listenansicht verweisen, so können Sie dies wie folgt erreichen:

```
export const tasksRoutes: Routes = [{
  path: '', component: TasksComponent,
  children: [
    {path: '', component: TaskListComponent},
    ...
    {path: '**', redirectTo: ''},
}];
```

**Listing 10.45** »tasks.routing.ts«: relativer Redirect innerhalb der Tasks-Routen-Konfiguration

Rufen Sie nun versehentlich eine falsche URL unterhalb des Tasks-Knotens auf, so werden Sie immer zur Listenansicht umgeleitet.

## 10.10 Data: statische Metadaten an Routen hinterlegen

Neben der Möglichkeit, über Parameter dynamische Daten an eine Route zu übertragen, bietet Ihnen das Routing-Framework außerdem die Möglichkeit, über die `data`-Eigenschaft statische (Meta-)Daten für eine Route zu hinterlegen. Ein typisches Anwendungsbeispiel hierfür ist die Definition eines lesbaren Titels zur Darstellung im Browser-Tab:

```
export const appRoutes: Routes = [
  ...
  {path: 'settings', component: SettingsComponent,
                     data: {title: 'Einstellungen'}},
  {path: 'about',    component: AboutComponent,
                     data: {title: 'Über uns'}},
];
```

**Listing 10.46** »app.routing.ts«: Erweitern der Routenkonfiguration um statische Metadaten



Äquivalent zu dynamischen Parametern können Sie die statischen Metadaten nun entweder über das `data`-Observable der `ActivatedRoute` oder über den entsprechenden Snapshot auslesen:

```
export class SettingsComponent {
  constructor(private activatedRoute: ActivatedRoute) {
  }
  ngOnInit() {
    this.activatedRoute.data.subscribe((data) => {
      console.log(data); // Object {title: "Einstellungen"}
    });
    console.log(this.activatedRoute.snapshot.data);
  }
}
```

**Listing 10.47** »settings.component.ts«: Auslesen der statischen Metadaten

## 10.11 Resolve: dynamische Daten über den Router injizieren

Zusätzlich zu statischen Metadaten bietet Ihnen das Routing-Framework außerdem die Möglichkeit, mit der `resolve`-Eigenschaft dynamische Daten über den Dependency-Injection-Mechanismus in Ihre Route zu injizieren. Dies kann beispielsweise dann sinnvoll sein, wenn Sie Ihre Anwendung abhängig von der Umgebung unterschiedlich konfigurieren möchten oder wenn Ihre Komponente nur dann sinnvoll dargestellt werden kann, wenn bestimmte Daten bereits zur Verfügung stehen.

Soll beispielsweise der aktuell eingeloggte User direkt über das Routing-Framework in Ihre Komponente hineingereicht werden, so können Sie dies über den `resolve`-Mechanismus erreichen. Ihre Komponente benötigt in diesem Fall keine eigene Kenntnis darüber, ob der User beispielsweise über ein OAUTH-Verfahren oder über ein eigenes Authentifizierungssystem geladen wurde.

Listing 10.48 und Listing 10.49 zeigen die entsprechende `Resolver`-Implementierung, die Registrierung des Resolvers bei der Applikation sowie die Routenkonfiguration für die Übergabe des aktuellen Nutzers in die `SettingsComponent`:

```
@Injectable()
export class UserResolver implements Resolve {
  constructor(private loginService: LoginService) {
  }
  resolve(route: ActivatedRouteSnapshot,
          state: RouterStateSnapshot): User {
    return this.loginService.getCurrentUser();
  }
}
```

**Listing 10.48** »user-resolver.ts«: Resolver-Klasse zum Laden des aktuellen Users

```
export const appRoutes: Routes = [
  ...
  { path: 'settings', component: SettingsComponent,
    resolve: {
      user: UserResolver
    }
  },
];
export const routingProviders = [LoginGuard, UserResolver]
```

**Listing 10.49** »app.routing.ts«: Registrierung des Resolvers bei der Routenkonfiguration und Hinzufügen zu den »routingProviders«

Wie Sie sehen, muss jede `Resolver`-Klasse die Methode `resolve` bereitstellen. Aus Gründen der Typsicherheit ist es dabei sinnvoll, explizit das `Resolve`-Interface zu implementieren. Die Methode bekommt, genau wie die bereits vorgestellten Guard-Funktionen, Informationen zur aktuellen Route sowie zum aktuellen Router-Zustand übergeben. So ist es mithilfe dieser Informationen beispielsweise möglich, auf Basis von Query-Parametern andere Daten zu laden.

Im vorgestellten Beispiel werden die beiden Parameter jedoch nicht benötigt, da hier lediglich der aktuelle User über den `LoginService` geladen werden soll. Beachten Sie dabei, dass es auch hier möglich ist, ein `Promise` oder ein `Observable` zurückzuliefern. Die Erzeugung der `SettingsComponent` würde in diesem Fall so lange verzögert, bis die asynchronen Daten geladen wurden!

Des Weiteren ist es für das Verständnis des Mechanismus wichtig zu wissen, dass `Resolve`-Implementierungen über den DI-Mechanismus injiziert werden. Durch das Hinzufügen der Klasse zum `routingProviders`-Array sorgen Sie hier dafür, dass im DI-Framework ein Token mit dem Schlüssel `UserResolver` erstellt wird.

Das Binden dieses Tokens an Ihre Route erfolgt schließlich über die `resolve`-Eigenschaft der Routenkonfiguration. Diese nimmt eine Map entgegen, die einem beliebigen Schlüssel ein Dependency-Injection-Token zuweist. Über das Objektliteral

```
resolve: {
  user: UserResolver
}
```

sorgen Sie hier dafür, dass der geladene User unter dem Schlüssel `user` in die Komponente hineingereicht wird. Listing 10.50 zeigt nun darauf aufbauend das Auslesen des Users in der `Settings`-Komponente:



```
export class SettingsComponent implements OnInit {
  readOnly = true;
  constructor(private activatedRoute: ActivatedRoute,
              private titleService: Title) {
    const user: User = activatedRoute.snapshot.data['user'];
    if (user.hasRight('change_settings')) {
      console.log('User is allowed to change settings');
      this.readOnly = false;
    }
  }
}
```

**Listing 10.50** »settings.components.ts«: Auslesen der »resolve«-Daten

Genau wie statische Daten werden Daten, die über den `resolve`-Mechanismus in die Komponente hineingereicht werden, über die `data`-Eigenschaft der `ActivatedRoute` bereitgestellt. Beachten Sie hier, dass die geladenen Daten direkt bei der Instanziierung der Komponente im Konstruktor zur Verfügung stehen.

### 10.11.1 Verwendung einer resolve-Funktion anstelle einer Resolver-Klasse

Benötigen Sie bei der Umsetzung Ihrer `resolve`-Funktionalität keine weiteren Services, so ist es ebenfalls möglich, anstelle einer beim DI-Framework registrierten `Resolver`-Klasse eine einfache Funktion zu verwenden.

Listing 10.51 zeigt exemplarisch die Registrierung einer Funktion zum Laden eines Access-Tokens aus dem `localStorage`:

```
const RESOLVED_TOKEN = new OpaqueToken('RESOLVED_TOKEN');
export const appRoutes: Routes = [
  ...
  {
    path: 'settings', component: SettingsComponent,
    resolve: {
      user: UserResolver,
      token: RESOLVED_TOKEN
    }
  }
];

export function resolveToken(route: ActivatedRouteSnapshot,
                      state: RouterStateSnapshot) {
  return localStorage.getItem('access-token');
}
export const routingProviders = [LoginGuard, UserResolver,
  { provide: RESOLVED_TOKEN, useValue: resolveToken}
];
```

**Listing 10.51** »app.routing.ts«: Registrierung der »resolveToken«-Funktion beim DI-Framework und Übergabe an die »Settings«-Route

**Kompatibiliät mit dem Ahead-of-time-Compiler**

Achten Sie hierbei darauf, dass Sie die `resolveToken`-Funktion so, wie in Listing 10.51 dargestellt, als eigenständige Funktion (und nicht als Inline-Funktion innerhalb der Provider-Definition) erstellen: Inline-Funktionen werden zum aktuellen Zeitpunkt nicht vom Ahead-of-time-Compiler unterstützt!

## 10.12 Der Title-Service: den Seitentitel verändern

Ein typischer Anwendungsfall für die Verwendung der `data`-Eigenschaft ist es, in diesem Attribut den Titel des Browser-Tabs festzulegen. Hierfür könnten Sie sich auf Basis der DOM-API eine Referenz auf das `<title>`-Tag im Header der Seite holen und dieses neu beschreiben.

Da dieses Vorgehen aber für alternative Renderer (z. B. für native Mobile-Apps) nicht funktionieren würde, bietet Angular Ihnen für diese Aufgabe einen eigenen Service an – den `Title`-Service. Um den Service zu nutzen, müssen Sie ihn zunächst zur `providers`-Liste Ihres Hauptmoduls hinzufügen:

```
import {Title} from '@angular/platform-browser';
...
@NgModule({
  providers: [
    Title,
    ...
  ]
})
export class AppModule { }
```

**Listing 10.52** »app.module.ts«: Registrieren des »Title«-Service bei der Anwendung

Innerhalb Ihrer Komponente können Sie den Service anschließend über den Konstruktor injizieren und den Titel mithilfe der `setTitle`-Methode beschreiben:



```
export class SettingsComponent {
  constructor(private activatedRoute: ActivatedRoute,
              private titleService: Title) {
  }
  ngOnInit() {
    const title = this.activatedRoute.snapshot.data['title'];
    if (title) {
      this.titleService.setTitle(title);
    }
  }
}
```

**Listing 10.53** »settings.component.ts«: Auslesen des »data«-Parameters und Verändern des Seitentitels

Beim Wechsel auf die EINSTELLUNGEN-Seite erscheint der Titel, den Sie bei der Routendefinition hinterlegt haben, nun als Browser-Titel (siehe Abbildung 10.17).

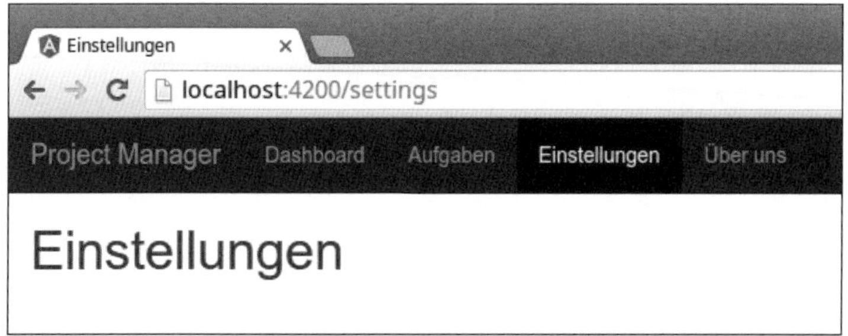


**Abbildung 10.17** Mithilfe des »Title«-Service angepasste Titelzeile

## 10.13 Router-Tree und Router-Events: genererisch auf Seitenwechsel reagieren

Wenn Sie nun jedoch erneut die Seite wechseln (z. B. zur Aufgaben-Übersicht), so werden Sie feststellen, dass der Browser-Titel weiterhin EINSTELLUNGEN anzeigt. Sie müssten nun also entweder dafür sorgen, dass jede Komponente den Titel korrekt setzt, oder dass der Titel beim Verlassen der Seite wieder auf den ursprünglichen Wert zurückgesetzt wird.

Auch wenn Sie auf diesem Weg wenigstens den ursprünglichen Titel wiederherstellen können, können Sie sich sicher vorstellen, dass die Neuimplementierung dieser Logik in jeder Komponente einerseits eine Menge Arbeit bedeutet und andererseits durchaus Fehler provozieren kann.

### 10.13.1 Der events-Stream: bei Seitenwechseln informiert werden

Zum Glück bietet Angular Ihnen aber ebenfalls die Möglichkeit, sehr generisch auf die Änderung der aktuellen Route zuzugreifen. So können Sie sich über das `events`-Observable des Routers immer dann informieren lassen, wenn ein Seitenwechsel stattfindet. Der Stream sendet dabei für jeden Wechsel drei Events:

- `NavigationStart` – beim Start des Vorgangs
- `RoutesRecognized` – wenn eine passende Route gefunden wurde
- `NavigationEnd` – nach erfolgreichem Abschluss der Navigation

Um den Stream nun dazu zu verwenden, den Seitentitel zu ändern, müssen Sie lediglich auf Events vom Typ `NavigationEnd` reagieren. Filtern Sie hierfür einfach den `events`-Stream mithilfe des `filter`-Operators von RxJS und einer `instanceof`-Abfrage:

```
defaultTitle: string;
constructor(private activatedRoute: ActivatedRoute,
            private router: Router,
            private titleService: Title) {
}
ngOnInit() {
  this.defaultTitle = this.titleService.getTitle();
  this.router.events
    .filter(event => event instanceof NavigationEnd)
    .subscribe(event => {
      this.setBrowserTitle();
    });
}
```

**Listing 10.54** »app.component.ts«: Registrierung beim »events«-Stream des Routers, um Informationen über Routenänderungen zu erhalten

### 10.13.2 Der Router-Tree: den aktuellen Router-Baum durchlaufen

Leider bietet das `NavigationEnd`-Event Ihnen keinen direkten Zugriff auf die aktivierte Route. Mit einigen Zeilen Code können Sie diese aber sehr leicht selbst berechnen. Listing 10.55 zeigt die vollständige Implementierung der `setBrowserTitle`-Methode:

```
setBrowserTitle() {
  let title = this.defaultTitle;
  let route = this.activatedRoute;
  while(route.firstChild) {
    route = route.firstChild;
    title = route.snapshot.data['title'] || title;
  }
  this.titleService.setTitle(title);
}
```

**Listing 10.55** »app.component.ts«: generische Methode zum Auslesen und Setzen des Titels



Das einzige Ihnen bisher unbekannte Element ist hier die Verwendung der `first-Child`-Eigenschaft des `ActivatedRoute`-Objekts. Hierbei ist es wichtig zu verstehen, dass es sich bei der aktuellen Route im Endeffekt um nichts anderes als um einen *Baum von Routen-Segmenten* handelt.

Beachten Sie an dieser Stelle, dass die Implementierung der generischen Logik in der `AppComponent` stattfindet – also in der Komponente, die das `RouterOutlet` enthält. So stellt diese Komponente in Bezug auf den Router-Tree das oberste Element im Baum dar. Bei einer Konfiguration der Form

```
export const taskRoutes: Routes = [
  {path: 'tasks', component: TasksComponent,
    children: [
      { path: 'edit/:id',
        component: EditTaskComponent}
    ]
  },
  { path: 'overview/:id',
    component: TaskOverviewComponent, outlet: 'right'},
];
```

**Listing 10.56** Hierarchische Routenkonfiguration

und einem Wechsel zur Edit-Ansicht (mit aktiviertem zweitem Outlet – dazu später mehr) entspricht der Baum der aktuellen Route der Hierarchie, die Sie in Abbildung 10.18 sehen.

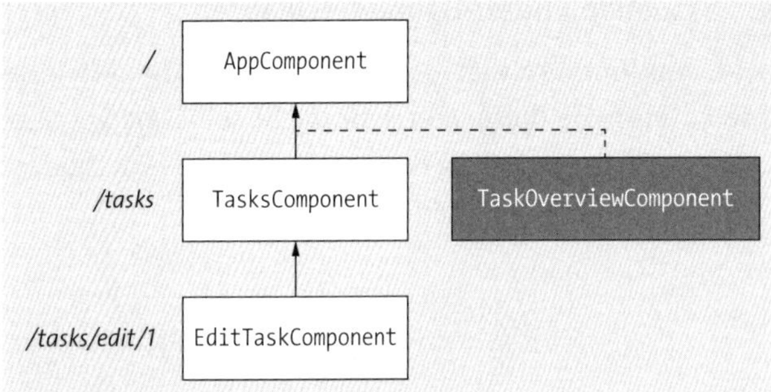


**Abbildung 10.18** Darstellung des Router-Trees

**Spoiler: Multiple RouterOutlets**

Die Eigenschaft `outlet: 'right'` sorgt in Listing 10.56 dafür, dass die `TaskOverview-Component` nicht im primären RouterOutlet der Seite, sondern in einem zusätzlichen Outlet dargestellt wird. Sie werden diese Technik in Abschnitt 10.15 noch im Detail kennenlernen. Vereinfacht gesagt, ermöglichen multiple Outlets Ihnen hier eine noch größere Flexibilität bei der Navigation.

Um hier von der `AppComponent` aus zur `EditTaskComponent` gelangen, müssen Sie ausgehend von der `ActivatedRoute` immer das erste Kind-Element auslesen (dieses entspricht immer dem Element im primären Outlet). Über den Code

```
let route = this.activatedRoute;
while(route.firstChild) {
  route = route.firstChild;
  title = route.snapshot.data['title'] || title;
}
```

starten Sie also bei der `ActivatedRoute` der-Root-Komponente und hangeln sich über die `firstChild`-Methode bis zum letzten Blatt der aktuellen Route durch. Auf jeder Ebene wird dabei überprüft, ob ein `data`-Objekt mit `title`-Eigenschaft vorhanden ist, sodass (wie Sie in Abbildung 10.19 sehen) am Ende der Titel verwendet wird, der auf der untersten Ebene definiert wurde:

```
export const tasksRoutes: Routes = [
  {path: 'tasks',
    children: [
      ...
      {path: 'edit/:id', component: EditTaskComponent,
                         data: {title: 'Aufgabe bearbeiten'}},
      {path: 'new', component: EditTaskComponent,
                    data: {title: 'Neue Aufgabe anlegen'}},
```

```
    ]
  }...];
```

Listing 10.57 »tasks.routing.ts«: Definition von Titeln für Unterseiten

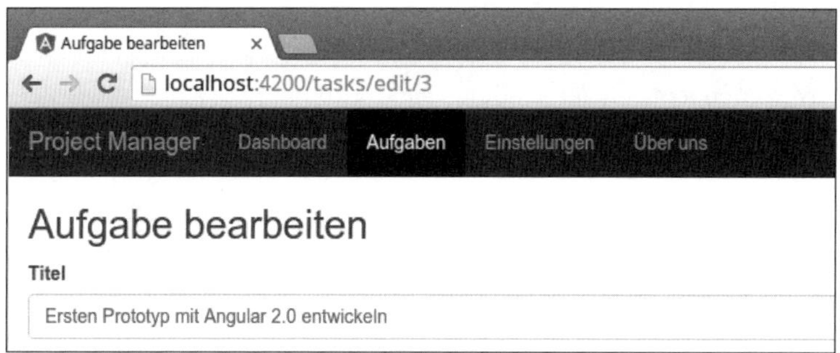


Abbildung 10.19 Ergebnis des Durchlaufens des RouterState-Trees

10

## 10.14 Location: direkte Interaktion mit der Adresszeile des Browers

In manchen Fällen kann es hilfreich sein, direkt mit der Adresszeile des Browsers zu interagieren. Angular stellt Ihnen hierfür die Klasse `Location` zur Verfügung, die Sie ebenfalls über den Konstruktor der Klasse injizieren können:

```
import {Location} from '@angular/common';
export class TaskListComponent {
  constructor(private location: Location, ...) {
  }
}
```

Listing 10.58 »task-list.component.ts«: Injektion des »Location«-Objekts

Das Objekt bietet Ihnen anschließend Zugriff auf verschiedene Methoden zur Arbeit mit der Browser-Adresszeile. So besteht ein typischer Anwendungsfall beispielsweise darin, die Browser-URL bei der Eingabe eines Suchstrings in das Suchfeld so anzupassen, dass Sie die URL anschließend als Deep-Link per E-Mail versenden können.

Listing 10.59 zeigt die Implementierung einer entsprechenden Methode innerhalb der `TaskListComponent`:

```
findTasks(queryString: string) {
  this.tasks = this.taskService.findTasks(queryString);
  this.adjustBrowserUrl(queryString);
}
```

```
adjustBrowserUrl(queryString: string = '') {
  const absoluteUrl = this.location.path().split('?')[0];
  const queryPart = queryString !== '' ? `query=${queryString}` : '';

  this.location.go(absoluteUrl, queryPart);
}
```

**Listing 10.59** »task-list.component.ts«: Verwendung der »Location«-Klassen zum Anpassen der Browser-URL

Zunächst ermitteln Sie über die `Location.path`-Methode die aktuelle URL. Mithilfe der String-Methode `split` schneiden Sie anschließend den absoluten Teil der URL heraus und erweitern ihn um die dynamische Query in Form eines Query-Parameters. Über die Methode `go` manipulieren Sie schließlich die Browser-URL. Die Methode nimmt als ersten Parameter einen Pfad und als zweiten Parameter (optional) die anzuhängenden Query-Parameter entgegen.

Tippen Sie nun einen Suchstring in das Eingabefeld, so ändert sich automatisch auch die Browser-URL (siehe Abbildung 10.20).

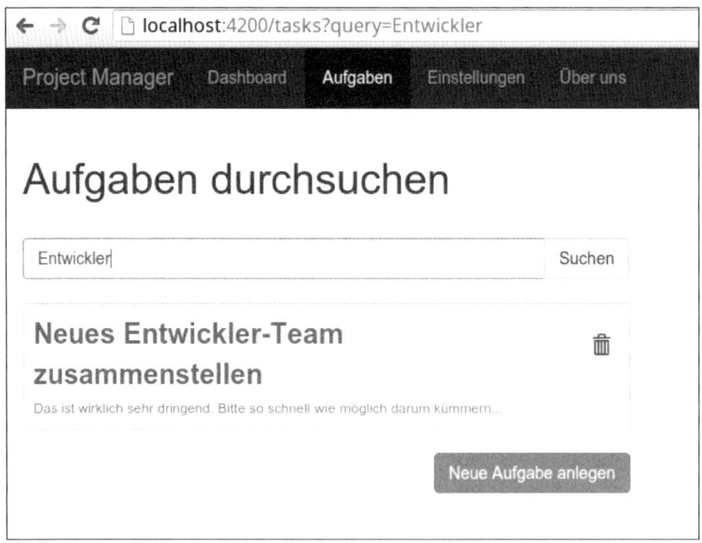


**Abbildung 10.20** Automatisches Setzen der Browser-URL bei Verwendung der Suchfunktion

Die `go`-Methode sorgt in diesem Fall außerdem automatisch dafür, dass ein *neuer* Eintrag in der Browser-History vorgenommen wird. Tippen Sie also nacheinander mehrere Suchbegriffe in das Eingabefeld ein, so würde dies dazu führen, dass jede Suche einen eigenen Eintrag in der History bekommt.

Sollte dies nicht gewünscht sein, können Sie alternativ die Methode replaceState verwenden, die den letzten Eintrag der Browser-History ersetzt:

```
adjustBrowserUrl(queryString) {
  ...
    this.location.replaceState(absoluteUrl, queryPart);
}
```

**Listing 10.60** »task-list.component.ts«: die »replaceState«-Methode verwenden, um den letzten History-Eintrag zu ersetzen

Neben dem Setzen der Browser-URL können Sie die Location-Klasse außerdem zum Navigieren durch die Browser-History verwenden. Die Klasse stellt Ihnen hierfür die beiden Methoden back und forward zur Verfügung.



Damit Sie beispielsweise in der EditTaskComponent beim Drücken des ABBRECHEN-Buttons nicht immer zur Task-Liste, sondern zur vorherigen Seite zurückkehren, können Sie die back-Methode wie folgt verwenden:

```
cancel() {
  this.location.back();
  return false;
}
```

**Listing 10.61** »edit-task.component.ts«: Implementierung der »cancel«-Methode mithilfe von »Location.back«

## 10.15 Mehrere RouterOutlets: maximale Flexibilität beim Routing

Alle bisherigen Beispiele haben sich darauf beschränkt, den dynamischen Teil der Seite in *einem* RouterOutlet darzustellen. Das Routing-Framework ermöglicht es aber, zusätzlich neben dem primären RouterOutlet beliebig viele weitere Outlets zu definieren und diese dynamisch mit Inhalt zu füllen. Ein typisches Beispiel für die Verwendung von mehreren Outlets besteht darin, einen modalen Dialog oder ein zusätzliches Popup-Fenster abhängig von der aktuellen URL zu aktivieren.

### 10.15.1 Zusätzliche Outlets – ein Chat-Fenster einblenden

Soll beispielsweise im unteren Seitenabschnitt ein Chat-Pop-up bereitgestellt werden, können Sie dies sehr elegant mithilfe eines zweiten Outlets erreichen. Abbildung 10.21 zeigt die Lösung, die Sie im Verlauf dieses Abschnitts erstellen.

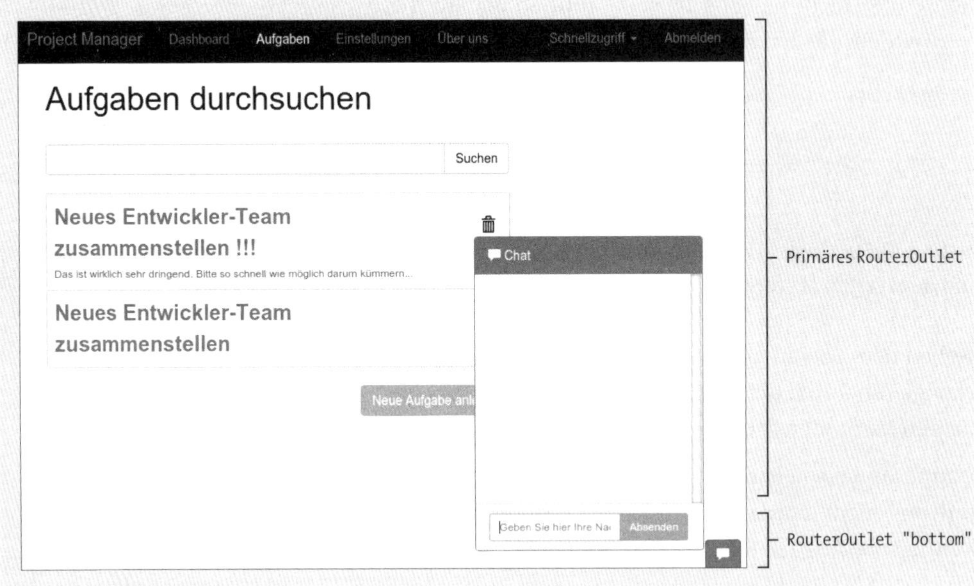


**Abbildung 10.21** Mehrere Outlets für die die Platzierung der Chat-Funktionalität

Um ein zusätzliches Outlet bereitzustellen, müssen Sie nichts weiter tun, als im HTML-Code ein weiteres <router-outlet>-Tag zu definieren. Damit Sie das Outlet später ansteuern können, benötigt es in diesem Fall außerdem noch einen Namen:

```
<div class="content">
    <router-outlet></router-outlet>
</div>
<div id="footer">
  <router-outlet name="bottom"></router-outlet>
</div>
```

**Listing 10.62** »app.component.html«: Definition des zusätzlichen RouterOutlets »bottom« im Footer-Bereich der Seite

Innerhalb der Routendefinition können Sie nun Routen bereitstellen, die in diesem Outlet dargestellt werden sollen:

```
export const appRoutes: Routes = [
  ...
  {path: 'chat', component: ChatComponent, outlet: 'bottom'}
];
```

**Listing 10.63** »app.routing.ts«: Definition der »chat«-Route und Festlegung des Outlets

Die Aktivierung des Chat-Fensters kann nun über eine URL der Form

*http://localhost:4200/tasks(bottom:chat)*

erfolgen. Zusätzliche Outlets werden immer in runden Klammern an die eigentliche URL angehängt. Der logische Aufbau der URL hat dabei folgende Form:

*http://url(outletName:Pfad)*

### Outlet-Routen über die Routing-DSL aktivieren

Möchten Sie das Chat-Fenster nun nicht über die Direkteingabe einer URL aktivieren, sondern mithilfe eines `RouterLink` oder über die `navigate`-Methode, so ist dies ebenfalls leicht möglich. Listing 10.64 zeigt die Implementierung des in Abbildung 10.21 dargestellten Buttons zum Öffnen und Schließen des Chat-Fensters:



```
<button type="button" class="btn btn-primary chat-button"
        (click)="toggleChat()">
  <span class="glyphicon glyphicon-comment"></span>
</button>
```

**Listing 10.64** »app.component.html«: Button zum Öffnen und Schließen des Chat-Fensters

```
toggleChat() {
  if (!this.router.url.includes('chat')) {
    this.router.navigate([{outlets: {'bottom': ['chat']}}])
  } else {
    this.router.navigate([{outlets: {'bottom': null}}]);
  }
}
```

**Listing 10.65** »app.component.ts«: Öffnen und Schließen des Chat-Fensters über die »navigate«-Methode

So erfolgt die Definition eines Routen-Abschnitts zu einem bestimmten Outlet immer über ein Objektliteral der Form:

```
{outlets: {'outletName': [ 'Darzustellender Pfad']}}
```

Möchten Sie ein bestimmtes Outlet »leeren«, können Sie dies durch die Übergabe von `null` als Pfad tun:

```
{outlets: {'outletName': null}}
```

Neben der Verwendung der `navigate`-Methode des Routers ist es natürlich ebenfalls möglich, ein bestimmtes RouterOutlet über einen `RouterLink` anzusteuern. Sie hätten das Chat-Fenster somit auch über den folgenden Link öffnen können:

```
<a [routerLink]="[{outlets: {'bottom': 'chat'}}]">Chat öffnen</a>
```

**Listing 10.66** Aktivierung des Outlets über einen »RouterLink«

Aufgrund der Toggle-Funktionalität ist es hier jedoch leichter, die Funktionalität über die `navigate`-Methode zu realisieren. Ein Klick auf den Button aktiviert bzw. deaktiviert nun das Chat-Fenster und passt gleichzeitig die URL des Browsers so an, dass Sie nun beispielsweise die Möglichkeit haben, die URL zu einer Seite mit geöffnetem Chat-Fenster als Link per E-Mail zu versenden (siehe Abbildung 10.22).

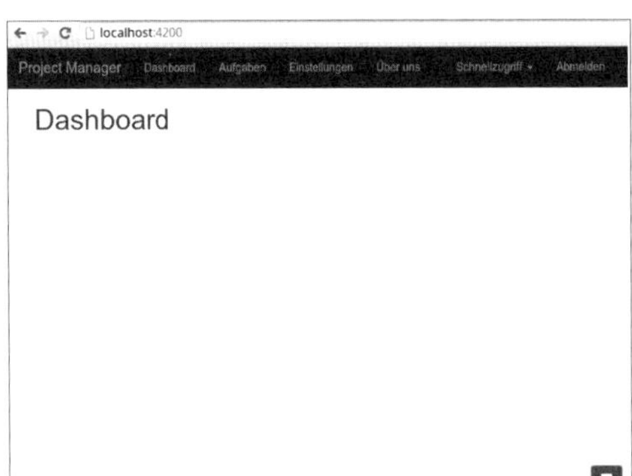


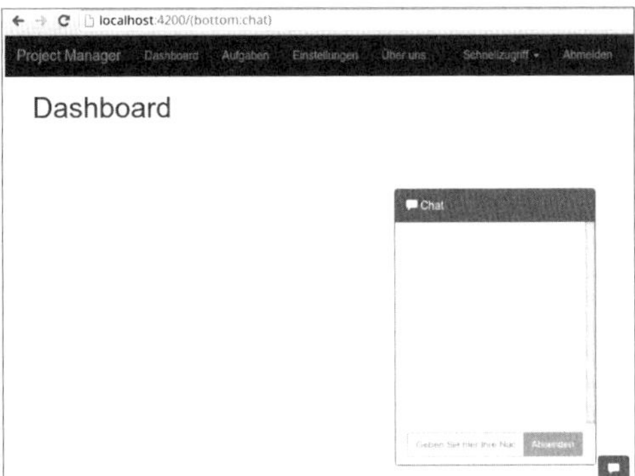


**Abbildung 10.22** Seitenzustand und URL bei aktiviertem und deaktiviertem Chat

### 10.15.2 Komplexere Outlet-Konfigurationen: eine Task-Schnellansicht

Interessant ist in diesem Zusammenhang außerdem, dass Ihnen in einem zusätzlichen RouterOutlet sämtliche Funktionalität zur Verfügung steht, die Ihnen ein primäres Outlet bietet. So ist es dort beispielsweise ebenfalls möglich, auf Pfad- und Query-Parameter zu reagieren. Möchten Sie etwa die adressierbare Schnellansicht für Tasks aus Abbildung 10.23 realisieren, ist dies über ein weiteres Outlet sehr elegant möglich.

Für die Implementierung der dargestellten Struktur benötigen Sie nun zunächst einmal ein weiteres `RouterOutlet`:

```
<div class="content">
  <div id="left">
    <router-outlet></router-outlet>
  </div>
  <div id="right">
    <router-outlet name="right"></router-outlet>
  </div>
</div>
```

```
<div id="footer">
  <router-outlet name="bottom"></router-outlet>
</div>
```

**Listing 10.67** »app.component.html«: Bereitstellung des zusätzlichen Outlets

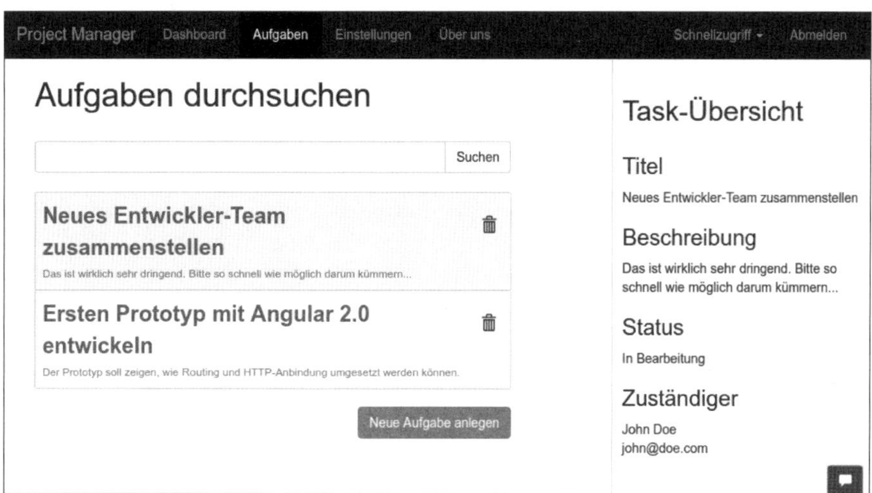


**Abbildung 10.23** Zusätzliches Outlet für eine Schnellansicht eines Tasks

Die Registrierung der `TaskOverviewComponent` beim Routing-Framework erfolgt anschließend in der Datei *tasks.routing.ts*:

```
export const tasksRoutes: Routes = [
  {
    path: '',
    children: [
      ...,
      {
        path: 'edit/:id', component: EditTaskComponent,
        data: {title: 'Aufgabe bearbeiten'},
        canDeactivate: [EditTaskGuard]
      }
    ]
  }, {
    path: 'overview/:id',
    component: TaskOverviewComponent,
    outlet: 'right'
  },
];
```

**Listing 10.68** »tasks.routing.ts«: Anlegen der Route für die »TaskOverviewComponent«

Genau wie die Task-Editieren-Route erhält die Task-Übersicht-Route den Pfad-Parameter `id`. Innerhalb der Implementierung der `TaskOverviewComponent` können Sie nun wie gewohnt über die `ActivatedRoute` auf den Parameter zugreifen:

```
export class TaskOverviewComponent implements OnInit {
  ...
  constructor(private route: ActivatedRoute,
              private taskService: TaskService) { }

  ngOnInit() {
    this.route.params.subscribe((params) => {
      this.task = this.taskService.getTask(params['id']);
    });
  }
}
```

**Listing 10.69** »task-overview.component.ts«: Auslesen des Pfad-Parameters und Laden des Tasks, der angezeigt werden soll

Der letzte Schritt besteht nun noch darin, beim Markieren eines Tasks in der Task-Liste die Schnellansicht anzusteuern. Und auch hier können Sie auf altbewährte Techniken zurückgreifen: Wie bei »normalen« Routingvorgängen erfolgt die Erzeugung der `TaskOverview`-URL auf Basis eines Arrays, das die Pfad-Bestandteile enthält:

```
export class TaskListComponent implements OnInit {
  ...
  selectTask(taskId: string) {
    this.selectedTaskId = taskId;

    this.router.navigate([{outlets: {'right': ['overview', taskId]}}],
                         {relativeTo: this.route});
  }
}
```

**Listing 10.70** »task-list.component.ts«: Verwendung der Router-DSL zur Aktivierung der Task-Schnellansicht

Wenn Sie nun einen Task in der Liste markieren, erscheint auf der rechten Seite die Schnellansicht, und ein anschließender Klick auf das Chat-Symbol zeigt (wie in Abbildung 10.23 dargestellt), dass es jetzt sogar problemlos möglich ist, beliebig viele Outlets gleichzeitig zu aktivieren bzw. wieder zu deaktivieren.

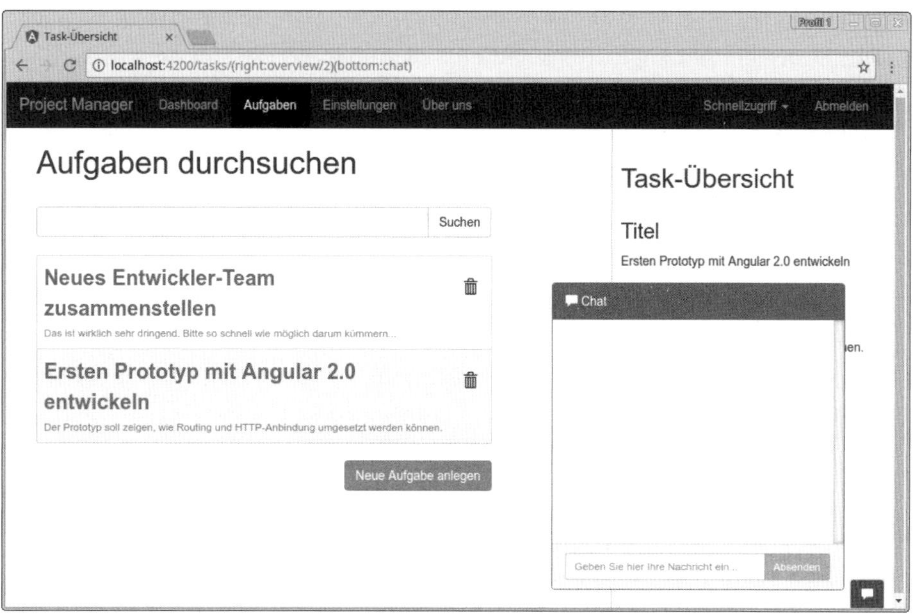


**Abbildung 10.24** Aktivierung von Task-Übersicht und Chat-Fenster

Wie Sie sehen, spiegelt die Browser-URL (in diesem Fall *http://localhost:4200/tasks/(right:overview/1)(bottom:chat)*) zu jedem Zeitpunkt die aktuelle Ansicht wider, sodass Sie sie problemlos per E-Mail an einen Kollegen versenden könnten!

## 10.16 Zusammenfassung und Ausblick

Geschafft! Dieses Kapitel war wirklich vollgestopft mit Wissen. Die folgende Liste gibt Ihnen noch einmal eine Übersicht über alle bearbeiteten Themen:

- Die Registrierung von Routen bei der Anwendung erfolgt über die `forRoot`-Funktion der Klasse `RouterModule`.
- RouterOutlets definieren die Bereiche, in denen dynamischer Inhalt dargestellt werden soll.
- Die `RouterLink`-Direktive ermöglicht Ihnen die komfortable Erstellung von komplexen Links.
- Mithilfe der `RouterLinkActive`-Direktive können Sie sehr leicht aktuell aktive Links stylen.
- Die Auswertung von dynamischen Parametern basiert auf RxJS-Observables.
- Diese Technik ermöglicht es Angular, sehr dynamisch neue Parameter zu verarbeiten, ohne dafür neue Komponenteninstanzen erzeugen zu müssen.

- Des Weiteren lässt sich die Auswertung von Parametern auf diesem Weg sehr leicht mit weiteren Angular-Bestandteilen, wie dem HTTP-Framework (siehe Kapitel 11, »HTTP: Anbindung von Angular-Applikationen an einen Webserver«), kombinieren.
- Parameter werden über die Klasse `ActivatedRoute` bereitgestellt.
- Snapshots ermöglichen es Ihnen, ad hoc auf Parameterwerte zuzugreifen.
- Über die Eigenschaften `data` und `resolve` können Sie statische und dynamische (über das DI-Framework bereitgestellte) Daten bei Ihrer Routenkonfiguration hinterlegen.
- Guards helfen Ihnen dabei, Routen abzusichern bzw. das Verlassen einer Route zu verhindern.
- Den Seitentitel können Sie über den von Angular bereitgestellten `Title`-Service verändern.
- Möchten Sie direkte Änderungen an der aktuellen Browser-URL vornehmen, können Sie dies mithilfe der Klasse `Location` tun.
- Multiple RouterOutlets bieten Ihnen die Möglichkeit, über die URL mehrere Bereiche Ihrer Seite dynamisch zu verändern.

In diesem Kapitel habe Sie das Grundgerüst der *Project-Manager*-Anwendung erstellt. Im folgenden Kapitel werden Sie sie an ein HTTP-Backend anbinden. So werden Sie im Zuge dessen unter anderem lernen, wie Sie auf Basis von RxJS-Observables sehr elegante Service-Schnittstellen für die Arbeit mit asynchronen Daten erstellen können und wie Ihnen die `AsyncPipe` bei der Darstellung solcher Daten im UI behilflich sein kann.

Kapitel 11

# HTTP: Anbindung von Angular-Applikationen an einen Webserver

*Die Anbindung von externen Services erfolgt im Webumfeld fast immer per HTTP. Neben dem Ausführen von Requests und der Verarbeitung von Responses bedeutet dies auch, dass Ihre Anwendung nun mit asynchronen Daten zurechtkommen muss: Das Angular-HTTP-Framework macht dies zu einem Kinderspiel!*



Aufbauend auf der Applikation zur Projektverwaltung, die sie in Kapitel 9 und Kapitel 10 entwickelt haben, werde ich Ihnen in diesem Kapitel zeigen, wie Sie eine Anwendung mithilfe der Angular-HTTP-Bibliothek mit einem bestehenden HTTP-Backend verknüpfen können. Die Anbindung basiert dabei, ebenso wie die Überwachung von Formularen oder die Auswertung von Routing-Parametern, auf der Klasse `Observable` aus der Bibliothek *RxJS*.

RxJS bietet Ihnen – wie schon einige Male kurz angeschnitten – umfangreiche Unterstützung für die Arbeit in asynchronen und event-getriebenen Umgebungen: beste Voraussetzungen also für den Einsatz im HTTP-Umfeld. In diesem Kapitel werde ich Ihnen zunächst einmal die Kernfunktionalitäten der HTTP-Bibliothek auf Basis eines recht klassischen pull-basierten Architekturansatzes vorstellen. Mit Abschluss dieses Kapitels werden Sie wissen,

- welche Methoden Ihnen der *Http*-Service zur Anbindung von HTTP-Backends zur Verfügung stellt.
- warum Observable-Streams eine deutliche Verbesserung zum klassischen Callback-Pattern darstellen.
- wie das HTTP-Framework Sie bei der Arbeit mit Query-Parametern und Header-Werten unterstützt.
- wie Sie mithilfe der `AsyncPipe` für eleganten Komponentencode sorgen können und wann dieser Ansatz an seine Grenzen stößt.
- was JsonP ist und wie Ihnen das HTTP-Framework die Arbeit mit dieser Technik vereinfacht.

Wenn Sie diese Kenntnisse erworben haben, werde ich Ihnen im folgenden Kapitel die Möglichkeiten der RxJS-Bibliothek im Detail vorstellen. Dort werden Sie unter anderem einen alternativen (push-basierten) Architekturansatz für die Verwaltung von Daten in reaktiven Anwendungen kennenlernen.

## 11.1 Die Server-Applikation

Die Verwaltung und Speicherung der in der Projektverwaltung eingegebenen Daten erfolgte bislang lediglich innerhalb des `LocalStorage` im lokalen Browserspeicher. Für eine Webanwendung, die von mehreren Personen genutzt wird, reicht dieser Ansatz natürlich nicht mehr aus. So erfolgt die Speicherung von Daten in der Regel auf einem zentralen, per HTTP angebundenen Server. In Bezug auf die grundlegende Anwendungsarchitektur haben Sie dabei die Wahl zwischen zwei Ansätzen:

1. Sie liefern Ihre Angular-(Frontend-)Applikation gemeinsam mit dem verwendeten Servercode (Backend) in einer Webapplikation aus, die in sich geschlossen ist. Der Servercode entscheidet in diesem Fall auf Grund von konfigurierten Regeln, in welchem Fall ein Request an die Angular-Applikation weitergereicht wird und in welchem Fall die entsprechende Serverlogik ausgeführt werden soll.
2. Sie liefern sowohl Ihre Angular-Applikation als auch den Servercode jeweils in eigenständigen Anwendungen aus.

Die Wahl einer dieser Optionen ist im Endeffekt Geschmackssache und hängt in vielen Fällen auch von der zur Verfügung stehenden Infrastruktur ab. Ich persönlich präferiere in diesem Zusammenhang jedoch den zweiten Ansatz. Auch wenn die Pflege von zwei eigenständigen Artefakten etwas mehr Administrationsaufwand bedeutet, bietet Ihnen die Trennung von Client- und Servercode einige (meiner Meinung nach) wichtige Vorteile:

- **Skalierung**: Die Aufteilung in eigenständig deploybare Software-Artefakte ermöglicht es Ihnen, deutlich leichtgewichtiger zu skalieren. Anstatt immer die gesamte (monolithische) Applikation inklusive aller Frontend-Abhängigkeiten zu deployen, können Sie auf diesem Weg bei Lastspitzen sehr leicht zusätzliche Server starten. Die Auslieferung des Clientcodes kann in diesem Fall einfach durch ein eigenen Webserver oder ein *Content Delivery Network* (CDN) erfolgen
- **Build-Mechanismus**: Die Trennung zwischen Client und Server vereinfacht Ihren Build-Mechanismus. Die Client- und die Server-Applikation haben in der Regel deutlich unterschiedliche Anforderungen an einen Build-Vorgang. Während es bei der Entwicklung von Server-Applikationen in der Regel ausreicht, die benötigten Abhängigkeiten herunterzuladen und die Anwendung zu starten, umfasst der

Build-Vorgang für Webclients beispielsweise zusätzlich die Ausführung von CSS-Präprozessoren oder das Komprimieren der Anwendung. Der Versuch, diese beiden Anforderungen in einem Build zu vereinen, kann schnell im Chaos enden.

- **Wiederverwendung**: Eigenständige Artefakte ermöglichen es Ihnen, Ihre Server-Applikation leicht über weitere Clients anzusprechen. Wollen Sie beispielsweise zusätzlich zu Ihrem Angular-Web-Frontend eine native iOS- oder Android-Anwendung als Client für Ihre Server-Applikation bereitstellen, wäre es völlig unnötig, in diesem Fall gleichzeitig Ihre Angular-Applikation mit zu deployen. Die Aufsplittung in getrennte Anwendungen bietet Ihnen somit auch für eine mögliche Wiederverwendung die maximale Flexibilität.

**Anmerkungen zum Beispielquelltext**

Die folgenden Erläuterungen basieren alle auf der ersten Version des Project-Managers, die in Kapitel 10, »Routing: Navigation innerhalb der Anwendung«, implementiert wurde. Sollten Sie die hier vorgestellten Schritte eigenständig selbst durchführen wollen, können Sie dies auf Basis der bisherigen Implementierung tun, die ich Ihnen im Verzeichnis *project-manager-routing* bereitgestellt habe. Sollten Sie es bevorzugen, die Schritte am fertigen Beispiel nachzuvollziehen, steht Ihnen die entsprechende Version im Ordner *project-manager-http* zur Verfügung.



### 11.1.1 Die json-server-Bibliothek

Ich habe mich auch in diesem Kapitel dafür entschieden, die Serverlogik in Form einer eigenständigen Applikation zu realisieren. Als Basis hierfür dient die Prototyping-Bibliothek *json-server*, mit deren Hilfe sich voll funktionsfähige REST-Server auf Basis einer simplen Konfigurationsdatei erstellen lassen.

Neben einem Standalone-Kommandozeilen-Client stellt *json-server* ein *Node.js*-Modul zur Integration mit einer Express-Middleware bereit. Sollten Sie bislang keine Erfahrung in der Entwicklung von Node.js-Applikationen mit Express haben, reicht es an dieser Stelle vollkommen aus, wenn Sie wissen, dass es sich bei *Express* um ein recht verbreitetes Web-Framework für Node.js handelt. Das *json-server*-Modul setzt auf diesem Framework auf und erweitert es um die Möglichkeit, sehr leichtgewichtig Prototypen zu entwickeln.

Listing 11.1 zeigt die vollständige Implementierung der für dieses Kapitel benötigten Server-Applikation:

```
const jsonServer = require('json-server');
// Erzeugt einen Express-Server
const server = jsonServer.create();
```

```
// Default-Einstellungen für den Server aktivieren
// (logger, static, cors and no-cache)
server.use(jsonServer.defaults())
//db.json laden und Endpunkte unter /api bereitstellen
const router = jsonServer.router('db.json');
server.use('/api', router);

server.listen(3000);
```

**Listing 11.1** Implementierung des Project-Manager-Servers

Mithilfe der Zeile

```
const jsonServer = require('json-server');
```

laden Sie zunächst das benötigte Node.js-Modul. Die beiden Anweisungen

```
const server = jsonServer.create();
server.use(jsonServer.defaults());
```

erzeugen anschließend einen Express-Server und konfigurieren diesen mit Default-Einstellungen, die der *json-server* bereitstellt. Diese Einstellungen sorgen beispielsweise auch für eine korrekte Konfiguration der CORS-Header und somit dafür, dass die zur Verfügung gestellten REST-Endpunkte von jeder beliebigen Webapplikation angesprochen werden können. Im Anschluss an die Erzeugung des Express-Servers werden schließlich die REST-Endpunkte bereitgestellt. Dies geschieht im Falle des *json-Servers* auf Basis einer Konfigurationsdatei:

```
const router = jsonServer.router('db.json');
server.use('/api', router);
```

Die Bibliothek liest dabei die Datei *db.json* ein und erstellt auf Basis des Inhalts REST-Endpunkte. Anschließend werden alle erzeugten Endpunkte unter dem Pfad `'/api'` bereitgestellt. Der Aufbau der Konfigurationsdatei ist dabei denkbar simpel. Listing 11.2 zeigt exemplarisch die Konfiguration des */tasks*-Endpunkts:

```
{
  "tasks": [
    {
      "id": 1,
      "title": "Neues Entwickler-Team zusammenstellen",
      "description": "Das ist wirklich sehr dringend... "
    },{
      "id": 2,
```

```
      "title": "Ersten Prototyp mit Angular 2.0 entwickeln",
      "description": "Der Prototyp soll zeigen, wie Routing und ..."
    },{
      "id": 3,
      "title": "Präsentation vorbereiten",
      "description": "Nicht länger als 15 Minuten... "
    }
  ]
}
```

**Listing 11.2** »db.json«: Konfiguration des »/tasks«-Endpunkts für die Verwaltung der Aufgaben

Diese Konfiguration führt nun dazu, dass der *json-server* automatisch sechs REST-Endpunkte bereitstellt:



```
GET    /api/tasks
GET    /api/tasks/{id}
POST   /api/tasks
PUT    /api/tasks/{id}
PATCH  /api/tasks/{id}
DELETE /api/tasks/{id}
```

**Listing 11.3** Vom »json-server« bereitgestellte Endpunkte

Da Sie die unterschiedlichen Endpunkte und Methoden im weiteren Verlauf des Kapitels noch im Detail kennenlernen werden, verzichte ich an dieser Stelle auf eine genauere Erläuterung der Funktionalität.

Im letzten Schritt wird nun noch der Node.js-Server auf dem Port 3000 gestartet:

```
server.listen(3000);
```

Um den Server auf Ihrem lokalen Rechner auszuprobieren, wechseln Sie zunächst auf der Kommandozeile in das Verzeichnis *projects-server* im *http*-Projekt. Zur Installation der benötigten Abhängigkeiten und zum anschließenden Starten der Applikation führen Sie dort einfach die beiden Befehle `npm install` und `npm start` aus. Öffnen Sie dann mit Ihrem Browser die Adresse *http://localhost:3000/api/tasks*, um die korrekte Ausführung zu überprüfen. Sie sollten nun das Bild aus Abbildung 11.1 sehen.

Ihre Server-Applikation ist also vollständig konfiguriert und kann aus Ihrer Angular-Anwendung heraus angesprochen werden.

**Start der Server-Applikation beim Anwendungsstart**

Damit Sie nicht vor jedem Anwendungsstart daran denken müssen, manuell den Server zu starten, ist die *package.json* des in diesem Kapitel vorgestellten Projekts bereits so konfiguriert, dass ein `npm install` auch die Abhängigkeiten des Server-Projekts installiert. Des Weiteren startet auch der Befehl `npm start` sowohl die Angular-Applikation als auch den angebundenen Projects-Server.

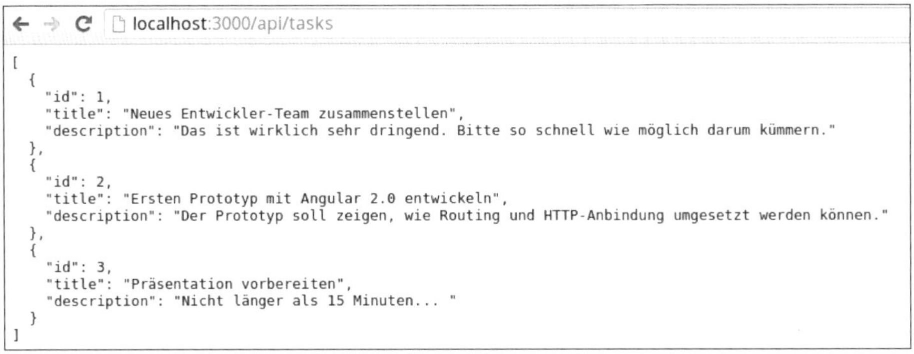

localhost:3000/api/tasks


```
[
  {
    "id": 1,
    "title": "Neues Entwickler-Team zusammenstellen",
    "description": "Das ist wirklich sehr dringend. Bitte so schnell wie möglich darum kümmern."
  },
  {
    "id": 2,
    "title": "Ersten Prototyp mit Angular 2.0 entwickeln",
    "description": "Der Prototyp soll zeigen, wie Routing und HTTP-Anbindung umgesetzt werden können."
  },
  {
    "id": 3,
    "title": "Präsentation vorbereiten",
    "description": "Nicht länger als 15 Minuten... "
  }
]
```


**Abbildung 11.1** Verwendung des »tasks«-HTTP-Endpunkts

## 11.2 Das Angular-HTTP-Modul verwenden

Wie schon für Routing und Formulare stellt Angular Ihnen für die Arbeit mit HTTP ein eigenes Modul zur Verfügung – das `HttpModule`. Die Installation des entsprechenden Paketes erfolgt erneut per *npm* mit dem Befehl:

```
npm install --save @angular/http
```

Falls Sie nicht mit der Angular-CLI arbeiten, müssen Sie daran denken, das Paket anschließend Ihrem Module-Loader bekannt zu machen. Im Hauptmodul Ihrer Anwendung erfolgt der Import des `HttpModule` schließlich über die Ihnen bereits recht vertraute `imports`-Eigenschaft:

```
import {HttpModule} from '@angular/http';

@NgModule({
  imports: [
    BrowserModule,
    FormsModule,
    ReactiveFormsModule,
    HttpModule,
    appRouting
```

```
  ],
  ...
})
export class AppModule {
}
```

**Listing 11.4** »app.module.ts«: Import des »HttpModule« in die Applikation

## 11.3 Der erste GET-Request: Grundlagen zur HTTP-API

Nachdem die Anwendung konfiguriert ist, können Sie das Modul nun dazu verwenden, HTTP-Endpunkte aus Ihrem Applikationscode heraus anzusprechen.



Im ersten Schritt werde ich Ihnen hierfür zeigen, wie Sie mithilfe des von Angular bereitgestellten HTTP-Service einen einfachen GET-Request auslösen und das Ergebnis in Ihrer Anwendung verarbeiten können. In den folgenden Abschnitten werde ich Ihnen dann darauf aufbauend erläutern, inwiefern Sie den neuen Mechanismus in die bisherige Service-Schnittstelle zur Verwaltung der Aufgaben integrieren können.

Öffnen Sie zunächst die Ihnen bereits aus Kapitel 10 bekannte Datei *task-list.component.ts*. Bislang wurden die innerhalb der Listendarstellung gerenderten Tasks in dieser Datei synchron aus dem `TaskService` ausgelesen:

```
ngOnInit() {
  this.route.queryParams.subscribe((params) => {
    const query = decodeURI(params['query'] || '');
    this.searchTerm.setValue(query);
    this.tasks = this.taskService.findTasks(query);
  });
}
```

**Listing 11.5** »task-list.component.ts«: bisherige Anforderung der vorhandenen Tasks

Im ersten Schritt sollen stattdessen nun zunächst alle im HTTP-Backend gespeicherten Tasks geladen und in der Variablen `tasks` gespeichert werden. Kommentieren Sie hierfür zwischenzeitlich den `findTasks`-Aufruf aus, und erweitern Sie die `ngOnInit`-Methode anschließend wie folgt:

```
import {Http, Response} from '@angular/http';
...
export class TaskListComponent implements OnInit {
  private tasks: Task[];
  constructor(private taskService: TaskService,
              private http: Http,
              ...) {
```

```
  }
  ngOnInit() {
    this.http.get(`http://localhost:3000/api/tasks`)
      .map((response: Response) => response.json())
      .subscribe(tasks => {
        this.tasks = tasks;
      });
  }
  ...
}
```

**Listing 11.6** »task-list.component.ts«: den Http-Service zur Ausführung eines GET-Requests verwenden

Über den Konstruktor injizieren Sie zunächst den `Http`-Service aus dem Modul `@angular/http`. Der Service stellt Ihnen diverse Schnittstellen zur Kommunikation mit einem HTTP-Backend zur Verfügung. Im `ngOnInit`-Callback verwenden Sie anschließend die `get`-Methode, um einen HTTP-GET-Aufruf auszulösen. Wie schon angedeutet, liefert Ihnen dieser Aufruf ein `Observable` vom Typ `Response` zurück, dessen `json`-Methode dazu verwendet wird, den Body der HTTP-Antwort in Form eines JSON-Objekts auszulesen:

```
.map((response :Response) => response.json())
```

Mithilfe der `subscribe`-Methode können Sie sich nun bei diesem `Observable` anmelden, um benachrichtigt zu werden, wenn die Antwort vom HTTP-Server eintrifft. Hier wird schließlich die Task-Liste der Komponentenklasse (`this.tasks`) auf den neuen Wert gesetzt, sodass Angular nach der Rückkehr des HTTP-Aufrufs automatisch dafür sorgt, dass die Liste in der Oberfläche aktualisiert wird:

```
.subscribe((tasks: any) => {
  this.tasks = tasks;
});
```

**Import des map-Operators**

Vergessen Sie bei der Verwendung des HTTP-Frameworks nicht, die verwendeten RxJS-Operatoren in Ihre Anwendung zu importieren. Wie bereits in Kapitel 8, »Template-Driven Forms: einfache Formulare auf Basis von HTML«, beschrieben erfolgt dies am besten zentral in der Datei *main.ts*:

```
import "rxjs/add/operator/map";
```

Doch wieso können Sie hier einfach das (untypisierte) JSON-Objekt der Liste vom Typ `Task[]` zuweisen? An dieser Stelle profitieren Sie erneut davon, dass Sie sich in Kapitel 8 für Interfaces zur Modellierung Ihres Datenmodells entschieden haben: Der Typ `any` des JSON-Objekts sorgt hier zunächst einmal dafür, dass TypeScript selbst keine Annahmen (und Überprüfungen) mehr für die Zuweisungen des Objekts macht. Da Interfaces nun lediglich ein (zur Compile-Zeit existierendes) Hilfsmittel zur Sicherstellung von Typsicherheit sind, können Sie hier ohne weiteren Aufwand eine direkte Zuweisung des JSON-Bodys an die `tasks`-Variable vornehmen.

Auf den ersten Blick mag Ihnen diese Vorgehensweise vielleicht etwas »leichtgläubig« vorkommen. Gerade bei der Arbeit mit untypisierten REST-Schnittstellen haben Sie aber ohnehin immer eine Stelle, an der Sie die typunsicheren Daten in TypeScript-Strukturen umwandeln müssen. Interfaces stellen hier den mit Abstand »leichtgewichtigsten« Ansatz dar.



**Verwendung der HTTP-Bibliothek mit klassenbasierten Modellen**

Der Vollständigkeit halber zeige ich Ihnen an dieser Stelle aber auch die Implementierung in Verbindung mit einem klassenorientierten Datenmodell. Anstatt hier direkt mit dem JSON-Objekt zu arbeiten, müssen Sie in diesem Fall lediglich noch eine explizite Umwandlung in Task-Objekte vornehmen.

Bei der Arbeit mit Observables hat es sich dabei als gute Praxis etabliert, solche Umwandlungen über einen eigenen `map`-Aufruf vorzunehmen. Listing 11.7 zeigt eine entsprechende Umsetzung:

```
this.http.get(`http://localhost:3000/api/tasks`)
  .map((response: Response) => response.json())
  .map((tasksAsJson: any) => {
    return tasksAsJson.map((data) => {
      return new Task(data);
    });
  })
  .subscribe(tasks => {
    this.tasks = tasks;
  });
```

**Listing 11.7** Erzeugung »echter« Task-Objekte bei Verwendung eines klassenbasierten Datenmodells

Fertig – Ihre Anwendung ist jetzt per HTTP an die Server-Applikation angebunden. Ein Blick in die Oberfläche zeigt, dass die vom Server geladenen Daten nun bereits korrekt in der Task-Liste dargestellt werden (siehe Abbildung 11.2).

**Abbildung 11.2** Listenansicht mit den per HTTP geladenen Tasks

### 11.3.1 Auf Fehler reagieren

Bei der Anbindung eines HTTP-Backends gibt es eine Vielzahl von möglichen Fehlerquellen. So kann es beispielsweise passieren, dass eine angesprochene Adresse gar nicht existiert. Der Server würde in diesem Fall den HTTP-Status 404 (*Not Found*) zurückliefern. Tritt hingegen bei der Verarbeitung des Requests ein Fehler im Server-Code auf, würde dieser in der Regel den Status 500 (*Internal Server Error*) ausgeben.

Möchten Sie innerhalb Ihres Komponentencodes dediziert auf diese Fehler reagieren, so können Sie der `subscribe`-Methode zusätzlich eine Funktion zur Fehlerbehandlung übergeben.

Listing 11.8 zeigt die Erweiterungen, die ich am Eingangsbeispiel (siehe Listing 11.6) vorgenommen habe, um gezielt auf unterschiedliche `Response`-Codes reagieren zu können:

```
.subscribe((tasks) => {
    this.tasks = tasks;
  },
  (error: Response) => {
    switch (error.status) {
      case 404:
        console.log('Der Endpunkt wurde nicht gefunden', error);
        break;
```

```
      case 500:
        console.log('Server-Fehler beim Laden der Aufgaben', error);
        break;
      default:
        console.log("Irgendetwas anderes ist schiefgelaufen", error);
    }
  });
```

**Listing 11.8** »task-list.component.ts«: Registrierung einer Fehlerbehandlungsmethode

Zum Test der Fehlerbehandlung können Sie nun beispielsweise die Adresse zum Abrufen der Tasks auf einen fehlerhaften Wert setzen:

```
this.http.get('http://localhost:3000/api/taskss/')
...
```



Ein Blick in die Developer-Konsole zeigt anschließend, dass der vom Server zurückgelieferte Status korrekt ausgewertet wurde (siehe Abbildung 11.3).

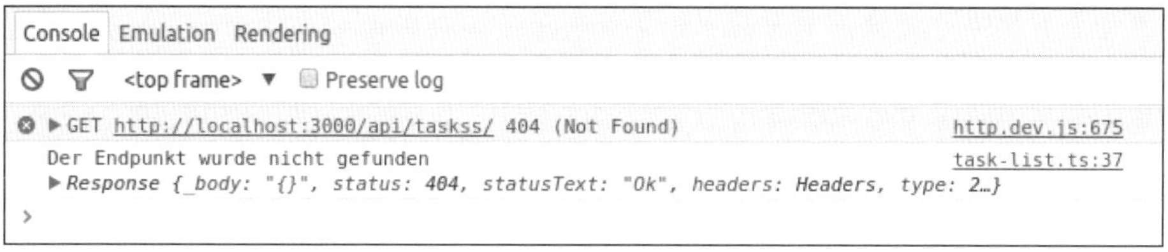

```
Console  Emulation  Rendering
<top frame> ▼  Preserve log
▶GET http://localhost:3000/api/taskss/ 404 (Not Found)                http.dev.js:675
 Der Endpunkt wurde nicht gefunden                                     task-list.ts:37
 ▶Response {_body: "{}", status: 404, statusText: "Ok", headers: Headers, type: 2…}
>
```

**Abbildung 11.3** Ausgabe der korrekten Fehlermeldung

## 11.4 Asynchrone Service-Schnittstellen modellieren: Anpassung des TaskService

Sie haben in Abschnitt 11.3 gesehen, wie Sie mithilfe des `Http`-Service GET-Requests ausführen und verarbeiten können. Im dort vorgestellten Beispiel wurden diese Aufrufe direkt aus der Komponente heraus vorgenommen. Für eine saubere Trennung der Zuständigkeiten ist es jedoch deutlich eleganter, solche Aufrufe in einen fachlichen Service auszulagern.

Im folgenden Abschnitt werde ich Ihnen zeigen, wie Sie den aus Kapitel 9 bekannten `TaskService` so anpassen können, dass er für die Ausführung von (asynchronen) HTTP-Aufrufen verwendet werden kann. Wie bereits angekündigt, werde ich dabei zunächst eine recht klassische (pull-orientierte) Lösung vorstellen. In Kapitel 12, »Reaktive Architekturen mit RxJS«, werden Sie dann zusätzlich eine alternative (push-orientierte) Lösung kennenlernen.

### 11.4.1 Observables statt Callbacks – Daten reaktiv verwalten

Sollten Sie in der Vergangenheit bereits mit HTTP-basierten Schnittstellen in JavaScript gearbeitet haben, werden Sie in diesem Zusammenhang mit Sicherheit auch mit dem klassischen Callback-Pattern zur Verarbeitung asynchroner Antworten in Kontakt gekommen sein. Eine typische Implementierung einer `loadAllTasks`-Methode mithilfe von jQuery könnte beispielsweise wie folgt aussehen:

```
loadAllTasks(callback) {
  $.get('http://localhost:3000/api/tasks', (data)  =>{
    if(data && typeof data === "function") {
      callback(data);
    }
  });
}
```

**Listing 11.9** Beispiel für die klassische Verarbeitung von asynchronen Aufrufen mithilfe eines Callbacks

Dieser Ansatz hat jedoch diverse Schwachstellen: Die Signatur der Methode spiegelt in keinster Weise die fachliche Aufgabe der Methode wider (»Rückgabe der Tasks«); das Callback-Pattern führt leicht zur sogenannten »Pyramid-of-Doom« (siehe Anhang A, »ECMAScript 2015«); ein Aufruf der Methode ohne Callback-Parameter führt zu Laufzeitfehlern, die schwer zu finden sind, etc.

Observables bieten Ihnen hier deutlich elegantere Wege zur Lösung dieses Problems: Anstelle des `Task`-Arrays, das im synchronen Fall zurückgegeben wird, lassen Sie Ihren Service einfach ein `Observable` eines `Task`-Arrays zurückliefern. Ihre Listenkomponente kann sich dann anschließend über die `subscribe`-Methode bei diesem Observable anmelden und wird automatisch informiert, wenn die Tasks zur Verfügung stehen. Listing 11.10 zeigt die neue Implementierung des `TaskService`.

```
import {Task} from '../../models/model-interfaces';
import {Injectable} from '@angular/core';
import {Http} from '@angular/http';
import {Observable} from 'rxjs/Observable';

const BASE_URL = 'http://localhost:3000/api/tasks/';

@Injectable()
export class TaskService {
  constructor(private http: Http) {
  }
```

```
  loadAllTasks(): Observable<Task[]> {
    return this.http.get(BASE_URL)
      .map(res => res.json());
  }
}
```

**Listing 11.10** »task.service.ts«: Implementierung des »TaskService« mit HTTP-Anbindung

Beachten Sie an dieser Stelle noch einmal die Verwendung des `@Injectable`-Decorators: Da der `TaskService` bislang keinen anderen `Decorator` besitzt, würde die Injection des `Http`-Service im Konstruktor ohne die Angabe von `@Injectable` nicht funktionieren. Die Adresse des Servers wurde in diesem Listing zusätzlich in die Konstante `BASE_URL` ausgelagert. Alternativ wäre es hier ebenfalls möglich gewesen, diese URL als Konstante bei der Erzeugung Ihrer Applikation zu hinterlegen und per Dependency-Injection bereitzustellen.



Die Methode `loadAllTasks` liefert nun, wie bereits angekündigt, ein `Observable` von `Task`-Objekten zurück. Wenn Sie die Methode verwenden, können Sie sich nun komfortabel bei diesem `Observable` anmelden:

```
tasks: Task[];
ngOnInit() {
  this.taskService.loadAllTasks().subscribe(tasks => {
    this.tasks = tasks;
  });
}
```

**Listing 11.11** »task-list.component.ts«: Anmeldung beim Observable und Setzen der Tasks

Der `TaskService` bietet Ihnen auf diesem Weg immer noch eine fachliche Schnittstelle zum Abrufen von Tasks – das Problem der Asynchronität wird über die von RxJS bereitgestellte Funktionalität gelöst.

**ES2015-Promises als Alternative zu Observables**

Der Vollständigkeit halber möchte ich an dieser Stelle die mit ES2015 eingeführten Promises nicht unerwähnt lassen. Diese Technik hat ebenfalls das Ziel, das unschöne Callback-Pattern durch eine sauberere Schnittstelle zu ersetzen. Ich stelle Ihnen Promises im Detail in Anhang A, »ECMAScript 2015«, vor.

Bei der Implementierung von Angular-Anwendungen möchte ich Ihnen aber dennoch die Verwendung von Observables ans Herz legen: Dadurch, dass diese ebenfalls im Kontext von Routing und Formularen verwendet werden, lassen sich typische Aufgaben durch den durchgängigen Einsatz von Observables oft sehr elegant lösen!

## 11.5 Die AsyncPipe: noch eleganter mit asynchronen Daten arbeiten

Sie haben die grundsätzliche Funktionalität der AsyncPipe bereits in Abschnitt 6.2.8 kennengelernt. Insbesondere im Kontext einer HTTP-Anbindung kann die Verwendung dieser Pipe zu sehr elegantem Code führen. Zur Erinnerung: Die AsyncPipe erlaubt es Ihnen, asynchrone Daten im Frontend darzustellen. Die Pipe kümmert sich in diesem Fall darum, auf die Rückkehr des asynchronen Aufrufs zu warten und beim Eintreffen neuer Werte die View zu aktualisieren. Dabei werden sowohl einfache Promises als auch Observables unterstützt.

Benötigen Sie die asynchron geladenen Daten, wie im Fall der Task-Listen-Komponente, lediglich für die Darstellung in der Oberfläche, so ist es durch den Einsatz der AsyncPipe oftmals nicht erforderlich, im TypeScript-Code auf die Werte zu warten. Listing 11.12 zeigt die Änderungen an der TaskListComponent, die zur Verwendung der Pipe notwendig sind:

```
tasks$: Observable<Task[]>;
...
ngOnInit() {
    this.tasks$ = this.taskService.loadAllTasks();
}
```

**Listing 11.12** »task-list.component.ts«:Verwaltung der Tasks als Observable

```
<task-item *ngFor="let task of tasks$ | async"
           [task]="task" >
</task-item>
```

**Listing 11.13** »task-list.component.html«: Verwendung der »async«-Pipe zur Darstellung des Observables in der Oberfläche

Anstelle einer Liste von Task-Objekten speichern Sie innerhalb der Komponentenklasse direkt das Observable, das die loadAllTasks-Methode zurückliefert. Hierbei hat es sich als gute Praxis etabliert, die Membervariable durch das Anhängen eines $ als Observable-Stream zu kennzeichnen.

Im HTML-Code übernimmt die AsyncPipe nun die Aufgabe, sich per subscribe-Methode beim Observable anzumelden. Kehrt der HTTP-Aufruf zurück, wird das UI automatisch aktualisiert. Beim Verlassen der Seite bzw. beim Zerstören der jeweiligen Komponente wird die Subscription außerdem automatisch beendet. Dies ist insbesondere dann relevant, wenn ein Observable im Laufe der Zeit mehrere Werte bereitstellt. Details hierzu werde ich Ihnen in Kapitel 12 erläutern.

## 11.6 URLSearchParams: elegant dynamische Suchen definieren

Die Definition von dynamischen Suchparametern erfolgt in der Regel über das Anhängen von Query-Parametern an die URL der Anfrage. Der *json-server*, den Sie im Beispiel dieses Kapitels verwenden, bietet Ihnen in diesem Zusammenhang bereits diverse Möglichkeiten, um nach Einträgen mit bestimmten Kriterien zu suchen oder diese zu sortieren.

Wollen Sie beispielsweise alle Tasks abrufen, die aktuell im Backlog stehen, so können Sie dies über die folgende URL erreichen:

*http://localhost:3000/api/tasks?state=BACKLOG*

Eine zusätzliche absteigende Sortierung der Einträge nach der ID kann mithilfe der Query-Parameter `_sort` und `_order` erfolgen:

*http://localhost:3000/api/tasks?state=BACKLOG&_sort=id&_order=DESC*



Mit der `URLSearchParams`-Klasse bietet Angular Ihnen eine sehr komfortable Möglichkeit, solche URLs dynamisch zu generieren.

Suchparameter können hier sehr bequem in einer `Map`-artigen Struktur verwaltet werden. Angular kümmert sich anschließend selber um die korrekte Generierung des Query-Strings. Listing 11.14 zeigt die Implementierung der (aus Kapitel 10 bekannten) `findTasks`-Methode zur Unterstützung einer generischen Task-Suche:

```
findTasks(query: string = '',
          sort: string = 'id',
          order: string = 'ASC'): Observable<Task[]> {
  const searchParams = new URLSearchParams();
  searchParams.append('q', query);
  searchParams.append('_sort', sort);
  searchParams.append('_order', order);
  return this.http.get(BASE_URL, {search: searchParams})
    .map(res => res.json());
}
```

**Listing 11.14** »task.service.ts«: Verwendung der »URLSearchParams«-Klasse

Die Methode `findTasks` nimmt drei optionale Parameter entgegen: den `query`-String sowie die beiden Parameter `_sort` und `_order` für die Sortierung der Ergebnisse.

Die jeweiligen Werte werden dem `URLSearchParams`-Objekt über die Methode `append` hinzugefügt.

Die Übergabe der Suchparameter an die `get`-Methode erfolgt anschließend über ein Objekt, das dem Interface `RequestOptionsArgs` genügt. Sie haben über dieses Interface die Möglichkeit, diverse Dinge, wie Header-Informationen oder eben Suchparameter, an den Request zu übergeben.

Dabei nehmen alle Methoden des HTTP-Service zusätzlich zur URL optional ein `RequestOptionsArgs`-Objekt entgegen. Im weiteren Verlauf des Kapitels werden Sie die möglichen Steuerungsoptionen der Klasse noch im Detail kennenlernen.

**RequestOptions und RequestOptionsArgs**

Ein Punkt, der immer wieder für Verwirrung sorgt, ist die Unterscheidung zwischen `RequestOptions` und `RequestOptionsArgs`. Im Endeffekt stellt die Klasse `RequestOptions` aber lediglich eine Implementierung des `RequestOptionsArgs`-Interface dar. An allen Stellen, an denen ein `RequestOptionsArgs`-Objekt erwartet wird, können Sie somit ebenso gut eine `RequestOptions`-Instanz übergeben. So werden Sie in Online-Tutorials immer wieder Code der Form

```
const options = new RequestOptions({search: searchParams});
return this.http.get(BASE_URL, options)
  .map(res => res.json());
```

finden. Die Verwendung des Interface bietet an dieser Stelle aber das gleiche Level an Typsicherheit und spart Ihnen zusätzlich etwas Tipparbeit. Im weiteren Verlauf des Kapitels werde ich somit diese Form der Optionsübergabe verwenden.

Wenn Sie die neue Methode in der Komponente nutzen, können Sie nun die volle Eleganz der – auf Observables basierenden – Service-Schnittstelle in Aktion sehen. Erinnern Sie sich hierfür nochmals an die zu Anfang des Kapitels auskommentierte Auswertung der Router-Parameter zum Laden von Tasks:

```
ngOnInit() {
  this.route.queryParams.subscribe((params) => {
    const query = decodeURI(params['query'] || '');
    this.searchTerm.setValue(query);
    this.tasks = this.taskService.findTasks(query);
  });
}
```

**Listing 11.15** Synchrone Variante zum Laden der Tasks über den Task-Service aus Kapitel 10

Um nun die an das HTTP-Backend angebundene asynchrone Version der `findTasks`-Methode zu verwenden, müssen Sie Listing 11.15 lediglich um ein $-Zeichen erweitern:

```
ngOnInit() {
  this.route.queryParams.subscribe((params) => {
    const query = decodeURI(params['query'] || '');
```

```
    this.searchTerm.setValue(query);
    this.tasks$ = this.taskService.findTasks(query);
  });
}
```

**Listing 11.16** »task-list.component.ts«: Verwendung der asynchronen »findTask«-Methode

Durch eine fachliche Service-Schnittstelle in Verbindung mit Observables und der async-Pipe können Sie Ihren Komponentencode somit fast frei von asynchroner Logik gestalten!

Rufen Sie die Seite nun zum Beispiel mit dem Query-Parameter »Entwickler« auf, können Sie über die Netzwerkansicht der Developer-Konsole überprüfen, ob Angular, wie in Abbildung 11.4 dargestellt, einen korrekten Query-String erzeugt und an den Server überträgt.



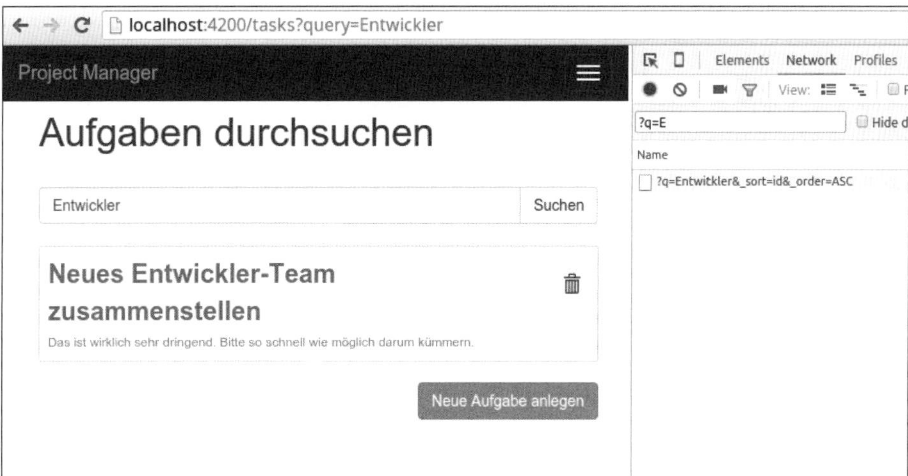


**Abbildung 11.4** Netzwerkansicht der Developer-Konsole

Der Vollständigkeit halber zeigt Listing 11.17 außerdem die neue Implementierung der Methode findTask zum Suchen von Aufgaben über das Suchfeld:

```
findTasks(queryString: string) {
  this.tasks$ = this.taskService.findTasks(queryString);
  this.adjustBrowserUrl(queryString);
}
```

**Listing 11.17** »task-list.component.ts«: Umstellung der »findTasks«-Methode auf Observables

## 11.7 POST, PUT, DELETE, PATCH und HEAD: Verwendung der weiteren HTTP-Methoden

Neben der GET-Methode unterstützt der Angular-HTTP-Service selbstverständlich ebenfalls die weiteren HTTP-Methoden POST, PUT, DELETE, PATCH und HEAD.

In den folgenden Abschnitten werde ich Ihnen zunächst zeigen, wie Sie mithilfe der drei sehr gängigen Methoden POST, PUT und DELETE die HTTP-Anbindung des `TaskService` komplettieren können. Im Anschluss daran werde ich Ihnen dann noch die Verwendung der etwas exotischeren Methoden PATCH und HEAD vorstellen.

### 11.7.1 HTTP-POST: neue Tasks anlegen

In einer REST-Architektur dient die HTTP-POST-Methode dazu, neue Entitäten anzulegen. Im Fall des `TaskService` sollte diese Methode also dann verwendet werden, wenn Sie eine neue Aufgabe erstellen möchten. Die Verwendung der entsprechenden `post`-Methode des HTTP-Service ist dabei sehr ähnlich zur bisher vorgestellten `get`-Methode. Neben der Adresse und optionalen Request-Optionen nimmt die `post`-Methode zusätzlich noch den Body des Requests als Parameter entgegen.

Listing 11.18 zeigt die entsprechende Implementierung der `createTask`-Methode des `TaskService`:

```
export class TaskService {
  ...
  createTask(task: Task): Observable<Task> {
    return this.http.post(BASE_URL, task)
      .map(res => res.json());
  }
}
```

**Listing 11.18** »task.service.ts«: einen neuen Task per HTTP anlegen

Bei der Implementierung dieser Methode profitieren Sie von einer sehr bequemen Annehmlichkeit: Erkennt das HTTP-Framework, dass Sie als Body ein JavaScript-Objekt übermitteln, so wird dieses Objekt automatisch in einen JSON-String umgewandelt. Des Weiteren wird automatisch der `Content-Type`-Header des Requests auf den Wert `application/json` gesetzt. Die obige Implementierung ist somit lediglich eine Kurzform für den folgenden POST-Request:

```
import {Http, Headers} from '@angular/http';

export class TaskService {
  ...
  createTaskLong(task: Task): Observable<Task> {
```

```
    const headers = new Headers();
    headers.append('Content-Type', 'application/json');
    return this.http.post(BASE_URL,
                          JSON.stringify(task),
                          {headers: headers})
      .map(res => res.json());
  }
}
```

**Listing 11.19** »task.service.ts«: ausführliche Variante mit eigener Festlegung des Content-Type-Headers

Die Übermittlung von Header-Informationen erfolgt dabei über ein Objekt der Klasse `Headers`. Über die `append`-Methode können Sie diesem Objekt Schlüssel-Wert-Paare hinzufügen. Die Übergabe der Header an den POST-Request erfolgt schließlich erneut über ein `RequestOptionsArgs`-kompatibles Objekt in Form eines Objektliterals.



Um die neue `createTask`-Methode zu verwenden, müssen Sie nun noch die Implementierung der Speichern-Methode der `EditTaskComponent` wie folgt anpassen:

```
saveTask() {
  if (!this.task.id) {
    this.taskService.createTask(this.task).subscribe(task => {
        console.log('Aufgabe erfolgreich gespeichert', task);
        this.task = task;
      });
  } else {
    //TODO: Update Task
  }
}
```

**Listing 11.20** »edit-task.component.ts«: Aufruf der »createTask«-Methode aus der »EditTaskComponent«

Zunächst wird überprüft, ob der Task bereits eine ID besitzt. Ist dies nicht der Fall, wird die `createTask`-Methode des `TaskService` zum Erzeugen eines neuen Tasks aufgerufen. Innerhalb der `subscribe`-Methode wird anschließend im Erfolgsfall das bisherige `Task`-Objekt der Klasse (`this.task`) durch das vom Service zurückgelieferte Task ersetzt.

### 11.7.2 HTTP-PUT: bestehende Tasks editieren

Das Verändern eines bestehenden Objekts wird in einer REST-Architektur über die HTTP-Methode PUT realisiert. Die PUT-Methode ist der zuvor vorgestellten POST-

Methode sehr ähnlich. Im Gegensatz zur POST-Methode wird jedoch zusätzlich der eindeutige Identifier des zu editierenden Objekts an die Request-URL angehängt. Wollten Sie beispielsweise den Task mit der ID 3 verändern, so würde dies durch einen PUT-Request an die Adresse

*http://localhost:3000/tasks/3*

erfolgen. Listing 11.21 zeigt die Implementierung der entsprechenden `updateTask`-Methode im `TaskService`:

```
updateTask(task: Task) {
  return this.http.put(BASE_URL + task.id, task)
    .map(res => res.json());
}
```

**Listing 11.21** »task.service.ts«: Implementierung der »updateTask«-Methode zum Editieren eines bestehenden Tasks

Wie bereits gesagt, unterscheidet sich dieses Listing lediglich durch die Verwendung der `put`-Methode sowie durch das Anhängen der `task`-ID von der Implementierung der `createTask`-Methode. Die Verwendung der Methode erfolgt anschließend ebenfalls aus der `saveTask`-Methode der `EditTaskComponent` heraus.

Anstatt hier den `else`-Zweig auszufüllen, den Sie in Abschnitt 11.7.1 vorbereitet haben, können Sie die Anbindung der Methode alternativ auch wie folgt realisieren:

```
saveTask() {
  const result = this.task.id ? this.taskService.updateTask(this.task)
                              : this.taskService.createTask(this.task);
  result.subscribe(task => {
   console.log('Aufgabe erfolgreich gespeichert', task);
    this.task = task;
  });
}
```

**Listing 11.22** »edit-task.component.ts«: Unterscheidung der aufzurufenden Methode mithilfe des ternären Operators

Mithilfe des ternären Operators wird hier abhängig davon, ob das Task-Objekt bereits eine ID besitzt oder nicht, ein entsprechendes `Observable` erzeugt. Die Auswertung des Ergebnisses kann nun durch die Implementierung der `subscribe`-Methode dieses `Observables` erfolgen.

**Zeitpunkt der Request-Ausführung bei der Verwendung von RxJS**

Ich habe es bisher nicht explizit erwähnt, aber für das Verständnis von RxJS ist es durchaus relevant zu wissen, dass die tatsächliche Ausführung des HTTP-Requests erst beim Aufruf der `subscribe`-Funktion erfolgt. Selbst wenn Ihnen das Ergebnis des Aufrufs völlig egal wäre, würde es nicht ausreichen, das Speichern des Tasks über den Ausdruck

```
const result = this.task.id ? this.taskService.updateTask(this.task)
                            : this.taskService.createTask(this.task);
```

auszulösen. In Kapitel 12 werden Sie im Detail lernen, wie Ihnen diese Tatsache dabei hilft, effizient reaktive Anwendungen zu entwickeln.

### 11.7.3 HTTP-DELETE: Tasks löschen



Wie Sie sich vermutlich bereits denken können, erfolgt das Löschen von Tasks über die `delete`-Methode des `Http`-Service. Wie schon beim Ändern eines Tasks über die `put`-Methode erfolgt die Identifikation des zu löschenden Tasks über das Anhängen der Task-ID an die Request-URL.

Listing 11.23 zeigt die Implementierung der `deleteTask`-Methode des `TaskService`:

```
deleteTask(task: Task): Observable<Response> {
  return this.http.delete(BASE_URL + task.id);
}
```

**Listing 11.23** »task.service.ts«: Implementierung der »deleteTask«-Methode zum Löschen eines Tasks

Da ein DELETE-Aufruf in der Regel einen leeren Response-Body besitzt, wird an dieser Stelle direkt die HTTP-Response zurückgeliefert.

Bei der Verwendung der `deleteTask`-Methode stoßen Sie nun das erste Mal an die Grenzen des pull-orientierten, auf Streams basierenden Ansatzes. Dadurch, dass Ihre Komponente lediglich den Stream, nicht aber die enthaltenen Daten unter Kontrolle hat, müssen Sie nach dem erfolgreichen Löschen den Stream neu anfordern:

```
export class TaskListComponent {
  ...
  deleteTask(task: Task) {
    this.taskService.deleteTask(task).subscribe(_ => {
      this.findTasks(this.searchTerm.value);
```

```
    })
  }
}
```

**Listing 11.24** »task-list.component.ts«: Erneutes Abrufen der Task-Liste nach Löschen eines Eintrags

Hätten Sie sich bei der Implementierung der Komponente gegen die Verwendung der `AsyncPipe` entschieden, so wäre es an dieser Stelle möglich gewesen, die Liste der Tasks direkt zu manipulieren:

```
tasks: Task[];
...
deleteTask(task: Task) {
  this.taskService.deleteTask(task).subscribe(_ => {
    this.tasks = this.tasks.filter(_task => {
      return _task.id !== task.id;
    });
  })
}
```

**Listing 11.25** Direkte Manipulation der geladenen Daten nach dem Löschen eines Tasks

Sollen vom Server geladene Daten im Nachhinein manipuliert werden, bietet es sich beim pull-orientierten Ansatz somit oft doch an, auf die Verwendung der `AsyncPipe` zu verzichten.

**Spoiler: Voll reaktive Lösung**

Auch wenn die Manipulation der `tasks`-Variable zunächst sinnvoll erscheint, hat auch diese Lösung eine Schwachstelle. Möchten Sie beispielsweise im Header der Anwendung einen Aufgaben-Zähler darstellen, so müssten Sie nach dem Löschen oder Hinzufügen einer Aufgabe auch hier dafür sorgen, dass der Zähler aktuell bleibt. Die bereits angesprochene reaktive Lösung, die ich Ihnen in Kapitel 12 vorstelle, löst solche Problemstellungen auf sehr elegante Art und Weise.

### 11.7.4 Generische Anfragen: die »request«-Methode

Wie Sie in den vorigen Abschnitten gesehen haben, bestand der einzige Unterschied zwischen der Implementierung der POST-Methode und der Implementierung der PUT-Methode in der jeweils verwendeten Methode des Http-Service (`.post(...)` oder `.put(...)`) sowie darin, ob die ID des Tasks an die URL angehängt wird oder nicht. Alle weiteren Bestandteile der Anfrage, wie das Mapping der Response, waren absolut identisch.

In einem solchen Fall bietet sich oftmals die Verwendung der generischen request-Methode des HTTP-Service an. Anstatt die HTTP-Methode über den entsprechenden Service-Aufruf zu bestimmen, bietet diese Methode die Möglichkeit, sämtliche Bestandteile der Anfrage über ein Konfigurationsobjekt des bereits beschriebenen Interface RequestOptionsArgs zu definieren.

Listing 11.26 zeigt eine auf diesem Ansatz basierende alternative Implementierung der Speicherlogik im TaskService:

```
import {Http, RequestMethod, RequestOptionsArgs} from '@angular/http';
...
saveTask(task: Task) {
  const options: RequestOptionsArgs = {
    body: task,
    method: task.id ? RequestMethod.Put : RequestMethod.Post
  };
  return this.http.request(BASE_URL + (task.id || ''), options)
    .map(res => res.json());
}
```

**Listing 11.26** »task.service.ts«: Implementierung der Logik zur Speicherung eines Task-Objekts mithilfe der »request«-Methode

Abhängig davon, ob das zu speichernde Objekt bereits eine ID besitzt oder nicht, wird die method-Eigenschaft des RequestOptions-Objekts entweder auf den Wert RequestMethod.Put oder auf den Wert RequestMethod.Post gesetzt.

Alternativ wäre es an dieser Stelle ebenfalls möglich gewesen, die zu verwendende Methode als String (also beispielsweise "Put") festzulegen. Der zu übertragende Body wird über die Eigenschaft body definiert. Die tatsächliche Ausführung der HTTP-Anfrage erfolgt schließlich über die generische request-Methode, wobei die URL bei Bedarf um die ID ergänzt wird:

```
return this.http.request(BASE_URL + (task.id || ''),  options)
    .map(res => res.json());
```

Beim Speichern eines Tasks ist es nun nicht mehr notwendig, zwischen dem Erzeugen und dem Ändern einer Aufgabe zu unterscheiden:

```
saveTask() {
  this.taskService.saveTask(this.task).subscribe(task => {
    console.log('Aufgabe erfolgreich gespeichert', task);
```

```
    this.task = task;
  });
}
```

**Listing 11.27** »edit-task.component.ts«: Verwendung der generischen Speichern-Methode des »TaskService«

**Explizite Angabe des verwendeten Interface bei der Variablendeklaration**

In Listing 11.26 wurde bei der Deklaration der options-Variable explizit der Typ RequestOptionsArgs angegeben:

```
const options: RequestOptionsArgs = {
  body: task,
  method: task.id ? RequestMethod.Put :RequestMethod.Post
};
```

Aufgrund der sogenannten *Type Inference* (siehe Anhang B, »Typsicheres JavaScript mit TypeScript«) ist dies eigentlich nicht zwingend erforderlich: Würden Sie hier ein Objekt definieren, das nicht dem RequestOptionsArgs-Interface entspricht, würde der anschließende Aufruf der request-Methode einen Kompilierfehler melden. Dennoch kann die explizite Angabe des Interface oft nützlich sein. Auf diese Weise können Sie direkt bei der Optionsdefinition von Typsicherheit und Autovervollständigung profitieren.

### Überschreiben von Request-Bestandteilen mithilfe von RequestOptionsArgs

Wie Sie bereits wissen, unterstützt jede Methode des Http-Service die zusätzliche Übergabe eines RequestOptionsArgs-Objekts. Dabei ist es nützlich zu wissen, dass Parameter, die innerhalb dieses Objekts angegeben werden, immer die Standardwerte des Aufrufs überschreiben.

Auf diesem Weg ist es beispielsweise möglich, die Ziel-URL oder die zu verwendende Methode durch Angabe eines RequestOptionsArgs-Objekts zu verändern. Die obige Logik hätte somit ebenfalls mithilfe von Listing 11.28 realisiert werden können:

```
saveTaskAlternative(task: Task) {
  const options: RequestOptionsArgs = {};
  if (task.id) {
    options.method = RequestMethod.Put;
  }
  return this.http.post(BASE_URL + (task.id || ''), task, options)
    .map(res => res.json());
}
```

**Listing 11.28** »task.service.ts«: alternative Implementierung der »saveTask«-Methode

Anstatt die generische `request`-Methode zu verwenden, überschreiben Sie in diesem Fall beim Vorhandensein einer `task`-ID die verwendete HTTP-Methode, über das `RequestOptionsArgs`-Objekt.

### 11.7.5 HTTP-PATCH: Tasks partiell verändern

Sie wissen nun, wie Sie mithilfe der wichtigsten HTTP-Methoden GET, POST, PUT und DELETE Einträge laden, erzeugen, verändern und löschen können. Im Gegensatz zu diesen durchaus verbreiteten Methoden ist die HTTP-PATCH-Methode zum partiellen Update einer Entität vielen Entwicklern allerdings immer noch weitestgehend unbekannt. Dies mag nicht zuletzt daran liegen, dass die Spezifikation zu dieser Methode erst im Jahr 2010 fertiggestellt wurde. So wundert es auch nicht besonders, dass es für die Realisierung der PATCH-Funktionalität zu allem Überfluss auch noch zwei unterschiedliche Ansätze gibt.



#### Nur die Bestandteile an den Server senden, die verändert werden sollen

Der erste Ansatz besteht darin, lediglich die Teile des Objekts an den Server zu übermitteln, die verändert werden sollen. Dieser Ansatz stößt allerdings beispielsweise dann an seine Grenzen, wenn verschachtelte Eigenschaften verändert werden sollen. In diesem Fall ist es Sache der Server-Implementierung, entweder das gesamte verschachtelte Objekt oder nur die übermittelten Teile auszutauschen.

#### Die auszuführenden Änderungen in Form einer Liste beschreiben

Der zweite, heutzutage präferierte Ansatz besteht darin, die auszuführenden Änderungen in Form einer Liste zu beschreiben. Ein Eintrag in dieser Liste beschreibt dabei exakt eine Änderung. Bei der Ausführung eines PATCH muss der Server sicherstellen, dass immer alle oder keine der Änderungen persistiert werden. Die Aktion ist somit atomar. Dieser Ansatz wurde unter dem Titel *JSON-Patch* im Jahr 2013 von der *Internet Engineering Task Force* (IETF) im RFC 6902 beschrieben.

Listing 11.29 zeigt exemplarisch den Request-Body eines Patch-Aufrufs, mit dem Sie den Titel ändern und den Namen des Zuständigen aufrufen:

```
[
  { "op": "replace", "path": "/title", "value": "Neuer Titel" },
  { "op": "remove", "path": "/assignee/name" }
]
```

**Listing 11.29** RFC-6902-kompatibler Request-Body

Da der in diesem Kapitel verwendete *json-server* in der aktuellen Version leider lediglich den ersten Ansatz unterstützt, werde ich bei der folgenden Implementierung diese Technik verwenden. Bei der Implementierung eigener Anwendungen sollten Sie jedoch wenn möglich versuchen, den zweiten Ansatz zu verwenden.

#### Update des Task-Status

Listing 11.30 zeigt die Implementierung der Service-Methode updateState. Diese Methode nimmt die ID des Tasks sowie den neuen Status in Form eines Strings entgegen:

```
updateState(id: number, state: string) {
  const body = { state: state };
  return this.http.patch(BASE_URL + id, body)
    .map(res => res.json());
};
```

**Listing 11.30** »task.service.ts«: Implementierung der »updateState«-Methode mithilfe der HTTP-Patch-Methode

Der Body enthält, wie Sie sehen, lediglich ein Objekt-Literal für den Status, sodass der Server diese Daten in den zu patchenden Task integriert.

### 11.7.6 HTTP-HEAD: der kleine Bruder von GET

Der HTTP-HEAD-Request wird scherzhaft immer mal wieder als der »kleine Bruder« des HTTP-GET bezeichnet. Der Grund hierfür ist, dass eine HEAD-Abfrage exakt die gleiche Antwort wie ein HTTP-GET liefert, jedoch ohne den Response-Body – also die eigentliche Antwort.

Auch wenn die Methode in der Praxis vergleichsweise selten eingesetzt wird, gibt es Situationen, in denen es durchaus hilfreich sein kann, vor dem tatsächlichen GET zunächst einen HEAD-Request abzusetzen. So ist es über einen Head-Aufruf beispielsweise leicht möglich, zu überprüfen, ob eine bestimmte Entität existiert oder nicht.

Des Weiteren können Sie vor dem tatsächlichen Laden einer Entität über den Content-Length-Header prüfen, wie groß die Response des GET-Requests wäre. Im Fall einer schlechten Internetverbindung könnten Sie sich auf Basis dieser Information beispielsweise dazu entschließen, den Wert aus einem Client-Cache bereitzustellen.

Listing 11.31 zeigt die Implementierung der head-Methode für das Abrufen der Tasks:

```
checkTasks(): Observable<Headers> {
  return this.http.head(BASE_URL)
    .map(res => res.headers);
}
```

**Listing 11.31** »task.service.ts«: Implementierung der »checkTasks«-Methode

Da der HEAD-Request lediglich die Header-Informationen zurückliefert, macht es in diesem Fall keinen Sinn, innerhalb der map-Methode auf den Body zuzugreifen. Vielmehr werden an dieser Stelle die Header ausgelesen und als Observable zurückgegeben. Mithilfe der Methode können Sie anschließend diverse Informationen über den entsprechenden Endpunkt auslesen:

```
this.taskService.checkTasks().subscribe((headers) => {
  console.log('Die Größe des Inhalts beträgt',
              headers.get('Content-Length'));
});
```

**Listing 11.32** »task-list.component.ts«: die »checkTasks«-Methode verwenden, um die Größe der Response auszulesen

In einer echten Applikation könnten Sie nun auf Basis der erwarteten Größe des Body entscheiden, ob Sie den Request wirklich ausführen möchten oder nicht.



## 11.8 JSONP

JSONP ist eine Technik, mit der Sie Daten über Domain-Grenzen hinweg erfragen können. Die *Same Origin Policy* des Browsers würde beim Versuch, einen regulären GET-Request an eine fremde Domain zu senden, aus Sicherheitsgründen zu einem Fehler führen. Trotz dieser von Haus aus vorhandenen (sinnvollen) Einschränkung kann es in bestimmten Fällen dennoch notwendig sein, Daten von fremden Domains abzurufen. Hierfür haben Sie als Webentwickler zwei mögliche Ansatzpunkte:

- Verwendung von *Cross-Origin Resource Sharing*-(CORS-)Headern: Durch das gezielte Setzen von CORS-Headern können Sie bestimmen, welche Domains auf Ihre Server-Endpunkte zugreifen dürfen.
- Verwendung von JSONP zum Abrufen der Daten durch die Einbettung eines `<script>`-Tags

Auch wenn sich in den letzten Jahren die CORS-Technologie immer weiter durchgesetzt hat, gibt es auch heutzutage noch eine Vielzahl an APIs, die ihre Informationen mithilfe von JSONP bereitstellen. Die grundlegende Idee ist dabei folgende: Anstatt die Daten per XMLHttpRequest (Ajax) vom Server abzurufen, löst der Client den Aufruf des Endpunkts dadurch aus, dass er ein eigenes <script>-Tag in seine HTML-Seite einbindet. Das Einbinden eines externen Scripts über das <script>-Tag unterliegt nicht der Same Origin Policy. Ein typischer JSONP-Aufruf könnte etwa wie folgt aussehen:

```
<script type="application/javascript"
        src="http://anotherserver.com/tasks?callback=parseResponse">
</script>
```

**Listing 11.33** Typischer JSONP-Aufruf

Auf Basis des übergebenen `callback`-Parameters erzeugt der Server nun dynamisch ein Script, das die gefundenen Tasks an die `parseResponse`-Funktion übergibt:

```
parseResponse([ {
    "id": 1,
    "title": "Neues Entwickler-Team zusammenstellen",
    "description": "Das ist wirklich sehr dringend. "
  }, {
    "id": 3,
    "title": "Ersten Prototyp mit Angular 2.0 entwickeln",
    "description": "Der Prototyp soll zeigen..."
  }
]);
```

**Listing 11.34** Vom Server zurückgeliefertes Script

Innerhalb Ihres Applikationscodes können Sie anschließend eine Implementierung der `parseResponse`-Funktion bereitstellen, die den vom Server generierten Funktionsaufruf entgegennimmt und auswertet:

```
function parseResponse(response) {
   console.log('Vom fremden Server geladene Tasks', response);
}
```

**Listing 11.35** Auswertung einer JSONP-Server-Antwort

Wie Sie schon merken, ist die manuelle Implementierung eines JSONP-Aufrufs nicht sonderlich bequem. So müssten Sie für jeden angebundenen Endpunkt ein eigenes `<script>`-Tag und eine eigene Funktion zur Auswertung der Antwort bereitstellen.

Mit dem `Jsonp`-Service stellt Angular Ihnen hier aber erneut einen sehr bequemen Weg zur Implementierung von JSONP-Aufrufen zur Verfügung.

### 11.8.1 Der Angular-Jsonp-Service

In diesem Abschnitt werde ich Ihnen die Verwendung des `Jsonp`-Service am Beispiel einer Bildersuche über die öffentliche API des Cloud-Dienstes Flickr demonstrieren. So bietet der Dienst die Möglichkeit, über eine JSONP-Schnittstelle auf die öffentlichen Bildinformationen der Bibliothek zuzugreifen. Den Quelltext zu diesem Beispiel finden Sie in der Datei *jsonp-example.ts*.

Erweitern Sie, um den Jsonp-Service verwenden zu können, zunächst Ihr Applikationsmodul um den Import des JsonpModule:

```
import {HttpModule, JsonpModule} from '@angular/http';

@NgModule({
  imports: [
    HttpModule,
    JsonpModule,
    ...
  ],
  ...
})
export class AppModule {
}
```

**Listing 11.36** »app.module.ts«: Import des »JsonpModule«

Durch den Import können Sie den Jsonp-Service nun in Ihre Komponente injizieren und dort verwenden:

```
export class JsonpExampleComponent {
  searchResults$: Observable<any[]>;
  constructor(private jsonp: Jsonp) {
  }
  search(query) {
    const url =  `http://api.flickr.com/services/feeds/photos_public.gne
                 ?jsoncallback=JSONP_CALLBACK&tags=${query}&format=json`;
    this.searchResults$ = this.jsonp.request(url)
      .map(result => result.json())
      .map(data => data.items);
  }
}
```

**Listing 11.37** »jsonp-example.component.ts«: Verwendung des »Jsonp«-Service

Die Flickr-API erwartet beim Aufruf der JSONP-Schnittstelle die Übergabe der Callback-Funktion über den Query-Parameter jsoncallback. Bei der Verwendung des Angular-Jsonp-Service müssen Sie diese Rückruffunktion immer auf den Wert JSONP_CALLBACK setzen. Über die weiteren Query-Parameter geben Sie anschließend noch die Tags an, nach denen gesucht werden soll, sowie auch das Rückgabeformat (json).

Die tatsächliche Ausführung des JSONP-Requests wird schließlich über den Aufruf

```
this.jsonp.request(url)
```

ausgelöst. Die `request`-Methode liefert dabei (ebenso wie die äquivalenten Methoden des `Http`-Service) ein `Observable` zurück, mit dem die Antwort auf altbekannte Weise verarbeitet werden kann. Listing 11.38 zeigt abschließend noch die Implementierung des Templates für die Flickr-Suche:

```
<h1>Flickr Suche</h1>
<div class="input-group">
  <input type="text" #query class="form-control" (keydown.enter)=
"search(query.value)">
  <span class="input-group-btn">
     <button class="btn btn-default"
             type="button" (click)="search(query.value)">
       Suchen
     </button>
   </span>
</div>
<div class="results">
  <span *ngFor="let result of searchResults$ | async">
    <img [src]="result.media.m">
  </span>
</div>
```

**Listing 11.38** »jsonp-example.component.html«: Template zur Suche in der Flickr-Datenbank

Beachten Sie an dieser Stelle erneut die Verwendung der `AsyncPipe` zur asynchronen Auswertung der Server-Antwort. Ihre Komponente bietet Ihnen nun die Möglichkeit, die Flickr-Bibliothek nach Belieben zu durchsuchen (siehe Abbildung 11.5).

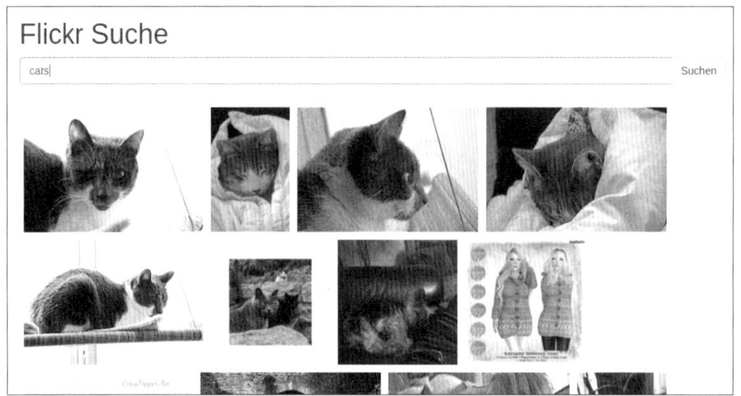


**Abbildung 11.5** Verwendung der Flickr-API

## 11.9 Die Http-API im Detail: Überblick über die wichtigsten Klassen des Frameworks

Im Verlauf des Kapitels haben Sie bereits eine Vielzahl an Methoden und Eigenschaften des HTTP-Frameworks kennengelernt. Zusätzlich dazu enthält die API aber einige weitere Bestandteile, die in den bisherigen Beispielen nicht verwendet wurden. In diesem Abschnitt möchte ich Ihnen deshalb abschließend eine Übersicht über die Klassen, Interfaces und Methoden geben, die Ihnen zur Verfügung stehen.

### 11.9.1 Der Http-Service



Der Http-Service stellt die zentrale Klasse zur Interaktion mit dem HTTP-Framework dar. Sie haben im Laufe des Kapitels bereits intensiv mit der Klasse gearbeitet, sodass Tabelle 11.1 Ihnen lediglich noch einmal einen Überblick über die Schnittstelle gibt.

| Eigenschaft | Beschreibung |
|---|---|
| get(url: string,<br>options?: RequestOptionsArgs)<br>: Observable<Response> | Führt einen HTTP-GET-Request an die übergebene URL aus. Über die optionalen RequestOptionsArgs können weitere Optionen für den Request gesetzt bzw. überschrieben werden. Liefert ein Observable vom Typ Response zurück. |
| head(url: string,<br>options?: RequestOptionsArgs)<br>: Observable<Response> | Wie get, allerdings enthält die Response einen leeren Body. |
| post(url: string,<br>body: any,<br>options?: RequestOptionsArgs)<br>: Observable<Response> | Führt einen HTTP-POST-Request an die übergebene URL aus. Der übermittelte body kann entweder ein String oder ein beliebiges Objekt sein. RequestOptionsArgs und Rückgabewert wie bei get-Methode! |
| put(url: string,<br>body: any,<br>options?: RequestOptionsArgs)<br>: Observable<Response> | Wie post-Methode; es wird ein HTTP-PUT-Request zum Update der Entität ausgelöst. |
| patch(url: string,<br>body: any,<br>options?: RequestOptionsArgs)<br>: Observable<Response> | Wie post-Methode; es wird ein HTTP-PATCH-Request zum partiellen Update ausgelöst. |

**Tabelle 11.1** API des Http-Service

| Eigenschaft | Beschreibung |
|---|---|
| delete(url: string, options?: RequestOptionsArgs) : Observable<Response> | Es wird ein HTTP-DELETE-Request zum Löschen einer Entität ausgelöst. |
| request(url: string, options?: RequestOptionsArgs) : Observable<Response> | Generische Request-Methode, deren Verhalten komplett über RequestOptionsArgs gesteuert wird. |

Tabelle 11.1 API des Http-Service (Forts.)

### 11.9.2 Das RequestOptionsArgs-Interface

Das RequestOptionsArgs-Interface bietet Ihnen die Möglichkeit, Ihren Request um weitere Bestandteile wie Header- oder Suchinformationen zu ergänzen. Des Weiteren können Sie über das Interface Bestandteile wie die URL oder die verwendete HTTP-Methode überschreiben. Tabelle 11.2 fasst noch einmal alle möglichen Konfigurationsparameter des Interface zusammen.

| Eigenschaft | Beschreibung |
|---|---|
| method | Konfiguration der zu verwendenden HTTP-Methode (z. B. Get, Post, Put, Delete...) |
| url | Die URL, an die die Anfrage gesendet werden soll |
| search | Ein Objekt der Klasse URLSearchParams zur Definition von Query-Parametern |
| headers | Ein Objekt der Klasse Headers zur Definition der Header-Werte der Anfrage |
| body | Der zu übermittelnde Body der Anfrage |
| withCredentials | Boolean-Wert, der bestimmt, ob die withCredentials-Eigenschaft des XHR-Requests gesetzt wird. Diese Eigenschaft wird nur bei der Implementierung von CORS-Requests benötigt. |
| responseType | Ein Wert aus dem Enum ResponseContentType. Der Wert bestimmt, ob es sich bei der Antwort um einen Text, ein Json-Objekt, einen ArrayBuffer oder um ein Blob handelt. |

Tabelle 11.2 API des »RequestOptionsArgs«-Interface

### 11.9.3 Die Headers-Klasse

Die `Headers`-Klasse wird sowohl für die Übergabe von Request-Headern als auch für das Auslesen von Response-Headern verwendet. Bei der Klasse handelt es sich um ein sogenanntes array-ähnliches Objekt, das diverse Methoden für die Verwaltung von Header-Informationen bereitstellt.

| Eigenschaft/Methode | Beschreibung |
|---|---|
| `get(key: string): string` | Liefert den Wert des ersten Eintrags mit dem übergebenen Schlüssel als String zurück. |
| `getAll(key: string): string[}` | Liefert ein String-Array mit allen Werten des entsprechenden Schlüssels zurück. |
| `has(key: string): boolean` | Gibt an, ob die Header einen Eintrag mit einem bestimmten Schlüssel enthalten. |
| `set(key: string, value: string \| string[])` | Setzt den Wert des Eintrags mit dem Schlüssel `key` auf den Wert `value`. Ist der Schlüssel `key` bereits vorhanden, wird der entsprechende Wert ersetzt. |
| `append(key: string, value: string)` | Fügt einen neuen Wert zum Eintrag mit dem entsprechenden Schlüssel hinzu bzw. legt einen neuen Eintrag an, wenn für den Schlüssel noch kein Wert vorhanden ist. |
| `delete(key: string)` | Löscht alle Einträge mit dem übergebenen Schlüssel. |
| `keys(): string[]` | Liefert eine Liste mit den Schlüsseln aller Einträge zurück. |
| `values(): string [][]` | Liefert eine Liste mit den Werten aller Einträge zurück. |
| `toJSON():{[key: string]: any}` | Erzeugt ein JSON-Objekt, bei dem die Objektschlüssel den Header-Schlüsseln entsprechen. Die Werte werden jeweils in Form eines String-Array abgebildet. |
| `forEach(fn: function)` | Ruft die übergebene Funktion für jeden Header-Eintrag auf. |

**Tabelle 11.3** API der Headers-Klasse

### 11.9.4 Die Response-Klasse

In den bisherigen Beispielen haben Sie im Wesentlichen die json-Methode zum Auslesen des Response-Bodys sowie die status-Eigenschaft für die Überprüfung des HTTP-Response-Codes verwendet. Zusätzlich dazu stellt die Response-Klasse aber ebenfalls einige weitere Schnittstellen bereit, die in Tabelle 11.4 zusammengefasst sind.

| Eigenschaft / Methode | Beschreibung |
|---|---|
| json(): any | Liefert den Body der Antwort als JSON-Objekt zurück |
| text(): string | Liefert den Body der Antwort als einfachen Text-String zurück. |
| arrayBuffer(): ArrayBuffer | Liefert den Body der Antwort als ArrayBuffer-Objekt zurück. |
| blob(): Blob | Liefert den Body der Antwort als Blob-Objekt zurück. |
| type: ResponseType | Enthält einen Wert des Enums ResponseType, der die Werte Basic, Cors, Default, Error und Opaque annehmen kann. Die Werte entsprechen den im Fetch-Standard definierten Werten. |
| headers: Headers | Enthält die HTTP-Header der Response (siehe oben). |
| status: number | Enthält den HTTP-Status-Code der Antwort. |
| statusText: string | Enthält den Status-Text der Antwort (z. B. bei den Status-Codes 200 bis 299 Ok) |
| ok: boolean | Liefert true, wenn der Status-Code zwischen 200 und 299 liegt. |
| url: string | Enthält die vollständige URL des ursprünglichen Requests. |

**Tabelle 11.4** API des HTTP-Response-Objekts

## 11.10 Zusammenfassung und Ausblick

Und wieder haben Sie ein Thema geschafft! Sie haben in diesem Kapitel gelernt, wie Sie Ihre Anwendung mithilfe des Http-Service und des Angular-HTTP-Frameworks an einen HTTP-Server anbinden können.

Außer der eigentlichen HTTP-Implementierung haben Sie in diesem Zusammenhang außerdem gesehen, wie Sie auf Basis von Observables saubere Service-Schnittstellen für asynchrone Methoden bereitstellen können und wie Ihnen die `AsyncPipe` dabei helfen kann, Ihren Komponentencode frei von asynchroner Logik zu gestalten.

Die folgende Liste fasst noch einmal die wichtigsten Punkte dieses Kapitels zusammen:

- Der `Http`-Service stellt den zentralen Einstiegspunkt zur Arbeit mit einem HTTP-Backend bereit.
- Neben den Methoden `get`, `head`, `post`, `put`, `patch` und `delete` für die Ausführung der gleichnamigen HTTP-Methoden stellt der Service außerdem die Methode `request` für frei konfigurierbare HTTP-Anfragen zur Verfügung.
- Alle diese Methoden liefern ein RxJS-`Observable` vom Typ `Response` zurück.
- Die Arbeit mit Observables stellt eine elegante Alternative zur Verwendung von Callback-Funktionen dar.
- Asynchrone Service-Schnittstellen sollten im Idealfall auf fachlich orientierten `Observable`-Streams (z. B. `Observable<Task>`) basieren.
- Der `map`-Operator hilft Ihnen dabei, die HTTP-Antwort in Ihr fachliches Datenmodell zu übersetzen.
- Mithilfe der `AsyncPipe` können Sie Ihren Komponentencode weitgehend frei von asynchroner Logik halten.
- Möchten Sie geladene Daten nachträglich verändern (z. B. nach dem Löschen per HTTP einen Eintrag aus der clientseitigen Liste löschen), ist es gegebenenfalls besser, auf den Einsatz der `AsyncPipe` zu verzichten.
- JSONP ist eine Alternative zu CORS und unterstützt Sie bei der Anbindung von Services, die von fremden Domains bereitgestellt wurden.
- Die manuelle Integration einer JSONP-Schnittstelle erfolgt über das Einbinden eines `<script>`-Tags.
- Das Angular-HTTP-Framework kapselt diesen (recht umständlichen) Mechanismus für Sie und stellt Ihnen auch hier eine komfortable Schnittstelle auf Basis von `Observable`-Streams bereit.

Im folgenden Kapitel wird es, aufbauend auf diesem sowie auf Kapitel 9 und Kapitel 10, darum gehen, die reaktiven Möglichkeiten voll auszuschöpfen. So haben Sie bislang beispielsweise gesehen, wie Sie mithilfe von Observables Formular-Felder auf Änderungen überwachen, Query-Parameter auslesen oder eben HTTP-Anfragen verarbeiten können. Für sich allein betrachtet, haben diese Ansätze bereits zu sehr leichtgewichtigen Lösungen für übliche Aufgabenstellungen geführt. Gerade in Verbindung mit den weiteren Möglichkeiten der Bibliothek RxJS ist es aber auch möglich, alle diese Themengebiete auf sehr elegante Art und Weise miteinander zu verbinden und so einen ganz neuen Blick auf den Datenfluss Ihrer Anwendung zu bekommen!

# Kapitel 12
# **Reaktive Architekturen mit RxJS**

*»Everything is a Stream« – getreu dem Motto der reaktiven Entwicklergemeinde werden Sie in diesem Kapitel neue Denkansätze zur Entwicklung und Architektur Ihrer Anwendung erhalten.*

Nachdem Sie in den vorangegangenen Kapiteln schon in verschiedenen Bereichen Kontakte mit der Bibliothek *RxJS* und der `Observable`-Klasse geknüpft haben, geht es in diesem Kapitel reaktiv ans Eingemachte. So haben Sie beispielsweise in Kapitel 11, »HTTP: Anbindung von Angular-Applikationen an einen Webserver«, Techniken kennengelernt, mit denen Sie asynchron geladene Daten sehr elegant auf Ihrer Oberfläche darstellen können (Stichwort `AsyncPipe`).



Alle bisherigen Ansätze basierten aber immer noch auf einem klassischen (pullbasierten) Programmiermodell: Bei der Eingabe in ein Suchfeld wurde die `findTasks`-Methode aufgerufen. Anschließend wurde das Ergebnis dieses Aufrufs an eine Klassenvariable gebunden und dadurch in der Oberfläche ausgegeben.

Komponenten, die Daten benötigen, »ziehen« sich diese also dann, wenn sie sie benötigen. Grundsätzlich ist dies vollkommen in Ordnung. Der Einsatz von reaktiven Technologien bietet Ihnen jedoch Möglichkeiten, Ihre Anwendung sowohl deutlich flexibler als auch performanter zu gestalten. So werden Sie in diesem Kapitel unter anderem lernen,

- welche Rolle die grundlegenden Bestandteile *Observables* und *Observer* in einer reaktiven Anwendung spielen.
- wie Sie mit wenigen Zeilen Code eine *Typeahead*-Suche implementieren und dabei die reaktiven Bestandteile, die von den `Forms`-, `Routing`- und `Http`-Modulen bereitgestellt werden, elegant miteinander verbinden können.
- was eine »push-getriebene« Datenarchitektur ist und welche Vorteile Ihnen diese bei der Entwicklung einer komplexen Anwendung bieten kann.
- welche grundsätzlichen Ideen hinter dem Schlagwort *Redux* stehen und wie Sie diese Technik elegant mit Observable-Streams kombinieren können.
- wie Sie Ihre Anwendung mithilfe von *WebSockets* ohne großen Aufwand echtzeitfähig machen können.

Die Arbeit mit einem reaktiven Programmiermodell erfordert anfangs ein gewisses Maß an Umdenken. Ich verspreche Ihnen jedoch, dass sich die investierte Energie lohnen wird: Die Integration von reaktiven Technologien in die neue Angular-Plattform ist definitiv einer der innovativsten Bestandteile der neuen Version des Frameworks!

**Hinweis zu den Beispielquelltexten**

Sie finden die fertigen Beispielquelltexte dieses Kapitels im Verzeichnis *project-manager-reactive*. Möchten Sie die einzelnen Schritte selbst nachimplementieren, so empfehle ich Ihnen das in Kapitel 11 vorgestellte Beispiel (*project-manager-http*) als Basis zu verwenden. Wie in allen Beispielen erfolgt der Start der Applikation mithilfe der Befehle `npm install` und `npm start`.

## 12.1 Kurzeinführung in RxJS

Allein über die Bibliothek *RxJS* könnte man ganze Bücher schreiben. So stellt RxJS Ihnen eine schier endlose Anzahl an vordefinierten Observable-Typen und Operatoren zur Realisierung von reaktiven Anwendungen zur Verfügung. Sie alle im Detail vorzustellen, würde den Rahmen dieses Kapitels sprengen.

Ich habe mich daher entschieden, Ihnen in diesem ersten Abschnitt lediglich eine kurze Übersicht über die wichtigsten Konzepte der Bibliothek zu geben. Möchten Sie sich im Anschluss selbst noch intensiver mit RxJS beschäftigen, steht Ihnen auf der Homepage des Projekts

*http://reactivex.io/rxjs*

eine wirklich gute Online-Dokumentation zur Verfügung.

### 12.1.1 Observable.create und Observer-Functions – die Kernelemente der reaktiven Programmierung

Für die professionelle Arbeit mit RxJS ist es nützlich, sich zunächst einmal mit den Kernelementen der Bibliothek vertraut zu machen. So haben Sie in den bisherigen Kapiteln immer mit Observables gearbeitet, die Angular bereitstellt. In diesem Abschnitt geht es nun darum, eigene Observables zu erzeugen und die absolute Basisfunktionalität von RxJS am Beispiel der beiden Klassen `Observable` und `Observer` kennenzulernen.

Der einfachste Weg, ein *Observable* zu erzeugen, besteht in der Verwendung der `create`-Methode. Diese Methode nimmt als Parameter eine Funktion entgegen, mit deren Hilfe Sie Daten an den sogenannten `Observer` – also den Datenkonsumenten –

senden können. Listing 12.1 zeigt die Verwendung der Methode sowie die Anmeldung beim erzeugten Observable über die subscribe-Methode:

```
const observable = Observable.create((observer: Observer<number>) => {
  observer.next(1);
  observer.next(2);
  observer.next(3);
  observer.complete()
});
observable.subscribe(
  (value) => { console.log('new value: ', value);  },
  (error) => { console.log('error: ', error);  },
  () => { console.log('completed successfully');
});
```

**Listing 12.1** »rxdemo.component.ts«: Low-Level-Erzeugung eines Observables und Verarbeitung der Daten des Streams



Während der Lebensdauer eines Observables können im Wesentlichen drei Dinge passieren:

1. Das Observable stellt einen neuen Wert bereit.
2. Es tritt ein Fehler innerhalb des Observables auf.
3. Das Observable wird beendet.

Um neue Werte auf den Strom zu schicken, Fehler auszulösen oder den Strom zu beenden, stehen Ihnen dabei die drei Methoden `next`, `error` und `complete` zur Verfügung. Mit dem Ausdruck

```
observer.next(1);
```

sagen Sie dem Framework also im Endeffekt nichts anderes als: »Schicke den Wert `1` auf den Stream.«

Die Reaktion auf neue Werte im `Observable` geschieht folgerichtig durch die Registrierung von (maximal) drei Funktionen über die `subscribe`-Methode. So führt Listing 12.1 zunächst einmal zur folgenden Konsolenausgabe:

```
new value: 1
new value: 2
new value: 3
completed successfully
```

Die Registrierung der Funktionen an der `subscribe`-Methode wird Ihnen an dieser Stelle bereits bekannt vorkommen: Sie haben diesen Mechanismus beispielsweise bereits bei der Verwendung des `Http`-Moduls zur Unterscheidung von erfolgreichen

Requests und nicht erfolgreichen Requests verwendet. Hätten Sie bei Ihrer Implementierung noch die dritte complete-Funktion hinzugefügt, hätten Sie dort außerdem gesehen, dass die von der *Http*-Bibliothek bereitgestellten Observables direkt nach der Verarbeitung der Response beendet werden. Es handelt sich somit um sogenannte *Single-value Observables*, die nach dem Absenden eines Werts sofort beendet werden.

### 12.1.2 Subscriptions und Disposing-Functions – Observables sauber beenden

Im vorigen Beispiel wurde das Observable dadurch beendet, dass der Datenproduzent die complete-Funktion aufgerufen hat. Gerade bei »unendlich« lange laufenden Observables sollten Sie allerdings dafür sorgen, dass Sie sich manuell vom Observable abmelden, wenn Sie nicht mehr an dessen Daten interessiert sind. Die subscribe-Methode liefert Ihnen für diesen Zweck ein Objekt der Klasse Subscription zurück. Eine Abmeldung kann anschließend durch den Aufruf der unsubscribe-Funktion auf dieser Subscription erfolgen.

Listing 12.2 zeigt die Implementierung eines Observable, das jede Sekunde die aktuelle Uhrzeit in der Variablen currentDate speichert. Wird die Seite verlassen (ngOnDestroy), wird die Subscription beendet.

```
import {Observable}  from 'rxjs/Observable';
import {Subscription}  from 'rxjs/Subscription';
...
export class RxDemoComponent {
  dateSubscription: Subscription;
  currentDate: Date;
  ngOnInit() {
    this.dateSubscription = Observable.timer(0, 1000)
             .map(() => new Date())
      .subscribe(value => {
        this.currentDate = value;
      })
  }
  ngOnDestroy() {
    this.dateSubscription.unsubscribe();
  }}
```

**Listing 12.2** »rxdemo.component.ts«: Abmeldung vom Observer beim Verlasssen der Seite

**Erzeugungsoperatoren in RxJS**

In Listing 12.2 sehen Sie mit der timer-Funktion einen von RxJS bereitgestellten Erzeugungsoperator (*Creation Operator*) in Aktion. Die timer-Funktion erzeugt ein

Observable, das zum ersten Mal nach Ablauf des initialen Timeouts (im Beispiel `0` Millisekunden) und dann jeweils nach Ablauf des vorgegebenen Intervalls (`1000` Millisekunden) einen neuen Wert auf den Stream schickt.

Erzeugungsoperatoren lassen sich direkt mit den Ihnen schon bekannten Manipulationsoperatoren (wie der `map`-Funktion) kombinieren. Neben der `timer`-Funktion stellt RxJS Ihnen ca. 20 weitere Operatoren zur Erzeugung von Observables für die verschiedensten Anwendungsfälle zur Verfügung. Sollten Sie sich näher mit den hier möglichen Optionen auseinandersetzen wollen, empfehle ich Ihnen erneut einen Blick in die Online-Dokumentation der Bibliothek:

*http://reactivex.io/rxjs/manual/overview.html#creation-operators*



### Subscriptions und die AsyncPipe

An dieser Stelle ist es außerdem interessant zu wissen, dass Sie sich bei der Verwendung der `AsyncPipe` keine Gedanken über die manuelle Abmeldung von einem `Observable` machen müssen.

Listing 12.3 zeigt die Definitionen eines Streams, der immer die aktuelle Uhrzeit enthält. Beachten Sie dabei insbesondere, dass innerhalb des Komponentencodes keine Anmeldung (`subscribe`) am Observable stattfindet:

```
currentTime$: Observable<Date>;
ngOnInit() {
  this.currentTime$ = Observable.timer(0, 1000).map(() => new Date());
}
```

**Listing 12.3** »rxdemo.component.ts«: Stream, der immer die aktuelle Uhrzeit enthält

Möchten Sie die Uhrzeit nun, wie in Abbildung 12.1 dargestellt, auf der Oberfläche anzeigen, kann dies sehr elegant mithilfe der `AsyncPipe` erfolgen:

```
Aktuelle Uhrzeit: {{currentTime$ | async | date:"HH:mm:ss"}}
```

**Listing 12.4** »rxdemo.component.html«: Auslesen und Formatieren der aktuellen Uhrzeit in der Oberfläche

Aktuelle Uhrzeit: 15:40:19

**Abbildung 12.1** Darstellung der aktuellen Uhrzeit in der Oberfläche

In diesem Fall meldet sich die `AsyncPipe`, sobald die Seite dargestellt wird, beim `currentTime$`-Stream. Beim Verlassen der Seite und bei der damit verbundenen Zerstörung der Komponente wird anschließend automatisch die `unsubscribe`-Methode aufgerufen.

**Low-Level-Observables und Angular**

Listing 12.3 und Listing 12.4 zeigen sehr schön, dass sich die nahtlose Integration von Observables in Angular nicht nur auf die Verwendung von HTTP-Aufrufen oder Formularwerten beschränkt. Mechanismen wie die `AsyncPipe` funktionieren auch problemlos mit »Low-Level«-Observables.

### Disposing Functions: Eigene Observables sauber beenden

Möchten Sie in Ihren selbst implementierten Observables auf den Aufruf der `unsubscribe`-Funktion reagieren, so können Sie dies durch die Rückgabe einer sogenannten *Disposing Function* aus der `create`-Methode heraus tun. Die Funktion bietet Ihnen die Möglichkeit, durch das `Observable` allozierte Ressourcen wieder freizugeben oder zu beenden.

Listing 12.5 zeigt exemplarisch die Implementierung eines `Observable`, das jede Sekunde einen zufälligen Wert auf den Stream schickt. Die Umsetzung erfolgt dabei auf Basis der globalen `setInterval`-Funktion, die es erforderlich macht, das erzeugte Intervall mithilfe der `clearInterval`-Funktion zu beenden:

```
randomValues = Observable.create((observer) => {
  const interval = setInterval(() => {
    observer.next(Math.random());
  }, 1000);
  return () => {
    clearInterval(interval);
  }});
```

**Listing 12.5** »rxdemo.component.ts«: Bereitstellung einer Disposing Function als Rückgabewert von »Observable.create«

Sie können das `randomValues`-Observable nun wie gewohnt dazu verwenden, zufällige Werte in der Oberfläche darzustellen. Entscheiden Sie sich zu einem späteren Zeitpunkt, die entsprechende `Subscription` über die `unsubscribe`-Funktion zu beenden, sorgt RxJS automatisch dafür, dass die Disposing Function aufgerufen und das Intervall sauber beendet wird:

```
randomValue: number;
startRandomValuesObservable() {
  this.randomValuesSub = this.randomValues.subscribe((value) => {
    this.randomValue = value;
  });
```

```
}
stopRandomValuesObservable() {
  this.randomValuesSub.unsubscribe(); //clearing interval
}
```

**Listing 12.6** »rxdemo.component.ts«: Verwendung des »randomValues«-Observable

### 12.1.3 Subjects: Multicast-Funktionalität auf Basis von RxJS

Bei *Subjects* handelt es sich um eine spezielle Form von Observables, die es Ihnen ermöglicht, auf sehr elegante Art und Weise *Publish-Subscribe*-Funktionalität zu implementieren. Subjects unterscheiden sich dabei im Wesentlichen durch zwei grundlegende Punkte von einfachen Observables:

1. Ein `Subject` kann mehrere `Subscriber` besitzen:

   Während der Aufruf der `subscribe`-Funktion an einem regulären `Observable` immer dazu führt, dass der Subscriber einen eigenen Ausführungskontext erhält, teilen sich bei einem `Subject` alle `Subscriber` die gleiche Ausführung.

2. Ein `Subject` ist immer gleichzeitig auch ein Datenproduzent:

   Im Gegensatz zu anderen Observables besitzen Subjects selbst die Methoden `next`, `error` und `complete`. Sie sind somit gleichzeitig `Observable` und `Observer`.



Schauen Sie sich, um die Unterschiede besser zu verstehen, zunächst noch einmal die folgende Verwendung des `randomValues`-Observables aus Abschnitt 12.1.2 an:

```
this.randomValues = Observable.create((observer) => {
   // siehe voriger Abschnitt
});
this.sub1 = this.randomValues.subscribe((value) => {
  console.log(`Subscription 1: ${value}`);
});

this.sub2 = this.randomValues.subscribe((value) => {
  console.log(`Subscription 2: ${value}`);
});
```

**Listing 12.7** »rxdemo.component.ts«: Anmeldung von zwei Observern beim »randomValues«-Observable

Ein Blick in die Developer-Konsole zeigt, dass in diesem Beispiel jeder `Observer` eigene zufällige Werte – und somit einen eigenen Ausführungskontext – erhält:

```
Subscription 1: 0.9913120189674176
Subscription 2: 0.6696771499303198
```

```
Subscription 1: 0.08140152984303839
Subscription 2: 0.8133887466413385
Subscription 1: 0.5074920971798378
Subscription 2: 0.04292412726971806
```

Die Unterschiede zwischen Subjects und einfachen Observables werden deutlich, wenn man sich die äquivalente Umsetzung der Logik auf Basis eines `Subject` anschaut:

```
this.randomValuesSubject = new Subject();
const interval = setInterval(() => {
  this.randomValuesSubject.next(Math.random());
}, 1000);

this.sub1 = this.randomValuesSubject.subscribe((value) => {
  console.log(`Subscription 1: ${value}`);
});

this.sub2 = this.randomValuesSubject.subscribe((value) => {
  console.log(`Subscription 2: ${value}`);
});
```

**Listing 12.8** »rxdemo.component.ts«: Definition eines Subjects mit zwei Subscribern und Erzeugen von zufälligen Werten für dieses Subject

Wie Sie sehen, erfolgt die Erzeugung der Daten hier durch den direkten Aufruf der `next`-Funktion des `Subject`. Schauen Sie nun in die Developer-Konsole, werden Sie feststellen, dass beide `Subscriber` die gleichen Werte erhalten. Sie teilen sich somit den Ausführungskontext des `Subject`:

```
Subscription 1: 0.18943417481883795
Subscription 2: 0.18943417481883795
Subscription 1: 0.7449478603959496
Subscription 2: 0.7449478603959496
Subscription 1: 0.6799151167214585
Subscription 2: 0.6799151167214585
```

Subjects bieten Ihnen somit eine komfortable Möglichkeit, Daten an mehrere interessierte `Subscriber` zu verteilen.

**Vordefinierte Subject-Arten in RxJS**

Neben der Klasse `Subject` stellt RxJS Ihnen außerdem einige weitere vordefinierte Subject-Arten zur Verfügung. So werden Sie beispielsweise bei der Umsetzung der alternativen Datenarchitektur in Abschnitt 12.3 auf die Klasse `BehaviourSubject` zurückgreifen, die sich insbesondere dann anbietet, wenn während der Existenz des `Subject` neue Subscriber hinzukommen oder wegfallen.

## 12.2 Implementierung einer Typeahead-Suche

Nun aber genug der Theorie! In diesem Abschnitt möchte ich Ihnen ein klassisches Beispiel für die Verwendung von Observable-Streams vorstellen: die Implementierung einer Typeahead-Komponente. Neben der eigentlichen Typeahead-Funktionalität werden Sie in diesem Beispiel aber außerdem sehen, wie Sie die einzelnen Teilbereiche Routing, Formulare und HTTP äußerst elegant miteinander verbinden können. Schauen Sie sich als Einstieg zunächst noch einmal die bisherige Implementierung des Suchfeldes an:

12

```
<input type="text" #query class="form-control"
       (keyup.enter)="findTasks(query.value)"
       [formControl]="searchTerm">
```

**Listing 12.9** »task-list.component.html«: bisherige Implementierung des Input-Suchfeldes

```
tasks: Observable<Task[]>;
...
findTasks(queryString: string) {
  this.tasks$ = this.taskService.findTasks(queryString);
  this.adjustBrowserUrl(queryString);
}
```

**Listing 12.10** »task-list.component.ts«: bisherige Implementierung der »findTasks«-Methode

Beim Drücken der [↵]-Taste wird die Methode `findTasks` aufgerufen, die ihrerseits die Methode `findTasks` der `TaskService`-Klasse aufruft und das Ergebnis (ein `Observable` von `Task`-Objekten) an die `tasks$`-Variable bindet.

Bei der Umsetzung des Typeaheads werden Sie nun ein neues – push-orientiertes – Konzept zur Behandlung von Nutzereingaben kennenlernen. Die grundlegende Idee dabei lautet wie folgt:

*Nutzereingaben sind ein Strom von Daten. Kommen neue Daten in diesem Stream an, werden sie mithilfe von Operatoren zuerst in Anfragen an den Task-Service und anschließend in einen »Ergebnisstrom« verwandelt.*

Der erste Schritt besteht also darin, die Werte des Eingabefeldes in einen Stream zu verwandeln. Wie Sie bereits aus Kapitel 9, »Model-Driven Forms: Formulare dynamisch in der Applikationslogik definieren«, wissen, bietet Angular Ihnen in diesem Zusammenhang die Möglichkeit, mithilfe der `valueChanges`-Methode der `FormControl`-Klasse ein `Observable` mit genau den gewünschten Daten zu erhalten:

```
tasks$: Observable<Task[]>;
searchTerm = new FormControl();
ngOnInit() {
  ...
  this.searchTerm.valueChanges.subscribe((value) => {
    console.log("Search Term:", value);
  });
}
```

**Listing 12.11** Erzeugung des »searchTerm«-Controls und Registrierung beim »valueChanges«-Observable

Ein Blick in die Developer-Konsole zeigt, dass die im Input-Feld eingegebenen Daten, wie in Abbildung 12.2 dargestellt, bereits wie gewünscht in einen Stream verwandelt werden.

**Abbildung 12.2** Ausgabe der eingegebenen Zeichen in der Developer-Konsole

Sie könnten nun innerhalb der `subscribe`-Methode einen Aufruf an den `TaskService` auslösen und somit die Taskliste in Abhängigkeit vom eingegebenen Wert laden. Dies würde jedoch dazu führen, dass Ihr Server mit einer Vielzahl von unnötigen Anfragen überflutet werden würde. Bei der Entwicklung von Typeahead-Komponenten ist es somit üblich, die Anfrage an den Server erst dann zu stellen, wenn eine gewisse Zeit lang kein neuer Wert eingetippt wurde.

RxJS stellt für exakt diesen Use Case bereits einen komfortablen Operator zur Verfügung: Mithilfe des `debounceTime`-Operators teilen Sie RxJS mit, dass es eine gewisse Zeit lang warten soll, bis der Wert an den nächsten Operator weitergegeben wird. Kommt in der Zwischenzeit ein neuer Wert an, wird der alte Wert verworfen und nur der neue weitergeleitet. Listing 12.12 zeigt den Einsatz des `debounceTime`-Operators für die Typeahead-Implementierung:

```
this.searchTerm.valueChanges
    .debounceTime(400)
    .subscribe((value) => {
      console.log("Search Term:", value);
     });
```

**Listing 12.12** Verwendung des »debounceTime«-Operators, um die Ausgabe zu verzögern

Durch das Einfügen des Operators wird die Log-Ausgabe nun nur noch dann ausgelöst, wenn der Nutzer 400 Millisekunden Pause zwischen den Tastaturanschlägen macht. Die Ausgaben in der Developer-Konsole werden somit stark reduziert (siehe Abbildung 12.3).

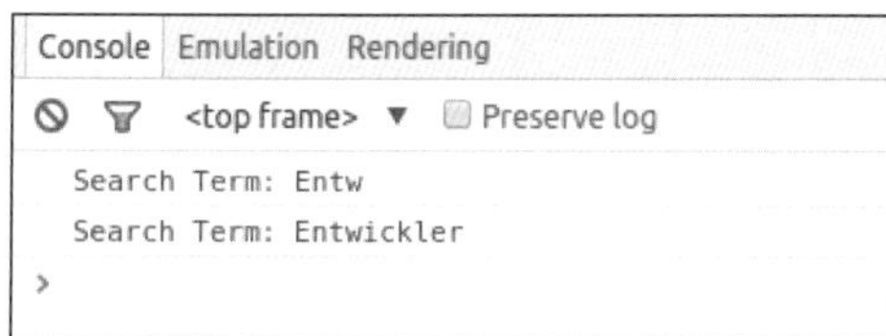


**Abbildung 12.3** Verzögerte Ausgabe der Werte in der Developer-Konsole

Auf Basis der aktuellen Implementierung können Sie nun bereits das Laden der Tasks in die subscribe-Methode verlagern:

```
this.searchTerm.valueChanges
    .debounceTime(400)
    .subscribe((query) => {
      this.tasks$ = this.taskService.findTasks(query);
});
```

**Listing 12.13** Anfrage an den TaskService innerhalb der »valueChanges«-Subscription

Immer wenn der Nutzer eine Tipp-Pause einlegt, wird eine neue Anfrage an den TaskService gestellt.

Die obige Implementierung funktioniert bereits einwandfrei. Da die findTasks-Methode jedoch selbst ein Observable zurückliefert, können Sie diese Implementierung noch deutlich eleganter gestalten. Die Idee ist, die vom debounceTime-Operator weitergeleiteten Werte direkt in Tasks umzuwandeln und sich anschließend (mithilfe der AsyncPipe) auf das Ergebnis zu subscriben. In den vorangegangenen Kapiteln haben Sie bereits einen Operator kennengelernt, der die Umwandlung von Eingangswerten in Ausgangswerte ermöglicht: den map-Operator. Eine erste Idee könnte also so aussehen, diesen Operator für die Umwandlung einzusetzen:

```
this.tasks$ = this.searchTerm.valueChanges
    .debounceTime(400)
    .map(query => this.taskService.findTasks(query));
```

**Listing 12.14** Fehlerhafte Verwendung des »map«-Operators

Diese Implementierung führt jedoch zu einem Fehler. Ein Blick in die Developer-Konsole sollte das Bild aus Abbildung 12.4 zeigen.

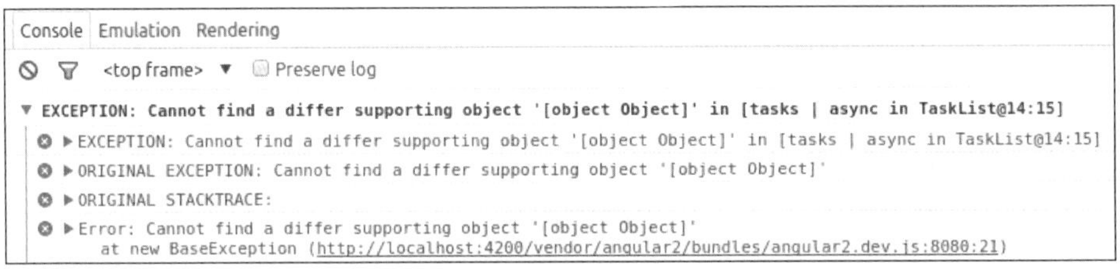

```
Console  Emulation  Rendering
<top frame> ▼  Preserve log
▼ EXCEPTION: Cannot find a differ supporting object '[object Object]' in [tasks | async in TaskList@14:15]
  ▶EXCEPTION: Cannot find a differ supporting object '[object Object]' in [tasks | async in TaskList@14:15]
  ▶ORIGINAL EXCEPTION: Cannot find a differ supporting object '[object Object]'
  ▶ORIGINAL STACKTRACE:
  ▶Error: Cannot find a differ supporting object '[object Object]'
      at new BaseException (http://localhost:4200/vendor/angular2/bundles/angular2.dev.js:8080:21)
```

**Abbildung 12.4** Exception bei fehlerhafter Verwendung des »map«-Operators

Sie werden bei der Entwicklung von RxJS-Anwendungen immer wieder in die Situation kommen, dass die erzeugten Werte nicht denen entsprechen, die Sie eigentlich erwarten würden. Umso wichtiger ist es, eine Möglichkeit zu haben, die einzelnen Schritte zu debuggen. Für solche Aufgaben bietet sich der do-Operator an. Der Operator nimmt selbst keine Manipulationen am Stream vor, sondern stellt Ihnen lediglich die Möglichkeit zur Verfügung, an beliebigen Stellen des Streams Applikationslogik auszuführen. Listing 12.15 zeigt die entsprechende Verwendung zur Ausgabe der Stream-Werte:

```
this.tasks$ = this.searchTerm.valueChanges
    .debounceTime(400)
    .map(query => this.taskService.findTasks(query))
    .do(tasks => console.log('Tasks:', tasks));
```

**Listing 12.15** Debugging von Observables mithilfe des »do«-Operators

Über die Developer-Konsole können Sie nun das Problem herausfinden, das die Implementierung hat (siehe Abbildung 12.5).

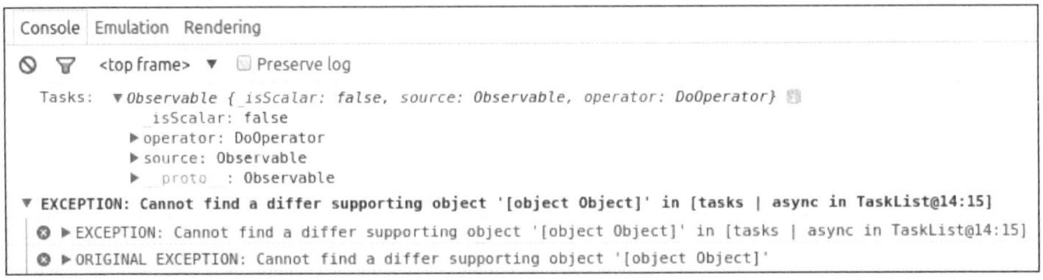

```
Console  Emulation  Rendering
<top frame> ▼  Preserve log
Tasks:  ▼Observable {_isScalar: false, source: Observable, operator: DoOperator}
           _isScalar: false
          ▶operator: DoOperator
          ▶source: Observable
          ▶ __proto__: Observable
▼ EXCEPTION: Cannot find a differ supporting object '[object Object]' in [tasks | async in TaskList@14:15]
  ▶EXCEPTION: Cannot find a differ supporting object '[object Object]' in [tasks | async in TaskList@14:15]
  ▶ORIGINAL EXCEPTION: Cannot find a differ supporting object '[object Object]'
```

**Abbildung 12.5** Ausgabe des Debug-Loggings

Da die `findTasks`-Methode selbst ein `Observable` zurückgibt, erzeugen Sie mit dem Aufruf

```
.map(query => this.taskService.findTasks(query))
```

ein »Observable von Observables«. Die `AsyncPipe` versucht sich anschließend auf dieses `Observable` zu subscriben und erhält als Wert wiederum ein `Observable` – das Rendern der Liste schlägt somit mit der dargestellten Fehlermeldung fehl.

### 12.2.1 mergeMap: verschachtelte Observables verbinden

Da es sich beim Aufruf von Operationen, die wiederum ein Observable zurückgeben, um einen sehr üblichen Anwendungsfall in der reaktiven Anwendungsentwicklung handelt, stellt RxJS hierfür bereits einen passenden Operator bereit: Mithilfe des `mergeMap`-Operators können Sie innerhalb Ihrer Operatorenkette Aufrufe einbinden, die selbst ein `Observable` zurückgeben.



Anstatt anschließend das `Observable` selbst auf den Ergebnis-Stream zu leiten, leitet der `mergeMap`-Operator die *Werte* des inneren `Observable` auf den Stream des Haupt-Observable weiter. Bezogen auf das Typeahead-Beispiel ermöglicht der `mergeMap`-Operator es Ihnen somit, auf elegante Weise das vom `TaskService` bereitgestellte `Observable` zu integrieren:

```
this.tasks$ = this.searchTerm.valueChanges
    .debounceTime(400)
    .mergeMap(query => this.taskService.findTasks(query))
    .do(tasks => console.log('Tasks: ', tasks));
```

**Listing 12.16** Verwendung des »mergeMap«-Operators zur Ausgabe des Task-Streams auf dem äußeren Datenstrom

Die Developer-Konsole zeigt nun das erwartete Ergebnis (siehe Abbildung 12.6).

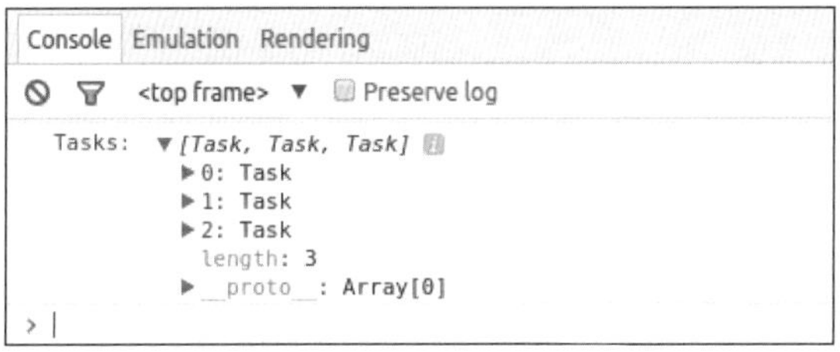

```
Console  Emulation  Rendering
<top frame> ▼  Preserve log
Tasks:  ▼[Task, Task, Task]
          ▶0: Task
          ▶1: Task
          ▶2: Task
           length: 3
          ▶__proto__: Array[0]
>
```

**Abbildung 12.6** Korrektes Auslesen der Tasks mithilfe des »mergeMap«-Operators

Der `mergeMap`-Operator (in früheren RxJS-Versionen hieß er `flatMap`-Operator) ist definitiv einer der wichtigsten Operatoren bei der Entwicklung von reaktiven Anwendungen. So ermöglicht der Operator es Ihnen, sehr elegant verschiedene Bestandteile einer Applikation, die jeweils auf Observables basieren, miteinander zu verbinden. Zugegebenermaßen benötigt diese Art der Entwicklung anfangs etwas Umdenken – lassen Sie sich hiervon aber nicht abschrecken. Wenn Sie die Prinzipien einmal verinnerlicht haben, werden Sie nicht mehr anders entwickeln wollen!

### 12.2.2 switchMap – nur die aktuellsten Ergebnisse verarbeiten

Auch wenn die im vorigen Abschnitt vorgestellte Lösung bereits voll funktionsfähig ist, gibt es immer noch ein (nicht auf den ersten Blick offensichtliches) Problem mit der Implementierung: Dadurch, dass der `findTasks`-Aufruf asynchron arbeitet, kann es passieren, dass in Ihrer Oberfläche Werte aus »alten« Aufrufen dargestellt werden. Stellen Sie sich folgendes Szenario vor:

1. Der Nutzer will nach allen Tasks mit dem Begriff »Entwickler« suchen. Er tippt zunächst »Ent« und macht eine kurze Pause. Anfrage 1 wird mit der Query »Ent« an den Server gesendet.
2. Der Nutzer tippt weiter und vervollständigt die Suche zu »Enwickler«. Anfrage 2 wird mit dem Wert »Entwickler« abgesendet.
3. Da die zweite Anfrage weniger Ergebnisse liefert, kann sie vom Server schneller beantwortet werden. Nach 200 ms kommt die Antwort vom Server zurück und die Tabelle wird mit den gewünschten Ergebnissen der Anfrage »Entwickler« gefüllt.
4. Nach 500 ms kommt schließlich die Antwort auf die erste Anfrage zurück. Die Tabelle wird nun mit den Ergebnissen der Anfrage »Ent« gefüllt, enthält also beispielsweise auch Einträge mit dem Suchwort »Entwurf« oder Ähnlichem.

RxJS bietet Ihnen für genau dieses Szenario ebenfalls einen vorgefertigten Operator an: Der `switchMap`-Operator leitet nur Ergebnisse der letzten Anfrage weiter. Im obigen Ablauf hätte der Operator also gemerkt, dass die in Schritt 4 einlaufenden Ergebnisse »alt« sind, und hätte die Ergebnisse verworfen. Listing 12.17 zeigt die korrekte Verwendung des `switchMap`-Operators:

```
this.tasks$ = this.searchTerm.valueChanges
    .debounceTime(400)
    .switchMap(query => this.taskService.findTasks(query));
```

**Listing 12.17** Verwendung des »switchMap«-Operators, um »alte« Anfragen zu verwerfen

Die Ergebnisliste zeigt nun immer das Ergebnis des letzten Aufrufs. Mit drei Zeilen Code haben Sie eine voll funktionale Typeahead-Suche implementiert!

**Erinnerung: Import von RxJS-Funktionalität**

Wie ich bereits in Kapitel 8, »Template-Driven Forms: einfache Formulare auf Basis von HTML«, beschrieben habe, sollten Sie beim Import von RxJS-Funktionalität darauf achten, dass Sie die einzelnen Operatoren und Erzeugungsmethoden explizit zu Ihrer Applikation hinzufügen, anstatt über den Import aus dem Paket 'rxjs/Rx' direkt sämtliche RxJS-Funktionalität zu importieren.

Diese Vorgehensweise ermöglicht es Tree-Shaking-Algorithmen (siehe Kapitel 16, »Der Angular-Template-Compiler, Ahead-of-time Compilation und Tree-Shaking«), nicht genutzte Funktionalität bei der Erzeugung des Produktions-Builds zu entfernen. Auf das bisherige Beispiel bezogen, bedeutet dies, dass Sie die Operatoren debounceTime und switchMap in Ihre Anwendung importieren müssen. Da die Funktionalität nach einem Import der gesamten Applikation zur Verfügung steht, hat es sich hierbei als gute Praxis erwiesen, alle von der Anwendung verwendeten Bestandteile in der Datei *main.ts* zu importieren:

```
import "rxjs/add/operator/debounceTime";
import "rxjs/add/operator/switchMap";
```

Im weiteren Verlauf des Kapitels werde ich darauf verzichten, Ihnen den Import eines jeden verwendeten Operators noch einmal vorzustellen. In den mitgelieferten Beispielen finden Sie alle diese Importe in besagter *main.ts*.



### 12.2.3 merge – mehrere Streams vereinen

In Abschnitt 12.2.2 haben Sie die Task-Suche über das Eingabefeld auf reaktive Art und Weise umgesetzt. Außer der Eingabe in das Suchfeld haben Sie zum aktuellen Zeitpunkt aber immer noch eine weitere Stelle im Quellcode, die das Laden eines Tasks auslöst, nämlich die Auswertung der vom Routing-Framework bereitgestellten Query-Parameter:

```
this.route.queryParams.subscribe((params) => {
  const query = decodeURI(params['query'] || '');
  this.searchTerm.setValue(query);
  this.tasks$ = this.taskService.findTasks(query);
});
```

**Listing 12.18** »task-list.component.ts«: bisherige Auswertung der Query-Parameter

Architektonisch betrachtet, haben Sie somit im Grunde genommen zwei *Datenquellen*, die Anfragen an den TaskService erzeugen: den Suchfeld-Stream und den Query-Parameter-Stream. Kommt ein neuer Wert über den Suchfeld-Stream an, möchten Sie zusätzlich zur Task-Suche automatisch die URL anpassen (adjustBrowserUrl); und bei Werten aus dem Query-Parameter-Stream soll das Suchfeld mit dem entsprechenden Wert befüllt werden (searchTerm.setValue).

Die Modellierung von reaktiven Applikationen basiert genau auf diesem Denkmuster: Der Zustand Ihrer Anwendung wird im Endeffekt durch die Entgegennahme und Transformation von Daten (den sogenannten Datenfluss) bestimmt.

Schauen Sie sich, um dieses Konzept besser zu verstehen, zunächst einmal die Definition der folgenden beiden Streams an:

```
const paramsStream = this.route.queryParams
  .map(params => decodeURI(params['query'] || ''))
  .do(query => this.searchTerm.setValue(query));

const searchTermStream = this.searchTerm.valueChanges
  .debounceTime(400)
  .do(query => this.adjustBrowserUrl(query));
```

**Listing 12.19** »task-list.component.ts«: die beiden Datenquellen für die Task-Suche

Wie im vorigen Abschnitt beschrieben, enthält der `paramsStream` die Werte, die über die Browser-URL in die Anwendung gegeben werden. Kommt ein neuer Wert an, wird automatisch das Suchfeld mit dem Wert befüllt. Äquivalent dazu repräsentiert der `searchTermStream` die Werte, die über das Suchfeld in die Anwendung gegeben werden.

Und nun wird es interessant. Indem Sie die beiden Datenströme verbinden, erhalten Sie einen neuen Datenstrom, der sowohl die Werte aus der Browser-URL als auch die Werte aus dem Suchfeld enthält. RxJS stellt Ihnen hierfür den `merge`-Operator zum Verbinden mehrerer Observable-Streams bereit:

```
this.tasks$ = Observable.merge(paramsStream, searchTermStream)
  .distinctUntilChanged()
  .switchMap(query =>  this.taskService.findTasks(query));
```

**Listing 12.20** »tasks-list.component.ts«: Auslösen der Task-Suche auf dem vereinigten Query-Stream

Über den `merge`-Operator erzeugen Sie zunächst den neuen vereinigten Stream. Der anschließende `distinctUntilChanged`-Operator hat hier die Aufgabe, Werte nur bei einer Änderung weiterzuleiten. Haben Sie beispielsweise bereits über die Browser-URL nach dem Wort »Entwickler« gesucht und würden Sie anschließend einen weiteren Query-Parameter zur URL hinzufügen, dann würde der `paramsStream` einen neuen Wert in den kombinierten Stream schicken. Da sich das Suchwort aber nicht geändert hat, würde keine erneute Task-Suche ausgelöst werden. Im letzten Schritt wird nun lediglich noch das Ergebnis der eigentlichen Suche über den `switchMap`-Operator auf den äußeren Stream weitergeleitet.

Fertig! Listing 12.21 zeigt noch einmal die gesamte Implementierung des reaktiven Datenstroms zum Laden von Tasks über den `TaskService`:

```
const paramsStream = this.route.queryParams
  .map(params => decodeURI(params['query'] || ''))
  .do(query => this.searchTerm.setValue(query));
const searchTermStream = this.searchTerm.valueChanges
  .debounceTime(400)
  .do(query => this.adjustBrowserUrl(query));

this.tasks$ = Observable.merge(paramsStream, searchTermStream)
  .distinctUntilChanged()
  .switchMap(query =>  this.taskService.findTasks(query));
```

**Listing 12.21** »task-list.component.ts«: komplette Umsetzung der Datenanforderung über den TaskService



Mit gerade einmal neun Zeilen Quellcode haben Sie ein Typeahead-Suchfeld implementiert, die Auswertung von Browser-URL-Parametern umgesetzt und eine einzelne zentrale Stelle für die Anforderung von Tasks aus dem `TaskService` geschaffen. Ein Blick in Listing 12.21 zeigt außerdem, dass sich die Datenflüsse Ihrer Applikation sehr sprechend im implementierten Quellcode widerspiegeln!

Wenn Sie nun die Oberfläche öffnen und die Browser-URL verändern oder Suchbegriffe in das Suchfeld tippen, werden Sie feststellen, dass die Eingangsdaten wie erwartet durch die Streams geleitet werden und im Endeffekt zu einer Darstellung der Tasks in der Oberfläche führen (siehe Abbildung 12.7).

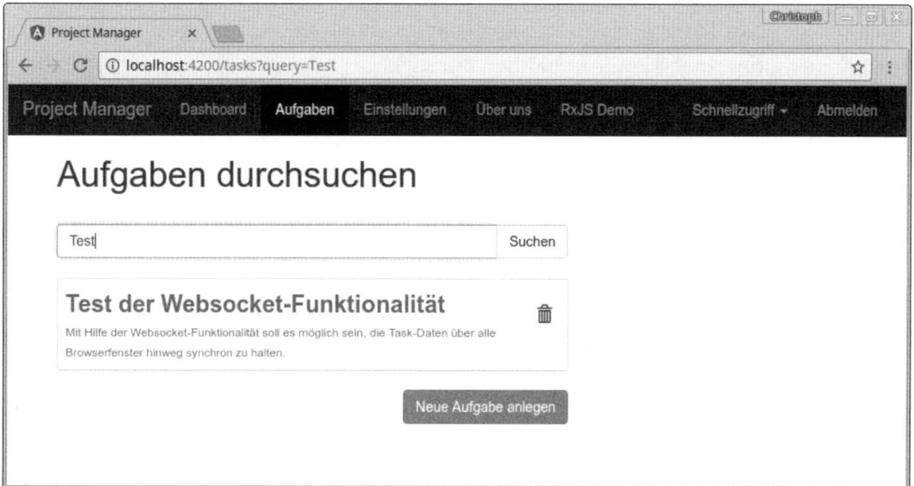


**Abbildung 12.7** Die vollständige Typeahead-Implementierung in Aktion

**Das »single source of truth«-Prinzip**

Sollten Sie sich bereits im Internet über RxJS und reaktive Programmierung informiert haben, so werden Sie mit Sicherheit auch schon über eines *der* Marketing-Buzzwords der Bibliothek gestolpert sein: über das *single source of truth*-Prinzip. Wenn Sie sich damals gefragt haben, was es damit auf sich hat: Sie haben es gerade kennengelernt!

Die einzige Quelle für Tasks ist das `tasks$`-Observable. Wollen Sie Tasks auf eine andere Art und Weise laden, so geschieht dies immer dadurch, dass Sie diese durch den entsprechenden Stream schicken. Im Gegensatz dazu hätten Sie in einer klassischen »pull-orientierten« Architektur mindestens zwei Aufrufe an den TaskService implementiert: einen Aufruf, der bei einer Suche über das Suchfeld durchgeführt wird, und einen Aufruf, der als Reaktion auf die Query-Parameter-URL erfolgt.

Durch die Bündelung der Tasks in einen einzigen Stream wissen Sie nun immer genau, wo Sie nach gegebenenfalls auftretenden Fehlern suchen müssen. Neben der einfacheren Fehlersuche besitzt dieser Ansatz noch eine Vielzahl von weiteren Vorteilen, die Sie im folgenden Abschnitt noch genauer kennenlernen werden.

## 12.3 Reaktive Datenarchitekturen in Angular-Applikationen

Sie haben jetzt bereits einen Eindruck davon bekommen, wie Sie mit RxJS sehr elegant auf User-Eingaben reagieren und diese in Datenströme verwandeln können. In diesem Abschnitt werden Sie nun noch einen großen Schritt weiter gehen.

Sie werden nicht mehr »nur« die Verwaltung der vom Controller benötigten Daten über Observables kapseln, sondern die gesamte Datenarchitektur Ihrer Anwendung reaktiv gestalten. Insbesondere bei der Entwicklung von Applikationen mit hohen Performance-Anforderungen oder bei der Anbindung alternativer Datenquellen (wie z. B. WebSockets) bietet Ihnen diese Art der Entwicklung bedeutende Vorteile.

Lassen Sie mich zunächst einmal das »Problem« der bisherigen Architektur erläutern. Stellen Sie sich beispielsweise vor, Sie wollten die Schnellansicht eines Tasks, die ich in Kapitel 10, »Routing: Navigation innerhalb der Anwendung«, vorgestellt habe, so erweitern, dass sie die Möglichkeit bietet, die wichtigsten Bestandteile des Tasks so, wie in Abbildung 12.8 dargestellt, on-the-fly zu bearbeiten und zu speichern.

Sollten Sie bereits einmal mit dem Tool *JIRA* in Kontakt gekommen sein, werden Sie diese Funktion sicher kennen: Sobald ein Task in der Liste markiert wird, wird auf der rechten Seite die Schnellansicht dargestellt. In dem Beispiel, das in diesem Abschnitt implementiert wird, bietet diese Schnellansicht nun die Möglichkeit, den Titel, die Beschreibung und den Status eines Tasks zu ändern.

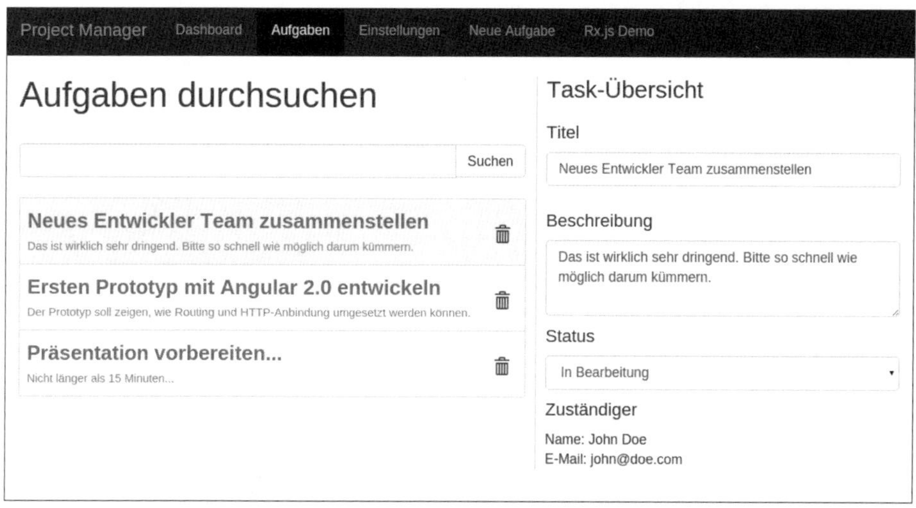


**Abbildung 12.8** »Quick-Edit Ansicht« in der Task-Übersicht



Im Gegensatz zur regulären Editierfunktion soll der Task in dieser Ansicht sofort bei der Bestätigung der Eingabe durch die [↵]-Taste gespeichert werden. Nach dem erfolgreichen Speichern wird des Weiteren für zwei Sekunden eine Erfolgsnachricht eingeblendet. Listing 12.22 und Listing 12.23 zeigen die hierfür zuständigen Ausschnitte der angepassten `TaskOverviewComponent`:

```
<h3>Task-Übersicht
  <span *ngIf="true || showSuccessLabel"
        class="label label-success pull-right label-small">
      Erfolgreich gespeichert
  </span>
</h3>
...
<div class="form-group">
  <label for="title">Titel</label>
  <input type="text" id="title" class="form-control"
         [(ngModel)]="task.title"
         (keyup.enter)="saveTask()"/>
</div>
...
```

**Listing 12.22** »task-overview.component.html«: Darstellung der Erfolgsnachricht und des Form-Elements zum Speichern des Tasks

```
saveTask() {
  this.taskService.saveTask(this.task)
    .subscribe(task => {
```

```
      this.task = task;
      this.showSuccessLabel = true;
      setTimeout(() => {
        this.showSuccessLabel = false;
      }, 2000)
    });
}
```

**Listing 12.23** »task-overview.component.ts«: Methode zum Speichern des Tasks

Das Problem dieser Implementierung wird bei einem erneuten Blick in die Oberfläche deutlich: Wie in Abbildung 12.9 dargestellt, wird der Task zwar nach Betätigung der [↵]-Taste gespeichert – die Taskliste auf der linken Seite bekommt von dieser Änderung jedoch nichts mit und zeigt weiterhin den alten Wert des Titels an.

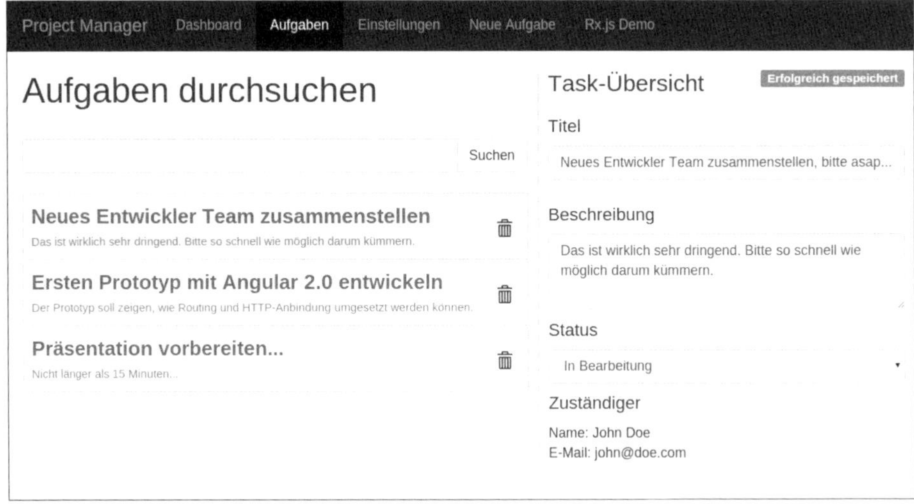


**Abbildung 12.9** Keine Aktualisierung der Taskliste

Sie benötigen also eine Möglichkeit, innerhalb der Liste darüber informiert zu werden, wenn sich Änderungen an den Tasks ergeben.

### 12.3.1 Shared Services – der erste Schritt in die richtige Richtung

Eine (durchaus übliche) Lösung für diese Aufgabenstellung besteht darin, im Fall einer Änderung an den Tasks im `TaskService` ein Event auszulösen, das interessierte Teilnehmer darüber informiert, dass Änderungen an den Tasks eingetreten sind. Der `TaskService` ist somit dafür zuständig, als »zentrale Stelle« die Änderungen von Tasks zu managen:

```
export class TaskService {
  ...
  tasksChanged = new Subject();
  saveTask(task: Task) {
    ...
    return this.http.request(BASE_URL + (task.id || ''), options)
      .map(res => res.json())
      .do(savedTask => {
        this.tasksChanged.next(savedTask);
      });
  }
}
```

**Listing 12.24** »task.service.ts«: Auslösen des »taskChanged«-Events innerhalb der »saveTask«-Methode im TaskService



Wie Sie sehen, verwendet Listing 12.24 die in Abschnitt 12.1.3 vorgestellte Klasse `Subject` zur Information der anderen Teilnehmer. Innerhalb der `TaskListComponent` können Sie sich nun bei diesem `Subject` anmelden und beim Eintreffen einer Änderung ein Neuladen der Tasks auslösen:

```
export class TaskListComponent {
  ...
  tasksChangedSubscription: Subscription;
  ngOnInit() {
    ...
    this.tasksChangedSubscription =
      this.taskService.tasksChanged.subscribe(changedTask => {
        this.tasks$ = this.taskService.findTasks(this.searchTerm.value);
     });
  }
  ngOnDestroy() {
    this.tasksChangedSubscription.unsubscribe();
  }
}
```

**Listing 12.25** »task-list.component.ts«: Auswertung des Events und der Task-Liste

Beachten Sie im vorherigen Listing ebenfalls die Implementierung des `ngOnDestroy`-Callbacks:

```
ngOnDestroy() {
  this.tasksChangedSubscription.unsubscribe();
}
```

**Listing 12.26** Abmeldung beim »taskChanged«-Observable

Da es sich beim `taskChanged`-Observable nicht um ein Single-Value-Observable handelt, müssen Sie bei der Zerstörung der Komponente (also z. B. beim Wechsel auf eine andere Seite) dafür sorgen, dass Sie sich ordnungsgemäß beim `Observable` abmelden. Dies geschieht durch den Aufruf der `unsubscribe`-Methode der `Subscription`, den ich in Abschnitt 12.1.2 vorgestellt habe.

Abbildung 12.10 zeigt, dass die Task-Liste beim Speichern eines Tasks nun wie gewünscht aktualisiert wird.

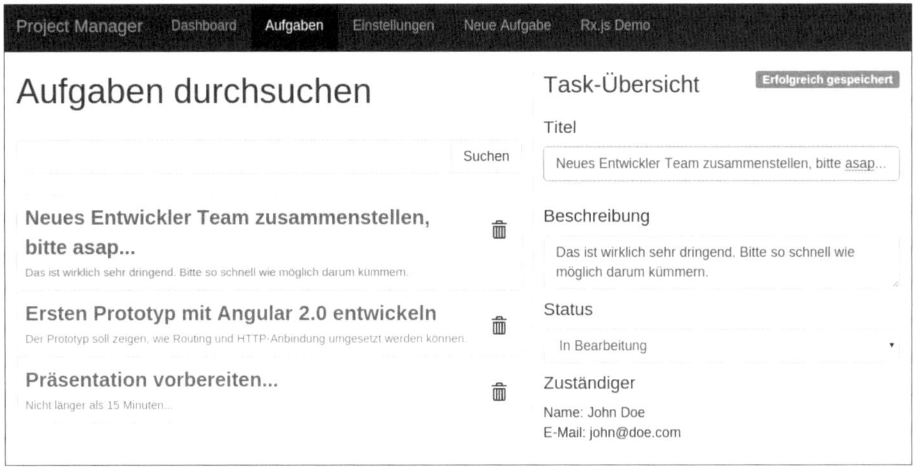


**Abbildung 12.10** Korrekte Aktualisierung der Task-Liste

### Das Problem mehrerer Datenquellen

Auch wenn die vorgestellte Umsetzung nun dafür sorgt, dass ein Speichern aus der Schnellansicht heraus ebenfalls die Task-Liste aktualisiert, gibt es leider immer noch eine (architektonische) Unschönheit im Quellcode: Durch das Überschreiben der `tasks$`-Variablen im Subscriber haben Sie nun wieder zwei Stellen, an denen die Task-Liste befüllt wird: einmal durch den Typeahead- und Query-Parameter-Stream und einmal bei der Benachrichtigung über Änderungen.

Im vorliegenden Fall mag dies noch einigermaßen überschaubar sein. Durch die Anbindung eines WebSocket-Mechanismus hätten Sie aber bereits drei Stellen, die Sie in Zukunft pflegen müssten. Und damit nicht genug: Im nächsten Meeting kommt Ihr Produktmanager auf die Idee, die Anzahl der Tasks, die sich aktuell in Bearbeitung befinden, im Header der Seite darzustellen.

Bei der Implementierung dieses Features stoßen Sie auf die gleichen Probleme wie zuvor: Zunächst müssen Sie die Zahl initial errechnen und dann jeweils auf Änderungen an den Tasks reagieren. Schleicht sich hierbei ein Fehler ein, laufen die Zahlen im Header und in der Liste auseinander ...

Ich denke, Sie sehen, welche Probleme die Anbindung verschiedener Datenquellen mit sich bringen kann.

### 12.3.2 Die neue Datenarchitektur: »Push« statt »Pull«

Das grundlegende Problem der bisherigen Lösung liegt vereinfacht gesagt darin, dass sich jede Komponente der Anwendung selbstständig die Daten aus dem `TaskService` »zieht«. Jede Komponente muss somit wissen, wann es Änderungen gibt, und diese dann aktiv anfordern.



Der in diesem Abschnitt vorgestellte Lösungsansatz geht hier einen radikal anderen Weg: Anstatt sich beim Auftreten eines Events selbst darum zu kümmern, die Daten abzuholen, meldet sich eine Komponente *einmalig* beim Service an und registriert sich dort für Änderungen an den Daten. In der Folge versorgt der Service die Komponente über einen *Push-Mechanismus* aktiv mit den aktuellen Werten. Die tatsächliche Anforderung von Daten geschieht nun durch das Triggern einer *Aktion*.

Möchte die Komponente beispielsweise neue Daten vom Service empfangen (etwa weil der Benutzer etwas in das Suchfeld eingegeben hat), so triggert sie beim Service die `LOAD`-Aktion. Nach Abschluss der Aktion versorgt der Service alle registrierten Komponenten mit den aktualisierten Daten.

Beim ersten Lesen klingt dies vermutlich sehr abstrakt. Ich möchte Ihnen die Unterschiede deshalb auch grafisch verdeutlichen. Abbildung 12.11 zeigt zunächst die klassische Architektur.

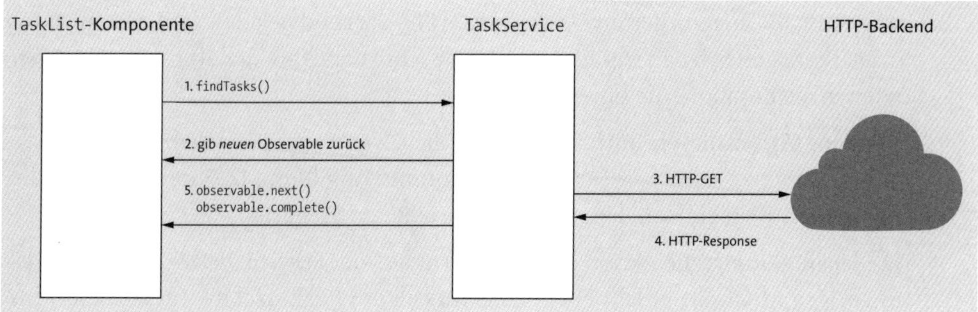


**Abbildung 12.11** Klassische Datenarchitektur

Der Service dient in diesem Fall lediglich zur Kapselung der Datenoperationen. Möchte die Komponente neue Werte laden, so fordert sie vom Service einen neuen

`Observable`-Stream an, der nach dem erfolgreichen Abruf der Daten vom HTTP-Backend die Werte an die Komponente liefert und anschließend beendet wird.

Der neue push-orientierte Ansatz sieht auf den ersten Blick etwas komplizierter aus (siehe Abbildung 12.12).

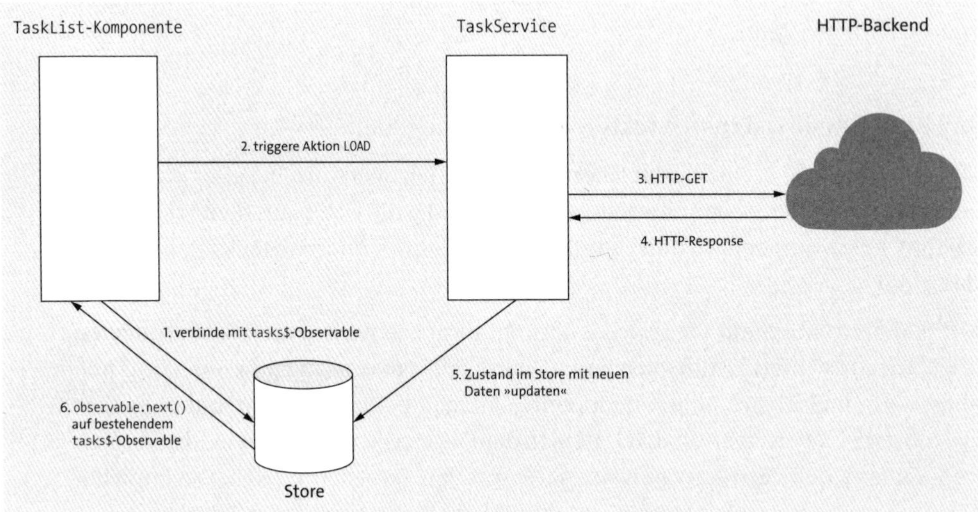


**Abbildung 12.12** Die neue »push-orientierte« Datenarchitektur

Der zentrale Unterschied dieses Ansatzes besteht darin, dass die Komponente nicht bei jedem Laden von Daten ein neues `Observable` vom Service erhält. Vielmehr registriert sich die Komponente einmalig beim sogenannten *Store* für neue Werte (das Konzept des Stores werde ich Ihnen in Kürze vorstellen).

Anschließend kann die Komponente verschiedene *Aktionen* – z. B. die bereits angesprochene `LOAD`-Aktion – am Service auslösen. Diese Aktion sorgt dann beispielsweise dafür, dass die angeforderten Daten vom HTTP-Backend geladen und anschließend in den Store geschrieben werden. Im letzten Schritt »pusht« der Store die geladenen Daten in die Komponente hinein.

Der große Vorteil dieses Konzepts wird deutlich, wenn eine zusätzliche Komponente (z. B. die `TaskOverviewComponent`) ins Spiel kommt. Abbildung 12.13 demonstriert diesen Ablauf aufbauend auf dem zuvor beschriebenen Szenario.

Das Schaubild zeigt die Aktion des Speicherns aus der Schnellansicht heraus, die ich im vorigen Abschnitt beschrieben habe. Im Fall der Push-Architektur löst die `TaskOverviewComponent` lediglich die `SAVE`-Aktion aus. Der `TaskService` speichert anschließend den Task über das HTTP-Backend.

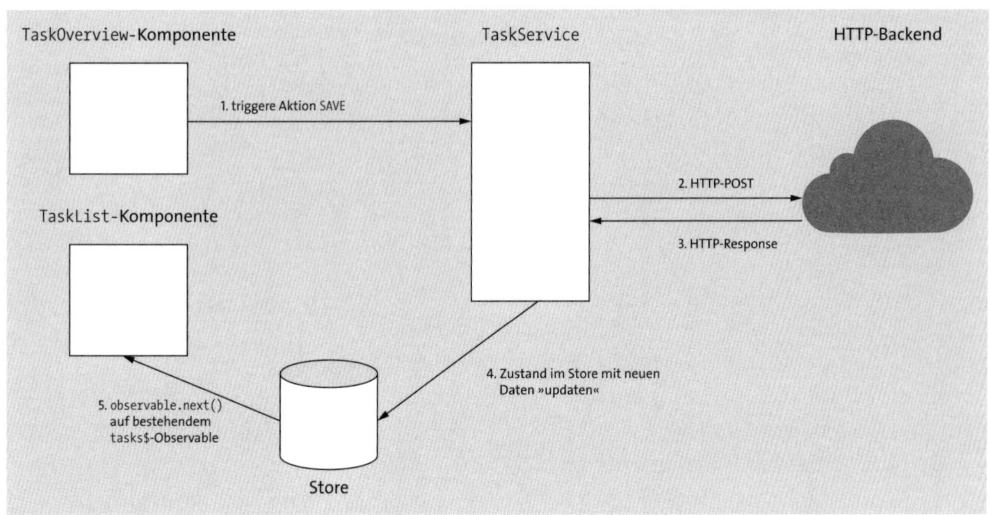


**Abbildung 12.13** Speichern aus der »TaskOverview«-Komponente heraus



Nun kommt der entscheidende Punkt: Nach dem Speichern im Backend sorgt der Service dafür, dass der aktualisierte Task in die im Store enthaltene Liste integriert wird (in Wirklichkeit wird die Liste im Store ausgetauscht, aber dazu gleich mehr). Nach dem Aktualisieren der Liste werden alle angemeldeten Subscriber (also auch die `TaskListComponent`) mit der neuen Taskliste versorgt – die Ansicht wird automatisch aktualisiert. Da dieser Punkt so zentral für das beschriebene Konzept ist, noch einmal mit anderen Worten:

*Wenn eine Aktion dafür sorgt, dass sich der Zustand (State) des Stores ändert, so werden alle angemeldeten Komponenten automatisch über diese Änderungen informiert und aktualisiert.*

### 12.3.3 Umsetzung des neuen Konzepts in Angular

Das vorgestellte Konzept löst also viele der zuvor beschriebenen Probleme der Datenverwaltung. Doch wie kann dieser Ansatz nun konkret in Ihre Angular-Anwendung integriert werden?

Schauen Sie sich hierfür zunächst den folgenden Ausschnitt der notwendigen Erweiterungen am `TaskService` an. Die Implementierungsdetails der Klasse `TaskStore` werden Sie dann im Anschluss kennenlernen.

```
import {LOAD, ADD, EDIT, REMOVE, TaskStore} from '../stores/task.store';
...
export class TaskService {
  this.tasks$ = taskStore.items$;
  ...
```

```
  findTasks(query = '', sort = 'id', order = 'ASC') {
    ...
    return this.http.get(BASE_URL, {search: searchParams})
      .map(res => res.json())
      .do((tasks) => {
        this.taskStore.dispatch({type: LOAD, data: tasks});
      });
  }
  saveTask(task: Task) {
    ...
    return this.http.request(BASE_URL + (task.id || ''), options)
      .map(res => res.json())
      .do(savedTask => {
        const actionType = task.id ? EDIT : ADD;
        this.taskStore.dispatch({type : actionType, data: savedTask});
      });
  }
  ...
}
```

**Listing 12.27** »task.service.ts«: Integration des »TaskStore« in die »TaskService«-Klasse

Listing 12.27 zeigt exemplarisch die Implementierungen der `findTasks`- und der `saveTask`-Methode. Wie in Abschnitt 12.3.2 beschrieben, wird hier zusätzlich zum Service die neue Klasse `TaskStore` integriert, die die zentrale Verwaltung der Tasks übernimmt. Im Fall eines Service-Aufrufs wird nach dem Erhalt der HTTP-Antwort eine Action »dispatcht«, die dafür sorgt, dass der Store einen neuen Zustand erhält (siehe Abschnitt 12.3.4). Beachten Sie dabei, dass eine Action im Endeffekt durch ein einfaches JavaScript-Objekt realisiert wird:

```
this.taskStore.dispatch({type: LOAD, data: tasks});
```

Die zur Verfügung stehenden Aktionen sind dabei ebenfalls im Store definiert. Für die Manipulation des Zustands stehen Ihnen hier `LOAD`, `ADD`, `EDIT` und `REMOVE` zur Verfügung. Die Implementierung der `TaskStore`-Klasse wertet diese Aktionen entsprechend aus und informiert angemeldete Subscriber über Änderungen. Listing 12.28 zeigt die komplette Implementierung des `TaskStore`:

```
import {BehaviorSubject} from 'rxjs/BehaviorSubject';
import {Task} from '../../models/model-interfaces';
```

```
export const LOAD = 'LOAD';
export const ADD = 'ADD';
export const EDIT = 'EDIT';
export const REMOVE = 'REMOVE';

export class TaskStore {
  private tasks: Task[] = [];
  items$ = new BehaviorSubject<Task[]>([]);
  dispatch(action) {
    this.tasks = this.reduce(this.tasks, action);
    this.items$.next(this.tasks);
  }
  reduce(tasks: Task[], action) {
    switch (action.type) {
      case LOAD:
        return [...action.data];
      case ADD:
        return [...tasks, action.data];
      case EDIT:
        return tasks.map(task => {
          const editedTask = action.data;
          if (task.id !== editedTask.id){
            return task;
          }
          return editedTask;
        });
      case REMOVE:
        return tasks.filter(task => task.id !== action.data.id);
      default:
        return tasks;
    }
  }
}
```

**Listing 12.28** »task.store.ts«: Implementierung des »TaskStore«

Konzentrieren Sie sich zunächst auf den folgenden Ausschnitt der Klasse:

```
export class TaskStore {
  private tasks: Task[] = [];
  items$ = new BehaviorSubject<Task[]>([]);
  dispatch(action) {
```

```
        this.tasks = this.reduce(this.tasks, action);
        this.items$.next(this.tasks);
    }
    ...
}
```

**Listing 12.29** Verarbeitung der Action und Information der angemeldeten Subscriber

Die `TaskStore`-Klasse stellt hier ein Objekt der Klasse `BehaviorSubject` zur Verfügung. Hierbei handelt es sich um ein spezielles `Subject` der RxJS-Bibliothek, das sich insbesondere für die Implementierung von Observables eignet, die im Laufe der Zeit neue Subscriber erhalten. Die Besonderheit eines `BehaviorSubject` besteht darin, dass ein neuer `Subscriber` nach der Anmeldung automatisch den letzten im `Observable` verfügbaren Wert zugestellt bekommt. `BehaviorSubjects` eignen sich somit hervorragend für die Verteilung des aktuellen Zustands an mehrere Subscriber.

Die `dispatch`-Methode ist die einzige öffentliche Schnittstelle zur Veränderung der Store-Daten. Die eigentliche Manipulation der Daten geschieht dabei über eine sogenannte *Reducer Function*. Die Funktion nimmt als Parameter den bisherigen *State* (Zustand) sowie die auszuführende Aktion an. Als Rückgabe liefert die Funktion den neuen State. Nach der Berechnung des States wird dieser schließlich über das `BehaviorSubject` an alle interessierten Komponenten versendet.

#### Kurzexkurs: Redux

Bei der hier vorgestellten Lösung handelt es sich um eine Kombination aus RxJS-Funktionalitäten in Verbindung mit Ideen aus dem JavaScript-Framework *Redux*. Redux ist ein (Achtung: Buzzword-Alarm) *State-Container, der* auf dem *Flux*-Pattern basiert. Das Framework wurde von Dan Abramov entwickelt und setzt im Wesentlichen die folgenden Ideen um:

1. Alle Daten der Applikation liegen in einem zentralen JavaScript-Objekt (dem Store) vor.
2. Dieser Store ist ein »Read-only«-Speicher. Änderungen sorgen immer dafür, dass eine neue Instanz des Speichers erstellt wird.
3. Der einzige Weg, um Änderungen am Store vorzunehmen, besteht darin, *Actions* an den Store zu übergeben Ein direkter Schreibzugriff auf die Daten ist nicht möglich.
4. Die sogenannte *Reducer*-Funktion erzeugt aus den »alten Daten« und der Aktion den neuen Store-Zustand.
5. Die Reducer-Funktion muss als *Pure Function* implementiert sein, darf also keine Seiteneffekte besitzen.

Auch wenn die momentane Implementierung nicht den kompletten Zustand der gesamten Applikation in einem einzigen Objekt vorhält, sind die grundsätzlichen Ideen (insbesondere der *Immutable-State*) in Verbindung mit Angular-Funktionalitäten sehr mächtig. Schauen Sie sich also als Nächstes die Umsetzung der *Reducer*-Funktionalität an:

```
reduce(tasks: Task[], action) {
  switch (action.type) {
    case LOAD:
      return [...action.data];
    case ADD:
      return [...tasks, action.data];
    case EDIT:
      return tasks.map(task => {
        const editedTask = action.data;
        if (task.id !== editedTask.id){
          return task;
        }
        return editedTask;
      });
    case REMOVE:
      return tasks.filter(task => task.id !== action.data.id);
    default:
      return tasks;
  }
}
```

**Listing 12.30** »task.store.ts«: die »Reducer«-Funktion des »TaskStore«

Der wichtigste Grundsatz lautet hier, dass jede Aktion eine *neue Liste* mit Tasks erzeugt und diese zurückgibt. Der aktuelle Zustand wird nicht verändert.

### Die LOAD-Action

Die Implementierung der `LOAD`-Action ist hierbei trivial. So sorgt diese Aktion dafür, dass die momentan im Store vorhandenen Daten durch die übergebenen Daten ersetzt werden. Die Reducer-Funktion gibt also lediglich eine Kopie der übergebenen Daten zurück.

Sie fertigen diese Kopie dabei mithilfe des ECMAScript-2015-*Spread-Operators* an (siehe Anhang A, »ECMAScript 2015«). Der Ausschnitt

```
case LOAD:
  return [...action.data];
```

sorgt also dafür, dass ein neues Array erzeugt wird, das alle Elemente des Arrays action.data enthält. Durch den Aufruf der dispatch-Funktion aus dem TaskService heraus wird der Store somit mit den Ergebnissen der findTasks-Methode gefüllt:

```
findTasks(query = '', sort = 'id', order = 'ASC') {
  ...
  this.taskStore.dispatch({type: LOAD, data: tasks});
}
```

### Die ADD-Action

Die ADD-Action ist ähnlich trivial. Sie erzeugt, ebenfalls mithilfe des Spread-Operators, ein neues Array, das zunächst alle bisherigen Werte und zusätzlich das in action.data übergebene Element enthält:

```
case ADD:
  return [...tasks, action.data];
```

### Die EDIT-Action

Die EDIT-Action ist die aufwendigste Action:

```
case EDIT:
  return tasks.map(task => {
    const editedTask = action.data;
    if (task.id !== editedTask.id){
      return task;
    }
    return editedTask;
  });
```

Mithilfe der Array.map-Funktion wird ein neues Array erstellt, bei dem der editierte Task im Ursprungs-Array ausgetauscht wird. Alle weiteren Tasks werden unverändert in die neue Liste übernommen.

Die Verwendung der ADD- und EDIT-Aktion können Sie sich zur Verdeutlichung noch einmal im TaskService in der Methode saveTask anschauen. Hier wird – abhängig davon, ob der zu speichernde Task bereits eine id besitzt oder nicht – entweder die ADD- oder die EDIT-Action an den Store übergeben:

```
saveTask(task: Task) {
  ...
  .do(savedTask => {
    const actionType = task.id ? EDIT : ADD;
```

```
    this.taskStore.dispatch({type : actionType, data: savedTask});
  });
}
```

### Die REMOVE-Action

Die REMOVE-Action ist wieder sehr leicht verständlich. Mithilfe der Array.filter-Methode wird hier ein neues Array erzeugt, in dem der gelöschte Task ausgefiltert wurde:

```
case REMOVE:
  return tasks.filter(task => task.id !== action.data.id);
```

Innerhalb der deleteTask-Methode des TaskService erfolgt der Aufruf wie erwartet nach der Rückkehr des HTTP-Aufrufs:

```
deleteTask(task: Task) {
  return this.http.delete(BASE_URL + task.id)
      .do(response => {
        this.taskStore.dispatch({type: REMOVE, data: task});
  })
}
```



### Die default-Action

Die Implementierung eines Default-Verhaltens innerhalb der Reducer-Funktion ist insofern wichtig, als dass der Rückgabewert der reduce-Funktion ohne weitere Überprüfung als »neuer State« hinterlegt wird. Wird der Reducer also mit einer unbekannten Action aufgerufen, muss sichergestellt sein, dass der Store dadurch nicht aus Versehen gelöscht wird. In diesem Fall wird somit einfach der aktuelle Status zurückgegeben:

```
default:
  return tasks;
```

**Generische Implementierung der Store-Komponente**

Bei genauerer Betrachtung der TaskStore-Implementierung werden Sie feststellen, dass der Code nahezu keine fachliche Abhängigkeit zur Task-Klasse hat. Anders ausgedrückt: Ein weiterer Store (z. B. zur Verwaltung von Kontakten) würde zu 95 % aus Copy & Paste-Code bestehen. TypeScript bietet für diesen Fall die Verwendung von *Generics* an. Sollten Sie sich für das Thema interessieren, biete ich Ihnen in Anhang B, »Typsicheres JavaScript mit TypeScript«, eine detaillierte Beschreibung hierzu an. Des Weiteren finden Sie in der Datei *generic-store.ts* eine generische Implementierung des Redux-Stores sowie in der Datei *services/stores/stores.ts* ein Beispiel für dessen Verwendung.

### 12.3.4 Anbindung der TaskListComponent an den Store

Sie kennen nun alle Implementierungsdetails des reaktiven Daten-Service. Wirklich interessant wird die neue Architektur aber natürlich erst im Zusammenspiel mit den Komponenten der Anwendung. Schauen Sie sich also zunächst die Anbindung des Stores in der Komponente an. Ich habe mich in diesem Zusammenhang dafür entschieden, ihn noch einmal über den `TaskService` zu kapseln – die Komponenten besitzen somit einen zentralen Zugriffspunkt für alle task-bezogenen Operationen. Innerhalb des `TaskService` wird dafür die öffentliche `tasks$`-Variable bereitgestellt:

```
export class TaskService {
  tasks$:Observable<Task[]>;
  constructor(private http: Http, private taskStore: TaskStore) {
    this.tasks$ = taskStore.items$;
  }
  ...
}
```

**Listing 12.31** »task.service.ts«: Veröffentlichung des »tasks$«-Observables

Innerhalb der `TaskListComponent` können Sie sich nun mit diesem Observable verbinden:

```
export class TaskListComponent {
  tasks$: Observable<Task[]>;
  ...
  ngOnInit() {
    this.tasks$ = this.taskService.tasks$;
    ...
    Observable.merge(paramsStream, searchTermStream)
      .distinctUntilChanged()
      .switchMap(query =>  this.taskService.findTasks(query))
      .subscribe();
  }
}
```

**Listing 12.32** »task-list.component.ts«: Verbindung mit dem Observable des TaskStores

Wie Sie sehen, wird die `tasks$`-Variable nun nur noch ein einziges Mal mit dem `Observable` des Stores verbunden. Der Typeahead-Mechanismus sorgt lediglich noch dafür, dass im `TaskService` die `findTasks`-Methode getriggert wird. Diese löst anschließend die `LOAD`-Action aus und sorgt dafür, dass der Store die angeforderten Werte in das `tasks$`-Observable pusht.

Der elementare Unterschied besteht also im Endeffekt darin, dass es der `TaskListComponent` nun »egal« ist, auf welchem Weg die Daten in den Store gelangen. Wird aus der Sidebar heraus ein Speichern ausgelöst, so gelangen diese Daten automatisch, ohne weiteres Zutun der Komponente, in die Liste. Schauen Sie sich, um den Unterschied zu verstehen, noch einmal die ursprüngliche Version vor der Umstellung an:

```
ngOnInit() {
  this.tasks$ = Observable.merge(
    Observable.of(queryString),
    this.searchTerm.valueChanges.debounceTime(400))
    .switchMap(term => this.taskService.findTasks({q: term}))

  this.taskService.tasksChanged.subscribe((changedTask) => {
    this.tasks$ = this.taskService.findTasks(this.searchTerm.value);
  })
}
```

**Listing 12.33** »task-list.component.ts«: ursprüngliche Version der Service-Anbindung



Sie sehen: Alle Logik zur Aktualisierung des States ist nun sauber im Store gekapselt. Die Komponente kann sich darauf verlassen, immer mit den korrekten Daten versorgt zu werden.

### 12.3.5 Der »In Bearbeitung«-Zähler

Auf Basis der neuen Architektur ist nun auch die Umsetzung des zuvor angesprochenen (siehe Abschnitt 12.3.1) »In Bearbeitung«-Zählers im Header der Anwendung ein Kinderspiel. Zur Integration des Zählers können Sie sich in der Klasse `AppComponent` einfach ebenfalls beim Store anmelden:

```
export class AppComponent {
  numberInProgress: number;
  ...
  ngOnInit() {
    this.taskService.tasks$.subscribe((tasks) => {
      this.numberInProgress = tasks.filter(
        (task: Task)=> task.state === 'IN_PROGRESS').length;
    });
  }
}
```

**Listing 12.34** »app.component.ts«: Implementierung des »In Bearbeitung«-Zählers

Die Komponente wird nun, wie die `TaskListComponent`, dauerhaft mit den aktuellen Werten aus dem Store versorgt. Mit insgesamt vier Zeilen Quellcode haben Sie nun also einen sich automatisch aktualisierenden Zähler implementiert. Innerhalb der

Navigationsleiste können Sie anschließend einfach ein Feld mit dem entsprechenden Zähler einbinden.

Bei der Verwendung des *Bootstrap*-CSS-Frameworks bietet sich hierfür die badge-Klasse an:

```
<span class="badge">
  In Bearbeitung: {{numberInProgress}}
</span>
```

**Listing 12.35** »app.component.html«: Darstellung des Zählers

Ändern Sie nun eine Aufgabe über die Sidebar oder die Edit-Seite, wird der Zähler, wie in Abbildung 12.14 dargestellt, automatisch aktualisiert.

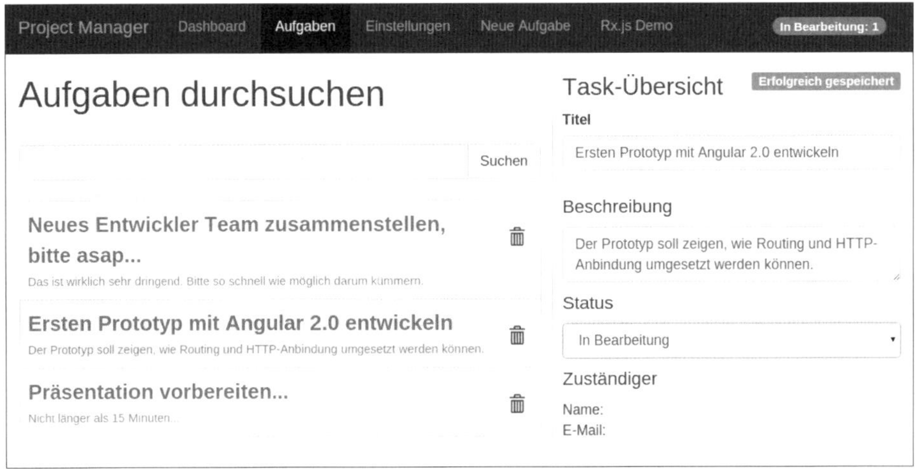


**Abbildung 12.14** Darstellung des »In Bearbeitung«-Zählers

**Die Bibliothek ngrx**

Eine Alternative zur Eigenimplementierung des Stores ist der Einsatz der Bibliothek *ngrx*. Die Bibliothek wurde unter Leitung von Rob Wormwald, einem der Angular-Entwickler, implementiert und enthält ebenfalls eine Implementierung eines an Redux angelehnten Stores. Unter der Adresse

*https://github.com/ngrx/store*

finden Sie sowohl einige Anwendungsbeispiele als auch eine Live-Demo des Projekts. Die Grundidee der Kommunikation ist hier identisch mit dem vorgestellten Beispiel. Allerdings bietet die Bibliothek zusätzlich noch einige weitere Annehmlichkeiten, wie z. B. einen Live-Viewer für den aktuellen Inhalt des Stores.

## 12.4 Anbindung von WebSockets zur Implementierung einer Echtzeitanwendung

Sollten Sie bislang immer noch nicht von der neuen reaktiven Datenarchitektur überzeugt sein, hoffe ich, dass ich Sie spätestens mit diesem Abschnitt von der Mächtigkeit des Konzepts überzeugen kann. Auf den folgenden Seiten möchte ich Ihnen zeigen, wie Sie Ihre Anwendung mit wenigen Zeilen Code in eine echtzeitfähige Webapplikation verwandeln können. Das Ziel besteht dabei darin, dass sich der Zustand der Anwendung über verschiedene Browserfenster synchronisiert: Arbeiten mehrere Personen an der Abarbeitung und Erstellung der Tasks, so sollen neu angelegte Tasks ohne einen Reload in allen Browserfenstern erscheinen.

Zur Umsetzung dieses Features wird die Bibliothek *Socket.IO* verwendet. Hierbei handelt es sich um eine sehr weit verbreitete Bibliothek zur Implementierung von WebSocket-Funktionalität.



### 12.4.1 Der WebSocket-Server

Der im *project-manager-reactive*-Projekt mitgelieferte *projects-server* besitzt hierfür bereits eine sehr einfache Umsetzung der WebSocket-Logik. Listing 12.36 zeigt den entsprechenden Ausschnitt aus der Datei */projects-server/server.js:*

```
var io = require('socket.io')(3001);
var _socketMap = {};
io.on('connection', function (socket) {
  _socketMap[socket.id] = socket;
  socket.on('broadcast_task', function (data) {
    for (var socketKey in _socketMap) {
      var broadcastTo = _socketMap[socketKey];
      if (socket.id !== broadcastTo.id) {
        broadcastTo.emit('task_saved', data)
      }
    }
  });
});
```

**Listing 12.36** »server.js«: simple Umsetzung der WebSocket-Funktionalität im Server

Ich möchte an dieser Stelle nicht zu sehr in die Details der WebSocket-Entwicklung einsteigen. Zusammenfassend gesagt, sorgt der obige Ausschnitt aber dafür, dass sich Browser über den Port 3001 mit dem WebSocket verbinden können. Wird eine neue Verbindung erstellt, so wird diese in der `_socketMap` gespeichert. Empfängt der Server eine Nachricht vom Typ `broadcast_task`, so wird dieser Task an alle angemeldeten WebSocket-Verbindungen weitergeleitet (außer an diejenige, die den Broadcast ausgelöst hat). Die Weiterleitung des Task erfolgt dabei ebenfalls über eine WebSocket-Nachricht mit dem Typ task_saved.

**Hinweis zur Server-Implementierung**

In einer »echten« Backend-Applikation würde der Broadcast vermutlich durch den Endpunkt ausgelöst werden, der für das Speichern des Tasks zuständig ist. Da diese Implementierung in Verbindung mit dem verwendeten *json-server* etwas aufwendiger ist, habe ich mich an dieser Stelle entschieden, die Verantwortung für den Broadcast in den Client zu verlagern.

Abbildung 12.15 zeigt den Ablauf, der implementiert werden soll, um die Anwendung echtzeitfähig zu machen.

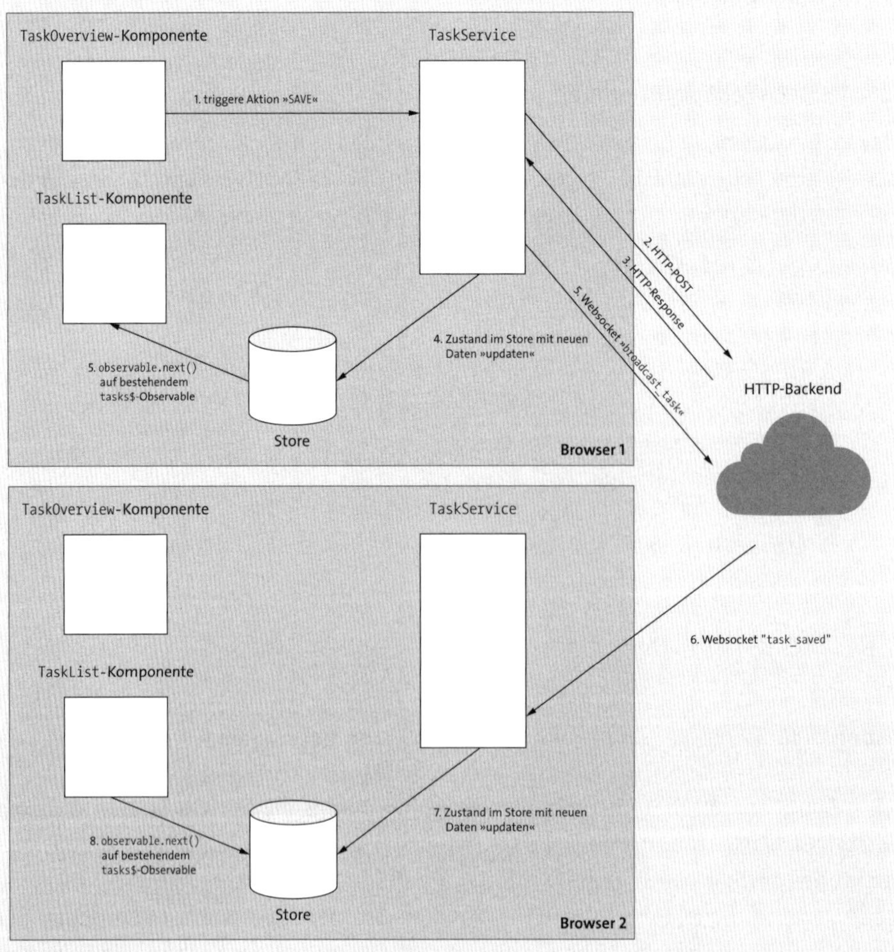


**Abbildung 12.15** Ablauf bei der Arbeit mit mehreren Browser-Fenstern

Zusätzlich zum bisherigen Ablauf wird nach dem Speichern des Tasks der WebSocket-Aufruf `broadcast_task` ausgelöst. Der Server schickt daraufhin die `task_saved`-Message an alle weiteren Browser. Wie Sie sehen, wird die Nachricht im zweiten Browser automatisch entgegengenommen. Die Komponente wird anschließend ohne eigenes Zutun über die Änderungen informiert und kann sich aktualisieren. Die Besonderheit besteht somit erneut darin, dass es für die Komponente völlig unerheblich ist, wie der Service seine Daten erhält – sie bleibt von der WebSocket-Anbindung also absolut unberührt.

Um die WebSocket-Funktionalität zu implementieren, müssen Sie im Wesentlichen zwei Dinge tun:

1. beim Speichern die WebSocket-Nachricht auslösen
2. im `TaskService` auf eingehende WebSocket-Nachrichten reagieren

### 12.4.2 Integration von Socket.IO in die Anwendung



Um *Socket.IO* in Ihrer Anwendung zu verwenden, ist es zunächst notwendig, dass Sie die Schritte zur Verwendung von Drittanbieter-Bibliotheken durchführen, die ich bereits in Kapitel 2, »Das Angular-CLI: professionelle Projektorganisation für Angular-Projekte«, vorgestellt habe. Im Fall von Socket.IO installieren Sie über die beiden Befehle

```
npm install socket.io-client --save
```

```
npm install @types/socket.io-client --save-dev
```

die eigentliche Socket.IO-Client-Bibliothek sowie die zugehörigen TypeScript-Typdefinitionsdateien (siehe Anhang B, »Typsicheres JavaScript mit TypeScript«).

Bei der Integration von Socket.IO in die Anwendung bietet es sich nun an, die Funktion zur Erzeugung von WebSocket-Verbindungen (`io`) nicht direkt in den `TaskService` zu importieren, sondern über einen Provider in der Applikation bekannt zu machen. Auch wenn dies nicht zwingend erforderlich ist, ermöglicht diese Technik es Ihnen, die Funktion im Test leicht auszutauschen (siehe Kapitel 13, »Komponenten- und Unit-Tests: das Angular-Testing-Framework«). Wie in Kapitel 7, »Services und Dependency-Injection: lose Kopplung für Ihre Business-Logik«, beschrieben, bietet sich für solche Anwendungsfälle die Einführung eines `OpaqueToken` an:

```
import {OpaqueToken} from '@angular/core';
...
export const SOCKET_IO = new OpaqueToken('socket-io');
```

**Listing 12.37** »app.tokens.ts«: die »OpaqueToken«-Instanz für Socket.IO erstellen

Erweitern Sie anschließend Ihr Hauptmodul wie folgt:

```
import * as io from 'socket.io-client';
import {SOCKET_IO} from './app.tokens';
...
export function socketIoFactory() {
  return io;
}
@NgModule({
  providers: [
     ...
    {provide: SOCKET_IO,  useFactory: socketIoFactory},
  ],
  bootstrap: [AppComponent]
})
export class AppModule {
}
```

**Listing 12.38** »app.module.ts«: Bereitstellung der Funktion »io« über ein Token

Die von Socket.IO bereitgestellte Funktion `io` wird jetzt über das OpaqueToken `SOCKET_IO` der Anwendung zur Verfügung gestellt.

### 12.4.3 Verwendung von Socket.IO im TaskService

Innerhalb des `TaskService` können Sie die Funktion nun über den Konstruktor injizieren. Der Aufbau der WebSocket-Verbindung erfolgt anschließend über den Aufruf der Funktion mit der WebSocket-URL:

```
import {SOCKET_IO} from '../../app.tokens';
...
const WEB_SOCKET_URL = 'http://localhost:3001';
@Injectable()
export class TaskService {
  socket: SocketIOClient.Socket;
  constructor(private http:Http, private taskStore:TaskStore,
              @Inject(SOCKET_IO) socketIO) {
    this.socket = socketIO(WEB_SOCKET_URL);
  ...
  }
}
```

**Listing 12.39** »task.service.ts«: Injektion der »io«-Funktion und Aufbau der WebSocket-Verbindung

Beachten Sie hier auch die Verwendung des TypeScript-Interface SocketIOClient.Socket. So können Sie über dieses Interface auch bei der Arbeit mit Socket.IO von Typsicherheit und Auto-Completion profitieren.

Der nächste Schritt besteht nun darin, beim Speichern eines Tasks andere Nutzer über die ausgeführte Änderung zu informieren:

```
export class TaskService {
...
  saveTask(task: Task) {
    return this.http.request(BASE_URL + (task.id || ''), options)
      .map(res => res.json())
      .do(savedTask => {
        const actionType = task.id ? EDIT :ADD;
        const action = {type: actionType, data: savedTask};
        this.taskStore.dispatch(action);
        this.socket.emit('broadcast_task', action);
      });
  }
}
```

**Listing 12.40** »task.service.ts«: die auszuführende Action per WebSocket versenden



Anstatt die Action, die für die Statusveränderung zuständig ist, nur an den eigenen Store zu übergeben, wird sie hier zusätzlich mithilfe der emit-Methode per WebSocket an den Server übertragen. Da es sich bei Redux-Actions um ganz normale JavaScript-Objekte handelt, ist es problemlos möglich, diese als JSON-Objekt zu versenden.

Jetzt fehlt nur noch die Auswertung von eingehenden WebSocket-Nachrichten. Listing 12.41 zeigt die hierfür notwendigen Erweiterungen am TaskService:

```
export class TaskService {
  ...
  constructor(private http: Http, private taskStore: TaskStore,
              @Inject(SOCKET_IO) socketIO) {
    this.socket = socketIO(WEB_SOCKET_URL);
    Observable.fromEvent(this.socket, 'task_saved')
      .subscribe((action) => {
        this.taskStore.dispatch(action);
      });
  }
  ...
}
```

**Listing 12.41** »task.service.ts«: Verarbeitung der eingehenden WebSocket-Nachricht

Mithilfe der `Observable.fromEvent`-Methode lauschen Sie auf eingehende Nachrichten. Kommt eine entsprechende Nachricht an, leiten Sie diese einfach an den `taskStore` weiter.

Fertig! Mit einigen wenigen Zeilen Quellcode haben Sie Ihre Anwendung echtzeitfähig gemacht. Öffnen Sie zur Überprüfung der Funktionalität die Anwendung in zwei getrennten Browser-Fenstern, und öffnen Sie in einem Fenster die Task-Liste. Im anderen Fenster können Sie je nach Belieben einen neuen Task über das Formular anlegen oder einen Task über die Sidebar editieren. Alle Änderungen werden sich nun automatisch im anderen Browser-Fenster widerspiegeln – und als i-Tüpfelchen verändert sich, wie Sie in Abbildung 12.16 sehen, zusätzlich der »In Bearbeitung«-Zähler.

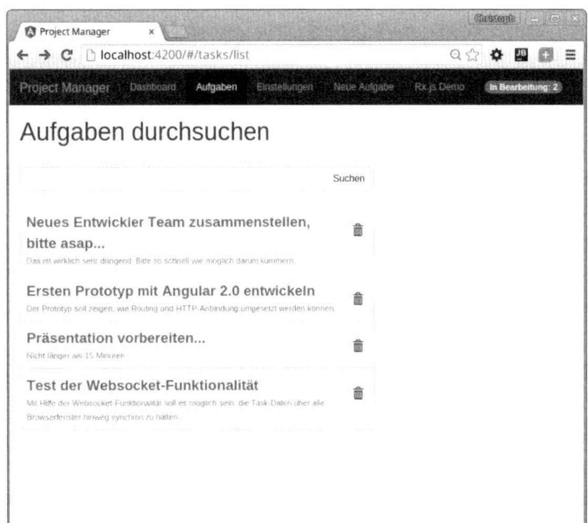


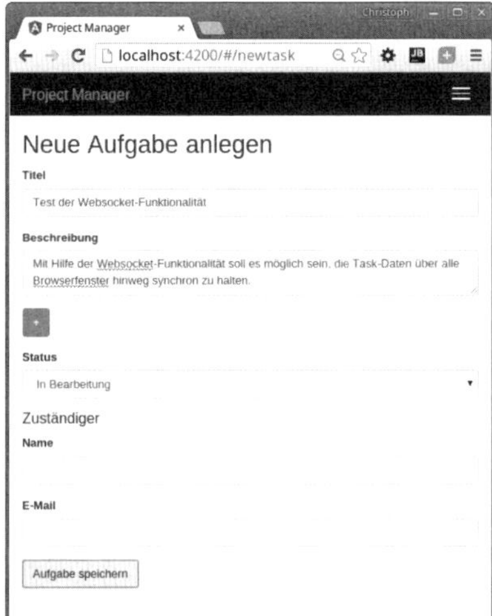


**Abbildung 12.16** Synchronisation von zwei Browser-Fenstern über WebSockets

## 12.5 ChangeDetectionStrategy.OnPush: Performance-Schub durch die reaktive Architektur

Neben den architektonischen Verbesserungen für Ihre Applikation bietet der vorgestellte Ansatz Ihnen noch einen weiteren interessanten Vorteil. So besteht einer der wichtigsten Faktoren für die Performance Ihrer Anwendung in der Zahl der Change-Detection-Aufrufe. Details zu diesem Thema haben Sie bereits in Kapitel 5, »Fortgeschrittene Komponentenkonzepte«, kennengelernt.

Wie dort beschrieben, sollten Sie nach Möglichkeit versuchen, aufwendige Komponenten (insbesondere Listen) mithilfe der ChangeDetection-Strategie `OnPush` so zu konfigurieren, dass diese sich nur dann neu zeichnen, wenn sich Input-Bindings geändert haben. Durch die Verwendung des Redux-ähnlichen Stores und die Erzeugung von *Immutable-Data-Structures* haben Sie hierfür nun schon alle Voraussetzungen geschaffen: Beim Speichern eines Tasks wird automatisch ein neues Task- und ein neues Task-Listen-Objekt erzeugt. Sie können nun also bedenkenlos die `TaskItem`- und die `TaskListComponent` mit der `OnPush`-Strategie versehen:

```
import {ChangeDetectionStrategy} from '@angular/core';
@Component({
  changeDetection: ChangeDetectionStrategy.OnPush,
  ...
})
export class TaskListComponent {
  ...
}
```

**Listing 12.42** »task-list.component.ts«: Verwendung der »OnPush«-Strategie



```
@Component({
  changeDetection: ChangeDetectionStrategy.OnPush,
  ...
})
export class TaskItemComponent {
  ...
  ngAfterViewChecked() {
    const taskId = (this.task ? this.task.id : '');
    console.log(`Task ${taskId} checked ${++this.checkCnt} times`)
  }
}
```

**Listing 12.43** »task-item.component.ts«: Verwendung der »OnPush«-Strategie und Logging jedes Komponenten-Checks

Starten Sie die Anwendung nun erneut, werden Sie feststellen, dass der Change-Detection-Mechanismus die Komponente nur noch dann überprüft, wenn tatsächlich Änderungen am relevanten Modell stattgefunden haben!

## 12.6 Zusammenfassung und Ausblick

Ich hoffe, ich konnte Sie mit diesem Kapitel von den Vorzügen der reaktiven Programmierung überzeugen! So bietet der konsequente Einsatz von RxJS in sämtlichen Teilbereichen von Angular Ihnen beste Voraussetzungen für die Entwicklung von event-getriebenen Anwendungen. Bislang haben Sie die Themen *Formulare*, *Routing* und *HTTP* weitestgehend isoliert betrachtet. In diesem Kapitel haben Sie aber gesehen, wie die einzelnen Bestandteile durch den geschickten Einsatz von RxJS-Operatoren sehr elegant miteinander verbunden werden können.

Die folgende Liste gibt Ihnen noch einmal einen Überblick über die wichtigsten Erkenntnisse dieses Kapitels:

- RxJS stellt Ihnen eine Vielzahl an vordefinierten `Observable`-Typen und Operatoren für die Umsetzung von reaktiven Anwendungen zur Verfügung.
- Angular setzt bei der Umsetzung von asynchroner Funktionalität modulübergreifend auf RxJS. So stellen unter anderem das Routing-, das Formular- und das Http-Modul Observables für die Auswertung von asynchronen Vorgängen zur Verfügung.
- Die Operatoren `merge`, `mergeMap` und `switchMap` spielen eine zentrale Rolle für die Kombination mehrerer Observables.
- In einer push-getriebenen Datenarchitektur werden Komponenten automatisch über neue Daten informiert. (Die Daten werden in die Komponente »gepusht«.)
- *Redux* ist eine Technik, bei der der Applikationszustand zu jedem Zeitpunkt in einem zentralen Objekt im Client zur Verfügung steht.
- Die Kombination des Redux-Ansatzes mit RxJS-Observables bietet Ihnen die Möglichkeit, alle Änderungen Ihres Applikationszustands an einer zentralen Stelle zu verwalten und Ihre Komponenten durch einen Push-Mechanismus über Änderungen zu informieren.
- Die bei Redux verwendeten *Immutable-Data-Structures* ermöglichen Ihnen automatisch die Verwendung der `ChangeDetection.OnPush`-Strategie, um effizient auf Datenänderungen reagieren zu können.
- Die Anmeldung an einem `Observable` erfolgt über den Aufruf der `subscribe`-Methode. Die Methode liefert ein Objekt der Klasse `Subscription` zurück.
- Die spätere Abmeldung erfolgt durch den Aufruf der `unsubscribe`-Methode auf dieser `Subscription`.
- RxJS-Subjects stellen Ihnen eine elegante Möglichkeit zur Implementierung von Multicasting-Funktionalität zur Verfügung.
- Neben den von Angular bereitgestellten Observables bietet RxJS Ihnen eine Vielzahl an Möglichkeiten, vordefinierte Observable-Arten zu instanziieren.
- Möchten Sie von Grund auf ein eigenes Observable bereitstellen, so können Sie dies mithilfe der `Observable.create`-Methode tun.

Die Project-Manager-Anwendung kombiniert nun bereits diverse Bestandteile des Angular-Frameworks, um Ihren Nutzern eine moderne, bedienerfreundliche Webanwendung zur Verfügung zu stellen. Nun ist es an der Zeit, dafür zu sorgen, dass dies auch dauerhaft so bleibt: Im folgenden Kapitel werden Sie lernen, wie Sie mithilfe des Angular-Testing-Frameworks umfangreiche Komponententests für Ihre Anwendung implementieren können. Das darauf folgende Kapitel wird sich mit Integrationstests auf Basis von Protractor beschäftigen.

Kapitel 13

# Komponenten- und Unit-Tests: das Angular-Testing-Framework

*Tests zu schreiben ist für viele Entwickler immer noch eine lästige Pflichtaufgabe. Auf Basis des Angular-Testing-Frameworks kann es aber sogar Spaß machen. Und Ihre Nutzer werden Ihnen die verbesserte Stabilität mit Sicherheit danken!*

Einer der Gründe, aus denen JavaScript unter Software-Entwicklern lange Zeit einen vergleichsweise schlechten bzw. unprofessionellen Ruf hatte, war die Tatsache, dass ein großer Teil der z. B. auf jQuery basierenden Anwendungen vollständig auf automatisierte Tests verzichtete.



Auch im Bereich Tests nahm AngularJS in gewisser Weise eine Vorreiterrolle rein. Die neue Version des Frameworks bietet zudem eine Vielzahl an sinnvollen Neuerungen und Verbesserungen. So sorgt beispielsweise der neue Dependency-Mechanismus dafür, dass Sie sehr elegant bestimmte Teile Ihrer Applikation in Tests simulieren können – und auch für den Test asynchroner Funktionalität hält das Framework einige innovative Lösungen bereit. Im Laufe des Kapitels werden Sie unter anderem lernen,

- welche Funktionalität Ihnen der Test-Runner *Karma* zur Verfügung stellt.
- wie Sie auf Basis von *Jasmine* einfache Klassen und Funktionen testen können.
- wie Ihnen das Angular-Testing-Framework dabei hilft, auf elegante Art und Weise einen definierten Test-Kontext zu erstellen.
- welche Möglichkeiten der Komponentenerzeugung Sie haben und warum es manchmal Sinn macht, eine zu testende Komponente vor dem Test zu manipulieren.
- was *Mocks* und *Spies* sind und wie diese Ihnen bei der Entwicklung von aussagekräftigen Tests helfen können.
- welche Besonderheiten Sie bei der Entwicklung von Tests für asynchrone Funktionalität beachten müssen und wie Angular Sie bei der Realisierung solcher Tests unterstützt.
- wie Sie komponentenübergreifende Funktionalität wie Routing mithilfe des Testing-Frameworks testen können.

Freuen Sie sich also darauf, Ihre Anwendung auf effiziente Art und Weise auf stabile Füße zu stellen.

## 13.1 Karma und Jasmine: Grundlagen zu Unit- und Komponententests in Angular-Anwendungen

Sollten Sie bereits Erfahrung in der Entwicklung von Tests für AngularJS-1.x-Anwendungen haben, werden Ihnen Karma und Jasmine vermutlich bereits ein Begriff sein. In diesem Abschnitt möchte ich Ihnen die grundsätzlichen Aufgaben der beiden Technologien kurz vorstellen und sie voneinander abgrenzen. Denn die Zuständigkeiten und Aufgaben von Karma und Jasmine werden leider oft in einen Topf geworfen. Um die Beispiele in diesem Kapitel zu verstehen, ist es aber hilfreich, die beiden Bestandteile auseinanderhalten zu können.

Ganz vereinfacht gesagt, hat *Karma* die Aufgabe, eine Infrastruktur bereitzustellen, in der Angular-Entwickler implementierte Komponenten und Klassen ohne einen laufenden Webbrowser instanziieren und testen können. Implementierte Tests können diese Umgebung schließlich als Ausführungskontext verwenden. Karma ist somit ein sogenannter *Test-Runner*. In einer Konfigurationsdatei (*karma.conf.js*) legen Sie unter anderem fest, welche Dateien für die Ausführung eines Tests geladen sein müssen, welche Laufzeitumgebung verwendet werden soll und auf Basis welches *Testing-Frameworks* die einzelnen Tests entwickelt werden sollen.

Bei *Jasmine* handelt es sich nun um ein solches *Testing-Framework*, das Ihnen eine sogenannte *Behaviour-driven-Testing*-Syntax zur Verfügung stellt, auf deren Basis Sie Testfälle in vergleichsweise natürlicher Sprache formulieren können.

### 13.1.1 Karma einrichten

Zur Entwicklung von Angular-Komponententests ist es also zunächst einmal notwendig, die Karma-Umgebung über die Datei *karma.conf.js* zu konfigurieren. Zum Glück generiert das Angular-CLI diese Datei bei der Erzeugung eines neuen Projekts automatisch, sodass Sie sich im Normalfall nicht im Detail hiermit auseinandersetzen müssen. Ein Blick in die Datei ist aber durchaus hilfreich, um zu verstehen, wie Karma funktioniert.

**Hinweis zu den Beispielen**

Die meisten Beispiele dieses Kapitels befinden sich im Projekt *project-manager-reactive*, das Sie im Laufe der vorangangenen Kapitel schon intensiv kennengelernt haben. Dieses Projekt enthält alle üblichen Bestandteile einer komplexen Anwendung, wie Routing, HTTP-Aufrufe, Observables und verschachtelte Komponenten.

Da aber auch dieses Projekt nicht sämtliche Funktionalität einsetzt (beispielsweise keine Reactive-Forms), werde ich zwischendurch auch auf andere Projekte verweisen. Sie werden die Testgrundlagen somit immer an »Real-World«-Beispielen kennenlernen.

Listing 13.1 zeigt einige relevante Ausschnitte der Datei *karma.conf.js* aus dem Root-Ordner des Projekts:

```
module.exports = function (config) {
  config.set({
    basePath: '.',
    frameworks: ['jasmine', 'angular-cli'],
    plugins: [
      require('karma-jasmine'),
      require('karma-spec-reporter'),
      require('angular-cli/plugins/karma'),
      ...
  ],
    ...
    files: [
      { pattern: './src/test.ts', watched: false }
    ],
    preprocessors: {
      './src/test.ts': ['angular-cli']
    },
    reporters: ['spec', 'karma-remap-istanbul'],
    port: 9876,
    colors: true,
    logLevel: config.LOG_INFO,
    autoWatch: true,
    browsers: ['Chrome'],
    singleRun: false
  });
};
```

**Listing 13.1** Ausschnitt aus der Datei »karma.conf.js«

Ohne an dieser Stelle alle Eigenschaften im Detail zu verstehen, können Sie am Aufbau der Datei bereits einige Rückschlüsse auf die Aufgabe von Karma ziehen.

Der Ausschnitt

```
frameworks: ['jasmine', 'angular-cli'],
plugins: [
  require('karma-jasmine'),
  require('karma-spec-reporter'),
  require('angular-cli/plugins/karma'),
  ...
],
```

sorgt beispielsweise dafür, dass Jasmine als Testing-Framework verwendet wird. Über die `plugins`-Eigenschaft werden außerdem das Jasmine-Plug-in, das Spec-Reporter-Plug-in, ein spezielles Angular-CLI-Plug-in sowie einige weitere Plug-ins geladen. (Diese Pakete sind auch in der *package.json*-Konfiguration enthalten und stehen Karma somit über den Ordner *node_modules* zur Verfügung.)

Das Karma-Ökosystem verfügt über eine Vielzahl an Plug-ins für unterschiedliche Technologien. So wäre es an dieser Stelle beispielsweise ebenfalls möglich, einen Launcher für Firefox zu verwenden oder einen Präprozessor für Sass-Files zu registrieren. Eine Übersicht über die zu Verfügung stehenden Plug-ins bietet Ihnen die Internetseite *npmjs.com*:

*www.npmjs.com/browse/keyword/karma-plugin*

Ein weiterer wichtiger Abschnitt ist die Konfiguration der geladenen Dateien sowie die Präprozessierung dieser Dateien:

```
files: [
  { pattern: './src/test.ts', watched: false }
],
preprocessors: {
  './src/test.ts': ['angular-cli']
},
```

Das vorgestellte Setup bindet lediglich die Datei *test.ts* ein (siehe Abschnitt 13.2). Die Angabe der `preprocessors`-Konfiguration erlaubt es dabei, vor der Ausführung der Datei bestimmte Plug-ins auf die Datei(en) anzuwenden – in diesem Fall das Angular-CLI-Plug-in. So übernimmt dieses Plug-in unter anderem die Aufgabe, die *webpack*-Umgebung für die Testausführung aufzusetzen.

Zu guter Letzt enthält die Datei noch eine Handvoll globaler Parameter, die unter anderem dafür sorgen, dass die zuvor geladenen Plug-ins (Chrome-Launcher, Spec-Reporter) verwendet werden:

```
reporters: ['spec', 'karma-remap-istanbul'],
port: 9876,
colors: true,
```

```
logLevel: config.LOG_INFO,
autoWatch: true,
browsers: ['Chrome'],
singleRun: false
```

Eine vollständige Beschreibung der Konfiguration finden Sie im Übrigen auf der Internetseite des Projekts (*https://karma-runner.github.io*). Für das weitere Verständnis dieses Kapitels sollten Sie sich aber zunächst einmal merken, dass Karma die Ausführungsumgebung für Ihre Tests bereitstellt.

Werfen Sie als Nächstes noch einen Blick in die Datei *test.ts*:

```
import 'core-js/es6';
import 'core-js/es7/reflect';
// Weitere Imports und Deklarationen...
Promise.all([
  System.import('@angular/core/testing'),
  System.import('@angular/platform-browser-dynamic/testing')
])
  // Initialisierung des Angular-Testing-Frameworks
.then(([testing, testingBrowser]) => {
    testing.getTestBed().initTestEnvironment(
      testingBrowser.BrowserDynamicTestingModule,
      testingBrowser.platformBrowserDynamicTesting()
    );
  })
  // Finden und Laden aller Dateien, die dem Muster *.spec.ts
  // entsprechen
  .then(() => require.context('./', true, /\.spec\.ts/))
  .then(context => context.keys().map(context))
  // Start und Ausführung der Karma-Tests
  .then(__karma__.start, __karma__.error);
```

**Listing 13.2** »test.ts«: Initialisierung des Testing-Frameworks und Ausführung der eigentlichen Tests

Auch hier gilt, dass Sie nicht jede Zeile im Detail verstehen müssen. Wichtig ist jedoch, dass über die Datei eine Testumgebung bereitgestellt wird, die anstelle des echten `BrowserModule` und der echten Browser-Plattform für Tests optimierte Varianten dieser Bestandteile bereitstellt. So bringt die Test-Plattform beispielsweise einen eigenen DOM-Renderer mit, der Ihnen aus Ihren Tests heraus einfachen Zugang zum gerenderten DOM-Baum gibt.

## 13.2 Der erste Unit-Test: einfache Klassen und Funktionen testen

Durch die Verwendung der ES2015-Module-API und der Kapselung von Funktionalität in isolierten Klassen bzw. exportierten Funktionen bestehen Angular-Anwendungen oft zu einem großen Teil aus von Angular unabhängigem Code. Ein typisches Beispiel hierfür ist die in Kapitel 8 näher vorgestellte `EmailValidatorDirective`, die dafür zuständig ist, zu überprüfen, ob der Wert eines Controls eine gültige E-Mail-Adresse enthält. Listing 13.3 zeigt zur Erinnerung noch einmal die entsprechende Implementierung:

```
@Directive({
  selector: '[pjmEmailValidator]',
  providers: [{
    provide: NG_VALIDATORS,
    useExisting: EmailValidatorDirective, multi: true
  }]
})
export class EmailValidatorDirective {
  validate(control: AbstractControl): {[key: string]: any} {
    const re = /^([\w-]+(?:\.[\w-]+)*)@((?:[\w-]+\.)*\w[\w-]{0,66})\
             \.([a-z]{2,6}(?:\.[a-z]{2})?)$/i;
    if (!control.value || control.value === '' || re.test(control.value)) {
      return null;
    } else {
      return {'invalidEMail': true};
    }
  }
}
```

**Listing 13.3** »app-validators.ts«: Direktive zum Überprüfen einer E-Mail-Adresse

Auch wenn es sich hierbei um eine vollständige Angular-Direktive handelt, liegt die eigentliche Business-Logik in Form einer regulären ES2015-Klasse vor. Beim Testen einer Anwendung bietet diese Tatsache große Vorteile, da es hier leicht möglich ist, den Validator nicht durch das Angular-Forms-Framework erzeugen zu lassen, sondern einfach eine simple Instanz der Klasse zu erzeugen. Listing 13.4 zeigt somit einen ersten vollständigen Testfall:

```
import {EmailValidatorDirective} from './app-validators';

describe('EMail-Validator', () => {
  let validator = null;
  beforeEach(() => {
    validator = new EmailValidatorDirective();
```

```
  });

  it('should accept valid email addresses', () => {
    const control = <any> {value: 'foo@bar.com'};
    const result = validator.validate(control);
    expect(result).toBe(null);
  });
});
```

**Listing 13.4** »app-validators.spec.ts«: der erste Jasmine-Test

Der erste Schritt besteht hier darin, die `EmailValidatorDirective` aus der Datei *app-validators.ts* zu importieren. Anschließend wird innerhalb des `beforeEach`-Hooks eine einfache Instanz der Klasse über den `new`-Operator erstellt. Der `beforeEach`-Hook bietet Ihnen, wie der Name bereits vermuten lässt, die Möglichkeit, Initialisierungen vorzunehmen, die vor der Ausführung eines jeden Testfalls durchlaufen werden sollen.



Als Nächstes wird über die Jasmine-Funktion `describe` eine sogenannte *Test-Suite* erzeugt, die mehrere thematisch zusammengehörige Tests kapselt. Die `it`-Funktion leitet schließlich eine *Spezifikation* ein – was im Fall von Jasmine einem einzelnen Test entspricht.

Der erste Testfall soll nun sicherstellen, dass die Validator-Direktive bei gültigen E-Mail-Adressen keinen Validierungsfehler meldet. Hierfür wird einfach die `validate`-Methode des `validator`-Objekts mit einer gültigen E-Mail-Adresse aufgerufen. Anschließend wird über eine *Expectation* (`expect`) kontrolliert, dass der Rückgabewert der Funktion tatsächlich `null` (also kein Fehler) ist. Bei der Funktion `toBe` handelt es sich um einen sogenannten *Matcher*. Neben dem `toBe`-Matcher bietet Jasmine noch eine Vielzahl weiterer Matcher an. Die wichtigsten Matcher stelle ich Ihnen in Tabelle 13.1 vor.

| Matcher | Beschreibung |
|---|---|
| `toBe(5)` | Der Wert ist genau 5 (verwendet die *strict equality comparison* `===`). |
| `toEqual(myObject)` | Der zu prüfende Wert und der Parameter sind inhaltlich gleich (aber nicht zwangsweise das gleiche Objekt). |
| `toContain('Hello')` | Der Wert enthält den String »Hello«. |
| `toBeTruthy()` | Der Wert evaluiert zu `true`. |

**Tabelle 13.1** Übersicht über die wichtigsten Matcher

| Matcher | Beschreibung |
| --- | --- |
| `toBeFalsy()` | Der Wert evaluiert zu `false`. |
| `toBeNull()` | Der Wert ist `null`. |
| `toBeUndefined()` | Der Wert ist `undefined`. |
| `toMatch('\w+')` | Der Wert trifft auf den regulären Ausdruck zu. |
| `not.toContain('Hello')` | Der Wert entspricht *nicht* dem String »Hello«. Der `not`-Matcher kann vor jeden anderen Matcher geschaltet werden, um damit den »Negativfall« zu testen. |

**Tabelle 13.1** Übersicht über die wichtigsten Matcher (Forts.)

Ein weiterer interessanter Punkt, der Ihnen bei der Implementierung des Tests gegebenenfalls aufgefallen ist, ist die Verwendung des `any`-Casts:

```
const control = <any> {value: 'foo@bar.com'};
const result = validator.validate(control);
```

Obwohl die `validate`-Methode in Ihrer Signatur eigentlich ein Objekt der Klasse `AbstractControl` erwartet, können Sie mithilfe des Casts dafür sorgen, dass der Typ-Check für den Aufruf ausgeschaltet wird. Auch wenn die Verwendung des `any`-Casts in der Entwicklung von Applikationscode durchaus mit Vorsicht zu genießen ist, ist der Einsatz bei der Implementierung von Tests absolut legitim: Anstatt aufwendig eine Ableitung der `AbstractControl`-Klasse bereitzustellen, können Sie so sehr leicht Objekte übergeben, die exakt auf Ihren jeweiligen Testfall zugeschnitten sind.

### 13.2.1 Die Testausführung starten

Um die Tests eines Projekts auszuführen, müssen Sie nichts anderes tun, als in dem Verzeichnis, in dem die Datei *karma.conf.js* liegt, den Befehl `karma start` aufzurufen. Möchten Sie Karma in dieser Form direkt verwenden, so können Sie den Runner über den Befehl

```
npm install -g karma
```

global auf Ihrem System installieren. Das in diesem Buch verwendete Angular-CLI liefert Karma aber bereits als lokale Projektabhängigkeit mit und stellt Ihnen zum Start der Karma-Tests das Skript

```
npm test
```

zur Verfügung (das seinerseits an den CLI-Befehl `ng test` weiterleitet). Für den Fall, dass Sie in Ihren eigenen Projekten ebenfalls das CLI verwenden, empfehle ich Ihnen daher, auf eine globale Installation von Karma zu verzichten.

Wenn Sie nun also auf der Kommandozeile in das Projektverzeichnis wechseln und dort einen der beiden Befehle ausführen, sollten Sie in etwa das Ergebnis aus Abbildung 13.1 sehen.

```
EMail-Validator
  ✓ should accept valid email addresses

Chrome 48.0.2564 (Linux 0.0.0): Executed 1 of 1 SUCCESS (0.005 secs / 0.002 secs)
TOTAL: 1 SUCCESS
```

**Abbildung 13.1** Ausgabe des Testlaufs

Sie können nun damit fortfahren, weitere Tests hinzuzufügen. Erkennt Karma Änderungen an den Quelltexten oder den Tests, werden alle Tests automatisch erneut ausgeführt. Um für den E-Mail-Validator nicht nur den positiven Fall zu testen, fügen Sie einfach die beiden folgenden weiteren Tests hinzu:



```
it('should not accept invalid email addresses', () => {
  const control = <any> {value: 'foobar.com'};
  const  result = validator.validate(control);
  expect(result['invalidEMail']).toBeTruthy();
});
it('should accept empty email addresses', () => {
  const  control = <any> {value: ''};
  const  result = validator.validate(control);
  expect(result).toBeNull();
});
```

**Listing 13.5** Weitere Testfälle, um die E-Mail-Validator-Funktionalität sicherzustellen

In der laufenden Kommandozeile sollte sich nun etwa das Bild aus Abbildung 13.2 zeigen.

```
EMail-Validator
  ✓ should accept valid email addresses
  ✓ should not accept invalid email addresses
  ✓ should accept empty email addresses
```

**Abbildung 13.2** Erfolgreicher Testdurchlauf für den E-Mail-Validator

Des Weiteren sehen Sie in Listing 13.5 bereits zwei weitere Matcher in Aktion: Die beiden Funktionen `toBeThruthy()` und `toBeNull()` erlauben es Ihnen, an dieser Stelle »sprechende« Tests zu formulieren.

**Reporter-Plug-ins**

Das Format der obigen Ausgabe ist das Ergebnis des Spec-Reporters, der in der *karma.conf.js* konfiguriert ist. Außer diesem Reporter bietet das Karma-Ökosystem Ihnen noch eine Vielzahl an weiteren Reportern. Eine Übersicht über die hier zur Verfügung stehenden Plug-ins finden Sie auf folgender Website:

*www.npmjs.com/browse/keyword/karma-reporter*

Neben diversen Ausgabeformaten (HTML, JSON, XML) gibt es hier auch Reporter für alle gängigen Continuous-Integration-Plattformen, wie *Jenkins* oder *Bamboo*.

### 13.2.2 Nur bestimmte Tests ausführen

Während der laufenden Entwicklung werden Sie immer wieder in die Situation kommen, dass Sie entweder bestimmte Testfälle ignorieren oder aber nur bestimmte Testfälle ausführen möchten. Arbeiten Sie beispielsweise aktuell an der Implementierung von neuen Validatoren, so werden Sie sich in dieser Zeit auch nur für Testergebnisse der betreffenden Tests interessieren. Jasmine bietet Ihnen hierfür sehr komfortable Hilfsfunktionen an.

#### xdescribe und xit: Test-Suites oder Tests überspringen

Um bestimmte Test-Suites oder Tests zeitweise abzuschalten, stehen Ihnen die beiden Funktionen `xdescribe` und `xit` zur Verfügung. Ersetzen Sie hierfür einfach die Schlüsselwörter `describe` bzw. `it` durch das jeweilige Pendant. Listing 13.6 zeigt exemplarisch die Deaktivierung des Tests für leere E-Mail-Adressen:

```
describe('EMail-Validator', () => {
  ...
  xit('should accept empty email addresses', () => {
    const  control = <any> {value: ""};
    const  result = validator.validate(control);
    expect(result).toBeNull();
  });
});
```

**Listing 13.6** »xit«: Deaktivieren eines Testfalls

Mithilfe von `xdescribe` hätten Sie hier die gesamte Suite deaktiviert. Ein erneutes Ausführen des Tests zeigt nun das Bild aus Abbildung 13.3.

```
EMail-Validator
  ✓ should accept valid email addresses
  ✓ should not accept invalid email addresses
  - should accept empty email addresses

Chrome 48.0.2564 (Linux 0.0.0): Executed 2 of 3 (skipped 1) SUCCESS (0.007 secs / 0.002 secs)
TOTAL: 2 SUCCESS
```

**Abbildung 13.3** Ausgabe bei deaktiviertem Test

#### fdescribe und fit: Nur ausgewählte Test-Suiten oder Tests ausführen

Das Gegenstück hierzu bilden die beiden Funktionen `fdescribe` und `fit`. Ihre Verwendung führt dazu, dass nur noch die ausgewählte Suite oder der ausgewählte Testfall ausgeführt wird:

```
describe('EMail-Validator', () => {
  fit('should accept valid email addresses', () => {
    const  control = <any> {value: "foo@bar.com"};
    const  result = validator.validate(control);
    expect(result).toBe(null);
  });
  ...
});
```

**Listing 13.7** »fit«: nur einen einzelnen Testfall ausführen

Wie schon zuvor hätte die Auszeichnung der Suite mit `fdescribe` dazu geführt, dass nur diese Suite ausgeführt wird. Die Testausführung zeigt nun wie erwartet nur noch das Ergebnis des ausgewählten Testfalls (siehe Abbildung 13.4).

```
EMail-Validator
  ✓ should accept valid email addresses
  - should not accept invalid email addresses
  - should accept empty email addresses

Chrome 48.0.2564 (Linux 0.0.0): Executed 1 of 3 (skipped 2) SUCCESS (0.007 secs / 0.002 secs)
TOTAL: 1 SUCCESS
```

**Abbildung 13.4** Verwendung von »fit«

## 13.3 Isolierte Komponenten testen: Grundlagen zu Komponententests mit dem Angular-Testing-Framework

Sie kennen nun die wichtigsten Grundlagen zur Arbeit mit Karma und Jasmine. In diesem Abschnitt geht es einen (großen) Schritt weiter: Sie werden lernen, wie Sie mithilfe des Angular-Testing-Frameworks echte Angular-Komponenten (inklusive des gerenderten Templates) unabhängig von einer laufenden Anwendung testen können. Im ersten Schritt werde ich mich dabei auf eine Komponente konzentrieren, die keine Abhängigkeiten zu weiteren Services oder Komponenten besitzt.

### 13.3.1 Die zu testende Komponente

Erinnern Sie sich hierfür noch einmal an die Timepicker-Komponente aus Kapitel 3, »Komponenten und Templating: der Angular-Sprachkern« (siehe Abbildung 13.5).

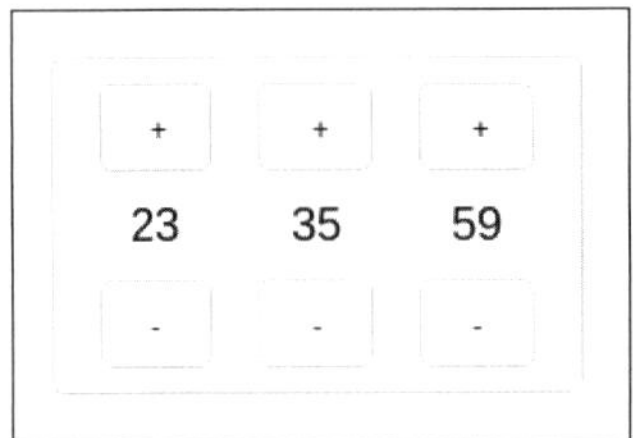


**Abbildung 13.5** Die zu testende Timepicker-Komponente

Die Komponente erlaubt es, über drei Eingabefelder und zugeordnete Buttons eine Uhrzeit auszuwählen. Über die `getTime`-Methode ist es anschließend möglich, die Zeit im ISO-Format abzufragen. Listing 13.8 und Listing 13.9 zeigen als Vorbereitung auf die Tests, die Sie im Anschluss implementieren, noch einmal die entscheidenden Ausschnitte aus der Komponentenimplementierung:

```
export class TimePickerComponent {
  @Input('time') private timeString = '';
  ...
  ngOnChanges(changes: SimpleChanges) {
    const parts = this.timeString.split(':');
    if (parts.length === 3) {
      this.time = {
        hours: Math.min(parseInt(parts[0]), this.maxValues.hours),
        minutes: Math.min(parseInt(parts[1]), this.maxValues.minutes),
        seconds: Math.min(parseInt(parts[2]), this.maxValues.seconds)
      };
    }
  }
  incrementTime(field: string) {
    const maxValue = this.maxValues[field];
    this.time[field] = (this.time[field] + 1) % (maxValue + 1);
    this.emitTimeChange();
  }
  getTime() {
```

```
    const hours = this.fillUpZeros(this.time.hours);
    const minutes = this.fillUpZeros(this.time.minutes);
    const seconds = this.fillUpZeros(this.time.seconds);
    return `${hours}:${minutes}:${seconds}`;
  }
}
```

**Listing 13.8** »time-picker.component.ts«: Komponente zur Auswahl einer Uhrzeit

```
<div class="timepicker">
  <div class="col" id="hours">
    <button (click)="incrementTime('hours')"> +</button>
    <input [value]="time?.hours"
        ...
    />
    <button (click)="decrementTime('hours')"> -</button>
  </div>
   ...
</div>
```

**Listing 13.9** »time-picker.component.html«: HTML-Code der Timepicker-Komponente

Über ein Input-Binding nimmt die Komponente einen `timeString` entgegen und wandelt diesen im `ngOnChanges`-Callback in das interne `time`-Objekt um. Dieses Objekt wird anschließend für die Verknüpfung mit dem HTML-Code sowie zum Erzeugen des ausgehenden Formats in der `getTime`-Methode verwendet.

**Anmerkung zum Quelltext des Testfalls**

Der in diesem Abschnitt vorgestellte Testfall ist – genau wie die Timepicker-Komponente – Teil des Projekts »*sprachkern*«.

### 13.3.2 TestBed, ComponentFixture & Co – Konfiguration des Testmoduls und Erzeugung von Testkomponenten

Während Sie im vorigen Abschnitt einfach auf ES2015-Standardfunktionalität zurückgreifen konnten, müssen Sie im Fall von echten Komponententests dafür sorgen, dass Angular die für die Testausführung benötigten Komponenten kennt und deren Instanziierung vornimmt.

Hier kommt die Klasse `TestBed` ins Spiel. Die wesentliche Aufgabe dieser Klasse besteht darin, das verwendete `TestingModule` (im Sinne eines `NgModule`) zu konfigurieren und Instanzen der zu testenden Komponente zu erzeugen. Schauen Sie sich für ein besseres Verständnis dieses Konzepts zunächst einmal den folgenden Testfall an, der überprüft, ob eine an den `TimePicker` übergebene Uhrzeit korrekt in den Eingabefeldern der Oberfläche dargestellt wird:

```
import {TimePickerComponent} from './time-picker.component';
import {TestBed} from '@angular/core/testing';

describe('TimePicker Component', () => {
  beforeEach(() => {
    TestBed.configureTestingModule({
      declarations: [TimePickerComponent]
    });
  });
  it('should change hour-values when clicking buttons', () => {
    const fixture = TestBed.createComponent(TimePickerComponent);
    const timePicker: TimePickerComponent = fixture.componentInstance;
    const element = fixture.nativeElement;

    (<any>timePicker).timeString = '12:20:23';
    timePicker.ngOnChanges(null);
    fixture.detectChanges();
    let input = element.querySelector('div /deep/ #hours > input');
    expect(input.value).toBe('12');
    input = element .querySelector('div /deep/ #minutes > input');
    expect(input.value).toBe('20');
    input = element.querySelector('div /deep/ #seconds > input');
    expect(input.value).toBe('23');
  });
});
```

**Listing 13.10** »timepicker.component.spec.ts«: der erste vollständige Komponententest

Nach dem Import der benötigten Klassen wird im `beforeEach`-Hook zunächst das Testing-Modul konfiguriert.

```
TestBed.configureTestingModule({
  declarations: [TimePickerComponent],
});
```

Sie können sich das hier erzeugte Modul als Ersatz für das echte (in der Datei *app.module.ts*) definierte Hauptmodul der Applikation vorstellen. Auch wenn hier lediglich die `TimePickerComponent` zu den `declarations` hinzugefügt wird, können Sie an der Syntax bereits erahnen, dass Sie über die Methode `configureTestingModule` ebenfalls andere Module mit der `imports`-Eigenschaft oder Services mit der `providers`-Eigenschaft zum Modul hinzufügen können. Die Methode configureTestingModule stellt somit die zentrale Stelle zum Aufsetzen Ihrer Testumgebung bereit.

Innerhalb des Testfalls wird anschließend mithilfe der TestBed.createComponent-Methode eine neue Instanz des Timepickers erzeugt. Beachten Sie dabei, dass die Methode kein Objekt der Klasse TimePickerComponent, sondern ein sogenanntes ComponentFixture zurückliefert. Dieses Objekt bietet Ihnen nun sowohl Zugriff auf die eigentliche Komponenteninstanz (componentenInstance) als auch Zugriff auf das gerenderte native Element des DOM-Baums (nativeElement):

```
const fixture = TestBed.createComponent(TimePickerComponent);
const timePicker: TimePickerComponent = fixture.componentInstance;
const element = fixture.nativeElement;
```

Da Sie jetzt Zugriff auf alle benötigten Bestandteile haben, können Sie nun beginnen, mit Ihrer Komponente zu interagieren und deren Verhalten zu überprüfen.

Hierbei enthält das Listing erneut einige interessante Bestandteile. Über die Zeile

```
(<any>timePicker).timeString = '12:20:23';
```

13

wird zunächst die private Variable timeString der TimePickerComponent-Klasse beschrieben.

**Der any-Cast zum Zugriff auf private Variablen**

Beachten Sie dabei insbesondere den erneuten Einsatz des any-Casts, ohne den ein Beschreiben der privaten Variable nicht möglich wäre. Wie schon im vorherigen Test gilt auch hier: Im echten Anwendungscode sollten Sie auf solche Schummeleien verzichten, im Test sind diese aber völlig legitim. Sollte jemand die Variable umbenennen oder löschen, wird Ihnen der TypeScript-Compiler zwar keinen Compiler-Fehler mehr melden, aber dafür wird im Gegenzug Ihr Test fehlschlagen!

Da Sie hier lediglich eine private Variable beschreiben und kein Input-Binding ändern, müssen Sie anschließend manuell den ngOnChanges-Callback auslösen:

```
timePicker.ngOnChanges(null);
```

Und auch die nächste Zeile ist durchaus interessant:

```
fixture.detectChanges();
```

Die detectChanges-Methode des ComponentFixture sorgt dafür, dass Angular für die Komponente die Change-Detection auslöst und die Daten aus der Komponente im DOM-Baum gerendert werden. Zur weiteren Arbeit mit dem nativen Element steht Ihnen nun die gesamte DOM-API zur Verfügung:

```
let input = element.querySelector('div /deep/ #hours > input');
expect(input.value).toBe('12');
```

Über die DOM-API-Standardfunktion `querySelector` wird hier eine Referenz auf das Eingabefeld für den Stundenwert geholt und anschließend überprüft, ob dieses den Wert `12` enthält.

**Der /deep/-Selektor**

Aber was ist das für ein seltsamer CSS-Selektor? Hier sehen Sie eine Besonderheit beim Test von Komponenten mit der `ViewEncapsulation`-Strategie `native` in Aktion.

Könnten Sie bei regulären HTML-Templates einfach über den Selektor `#hours > input` auf das Input-Feld zugreifen, würde diese Abfrage bei einer nativ-gekapselten Komponente kein Ergebnis liefern. Um in ein per Shadow-DOM gekapseltes Element »hineinschauen« zu können, benötigen Sie hier einen sogenannten *Deep-Selektor*. Da das Angular-Testing-Framework außerdem jede gerenderte Testkomponente in einen `div`-Block verpackt, können Sie über den Selektor `'div /deep/ #hours > input'` nun trotz Kapselung auf die HTML-Elemente der Komponente zugreifen.

Geschafft! Sie haben Ihren ersten Komponententest implementiert! Lassen Sie mich an dieser Stelle noch einmal kurz die wichtigsten Bestandteile des obigen Tests zusammenfassen:

- Die Klasse `TestBed` ist die zentrale Komponente zur Definition von Testkontexten und für die Erstellung von Testkomponenten.
- Die Arbeit mit zu testenden Komponenten erfolgt über Objekte der Klasse `ComponentFixture`, die Ihnen sowohl den Zugriff auf die eigentliche Komponente als auch Zugriff auf das gerenderte Template ermöglicht.
- ComponentFixtures stellen Ihnen des Weiteren diverse Steuerungsmöglichkeiten wie `detectChanges` zur Verfügung.
- Die Auswertung (und Manipulation) des Templates erfolgt über die DOM-API. Ihnen stehen somit alle bekannten Standardmechanismen zur Verfügung.
- Wenn Sie nativ gekapselte Komponenten testen, müssen Sie beim Zugriff auf den DOM-Baum Deep-Selektoren verwenden.

## 13.4 Mocks und Spies: Komponenten mit Abhängigkeiten testen

Sie wissen nun, wie Sie isolierte Komponenten über das manuelle Setzen von Input-Parametern testen können. Insbesondere bei der Entwicklung von komplexeren Komponenten werden Sie damit aber selbstverständlich nicht auskommen. So besitzen die meisten Komponenten einerseits Abhängigkeiten zu anderen Komponenten und Direktiven sowie andererseits Verbindungen zu injizierten Services oder zu weiteren Bestandteilen des Frameworks (wie zum Bespiel dem Forms- und dem Routing-Framework).

Möchten Sie beispielsweise die `TaskListComponent` testen, so werden Sie merken, dass diese die in Abbildung 13.6 dargestellten Abhängigkeiten besitzt.

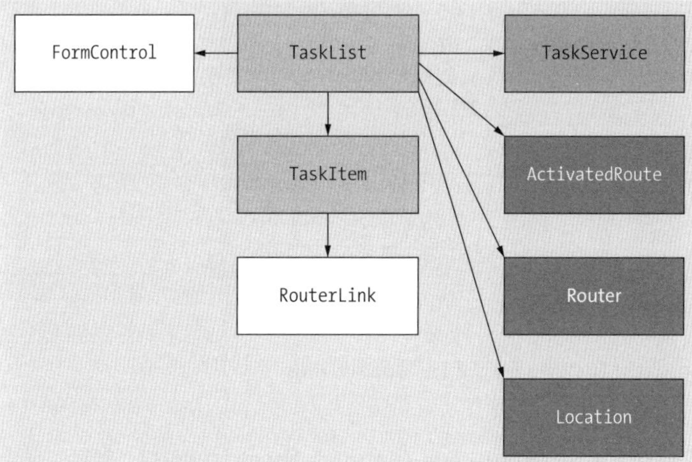


**Abbildung 13.6** Abhängigkeiten der TaskList-Komponente



Einerseits wird die `TaskItemComponent` zur Darstellung der einzelnen Tasks verwendet und andererseits dient der `TaskService` als Schnittstelle zum Laden und Löschen von Tasks. Des Weiteren benutzen beide Komponenten diverse Bestandteile des Forms- bzw. Routing-Frameworks.

Um die `TaskListComponent` (in Verbindung mit der `TaskItemComponent`) zu testen, ist es also notwendig, alle weiteren Bestandteile entweder zu simulieren oder über das Testing-Modul bereitzustellen.

Abbildung 13.7 zeigt die gewünschte Ausgangssituation für den Komponententest.

**Anmerkung zum Test-Kontext: Abgrenzung von Tests**

Es ist nicht immer leicht zu entscheiden, wo die Grenzen eines Tests zu ziehen sind. So habe ich mich hier dafür entschieden, das TaskItem in den Test zu inkludieren. Insbesondere beim Test von UI-Komponenten kann die Definition eines »Komponententests« durchaus schwammig sein – so macht es nur wenig Sinn, die TaskList-Komponente ohne das Zusammenspiel mit der TaskItem-Komponente zu testen.

Die Entscheidung, welche Teile sinnvollerweise zusammengehören, hängt somit stark von der individuellen Komponente ab: Die Begriffe Unit-Test oder Komponententest bedeuten nicht zwangsläufig, dass nur exakt eine Komponente Bestandteil des Tests sein darf!

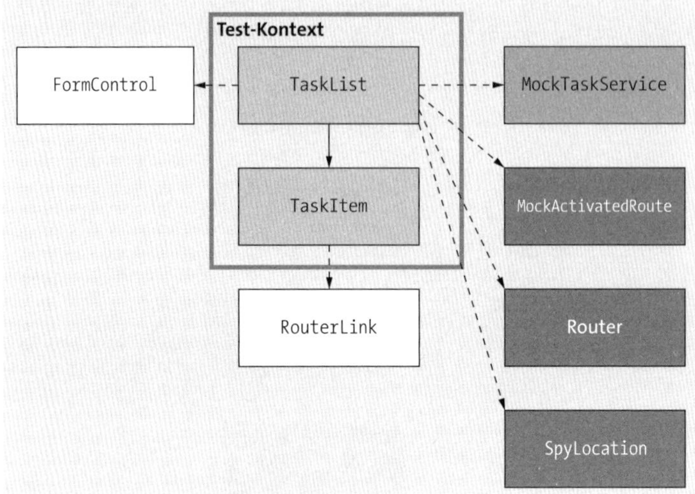


**Abbildung 13.7** Gewünschter Zustand für die Testausführung

### 13.4.1 Eigene Mocks für die Simulation von Services bereitstellen

Sie benötigen also die Möglichkeit, einerseits Services und andererseits Komponenten vor der Testausführung durch sogenannte Mocks auszutauschen. Ein Mock muss dabei *die gleiche Schnittstelle* wie der echte Service bzw. die echte Komponente bereitstellen, ohne dabei den vollständigen Funktionsumfang abzubilden. Listing 13.11 zeigt eine einfache Implementierung eines Mocks für den `TaskService`:

```
import {BehaviorSubject} from 'rxjs/Rx';
import {Task} from '../../../models/task';

export class MockTaskService {
  tasks$: any = new BehaviorSubject<Task[]>([]);
  findTasks() {
    return new BehaviorSubject([]);
  }
  deleteTask(task: Task) {
    return new BehaviorSubject({});
  }
}
```

**Listing 13.11** »mock-task-service.ts«: Mock-Version des TaskService

Die Klasse stellt lediglich die beiden von der TaskList-Komponente verwendeten Methoden `findTasks` und `deleteTask` bereit und liefert in beiden Fällen Dummy-Rückgabewerte zurück.

Des Weiteren besitzt der MockTaskService, ebenso wie der echte TaskService, ein tasks$-Observable, das die Task-Liste mit Daten versorgen soll. Anstelle von einfachen Observables werden dabei BehaviorSubjects verwendet (siehe Kapitel 12, »Reaktive Architekturen mit RxJS«), die dafür sorgen, dass ein Subscriber nach einer Anmeldung direkt (leere) Default-Werte erhält.

Entsprechend dieser Klasse könnten Sie nun damit beginnen, alle weiteren (Routing-)Abhängigkeiten der Komponente durch eigene Mocks zu ersetzen. Zum Glück stellt Angular Ihnen mit dem RouterTestingModule aber bereits genau diese Funktionalität von Haus aus zur Verfügung, sodass Sie für die Routing-Funktionalität nichts weiter tun müssen als dieses Modul bei der Konfiguration des Tests zu importieren.

Außerdem können Sie hier das ReactiveFormsModule importieren, um darüber Zugriff auf die FormControl-Direktive zu erhalten. Listing 13.12 zeigt die gesamte Konfiguration des Testing-Moduls für den Task-Listen-Test:

```
import {ActivatedRoute} from '@angular/router';
import {RouterTestingModule} from '@angular/router/testing';
...
beforeEach(() => {
  TestBed.configureTestingModule({
    imports: [ReactiveFormsModule, RouterTestingModule.withRoutes([])],
    declarations: [TaskListComponent, TaskItemComponent],
    providers: [
      {provide: TaskService, useClass: MockTaskService},
    ]
  });
});
```

**Listing 13.12** »task-list.component.spec.ts«: Konfiguration des TestingModuls für den Task-Listen-Test

Wenn Sie diese Konfiguration mit Abbildung 13.7 vergleichen, werden Sie sehen, dass Sie den Aufbau hier eins zu eins wiederfinden: Die beiden zu testenden Komponenten werden über das declarations-Array zum Modul hinzugefügt. Anstelle des TaskService wird der MockTaskService über die providers-Liste injiziert, und über den Import der beiden Module ReactiveFormsModule und RouterTestingModule stehen Ihnen nun die Formular-Funktionalität sowie eine simulierte Routing-Umgebung zur Verfügung.

Da es für die in diesem Abschnitt implementierten Tests lediglich wichtig ist, *dass* die Routing-Funktionalität zur Verfügung steht, wird über den Aufruf withRoutes([]) einfach eine leere Routing-Konfiguration zur Verfügung gestellt. Im weiteren Verlauf des Kapitels werden Sie aber auch noch Beispiele für die Simulation von echten Routing-Vorgängen kennenlernen.

### 13.4.2 inject – Zugriff auf die im Testkontext vorhandenen Services

Im ersten Testfall soll nun überprüft werden, dass Aufgaben, die über das tasks$-Observable des TaskService in die Komponente hineingepusht werden, korrekt in einer Liste dargestellt werden.

Um dieses Verhalten testen zu können, fehlt Ihnen bislang noch eines: der Zugriff auf die in der Komponente verwendete TaskService-Instanz. Abhilfe schafft hier die inject-Funktion, die es Ihnen erlaubt, Elemente des aktuellen Testkontextes in Ihren Test zu injizieren:

```
import {inject, ComponentFixture} from '@angular/core/testing';
...
let taskService: TaskService;
beforeEach(inject([TaskService], (_taskService) => {
  taskService = _taskService;
}));
```

**Listing 13.13** »task-list.component.spec.ts«: Verwendung der »inject«-Funktion, um Zugriff auf den TaskService zu erhalten

Die Signatur der inject-Funktion nimmt als ersten Parameter ein Array mit den zu injizierenden Tokens und als zweiten Parameter eine Callback-Funktion entgegen. Diese Callback-Funktion bekommt die Instanzen übergeben, die der DI-Mechanismus zurückliefert. Über Listing 13.13 haben Sie nun also Zugriff auf die TaskService-Instanz, die in der zu testenden Komponente verwendet wird.

**Mehrere beforeEach-Hooks**

Beachten Sie hier außerdem, dass der Aufruf der inject-Funktion erneut innerhalb eines beforeEach-Hooks stattfindet. So können Sie beliebig viele beforeEach-Funktionen definieren. Die Abarbeitung erfolgt dabei in der Reihenfolge der Definition, sodass Sie in einem beforeEach-Hook bereits auf die Ergebnisse eines vorherigen Hooks zugreifen können.

Um das gewünschte Verhalten zu testen, können Sie nun einfach definierte Task-Objekte in das task$-Observable schreiben und anschließend überprüfen, ob deren Werte korrekt im DOM-Baum gerendert wurden:

```
it('should display TaskItems in the List', () => {
  const fixture = TestBed.createComponent(TaskListComponent);
  const element = fixture.nativeElement;
  (<BehaviorSubject<any>>taskService.tasks$).next([
    {id: 1, title: 'Task1', description: 'Hello Karma'},
    {id: 2, title: 'Task2', description: 'Hello Jasmine'}
```

```
  ]);
  fixture.detectChanges(); //trigger change detection
  expect(element.querySelectorAll('.task-list-entry').length).toBe(2);
  expect(element.querySelector('.task-list-entry').textContent)
    .toContain('Hello Karma');
});
```

**Listing 13.14** »task-list.component.spec.ts«: Test, der überprüft, dass neue Werte im »tasks$«-Observable im UI dargestellt werden

Der Test überprüft hier, ob neue Werte im `tasks$`-Stream dazu führen, dass die entsprechende Anzahl an Einträgen (`.task-list-entry`) in der Task-Liste dargestellt wird. Außerdem prüft er, ob die Beschreibung eines Tasks korrekt ausgegeben wird.

### 13.4.3 TestBed.get: alternativer Zugriff auf die Services aus dem Ausführungskontext



Neben der `inject`-Funktion bietet Ihnen das Testing-Framework mit der `TestBed.get`-Methode des Weiteren einen alternativen Weg zum Zugriff auf Services aus dem aktuellen Ausführungskontext. Wie das folgende Listing zeigt, kann man den Einsatz der `inject`-Funktion durchaus als »gesprächig« bezeichnen:

```
let taskService: TaskService;
beforeEach(inject([TaskService], (_taskService) => {
  taskService = _taskService;
}));
```

Um den `TaskService` über die Variable `taskService` in allen Tests zur Verfügung zu haben, haben Sie hier sechsmal das Wort `taskService` geschrieben. Insbesondere bei der Implementierung von vielen Testfällen bietet Ihnen dieser Ansatz aber dennoch den Vorteil, dass Sie die Injektion *einmalig* innerhalb des `beforeEach`-Callbacks ausführen und innerhalb des Tests direkt Zugriff auf die Variable haben. Benötigen Sie hingegen nur einmal (oder wenige Male) Zugriff auf ein Token aus dem Ausführungskontext, kann die `TestBed.get`-Methode eine leichtgewichtige Alternative darstellen. Listing 13.15 zeigt die entsprechende Umsetzung des Task-List-Tests:

```
it('should display TaskItems in the List (with TestBed.get)', () => {
  const fixture = TestBed.createComponent(TaskListComponent);
  const taskService = TestBed.get(TaskService);
  const element = fixture.nativeElement;

  (<BehaviorSubject<any>>taskService.tasks$).next([
    {id: 1, title: 'Task1', description: 'Hello Karma'},
    {id: 2, title: 'Task2', description: 'Hello Jasmine'}
```

```
  ]);
  ...
});
```

**Listing 13.15** »task-list.component.spec.ts«: Einsatz der »TestBed.get«-Methode zum Zugriff auf den TaskService

Benötigen Sie eine Abhängigkeit nur selten, kann `TestBed.get` Ihnen somit etwas Schreibarbeit sparen!

### 13.4.4 Spies: ausgehende Aufrufe überwachen und auswerten

Mit Mocks haben Sie nun also eine einfache Möglichkeit, zu testendes Verhalten zu simulieren. In manchen Situationen ist es aber andersherum ebenfalls interessant, zu testen, ob die Komponente die richtigen Aufrufe an den verwendeten Services vornimmt.

Ein möglicher Testfall besteht hier darin, zu überprüfen, ob ein Klick auf den LÖSCHEN-Button dazu führt, dass die `deleteTask`-Methode des TaskService mit dem richtigen Task aufgerufen wird. Schauen Sie sich hierfür zunächst noch einmal die echte Implementierung der Methode an:

```
deleteTask(task: Task) {
  return this.http.delete(BASE_URL + task.id)
    .do(response => {
      this.taskStore.dispatch({type: REMOVE, data: task});
    });
}
```

**Listing 13.16** »task.service.ts«: echte Implementierung der »deleteTask«-Methode

Innerhalb des `MockTaskService` haben Sie nun zwar bereits eine Mock-Implementierung der Methode, aber bislang noch keine Möglichkeit, die Aufrufe an der Methode zu überwachen:

```
export class MockTaskService {
  tasks$ = new BehaviorSubject<Task[]>([]);
  ...
  deleteTask(task: Task) {
    return new BehaviorSubject<Task>({});
  }
}
```

**Listing 13.17** »mock-task-service.ts«: gemockte »deleteTask«-Methode

Und hier kommen *Spies* ins Spiel. Jasmine bietet Ihnen in diesem Zusammenhang mit der spyOn-Funktion die Möglichkeit, »Spione« für bestimmte Methoden zu definieren. Die Spione zeichnen alle Aufrufe am Service auf und bieten Ihnen im Anschluss die Möglichkeit, diese auszuwerten:

```
it('should call deleteTask when clicking the trash-bin', (() => {
  const fixture = TestBed.createComponent(TaskListComponent);
  // Task-Liste füllen:
  const task = {id: 42, title: 'Task 1'};
  (<BehaviorSubject<any>>taskService.tasks$).next([task]);
  fixture.detectChanges(); //trigger change detection
  // Spy programmieren:
  const spy = spyOn(taskService, 'deleteTask');
  spy.and.returnValue(new BehaviorSubject<any>({}));
  // Task löschen:
  const trash = fixture.nativeElement.querySelector('.glyphicon-trash');
  trash.click();
  // Spy auswerten:
  const deleteArguments = spy.calls.mostRecent().args;
  expect(deleteArguments[0]).toBe(task);
  expect(taskService.deleteTask).toHaveBeenCalledWith(task);
}));
```

**Listing 13.18** »task-list.component.spec.ts«: Definition und Auswertung eines Spys für die »deleteTask«-Methode

Über die beiden Zeilen

```
const spy = spyOn(taskService, 'deleteTask');
spy.and.returnValue(new BehaviorSubject<any>({}));
```

wird hier zunächst ein Jasmine-Spy-Objekt für die deleteTask-Methode erzeugt. Über den Aufruf spy.and.returnValue(...) teilen Sie Jasmine anschließend mit, wie sich der Spy verhalten soll, wenn die Methode tatsächlich aufgerufen wird.

**returnValue vs. callThrough**

Beachten Sie in diesem Zusammenhang, dass ein Weglassen des and.returnValue-Statements dazu führen würde, dass die Funktion gar nichts zurückliefert. Möchten Sie hier dafür sorgen, dass der Aufruf zwar überwacht, aber dennoch die echte Implementierung der Methode aufgerufen wird, steht Ihnen dafür der Ausdruck and.callThrough() zur Verfügung.

Nachdem Sie im nächsten Schritt auf altbekannte Weise einen Klick auf das Mülleimer-Symbol ausgelöst haben, können Sie über die `calls`-Eigenschaft des Spys schließlich prüfen, ob der Service korrekt aufgerufen wurde:

```
const deleteArguments = spy.calls.mostRecent().args;
expect(deleteArguments[0]).toBe(task);
```

Die `mostRecent`-Funktion liefert hier den letzten Aufruf an der Methode. Über die `args`-Eigenschaft können Sie dabei auf die an die Methode übergebenen Argumente zugreifen, sodass Sie über eine Expectation schließlich testen können, dass der in die Komponente hineingereichte Task als Argument an die `delete`-Methode übergeben wurde.

Sollte es für Ihren Testfall ausreichend sein, zu testen, ob die `deleteTask`-Methode »irgendwann« mit dem Task aufgerufen wurde, geht dies sogar noch etwas schöner: Mithilfe der `toHaveBeenCalledWith`-Expectation können Sie den Spy auf elegante Art und Weise auswerten:

```
expect(taskService.deleteTask).toHaveBeenCalledWith(task);
```

## 13.5 Services und HTTP-Backends testen

Genau wie Komponenten weisen Services in der Regel Abhängigkeiten zu anderen Services oder zu von Angular bereitgestellten Providern auf. Abbildung 13.8 zeigt beispielsweise die Abhängigkeiten des `TaskService`.

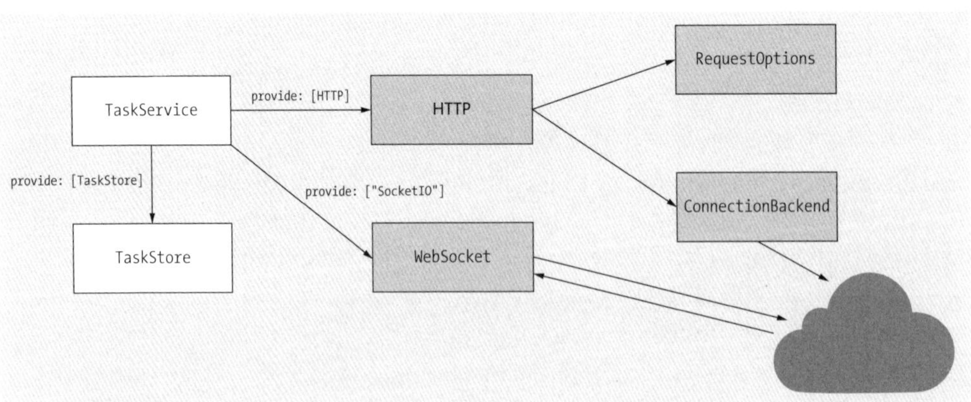


**Abbildung 13.8** Abhängigkeiten des »TaskService« innerhalb der »ProjectManager«-Applikation

Der `TaskService` verwendet den `TaskStore`, um dort den aktuellen Applikations-State abzulegen. Des Weiteren bindet der Service das HTTP-Backend mithilfe des `Http`-Service an und versendet und empfängt über *Socket.IO* Websocket-Nachrichten.

Wie schon beim Testen einer Komponente ist es hier erneut notwendig, diese Abhängigkeiten mithilfe von Mocks und Spies zu simulieren und Aufrufe zu untersuchen. Eine Möglichkeit könnte nun darin bestehen, wie zuvor alle Abhängigkeiten direkt durch Mocks zu ersetzen.

Insbesondere beim Test von HTTP-Funktionalität bietet Angular aber bereits eine deutlich komfortablere Lösung von Haus aus an: Da der `Http`-Service im Inneren ein sogenanntes Connection-Backend verwendet, über das alle Aufrufe (egal ob GET, POST, PUT etc.) versendet werden, genügt es, dieses `ConnectionBackend` für den Test gegen die von Angular bereitgestellte Klasse `MockBackend` auszutauschen.

Innerhalb eines Tests haben Sie anschließend die Möglichkeit, alle HTTP-Aufrufe abzufangen, zu untersuchen und definierte Rückgabewerte zurückzuliefern. Listing 13.19 zeigt die Konfiguration des `Http`-Service und des `MockBackend` innerhalb der TestingModule-Konfiguration.

```
beforeEach(() => {
  TestBed.configureTestingModule({
    providers: [
      TaskService,
      TaskStore,
      BaseRequestOptions,
      MockBackend,
      {provide: Http, useFactory: (mockBackend: ConnectionBackend,
                     defaultOptions: BaseRequestOptions) => {
          return new Http(mockBackend, defaultOptions);
        }, deps: [MockBackend, BaseRequestOptions]},
    ]
  });
});
```

**Listing 13.19** Konfiguration des »Http«-Service zur Verwendung des »MockBackend«

Wie Sie sehen, wird das TestingModule so konfiguriert, dass es den echten `TaskService` und den echten `TaskStore` verwendet. So werden Sie im weiteren Verlauf sehen, wie Sie auch »echte« Abhängigkeiten wie den `TaskStore` mit Spies überwachen können. Der `Http`-Service wird mithilfe einer Factory erzeugt und verwendet das vom Http-Framework bereitgestellte `MockBackend`.

Fehlt nur noch die Simulation der Websocket-Anbindung über Socket-IO. Hier profitieren Sie nun von einer Designentscheidung, die Sie bei der Einbindung der Bibliothek in Kapitel 12, »Reaktive Architekturen mit RxJS«, getroffen haben. Die globale Funktion `io` wird bereits mithilfe des DI-Mechanismus in den `TaskService` injiziert:

```
export class TaskService {
  ...
  constructor(private http: Http, private taskStore: TaskStore,
              @Inject(SOCKET_IO) io) {
    this.socket = io(WEB_SOCKET_URL);
    Observable.fromEvent(this.socket, 'task_saved')
      .subscribe((action) => {
        this.taskStore.dispatch(action);
      });
  }
}
```

**Listing 13.20** »task.service.ts«: Injektion der »io«-Funktion in den »TaskService«

Sie müssen in Ihrem Test nun also nur noch dafür sorgen, dass das OpaqueToken `SOCKET_IO` ein Mock-Socket-Objekt zurückliefert, das die im `TaskService` verwendete Schnittstelle implementiert:

```
export class MockSocket {
  emit(action, data) { }
}

export function mockIO(): any {
    return new MockSocket();
}
```

**Listing 13.21** »mock-socket.ts«: Implementierung der »mockIo«-Funktion für den Test

Bei der Erzeugung des TestingModule tauschen Sie nun einfach die echte `io`-Funktion gegen Ihre Mock-Implementierung aus:

```
import {SOCKET_IO} from '../../app.tokens';
import {mockIO} from '../../mocks/mock-socket';
...
TestBed.configureTestingModule({
  providers: [
    TaskService,
    TaskStore,
    {provide: SOCKET_IO, useValue: mockIO},
    ...
  ]
});
```

**Listing 13.22** »task.service.spec.ts«: Verwendung der Mock-Implementierung der »io«-Funktion

Vergleichen Sie ruhig auch diese Konfiguration noch einmal mit Abbildung 13.8. Sie werden sehen, dass sich auch hier die Abhängigkeiten eins zu eins wiederfinden.

Sie haben nun eine vollständig konfigurierte Testumgebung. Vor der Implementierung der echten Tests müssen Sie sich nun noch mithilfe der `inject`-Funktion Referenzen zu den per DI erstellten Objekten holen:

```
let taskService: TaskService;
let taskStore: TaskStore;
let mockBackend: MockBackend;
beforeEach(inject([TaskService, TaskStore, MockBackend],
  (_taskService, _taskStore, _mockBackend) => {
    taskService = _taskService;
    taskStore = _taskStore;
    mockBackend = _mockBackend;
  })
);
```

**Listing 13.23** »task.service.spec.ts«: Injektion der benötigten Instanzen



Im ersten Test soll nun geprüft werden, ob beim Aufruf der `saveTask`-Methode mit einem Task ohne `id` die HTTP-POST-Methode zum Neuanlegen des Tasks ausgelöst wird:

```
it('should trigger a HTTP-POST for new Tasks', (() => {
  const task = {title: 'Task 1'};
  mockBackend.connections.subscribe(connection => {
    const expectedUrl = 'http://localhost:3000/api/tasks/';
    // Request überprüfen:
    expect(connection.request.url).toBe(expectedUrl);
    expect(connection.request.method).toBe(RequestMethod.Post);
    // Rückgabe simulieren:
    const response = new ResponseOptions({body:  JSON.stringify(task)});
    connection.mockRespond(new Response(response));
  });
  taskService.saveTask(task).subscribe();
}));
```

**Listing 13.24** »task.service.spec.ts«: Verwendung des »MockBackend«, um den ausgehenden Request zu untersuchen

Wie Sie sehen, bietet Ihnen das Mock-Backend die Möglichkeit, sich über die `connections`-Eigenschaft für Verbindungen mit dem Backend anzumelden. Innerhalb dieser Subscription können Sie anschließend ausgehende Requests untersuchen (`connec-`

tion.request) und die jeweiligen Antworten auf diese Requests simulieren (connection.mockResponse).

Das MockBackend arbeitet in diesem Zusammenhang mit den Klassen Request und Response, die Sie bereits aus Kapitel 11 kennen. So haben Sie an dieser Stelle Zugriff auf alle Informationen zur Verbindung, die Sie benötigen. Im Test aus Listing 13.24 überprüfen Sie beispielsweise über die Eigenschaften url und method, dass die richtige URL und die richtige Http-Methode verwendet werden.

**MockBackend und (A)Synchronität**

Beachten Sie in Listing 13.24 auch, dass Sie die Auswertung der URL und der Http-Methode synchron vornehmen. So sind Http-Aufrufe eigentlich asynchron – der subscribe-Callback würde erst zu einem späteren Zeitpunkt aufgerufen.

Bei der Verwendung des MockBackend können Sie sich aber darauf verlassen, dass der Aufruf an der saveTask-Methode synchron verarbeitet wird. Auf diese Art und Weise können Sie in Tests sehr komfortabel mit der HTTP-API arbeiten!

Wie Sie sich vielleicht bereits denken können, besteht der nächste Test darin, sicherzustellen, dass bei existierenden Tasks (*id*-Eigenschaft gesetzt) ein HTTP-PUT ausgelöst wird. Da dieser Test einen Großteil identischer Logik enthalten wird, ist es zunächst einmal sinnvoll, die gleich bleibende Logik in eine Hilfsfunktion auszulagern. Mithilfe von ES2015-Default-Parametern wird diese Funktion direkt so implementiert, dass sie mit und ohne Expectations aufgerufen werden kann. Die Methode kann damit in weiteren Tests leicht wiederverwendet werden:

```
const saveTask = (task, expectedUrl = null, expectedMethod = null) => {
  mockBackend.connections.subscribe(connection => {
    if (expectedUrl) {
      expect(connection.request.url).toBe(expectedUrl);
    }
    if (expectedMethod) {
      expect(connection.request.method).toBe(expectedMethod);
    }
    const response = new ResponseOptions({body: JSON.stringify(task)});
    connection.mockRespond(new Response(response));
  });
  taskService.saveTask(task).subscribe();
};
```

**Listing 13.25** »task.service.spec.ts«: Hilfsmethode zum Speichern von Tasks und Auswertung der Verbindungen

In Ihren Tests können Sie diese Methode nun verwenden, um unterschiedliche Szenarien zu überprüfen:

```
it('should trigger a HTTP-POST for new Tasks', (() => {
  const task = {title: 'Task 1'};
  saveTask(task, 'http://localhost:3000/api/tasks/',
           RequestMethod.Post);
}));

it('should do a HTTP-Put for existing Tasks', ((done) => {
  const task = {id: 1, title: 'Existing Task'};
  saveTask(task, 'http://localhost:3000/api/tasks/1',
           RequestMethod.Put);
}));
```

**Listing 13.26** »task.service.spec.ts«: Tests zur Sicherstellung der richtigen HTTP-Methode

Auf zum nächsten Test: Hier soll überprüft werden, dass ein Speichern eines neuen Tasks dazu führt, dass eine ADD-Action an den TaskStore dispatcht wird. Dafür kommt erneut die Spy-Funktionalität von Jasmine zum Einsatz: 13

```
it('should add the Task to the store', (() => {
  const spy = spyOn(taskStore, 'dispatch').and.callThrough();
  saveTask({title: 'Task 1'});
  const dispatchedAction =  spy.calls.mostRecent().args[0];
  expect(dispatchedAction.type).toEqual('ADD');
  expect(dispatchedAction.data.title).toEqual('Task 1');
}));
```

**Listing 13.27** »task.service.spec.ts«: Test des »TaskStore«-Aufrufs

Beachten Sie hierbei, dass Sie über die `spyOn`-Funktion den echten `TaskStore` »bespitzeln«. Die obige Implementierung sorgt dabei dafür, dass Aufrufe an der `dispatch`-Methode im Spy aufgezeichnet werden, die echte `dispatch`-Methode des Stores aber trotzdem aufgerufen wird (`and.callThrough()`). Über die `calls.mostRecent()` können Sie nun im Test überprüfen, ob die ADD-Action wie erwartet an den Store dispatcht wurde.

## 13.6 Formulare testen

Wie Sie wissen, unterscheidet Angular grundsätzlich zwei Typen von Formularen: *Model-Driven Forms*, bei denen die Definition des Formulars explizit im Komponentencode erfolgt, und *Template-Driven Forms*, bei denen die Formulardefinition aus den im Template verwendeten Direktiven dynamisch erzeugt wird.

Je nachdem, für welche Option Sie sich hier entschieden haben, müssen Sie auch beim Testen unterschiedliche Dinge beachten. Ich werde Ihnen im Folgenden einige Beispiele für die einzelnen Formulararten vorstellen. Die in diesem Abschnitt vorgestellten Tests finden Sie im Projekt *formulare*.

### 13.6.1 Model-Driven Forms: Formulare direkt über die API testen

Der einfachste Weg, ein Formular zu testen, besteht darin, die Forms-API direkt zu verwenden. Verwenden Sie die `FormBuilder`-Syntax, so können Sie innerhalb Ihres Tests sehr einfach auf das erstellte Formular zugreifen. Schauen Sie sich hierfür zunächst noch einmal die Erstellung des Formulars in der Datei *model-driven-form.ts* an:

```
export class ModelDrivenFormComponent {
  taskForm: FormGroup;
  ...
  constructor(private taskService: TaskService,
              private userService: UserService,
              fb: FormBuilder) {
    this.taskForm = fb.group({
      title: ['', [Validators.required, Validators.minLength(5)]],
      description: ['', Validators.maxLength(2000)],
      ...
    }, {validator: ifNotBacklogThanAssignee});
  }
}
```

**Listing 13.28** »model-driven-form.component.ts«: Erzeugung des Formulars mithilfe des Form-Builders

Sie benötigen also lediglich eine Testumgebung, der die modellgetriebene Forms-API sowie die beiden Services `TaskService` und `UserService` zur Verfügung stehen:

```
beforeEach(() => {
  TestBed.configureTestingModule({
    imports: [ReactiveFormsModule],
    providers: [TaskService, UserService],
    declarations: [ModelDrivenFormComponent]
  });
});
```

**Listing 13.29** »model-driven-form.component.spec.ts«: Initialisierung des »TestingModule«

Über die `taskForm`-Variable der Komponente haben Sie anschließend direkten Zugriff auf die Formularlogik und können so innerhalb des Tests leicht unterschiedliche Szenarien erzeugen und durchtesten. Listing 13.30 zeigt die Implementierung des Tests für das Title-Feld:

```
describe('Model Driven Form', () => {
  it('should validate the title correctly', () => {

    const fixture = TestBed.createComponent(ModelDrivenFormComponent);
    const form = fixture.componentInstance.taskForm;

    const titleControl = form.get('title');
    expect(titleControl.errors['required']).toBeTruthy();
    titleControl.setValue('Task');
    expect(titleControl.errors['required']).toBeUndefined();
    const expectedError = {requiredLength: 5, actualLength: 4};
    expect(titleControl.errors['minlength']).toEqual(expectedError);
    titleControl.setValue('Task 1');
    expect(titleControl.errors).toBeNull();
  });
}
```

**Listing 13.30** »model-driven-form.component.spec.ts«: Formulartest durch direkten Zugriff auf die Forms-API

Innerhalb des Tests holen Sie sich mithilfe der Statements

```
const form = fixture.componentInstance.taskForm;
const titleControl = form.get('title');
```

Zugriff auf das erstellte Formular und das zu testende `FormControl`. Mithilfe der `setValue`-Methode können Sie nun den Wert des Controls verändern und anschließend die `errors`-Eigenschaft auswerten. Sie sind somit in der Lage, Formulare komplett ohne Zugriff auf die Oberfläche zu testen!

### 13.6.2 Template-Driven Forms: generierte Formulare über die Forms-API testen

Haben Sie sich dafür entschieden, Ihre Formulare über Template-Driven Forms zu definieren – die Controls also lediglich im HTML-Code zu beschreiben –, haben Sie dennoch die Möglichkeit, diese mithilfe der Forms-API zu testen. Im Gegensatz zum vorherigen Beispiel müssen Sie hierfür lediglich die Instanz der (automatisch erstellten) `NgForm`-Direktive in Ihre Komponente injizieren:

```
import {NgForm} from '@angular/forms';
...
export class TemplateDrivenFormComponent {
  @ViewChild(NgForm) form: NgForm;
  ...
}
```

**Listing 13.31** »template-driven-form.component.ts«:
Injektion der »NgForm«-Direktive aus dem Template

Beim Aufsetzen Ihres Tests müssen Sie nun zunächst dafür sorgen, dass dieser Zugriff auf die Template-Driven-Forms-API besitzt:

```
beforeEach(() => {
  TestBed.configureTestingModule({
    imports: [FormsModule],
    providers: [TaskService, UserService],
    declarations: [TemplateDrivenFormComponent]
  });
});
```

**Listing 13.32** »template-driven-forms.component.spec.ts«:
Konfiguration des »TestingModule«

Um den zuvor vorgestellten Title-Control-Test nun ebenfalls für das Template-Driven Form bereitzustellen, müssen Sie eine Besonderheit beachten: *Die Erstellung der Forms-API-Objekte erfolgt im Fall von Template-Driven Forms asynchron.*

Dies bedeutet im Umkehrschluss, dass Sie nicht direkt nach der Instanziierung der Komponente auf die Forms-API zugreifen können – zunächst muss die Komponente durch Angular vollständig initialisiert worden sein.

Das Testing-Framework bietet Ihnen für diesen Anwendungsfall das `whenStable`-Promise des `ComponentFixture` an, das aufgelöst wird, sobald alle Initialierungen der Komponente abgeschlossen sind. Listing 13.33 zeigt die entsprechende Implementierung des Tests:

```
it('should validate the title correctly', (done) => {
  const fixture = TestBed.createComponent(TemplateDrivenFormComponent);
  fixture.autoDetectChanges(true);
  fixture.whenStable().then(() => {
    const form = fixture.componentInstance.form.form;

    const titleControl = form.get('title');
    expect(titleControl.errors['required']).toBeTruthy();
```

```
    titleControl.setValue('Task');
    expect(titleControl.errors['required']).toBeUndefined();
    const minError = {requiredLength: 5, actualLength: 4};
    expect(titleControl.errors['minlength']).toEqual(minError);

    titleControl.setValue('Task 1');
    expect(titleControl.errors).toBeNull();
    done();
  });
});
```

**Listing 13.33** »template-driven-forms.component.spec.ts«: Verwendung von »fixture.whenStable«, um auf die vollständige Initialisierung der Komponente zu warten



**Der done-Callback**

In Listing 13.33 sehen Sie zusätzlich ein Jasmine-Feature im Einsatz, das ich bisher noch nicht verwendet habe: den *done-Callback*. Dieser Callback bietet Ihnen die Möglichkeit, sehr komfortabel asynchrone Funktionalität zu testen. Ein Test wird dabei erst erfolgreich beendet, wenn die übergebene `done`-Funktion aufgerufen wurde. Der Aufbau eines solchen Tests sieht dabei immer wie folgt aus:

```
it('should do something asynchroneos', (done) => {
  myAsyncFunction.then(() => {
    //Implementierung der Testlogik
    done();
  });
});
```

**Listing 13.34** Grundsätzlicher Aufbau von Tests mithilfe des »done«-Callbacks

Nach erfolgreicher Initialisierung können Sie nun über die `componentInstance` auf das `NgForm` und weiter über die `form`-Eigenschaft auf die generierte `FormGroup` zugreifen:

```
const form = fixture.componentInstance.form.form;
```

Der Rest des Tests basiert nun genau wie der Test beim modellgetriebenen Ansatz auf der Low-Level-Forms-API.

Beachten Sie in Listing 13.33 außerdem die Verwendung der `ComponentFixture`-Methode `autoDetectChanges`, die dafür sorgt, dass Angular nach der Abarbeitung jedes asynchronen Tasks automatisch die `detectChanges`-Methode aufruft. Auf diese Weise können Sie in den meisten Fällen auf den manuellen Aufruf der `detectChanges`-Methode verzichten!

### 13.6.3 Formulare über die Oberfläche testen

Zusätzlich zum Test über die Forms-API kann es durchaus auch interessant sein, das Formular-Verhalten über die Oberfläche zu testen. In diesem Fall benötigen Sie die Möglichkeit, DOM-Events wie `input` oder `blur` über Ihren Test zu simulieren.

Der von Angular mitgelieferte DOM-Adapter bietet Ihnen in diesem Zusammenhang die `dispatchEvent`-Funktion an. Da die dort verwendete API allerdings recht großen Schreibaufwand erfordert, empfiehlt es sich, diese noch mal über eine Hilfsfunktion zu kapseln.

Listing 13.35 zeigt die hierfür implementierte eigene `dispatchEvent`-Funktion in der Datei *test-helper.ts*:

```
import {getDOM} from '@angular/platform-browser/src/dom/dom_adapter';

export function dispatchEvent(element: any, eventType: any) {
  getDOM().dispatchEvent(element, getDOM().createEvent(eventType));
}
```

**Listing 13.35** »test-helper.ts«: Hilfsfunktion zum Auslösen von DOM-Events für ein Element

Der erste Oberflächen-Test soll nun zeigen, dass die Eingabe einer ungültigen E-Mail-Adresse zur Fehlermeldung »Bitte geben Sie eine gültige E-Mail-Adresse an« führt.

Zunächst einmal müssen Sie dafür sorgen, dass Ihr Testing-Modul zusätzlich die `ShowErrorComponent` sowie die Applikationsvalidatoren kennt:

```
TestBed.configureTestingModule({
  imports: [FormsModule],
  providers: [TaskService, UserService],
  declarations: [TemplateDrivenFormComponent,
    ShowErrorComponent,
    APPLICATION_VALIDATORS]
});
```

**Listing 13.36** »template-driven-forms.component.spec.ts«:
erweiterte Definition des Testing-Moduls

In Ihrer Testdefinition können Sie nun über die zuvor definierte `dispatchEvent`-Funktion Nutzereingaben simulieren. Da eine Fehlermeldung immer dann angezeigt wird, wenn ein Eingabeelement einen ungültigen Wert besitzt und bereits einmal den Fokus hatte (`touched`), müssen Sie also zunächst einmal das `input`-Event zum Triggern der `ngModel`-Verarbeitung sowie anschließend das `blur`-Event zur Aktivierung des `touched`-Status simulieren. Listing 13.37 zeigt die Implementierung des entsprechenden Tests:

```
it('should validate the email field', ((done) => {
  const fixture = TestBed.createComponent(TemplateDrivenFormComponent);
  fixture.autoDetectChanges(true);
  fixture.whenStable().then(() => {
    const element = fixture.nativeElement;
    const emailInput = element.querySelector('#assignee_email');
    emailInput.value = 'foo';
    dispatchEvent(emailInput, 'input');
    dispatchEvent(emailInput, 'blur');
    expect(element.querySelector('.alert-danger').textContent)
      .toContain("Bitte geben Sie eine gültige E-Mail-Adresse an");
    done();
  });
}));
```

**Listing 13.37** »template-driven-forms.component.spec.ts«: Simulation von Nutzereingaben über »input«- und »blur«-Events



Da Sie diese Funktionalität vermutlich ebenfalls des Öfteren in Ihren Tests benötigen werden, bietet es sich auch hier an, eine entsprechende Hilfsfunktion zu definieren:

```
export function setInputValue(input: any, value: any) {
  input.value = value;
  dispatchEvent(input, 'input');
  dispatchEvent(input, 'blur');
}
```

**Listing 13.38** »test-helper.ts«: Hilfsfunktion zum Setzen von Input-Werten

Der folgende Test zeigt aufbauend auf dem vorherigen, dass bei der Eingabe einer gültigen E-Mail-Adresse keine Fehlermeldung dargestellt wird:

```
it('should show no error for valid email adresses', ((done) => {
  const fixture = TestBed.createComponent(TemplateDrivenFormComponent);
  fixture.autoDetectChanges(true);
  fixture.whenStable().then(() => {
    const element = fixture.nativeElement;
    const emailInput = element.querySelector('#assignee_email');
    setInputValue(emailInput, 'foo@bar.de');
    expect(element.querySelector('.alert-danger')).toBeNull();
    done();
  });
}));
```

**Listing 13.39** »template-driven-forms.component.spec.ts«: weiterer Test und Verwendung der »setInputValue«-Hilfsfunktion

## 13.7 Direktiven und ngContent-Komponenten testen

In allen bisherigen Testszenarien war es möglich, die Komponente, die Sie testen wollten, direkt über die Klasse TestBed zu instanziieren. Möchten Sie hingegen Direktiven oder Komponenten, die ngContent verwenden, testen (z. B. die Tabs-Komponente), stößt dieser Ansatz an seine Grenzen: Da Direktiven kein eigenes Template besitzen, benötigen sie ein Container-Element zur Instanziierung; und Komponenten, die ngContent verwenden, können womöglich gar nicht allein getestet werden.

Für den Test solcher Szenarien bietet es sich an, eine sehr einfache Hilfskomponente in den Test einzuführen. Diese Komponente hat lediglich die Aufgabe, als Container für die zu testende Klasse zu fungieren. Listing 13.40 zeigt die Container-Klasse für den Test der TabsComponent aus Kapitel 3 und die Definition des zugehörigen Testing-Moduls:

```
import {TabsModule} from './tabs.module';
@Component({
  template: `
    <ch-tabs>
      <ch-tab title='Tab1'> Content1 </ch-tab>
      <ch-tab title='Tab2'> Content2 </ch-tab>
    </ch-tabs >`,
})
export class TestComponent {
}
beforeEach(() => {
  TestBed.configureTestingModule({
    imports: [TabsModule],
    declarations: [TestComponent],
  });
});
```

**Listing 13.40** »tabs.component.spec.ts«: Bereitstellung einer Testkomponente für den »TabsComponent«-Test

Innerhalb Ihres Tests können Sie nun wie gewohnt über das nativeElement auf die gerenderte Oberfläche zugreifen und das korrekte Verhalten überprüfen. Der folgende Test überprüft, ob zunächst nur »Content1« und nach einem Klick auf den zweiten Tab-Header nur »Content2« in der Oberfläche dargestellt wird:

```
describe('Tabs Component', () => {
  it('should switch the content when clicking the header', () => {
    const fixture = TestBed.createComponent(TestComponent);
    const element = fixture.nativeElement;
```

```
    fixture.autoDetectChanges(true);

    expect(element.querySelector('.tab-content').textContent)
      .toContain('Content1');
    expect(element.querySelector('.tab-content').textContent)
      .not.toContain('Content2');
    // Aktiviere Tab 2:
    element.querySelectorAll('li')[1].click();

    expect(element.querySelector('.tab-content').textContent)
      .not.toContain('Content1');
    expect(element.querySelector('.tab-content').textContent)
      .toContain('Content2');
  });
});
```

**Listing 13.41** »tabs.component.spec.ts«: Test der »TabsComponent« mithilfe der Testkomponente



In Listing 13.41 sehen Sie des Weiteren den not-Matcher in Aktion, den ich bislang noch nicht genutzt habe. Er überprüft, ob der Tab nach dem Wechsel nicht mehr dargestellt wird.

### 13.7.1 overrideComponent und compileComponents: Komponenten-Templates für den Test überschreiben

Die Einführung einer eigenen Testkomponente bietet Ihnen also die Möglichkeit, Direktiven und ngContent-Komponenten zu testen. Da Sie aber in der Regel nicht nur einen Testfall, sondern unterschiedliche Szenarien durchtesten wollen, wäre es nun ziemlich aufwendig, für jedes zu testende Szenario eine eigene Testkomponente einzuführen.

Angular bietet Ihnen für diese Situation die Möglichkeit, Komponenten innerhalb eines Tests zu verändern und neu zu kompilieren. Mithilfe der beiden Methoden overrideComponent und compileComponents ist es somit leicht möglich, sehr flexibel unterschiedliche Templates an die Testkomponente zuzuweisen. Listing 13.42 zeigt die Technik im Einsatz:

```
it('should allow HTML in the Tab-Body', (done) => {
  TestBed.overrideComponent(TestComponent, {
    set: {
      template: `
        <ch-tabs>
```

```
        <ch-tab title="Tab1">
          <span id="content">Content1</span>
        </ch-tab>
      </ch-tabs>`
    }
  });
  TestBed.compileComponents().then(() => {
    const fixture = TestBed.createComponent(TestComponent);
    fixture.autoDetectChanges(true);
    expect(fixture.nativeElement.querySelector("#content").textContent)
      .toContain("Content1");
    done();
  });
});
```

**Listing 13.42** »tabs.component.spec.ts«: »overrideComponent« und »compileComponents« im Einsatz

Die Syntax der overrideComponent-Methode wirkt an dieser Stelle zunächst etwas gewöhnungsbedürftig:

```
TestBed.overrideComponent(TestComponent, {
  set: {
    template: `...`
  }
});
```

Die Methode nimmt ein sogenanntes MetaDataOverride-Objekt entgegen. Mit dem oben gezeigten Block sagen Sie dem Testing-Framework: »Setze die template-Eigenschaft des @Component-Decorators der TestComponent auf den übergebenen Wert.«

Im Anschluss daran müssen Sie nun noch dafür sorgen, dass die Komponente neu kompiliert wird. Der Aufruf TestBed.compileComponents() liefert in diesem Zusammenhang erneut ein Promise zurück, sodass Sie über .then auf die Fertigstellung des Compile-Vorgangs warten können.

**overrideDirective und overridePipe**

Neben overrideComponent stellt Ihnen die Klasse TestBed außerdem die beiden Methoden overrideDirective und overridePipe zur Verfügung. Wie mit overrideComponent haben Sie mit den beiden neuen Methoden die Möglichkeit, die Metadaten einer Direktive oder einer Pipe zu verändern. Da sie in der Praxis aber äußerst selten verwendet werden, verzichte an dieser Stelle darauf, sie genauer vorzustellen.

## 13.8 async und fakeAsync: mehr Kontrolle über asynchrone Tests

Mit dem done-Callback haben Sie bereits eine Möglichkeit kennengelernt, den erfolgreichen Abschluss eines Tests so lange zu verzögern, bis die done-Funktion aufgerufen wurde. Mit den beiden Funktionen async und fakeAsync bietet Ihnen das Testing-Framework aber noch zwei weitere Möglichkeiten, asynchrone Tests zu realisieren.

### 13.8.1 async: automatisch auf asynchrone Aufrufe warten

Die async-Funktion bietet Ihnen die Möglichkeit, auch ohne done-Funktion automatisch auf die Rückkehr aller asynchronen Funktionen zu warten, bevor der Test beendet wird. Dies kann beispielsweise dann von Vorteil sein, wenn Ihre Testfunktion mehrere asynchrone Vorgänge enthält. Listing 13.43 zeigt exemplarisch den Einsatz der async-Funktion zur Implementierung des TabsComponent-Tests:

```
import {TestBed, async} from '@angular/core/testing';
...
 it('should allow HTML (with async)', async(() => {
  TestBed.overrideComponent(TestComponent, {
      //Überschreiben des Templates
    });

  TestBed.compileComponents().then(() => {
    const fixture = TestBed.createComponent(TestComponent);
    fixture.autoDetectChanges(true);
    expect(fixture.nativeElement.querySelector('#content').textContent)
      .toContain('Content1');
  });
}));
```

**Listing 13.43** »tabs.component.spec.ts«: die »async«-Funktion in Aktion

Wie Sie sehen, können Sie beim Einsatz der async-Funktion auf den manuellen Aufruf des done-Callbacks verzichten. Angular erzeugt durch den async-Aufruf einen Ausführungskontext (eine sogenannte Zone), der selbst merkt, dass noch asynchrone Aufrufe ausstehen. Der Test wird erst dann beendet, wenn diese Aufrufe zurückkehren.

Leider hat die async-Funktion zum aktuellen Zeitpunkt aber einen schwerwiegenden Nachteil: Asynchrone Aufrufe, die über die setInterval-Funktion ausgelöst werden, werden von der Async-Zone nicht unterstützt. Dies ist insbesondere beim Test von Programmcode relevant, der die Observable-Operatoren delay oder debounceTime verwendet (wie die Typeahead-Implementierung): Beide Operatoren verwenden unter der Haube setInterval. Ich persönlich würde Ihnen somit zum aktuellen Zeitpunkt dazu raten, im Zweifelsfall eher auf den done-Callback anstelle der async-Funktion zurückzugreifen.

### 13.8.2 fakeAsync: komplexere asynchrone Szenarien steuern

Der done-Callback und die async-Funktion bieten Ihnen also die Möglichkeit, den Test-Abschluss zu verzögern, bis alle asynchronen Aufrufe abgearbeitet wurden. In bestimmten Fällen kann es aber außerdem notwendig sein, *während* der Testausführung zu überprüfen, ob asynchroner Code ausgeführt wurde. Hier kommt fakeAsync ins Spiel.

Implementieren Sie Ihre Testausführung innerhalb eines fakeAsync-Aufrufs, haben Sie die Möglichkeit, über die tick-Funktion die Abarbeitung von asynchronen Aufgaben anzustoßen bzw. eine bestimmte Zeitspanne verstreichen zu lassen. Schauen Sie sich hierfür den folgenden Test an:

```
import {fakeAsync, tick} from '@angular/core/testing';
...
it('should be possible to simulate time', fakeAsync(() => {
  let called = false;
  setTimeout(() => {
    called = true;
  }, 100);
  expect(called).toBe(false);
  tick(100);
  expect(called).toBe(true);
}));
```

**Listing 13.44** »tabs.component.spec.ts«: exemplarischer Einsatz der »fakeAsync«-Funktion

Obwohl der Timeout das called-Flag in Wirklichkeit erst nach 100 ms auf true setzt, können Sie innerhalb der FakeAsync-Zone mit der tick-Funktion die Zeit künstlich vorspulen. Innerhalb Ihres Tests haben Sie so die Möglichkeit, sehr flexibel Zeitspannen zu simulieren. Über einen Aufruf von tick ohne Zeitwert können Sie des Weiteren dafür sorgen, dass Angular alle aktuell anstehenden asynchronen Tasks abarbeitet – ein Beispiel hierfür sehen Sie im folgenden Abschnitt beim Test der Routing-Funktionalität.

**fakeAsync und setInterval**

Leider funktioniert aktuell auch das Zusammenspiel von fakeAsync und Methoden, die auf setInterval basieren, nicht. So würde sich die Funktion eigentlich hervorragend dazu eignen, die TypeAhead-Funktionalität zu testen; aufgrund eines Bugs ist dies jedoch leider (noch) nicht möglich. Hier bleibt zu hoffen, dass das Angular-Team in weiteren Versionen nachbessert.

## 13.9 Routing-Funktionalität testen

Beim Test der Task-Listen-Ansicht haben Sie bereits gesehen, wie Sie mithilfe des `RouterTestingModule` Tests für Komponenten definieren können, die Funktionalität aus dem Routing-Framework verwenden. In diesem Test wurde das Modul jedoch nur verwendet, um sicherzustellen, *dass* sich die Komponente überhaupt erzeugen lässt.

Zusätzlich dazu kann es aber durchaus auch interessant sein, aus einem Testfall heraus bestimmte Routing-Funktionalität zu simulieren bzw. die Auswirkungen einer Aktion auf den Routing-Vorgang zu überprüfen. Erinnern Sie sich hierfür noch einmal an die `EditTaskComponent`. Die Komponente wurde einerseits unter der URL */new* zum Neuanlegen von Aufgaben sowie andererseits über die URL */edit/:id* zum Editieren von bestehenden Aufgaben verwendet.

13

Listing 13.45 zeigt noch einmal den Ausschnitt aus der Komponente, der die URL-Parameter ausliest und bei Bedarf den `Task` über den `TaskService` lädt:

```
ngOnInit() {
  this.subscription = this.route.params
    .map(params => params['id'])
    .filter(id => id !== undefined)
    .mergeMap(id => this.taskService.getTask(id))
    .subscribe(task => {
      this.task = task;
    })
}
```

**Listing 13.45** »edit-task.component.ts«: Laden eines Tasks bei Übergabe von URL-Parametern

Um nun zu überprüfen, ob die Übergabe einer ID tatsächlich dazu führt, dass der `Task` aus dem `TaskService` geladen und anschließend korrekt im Formular dargestellt wird, benötigen Sie entweder die Möglichkeit, die entsprechende URL tatsächlich über den Test anzusteuern, oder einen Weg, um Werte in den `params`-Stream der aktivierten Route zu senden.

### 13.9.1 Manipulation von Router-Diensten im Komponententest

Listing 13.46 zeigt zunächst einmal die Umsetzung des zweiten Falls:

```
beforeEach(() => {
  TestBed.configureTestingModule({
    imports: [FormsModule, RouterTestingModule.withRoutes([])],
    ...
  });
});
...
it('should load the correct task in Edit-Mode', fakeAsync(() => {
  const fixture = TestBed.createComponent(EditTaskComponent);
  const route = TestBed.get(ActivatedRoute);
  const element = fixture.nativeElement;

  const fakeTask = {title: 'Task1', assignee: {name: 'John'}};
  const spy = spyOn(taskService, 'getTask').and
                  .returnValue(new BehaviorSubject(fakeTask));
  fixture.autoDetectChanges(true);
  fixture.whenStable().then(() => {
    (<any>route.params).next({id: '42'});
    fixture.detectChanges();
    tick();
    expect(spy).toHaveBeenCalledWith('42');
    const titleInput = element.querySelector('#title');
    expect(titleInput.value).toBe(fakeTask.title);

    const assigneeInput = element.querySelector('#assignee_name');
    expect(assigneeInput.value).toBe(fakeTask.assignee.name);
  });
}));
```

**Listing 13.46** »edit-task.component.spec.ts«: Simulation von URL-Parametern über die »ActivatedRoute«

Wie beim Task-List-Test wird hier ein `RouterTestingModule` mit einer leeren Routing-Konfiguration angelegt. Innerhalb des Tests erzeugen Sie anschließend die Komponente und holen sich über die `TestBed.get`-Methode Zugriff auf die `ActivatedRoute`. Des Weiteren legen Sie hier einen `TaskService`-Spy an, der bei jedem Aufruf der `getTask`-Funktion einen definierten Task (`fakeTask`) zurückliefert. Nachdem die Komponente »stabil« ist, erzeugen Sie anschließend mit dem Aufruf

```
(<any>route.params).next({id: '42'});
```

einen neuen Wert auf dem params-Stream. Beachten Sie hierbei auch den any-Cast. So liefert die eigentliche Schnittstelle der ActivatedRoute für das params-Objekt »nur« ein Observable zurück. Bei der Verwendung des RouterTestingModule haben Sie an dieser Stelle aber ein BehaviorSubject (siehe Kapitel 12, »Reaktive Architekturen mit RxJS«) zur Verfügung, in das Sie auch neue Werte hineinschreiben können. Der any-Cast verhindert hier einen Compile-Fehler.

Nachdem Sie den Wert auf dem params-Stream erzeugt haben, müssen Sie nun noch mithilfe der tick- und der detectChanges-Funktionen dafür sorgen, dass alle anstehenden asynchronen Tasks abgearbeitet werden und das UI neu gerendert wird.

Im letzten Schritt können Sie über den Spy und das nativeElement schließlich prüfen, dass die Übergabe des id-Parameters am Ende dazu führt, dass der TaskService aufgerufen und der geladene Task im Formular dargestellt wird:

```
expect(spy).toHaveBeenCalledWith('42');
const titleInput = element.querySelector('#title');
expect(titleInput.value).toBe(fakeTask.title);
```



### 13.9.2 Ausführung echter Navigationsvorgänge

Eine Alternative zum direkten Beschreiben des params-Streams besteht des Weiteren darin, tatsächlich einen Routing-Vorgang auszulösen und daraufhin Überprüfungen auszuführen. Für diese Technik benötigen Sie lediglich eine (reduzierte) Routenkonfiguration sowie ein RouterOutlet, in das die angesteuerte Route geladen werden kann. Für diesen Einsatzzweck bietet sich erneut die Einführung einer rudimentären Testkomponente an:

```
@Component({
  template: '<router-outlet></router-outlet>'
})
class TestComponent {
}
...
TestBed.configureTestingModule({
  imports: [FormsModule, RouterTestingModule.withRoutes([
    {path: 'new', component: EditTaskComponent},
    {path: 'edit/:id', component: EditTaskComponent}
    ]
  )],
  ...
});
```

**Listing 13.47** »edit-task.component.spec.ts«: Bereitstellen des RouterOutlet sowie der reduzierten Routenkonfiguration

In Ihrem Test erzeugen Sie nun eine Instanz der `TestComponent` und verwenden anschließend den Router, um zur entsprechenden URL zu navigieren. Listing 13.48 zeigt den bereits bekannten Testfall auf Basis eines echten Routing-Vorgangs:

```
it('should load the correct task (with router)', fakeAsync(() => {
  const fixture = TestBed.createComponent(TestComponent);
  const router = TestBed.get(Router);
  router.navigateByUrl('edit/42');

  const fakeTask = {title: 'Task1', assignee: {name: 'John'}};
  const spy = spyOn(taskService, 'getTask').and
                  .returnValue(new BehaviorSubject(fakeTask));
  fixture.whenStable().then(() => {
    tick();
    expect(spy).toHaveBeenCalledWith('42');
    const titleInput = fixture.nativeElement.querySelector('#title');
    expect(titleInput.value).toBe(fakeTask.title);
  });
}));
```

**Listing 13.48** »edit-task.component.spec.ts«: echte Navigationsvorgänge über den Test simulieren

In den mitgelieferten Quelltexten finden Sie des Weiteren den New-Modus-Test auf Basis der Router-Konfiguration. Er stellt sicher, dass beim Ansteuern der URL */new* kein Task über den `TaskService` geladen wird. Das `RouterTestingModule` bietet Ihnen somit sehr komfortabel die Möglichkeit, unterschiedliche Routing-Szenarien durchzutesten.

**Implementierung komplexerer Routing-Tests**

Grundsätzlich ist es mithilfe der vorgestellten Technik auch möglich, die echte Routenkonfiguration zu laden und komplexere Routing-Tests zu implementieren – etwa zur Überprüfung der Routing-Vorgänge beim Klick auf einen Link.

Ich möchte Ihnen für solche komponentenübergreifenden Tests aber dennoch das Integrationstest-Framework *Protractor* ans Herz legen, das ich in Kapitel 14 vorstelle. Im Gegensatz zu Tests mit dem Angular-Testing-Framework erfolgen Protractor-Tests immer gegen eine vollständige, laufende Anwendung, sodass Sie im Fall von komponentenübergreifenden Tests sicherstellen können, dass nicht nur die Komponente an sich, sondern auch Ihre gesamte Applikationskonfiguration funktioniert.

## 13.10 Zusammenfassung und Ausblick

Mit dem Testing-Framework bietet Angular Ihnen umfangreiche Unterstützung für die Erstellung von Unit- bzw. Komponententests. Insbesondere das Zusammenspiel von DI-Mechanimen mit der Möglichkeit, sehr einfach vordefinierte Testing-Module zu erzeugen, hilft Ihnen hier, auf elegante Art und Weise unterschiedliche Szenarien zu simulieren.

Die folgende Liste fasst noch einmal die wichtigsten Erkenntnisse dieses Kapitels zusammen:

- Der Test-Runner *Karma* ermöglicht es Ihnen, Tests auszuführen, ohne dass Sie dafür die gesamte Anwendung starten müssen.
- Bei *Jasmine* handelt es sich um ein Behaviour-Driven-Testing-Framework, das es Ihnen ermöglicht, Testfälle in vergleichsweise natürlicher Sprache zu formulieren.
- Da Angular-Komponenten und Direktiven im Endeffekt einfache Klassen sind, können viele Testfälle ganz ohne Angular-Umgebung durch einfache Instanziierung der Klassen implementiert werden.
- Die Klasse `TestBed` stellt den zentralen Punkt zur Erstellung eines isolierten Testing-Moduls sowie zur Interaktion mit dem Test-Kontext dar.
- Bei der Implementierung von Komponententests bietet die Klasse `ComponentFixture` Ihnen sowohl Zugriff auf die Komponenten-Instanz als auch auf das gerenderte Template.
- Weitere `ComponentFixture`-Methoden wie `detectChanges` oder `whenStable` helfen Ihnen bei der Interaktion mit der zu testenden Komponente.
- Die Auswertung (und Manipulation) des Templates erfolgt über die DOM-API. Ihnen stehen somit alle bekannten DOM-Standardmechanismen zur Verfügung.
- Mocks und Spies bieten Ihnen die Möglichkeit, Aufrufe an externen Services oder Komponenten zu simulieren bzw. zu überwachen.
- Um innerhalb Ihres Tests Zugriff auf Services aus dem Testing-Modul zu haben, können Sie die `inject`-Funktion oder die `TestBed.get`-Methode verwenden.
- Beim Test von HTTP-Backends können Sie anstelle des echten Backends ein `MockBackend` verwenden.
- Das `MockBackend` bietet Ihnen über das `connections`-Observable die Möglichkeit, sämtliche Verbindungen zu überwachen und HTTP-Rückgaben zu simulieren.
- Template-Driven Forms und `ngModel`-Eingabefelder werden asynchron initialisiert. Bei Tests solcher Komponenten müssen Sie also über das `whenStable`-Promise auf die vollständige Initialisierung warten.
- Beim Test von Direktiven, `ngContent`-Komponenten oder Routing-Vorgängen bietet sich die Einführung einer einfachen Testkomponente an.

- Möchten Sie in einem Test auf den Abschluss von asynchronen Operationen warten, so stehen Ihnen hierfür der `done`-Callback sowie die `async`-Funktion zur Verfügung.
- Die Funktion `fakeAsync` bietet Ihnen noch detaillierte Kontrolle für asynchrone Tests. So können Sie über `fakeAsync` beispielsweise künstlich Zeit verstreichen lassen.
- Mittels `overrideComponent` und `compileComponents` haben Sie die Möglichkeit, Komponenten während der Testausführung zu manipulieren (etwa durch Zuweisung eines neuen Templates).
- Das `RouterTestingModule` stellt Ihnen diverse Möglichkeiten zum Test von Routing-Funktionalität zur Verfügung. So können Sie mithilfe des Moduls beispielsweise URL und Query-Parameter simulieren oder künstlich zu bestimmten Routen navigieren.

Das folgende Kapitel wird sich – aufbauend auf diesem – mit der Entwicklung von Integrationstests auf Basis von Protractor beschäftigen. Auch wenn das Angular-Testing-Framework Ihnen bereits viele Möglichkeiten zum Test Ihrer Komponenten gibt, kann es in einigen Fällen dennoch nützlich sein, die Anwendung im Ganzen zu betrachten. Daher werden Sie im folgenden Kapitel lernen, wann der Einsatz von Protractor sinnvoll ist und wie Sie Ihre implementierten Unit- und Komponententests durch Integrationstests ergänzen können.

# Kapitel 14
# Integrationstests mit Protractor

*Integrationstests helfen Ihnen sicherzustellen, dass Ihre Anwendung als Ganzes funktioniert – was hilft es schon, wenn Sie super getestete Komponenten haben, Ihre Applikation aber gar nicht erst hochfährt. Protractor macht solche Tests zu einem Kinderspiel!*

Nachdem Sie nun wissen, wie Sie Ihre Komponenten mithilfe des Angular-Testing-Frameworks auf Herz und Nieren testen können, werden Sie in diesem Kapitel lernen, wie Sie mithilfe des Testing-Frameworks *Protractor* Integrationstests für Ihre Anwendung implementieren können. Anders als bei den Komponenten- und Unit-Tests aus Kapitel 13 liegt der Fokus beim Integration-Testing auf einer Betrachtung der gesamten Applikation. So lassen sich auf diesem Weg sehr einfach komplexere Workflows und komponentenübergreifende Use Cases testen. Im Laufe des Kapitels werden Sie somit lernen,



- wie Sie eine Protractor-Testumgebung aufsetzen.
- warum es auch bei Integrationstests sinnvoll sein kann, bestimmte Konfigurationen der Anwendung zu verändern.
- wie der Environment-Mechanismus der Angular-CLI Sie bei dieser Aufgabe unterstützt.
- was Page-Objects sind und wie Sie diese sinnvoll einsetzen.
- wie Sie zur Überprüfung von Ergebnissen Screenshots von Ihren Testfällen anfertigen können.

Die in diesem Kapitel vorgestellten Beispielquelltexte befinden sich erneut im Projekt *project-manager-reactive*.

**Integrations- oder Komponententests – für jedes Szenario den richtigen Test**

Die Frage, ob Sie einen Testfall eher als Integrations- oder doch lieber als Unit- bzw. Komponententest implementieren, hat vermutlich schon zu einigem Zwist in den Webentwicklungs-Teams der Republik geführt.

Ein viel genutztes Argument gegen die Verwendung von Unit-Tests ist in diesem Zusammenhang, dass Unit-Tests zwar einen isolierten Bereich testen, das Zusammenspiel innerhalb der Applikation aber nicht berücksichtigen. Insbesondere die

Möglichkeit, über das Angular-Testing-Framework und die `ComponentFixture`-Klasse auch die gerenderte Darstellung einer Komponente zu überprüfen, schwächt diese Argumentation in Bezug auf Angular-Anwendungen jedoch stark ab.

So haben Sie in Kapitel 13, »Komponenten- und Unit-Tests: das Angular-Testing-Framework«, bereits gesehen, dass es durch den Einsatz des `RouterTestingModule` sogar möglich ist, bestimmte Routing-Konfigurationen in einem Komponententest zu simulieren. Komponententests haben hier den Vorteil, dass es wesentlich leichter ist, unterschiedliche Szenarien zu simulieren (Stichwort *Mocking*), und dass sie in der Regel deutlich performanter als Integrationstests sind.

Meine persönliche Empfehlung lautet somit, dass Sie einzelne *Komponenten* bzw. *Unterseiten* nach Möglichkeit mit dem Angular-Testing-Framework aus Kapitel 13 testen sollten. Möchten Sie hingegen seitenübergreifende *Workflows*, wie die komplette Anlage eines Tasks oder die richtige *Redirect-Konfiguration* Ihrer Anwendung, testen, so sind Integrationstests hierfür vermutlich die bessere Wahl: Dadurch, dass Sie die Tests »gegen die laufende Anwendung« ausführen, können Sie sicher sein, dass Sie auch wirklich realistische Testvoraussetzungen haben. Unabhängig davon, für welchen Weg Sie sich am Ende entscheiden, sollten Sie aber immer eine Regel im Hinterkopf behalten:

*Funktionalität, die bereits über einen Unit- oder Komponententest geprüft wurde, muss nicht auch noch durch einen Integrationstest getestet werden (und umgekehrt).*

Doppeltes Testen erhöht lediglich die Laufzeit Ihrer Tests und erschwert Ihnen auf lange Sicht die Pflege Ihrer Applikation!

## 14.1 Start der Tests und Konfiguration von Protractor

Über das Angular-CLI generierte Projekte enthalten bereits eine voll funktionsfähige Konfiguration für das Protractor-Test-Framework. Die Idee von Protractor besteht darin, die Tests »gegen eine laufende Anwendung« auszuführen. Vor dem Start von Protractor müssen Sie somit zunächst die Applikation starten, die Sie testen wollen.

Da im Fall des Project-Managers des Weiteren noch das »Backend« in Form des *project-server* gestartet werden muss, habe ich Ihnen hierfür bereits den *npm*-Task `start-e2e` vorbereitet, den Sie über den Befehl

```
npm run starte2e
```

ausführen können. Das Skript startet nun eine für Integrationstests leicht verändert konfigurierte Version der Anwendung (dazu mehr in Abschnitt 14.2). Des Weiteren wird der Server mit einer Test-Datenbank gestartet, sodass im Test keine »produktiven« Daten überschrieben werden.

Indem Sie die Adresse *http://localhost:4200* aufrufen, können Sie nun zunächst einmal überprüfen, ob die Anwendung tatsächlich ordnungsgemäß gestartet wurde.

### 14.1.1 Installation und Konfiguration von Protractor

Falls Sie sich bei der Implementierung Ihrer eigenen Anwendung gegen die Angular-CLI entschieden haben, so müssen Sie Protractor zunächst als Development-Dependency zu Ihrem Projekt hinzufügen:

```
npm install protractor --save-dev
```

Für die Ausgabe der Testergebnisse benötigen Sie des Weiteren – wie im Fall von Karma – eine Reporter-Implementierung. Hierfür bietet sich beispielsweise der *jasmine-spec-reporter* an:

```
npm install jasmine-spec-reporter --save-dev
```

Die eigentliche Konfiguration von Protractor erfolgt nun – ebenfalls äquivalent zu Karma – über eine JavaScript-Datei. Öffnen Sie die Datei *protractor.conf.js*, um eine Übersicht über die Optionen zu erhalten, die Ihnen hier zur Verfügung stehen:



```
var SpecReporter = require('jasmine-spec-reporter');
exports.config = {
  allScriptsTimeout: 11000,
  specs: [
    './e2e/**/*.e2e-spec.ts'
  ],
  capabilities: {
    'browserName': 'firefox'
  },
  directConnect: true,
  baseUrl: 'http://localhost:4200/',
  framework: 'jasmine',
  jasmineNodeOpts: {
    showColors: true,
    defaultTimeoutInterval: 30000,
    print: function() {}
  },
  useAllAngular2AppRoots: true,
  beforeLaunch: function() {
    require('ts-node').register({
      project: 'e2e'
    });
  },
  onPrepare: function() {
```

```
    jasmine.getEnv().addReporter(new SpecReporter());
  }
};
```

**Listing 14.1** »protractor.conf.js«: die Konfigurationsdatei für Protractor-Tests

Wie Sie sehen, ist die Protractor-Konfiguration deutlich übersichtlicher als die Konfiguration von Karma. Neben einigen Flags und Darstellungs- bzw. Timeout-Optionen enthält die Datei im Wesentlichen Informationen darüber, wo die Test-Dateien liegen (`specs`), welcher Browser (`browserName`) und welches Test-Framework (`framework`) verwendet werden soll und unter welcher URL die zu testende Applikation zu finden ist (`baseUrl`).

Interessant ist hier des Weiteren die Implementierung der `beforeLaunch`-Methode, in der das Paket `ts-node` ausgeführt wird. `ts-node` sorgt dafür, dass die in TypeScript verfassten Testfälle on-the-fly zu JavaScript kompiliert werden.

Falls Ihre Anwendung nicht auf dem Angular-CLI basiert, können Sie die Tests nun starten, indem Sie diese Konfigurationsdatei an das `protractor`-Executable übergeben:

```
./node_modules/.bin/protractor ./protractor.conf.js
```

CLI-Projekte stellen Ihnen hier aber ebenfalls ein *npm*-Hilfsskript zur Verfügung, sodass die Testausführung über den Befehl

```
npm run e2e
```

erfolgen kann.

## 14.2 Anpassung der Applikationskonfiguration über Environments

Auch wenn Integrationstests in der Regel gegen eine vollständige Anwendung ausgeführt werden sollen, kann es in manchen Fällen dennoch notwendig sein, kleinere Anpassungen an der Applikationskonfiguration vorzunehmen.

Typische Beispiele für solche Konfigurationsänderungen sind dabei etwa die Verbindung zu einem Test-Backend oder das Abschalten von Security-Konfigurationen. Bei der Verwendung der Angular-CLI bietet sich für diesen Zweck der Einsatz eines alternativen Environments an.

Wie ich in Kapitel 2, »Das Angular-CLI: professionelle Projektorganisation für Angular-Projekte«, beschrieben habe, enthält eine CLI-Anwendung von Haus aus die beiden Umgebungen `dev` und `prod`. Um nun noch eine zusätzliche Integrationstest-Umgebung hinzuzufügen, können Sie einfach eine neue Datei im Ordner *environments* hinterlegen:

```
export const environment = {
  production: false,
  e2eMode: true
};
```

**Listing 14.2** »environment.e2e.ts«: Inhalt der neuen »environment«-Datei

```
"environments": {
  "source": "environments/environment.ts",
  "prod": "environments/environment.prod.ts",
  "dev": "environments/environment.dev.ts",
  "e2e": "environments/environment.e2e.ts"
}
```

**Listing 14.3** »angular-cli.json«: die neue Konfiguration bei der Angular-CLI bekannt machen

Bei der Implementierung Ihres Applikationsmoduls können Sie nun – je nach verwendeter Umgebung – unterschiedliche Werte über den DI-Mechanismus bereitstellen. So wird im *ProjectManager*-Projekt bei der Aktivierung des `e2e`-environments einerseits die Login-Funktionalität ausgeschaltet sowie andererseits die Socket-IO-Implementierung durch eine Mock-Version ausgetauscht. Aufgrund eines Bugs ist es aktuell (Angular-Version 2.2.4) nicht möglich, Protractor-Tests in Verbindung mit echten Socket-IO-Verbindungen auszuführen.

14

```
import {SOCKET_IO, AUTH_ENABLED} from './app.tokens';
import {environment} from '../environments/environment';
import {mockIO} from './mocks/mock-socket';

export function socketIoFactory() {
  if (environment.e2eMode) {
    return mockIO;
  }
  return io;
}
const enableAuthentication = !environment.e2eMode;

@NgModule({
  providers: [
    ...
    {provide: AUTH_ENABLED, useValue: enableAuthentication},
    {provide: SOCKET_IO, useFactory: socketIoFactory},
  ],
})
```

```
export class AppModule {
}
```

**Listing 14.4** »app.module.ts«: Anpassung der DI-Konfiguration in Abhängigkeit vom aktivierten Environment

Achten Sie hier darauf, dass Sie die `environment`-Variable aus der Datei *environment.ts* (und nicht aus *environment.e2e.ts*) importieren: Das Angular-CLI sorgt beim Start der Anwendung automatisch dafür, dass hier die zum aktivierten Environment passende Datei verwendet wird.

Um die Anwendung in der e2e-Umgebung zu starten, müssen Sie somit den Befehl

```
ng serve --env=e2e
```

in der Kommandozeile ausführen. Wie in Abschnitt 14.1 beschrieben, stellt die *package.json* des Projekts Ihnen aber ebenfalls bereits das Skript `starte2e` zur Verfügung, das den ProjectManager mit dem richtigen Environment startet und zusätzlich den Server der Anwendung ausführt.

**Disclaimer zur Test-Konfiguration**

Die Möglichkeit, Ihre Testumgebung über ein Environment anzupassen, kann durchaus verlockend sein. Achten Sie hierbei aber in jedem Fall darauf, dass sich die Umgebung, die Sie testen wollen, nicht zu weit von Ihrer echten Konfiguration entfernt!

So sollten Sie es beispielsweise vermeiden, eigene Services wie den `TaskService` für die Testumgebung neu zu implementieren und dort als Mock zur Verfügung zu stellen: Integrationstests sollen im Endeffekt die Anwendung als Ganzes testen – je mehr Sie hier simulieren, umso weniger aussagekräftig werden Ihre Testergebnisse.

## 14.3 Das browser-Objekt und Locators: Übersicht über die Kernbestandteile von Protractor

Im ersten Schritt möchte ich Ihnen auf Basis eines sehr einfachen Tests der Dashboard-Funktionalität die grundlegenden Prinzipien von Protractor vorstellen. Wie beim Angular-Testing-Framework wird dabei *Jasmine* für die Implementierung der Testfälle verwendet, sodass ein Großteil der Syntax Ihnen bereits sehr vertraut vorkommen wird. Statt mit den einzelnen Komponenten interagieren Sie hier jedoch direkt mit dem Browser:

```
import { browser, element, by } from 'protractor/globals';
describe('Dashboard', function() {
  beforeEach(() => {
```

```
    browser.get('/');
  });
  it('should display the correct heading', () => {
    const heading = element(by.css('h1')).getText();
    expect(heading).toEqual('Dashboard');
  });
  it('should redirect to /dashboard', () => {
    expect(browser.getCurrentUrl()).toContain('/dashboard');
  });
});
```

**Listing 14.5** »dashboard.e2e-spec.ts«: Integrationstest für das Dashboard

Ein Ausführen von ng e2e sollte nun zu folgendem Bild in der Kommandozeile führen:

```
[17:43:25] I/direct - Using FirefoxDriver directly...
[17:43:25] I/launcher - Running 1 instances of WebDriver
Spec started

  Dashboard
    ✓ should display the correct heading
    ✓ should redirect to /dashboard

Executed 2 of 2 specs SUCCESS in 4 secs.
[17:43:32] I/launcher - 0 instance(s) of WebDriver still running
[17:43:32] I/launcher - firefox #01 passed
```

**Abbildung 14.1** Darstellung des Testergebnisses in der Kommandozeile

Der beforeEach-Lifecycle-Hook sowie die Funktionen describe (zur Definition der Test-Suite) und it (zur Implementierung eines Tests) werden Sie hier nicht überraschen. Ich werde mich an dieser Stelle also auf die Protractor-spezifischen Bestandteile des Tests konzentrieren.

### 14.3.1 browser – die Schnittstelle zur Interaktion mit dem Webbrowser

Das von Protractor bereitgestellte browser-Objekt stellt eine Vielzahl an Schnittstellen zur direkten Interaktion mit dem verwendeten Webbrowser zur Verfügung. Die im Test verwendete get-Methode führt beispielsweise dazu, dass eine bestimmte URL angesteuert wird:

```
browser.get('/');
```

Mithilfe der getCurrentUrl-Methode können Sie anschließend testen, ob Sie zur erwarteten Redirect-URL weitergeleitet wurden:

```
expect(browser.getCurrentUrl()).toContain('/dashboard');
```

Neben diesen beiden Methoden stehen Ihnen außerdem unter anderem Methoden zum Abfragen des Seitentitels (`getTitle`) oder zum Anfertigen eines Screenshots (`takeScreenshot`) zur Verfügung.

Tabelle 14.1 zeigt einen Überblick über die wichtigsten Bestandteile der API. Eine vollständige Beschreibung der gesamten API finden Sie außerdem auf der Webseite des Projekts (*www.protractortest.org*).

| Eigenschaft/Methode | Beschreibung |
|---|---|
| `get(url: string)` | Navigiert zur übergebenen Browser-URL. |
| `refresh()` | Führt ein Neuladen der aktuellen Seite aus. |
| `getCurrentUrl()` | Liefert die aktuelle Browser-URL zurück. |
| `sleep(ms: number)` | Wartet die angegebene Anzahl an Millisekunden. |
| `getTitle()` | Liefert den Seitentitel der aktuellen Seite zurück. |
| `takeScreenshot()` | Erzeugt einen Screenshot der aktuellen Ansicht und liefert ein `Promise` mit den entsprechenden Daten zurück (siehe Abschnitt 14.8, »Screenshots anfertigen«). |
| `switchTo()` | Setzt den Fokus des Browsers auf einen anderen Frame oder ein anderes Fenster (siehe Edit-Task-Test). |

**Tabelle 14.1** Übersicht über die API der Browser-Klasse

### 14.3.2 element und by – Protractor-Locators in Aktion

Neben dem `browser`-Objekt sind die Funktion `element` (zum Zugriff auf ein bestimmtes Element der Seite) sowie das Hilfsobjekt `by` (zum Finden dieser Elemente über sogenannte Locators) die wichtigsten Bestandteile eines Protractor-Tests. Möchten Sie beispielsweise die Hauptüberschrift einer Seite lokalisieren, so können Sie dies mithilfe des CSS-Locators wie folgt erreichen:

```
by.css('h1')
```

Der Zugriff auf das entsprechende Webelement erfolgt anschließend durch Übergabe des Locators an die `element`-Funktion, die Ihnen ein Objekt der Klasse `ElementFinder` zurückliefert. Über die `getText`-Methode kann schließlich der Textinhalt der Überschrift ausgelesen werden:

```
element(by.css('h1')).getText();
```

Werden dabei mehrere Elemente gefunden, so liefert die `element`-Funktion immer das erste gefundene Element zurück. Neben dem CSS-Locator stellt Protractor Ihnen auch hier eine Vielzahl von weiteren Locator-Arten zur Verfügung. Tabelle 14.2 enthält nur die wichtigsten.

| Locator | Beschreibung |
|---|---|
| `css` | Findet das Element über den übergebenen CSS-Selektor. |
| `id` | Findet das Element mit der übergebenen ID. |
| `name` | Findet das Element mit dem übergebenen Namen. |
| `className` | Findet das Element, das die Klasse enthält. |
| `deepCss` | Findet das Element über einen *Shadow-DOM-deep-Selektor*. |
| `linkText` | Findet den Link mit dem übergebenen Text. |
| `partialLinkText` | Findet den Link, der den übergebenen Text enthält. |
| `buttonText` | Finden den Button mit dem übergebenen Text. |
| `partialButtonText` | Findet den Button, der den übergebenen Text enthält. |

**Tabelle 14.2** Übersicht über die zur Verfügung stehenden Locator-Arten



Falls Sie in der Vergangenheit schon Protractor in Verbindung mit Angular 1.x genutzt haben, so werden Sie dort gegebenenfalls Locators wie `by.model` oder `by.binding` zur Lokalisierung von Elementen über Ihr `ng-model` bzw. Text-Binding eingesetzt haben. Entsprechende Selektoren gibt es für Angular 2 (noch?) nicht.

**Bad Practice: Der xpath-Locator**

Den `xpath`-Locator habe ich ganz bewusst nicht in Tabelle 14.2 aufgenommen. Dieser Locator bietet Ihnen die Möglichkeit, Elemente über einen `xpath`-Ausdruck zu lokalisieren. Auch wenn dies – insbesondere bei nicht vorhandener ID eines Elements – verlockend sein kann, möchte ich Ihnen dennoch ganz klar von der Verwendung abraten. So ist es mehr oder weniger vorprogrammiert, dass ein Locator der Form

```
by.xpath('//*[@id="left"]/task-list/div/div/span[1]')
```

durch eine künftige Änderung am Markup Ihrer Anwendung ins Leere läuft und Ihre Tests fehlschlagen lässt. Vergeben Sie an seiner Stelle lieber ein `class`-Attribut mehr in Ihrem Markup, und selektieren Sie dieses.

Wie ich bereits angedeutet habe, liefert Ihnen die `element`-Funktion schließlich das erste zum Locator passende Element. Das Ergebnis ist dabei ein Objekt vom Typ `ElementFinder`. Tabelle 14.3 zeigt die wichtigsten Methoden und Eigenschaften der Klasse.

| Methode | Beschreibung |
| --- | --- |
| `getText()` | Liefert den Textinhalt des Elements zurück. |
| `click()` | Führt einen Klick auf dem Element aus. |
| `sendKeys(keys: string)` | Sendet die übergebenen Zeichen an das Element (z. B. für das Füllen von Formularen). |
| `element(locator: Locator)` | Sucht innerhalb des Elements mithilfe eines weiten Locators nach Kindelementen und liefert das erste gefundene Element zurück. |
| `all(locator: string)` | Sucht innerhalb des Elements mittels eines weiteren Locators nach Kindelementen und liefert ein Array der gefundenen Elemente zurück (siehe den nächsten Abschnitt). |
| `getId()` | Liefert die ID des Elements zurück. |
| `getName()` | Liefert den Namen des Elements zurück. |
| `isDisplayed()` | Liefert Ihnen eine Information darüber, ob das Element aktuell dargestellt wird oder nicht. |

**Tabelle 14.3** Übersicht über die API des zurückgelieferten Elements

### element.all: Listen von Elementen abfragen

Um nicht das erste zum Locator passende Element sondern ein Array aller gefundenen Elemente zu erhalten, steht Ihnen die `element.all`-Funktion zur Verfügung. Sie liefert Ihnen ein Objekt der Kasse `ElementArrayFinder` zurück. Möchten Sie beispielsweise überprüfen, wie viele Elemente der Seite eine bestimmte Klasse besitzen, so können Sie dies über die `count`-Methode der `ElementArrayFinder`-Klasse realisieren:

```
element.all(by.className('my-class')).count()
```

**Listing 14.6** Die Anzahl der Elemente auslesen, die die »my-class«-Klasse besitzen

Neben der `count`-Methode bietet Ihnen auch diese Klasse noch einige weitere Hilfsmethoden. Die Wichtigsten habe ich in Tabelle 14.4 zusammengefasst.

| Methode | Beschreibung |
| --- | --- |
| `getCount()` | Liefert die Anzahl der gefundenen Elemente zurück. |
| `get(index: number)` | Liefert das Element zu einem bestimmten Index zurück. |

**Tabelle 14.4** Übersicht über die API der »ElementArrayFinder«-Klasse

| Methode | Beschreibung |
|---|---|
| `first()` | Liefert das erste Element des Arrays zurück. |
| `last()` | Liefert das letzte Element des Arrays zurück. |
| `each(fn: Function)` | Ruft die übergebene Funktion für jedes gefundene Objekt auf. |
| `map(fn: Function)` | Wendet die übergebene Funktion auf jedes Objekt des Arrays an. |
| `filter(fn: Function)` | Filtert die gefundene Liste auf Basis der übergebenen Filter-Funktion. |
| `all(locator: Locator)` | Ermöglicht es, Aufrufe an der `all`-Funktion zu verketten, wobei die Elemente des aktuellen Ergebnisses als Startpunkt verwendet werden. `el.all(by.css(.parent')).all(by.css('.child'))` liefert somit alle Elemente mit der Klasse `child`, die unter einem Element mit der Klasse `parent` hängen. |



**Tabelle 14.4** Übersicht über die API der »ElementArrayFinder«-Klasse (Forts.)

Des Weiteren stehen Ihnen auch hier alle zuvor beschriebenen Funktionen der `ElementFinder`-Klasse zur Verfügung. So liefert beispielsweise der Aufruf

```
const headings = element.all(by.css('h1')).getText();
```

eine Liste der Texte aller <h1>-Tags der Seite zurück, sodass Sie über die Expectation

```
expect(headings).toContain('Dashboard');
```

überprüfen könnten, ob es eine Überschrift mit dem Text »Dashboard« gibt.

### 14.3.3 Promises bei der Arbeit mit der Protractor-API

Bei der Arbeit mit der `element`-Funktion ist es wichtig zu verstehen, dass die Zugriffsoperationen (wie z. B. `getText()`) nicht die konkreten Ergebnisse, sondern lediglich Promises für diese Ergebnisse zurückliefern. So handelt es sich bei der von Protractor verwendeten `expect`-Funktion um eine gepatchte Version des eigentlichen Jasmine-`expect`. Im Testausschnitt

```
const heading = element(by.css('h1')).getText();
expect(heading).toEqual('Dashboard');
```

enthält die Variable `heading` somit ein Promise. Die gepatchte Version der `expect`-Funktion wartet nun automatisch auf die Rückkehr des Promise und vergleicht anschließend das Ergebnis. Auch wenn dieses Verhalten in der Regel zu sehr elegantem Testcode führt, werden Sie in Ihrem Entwickler-Alltag auch immer wieder in Situationen geraten, in denen Sie Zugriff auf den konkreten Wert des jeweiligen Promise benötigen. In diesen Fällen müssen Sie mithilfe der then-Funktion explizit auf die Rückkehr des Promise warten. Möchten Sie beispielsweise den Wert des h1-Tags zu Debugging-Zwecken auf der Kommandozeile ausgeben, so könnten Sie dies wie folgt erreichen:

```
it('should display the correct heading', () => {
  const heading = element(by.css('h1')).getText();
  heading.then((headingText) => {
    console.log(headingText);
  });
  expect(heading).toEqual('Dashboard');
});
```

**Listing 14.7** »dashboard.e2e-spec.ts«: expliziter Einsatz der »then«-Methode

Im weiteren Verlauf des Kapitels werde ich Ihnen außerdem noch ein Beispiel für den Einsatz dieser Technik für den Vergleich von ermittelten Zahlenwerten demonstrieren.

## 14.4 Page-Objects: Trennung von Testlogik und technischen Details

Technisch gesehen, haben Sie nun bereits (fast) alle Techniken zur Erstellung beliebiger Protractor-Tests zur Hand. Insbesondere bei der Implementierung von umfangreicheren Tests sowie in Bezug auf die Wiederverwendung von Testcode stößt der bislang gewählte Ansatz jedoch schnell an seine Grenzen.

So haben Sie bislang sowohl die technische Interaktion mit dem Browser und den HTML-Elementen als auch die Testlogik an sich innerhalb des eigentlichen Testfalls implementiert. Ändert sich nun ein CSS-Selektor oder wird die Seite unter einer anderen URL bereitgestellt, müssten Sie in diesem Fall alle Testfälle durchgehen und dort die entsprechenden Änderungen nachziehen.

Abhilfe für dieses Problem soll die *Page-Objects*-Technik schaffen. Die Grundidee besteht darin, gekapselte Objekte bereitzustellen, die die technische Interaktion mit dem Browser hinter fachlichen Methoden verstecken. Schauen Sie sich für ein besseres Verständnis des Konzepts zunächst noch einmal in Abbildung 14.2 den Screenshot der Task-Listen-Ansicht an.

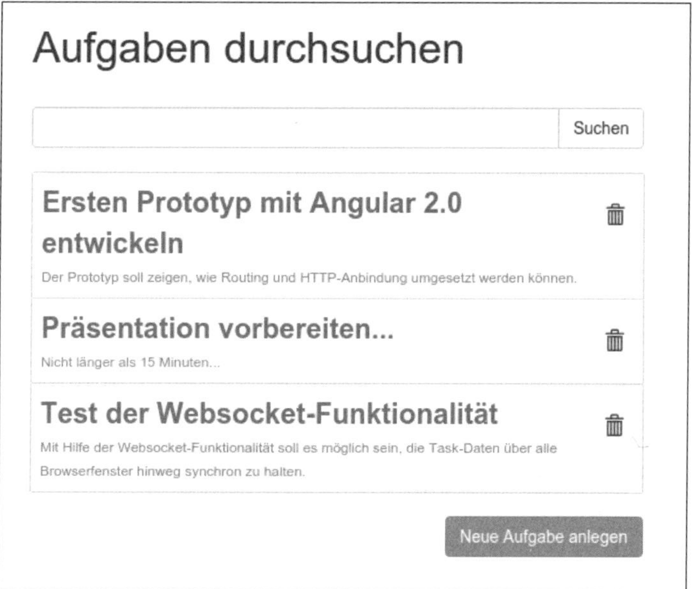


**Abbildung 14.2** Darstellung der Task-Listen-Ansicht



Auf Basis der bisherigen Technik könnte der Test der Suchfunktionalität wie folgt realisiert werden:

```
describe('Task List (without Page Object)', () => {
  beforeEach(() => {
    browser.get('/tasks')
  });
  it('should allow searching for tasks', () => {
    element(by.id('search-tasks')).sendKeys('Ersten');
    browser.sleep(500);
    const count =  element.all(by.className('task-list-entry'))
                                                          .count();
    expect(count).toEqual(1);
  });
});
```

**Listing 14.8** »task-list-no-page-object.e2e-spec.ts«: Test der Suchfunktion ohne Page-Object

Über den `id`-Locator wird zunächst ein Suchbegriff an das Eingabefeld gesendet. Anschließend wird über die `sleep`-Methode 500 Millisekunden gewartet (der Typeahead-Mechanismus sendet die Suchanfrage nach 400 Millisekunden ab). Die Überprüfung der Test-Erwartung erfolgt schließlich durch die Ermittlung der dargestellten Elemente mit der Klasse `task-list-entry`.

Bereits bei diesem recht einfachen Test wird deutlich, dass die Vermischung von technischer Selektion und der Formulierung von Erwartungen zu recht unübersichtlichem Code führt. Des Weiteren müssten Sie bei der Implementierung eines weiteren Testfalls für einen anderen Suchbegriff einen Großteil des Testcodes kopieren:

```
it('should work with no search results', () => {
  element(by.id('search-tasks')).sendKeys('Ich existiere nicht');
  browser.sleep(500);
  const count =  element.all(by.className('task-list-entry')).count();
  expect(count).toEqual(0);
});
```

**Listing 14.9** »task-list-no-page-object.e2e-spec.ts«: zweiter Testfall durch Copy-Paste

Selbstverständlich könnten Sie nun eine Funktion extrahieren, die die variablen Bestandteile des Testfalls als Parameter entgegennimmt und jeweils austauscht. Insbesondere in Bezug auf die Lesbarkeit eines Tests stellen Page-Objects hier aber die deutlich elegantere Lösung dar. Listing 14.10 zeigt die Implementierung einer Page-Object-Klasse für den Task-Listen-Test:

```
import { browser, element, by } from 'protractor/globals';
export class TaskListPage {
  navigateTo() {
    return browser.get('/tasks');
  }
  searchForTasks(term: string) {
    element(by.id('search-tasks')).sendKeys(term);
    browser.sleep(500);
  }
  getTaskCount() {
    return element.all(by.className('task-list-entry')).count();
  }
}
```

**Listing 14.10** »task-list.po.ts«: Page-Object für die Task-Listen-Ansicht

Wie Sie sehen, enthält diese Klasse alle zuvor verwendeten Locators sowie die gesamte Interaktion mit dem `browser`-Objekt. Dabei wird die Funktionalität der Seite über fachliche Methoden abgebildet. In diesem Kontext hat sich die Frage »Wie würde ich die zu testende Seite einem Kollegen beschreiben?« als gutes Hilfsmittel zur Definition einer Page-Object-Schnittstelle bewährt.

Die Vorteile der Technik werden schließlich bei der Implementierung der eigentlichen Testfälle ersichtlich:

```
import {TaskListPage} from './task-list.po';

describe('TaskList', function() {
  let page: TaskListPage;
  beforeEach(() => {
    page = new TaskListPage();
    page.navigateTo();
  });

  it('should allow searching for tasks', () => {
    page.searchForTasks('Ersten');
    expect(page.getTaskCount()).toEqual(1);
  });

  it('should work with no search results', () => {
    page.searchForTasks('Ich existiere nicht.');
    expect(page.getTaskCount()).toEqual(0);
  });
});
```



**Listing 14.11** »task-list.e2e-spec.ts«: Implementierung der Testfälle gegen das Page-Object

Die Spec-Datei ist nun in (fast) natürlicher Sprache lesbar und enthält keinerlei Abhängigkeiten zu Protractor-spezifischen Klassen. Des Weiteren ist nun auch das Refactoring deutlich leichter möglich: Ändert sich die CSS-ID des Suchfeldes, müssen Sie dies lediglich an einer einzigen Stelle im Page-Object anstatt in allen verwendenden Tests nachpflegen.

## 14.5 Formulare und Alert-Boxen testen: der Edit-Task-Test

In Kapitel 13 haben Sie bereits gesehen, wie Sie Angular-Formulare mithilfe des Angular-Testing-Frameworks auf Herz und Nieren testen können. Dennoch gibt es auch in diesem Fall Themen, die nicht oder nur sehr aufwendig über Komponententests abgebildet werden können. Ein Beispiel hierfür ist die Warnung über ungespeicherte Änderungen im HTML-Formular, die Sie in Kapitel 10, »Routing: Navigation innerhalb der Anwendung«, implementiert haben (siehe Abbildung 14.3).

Da für die Realisierung dieses Verhaltens einige Bestandteile zusammenspielen (Routing-Konfiguration, Implementierung der `CanDeactivate`-Hook-Klasse, Formular-Implementierung), bietet sich zum Testen dieses Features ein Integrationstest an. Sie benötigen also einerseits die Möglichkeit, das Task-Formular zu befüllen, sowie andererseits eine Schnittstelle zur Interaktion mit der Alert-Box.

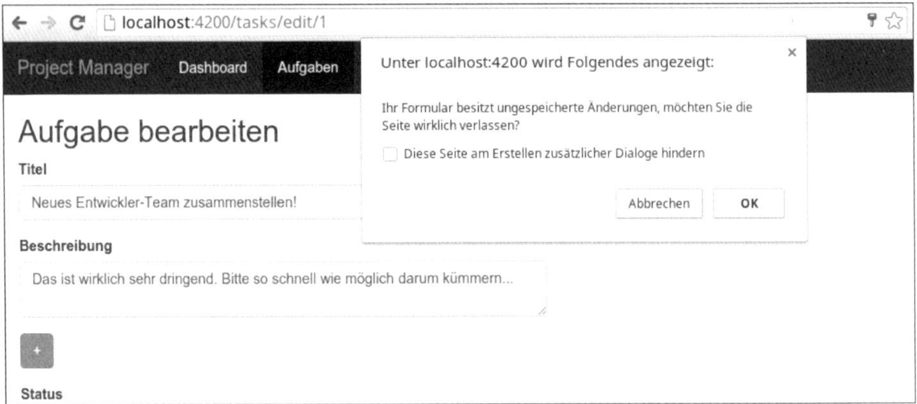


**Abbildung 14.3** Darstellung der Meldung bei ungespeicherten Änderungen

Listing 14.12 zeigt das hierfür vorbereitete Page-Object der Task-Bearbeiten-Seite:

```
import {browser, element, by} from 'protractor/globals';

export class EditTaskPage {
  newUrl = '/tasks/new';
  navigateToNewPage() {
    return browser.get(this.newUrl);
  }
  fillForm(title: string, state: string) {
    element(by.name('title')).sendKeys(title);
    element(by.name('state')).element(by.css(`[value="${state}"]`))
      .click();
    //Firefox-HACK:
    browser.actions().sendKeys( protractor.Key.ENTER ).perform();
  }

  save() {
    element(by.id('save')).click();
  }
  cancel() {
    return element(by.id('cancel')).click();
  }
  getAlert() {
    return browser.switchTo().alert();
  }
}
```

**Listing 14.12** »edit-task.po.ts«: Implementierung des Page-Objects für den Edit-Task-Test

Konzentrieren Sie sich hierbei zunächst auf die Methode `fillForm`: Wie Sie bereits aus Kapitel 8, »Template-Driven Forms: einfache Formulare auf Basis von HTML«, wissen, erfolgt die Verknüpfung der `NgModel`-Direktive mit dem Wert des Formulars über das `name`-Attribut des `input`-Feldes, sodass sich dieser Name auch hervorragend als Parameter für den Protractor-Locator eignet:

```
<input type="text" class="form-control"
       [(ngModel)]="task.title"
       name="title"
       required minlength="5" maxlength="100"/>
```

**Listing 14.13** »edit-task.component.html«: Definition des Input-Feldes für den Titel

Interessant ist nun auch die Verkettung der `element`-Methode, um innerhalb des `select`-Feldes das `options`-Tag mit dem Wert des übergebenen Status zu ermitteln:

```
element(by.name('state')).element(by.css(`[value="${state}"]`))
  .click();
```

Die Technik ermöglicht es Ihnen, sehr komfortabel Werte aus einer Select-Box auszuwählen.



**Hinweis zum Browser-Hack**

Beachten Sie in Listing 14.12 außerdem die Zeile:

```
browser.actions().sendKeys( protractor.Key.ENTER ).perform();
```

Hierbei handelt es sich um einen Workaround für ein Problem mit dem Firefox-Webdriver (dem API zur Fernsteuerung eines Browsers), der Klicks auf eine Option in manchen Fällen erst nach dem zusätzlichen Drücken der [↵]-Taste verarbeitet. Sollten Sie umfangreichere Tests für Firefox implementieren, lohnt sich hier die Auslagerung in eine Hilfsfunktion.

### switchTo – den Browser-Fokus verändern

Neben der Befüllung des Formulars sehen Sie in der Methode `getAlert` außerdem das zweite bislang unbekannte Protractor-Feature in Aktion: Über die `browser`-Methode `switchTo` sorgen Sie hier dafür, dass Ihr Browser den Fokus auf die eingeblendete Alert-Box wechselt und eine Referenz auf diese zurückliefert.

In Ihrem Testfall können Sie nun wieder sehr elegant mit der `EditTaskPage` interagieren. Listing 14.14 zeigt die Verwendung des Page-Objects bei der Implementierung der `CanDeactivate`-Tests.

```
import {browser} from 'protractor/globals';
import {EditTaskPage} from './edit-task.po';
```

```
describe('Edit Tasks', function() {
  let page: EditTaskPage;
  beforeEach(() => {
    page = new EditTaskPage();
    page.navigateToNewPage();
  });

  it('should change page when accepting alert', () => {
    page.fillForm('New Task', 'BACKLOG');
    page.cancel();
    page.getAlert().accept(); // Klick auf OK
    expect(browser.getCurrentUrl()).not.toContain(page.newUrl);
  });

  it('should stay on page when discarding alert', () => {
    page.fillForm('New Task', 'BACKLOG');
    page.cancel();
    page.getAlert().dismiss(); // Klick auf Abbrechen
    expect(browser.getCurrentUrl()).toContain(page.newUrl);
  });
});
```

**Listing 14.14** »edit-task.e2e-spec.ts«: Tests zur Überprüfung der »CanDeactivate«-Funktionalität

Hier testen Sie einerseits die Tatsache, dass bei ungespeicherten Änderungen eine Alert-Box eingeblendet wird, sowie andererseits das Verhalten beim Klick auf den OK-Button (Seite verlassen) und den ABBRECHEN-Button (auf der Seite bleiben).

## 14.6 Seitenübergreifende Workflows testen

Ein weiteres typisches Einsatzszenario für Integrationstests ist der Test von seitenübergreifenden Abläufen. Möchten Sie beispielsweise überprüfen, ob ein Klick auf den NEUE AUFGABE ANLEGEN-Button in der Task-Listen-Ansicht Sie zum Formular führt und dass ein dort gespeicherter Task im Anschluss in der Liste dargestellt wird, so können Sie dies sehr elegant über einen Protractor-Test realisieren.

Ein Pattern, das sich in diesem Zusammenhang bewährt hat, ist, dass eine Aktion, die einen Seitenwechsel auslöst, das Page-Object der neuen Seite als Rückgabewert hat. Beachten Sie in Listing 14.15 zunächst nur die Methode `gotoNewTask`; die `checkTaskDisplayed`-Methode erläutere ich Ihnen in Kürze:

```
import {ExpectedConditions as EC} from 'protractor/globals';
export class TaskListPage {
  ...
  gotoNewTaskView() {
    element(by.linkText('Neue Aufgabe anlegen')).click();
    return new EditTaskPage();
  }
  checkTaskDisplayed(text: string) {
    const taskLink = element(by.linkText(text));
    // warte maximal 10 Sekunden:
    browser.wait(EC.presenceOf(taskLink), 10000);
  }
}
```

**Listing 14.15** »task-list.po.ts«: Rückgabe der »EditTaskPage« nach einem Klick auf den »Neue Aufgabe anlegen«-Button

Wie Sie sehen, liefert die Methode ein Objekt der Klasse EditTaskPage zurück, sodass Sie in Ihrem Test den Workflow nun auf Basis dieser Rückgabe implementieren können:



```
describe('TaskList', function () {
  let page: TaskListPage;
  beforeEach(() => {
    page = new TaskListPage();
    page.navigateTo();
  });
  it('should allow to create new tasks', () => {
    const taskTitle = `New Task ${new Date().getTime()}`;
    const editPage = page.gotoNewTaskView();
    editPage.fillForm(taskTitle, 'IN_PROGRESS');
    editPage.save();
    page.checkTaskDisplayed(taskTitle);
  });
});
```

**Listing 14.16** »task-list.e2e-spec.ts«: Implementierung des Task-anlegen-Workflows

Der Test navigiert zunächst zur Edit-Task-Seite und erstellt hier eine neue Aufgabe. Im Anschluss daran wird überprüft, ob diese auch in der Liste dargestellt wird.

### 14.6.1 ExpectedConditions: komfortabel auf das Eintreten von Bedingungen warten

Schauen Sie sich noch einmal die bereits angesprochene Methode `checkTaskDisplayed` an:

```
import {ExpectedConditions as EC} from 'protractor/globals';
...
checkTaskDisplayed(text: string) {
  const taskLink = element(by.linkText(text));
  // warte maximal 10 Sekunden:
  browser.wait(EC.presenceOf(taskLink), 10000);
}
```

**Listing 14.17** »task-list.po.ts«: Verwendung der »ExpectedConditions«-Klasse

Hier kommt die Klasse `ExpectedConditions` zum Einsatz, die Ihnen die Möglichkeit bietet, auf das Eintreten von Bedingungen zu warten. Eine Bedingung wird dabei technisch über ein Promise-Objekt realisiert: Ist die Bedingung erfüllt, wird das Promise erfolgreich aufgelöst.

In Verbindung mit der `browser.wait`-Methode (die so lange wartet, bis ein Promise aufgelöst ist) können Sie somit sehr einfach Bedingungen an die weitere Ausführung Ihres Tests formulieren.

Neben der `presenceOf`-Methode, die zurückkehrt, sobald ein passendes Element im DOM-Baum vorhanden ist, stehen Ihnen diverse vordefinierte Bedingungen zur Verfügung. Tabelle 14.5 gibt Ihnen einen Überblick über die wichtigsten verfügbaren Optionen.

| Bedingung | Beschreibung |
|---|---|
| `presenceOf(elem)` | Überprüft, ob das Element im DOM-Baum vorhanden ist. |
| `visibilityOf(elem)` | Überprüft, ob das Element im DOM-Baum vorhanden und sichtbar ist. |
| `invisibilityOf(elem)` | Überprüft, ob das Element entweder unsichtbar oder gar nicht im DOM-Baum vorhanden ist. |
| `elementToBeClickable(elem)` | Überprüft, ob das Element sichtbar und »klickbar« ist. |

**Tabelle 14.5** Übersicht über die Bedingungen, die Ihnen die Klasse ExpectedConditions bereitstellt

| Bedingung | Beschreibung |
|---|---|
| `elementToBeSelected(elem)` | Überprüft, ob das Element selektiert ist (z. B. im Fall einer Checkbox). |
| `textToBePresentInElement(elem)` | Überprüft, ob ein Element einen bestimmten Text enthält. |
| `textToBePresentInElementValue (elem)` | Überprüft, ob die `value`-Eigenschaft eines Elements einen bestimmten Text enthält. |
| `and` | Ermöglicht es Ihnen, mehrere Bedingungen per Und-Verknüpfung zu kombinieren. |
| `or` | Ermöglicht es Ihnen, mehrere Bedingungen per Oder-Verknüpfung zu kombinieren. |
| `not` | Negiert das Ergebnis des zurückgelieferten Promise. |

**Tabelle 14.5** Übersicht über die Bedingungen, die Ihnen die Klasse ExpectedConditions bereitstellt (Forts.)



### 14.6.2 Zahlenwerte vergleichen – manuelle Auswertung der Promise.then-Rückgabewerte

Möchten Sie nicht nur testen, ob ein Task mit dem neuen Titel angelegt wird, sondern auch, ob nach dem Speichern auch wirklich ein Task mehr in der Liste enthalten ist, so müssen Sie hierfür erneut auf die `Promise.then`-Funktion zurückgreifen:

```
it('should add new tasks to the displayed list', () => {
  page.getTaskCount().then(count => {
    const editPage = page.gotoNewTaskView();
    editPage.fillForm('New Task', 'BACKLOG');
    editPage.save();
    expect(page.getTaskCount()).toEqual(count + 1);
  });
});
```

**Listing 14.18** »task-list.e2e-spec.ts«: Test, der die Anzahl der dargestellten Tasks untersucht

Da Sie hier wirklich Zugriff auf den ermittelten Wert brauchen, warten Sie mithilfe der `then`-Methode auf die Rückkehr des ersten `getTaskCount`-Aufrufs. Nachdem die Aufgabe angelegt wurde, kann der zweite `getTaskCount`-Aufruf hingegen wieder über die automatische `Promise`-Auflösung der `expect`-Funktion erfolgen.

## 14.7 Debugging von Protractor-Tests

Wenn sich Ihre Protractor-Tests nicht wie erwartet verhalten, kann es durchaus hilfreich sein, die Testausführung an einer bestimmten Stelle pausieren zu lassen und sich per Debugger mit dem Test zu verbinden.

Hätten Sie beispielsweise im Test aus Listing 14.18 vergessen, den Aufruf `editPage.save();` auszulösen, würde der Test aus Listing 14.19 mit der Fehlermeldung fehlschlagen, die Sie in Abbildung 14.4 sehen.

```
it('should allow to create new tasks', () => {
  const taskTitle = `New Task ${new Date().getTime()}`;
  const editPage = page.gotoNewTaskView();
  editPage.fillForm(taskTitle, 'IN_PROGRESS');
  page.checkTaskDisplayed(taskTitle);
});
```

**Listing 14.19** »task-list.e2e-spec.ts«: unvollständiger Testfall

```
**************************************************
*                    Failures                    *
**************************************************

1) TaskList should allow to create new tasks
  - Failed: Wait timed out after 10012ms
```

**Abbildung 14.4** Darstellung der Fehlermeldung

Mithilfe der `browser`-Methode `pause` können Sie den Test nun vor der Auswertung der Expectation pausieren lassen. Des Weiteren ist es für das Debugging eines Tests sinnvoll, die anderen Tests temporär zu deaktivieren. Verwenden Sie hierfür einfach die bereits bekannte `fit`-Methode, die dafür sorgt, dass nur der aktuelle Test ausgeführt wird:

```
fit('should allow to create new tasks', () => {
  const taskTitle = `New Task ${new Date().getTime()}`;
  const editPage = page.gotoNewTaskView();
  editPage.fillForm(taskTitle, 'IN_PROGRESS');
  browser.pause();
  page.checkTaskDisplayed(taskTitle);
});
```

**Listing 14.20** »task-list.e2e-spec.ts«: den Test über die »pause«-Funktion pausieren lassen

Um während des Debugging-Vorgangs Zugriff auf die Protractor-Kommandozeile zu haben, ist es nun notwendig, den Test direkt über das Protractor-Executable (und nicht über `ng e2e`) zu starten:

```
./node_modules/.bin/protractor ./protractor.conf.js
```

Die Testausführung pausiert nun an der Stelle, an der Sie das `pause`-Statement eingefügt haben, sodass Sie in der Browser-Ansicht erkennen können, dass Sie sich zum Zeitpunkt des `checkTaskDisplayed`-Aufrufs noch auf der Edit-Seite befinden.

Zur weiteren Auswertung stellt Ihnen der Protractor-Debugger des Weiteren die Möglichkeit zur Verfügung, interaktiv über die Protractor-API auf die Seite zuzugreifen. Führen Sie hierfür einfach das Kommando `repl` (für *Read–eval–print loop*) in der Kommandozeile aus. Der Debugger wechselt nun in den interaktiven Modus, in dem Sie anschließend über `element` und `by` auf die Bestandteile der Seite zugreifen können (siehe Abbildung 14.5).

```
| | (pending) Task::2442<then>
| | | TaskQueue::2450
| | | | (pending) Task::2464<empty debugger hook>
| | | | | TaskQueue::2480
| | | | | | (pending) Task::2482<then>
| | | | | | | (active) TaskQueue::2485
| | | | | | Task::2484<then>
wd-debug> repl
>   element.all(by.className('task-list-entry')).getText()
[]
```

**Abbildung 14.5** Ausführung des interaktiven Debug-Modus



**Erhöhung der Protractor-Timeouts**

Bei komplexeren Debugging-Vorgängen wird die Ausführung vermutlich wegen eines Test-Timeouts fehlschlagen. Erhöhen Sie in diesem Fall einfach temporär die konfigurierten Zeiten in der Datei *protractor.conf.js*.

Das Verlassen des interaktiven Modus kann anschließend über das Kommando `exit` erfolgen. Zusätzlich dazu bietet der Debugger Ihnen die Möglichkeit, über das Kommando `c` (für *continue*) zum nächsten Schritt weiterzugehen und Ihren Testfall somit Schritt für Schritt zu durchlaufen.

Beachten Sie hierbei, dass die Testausführung die von *ts-node* erzeugte kompilierte Version Ihres Testfalls durchläuft, sodass Sie die [C]-Taste gegebenenfalls öfter als erwartet verwenden müssen. Haben Sie den Debugging-Vorgang abgeschlossen, können Sie den Debugger schließlich über [Strg] + [C] beenden.

**Protractor und der node-debugger**

Neben der Möglichkeit, einen Test über `pause` pausieren zu lassen, bietet Protractor Ihnen außerdem die Möglichkeit, die Testausführung über die `browser.debugger()`-Funktion zu unterbrechen.

In diesem Fall wird der (deutlich mächtigere) Debugger von NodeJS verwendet. Da die `pause`-Funktion aber in den meisten Fällen völlig ausreicht, verzichte ich an dieser Stelle auf eine detaillierte Vorstellung und möchte Sie bei Interesse an diesem Feature auf die Online-Dokumentation von Protractor (*www.protractortest.org*) verweisen.

## 14.8 Screenshots anfertigen

Leider haben Sie nicht immer die Möglichkeit, Ihre Tests interaktiv zu debuggen. Werden die Tests beispielsweise über ein Continuous-Integration-Tool wie *CircleCI* gestartet, können Sie sich während der Testausführung nicht direkt mit dem Debugger verbinden. In diesem Fall kann das Anfertigen eines Screenshots eine pragmatische Alternative sein.

Das Browser-Objekt stellt Ihnen hierfür die `takeScreenshot`-Methode zur Verfügung. Die Methode liefert Ihnen ein Promise zurück, dessen Ergebnis die Byte-Daten der Bilddatei enthält. Mithilfe des File-System-Moduls von Node (`fs`) können Sie diese Daten anschließend in eine Datei speichern. Aus Gründen der Wiederverwendbarkeit bietet es sich dabei an, eine entsprechende Hilfsfunktion zu implementieren:

```
import {browser} from 'protractor/globals';
import * as fs from 'fs';

declare var Buffer: any;

export function takeScreenshot(filename: string) {
  browser.takeScreenshot().then((data) => {
    const stream = fs.createWriteStream(filename);
    stream.write(new Buffer(data, 'base64'));
    stream.end();
  })
}
```

**Listing 14.21** »take_screenshot.ts«: Hilfsfunktion zum Aufnehmen eines Screenshots

In Ihrem Test können Sie die Funktion nun verwenden, um an beliebigen Stellen im Ablauf Screenshots zu erstellen:

```
it('should allow to create new tasks', () => {
  const taskTitle = `New Task`;
  const editPage = page.gotoNewTaskView();
  editPage.fillForm(taskTitle, 'IN_PROGRESS');
  takeScreenshot('createTaskFailure.png');
  page.checkTaskDisplayed(taskTitle);
});
```

**Listing 14.22** »task-list.e2e-spec.ts«: den Screenshot aufnehmen

Ein Blick in die Datei *createTaskFailure.png* zeigt Ihnen nun, dass Sie zwar das Formular ausgefüllt, dieses jedoch nicht abgeschickt haben (siehe Abbildung 14.6).

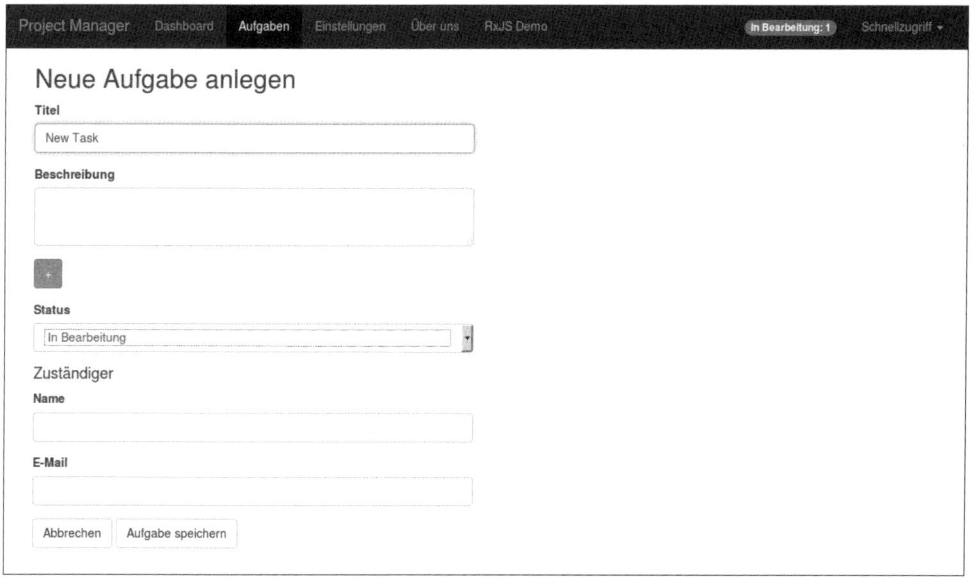

**Abbildung 14.6** »createTaskFailure.png«: Screenshot der aufgenommenen Browser-Ansicht

### 14.8.1 Nach jedem Test einen Screenshot aufnehmen

Um nicht nur zu selbst definierten Zeitpunkten, sondern nach jedem Test (oder nach jedem fehlgeschlagenen Test) einen Screenshot zu erstellen, sollten Sie auf einen Reporter zurückgreifen, der auf Screenshots spezialisiert ist.

So bietet Ihnen beispielsweise der *HTMLScreenshotReporter* eine Vielzahl an Einstellungsmöglichkeiten zur Steuerung der Screenshot-Funktionalität. Führen Sie zur Installation des Reporters zunächst den Befehl

```
npm install protractor-jasmine2-screenshot-reporter --save-dev
```

auf der Kommandozeile aus.

Innerhalb Ihrer Protractor-Konfigurationsdatei können Sie anschließend eine Instanz des Reporters erstellen. Achten Sie dabei darauf, dass Sie den Reporter über die beiden Lifecycle-Methoden `beforeLaunch` und `afterLaunch` ordnungsgemäß starten und beenden müssen. Die Aktivierung erfolgt – wie beim `SpecReporter` – über den `onPrepare`-Hook. Innerhalb der Quelltexte finden Sie die entsprechende Konfiguration in der Datei *protractor-html-reporter.conf.js*:

```
var HtmlScreenshotReporter = require('protractor-jasmine2-screenshot-
                                    reporter');

var reporter = new HtmlScreenshotReporter({
  dest: 'tmp/html-report',
  filename: 'test-report.html',
  cleanDestination: true,
  ignoreSkippedSpecs: true,
  captureOnlyFailedSpecs: false
});

exports.config = {
  ...
  beforeLaunch: function() {
    require('ts-node').register({
      project: 'e2e'
    });
    return new Promise(function(resolve){
      reporter.beforeLaunch(resolve);
    });
  },
  afterLaunch: function(exitCode) {
    return new Promise(function(resolve){
      reporter.afterLaunch(resolve.bind(this, exitCode));
    });
  },
  onPrepare: function() {
    jasmine.getEnv().addReporter(reporter);
    jasmine.getEnv().addReporter(new SpecReporter());
  },
};
```

**Listing 14.23** »protractor-html-reporter.conf.js«:
Konfiguration des »HTMLScreenshotReporter«

Des Weiteren habe ich Ihnen in der *package.json* bereits ein Skript zur Auführung von Protractor mit dieser Konfiguration vorbereitet. Führen Sie hierfür einfach den Befehl

```
npm run e2e-screenshots
```

aus. Nach der Ausführung des Tests finden Sie im Ordner *tmp/html-report* einen HTML-Report mit den Screenshots aller Testfälle.

## 14.9 Zusammenfassung

Jetzt haben Sie wirklich keine Ausrede mehr, um auf Tests zu verzichten! Nachdem Sie sich in Kapitel 13 mit dem Angular-Testing-Framework zur Definition von Komponententests beschäftigt haben, wissen Sie nun auch, wie Sie Ihre Test-Abdeckung durch die Implementierung von Integrationstests auf Basis von Protractor weiter erhöhen können.

Die folgende Liste fasst noch einmal die wichtigsten Punkte dieses Kapitels zusammen:



- Bei Protractor handelt es sich um ein Framework für die Implementierung von Integrationstests für Angular-Anwendungen.
- Protractor-Tests erfordern immer eine laufende Applikation, gegen die die Tests ausgeführt werden.
- Protractor unterstützt die Jasmine-Syntax, sodass Sie bei der Implementierung von Integrationstests auf bereits bekannte Funktionen wie `it`, `describe` oder `expect` zurückgreifen können.
- In bestimmten Fällen kann es notwendig sein, Änderungen an der Konfiguration der zu testenden Anwendung vorzunehmen.
- Bei der Verwendung der Angular-CLI können Sie dies leicht mithilfe von Environment-Dateien realisieren.
- Das `browser`-Objekt stellt das zentrale Objekt zur Interaktion mit der Browser-API bereit.
- Der Zugriff auf Elemente einer Seite erfolgt mithilfe der `element`-Funktion in Verbindung mit einem `Locator`.
- Möchten Sie eine Liste von Elementen abfragen, steht Ihnen die `element.all`-Funktion zur Verfügung.
- Protractor besitzt eine Vielzahl an vordefinierten Locator-Implementierungen. Beispiele sind hier der CSS-Locator (`by.css`) zur Lokalisierung über einen CSS-Selektor oder der Link-Text-Locator (`by.linkText`) zur Lokalisierung über einen Link-Text.

- Die `element`-Funktion liefert immer ein Promise zurück, sodass Sie beim manuellen Vergleich von Werten explizit auf die Rückkehr des Promises warten müssen (Stichwort: `then`-Funktion).
- Bei der Organisation von Testfällen hat sich der Einsatz von Page-Objects bewährt.
- Page-Objects kapseln die technischen Feinheiten einer Seite der Applikation und stellen fachliche Methoden zur Interaktion mit der Seite zur Verfügung.
- Müssen Sie in Ihrem Test den Fokus auf eine Alert-Box oder ein anderes Fenster ändern, steht Ihnen hierfür die `browser.switchTo`-Methode zur Verfügung.
- Möchten Sie einen Test debuggen, so können Sie die Testausführung mithilfe der `browser.pause`-Funktion an einer beliebigen Stelle pausieren lassen.
- Über den interaktiven Modus (`repl`) haben Sie anschließend die Möglichkeit, dynamisch auf die Protractor-API zuzugreifen.
- Die Anfertigung von Screenshots erfolgt über die Methode `browser.takeScreenshot`. Möchten Sie nach jedem Testfall einen Screenshot erzeugen, bietet sich hierfür ein zusätzlicher spezialisierter Reporter an.

Der ProjectManager ist nun »feature complete« und wurde mithilfe des Angular-Testing-Frameworks und Protractor sowohl über Unit- als auch über Integrationstests geprüft.

Um eine skalierbare weitere Entwicklung der Anwendung zu gewährleisten, wird es jedoch langsam Zeit, sich Gedanken über die Modularisierung des Applikationscodes zu machen. Mit `NgModule`-Modulen und dem Lazy-Loading-Mechanismus des Angular-Routers bietet Ihnen das Framework in diesem Zusammenhang interessante Möglichkeiten, die Sie im kommenden Kapitel kennenlernen werden.

## Kapitel 15

# NgModule und Lazy-Loading: Modularisierung Ihrer Anwendungen

*Ihre Anwendung wächst und wächst. Nun gilt es, nicht die Kontrolle zu verlieren. Mit NgModule und Lazy-Loading gibt Angular Ihnen zwei Werkzeuge zur Hand, mit denen die Modularisierung Ihrer Anwendung ein Leichtes ist!*

Die in den vorangegangenen Kapiteln implementierte Anwendung hat mittlerweile schon einige interessante Funktionen an Bord. Im Vergleich zu echten Webapplikationen ist der Code-Umfang aber immer noch überschaubar. Ein Blick in das Hauptmodul der Anwendung zeigt jedoch bereits jetzt, dass die Liste Ihrer Provider und deklarierten Komponenten immer länger wird. Spätestens jetzt sollten Sie sich Gedanken über die Modularisierung Ihrer Applikation machen.



Angular bietet Ihnen in diesem Zusammenhang die Möglichkeit, bestimmte Teilbereiche in eigene Module auszulagern. Im Rahmen dieses Kapitels werden Sie unter anderem lernen,

- was ein Feature-Module ist und wie Sie diese Technik nutzen können, um Ihre Anwendung zu modularisieren.
- wieso Sie gemeinsam genutzte Funktionalität in Shared-Modules auslagern sollten.
- welche Besonderheiten es beim Umgang mit Services zu beachten gilt.
- wie Sie Lazy-Loading einsetzen können, um Code erst dann zu laden, wenn er wirklich benötigt wird.

Als Basis für dieses Kapitel dient die reaktive Version der Projektverwaltung. Bei den Modularisierungsüberlegungen dieses Beispiels werden Sie somit bereits auf einige »Real-World«-Probleme stoßen, die Sie sehr sicher auch in Ihren eigenen Projekten bewältigen müssen. So benötigt die Hauptanwendung beispielsweise Zugriff auf den `TaskService`, um den Zähler in der Navigationsleiste darzustellen, und Funktionalität, die bisher auf Basis der Hauptapplikation implementiert wurde (z. B. `ShowErrorComponent`), wird nun auch im Tasks-Bereich benötigt. Angular bietet für alle diese Punkte sehr elegante Lösungen!

**Hinweis zu den Beispielquelltexten**

Möchten Sie die in diesem Kapitel vorgestellten Änderungen selbstständig ausführen, so können Sie hierfür das im Ordner *project-manager-reactive* hinterlegte Projekt als Basis verwenden. Die fertig modularisierte Version finden Sie im Ordner *project-manager-modular*.

## 15.1 Feature-Modules: Teilbereiche der Applikation kapseln

Der erste Teil der Modularisierung wird zunächst einmal darin bestehen, alle Bestandteile, die zur Arbeit mit Tasks verwendet werden, in einem eigenen Modul – dem `TasksModule` – zu kapseln. Schauen Sie sich für diese Aufgabe zunächst noch einmal die Ausgangssituation an:

```
@NgModule({
  imports: [BrowserModule, FormsModule, ReactiveFormsModule, HttpModule,
            appRouting,],
  providers: [LoginService,
    TaskService,
    TaskStore,
    Title,
    routingProviders,
    {provide: AUTH_ENABLED, useValue: enableAuthentication},
    {provide: SOCKET_IO, useFactory: socketIoFactory},
  ],
  declarations: [AppComponent,
    routingComponents,
    TaskItemComponent,
    ShowErrorComponent,
    APPLICATION_VALIDATORS],
  bootstrap: [AppComponent]
})
export class AppModule {
}
```

**Listing 15.1** »app.module.ts«: Hauptmodul inklusive aller Services, Modul-Importe und Komponentendeklarationen

```
export const appRouting = RouterModule.forRoot(appRoutes);
export const routingComponents = [DashboardComponent,
  SettingsComponent, AboutComponent, LoginComponent, NotFoundComponent,
```

```
  RxDemoComponent, ...tasksRoutingComponents];
export const routingProviders = [LoginGuard, ...tasksRoutingProviders];
```

**Listing 15.2** »app.routing.ts«: Haupt-Routing-Konfiguration der Anwendung

```
export const tasksRoutingComponents = [TasksComponent,
  TaskListComponent, EditTaskComponent, TaskOverviewComponent];
export const tasksRoutingProviders = [EditTaskGuard];
```

**Listing 15.3** »tasks.routing.ts«: Routing-Konfiguration der Task-Routen

Auch wenn es auf den ersten Blick nicht direkt ersichtlich ist, enthält das `AppModule` zum aktuellen Zeitpunkt alle Bestandteile der gesamten Anwendung. Beim genaueren Hinsehen lassen sich im Wesentlichen drei Arten von Applikationsbestandteilen identifizieren:

- Bestandteile, die klar zum Hauptmodul der Anwendung gehören (z. B. `LoginService` und `AppComponent`)
- Bestandteile, die klar zum Bereich der Aufgabenverwaltung gehören (z. B. `TaskItemComponent` und `TaskOverviewComponent`)
- Bestandteile, die sowohl im Bereich der Hauptapplikation als auch im Bereich der Aufgabenverwaltung benötigt werden (z. B. `Title`, `TaskService` und `ShowErrorComponent`)



Während Sie die Komponenten und Services, die dem ersten Punkt zuzurechnen sind, einfach im Hauptmodul belassen können, geht es nun darum, sinnvolle Modularisierungsstrategien für den zweiten (Feature-Modules) und den dritten Punkt (Shared-Modules) zu finden.

### 15.1.1 Feature-Modules – den Aufgabenbereich modularisieren

Bei der ersten Auslagerung spielt Ihnen ein etwas glücklicher Umstand in die Karten: Auch wenn Komponenten wie `ShowErrorComponent` oder die `APP_VALIDATORS` eigentlich von allen Bestandteilen der Anwendung nutzbar sein sollten, werden sie momentan nur im Tasks-Bereich verwendet. Zu Beginn können Sie diese Komponenten also zunächst mit in das `TasksModule` übernehmen, das Sie neu erstellen wollen. Listing 15.4 zeigt die entsprechende Implementierung des Moduls sowie des zugehörigen Routing-Moduls:

```
@NgModule({
  imports: [CommonModule,
    FormsModule,
    ReactiveFormsModule,
```

```
    HttpModule,
    tasksRouting],
  providers: [
    tasksRoutingProviders
  ],
  declarations: [
    tasksRoutingComponents,
    ShowErrorComponent,
    APPLICATION_VALIDATORS],
})
export class TasksModule {
}
```

**Listing 15.4** »tasks.module.ts«: Implementierung des gekapselten Task-Moduls

```
export const tasksRoutes: Routes = [{
  path: '', component: TasksComponent,
  children: [
    ...
  ]
}];
export const tasksRoutingComponents = [TasksComponent, ...];
export const tasksRoutingProviders = [EditTaskGuard];

export const tasksRouting = RouterModule.forChild(tasksRoutes);
```

**Listing 15.5** »tasks.routing.ts«: Erzeugung des »tasksRouting«-Moduls für die Routing-Konfiguration des Tasks-Bereichs

Betrachten Sie hier zunächst die Liste der `declarations` und `providers`: Diese enthalten nun alle Komponenten und Services, die lediglich im Aufgabenbereich benötigt werden. Beachten Sie dabei, dass `TaskService` und `TaskStore` für den Moment noch im Hauptmodul belassen wurden. Um diese Services werden Sie sich in Abschnitt 15.1.2 kümmern.

Beim Blick in die `imports`-Liste werden Ihnen nun einige interessante Feinheiten auffallen. So lautet die erste wichtige Erkenntnis:

*Wenn Sie in einem Modul Funktionalität aus anderen Modulen verwenden möchten, so müssen Sie diese selbst importieren – es genügt nicht, dass ein übergeordnetes Modul diese Funktionalität importiert!*

Ein Modul stellt somit immer eine in sich gekapselte Einheit dar. (Eine kleine Ausnahme bilden hier Services, aber dazu später mehr.)

### 15.1.2 Das Common-Module: Import von Angular-Standardfunktionalität

Der nächste Punkt, der Ihnen vermutlich aufgefallen sein wird, ist die Verwendung des `CommonModule` anstelle des `BrowserModule`. Dieses Modul enthält alle vom Angular-Core bereitgestellten Standarddirektiven und Pipes (z. B. `NgIf` oder `NgFor`) und bildet gleichzeitig die Basis für das `BrowserModule`. Zusätzlich zur Veröffentlichung dieser Direktiven nimmt das `BrowserModule` aber noch einige Initialisierungen vor, die nur einmalig in der Applikation erfolgen dürfen. Die nächste wichtige Erkenntnis lautet somit:

*Importieren Sie das* `BrowserModule` *nur in Ihrem Hauptmodul. Der Import von Standarddirektiven erfolgt in Feature-Modules immer über das* `CommonModule`.

### 15.1.3 Routing in Feature-Modules – die Routing-Konfiguration modularisieren

Ein elementarer Punkt bei der Modularisierung von Anwendungen besteht in der Behandlung der Module durch den Router. So bringt es wenig, wenn Sie auf der einen Seite alle Ihre Funktionalität sauber in einzelne Module kapseln, um dann im nächsten Schritt alle diese Funktionalität wieder in die zentrale (unmodularisierte) Routing-Konfiguration zu packen. In Listing 15.5 haben Sie bereits gesehen, wie innerhalb der Datei *tasks.routing.ts* ein eigenständiges Routing-Modul für den Tasks-Bereich erstellt wurde:

15

```
export const tasksRouting = RouterModule.forChild(tasksRoutes);
```

Während die Registrierung von Routen bislang über die Methode `RouterModule.forRoot` erfolgte, steht Ihnen mit der Methode `RouterModule.forChild` jetzt eine Möglichkeit zur Erzeugung von »Kind-Routing-Modulen« bereit. Wie bei der Unterscheidung zwischen `BrowserModule` und `CommonModule` führt `forRoot` hier einige Initialisierungen auf Applikationsebene aus, sodass Sie in Feature-Modules immer die `forChild`-Methode verwenden müssen. Die Registrierung des Routing-Moduls beim `TasksModule` erfolgt schließlich äquivalent zur Routenregistierung beim Hauptmodul über die `imports`-Eigenschaft:

```
@NgModule({
  ...
  imports: [... , tasksRouting ]
})
export class TasksModule { }
```

**Listing 15.6** »tasks.module.ts«: Import des »tasksRouting«-Moduls

### 15.1.4 Anpassungen am Hauptmodul und Integration des Feature-Modules

So weit, so gut. Ihr `TasksModule` ist nun einsatzbereit. Der nächste Schritt besteht jetzt darin, Ihr Hauptmodul aufzuräumen und das `TasksModule` in Ihre Anwendung zu integrieren. Listing 15.7 zeigt zunächst das angepasste `AppModule`:

```
@NgModule({
  imports: [BrowserModule, FormsModule, HttpModule, appRouting],
  providers: [LoginService,
    Title,
    TaskService,
    TaskStore,
    routingProviders,
    {provide: AUTH_ENABLED, useValue: enableAuthentication},
    {provide: SOCKET_IO, useFactory: socketIoFactory},
  ],
  declarations: [AppComponent, routingComponents],
  bootstrap: [AppComponent]
})
export class AppModule {
}
```

**Listing 15.7** »app.module.ts«: angepasstes App-Module nach Auslagerung der Tasks-Bestandteile

Des Weiteren müssen Sie nun noch die task-spezifischen Bestandteile aus der Hauptroutenkonfiguration entfernen:

```
export const routingComponents = [DashboardComponent, SettingsComponent,
  AboutComponent, LoginComponent, NotFoundComponent, RxDemoComponent];
export const routingProviders = [LoginGuard];
```

**Listing 15.8** »app.routing.ts«: von Tasks-Funktionalität befreite Routing-Konfiguration

Wie Sie sehen, ist das `AppModule` nun, bis auf `TaskService` und `TaskStore`, frei von task-spezifischen Bestandteilen. Des Weiteren konnte das `ReactiveFormsModule` aus der Import-Liste entfernt werden – es wird ebenfalls nur im Aufgabenbereich verwendet.

**Services und Modularisierung: Besonderheiten bei der Provider-Definition**

Einen sehr wichtigen Punkt habe ich bislang noch übergangen: Während importierte Module und Komponentendeklarationen immer nur im aktuellen Modul sichtbar sind, werden Service-Definitionen sowie alle weiteren Bestandteile des `providers`-Arrays immer applikationsweit zur Verfügung gestellt.

Ohne diese Tatsache wäre es gar nicht möglich gewesen, mit dem aktuellen Setup sowohl aus dem `AppModule` als auch aus dem `TasksModule` auf den `TaskService` zuzugreifen. Nichtsdestotrotz ist die aktuelle Konfiguration aber nicht wirklich ideal. So verlässt sich das `TasksModule` momentan darauf, dass »irgendein anderes Modul« den `TaskService` bereitstellt. Mithilfe von Shared-Modules (siehe Abschnitt 15.2) lässt sich dieser Umstand aber leicht beheben!

Doch wie lässt sich das Aufgabenmodul jetzt in Ihre Applikation integrieren? Hierfür haben Sie zwei verschiedene Möglichkeiten:

1. Sie importieren das Feature-Module in Ihr Hauptmodul.
2. Sie laden das Modul innerhalb der Routing-Konfiguration.

Um den Unterschied zwischen den beiden Ansätzen zu verstehen, ist es hier zunächst einmal hilfreich, einen Blick in die ursprüngliche Task-Routendefinition und deren Integration in die Hauptroutenkonfiguration zu werfen:

```
export const tasksRoutes: Routes = [{
  path: '', component: TasksComponent,
  children: [
    {
      path: '', component: TaskListComponent,
      data: {title: 'Task-Übersicht'}
    },
    {
      path: 'edit/:id', component: EditTaskComponent,
      data: {title: 'Aufgabe bearbeiten'},
      canDeactivate: [EditTaskGuard]
    }
    ...
  ]
}];
```

**Listing 15.9** »tasks.routing.ts«: Definition der task-spezifischen Routen

```
export const appRoutes: Routes = [
  ...
 { path: 'tasks', canActivate: [LoginGuard],
   children: tasksRoutes},
];
```

**Listing 15.10** »app.routing.ts«: bisherige Integration der Task-Routen in die Anwendung

Beachten Sie an dieser Stelle, dass die Hauptroutenkonfiguration entscheidet, unter welchem Pfad die Aufgabenfunktionalität eingebunden wird (/tasks) und welche Zugangsbeschränkungen für diese Routen gelten (LoginGuard).

### Direkter Import in das Hauptmodul

Um das TasksModule jetzt über den regulären Importmechanismus in die Applikation einzubinden, müssen Sie zunächst den tasks-Pfad aus der Datei *app.routing.ts* entfernen. Die Einbindung des Moduls erfolgt anschließend – wie für jedes andere Modul – über die imports-Eigenschaft des Hauptmoduls:

```
@NgModule({
  imports: [BrowserModule, RouterModule.forRoot(appRoutes),
            HttpModule, TasksModule],
  ...
  bootstrap: [AppComponent]
})
export class AppModule {
}
```

**Listing 15.11** »app.module.ts«: direkter Import des »TasksModule« in das Hauptmodul

In diesem Fall merkt das Routing-Framework, dass im TasksModule eine eigene Routing-Konfiguration vorhanden ist, und integriert diese automatisch in Ihre Haupt-Routing-Konfiguration. Dieser Ansatz hat hier jedoch einen Nachteil: Damit die Applikation weiterhin funktioniert, müssten Sie nun den Pfad und den Guard innerhalb des Tasks-Bereichs definieren:

```
export const tasksRoutes: Routes = [{
  path: 'tasks', canActivate: [LoginGuard], component: TasksComponent,
  children: [
    ...
  ]
}];
```

**Listing 15.12** »tasks.routing.ts«: notwendige Anpassungen an der Task-Routen-Konfiguration

Diese Lösung ist insofern ungünstig, als dass Sie nun auf Basis des Hauptmoduls keine Kontrolle mehr über die URL-Struktur haben. Würden beispielsweise zwei importierte Module den gleichen Pfad verwenden, wäre deren Integration unmöglich.

### loadChildren– Module in der Routenkonfiguration importieren

Für die Integration von Feature-Modulen stellt Ihnen das Routing-Framework hier eine deutlich elegantere Lösung zur Verfügung. So haben Sie zusätzlich zur `children`-Eigenschaft, die eine Liste von Routen erwartet, über die `loadChildren`-Eigenschaft die Möglichkeit, eine Funktion (oder einen Pfad) zu definieren, über die das zu verwendende Feature-Module geladen werden kann. Listing 15.13 zeigt die entsprechende Verwendung in der Hauptroutenkonfiguration:

```
export function loadTasksModule() {
  return TasksModule;
}

export const appRoutes: Routes = [
  ...
  {path: 'tasks', loadChildren: loadTasksModule, canLoad: [LoginGuard]},
];
```

**Listing 15.13** »app.routing.ts«: Verwendung der »loadChildren«-Funktion zum Laden des »TasksModule«



Wie Sie sehen, nimmt die `loadChildren`-Eigenschaft hier eine Funktion entgegen, die direkt (synchron) das `TasksModule` zurückliefert.

> **Hinweis zur Verwendung von Inline-Funktionen**
>
> Bei der Definition der `loadChildren`-Eigenschaft ist es verlockend, die Rückgabe des Moduls als Inline-Funktion direkt in der Routenkonfiguration zu implementieren. Leider werden Inline-Funktionen zum aktuellen Zeitpunkt nicht vom AOT-Compiler unterstützt (den ich Ihnen in Kapitel 16 vorstelle).
>
> Um Ihre Anwendung AOT-kompatibel zu halten, sollten Sie also an dieser Stelle auf den Einsatz von Inline-Funktionen verzichten.

Beachten Sie hier auch die Verwendung der `canLoad`-Eigenschaft anstelle von `canActivate`. Über die `loadChildren`-Eigenschaft geladene Module werden nicht über `CanActivate`-Guards, sondern über Implementierungen des `CanLoad`-Guards abgesichert. Um die Login-Logik hier wiederzuverwenden, können Sie den `LoginGuard` nun einfach so anpassen, dass dieser zusätzlich das `CanLoad`-Interface implementiert:

```
import {Injectable}    from '@angular/core';
import {CanActivate, CanLoad, Router, ...} from '@angular/router';
...
@Injectable()
export class LoginGuard implements CanActivate, CanLoad {
  constructor(private loginService: LoginService, private router: Router) {
```

```
  }
  private checkLogin(redirect: string) {
    if (!this.loginService.isLoggedIn()) {
      this.router.navigate(['/login'], {queryParams: {redirect: redirect}});
      return false;
    }
    return true;
  }
  canActivate(routeSnapshot: ActivatedRouteSnapshot,
        routerSnapshot: RouterStateSnapshot): Observable<boolean> | boolean {
    const redirect = encodeURI(routerSnapshot.url);
    return this.checkLogin(redirect);
  }
  canLoad(route: Route): Observable<boolean> | boolean {
    const redirect = encodeURI(route.path);
    return this.checkLogin(redirect);
  }
}
```

**Listing 15.14** »login.guard.ts«: Unterstützung von »CanActivate« und »CanLoad«

Der `canLoad`-Callback erhält dabei ein Objekt vom Typ `Route`, sodass Sie die Redirect-URL hier über die `path`-Eigenschaft der Route auslesen müssen.

Geschafft! Ihre Tasks-Funktionalität ist in einem eigenen Modul gekapselt und wird nun mithilfe von `loadChildren` in Ihre Haupt-Routing-Konfiguration integriert!

**Lazy-Loading-Spoiler**

Wie ich bereits angedeutet habe, können Sie der `loadChildren`-Eigenschaft entweder eine Funktion oder einen Pfad zu einem Modul übergeben. In Abschnitt 15.3, »Lazy-Loading von Applikationsbestandteilen«, werden Sie lernen, wie Sie die Pfadvariante verwenden können, um Module nachträglich zu laden und Ihre Anwendung somit deutlich skalierbarer zu gestalten.

## 15.2 Shared-Modules: gemeinsam genutzte Funktionalität kapseln

Auch wenn Ihre Anwendung nun bereits in zwei gekapselte Module aufgeteilt ist, hat die aktuelle Lösung noch einige Schwächen. So sind beispielsweise der `TaskService` und der `TaskStore` im Hauptmodul definiert, obwohl diese eigentlich sowohl vom Haupt- als auch vom `TasksModule` verwendet werden.

Des Weiteren sind außerdem die ShowError-Komponente und die Applikationsvalidatoren Teil des TasksModule. Wollten Sie diese nun ebenfalls in der SettingsComponent verwenden, um dort die Eingabe der E-Mail-Adresse des Benutzers zu überprüfen, könnten Sie zunächst auf die Idee kommen, die Komponenten auch im AppModule zu deklarieren:

```
@NgModule({
  ...
  declarations: [
    ...
    SettingsComponent,
    ShowErrorComponent,
    APPLICATION_VALIDATORS],
  bootstrap: [AppComponent]
})
export class AppModule {
}
```

**Listing 15.15** Fehlerhafte Integration der »ShowErrorComponent« und der Validatoren in die Hauptapplikation



Der obige Versuch scheitert jedoch mit der folgenden Fehlermeldung in der Developer-Konsole:

```
EXCEPTION: Error: Uncaught (in promise): Type ShowErrorComponent is part of the declarations of 2 modules: AppModule and TasksModule!
```

Hier sehen Sie die Auswirkungen eines weiteren wichtigen Grundsatzes bei der Arbeit mit Modulen:

*Eine Komponente muss immer genau einem Modul zugeordnet sein. Wollen Sie eine Komponente in mehreren Modulen verwenden, so müssen Sie diese in einem geteilten Modul deklarieren und von dort aus importieren.*

Und hier kommen die *Shared-Modules* ins Spiel, die ich schon mehrfach angesprochen habe. Shared-Modules bieten Ihnen die Möglichkeit, gemeinsam genutzte Funktionalität zu bündeln und anderen Modulen zur Verfügung zu stellen. Hierbei hat es sich als gute Praxis erwiesen, Komponenten und Services, die in mehreren Modulen der Applikation verwendet werden sollen, im Ordner *app/shared* zu definieren. Listing 15.16 zeigt zunächst die Bereitstellung der ShowErrorComponent sowie der Validatoren über das neu angelegte SharedModule:

```
import {NgModule} from '@angular/core';
import {CommonModule} from '@angular/common';
import {ShowErrorComponent} from './show-error/show-error.component';
```

```
import {APPLICATION_VALIDATORS} from './models/app-validators';

@NgModule({
  imports: [CommonModule],
  declarations: [ShowErrorComponent, APPLICATION_VALIDATORS],
  exports: [ShowErrorComponent, APPLICATION_VALIDATORS]
})
export class SharedModule {}
```

**Listing 15.16** »shared.module.ts«: Implementierung des »SharedModule« zur Bereitstellung von geteilter Funktionalität

Der entscheidende Teil dieses Moduls ist die Verwendung der exports-Eigenschaft, die es Ihnen ermöglicht, Komponenten, Direktiven, Pipes oder andere Module zu *exportieren*. Importiert nun ein anderes Modul das SharedModule (über die imports-Eigenschaft), stehen in diesem Modul automatisch alle vom SharedModule exportierten Elemente zur Verfügung.

Die exports-Eigenschaft definiert somit in gewisser Weise die öffentliche Schnittstelle eines Moduls: Elemente, die hier aufgeführt sind, werden veröffentlicht. Sonstige deklarierte Elemente stehen einem Modul, das dieses Modul importiert, hingegen nicht zur Verfügung.

Im Anschluss müssen Sie nun lediglich noch die Definitionen des AppModule und des TaskModule anpassen:

```
@NgModule({
  imports: [BrowserModule, FormsModule, HttpModule, SharedModule,
            appRouting],
  providers: [LoginService,
    Title,
    TaskService,
    TaskStore,
    routingProviders,
    {provide: AUTH_ENABLED, useValue: enableAuthentication},
    {provide: SOCKET_IO, useFactory: socketIoFactory},
  ],
  declarations: [AppComponent, routingComponents],
  bootstrap: [AppComponent]
})
export class AppModule {
}
```

**Listing 15.17** »app.module.ts«: das »SharedModule« im »AppModule« verwenden

```
@NgModule({
  imports: [CommonModule, FormsModule, ReactiveFormsModule,
            HttpModule, SharedModule, tasksRouting],
  providers: [tasksRoutingProviders],
  declarations: [tasksRoutingComponents]
})
export class TasksModule {
}
```

**Listing 15.18** »tasks.module.ts«: das »SharedModule« im »TasksModule« verwenden

Weder das `AppModule` noch das `TasksModule` besitzen nun eine direkte Abhängigkeit zu den geteilten Komponenten, sondern importieren diese lediglich über das `SharedModule`. Wie Sie in Abbildung 15.1 sehen, ist es anschließend möglich, auch aus dem Hauptmodul heraus auf die importierte Funktionalität zuzugreifen:

```
<div class="form-group">
  <label for="email">E-Mail-Adresse</label>
  <input type="text" id="email" class="form-control"
         name ="email" [(ngModel)]="user.email" emailValidator/>
  <pjm-show-error path="email"></pjm-show-error>
</div>
```



**Listing 15.19** »settings.component.html«: Verwendung der »ShowErrorComponent« und der »EmailValidatorDirective« innerhalb der »Einstellungen«-Seite

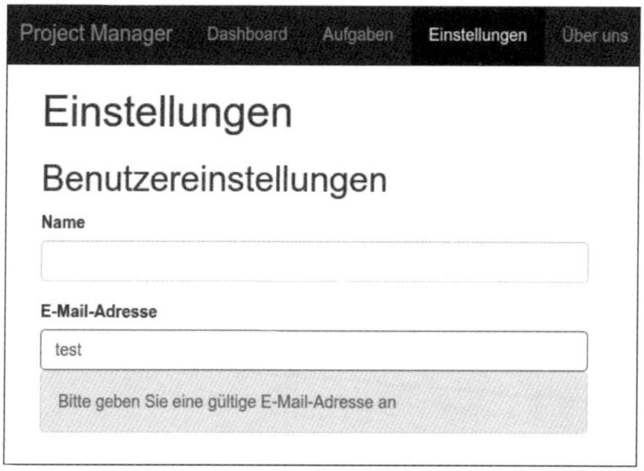

**Abbildung 15.1** Darstellung der »ShowErrorComponent« im »Einstellungen«-Bereich

### 15.2.1 Boilerplate-Code durch Shared-Modules vermeiden

Bei genauerer Betrachtung des `AppModule` und des `TaskModule` werden Sie feststellen, dass Bestandteile wie das `HttpModule` oder das `FormsModule` von beiden Modulen getrennt importiert werden. Insbesondere bei Funktionalität, die in mehreren Modulen verwendet wird, bietet sich auch hier die Auslagerung in ein Shared-Module an. Erweitern Sie das gemeinsame Modul hierfür einfach wie folgt:

```
@NgModule({
  imports: [CommonModule],
  declarations: [ShowErrorComponent, APPLICATION_VALIDATORS],
  exports: [CommonModule, HttpModule, FormsModule,
            ShowErrorComponent, APPLICATION_VALIDATORS]
})
export class SharedModule {
}
```

**Listing 15.20** »shared.module.ts«: Import und Reexport gemeinsam genutzter Module

Der Trick besteht hier darin, die gemeinsam genutzten Module über das Shared-Module zu exportieren.

**Reexport des CommonModule**

Zusätzlich zum `HttpModule` und zum `FormsModule` wird hier auch das `CommonModule` reexportiert. Auch wenn das `AppModule` die enthaltene Funktionalität bereits über das `BrowserModule` importiert, führt dieser Export nicht zu einem Fehler: Doppelt importierte Bestandteile werden einfach ignoriert.

Beim Import des `SharedModule` können Sie nun auf den Import der dort exportierten Module verzichten:

```
@NgModule({
  imports: [ReactiveFormsModule, SharedModule, tasksRouting],
  ...
})
export class TasksModule {}
```

**Listing 15.21** »tasks.module.ts«: reduzierte Import-Liste im »TasksModule«

```
@NgModule({
  imports: [BrowserModule, SharedModule, appRouting],
  ...
})
export class AppModule {}
```

**Listing 15.22** »app.module.ts«: reduzierte Import-Liste im »AppModule«

Shared-Modules ermöglichen es Ihnen somit, Bestandteile, die für Ihre gesamte Applikation relevant sind, an einer zentralen Stelle zu pflegen.

### 15.2.2 Gemeinsame Services über Shared-Modules verwalten

Wie ich bereits angedeutet habe, besteht eine weitere unschöne Eigenheit des Beispielcodes darin, dass `TaskService` und `TaskStore` aktuell direkt im `AppModule` bereitgestellt werden. Sie könnten nun auf die Idee kommen, die beiden Services einfach von dort in das Provider-Array des `SharedModule` zu verschieben:

```
@NgModule({
  providers: [
    TaskService, TaskStore
  ],
  ...
})
export class SharedModule {
}
```

**Listing 15.23** »shared.module.ts«: fehlerhafte Bereitstellung der Services über das »SharedModule«



*Tun Sie dies nicht!* Das Problem an dieser Implementierung wird deutlich, wenn Sie die Anwendung starten und anschließend einen Task auf »In Bearbeitung« setzen: Der In-Bearbeitung-Zähler bleibt in diesem Fall weiterhin auf dem ursprünglichen Wert stehen.

Der Grund hierfür ist, dass nun sowohl das `AppModule` als auch das `TasksModule` eigene Instanzen der beiden Services erhalten. Gerade bei der reaktiven Store-Architektur ist es aber wichtig, dass Sie eine zentrale Instanz zur Verwaltung der Task-Daten haben! Ein weiterer Merksatz lautet somit:

*Vermeiden Sie es, gemeinsam genutzte Services direkt über das* `providers`*-Array eines Shared-Modules zu definieren. Dies führt zu Datenchaos!*

Doch wie kann sonst die Deklaration der Services an eine zentrale Stelle ausgelagert werden? Die Lösung liefert hier eine Technik, die Sie bereits beim Einbinden des Routers in Aktion gesehen haben: Das `RouterModule` stellt die beiden Methoden `forRoot` und `forChild` bereit, die – je nach Einsatzzweck – unterschiedliche Konfigurationen des Moduls zur Verfügung stellen. Auf die gleiche Art und Weise können Sie nun dafür sorgen, dass Sie beim Import des `SharedModule` in das Hauptmodul eine andere Konfiguration als beim Import in das `TasksModule` erhalten.

Listing 15.24 zeigt die entsprechende Erweiterung der `SharedModule`-Klasse:

```
import {ModuleWithProviders, NgModule} from '@angular/core';
...
@NgModule({
  imports: [CommonModule],
  declarations: [ShowErrorComponent, APPLICATION_VALIDATORS],
  exports: [CommonModule, HttpModule, FormsModule,
            ShowErrorComponent, APPLICATION_VALIDATORS]
})
export class SharedModule {
  static forRoot(): ModuleWithProviders {
    return {
      ngModule: SharedModule,
      providers: [TaskService, TaskStore]
    };
  }
}
```

**Listing 15.24** »shared.module.ts«: Bereitstellung der »forRoot«-Methode im »SharedModule«

Auch wenn die Syntax hier zunächst etwas eigenwillig aussieht, ist die zur Verfügung gestellte Funktionalität leicht zu verstehen: Beim Aufruf der `forRoot`-Methode soll ein Modul (`ModuleWithProviders`) bereitgestellt werden, das auf dem `SharedModule` basiert (`ngModule: SharedModule`), dieses aber um die beiden Provider `TaskService` und `TaskStore` erweitert.

Beim Import des Moduls können Sie nun selbst entscheiden, ob Sie lediglich die »Standardvariante« oder die um Services erweiterte Variante des Moduls importieren möchten. Um die gewünschte Singleton-Funktionalität zu erreichen, verwenden Sie also im Hauptmodul die `forRoot`-Methode und im `TasksModule` weiterhin die Standardvariante:

```
@NgModule({
  imports: [BrowserModule, SharedModule.forRoot(), appRouting],
  ...
})
export class AppModule {
}
```

**Listing 15.25** »app.module.ts«: Import des erweiterten »SharedModule« über die »forRoot«-Methode

```
@NgModule({
  imports: [ReactiveFormsModule, SharedModule, tasksRouting],
  ...
})
export class TasksModule {}
```

**Listing 15.26** »tasks.module.ts«: Import der Standardvariante des »SharedModule« im »TasksModule«

Die Technik ermöglicht es Ihnen, sehr feingranular zu entscheiden, welche Bestandteile eines Moduls in einem anderen Modul importiert werden sollen.

## 15.3 Lazy-Loading von Applikationsbestandteilen

Durch die bisherigen Änderungen an der Applikationsstruktur ist Ihre Anwendung nun bereits sauber in fachlich gekapselte Module aufgeteilt. Technisch gesehen, werden bislang aber weiterhin alle Module bereits beim Applikationsstart vom Server geladen. Dies ist in vielen Fällen auch vollkommen in Ordnung: Dadurch, dass die Anwendung mithilfe von *webpack* in eine einzelne Bundle-Datei gepackt wird, kommt es – gerade bei kleineren und mittleren Anwendungen – oft nicht auf ein paar Kilobyte Datenvolumen mehr an.



Insbesondere bei der Implementierung von umfangreicheren Anwendungen kann es aber durchaus sinnvoll sein, diese in mehrere Bundles aufzuteilen und die entsprechende Funktionalität erst dann vom Server zu laden, wenn sie benötigt wird. Wenn Sie auf der bereits umgesetzten Modularisierung aufbauen, fehlen hierfür im Wesentlichen noch zwei Schritte:

1. Sie müssen dafür sorgen, dass die Bestandteile des `TasksModule` in eine eigene Datei »gebundelt« werden.
2. Anstatt das `TasksModule` direkt zu importieren, müssen Sie dem Routing-Framework sagen, wo die entsprechende Datei zu finden ist.

Die gute Nachricht an dieser Stelle lautet: Bei der Verwendung der Angular-CLI müssen Sie sich um Schritt 1 keinerlei Gedanken machen. Diese Aufgabe wird beim Einsatz der Lazy-Loading-Syntax automatisch vom CLI übernommen. Konzentrieren Sie sich also zunächst einmal auf die Umsetzung des zweiten Schrittes. Listing 15.27 zeigt zur Erinnerung noch einmal die bisherige Verwendung der `loadChildren`-Eigenschaft zur Integration des `TasksModule`:

```
import {TasksModule} from './tasks/tasks.module';
function loadTasksModule() {
  return TasksModule;
```

```
}
export const appRoutes: Routes = [
  ...
  {path: 'tasks', loadChildren: loadTasksModule, canLoad: [LoginGuard]},
];
```

**Listing 15.27** »app.routing.ts«: bisherige Verwendung der »loadChildren«-Funktion zum Laden des »TasksModule«

Das »Problem« an dieser Konfiguration besteht nun direkt in der ersten `import`-Anweisung: Hierdurch wird der Inhalt der Datei *tasks.module.ts* (und aller dort importierten Dateien) direkt beim Applikationsstart geladen.

Wie ich bereits angedeutet habe, bietet das Routing-Framework Ihnen aber alternativ die Möglichkeit, der `loadChildren`-Eigenschaft einen String zu übergeben, der den Pfad zum `TasksModule` ausgehend von der *index.html* des Projekts enthält.

Des Weiteren müssen Sie diesem String – getrennt durch ein #-Zeichen – den Klassennamen des Moduls anhängen, das Sie verwenden wollen. Listing 15.28 zeigt die entsprechende Implementierung:

```
export const appRoutes: Routes = [
  {path: 'tasks', loadChildren: 'app/tasks/tasks.module#TasksModule'},
];
```

**Listing 15.28** »app.routing.ts«: Lazy-Loading-Konfiguration des »TasksModule«

Fertig! Dies ist tatsächlich die einzige Stelle, die Sie für das Lazy-Loading des `TasksModule` anpassen müssen. Das Angular-CLI erkennt nun automatisch, dass Sie über die `loadChildren`-Eigenschaft einen String verknüpfen, analysiert daraufhin den Inhalt des `TasksModule` und erstellt während des Build-Vorgangs ein eigenes Bundle für das Modul.

Sollten Sie die Anwendung zu diesem Zeitpunkt bereits gestartet haben, ist es wichtig, dass Sie diese jetzt einmal stoppen und anschließend über `npm start` erneut starten: Der Analysedurchlauf für neue Module wird hier nur einmal beim Start durchgeführt.

Ein erneutes Öffnen der Anwendung und ein Blick in die Netzwerkansicht der Developer-Tools zeigt Ihnen zunächst, dass auch weiterhin ein *main.js*-Bundle für die Anwendung erstellt wird (siehe Abbildung 15.2).

Bei einem anschließenden Wechsel zur Task-Listen-Ansicht sehen Sie aber nun, dass Angular automatisch die Datei *4.chunk.js* nachlädt (siehe Abbildung 15.3).

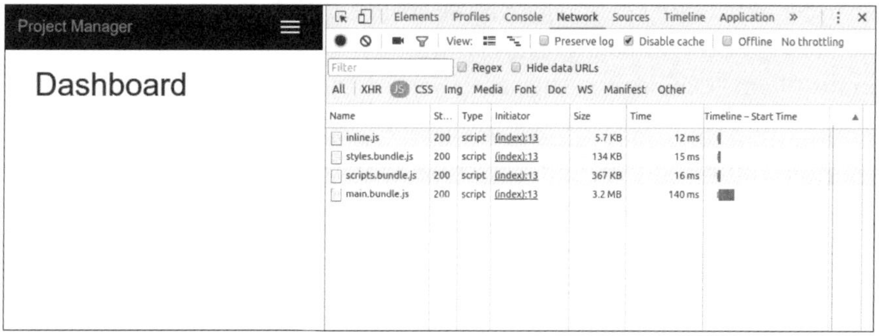

**Abbildung 15.2** Netzwerkansicht nach dem ersten Laden der Applikation

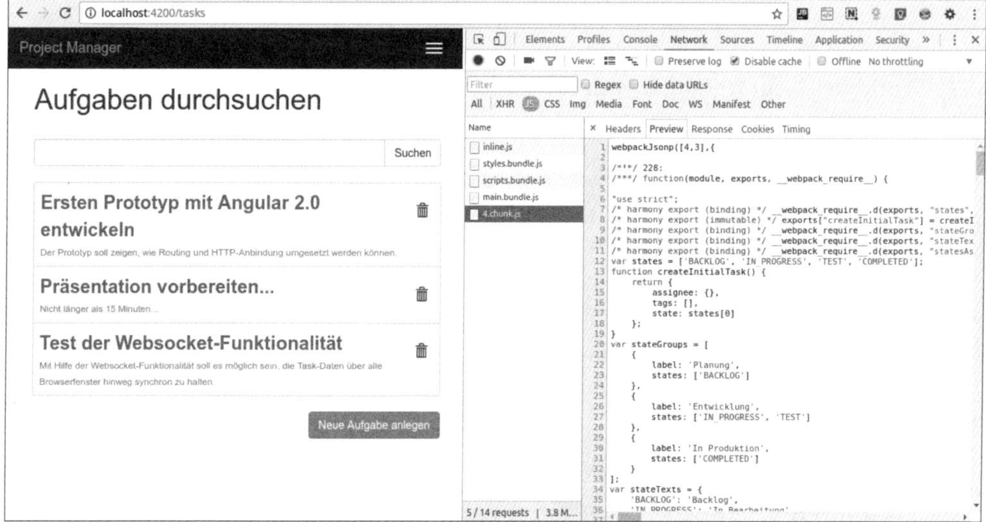


**Abbildung 15.3** Netzwerkansicht der lazy nachgeladenen Datei »4.chunk.js«

Der Dateiname wird hier vom CLI automatisch vergeben, sodass er bei Ihnen vermutlich abweicht. Ein Blick in die Datei zeigt aber, dass diese alle vom `TasksModule` benötigten Bestandteile enthält. Der Angular-Module-Loading-Mechanismus bietet Ihnen somit die Möglichkeit, sehr feingranular pro Modul zu entscheiden, ob Sie dieses direkt beim Applikationsstart oder erst bei der tatsächlichen Verwendung laden möchten.

### 15.3.1 Preloading von Feature-Modulen: das Beste aus beiden Welten

Ein kleiner Wermutstropfen besteht nun noch darin, dass der erste Klick auf den Aufgaben-Link – je nach Internetverbindung – etwas länger dauert als reguläre Seitenwechsel: Das entsprechende Modul muss ja zunächst noch vom Server geladen werden. Möchten Sie dies verhindern, bietet der Angular-Router Ihnen die Möglichkeit, über die Aktivierung der Preloading-Strategie PreloadAllModules dafür zu sorgen, dass lazy geladene Module direkt nach dem Herunterladen des Hauptmoduls im Hintergrund vom Framework nachgeladen werden. Die Aktivierung der Strategie erfolgt dabei – wie die Aktivierung der HashLocation-Strategie – durch die Übergabe eines zusätzlichen Konfigurationsobjekts bei der Erzeugung des Routing-Moduls:

```
import {Routes, RouterModule, PreloadAllModules} from '@angular/router';
...
export const appRouting = RouterModule.forRoot(appRoutes, {
  preloadingStrategy: PreloadAllModules
});
```

**Listing 15.29** »app.routing.ts«: Aktivierung der »PreloadAllModules«-Strategie

Angular startet die Anwendung nun, sobald alle dafür notwendigen Bestandteile (in Form des Hauptmoduls) vom Server geladen wurden. Während der Nutzer bereits mit der Applikation interagieren kann, lädt Angular im Hintergrund anschließend alle weiteren Feature-Modules automatisch nach.

Beachten Sie dabei, dass das Aktivieren von PreloadAllModules auf der anderen Seite auch bedeutet, dass sämtliche Module geladen werden – und somit auch die, die unter Umständen nie vom Nutzer verwendet werden. Die Strategie sorgt somit einerseits für eine verbesserte User Experience, kann andererseits aber auch zu einem höheren Datenverbrauch führen.

## 15.4 entryComponents: dynamisch geladene Komponenten registrieren

Der Vollständigkeit halber möchte ich Sie in diesem Abschnitt noch einmal an die Verwendung der entryComponents-Eigenschaft des @NgModule-Decorators erinnern. Sie haben diese Eigenschaft bereits in Kapitel 5, »Fortgeschrittene Komponentenkonzepte«, bei der Verwendung von ViewContainerRef und ComponentFactory für die dynamische Instanziierung von Komponenten in Aktion gesehen. Die folgenden Codeausschnitte sind somit Teil des Projekts *sprachkern*:

```
this.circleFactory = this.resolver.resolveComponentFactory(CircleComponent);
this.container.createComponent(this.circleFactory);
```

**Listing 15.30** »dynamic-components-demo.component.ts«: dynamische Erzeugung einer »CircleComponent«-Instanz

Im Normalfall würden Sie die CircleComponent einfach zur declarations-Eigenschaft des Moduls hinzufügen. Dadurch, dass diese Komponente aber nicht auf »reguläre«

Weise innerhalb der Applikation eingesetzt wird, würde der Angular-Compiler sie nun während des Build-Vorgangs wegoptimieren.

Um dies zu verhindern, bietet Ihnen das Modulsystem mit der `entryComponents`-Eigenschaft die Möglichkeit, Komponenten zu definieren, die in jedem Fall Teil der Anwendung bleiben sollen:

```
@NgModule({
  entryComponents: [CircleComponent],
  ...
})
export class AppModule {
}
```

**Listing 15.31** »app.module.ts«: Hinzufügen der »CircleComponent« zur »entryComponents«-Eigenschaft

Einfach ausgedrückt, sagen Sie Angular mit dieser Konfiguration: »Vertrau mir, ich benutze die Komponente wirklich!«. Auch wenn Sie die Eigenschaft vergleichsweise selten benutzen werden, stellt sie dennoch einen wichtigen Baustein für die Implementierung von hochperformanten Angular-Anwendungen dar. Durch die explizite Definition kann Angular den Rest der Anwendung ohne Wenn und Aber optimieren!



## 15.5 Zusammenfassung und Ausblick

Herzlichen Glückwunsch! Sie kennen nun alle Bestandteile des Angular-Modul-Systems und können von nun an beliebig umfangreiche Anwendungen modular implementieren.

Die folgende Liste fasst noch einmal die wichtigsten Erkenntnisse dieses Kapitels zusammen:

- Die Definition eines Moduls erfolgt über den `NgModule`-Decorator.
- Elemente, die von einem Modul deklariert werden, müssen zur `declarations`-Eigenschaft des `NgModule`-Decorators hinzugefügt werden.
- Elemente dürfen immer nur in genau einem Modul deklariert werden.
- Möchten Sie anderen Modulen Bestandteile eines Moduls zur Verfügung stellen, so müssen Sie diese über die `exports`-Eigenschaft exportieren.
- Die Verwendung der Bestandteile erfolgt dadurch, dass Sie das entsprechende Modul über die `imports`-Eigenschaft importieren.
- Die `bootstrap`-Eigenschaft legt die Start-Komponente der Anwendung fest. Diese Eigenschaft ist somit nur für das Hauptapplikationsmodul relevant.

- Services (und andere DI-Token) werden über die `providers`-Eigenschaft des Moduls verwaltet.
- Möchten Sie einen gekapselten Bereich Ihrer Anwendung in ein eigenes Modul auslagern, so bietet sich hierfür die Implementierung eines eigenen Feature-Modules an.
- Die Routing-Konfiguration eines Feature-Modules erfolgt immer mithilfe der Methode `RouterModule.forChild()`.
- Möchten Sie ein Feature-Module unter einem bestimmten URL-Knoten zur Verfügung stellen, so müssen Sie dieses über die `loadChildren`-Eigenschaft der Routendefinition laden.
- Dabei haben Sie die Möglichkeit, eine Funktion oder einen String anzugeben.
- Beim Hinterlegen einer Funktion wird das Modul direkt beim Applikationsstart geladen.
- Hinterlegen Sie hingegen einen String, so erfolgt das Laden des Moduls *lazy* – also erst dann, wenn die Route das erste Mal angesteuert wird.
- Das Angular-CLI sorgt in diesem Fall dafür, dass ein eigenes Bundle-File mit dem Inhalt des Moduls erzeugt wird.
- Zusätzlich dazu bietet Ihnen der Angular-Router mit der `PreloadAllModules`-Strategie die Möglichkeit, lazy geladene Module schon vor der Ansteuerung direkt nach dem Applikationsstart zu laden.
- Über `loadChildren` geladene Routen werden nicht über den `canActivate`-, sondern über den `canLoad`-Hook abgesichert.
- Gemeinsam genutzte Komponenten und Services werden über Shared-Modules verwaltet.
- Achten Sie bei der Bereitstellung von Services darauf, dass diese nur zum Applikationsmodul hinzugefügt werden, da ansonsten jedes importierende Modul eine eigene Service-Instanz erhält (Stichwort `forRoot`).
- Wenn Sie eine bestimmte Komponente nur dynamisch über eine `ComponentFactory` verwenden, müssen Sie diese zur `entryComponents`-Eigenschaft hinzufügen. Andernfalls wird die Komponente während des Compile-Vorgangs wegoptimiert.

Sie wissen nun, wie die Aufteilung der Applikation in mehrere Module sicherstellt, dass Ihre Anwendung dauerhaft skalierbar bleibt. Im nächsten Kapitel werden Sie eine weitere interessante Optimierung kennenlernen: Der sogenannte *Ahead-of-time-Compilation*-Modus bietet Ihnen die Möglichkeit, Ihre HTML-Templates bereits vor dem Start der Anwendung in hochperformanten JavaScript-Code zu übersetzen. Neben einem schnelleren Start ermöglicht Ihnen dieser Ansatz außerdem den effizienten Einsatz von Tree-Shaking-Algorithmen.

Kapitel 16

# Der Angular-Template-Compiler, Ahead-of-time Compilation und Tree-Shaking

*Statische Browserplattform, Ahead-of-time Compilation und Tree-Shaking – das sind eine Menge Buzzwords, die im Endeffekt alle mit einem Thema zu tun haben: Ihre Anwendung soll kleiner und performanter werden. Der Schlüssel zum Erfolg ist hier der Angular-Template-Compiler.*

Nachdem Sie sich in den vorangegangenen Kapiteln primär mit der Entwicklung von Angular-Applikationen beschäftigt haben, möchte ich Ihnen in diesem Kapitel noch einmal einige Details zur internen Funktionsweise des Frameworks vermitteln und Ihnen zeigen, inwiefern Techniken wie *Ahead-of-time Compilation* (AOT) und *Tree-Shaking* zu einer deutlichen Performance-Steigerung Ihrer Anwendung führen können. Mit Abschluss dieses Kapitels werden Sie wissen,



- welche Aufgabe der Angular-Template-Compiler hat.
- warum die Vorkompilierung mittels AOT zu einem schnelleren Start Ihrer Applikation führt.
- welche Implementierungsregeln Sie beim Einsatz von AOT beachten müssen.
- was Tree-Shaking ist und wie der Module-Bundler *Rollup* Sie bei der Erstellung von optimierten Produktions-Builds unterstützen kann.

**AOT, Tree-Shaking und das Angular-CLI**

Wie Sie bereits in Kapitel 2, »Das Angular-CLI: professionelle Projektorganisation für Angular-Projekte«, gesehen haben, bietet das CLI Ihnen bereits out-of-the-box die Möglichkeit, Ihre Anwendung zu bundlen und über den AOT-Mechanismus vorzukompilieren. Nichtsdestotrotz ist es für ein professionelles Verständnis des Frameworks sinnvoll, sich die Techniken an einem CLI-unabhängigen Projekt im Detail anzuschauen.

## 16.1 Grundlagen zum Angular-Template-Compiler

Der Angular-Template-Compiler ist einer der wichtigsten Bestandteile des Angular-Frameworks. Die Hauptaufgabe des Compilers besteht dabei – wie der Name bereits vermuten lässt – darin, die von Ihnen implementierten HTML-Templates in performanten JavaScript-Code zu transformieren. Am leichtesten ersichtlich wird dies bei einem Blick in die Source-Ansicht der Developer-Konsole.

Öffnen Sie hierfür zunächst das Blog-Projekt (*kickstart/blog-complete*), das Sie aus Kapitel 1, »Angular-Kickstart: Ihre erste Angular-Webapplikation«, kennen, und starten Sie es per `npm start`. Öffnen Sie anschließend den Reiter SOURCES in der Developer-Konsole. Zusätzlich zu Ihren eigentlichen Applikationsdateien finden Sie in dieser Ansicht nun beispielsweise die Datei *BlogEntryComponent.ngfactory.js* (siehe Abbildung 16.1).

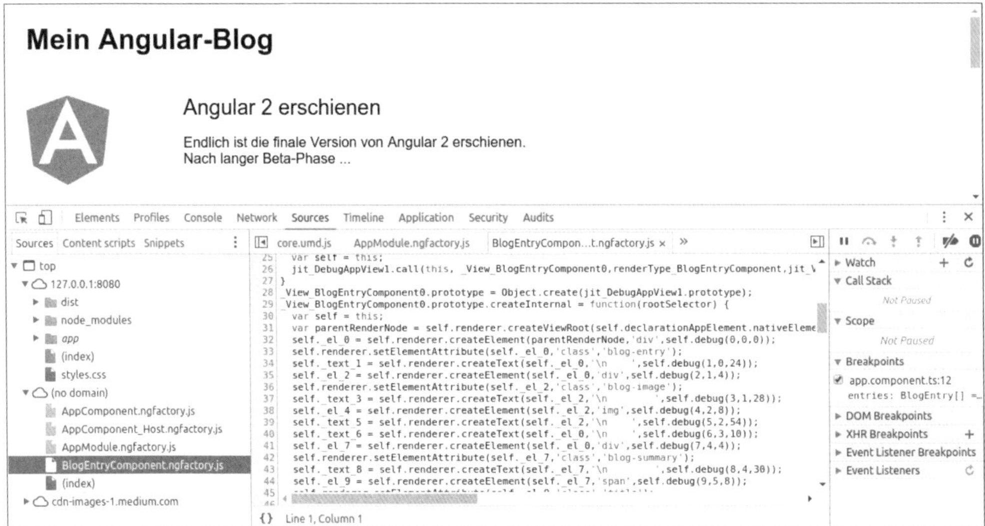


**Abbildung 16.1** Source-Ansicht der Developer-Konsole

Ein Blick in die Datei zeigt, dass diese offensichtlich die Aufgabe hat, per JavaScript den DOM-Baum der Datei *blog-entry.component.html* zu generieren. Doch woher kommt diese Datei? Im *dist*-Ordner des Projekts finden sich lediglich die vom TypeScript-Compiler generierten JavaScript-Dateien.

An dieser Stelle kommt der Angular-Template-Compiler ins Spiel. Werfen Sie noch mal einen Blick in die Datei *main.ts*:

```
import {platformBrowserDynamic} from '@angular/platform-browser-dynamic';
import {AppModule} from './app.module';

platformBrowserDynamic().bootstrapModule(AppModule);
```

**Listing 16.1** »main.ts«: Übergabe des »AppModule« an die dynamische Browser-Plattform

Eine der wichtigsten Aufgaben der dynamischen Browser-Plattform besteht darin, den Angular-Template-Compiler beim Applikationsstart dazu zu verwenden, »just-in-time« für jedes Template eine **.ngfactory.js*-Datei zu erzeugen. Die Verwendung der dynamischen Browser-Plattform wird daher auch oft als *JIT-(just in time-)Modus* bezeichnet. Abbildung 16.2 verdeutlicht den Ablauf.



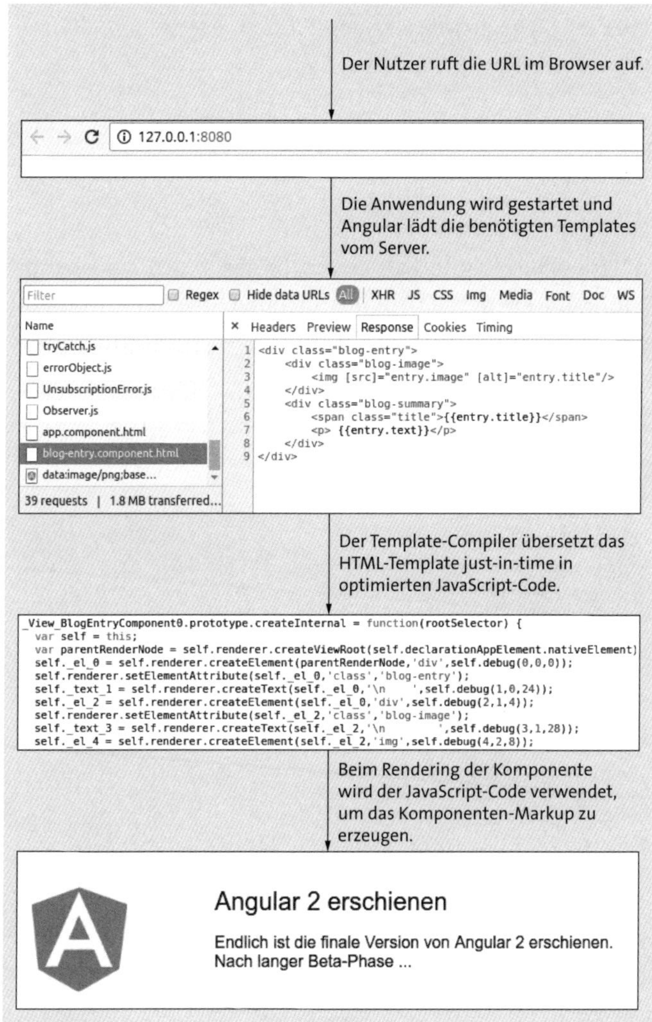


**Abbildung 16.2** Ablauf des JIT-Compile-Vorgangs

## 16.2 Der Ahead-of-time Compilation-Modus: Leistungsschub für Ihre Anwendung

Der JIT-Ansatz bietet Ihnen ein hohes Maß an Flexibilität. Wie Sie sich sicher vorstellen können, nimmt das clientseitige Kompilieren der Templates auf der anderen Seite aber natürlich auch eine gewisse Zeit in Anspruch. Um die Startzeit der Anwendung zu reduzieren, bietet Angular Ihnen mit dem Kommandozeilen-Tool `ngc` nun die Möglichkeit, die Kompilierung der HTML-Templates bereits zur Entwicklungszeit vorzunehmen.

**Hinweis zu den Beispielquelltexten**

Die Beispielquelltexte dieses Abschnitts befinden sich im Ordner *template-compiler-aot*. Dieses Projekt baut auf dem Blog-Beispiel aus Kapitel 1 auf und erweitert dieses um die Ahead-of-time-Kompilierung Ihrer Templates.

Die Installation des Tools sowie der ebenfalls benötigten Server-Plattform erfolgt dabei erneut per *npm*:

```
npm install @angular/compiler-cli @angular/platform-server --save
```

Das Tool wird im weiteren Verlauf des Kapitels als Ersatz für den TypeScript-Compiler *tsc* dienen, sodass die Konfiguration des AOT-Builds auf einer erweiterten Version der bereits bekannten *tsconfig.json* erfolgt:

```
{
  "compilerOptions": {
    "target": "es5",
    "module": "es2015",
    "outDir": "dist",
    "lib": [ "es6", "dom" ],
    "moduleResolution": "node",
    "sourceMap": true,
    "emitDecoratorMetadata": true,
    "experimentalDecorators": true,
    "removeComments": false,
    "suppressImplicitAnyIndexErrors": true
  },
  "angularCompilerOptions": {
    "genDir": "aot",
    "skipMetadataEmit" : true
  }
}
```

**Listing 16.2** »tsconfig-aot.json«: Für den AOT-Modus erweiterte TypeScript-Konfiguration

Beachten Sie hierbei, dass die Datei anstelle von `commonjs`-Modulen `es2015`-Module erzeugt. Diese Tatsache wird später bei der Erstellung des Applikations-Bundles relevant. Die template-compiler-spezifischen Einstellungen befinden sich hierbei in der `angularCompilerOptions`-Eigenschaft.

Über die `genDir`-Einstellung sorgen Sie dafür, dass die vom Compiler generierten Factory-Dateien im Ordner *aot* gespeichert werden. Die `skipMetadataEmit`-Einstellung verhindert die Generierung von Metadaten. (Diese sind nur dann notwendig, wenn Sie nicht mit TypeScript arbeiten.)

### 16.2.1 Den Template-Compiler ausführen

Den Template-Compilers können Sie anschließend über den Befehl

`node_modules/.bin/ngc -p tsconfig-aot.json`

ausführen. Da Sie den Befehl in Zukunft aber noch öfter verwenden werden, bietet es sich hier an, ein neues Skript in der *packages.json* zu hinterlegen:

```
"scripts": {
  "aot": "ngc -p ./tsconfig-aot.json",
  ...
},
```



**Listing 16.3** »packages.json«: Erstellung eines Skript-Befehls für den AOT-Compiler

Sie können die Kompilierung nun mit

`npm run aot`

starten. Ein Blick in den neu angelegten Ordner *aot* zeigt, dass dieser nun die Factory-Dateien enthält, die Angular zuvor während des Applikatonsstarts just-in-time erzeugt hat (siehe Abbildung 16.3).

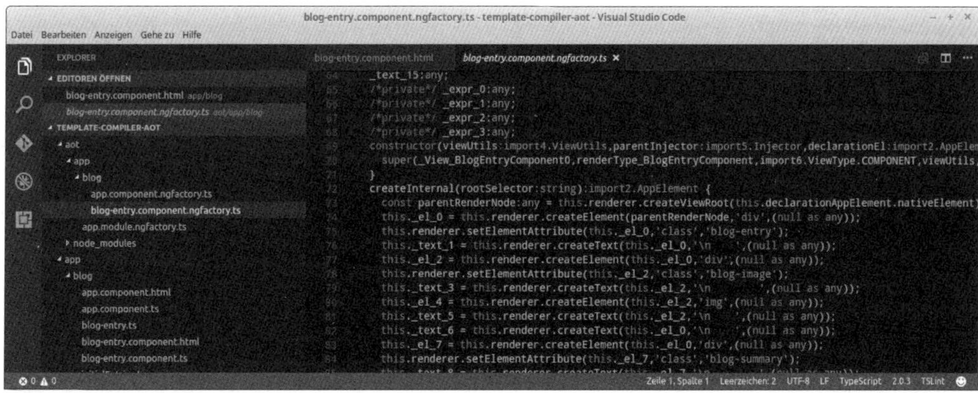


**Abbildung 16.3** Inhalt des »aot«-Verzeichnisses

An dieser Stelle ist es wichtig zu verstehen, dass sowohl im JIT- als auch im AOT-Modus der gleiche Template-Compiler verwendet wird. Der einzige Unterschied besteht im Zeitpunkt der Template-Kompilierung.

### 16.2.2 Start der Anwendung über die statische Browser-Plattform

Anstatt das `AppModule` an die dynamische Browser-Plattform zu übergeben, erfolgt der Applikationsstart nun durch die Übergabe der kompilierten `AppModuleNgFactory` an die statische Browser-Plattform (`platformBrowser`):

```
import {platformBrowser} from '@angular/platform-browser';
import {AppModuleNgFactory} from '../aot/app/app.module.ngfactory';

platformBrowser().bootstrapModuleFactory(AppModuleNgFactory);
```

**Listing 16.4** »main.ts«: Die statische Browser-Plattform wird zum Start der Applikation verwendet.

Beachten Sie an dieser Stelle, dass Sie die Datei *main.ts* erst dann implementieren können, wenn Sie mindestens einmal den AOT-Compiler ausgeführt haben. Des Weiteren müssen Sie nun noch einmal den Befehl `npm run aot` ausführen, um auch die *main.ts* zu kompilieren.

Alle Templates liegen anschließend in Form von vorkompilierten **.ngfactory.js*-Dateien im Ordner *aot*, sodass Ihre gesamte Anwendung nun nur noch aus JavaScript-Dateien besteht – beste Voraussetzungen für das Bundling in eine einzelne Datei und für die Minifizierung der Applikation.

## 16.3 Tree-Shaking der Anwendung mit Rollup

*Rollup* ist ein Tool, das sich besonders für die Arbeit mit ECMAScript-2015-Modulen eignet. Bei Rollup handelt es sich um einen ES2015-Bundler, der out-of-the-box die Technik des *Tree-Shaking* unterstützt. Dabei werden Bestandteile, die zwar in einer importierten Datei vorhanden sind, aber nicht verwendet werden, vor dem Bundling entfernt. Ihre kompilierte Anwendung enthält somit nur noch die Bestandteile, die Sie wirklich benutzen.

Führen Sie zur Installation von Rollup und den benötigten Plug-ins zunächst folgenden Befehl aus:

```
npm i rollup rollup-plugin-node-resolve rollup-plugin-commonjs rollup-plugin-
  uglify --save-dev
```

Die Konfiguration des Tools erfolgt nun über ein einfaches JavaScript-Objekt, das den Einstiegspunkt in die Anwendung sowie die Zieldatei bestimmt:

```
import nodeResolve from 'rollup-plugin-node-resolve';
import commonjs    from 'rollup-plugin-commonjs';
import uglify      from 'rollup-plugin-uglify';
export default {
  entry: 'dist/app/main.js',
  dest: 'build/bundle.js',
  plugins: [
    nodeResolve({jsnext: true, module: true}),
    commonjs({ include: 'node_modules/rxjs/**' }),
    uglify()
  ]
}
```

**Listing 16.5** »rollup.config.js«: Konfiguration des Bundling-Vorgangs

Das `nodeResolve`-Plug-in sorgt dafür, dass bei einem Import aus Ihrer Applikation (z. B. `import {Component} from '@angular/core'`) im *node_modules*-Folder nach passenden Modulen gesucht wird.



Eine Besonderheit müssen Sie hier beim Bundling von RxJS beachten: Da Rollup bislang nur ES2015-Module unterstützt, RxJS aber in der CommonJS-Version vorliegt, müssen Sie hier das `commonjs`-Plug-in verwenden, das das Modul automatisch in eine für Rollup verständliche Form umwandelt. Mithilfe des `uglify`-Plug-ins wird das Bundle schließlich automatisch minifiziert.

Fügen Sie nun erneut ein Skript zum Start des Bundling-Vorgangs zu Ihrer *package.json* hinzu:

```
"scripts": {
  "bundle": "rollup -c ./rollup.config.js",
    ...
},
```

**Listing 16.6** »package.json«: ein Skript zum Start des Bundlings hinzufügen

Führen Sie anschließend den Befehl

```
npm run bundle
```

auf der Kommandozeile aus. Rollup startet nun mit der kompilierten *main.js*-Datei, verfolgt von dort aus rekursiv alle `import`-Statements und fügt die Inhalte der importierten Dateien zum generierten Bundle hinzu. Nach Abschluss des Vorgangs enthält die Datei *bundle.js* die gesamte Anwendung sowie alle verwendeten Bestandteile des

Angular-Frameworks und von RxJS. In Ihrer *index.html* reicht es somit aus, die Bundle-Datei über ein Script-Tag zu importieren:

```
<html>
  <head>
    <title>Mein Angular-Blog</title>
    <link rel="stylesheet" href="styles.css">
  </head>
  <body>
    <app-root>Die Applikation wird geladen ...</app-root>
  </body>
  <script src="node_modules/core-js/client/shim.min.js"></script>
  <script src="node_modules/zone.js/dist/zone.js"></script>
  <script src="build/bundle.js"></script>
</html>
```

**Listing 16.7** »index.hml«: das Bundle in die »index.html« einbinden

Ein Start der Anwendung über den bereits vorbereiteten Befehl

```
npm start
```

und ein Blick in die Developer-Konsole zeigen, dass die gesamte Anwendung (inklusive der Angular-Bestandteile) jetzt bereits nur noch ca. 250 KB umfasst (siehe Abbildung 16.4).

| Name | Status | Type | Initiator | Size | Time | Timeline – Start Time |
|---|---|---|---|---|---|---|
| shim.min.js | 200 | script | (index):41 | 77.5 KB | 20 ms | |
| zone.js | 200 | script | (index):42 | 54.3 KB | 17 ms | |
| bundle.js | 200 | script | (index):43 | 251 KB | 31 ms | |

**Abbildung 16.4** Netzwerkansicht nach dem Bundling und Tree-Shaking

In einer Produktionsumgebung sollten Sie nun noch dafür sorgen, dass Ihr Webserver JavaScript-Dateien vor der Auslieferung an den Browser mittels *gzip* packt. Alle bekannteren Webserver besitzen Module zur Kompression der generierten Antworten. Es ist also nicht notwendig, diesen Schritt manuell für alle bereitgestellten Dateien vorzunehmen.

Möchten Sie an dieser Stelle aber dennoch prüfen, welche Datenmenge am Ende von Ihrem Webserver übertragen werden muss, können Sie die Kompression unter Linux oder iOS über den Befehl

```
gzip bundle.js
```

auslösen. Der Datei-Explorer zeigt anschließend das Ergebnis Ihrer Optimierungsbemühungen: Ihre gesamte Anwendung sowie alle von Angular und Rx.JS verwendeten Bestandteile sind nun, wie in Abbildung 16.5 zu sehen, lediglich noch 56 Kilobyte groß – eine Größe, die auch bei schwacher Internetverbindung in kürzester Zeit übertragen werden kann!

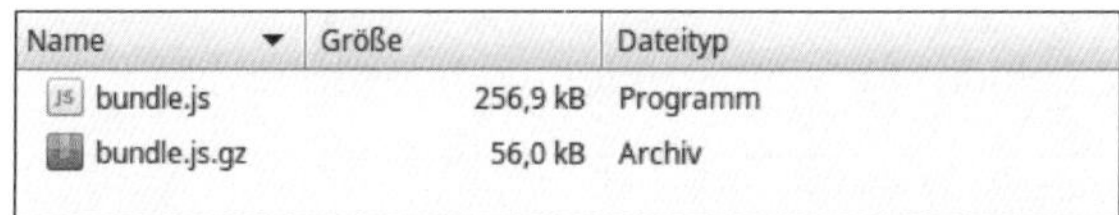


**Abbildung 16.5** Explorer-Ansicht nach Ausführung von »gzip«

## 16.4 Implementierungsregeln beim Einsatz von AOT

Wie Sie sehen, bieten Ihnen AOT und Tree-Shaking die Möglichkeit, die Performance sowie die Größe der ausgelieferten Anwendung deutlich zu optimieren. Um AOT erfolgreich einsetzen zu können, müssen Sie jedoch einige Implementierungsregeln beachten.

### 16.4.1 Konsistenz zwischen HTML- und Komponentencode

Bei dem Punkt »Konsistenz zwischen HTML- und Komponentencode« handelt es sich nicht wirklich um eine Regel, die Sie beachten müssen, sondern eher um ein zusätzliches Feature, das der AOT-Compiler Ihnen bietet. Weil der HTML-Code in TypeScript-Code kompiliert wird, ist es zwingend erforderlich, dass die im HTML-Template verwendeten Bestandteile auch wirklich im Komponentencode vorhanden sind.



Schauen Sie sich hierfür Listing 16.8 und Listing 16.9 an:

```
export class BlogEntry {
  title: string;
  text: string;
  image: string;
}
```

**Listing 16.8** »blog-entry.ts«: Definition der »BlogEntry«-Klasse

```
<div class="blog-entry">
  ...
  <div class="blog-summary">
    <span class="title">{{entry.title}}</span>
    <p> {{entry.description}}</p>
  </div>
</div>
```

**Listing 16.9** »blog-entry.component.html«: fehlerhafter Zugriff auf die »BlogEntry«-Klasse

Im HTML-Code wird hier fälschlicherweise versucht, auf das Feld description (anstelle von text) zuzugreifen. Dies wäre im JIT-Modus problemlos möglich – der DOM-Knoten würde einfach leer gerendert. Im AOT-Modus führt diese Implementierung hingegen zu einem Compile-Time-Fehler, wie Sie in Abbildung 16.6 sehen.

```
> blog-app@1.0.0 aot /home/christoph/buch/sources/template-compiler-aot
> ngc -p ./tsconfig-aot.json

Error: Error at /home/christoph/buch/sources/template-compiler-aot/aot/app/blog/blog-entry.component.ngfactory.ts:136:72:
       Property 'description' does not exist on type 'BlogEntry'.
    at check (/home/christoph/buch/sources/template-compiler-aot/node_modules/@angular/tsc-wrapped/src/tsc.js:31:15)
    at Tsc.typeCheck (/home/christoph/buch/sources/template-compiler-aot/node_modules/@angular/tsc-wrapped/src/tsc.js:86:9)
    at /home/christoph/buch/sources/template-compiler-aot/node_modules/@angular/tsc-wrapped/src/main.js:33:23
    at process._tickCallback (internal/process/next_tick.js:103:7)
    at Function.Module.runMain (module.js:449:11)
    at startup (node.js:148:18)
    at node.js:405:3
Compilation failed
```

**Abbildung 16.6** TypeScript-Compiler-Fehler während der AOT-Kompilierung

Ein Blick in die Datei, die den Compile-Error auslöst, zeigt, dass die generierte NgFactory an dieser Stelle versucht, typsicher auf den Blog-Eintrag zuzugreifen:

```
const currVal_3:any = import4
                         .interpolate(1,' ',this.context.entry.description,'');
```

**Listing 16.10** »blog-entry.component.ngfactory.ts«: aus dem Template generierter TypeScript-Code

Der Einsatz von AOT führt also zu »typsicheren Templates« und somit zu einem zusätzlichen Level an Sicherheit bei der Implementierung!

### 16.4.2 Kein Einsatz von privaten Membervariablen im Zusammenspiel mit Templates

Die Regel »Setzen Sie keine privaten Membervariablen im Zusammenspiel mit Templates ein« hängt ziemlich eng mit der Regel aus Abschnitt 16.4.1 zusammen. So müssen die Bestandteile des Templates nicht nur im Komponentencode vorhanden sein, sondern man muss außerdem auch aus der NgFactory heraus auf sie zugreifen können. Dadurch ist es im AOT-Modus nicht möglich, Membervariablen oder Methoden, die im HTML-Code verwendet werden, als private (oder protected) zu kennzeichnen:

```
<app-blog-entry *ngFor="let entry of entries"
                [entry]="entry">
</app-blog-entry>
```

**Listing 16.11** »app.component.html«: Zugriff auf die »entries«-Variable im Template

```
export class AppComponent {
  private entries: BlogEntry[] = [];
  ...
}
```

**Listing 16.12** »app.component.ts«: Deklaration der Variablen als »private«

Der Versuch, die obige Implementierung zu kompilieren, scheitert mit folgender Fehlermeldung:

```
Error at app.component.ngfactory.ts:222:40: Property 'entries' is private and only
  accessible within class 'AppComponent'.
```

### 16.4.3 Verzicht auf Inline-Funktionen

Eine Implementierungsregel, die nicht auf den ersten Blick ersichtlich ist, ist das Verbot von Inline-Funktionen bei der Berechnung von Werten. Schauen Sie sich hierfür zunächst einmal die folgende Implementierung eines Factory-Providers zur Bereitstellung eines zufälligen Wertes an:

```
@NgModule({
  ...
  providers: [{provide: 'random-value', useFactory: () => {
    return Math.random() * 100;
  }}]
})
export class AppModule { }
```

**Listing 16.13** »app.module.ts«: Verwendung einer anonymen Funktion als Factory-Function

Der Versuch, die Datei mithilfe des AOT-Compilers zu kompilieren, scheitert mit dieser Fehlermeldung:

```
Error encountered resolving symbol values statically. Function calls are not
  supported. Consider replacing the function or lambda with a reference to an exported
  function
```

Der Grund für den Fehler lässt sich am besten nachvollziehen, nachdem dieser behoben wurde. Sobald Sie, wie es der Fehlertext vorschlägt, eine exportierte Funktion implementieren, läuft der AOT-Compiler ohne Fehler durch:

```
export function calcRandomValue() {
  return Math.random() * 100;
}
```

```
@NgModule({
  ...
  providers: [{provide: 'random-value', useFactory: calcRandomValue}]
})
export class AppModule { }
```

**Listing 16.14** »app.module.ts«: eine exportierte Funktion als Factory-Function verwenden

Ein anschließender Blick in die generierte `NgFactory` zeigt nun, warum der erste Versuch der Implementierung fehlgeschlagen ist:

```
get _random_value_28():any {
  if ((this.__random_value_28 == (null as any))) {
    (this.__random_value_28 = import1.calcRandomValue());
  }
  return this.__random_value_28;
}
```

**Listing 16.15** »app.module.ngfactory.ts«: generierter »NgFactory«-Code

Für jeden Provider wird während des AOT-Vorgangs eine `getter`-Funktion erzeugt, die die entsprechenden Werte performant zurückliefert. Im Fall einer Factory ruft diese `getter`-Funktion nun direkt die `calcRandomValue`-Funktion der ursprünglichen `AppModule`-Klasse auf. Bei der Verwendung einer Inline-Funktion wäre dies nicht möglich gewesen!

## 16.5 Zusammenfassung und Ausblick

Auch wenn Ihnen die Angular-CLI in Bezug auf AOT und Tree-Shaking einiges an Arbeit abnimmt, hoffe ich, dass ich Ihnen mit diesem Kapitel ein tieferes Verständnis der internen Funktionsweise des Frameworks vermitteln konnte.

Die folgende Liste fasst die wichtigsten Punkte noch einmal zusammen:

- Der Angular-Template-Compiler übersetzt HTML-Templates in optimierten JavaScript-Code.
- Diese Kompilierung erfolgt sowohl im Just-in-Time-(JIT-) als auch im AOT-(Ahead-of-time-)Modus. Der einzige Unterschied besteht im Zeitpunkt der Kompilierung.
- Der Einsatz von AOT führt zu einem schnelleren Applikationsstart.
- Tree-Shaking entfernt die nicht genutzten Bestandteile aus dem Applikations-Bundle und führt somit zu einer deutlich geringeren Bundle-Größe.

- Das Tool *Rollup* erzeugt Applikations-Bundles und ist in der Lage, eine Anwendung, die auf ES2015-Modulen basiert, mittels Tree-Shaking zu optimieren.
- In einer Produktionsumgebung sollten Sie Ihren Webserver so konfigurieren, dass ausgelieferte Dateien mittels *gzip* gepackt werden.
- Beim Einsatz von AOT müssen Sie einige Implementierungsregeln beachten.
- Ein zusätzlicher Vorteil der AOT-Kompilierung besteht darin, dass sie die Konsistenz zwischen HTML- und Komponentencode sicherstellt.

Nachdem Sie in diesem und den vorigen Kapiteln mit einer Vielzahl an neuen, innovativen Technologien in Kontakt gekommen sind, werde ich Sie im nächsten Kapitel noch einmal mit zurück in längst vergessen geglaubte Zeiten nehmen: Sie werden dort lernen, wie Sie Angular-Anwendungen auf Basis von ECMAScript 5 implementieren können.

# Kapitel 17
# ECMAScript 5: Angular-Anwendungen auf klassische Weise entwickeln

*Auch wenn TypeScript und ECMAScript 2015 für JavaScript einen großen Schritt nach vorn bedeuten, ist ECMAScript 5 (leider) in vielen Unternehmen immer noch Programmieralltag. Das ist aber kein Grund, auf die neue Angular-Plattform zu verzichten.*

Ich hoffe, ich konnte Sie mittlerweile von den Vorteilen von TypeScript und ECMAScript 2015 überzeugen. Dennoch ist es leider oft nicht möglich, sich die zur Verfügung stehenden Technologien selbst auszusuchen. So gehört es durchaus zur Realität eines Entwicklers, dass Unternehmen beim Einsatz neuartiger Technologien erst einmal vorsichtig sind und »den ganz großen Schritt« zum Wechsel auf eine neue Sprache zunächst scheuen. Zum Glück hat das Angular-Team bei der Entwicklung der neuen Version auch an die Entwickler gedacht, die in solchen Umgebungen arbeiten.



In diesem Kapitel werde ich Ihnen alles Rüstzeug an die Hand geben, das Sie brauchen, um auch auf Basis von ECMAScript 5 (ES5) professionelle Angular-Anwendungen zu entwickeln. Aus Platzgründen werde ich nicht alle Features, die Sie bisher kennengelernt haben, in der ES5-Version vorstellen. Dafür gibt es beispielsweise auf der Angular-Homepage (*https://angular.io*) ein Cheat Sheet, das wirklich alle Sprachbestandteile in ES5 beschreibt.

Vielmehr möchte ich Ihnen die grundsätzlichen Unterschiede in der Entwicklung erläutern und Ihnen zeigen, wie Sie Ihre Anwendung auch ohne die neuen Techniken sinnvoll strukturieren können. Daher werden Sie in diesem Kapitel lernen,

- auf welche Sprachbestandteile Sie bei der Entwicklung von Angular-Anwendungen auf Basis von ES5 verzichten müssen.
- wie Angular TypeScript- und ES2015-Features wie Klassen und Decorators über eine *Domain Specific Language* (DSL) simuliert.
- warum Sie bei der Einbindung von Templates und Stylesheets auf absolute Pfade zurückgreifen müssen.

- worauf Sie bei der Strukturierung einer ES5-Anwendung achten sollten und wie Sie auch ohne echtes Modul-System modular entwickeln können.
- welche Besonderheiten Sie bei der Verwendung des Dependency-Injection-Mechanismus beachten müssen.

#### Unterschiede zu TypeScript-Anwendungen

Als Startpunkt für dieses Kapitel bietet es sich zunächst einmal an, sich klarzumachen, auf welche Sprach-Features Sie beim Einsatz von ES5 verzichten müssen:

- **Klassen**: Wie Sie wissen, unterstützt ES5 keine Klassen. Dies ist grundsätzlich kein Problem, da Klassen ohnehin nichts anderes als »syntaktischer Zucker« für Funktionen sind. Angular bietet Ihnen in diesem Zusammenhang aber dennoch einige Hilfsfunktionen, die Ihnen die Arbeit mit Funktionen in Angular erleichtern und eine klassenähnliche Syntax simulieren.
- **ES2015-Module**: In den vorangegangenen Kapiteln haben Sie gelernt, wie die Module-API Sie dabei unterstützt, modular aufgebaute Applikationen zu realisieren. Insbesondere durch den komponentenbasierten Aufbau der Applikation ist es hierbei wichtig, eine saubere Möglichkeit zur Strukturierung der einzelnen Komponentendateien zu haben. Ich werde Ihnen zeigen, wie Sie einen modulähnlichen Ansatz mit Standard-ES5-Patterns realisieren können.
- **Decorators**: Die Konfiguration von Komponenten erfolgte in den vorangegangenen Kapiteln über Decorators. Da Sie bei ES5 auch auf dieses Feature verzichten müssen, es aber in diesem Zusammenhang leider auch kein passendes Äquivalent im alten Standard gibt, hat sich das Angular-Team entschieden, ES5-Entwicklern eine auf Funktionen basierende DSL zur Komponentenkonfiguration anzubieten.
- **Typen**: Neben den Vorteilen beim Syntax-Check und der IDE-Unterstützung spielen Typen in Angular-Applikationen insbesondere bei der Dependency-Injection eine zentrale Rolle. So ist es über die von TypeScript generierten Typinformationen möglich, Services lediglich über ihren Typ in eine Komponente zu injizieren. Dieser Mechanismus funktioniert so in ES5 leider nicht. Doch auch hierfür hat sich das Angular-Team eine durchaus praktikable Alternative einfallen lassen.

## 17.1 Hello ES5

Ich möchte dieses Kapitel erneut mit einer typischen Hello-World-Applikation beginnen. Dies hat den Vorteil, dass Sie sich zunächst auf die grundsätzlichen architektonischen Unterschiede konzentrieren können. Sie finden das Beispiel im Ordner *es5* in den beiden Dateien *hello.html* und *hello.js*.

Öffnen Sie zum Einstieg zunächst die Datei *hello.html*:

```
<!DOCTYPE html>
<html>
  <head>
    <script src="node_modules/reflect-metadata/temp/Reflect.js">
    </script>
    <script src="node_modules/zone.js/dist/zone.js"></script>
    <script src="node_modules/rxjs/bundles/Rx.js"></script>
    <script src="node_modules/@angular/core/bundles/core.umd.js">
    </script>
    <script src="node_modules/@angular/common/bundles/common.umd.js">
    </script>
    <!-- weitere Angular-Skripte ... -->
    <script src="hello.js"></script>
  </head>
  <body>
    <app-hello>Die Applikation wird geladen ...</app-hello>
  </body>
</html>
```

**Listing 17.1** »hello.html«: Einstieg in die ES5-Applikation



Sollten Sie in der Vergangenheit bereits viel mit HTML und ECMAScript 5 gearbeitet haben, werden Sie an dieser Stelle vielleicht ein wenig melancholisch werden: keine neumodischen Module-Aufrufe, einfach nur gute alte Skript-Tags. So werden die benötigten Bibliotheksdateien sowie die Datei *hello.js*, die die eigentliche Applikation enthält, in diesem Beispiel statisch in die Applikation eingebunden.

Natürlich wäre es an dieser Stelle ebenfalls möglich, die Applikation mithilfe von Bibliotheken wie *require.js* oder Ähnlichem zu starten, in diesem Kapitel beschränke ich mich aber bewusst auf den absolut klassischen ES5-Ansatz. Beachten Sie außerdem, dass für die Implementierung die UMD-(*Unified Module Definition*-)Variante der Angular-Module verwendet wurde, da diese auch ohne Module-Loader funktionsfähig ist.

Schauen Sie sich als Nächstes die Datei *hello.js* an:

```
var HelloComponent = ng.core.Component({
  selector: 'hello',
  template: 'Hello {{greet}}!'
}).Class({
  constructor: function () {
    this.greet = 'ECMAScript 5';
  }
```

```
});

var AppModule = ng.core.NgModule({
  imports: [ng.platformBrowser.BrowserModule],
  declarations: [HelloComponent],
  bootstrap: [HelloComponent]
}).Class({
  constructor: function() {}
});

document.addEventListener('DOMContentLoaded', function () {
  ng.platformBrowserDynamic.platformBrowserDynamic()
    .bootstrapModule(AppModule);
});
```

**Listing 17.2** »hello.js«: Implementierung der »Hello«-Komponente in ECMAScript 5

Auch wenn der abgebildete Quellcode zugegebenermaßen etwas überladen wirkt, werden Ihnen hier vermutlich große Teile sehr vertraut vorkommen. Schauen Sie sich im direkten Vergleich dazu einfach noch einmal die entsprechende Implementierung in TypeScript an:

```
import {platformBrowserDynamic} from '@angular/platform-browser-dynamic';
import {NgModule, Component} from '@angular/core';
import {BrowserModule} from '@angular/platform-browser';
@Component({
  selector: 'app-hello',
  template: 'Hello {{greet}}!'
})
export class HelloComponent {
  greet = 'TypeScript';
}
@NgModule({
  imports: [BrowserModule],
  declarations: [HelloComponent],
  bootstrap: [HelloComponent]
})
export class AppModule { }
platformBrowserDynamic().bootstrapModule(AppModule);
```

**Listing 17.3** Zum Vergleich: »Hello-World« in TypeScript

Wie Sie sehen, sind sich die ES5- und die TypeScript-Version durchaus ähnlich. Über das global verfügbare Objekt ng stellt Angular Ihnen hier eine DSL zur Verfügung, die der Klassen- und Decorator-Syntax sehr nahe kommt, die Sie aus TypeScript kennen.

Die Regeln für die Benutzung dieses Objekts sind dabei denkbar einfach: Würden Sie in TypeScript ein Objekt aus dem Modul '@angular/core' importieren, finden Sie die äquivalente ES5-Implementierung über den Aufruf ng.core. Elemente aus dem Modul '@angular/platform-browser' erreichen Sie über ng.platformBrowser usw. Interessant ist in diesem Zusammenhang auch, dass Sie in der ES5-Version im Gegensatz zur TypeScript-Implementierung keine Klassendeklarationen, sondern direkt Objekt-Instanzen beim Framework registrieren. So wird über den Aufruf

```
var HelloComponent = ng.core.
Component({ ... }).
Class({ ... });
```

mithilfe der DSL ein Objekt HelloComponent erzeugt. Dieses Objekt wird anschließend über die bootstrap-Eigenschaft des NgModule als Applikationsstartpunkt beim Framework registriert.

```
var AppModule = ng.core.NgModule({
  imports: [ng.platformBrowser.BrowserModule],
  declarations: [HelloComponent],
  bootstrap: [HelloComponent]
}).Class({
  constructor:  function() {}
});
```

**Listing 17.4** »hello.js«: Definition des Applikationsmoduls in ES5

Diese Tatsache führt bei der Entwicklung von auf ES5 basierenden Applikationen nun dazu, dass Sie sich selbst Gedanken darüber machen müssen, wann und auf welchem Weg Sie Komponenteninstanzen erzeugen. In Abschnitt 17.2, »Kalender und Timepicker in ES5«, werde ich Ihnen zu diesem Thema ein bewährtes Entwicklungsmuster vorstellen.

Der eigentliche Start der Anwendung über die bootstrapModule-Methode wird schließlich explizit im Callback des DOMContentLoaded-Events ausgeführt. Dieses Event wird ausgelöst, sobald das initiale HTML-Dokument vollständig geladen und geparst wurde:

```
document.addEventListener('DOMContentLoaded', function () {
  ng.platformBrowserDynamic.platformBrowserDynamic()
    .bootstrapModule(AppModule);
});
```

**Listing 17.5** »hello.js«: das »DOMContentLoaded«-Event zum Starten der Angular-Applikation verwenden

Der Start der Anwendung ist nun denkbar einfach: Da Sie nur solche Sprachmittel verwenden, die der Browser out-of-the-box versteht, entfällt die Notwendigkeit der Kompilierung im ES5-Fall vollständig. Sie können also einfach einen beliebigen Webserver im Projektverzeichnis starten. Das mitgelieferte Projekt-Setup hat in diesem Zusammenhang den *live-server* an Bord, den Sie bereits aus Kapitel 1 kennen.

Starten Sie den *live-server* mit dem Befehl `npm start`. Wenn Sie anschließend die URL *http://localhost:8080/hello.html* öffnen, sollte sich Ihnen der Anblick aus Abbildung 17.1 bieten.

**Abbildung 17.1** Ihre erste lauffähige Angular-2-ES-5-Applikation

## 17.2 Kalender und Timepicker in ES5

So weit, so gut: Bislang sieht die Entwicklung von Angular-Anwendungen mit ES5 durchaus einfach aus. Etwas interessanter wird die Implementierung jedoch dann, wenn Sie mehrere Komponenten miteinander verbinden wollen und den Dependency-Injection-Mechanismus zum Wiring Ihrer Applikation einsetzen möchten.

Um möglichst viele der Ihnen bekannten Themen abzudecken, ohne dabei ein komplett neues Projekt vorzustellen, habe ich mich entschieden, das Kalender/Timepicker-Beispiel aus Kapitel 3, »Komponenten und Templating: der Angular-Sprachkern«, als ES5-Version vorzustellen.

### 17.2.1 Immediately-Invoked Function Expressions zur Simulation von Modulen

Öffnen Sie zunächst die Implementierung der `Timepicker`-Komponente in der Datei *time-picker.component.js*. Ich werde Ihnen die einzelnen Bestandteile der ES5-Implementierung in Kürze vorstellen. Konzentrieren Sie sich aber zunächst einmal auf den äußeren Aufbau der Datei:

```
(function (app) {
  app.TimePickerComponent = ng.core.Component({
    selector: 'ch-time-picker',
    ...
  })
  .Class({
    ...
  });
})(window.app || (window.app = {}));
```

**Listing 17.6** Struktureller Aufbau der Datei »time-picker.component.js«

Wie bereits gesagt, haben Sie in reinem ECMAScript 5 nicht die Möglichkeit, Ihre Programmbestandteile über die ES2015-Module-API zu laden. Sie benötigen also einen Mechanismus, über den Sie aus anderen Komponenten bzw. Quelltextdateien auf die Bausteine zugreifen können, die in Ihrer Komponente definiert sind.

In der JavaScript-Welt hat sich für diesen Anwendungsfall das *Immediately-Invoked Function Expression*-Pattern (IIFE-Pattern) bewährt: Wie Sie in Listing 17.6 sehen, wird eine anonyme Funktion mit dem Parameter `app` erstellt und im Anschluss sofort (*immediately*) aufgerufen. Als Parameter erhält die Funktion die *globale Variable* `window.app`, die bei Bedarf direkt erzeugt wird. Innerhalb der anonymen Funktion wird nun über den Aufruf

```
app.TimePickerComponent = ng.core.Component({ ... })
```

eine Instanz der Komponente erzeugt und der Variablen `app.TimePickerComponent` zugewiesen. Ihre neu implementierte Komponente ist somit bei der globalen Applikation registriert und kann im Anschluss von anderen Komponenten verwendet werden. Listing 17.7 zeigt beispielsweise die Registrierung der Komponente beim Applikationsmodul:

```
(function (app) {
  app.AppModule = ng.core.NgModule({
    declarations: [app.CalendarComponent, app.TimePickerComponent],
    bootstrap: [app.CalendarComponent],
    ...
  })
    .Class({ constructor:  function() {} });
})(window.app || (window.app = {}));
```

**Listing 17.7** »app.module.js«: Registrierung der »app.TimePickerComponent«-Variablen beim Applikationsmodul

Das Applikationsmodul verwendet hier das gleiche Grundgerüst und erhält somit ebenfalls Zugriff auf die globale `window.app`-Variable. Innerhalb der Modulkonfiguration ist es nun ohne Probleme möglich, auf die `app.TimePickerComponent` sowie auf die `app.CalendarComponent` (die ich im Folgenden noch vorstelle) zuzugreifen und diese beim Modul zu registrieren.

Sie sehen: Das verwendete Muster erlaubt Ihnen elegant die Simulation der `import`-Funktionalität aus ES2015.

### 17.2.2 Template- und Style-URLs

Eine weitere Besonderheit, die Ihnen vermutlich bereits aufgefallen ist, ist die Definition der `templateUrl`- und `styleUrls`-Eigenschaften der Komponenten:

```
(function (app) {
  app.TimePickerComponent = ng.core.Component({
    selector: 'ch-time-picker',
    templateUrl: 'app/time-picker/time-picker.component.html',
    styleUrls: ['app/time-picker/time-picker.component.css'],
    ...
  })
  .Class({
    ...
  });
})(window.app || (window.app = {}));
```

**Listing 17.8** »time-picker.component.js«: Definition der »templateUrl« und der »styleUrls«

Da Sie bei der hier vorgestellten reinen ES5-Implementierung keinen Module-Loader nutzen, ist es nicht möglich, auf Funktionalität wie die `module.id` zurückzugreifen, um mit echten relativen Pfaden zu arbeiten. Wenn Sie die Templates und die CSS-Dateien verknüpfen, müssen Sie daher absolute Pfade verwenden. Als Basis dient Ihnen dabei der Ordner, in dem die *index.html* liegt.

### 17.2.3 Methoden, Bindings & Co.

Die Themen *Komponentendefinition* und *Module-API* hätten Sie somit schon abgehakt. Im nächsten Schritt zeige ich Ihnen, auf welchem Weg die typischen Bestandteile einer Angular-Komponente (wie Bindings, Methoden oder Lifecycle-Callbacks) mit ES5 umgesetzt werden können.

Listing 17.9 zeigt die hierfür entscheidenden Ausschnitte der Timepicker-Implementierung:

```
app.TimePickerComponent = ng.core.Component({
  selector: 'ch-time-picker',
  templateUrl: 'app/time-picker/time-picker.component.html',
  styleUrls: ['app/time-picker/time-picker.component.css'],
  encapsulation: ng.core.ViewEncapsulation.Native,
  inputs: ['timeString: time'],
  outputs: ['changeEvent: timeChange']
})
.Class({
  constructor: function () {
    this.changeEvent = new ng.core.EventEmitter();
  },
  ngOnChanges: function (change) {
    if (!this.timeString) {
      return;
    }
    var timeParts = this.timeString.split(':');
    if (timeParts.length === 3) {
      this.time = {
        hours: parseInt(timeParts[0]),
        minutes: parseInt(timeParts[1]),
        seconds: parseInt(timeParts[2])
      };
    }
  },
  emitTimeChange: function () {
    this.changeEvent.emit(this.getTime());
  }
  ...
});
```

**Listing 17.9** »timepicker.component.js«: ES5-Implementierung der Timepicker-Komponente

Wie Sie sehen, erfolgt die Konfiguration der Komponente weitestgehend äquivalent zur Konfiguration über den `@Component`-Decorator. Der Zugriff auf Framework-Bestandteile (wie die `ViewEncapsulation`-Klasse) erfolgt dabei über das globale Objekt `ng`.

Beachten Sie an dieser Stelle außerdem, dass die Definition der Input- und Output-Bindings mithilfe der kanonischen Syntax erfolgt. Zwar stellt Angular Ihnen zusätzlich auch die Möglichkeit bereit, Bindings über das `ng`-Objekt zu definieren, im Fall von ES5 ist die kanonische Syntax aber die deutlich leichtgewichtigere Alternative.

Im weiteren Verlauf der Komponentenimplementierung sehen Sie die Definition des Lifecycle-Callbacks `ngOnChanges` sowie der Komponentenmethode `emitTimeChange`. Der einzige Unterschied zur TypeScript-Version besteht an dieser Stelle darin, dass die Funktionalität nicht über ECMAScript-2015-Klassenmethoden, sondern über die Registrierung von einfachen JavaScript-Funktionen erfolgt. Durch die Hilfsmethode `ng.core.Class(...)` erspart Angular Ihnen hier die Verwendung des in ECMAScript 5 verbreiteten Prototype-Patterns zur Simulation von Klassen.

### 17.2.4 Querys: Kind-Komponenten injizieren

Sie können die soeben implementierte Komponente nun innerhalb der Kalenderkomponente verwenden. Im vorigen Abschnitt haben Sie bereits gesehen, wie Sie die `TimePickerComponent` beim `AppModule` registrieren können.

Der letzte Schritt besteht nun noch darin, die im Kalender-Template definierte Instanz des Timepickers in die Komponente zu injizieren. Wie Sie sich sicher erinnern, erfolgte diese Injektion im Fall der TypeScript-Implementierung über den `@ViewChild`-Decorator.

Wenn Sie ES5 verwenden, benötigen Sie somit erneut eine Alternativsyntax. Angular bietet Ihnen hierfür die Möglichkeit, die Definition von Child-Querys über die Eigenschaft `queries` vorzunehmen. Listing 17.10 zeigt die entsprechende Umsetzung innerhalb der `CalendarComponent`:

```
app.CalendarComponent = ng.core.Component({
  ...
  queries : {
    timePicker : new ng.core.ViewChild(app.TimePickerComponent)
  }
})
.Class({
  constructor:  function() {
    this.calendarEntry =  {
      startTime: '23:12:55'
    };
  },
  ngAfterViewInit: function() {
    console.log('Ausgewählte Zeit: ' + this.timePicker.getTime());
  }
});
```

**Listing 17.10** »calendar.component.js«: Verwendung der »queries«-Eigenschaft zum Injiziieren des Timepickers

Wie in der TypeScript-Version steht Ihnen die injizierte Instanz des Timepickers beim Aufruf des `ngAfterViewInit`-Callbacks zur Verfügung.

### 17.2.5 Start der Anwendung

Sie haben nun alle Komponenten der Anwendung sowie das Applikationsmodul mit ES5-Mitteln implementiert und sind nun so weit, dass Sie die Anwendung starten können. Wie auch bei der Implementierung von TypeScript-basierten Anwendungen hat es sich dabei bewährt, den Start der Applikation in eine eigene Datei auszulagern. Listing 17.11 zeigt die Datei *main.js*, die den Bootstrap-Vorgang der Anwendung auslöst:

```
(function (app) {
  document.addEventListener('DOMContentLoaded', function () {
    ng.platformBrowserDynamic.platformBrowserDynamic()
      .bootstrapModule(app.AppModule);
  })
})(window.app || (window.app = {}));
```

**Listing 17.11** »main.js«: Implementierung der Datei »main.js« zum Starten der Applikation

Das Einbinden der JavaScript-Dateien erfolgt anschließend (wie schon in der Hello-World-Anwendung) mithilfe von einfachen HTML-Script-Tags. Beachten Sie dabei, dass in diesem Fall die Reihenfolge der Einbindung von Bedeutung ist:



```
<html>
  <head>
    <link rel="stylesheet" href="style.css"/>

    <script src="node_modules/reflect-metadata/temp/Reflect.js"></script>
    <script src="node_modules/zone.js/dist/zone.js"></script>
    <script src="node_modules/rxjs/bundles/Rx.js"></script>
    <script src="node_modules/@angular/core/bundles/core.umd.js">
    </script>
    <!-- Einbindung der weiteren Angular Bibliotheken -->
    <script src="app/time-picker/time-picker.component.js"></script>
    <script src="app/calendar/calendar.component.js"></script>
    <script src="app/app.module.js"></script>
    <script src="app/main.js"></script>
  </head>
  <body>
    <ch-calendar></ch-calendar>
```

```
  </body>
</html>
```

**Listing 17.12** »index.html«: die benötigten Bibliotheken und Applikationsdateien einbinden

Sie können die Anwendung nun wie gewohnt per `npm start` starten. Unter der Adresse *http://localhost:8080* sollte sich Ihnen das Bild aus Abbildung 17.2 zeigen.

**Abbildung 17.2** Darstellung der mit ES5 implementierten Anwendung

### 17.2.6 Services- und HTTP-Anbindung

Ein Thema, das ich bislang noch völlig außen vor gelassen habe, ist die Injektion von Services. So haben Sie in Kapitel 7, »Services und Dependency-Injection: lose Kopplung für Ihre Business-Logik«, gelernt, wie Sie mithilfe von TypeScript und den von TypeScript erzeugten Typinformationen Services lediglich durch ihren Typ in eine Klasse injizieren können.

In diesem Abschnitt möchte ich Ihnen zum Abschluss des Kapitels nun noch zeigen, wie Sie die Injektion von Services auch mit ES5 ohne große Umstände realisieren können. Als Beispiel hierfür dient der (sehr rudimentäre) `CalendarService`, der in der hier vorgestellten Version lediglich eine einzige Methode zum Laden eines Kalendereintrags zur Verfügung stellt. Das Abrufen dieses Eintrags soll dabei mithilfe des HTTP-Service erfolgen.

Um das Angular-HTTP-Modul verwenden zu können, müssen Sie es zunächst in die *index.html* einbinden. Achten Sie dabei darauf, auch hier die von Angular bereitgestellte UMD-Variante zu verwenden:

```
<html>
  <head>
    <script src="node_modules/@angular/http/bundles/http.umd.js">
    </script>
```

```
    ...
  </head>
  ...
</html>
```

**Listing 17.13** »index.html«: Einbindung des HTTP-Moduls

Wie Ihnen schon aus den vorigen Kapiteln bekannt ist, müssen Sie das HttpModule anschließend in das Applikationsmodul importieren, bevor Sie den Http-Service verwenden können:

```
app.AppModule = ng.core.NgModule({
  imports: [ng.http.HttpModule,
            ng.platformBrowser.BrowserModule],
  declarations: [app.CalendarComponent, app.TimePickerComponent],
  bootstrap: [app.CalendarComponent]
})
.Class({ constructor:  function() {} });
```

**Listing 17.14** »app.module.js«: Import des »HttpModule« in das »AppModule«

Alle Klassen und Funktionen des HttpModule stehen Ihnen über das ng.http-Objekt zur Verfügung. Sie können nun also den Http-Service im CalenderService verwenden. Listing 17.15 zeigt sowohl die Injektion des Service in den Konstruktor als auch die Implementierung der getCalendarEntry-Funktion, die einen Eintrag aus der Datei *entry.json* lädt.



```
(function (app) {
  app.CalendarService = ng.core.
  Class({
    constructor: [ng.http.Http, function (http) {
      this.http = http;
    }],
    getCalendarEntry: function () {
      return this.http.get('app/services/calendar-service/entry.json')
        .map(function (res) {
           return res.json();
        });
    }
  });
})(window.app || (window.app = {}));
```

**Listing 17.15** »calendar.service.js«: Implementierung des »CalendarService«

Wie Sie sehen, ist es über das `ng.core`-Objekt ebenfalls möglich, anstelle einer Komponente eine einfache Klasse zu erzeugen. Besonders interessant ist in diesem Listing allerdings die Definition des Konstruktors: Anstatt der `constructor`-Eigenschaft eine Funktion zuzuweisen, bekommt diese nun ein Array zugewiesen. Der Aufbau dieses Arrays muss dabei immer die folgende Form besitzen:

- Alle Elemente außer dem letzten definieren die Objekte, die injiziert werden sollen.
- Das letzte Element definiert die eigentliche Konstruktorfunktion. Diese Funktion besitzt die gleiche Anzahl an Parametern und bekommt auf diesem Weg die Abhängigkeiten in den Konstruktor hineingereicht.

Sollten Sie bereits Erfahrung in der Entwicklung von AngularJS-1.x-Anwendungen besitzen, wird der Aufbau dieses Arrays Ihnen durchaus bekannt vorkommen: Der gleiche Mechanismus wurde schon dort für die Dependency-Injection verwendet.

Um den `CalendarService` jetzt in der Kalenderkomponente zu verwenden, müssen Sie lediglich die gleichen Schritte wie bei der Verwendung des `Http`-Service vornehmen. Fügen Sie die Datei zunächst in der *index.html* hinzu, und registrieren Sie den Service anschließend über das `providers`-Array beim Applikationsmodul:

```
<script src="app/services/calendar-service/calendar.service.js"></script>
<script src="app/time-picker/time-picker.component.js"></script>
<script src="app/calendar/calendar.component.js"></script>
<script src="app/app.module.js"></script>
<script src="app/main.js"></script>
```

**Listing 17.16** »index.html«: Liste der Applikationsdateien

```
app.AppModule = ng.core.NgModule({
  imports: [ng.http.HttpModule,
            ng.platformBrowser.BrowserModule],
  providers: [app.CalendarService],
  declarations: [app.CalendarComponent, app.TimePickerComponent],
  bootstrap: [app.CalendarComponent]
})
.Class({ constructor:  function() {} });
```

**Listing 17.17** »app.module.js«: Definition der »providers«-Liste im »AppModule«

Innerhalb der Kalenderkomponente können Sie nun den zuvor verwendeten Mechanismus zur Dependency-Injection einsetzen, um den Service zu injizieren:

```
app.CalendarComponent = ng.core.Component({
  selector: 'ch-calendar',
  ...
})
.Class({
  constructor: [app.CalendarService, function(calendarService) {
    var self = this;
    this.calendarEntry = {};
    calendarService.getCalendarEntry()
      .subscribe(function(entry) {
        self.calendarEntry = entry;
      });
  }],
  ...
});
```

**Listing 17.18** »calendar.component.js«: Implementierung des Konstruktors der Kalenderkomponente

An dieser Stelle gibt es eine weitere Besonderheit, die Sie bei der Implementierung von Angular-Anwendungen auf Basis von ES5 beachten müssen. Dadurch, dass Ihnen in ES5 keine Arrow-Functions zur Verfügung stehen, müssen Sie sämtliche Callbacks mithilfe regulärer JavaScript-Funktionen implementieren. Da diese Funktionen nun ihren eigenen `this`-Kontext mitbringen, müssen Sie hier wieder auf ein altbewährtes ES5-Pattern zurückgreifen: Indem Sie den `this`-Zeiger der Komponente in der Variablen `self` speichern, können Sie innerhalb des Callbacks auf Eigenschaften der Komponente zugreifen.

Ein erneutes Öffnen der Applikation zeigt, dass der Timepicker nun mit dem Wert gefüllt wird, den Sie per HTTP geladen haben (siehe Abbildung 17.3).

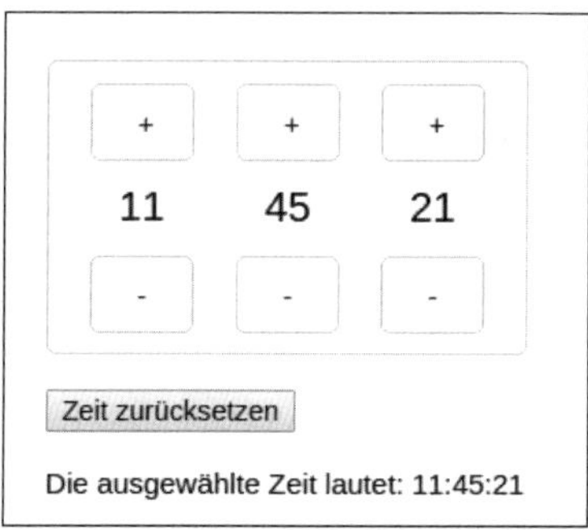


**Abbildung 17.3** Darstellung des per HTTP geladenen Wertes für den Timepicker

## 17.3 Zusammenfassung

Auch wenn Sie bei der Entwicklung von Angular-Applikationen auf Basis von ECMAScript 5 auf eine Vielzahl von Annehmlichkeiten verzichten müssen, kann das Framework – bei Beachtung einiger Regeln – ebenso gut in klassischen Szenarien eingesetzt werden.

Möchte Ihr Projektleiter also keine neumodischen Technologien wie TypeScript oder ES2015-Module einsetzen, ist dies noch lange keine Ausrede dafür, Angular links liegen zu lassen.

Die folgende Liste fasst die wichtigsten Punkte dieses Kapitels noch einmal zusammen:

- Bei der Implementierung von Angular-Anwendungen auf Basis von ECMAScript 5 werden die UMD-Varianten der einzelnen Framework-Module verwendet.
- Das globale `ng`-Objekt stellt den zentralen Einstiegspunkt zu allen Bestandteilen des Angular-Frameworks dar.
- Der *Immediately-Invoked Function Expression*-Mechanismus (IIFE) hilft Ihnen bei der Kapselung Ihrer Komponenten.
- Die Definition von Komponenten und Services erfolgt mithilfe einer DSL, die der ES2015-Klassensyntax nachempfunden ist und Ihnen die Verwendung des Prototype-Patterns erspart.
- Durch den Verzicht auf einen Module-Loader müssen Sie bei der Verknüpfung von Templates und CSS-Dateien aus der Komponente heraus auf absolute Pfade zurückgreifen. Die Basis dieses Pfades ist der Ordner, der die *index.html* enthält.
- Die Injektion von Abhängigkeiten (*Depenceny-Injection*, DI) in eine Komponente oder einen Service erfolgt durch Übergabe einer Liste an die `constructor`-Eigenschaft. Die Liste muss dabei zunächst die Abhängigkeiten und als Letztes die eigentliche Konstruktorfunktion enthalten.
- Der ES5-Depenceny-Injection-Mechanismus ist dem DI-Mechanismus aus AngularJS 1.x nachempfunden.

Nach diesem kurzen Ausflug in alte Zeiten werden Sie im folgenden Kapitel lernen, wie Sie Ihre Angular-Anwendung international auf die Beine stellen können. Das i18n-Framework bietet Ihnen interessante Möglichkeiten für die professionelle Internationalisierung Ihrer Applikationen.

# Kapitel 18

# Internationalisierung: mehrsprachige Angular-Anwendungen implementieren

*Die Internationalisierung von Anwendungen wird insbesondere in Zeiten von weltweit verfügbaren Cloud-Applikationen immer wichtiger. Angular bietet Ihnen auch hier weitreichende Unterstützung.*

In AngularJS 1.x sind Sie bei der Entwicklung von mehrsprachigen Applikationen bis heute auf den Einsatz von Drittbibliotheken angewiesen. Für die neue Version des Frameworks hat sich das Angular-Team hingegen entschieden, das Thema direkt in den Anwendungskern zu integrieren. Dabei hat die bereitgestellte Lösung deutlich mehr als die einfache Übersetzung von Strings zu bieten. Im Laufe dieses Kapitels werden Sie lernen,

- wie Sie einfache Textbestandteile, Attribute und komplexe DOM-Elemente mithilfe des i18n-Moduls übersetzen können.
- wie Sie mithilfe von Platzhaltern dynamische Bestandteile in Strings kennzeichnen können.
- was das XLIFF-Format ist und wie das Kommandozeilen-Tool *ng-xi18n* Sie bei der Generierung von Messaging-Files unterstützt.
- welche Möglichkeiten das Framework Ihnen für die Übermittlung von Metadaten zur Beschreibung des Übersetzungskontextes bietet.
- wie die Themen *Pluralisierung* und *geschlechterspezifische Texte* in Angular unterstützt werden.
- welche Besonderheiten Sie beim Einsatz des AOT-Modus beachten müssen.

Freuen Sie sich also darauf, die Zielgruppe Ihrer Anwendung mit dem Wissen, das Sie in diesem Kapitel erwerben, um ein Vielfaches zu vergrößern!

**Hinweis zu den Beispielquelltexten**

Die Beispielquelltexte dieses Kapitels finden Sie im Ordner *internationalisierung*. Wie gewohnt erfolgt der Start des Projekts über die beiden Befehle `npm install` und `npm start`.

## 18.1 Die Grundlagen des i18n-Frameworks

Im ersten Schritt möchte ich Ihnen die Kernbestandteile des i18n-Frameworks an einer einfachen Textübersetzung demonstrieren. Öffnen Sie die Datei *translation-techniques.component.html:*

```
<h3 i18n>Hallo Welt!</h3>
```

**Listing 18.1** »translation-techniques.component.html«: Auszeichnung eines Strings, der übersetzt werden soll

Um Angular mitzuteilen, dass der Inhalt eines DOM-Knotens in mehrere Sprachen übersetzt werden soll, müssen Sie ihn lediglich mit dem `i18n`-Attribut ausstatten. Ein Blick in die Oberfläche zeigt aber, wie in Abbildung 18.1 zu sehen ist, zunächst einmal wenig Überraschendes.

**Abbildung 18.1** Die gestartete Anwendung

Doch keine Angst: Gleich wird es interessanter. Schauen Sie sich als Nächstes die Datei *messages.fr.xlf* an:

```
<trans-unit id="c7b922066dbcbb975e2b0b0e2f01705e682adeda" datatype="html">
  <source>Hallo Welt!</source>
  <target>Bonjour monde!</target>
</trans-unit>
```

**Listing 18.2** »messages.fr.xlf«: Auszug aus der XLIFF-Übersetzungsdatei

Bei dieser Datei handelt es sich um eine sogenannte XLIFF-Datei (*XML Localisation Interchange File Format*). XLIFF ist ein standardisiertes Dateiformat zum Austausch von Übersetzungsinformationen.

Wie Sie sehen, enthält diese Datei eine Reihe von sogenannten *Translation-Units*, die über das `<trans-unit>`-Tag definiert werden. Eine Translation-Unit besteht aus einer eindeutigen `id`, dem Ursprungstext (`source`) sowie dem übersetzten Text (`target`).

**Spoiler: Das Kommandozeilen-Tool ng-xi18n**

Sie werden in Abschnitt 18.2 sehen, wie Sie die Bestandteile der Anwendung, die Sie übersetzen wollen, mithilfe des Tools *ng-xi18n* automatisch in eine XLIFF-Datei extrahieren können. In diesem Abschnitt zeige ich Ihnen zunächst, wie eine Übersetzung grundsätzlich abläuft.

### 18.1.1 Bestimmen Sie die Sprache der Anwendung

Wie können Sie nun dafür sorgen, dass die Informationen aus der XLIFF-Datei für die Darstellung in der Oberfläche verwendet werden? Im ersten Schritt müssen Sie herausfinden, welche Sprache dem Benutzer präsentiert werden soll. Dies kann beispielsweise auf Basis eines Cookies oder durch einen Eintrag im LocalStorage des Browsers erfolgen.

Für dieses Kapitel habe ich mich entschieden, die aktuell im Browser eingestellte Sprache als Anwendungssprache zu übernehmen. Da es für diese Information jedoch leider keinen herstellerübergreifenden Standard gibt, müssen Sie ein wenig Fleißarbeit leisten. Listing 18.3 zeigt die Implementierung eines Algorithmus, der die gängigsten Browser unterstützt:

```
<script>
  var browserLanguage = (navigator.languages && navigator.languages[0]) ||
                        navigator.browserLanguage ||
                        navigator.userLanguage ||
                        navigator.systemLanguage;

  var supportedLanguages = ['de', 'fr'];

  if (supportedLanguages.includes(browserLanguage)) {
    document.locale = browserLanguage
  } else {
    document.locale = 'de';
  }
</script>
```

**Listing 18.3** »index.html«: Auslesen der Browser-Sprache für unterschiedliche Browser-Arten

In der Variablen `document.locale` befindet sich jetzt also die Sprache, die der Browser anzeigen soll. Der nächste Schritt besteht nun darin, Angular beim Start der Applikation mitzuteilen, dass diese Sprache (und das entsprechende Message-File) verwendet werden soll. Listing 18.4 zeigt die entsprechende Implementierung in der Datei *main.ts*:

```
function makeRequest (method, url, done) {
  var xhr = new XMLHttpRequest();
  ...
}

const locale = (<any>document).locale;
```

```
makeRequest('GET', `assets/locales/messages.${locale}.xlf`,
                                          (err, translations) => {
  platformBrowserDynamic().bootstrapModule(AppModule, {
    providers: [
      {provide: TRANSLATIONS, useValue: translations},
      {provide: TRANSLATIONS_FORMAT, useValue: 'xlf'},
      {provide: LOCALE_ID, useValue: locale}]
  });
});
```

**Listing 18.4** »main.ts«: dynamisches Laden des Message-Files und Registrierung der Provider bei der Anwendung

Bestand die Datei *main.ts* bislang lediglich aus der Übergabe des `AppModule` an die verwendete Plattform, enthält Listing 18.4 einige Techniken und Bestandteile, die bisher so nicht notwendig waren.

Das Erste, was Ihnen hier auffallen wird, ist der Aufruf der Hilfsfunktion `makeRequest`. Die Funktion ist lediglich ein (selbstimplementierter) Wrapper zum Ausführen eines simplen HTTP-Requests und wird hier verwendet, um den Inhalt des zu verwendenden Message-Files zu laden. Wie Sie sehen, liegen die Message-Files im Ordner *assets/locales*.

Bei diesem Ort handelt es sich um eine Besonderheit bei der Verwendung des Angular-CLI: Der *assets*-Ordner steht Ihnen – unabhängig von der Art des Builds (`dev` oder `prod`) – auch nach der Kompilierung zur Verfügung, sodass er sich in diesem Fall für die Speicherung der Message-Files anbietet.

**Integration des i18n-Frameworks in das CLI**

Zu dem Zeitpunkt, als dieses Buches entstand, existierte leider noch keine dedizierte Integration des i18n-Frameworks in das Angular-CLI. Dies gilt insbesondere für die Verwendung des Frameworks im AOT-Modus. Hier diskutieren die Entwickler noch über die Architektur. Bis zur endgültigen Unterstützung durch das CLI bietet Ihnen der hier vorgestellte Ansatz eine recht komfortable »Low-Level«-Unterstützung für das Laden des Message-Bundles.

Mit der Antwort des HTTP-Aufrufs steht Ihnen der Inhalt des Bundles, das Sie verwenden wollen, in der Variablen `translations` zur Verfügung. Das i18n-Framework bzw. der Angular-Compiler benötigt nun drei Informationen, die über vordefinierte Opaque-Token an den Bootstrap-Aufruf übergeben werden müssen:

1. Welches Message Bundle soll verwendet werden (`TRANSLATIONS`)?
2. In welchem Format liegt das Bundle vor (`TRANSLATIONS_FORMAT`)?
3. Welches Locale soll verwendet werden (`LOCALE_ID`)?

Für das `TRANSLATIONS_FORMAT` steht Ihnen aktuell neben XLIFF (`xlf`) noch das XML-Format XMB (`xmb`) zur Verfügung. Für die Zukunft ist des Weiteren die Unterstützung eines JSON-Formats geplant. Die Auswirkungen des `LOCALE_ID`-Tokens haben Sie bereits in Kapitel 6, »Standarddirektiven und Pipes: wissen, was das Framework an Bord hat«, in Aktion gesehen. So sorgt das Setzen des Locales `de` beispielsweise dafür, dass die `DecimalPipe` Zahlenwerte mit einem Komma trennt oder dass die `DatePipe` ein deutsches Datumsformat erzeugt.

Beachten Sie an dieser Stelle auch, dass die Provider direkt an die `bootstrapModule`-Methode (und nicht wie sonst üblich über das `providers`-Array des `AppModule`) an Angular übergeben werden. Auf diese Weise haben Sie die Möglichkeit, Querschnittsinformationen unabhängig von der eigentlichen Business-Logik direkt an den Angular-Compiler zu übergeben.

**Wechsel der Sprache nur beim Applikationsstart**

Implizit erkennen Sie an Listing 18.4 einen wichtigen Architekturgrundsatz des i18n-Frameworks: Ein Wechsel der Sprache ist nur beim Anwendungsstart möglich!

Der Grund hierfür ist, dass die verwendeten Strings während des Template-Compile-Vorgangs direkt in das generierte JavaScript übernommen werden. Nach dem Start der Anwendung sind somit alle Übersetzungen »hart« in der Applikation verdrahtet, sodass die Übersetzung keine Performance-Einbußen zur Laufzeit mit sich bringt.

Andererseits bedeutet diese Architektur aber natürlich auch, dass Sie bei einem Wechsel der Sprache gegebenenfalls ungespeicherte Daten zwischenspeichern müssen, um sie nicht zu verlieren, und dass der Sprachwechsel immer mit einem »unschönen« Browser-Reload einhergeht.

Falls Sie hier eine dynamischere i18n-Unterstützung benötigen, möchte ich Ihnen an dieser Stelle die Drittbibliothek *ng2-translate* von Oliver Combe ans Herz legen (*https://github.com/ocombe/ng2-translate*). Diese Bibliothek orientiert sich stark an der Art und Weise, wie Übersetzungen in AngularJS 1.x realisiert wurden, und stellt somit eine interessante Alternative zur statischen Out-of-the-box-Lösung von Angular dar.

Um nun endlich die Auswirkungen Ihrer Implementierung in Aktion zu sehen, können Sie an dieser Stelle die erste Browser-Sprache auf Französisch ändern. In Google-Chrome erreichen Sie den Dialog über die Menüpunkte EINSTELLUNGEN • ERWEITERTE EINSTELLUNGEN ANZEIGEN • SPRACH- UND EINGABEEISTELLUNGEN. Abbildung 18.2 zeigt einen Screenshot der entsprechenden Funktion.

Wenn Sie Französisch hinzugefügt und die Anwendung neu geladen haben, sehen Sie, dass der Angular-Compiler jetzt korrekterweise die Datei *messages.fr.xlf* aus dem *assets*-Verzeichnis lädt und die dort hinterlegten Strings zur Darstellung der Oberfläche verwendet (siehe Abbildung 18.3).

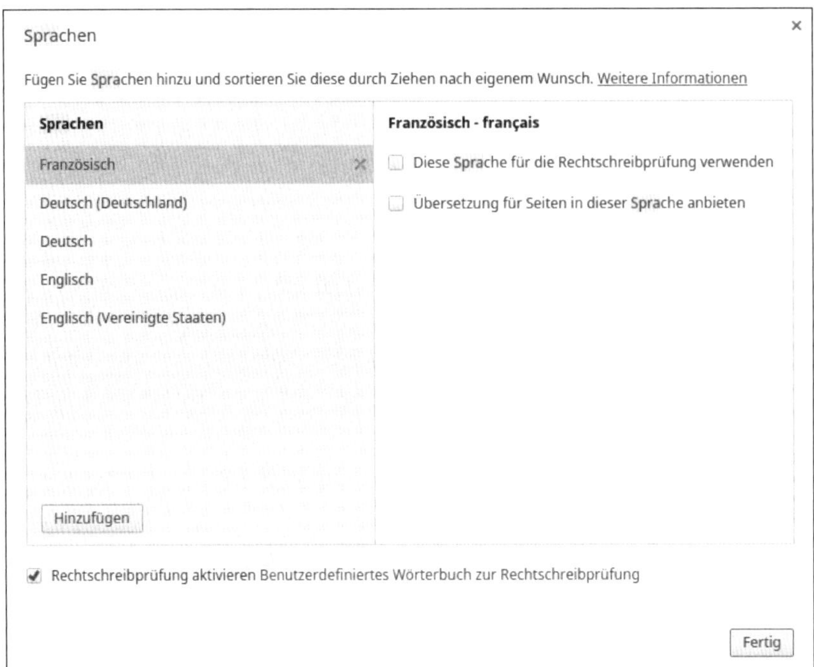


**Abbildung 18.2** Ändern der primären Browser-Sprache in Google Chrome

**Abbildung 18.3** Übersetzte Hallo-Welt-Seite

## 18.2 ng-xi18n: automatische Generierung der Message-Datei

Sie kennen jetzt die Kernbestandteile des Angular-i18n-Frameworks. In diesem Abschnitt zeige ich Ihnen, wie das Kommandozeilen-Tool *ng-xi18n* Sie dabei unterstützt, Message-Files für unterschiedliche Message-Formate zu generieren.

Möchten Sie beispielsweise zusätzlich zur »Hallo Welt«-Begrüßung ein dynamisches Greeting in Ihre Anwendung einfügen, könnten Sie dies wie folgt erreichen:

```
export class TranslationTechniquesComponent {
  user = 'John';
}
```

**Listing 18.5** »translation-techniques.component.ts«: Initialisierung der »user«-Variablen

```
<h3 i18n>Hallo {{user}}</h3>
```

**Listing 18.6** »translation-techniques.component.html«: Ausgabe der dynamischen Begrüßungsmeldung

Wie Sie sich sicher bereits gedacht haben, benötigen Sie nun natürlich ebenfalls Übersetzungen für diesen String. Ein Blick in die ursprüngliche Übersetzungsdatei

```
<trans-unit id="c7b922066dbcbb975e2b0b0e2f01705e682adeda" datatype="html">
  <source>Hallo Welt!</source>
  <target>Bonjour monde!</target>
</trans-unit>
```

**Listing 18.7** »messages.fr.xlf«: Auszug aus der XLIFF-Übersetzungsdatei

wirft aber direkt eine Frage auf: Woher kommt die ID und wofür wird sie benötigt? Bei der ID handelt es sich um die SHA1-Checksumme der zu übersetzenden Nachricht (inklusive des *Meaning*, das ich Ihnen in Abschnitt 18.3 vorstellen werde).

Erzeugen Sie beispielsweise über das Online-Tool *www.sha1generator.de* manuell die SHA1-Checksumme für den String

»Hallo Welt![]«

wird Ihnen dort der Wert `c7b922066dbcbb975e2b0b0e2f01705e682adeda` zurückgeliefert. Während des Übersetzungsschritts durchläuft Angular nun alle zu übersetzenden Nachrichten, erzeugt erneut deren SHA1-Summe und überprüft, ob im Message-Bundle eine Nachricht mit dieser ID vorhanden ist.

Wie Sie sich sicher vorstellen können, wäre es nun sehr aufwendig, alle diese IDs manuell zu berechnen. Glücklicherweise bietet Angular Ihnen mit dem Tool *ng-xi18n* aber bereits ein Kommandozeilen-Tool, das genau diese Aufgabe für Sie übernimmt. Das Tool ist Teil des Compiler-CLI und wird daher (falls es noch nicht geschehen ist) über den Befehl

```
npm i @angular/compiler-cli @angular/platform-server --save
```

installiert. Führen Sie zum Start der Message-File-Generierung nun einfach den Befehl

```
./node_modules/.bin/ng-xi18n
```

auf der Kommandozeile aus. Alternativ enthält die *package.json* des Projekts an dieser Stelle das Hilfsskript `translate`, sodass Sie die Generierung auch über den Befehl

```
npm run translate
```

starten können. Im Root-Verzeichnis der Anwendung wird nun die Datei *messages.xlf* generiert. Ein Blick in diese Datei zeigt, dass sie jetzt eine neue Übersetzung enthält, die wie folgt aussieht:

```
<body>
  ...
  <trans-unit id="9aa6eb5218b28b11902538599e30db7df0cde9e0" datatype="html">
    <source>Hallo <x id="INTERPOLATION"/></source>
    <target/>
  </trans-unit>
</body>
```

Um die dynamische Begrüßungsnachricht zu übersetzen, müssen Sie nun lediglich die neuen Translation-Units in die sprachspezifischen Übersetzungsdateien kopieren und dort eine passende Übersetzung bereitstellen:

```
<trans-unit id="9aa6eb5218b28b11902538599e30db7df0cde9e0" datatype="html">
  <source>Hallo <x id="INTERPOLATION"/></source>
  <target>Bonjour <x id="INTERPOLATION"/></target>
</trans-unit>
```

**Listing 18.8** »messages.fr.xlf«: Erweiterung der französischen Übersetzungsdatei um den neuen Eintrag

Abbildung 18.4 zeigt, dass im Anschluss auch der neu hinzugefügte dynamische String korrekt übersetzt wird.

Bonjour Angular

**Abbildung 18.4** Darstellung der dynamischen Übersetzung in der Oberfläche

In Listing 18.8 sehen Sie des Weiteren bereits ein Beispiel für die Arbeit mit Platzhaltern: Bei der Erzeugung der Translation-Units generiert Angular für dynamische Elemente (wie Interpolationen) automatisch Tags der Form <x id="INTERPOLATION"/>. Während Ihrer Übersetzung können Sie dieses Tag nun an beliebiger Stelle platzieren.

**Echte Strings vs. symbolische Konstanten als Übersetzungsschlüssel**

Die Tatsache, dass Angular die zu übersetzenden Bestandteile über die SHA1-Summe des Ursprungsstrings identifiziert, kann – gerade bei umfangreichen Textbausteinen – durchaus zum Wartungsproblem werden.

Falls Sie beispielsweise Ihre Begrüßung in `Hallo {{user}} !!!11!` ändern, um ihr etwas mehr Nachdruck zu verleihen, führt dies zu einer neuen SHA1-Checksumme. Sie müssten nun den alten `trans-unit`-Block aus allen Übersetzungsdateien entfernen und einen neuen Block (inklusive neuer Übersetzungen) hinzufügen.

Wenn Sie von Anfang an davon ausgehen, dass sich die Texte Ihrer Anwendung in Zukunft noch ändern, so bietet es sich an dieser Stelle an, anstelle echter Strings symbolische Konstanten in Ihren Ausgangsdateien zu verwenden:

```
<h3 i18n>GREETING{{user}}</h3>
```

Angular generiert nun immer die gleiche ID für Ihre Konstante, sodass Sie in Ihren Message-Files Übersetzungen in der Form

```
<trans-unit id="f02cceb4994d72a638cfa6a859b6a5098cf81830" datatype="html">
  <source>GREETING<x id="INTERPOLATION"/></source>
  <target>Hallo <x id="INTERPOLATION"/> !!!11!</target>
</trans-unit>
```

vornehmen können.

### 18.2.1 Exkurs: die Übersetzungen mit git verwalten

Wenn Ihre Anwendung eine Vielzahl an Übersetzungen enthält, kann das nachträgliche Hinzufügen von neu erzeugten Nachrichten schnell unübersichtlich werden. Fügen Sie beispielsweise mehrere neue Strings in unterschiedlichen Dateien Ihrer Anwendung hinzu, so tauchen diese »irgendwo« in der von *ng-xi18n* generierten Datei auf. Ohne weitere Hilfe müssten Sie die Datei nun manuell durchgehen und die neuen `<trans-unit>`-Tags »zusammensammeln«.



Abhilfe kann hier das Sourcecode-Verwaltungs-Tool *git* schaffen. So bietet es sich in diesem Zusammmenhang an, die von Angular generierte Datei gemeinsam mit Ihrem Projektcode einzuchecken. Lassen Sie den *ng-xi18n*-Generator nun erneut laufen, ändert sich auch die Ausgangsdatei. Mithilfe von *git* können Sie die Änderungen an der Datei nun sehr komfortabel nachvollziehen:

```
git diff --color-words -U0 src/assets/locale/messages.xlf
```

Die Option `--color-words` sorgt an dieser Stelle dafür, dass *git* keine Plus- oder Minus-Zeichen vor hinzugefügte oder entfernte Zeilen packt, sondern diese lediglich farblich kennzeichnet. `-U0` bedeutet, dass wirklich nur die geänderten Zeilen (und keine Zeilen um sie herum) ausgegeben werden. Abbildung 18.5 zeigt exemplarisch die Ausgabe des ausgeführten *git*-Befehls.

Sie können nun einfach die ausgegebenen Zeilen aus der Kommandozeile in Ihre einzelnen Message-Files kopieren und sie dort übersetzen.

```
christoph@christoph ~/buch/sources/internationalisierung $ git diff  --color-words -U0  ./src/assets/locales/messages.xlf
diff --git a/src/assets/locales/messages.xlf b/src/assets/locales/messages.xlf
index 83f6a41..2cd0d12 100644
--- a/src/assets/locales/messages.xlf
+++ b/src/assets/locales/messages.xlf
@@ -8,0 +9,8 @@
      <trans-unit id="9aa6eb5218b28b11902538599e30db7df0cde9e0" datatype="html">
        <source>Hallo <x id="INTERPOLATION"/></source>
        <target/>
      </trans-unit>
      <trans-unit id="f02cceb4994d72a638cfa6a859b6a5098cf81830" datatype="html">
        <source>GREETING<x id="INTERPOLATION"/></source>
        <target/>
      </trans-unit>
christoph@christoph ~/buch/sources/internationalisierung $
```

**Abbildung 18.5** Ausgabe des »git«-Befehls

## 18.3 Description und Meaning: Metadaten für Übersetzer übergeben

Oft werden Übersetzungen nicht von Software-Entwicklern selbst, sondern beispielsweise durch ein Übersetzungsbüro angefertigt. In diesen Fällen kann es durchaus hilfreich sein, dem Übersetzer zusätzliche Informationen zur Translation-Unit zu übermitteln. (Das gilt umso mehr, wenn Sie sich für symbolische Konstanten als Schlüssel entschieden haben.) Angular bietet Ihnen hier die Möglichkeit, das `i18n`-Attribut mit einem beschreibenden String zu füllen:

```
<h3 i18n="The greeting the user sees on the main page">
  GREETING{{user}}
</h3>
```

Des Weiteren können Sie zusätzlich ein sogenanntes *Meaning* angeben, das den Kontext beschreibt, in dem der Text vorhanden ist:

```
<h3 i18n="User greeting|The greeting the user sees on the main page">
  GREETING{{user}}
</h3>
```

**Listing 18.9** »translation-techniques.component.html«: Übersetzung mit Description und Meaning

Lassen Sie den *ng-xi18n*-Generator nun erneut laufen, werden Sie sehen, dass die neuen Informationen in die Datei *messages.xlf* generiert werden:

```
<trans-unit id="8c14d9880bd9cc9b42fea4198130033b96591448"
            datatype="html">
  <source>GREETING<x id="INTERPOLATION"/></source>
  <target/>
```

```
    <note priority="1" from="description">
      The greeting the user sees on the main page
    </note>
    <note priority="1" from="meaning">
      User greeting
    </note>
  </trans-unit>
```

**Listing 18.10** »messages.xlf«: generierte Description- und Meaning-Tags

Hierbei ist es wichtig zu wissen, dass das Meaning in die Berechnung der id der Translation-Unit eingeht. Auf diesem Weg haben Sie sehr leicht die Möglichkeit, für gleiche Ausgangstexte – je nach logischer Bedeutung – unterschiedliche Übersetzungen anzulegen.

## 18.4 Weitere Übersetzungstechniken

Außer der Übersetzung von einfachen DOM-Knoten bietet Angular Ihnen des Weiteren Funktionalität zur Übersetzung von Attributen und mehreren »parallel« liegenden Knoten.

### 18.4.1 Attribute (und Input-Bindings) übersetzen

Sie übersetzen Attribute, indem Sie das i18n-Attribut, gefolgt von dem Attributnamen, den Sie übersetzen wollen, angeben. Hierbei ist es interessant zu wissen, dass Sie mithilfe dieser Technik auch Werte von Input-Bindings für Ihre eigenen Komponenten übersetzen können.

Schauen Sie sich hierfür noch einmal die Verwendung der TabsComponent an, die Sie aus Kapitel 3, »Komponenten und Templating: der Angular-Sprachkern«, kennen:

```
<ch-tabs>
  <ch-tab title="Übersetzungstechniken" i18n-title>
    <app-translation-techniques></app-translation-techniques>
  </ch-tab>
</ch-tabs>
```

Selbstverständlich ist es auch hier möglich, ein Meaning und eine Description zu übergeben:

```
<ch-tabs>
  <ch-tab title="Übersetzungstechniken"
          i18n-title="navigation header|the title of the first tab">
```

```
    <ch-translation-techniques></ch-translation-techniques>
  </ch-tab>
</ch-tabs>
```

**Listing 18.11** »app.component.html«: Übersetzung des »Title«-Attributs

Im generierten XLIFF-Template unterscheidet sich die Übersetzung schließlich nicht von anderen Übersetzungen:

```
<trans-unit id="41224bc572165d5fd290541bc8dd0..." datatype="html">
  <source>Übersetzungstechniken</source>
  <target/>
  <note priority="1" from="description">the title of the first tab</note>
  <note priority="1" from="meaning">navigation header</note>
</trans-unit>
```

**Listing 18.12** »messages.xlf«: »trans-unit« für den zu übersetzenden Titel

### 18.4.2 Mehrere parallele Knoten übersetzen

In manchen Fällen kann es außerdem vorkommen, dass Sie mehrere parallel liegende DOM-Knoten auf einmal übersetzen möchten. Eine Möglichkeit wäre nun, einen zusätzlichen gemeinsamen Parent-Knoten zu erstellen. Angular bietet Ihnen aber alternativ ebenfalls die Möglichkeit, mithilfe von XML-Kommentarsyntax einen Bereich festzulegen, den Sie übersetzen wollen:

```
<!--i18n:example for parallel nodes-->
<p>Ich bin ein Text, der über</p>
<p>mehrere Absätze verteilt ist</p>
<!--/i18n-->
```

**Listing 18.13** »translation-techniques.component.html«:
mehrere parallele Knoten übersetzen

*ng-xi18n* erzeugt nun eine einzelne Translation-Unit, die den Inhalt der Absätze kapselt. In der generierten *messages.xlf* sehen Sie außerdem, wie Angular mit HTML-Tags innerhalb der Übersetzung umgeht. Äquivalent zur Interpolation von Werten werden enthaltene HTML-Tags über einen eigenen XML-Knoten beschrieben:

```
<trans-unit id="75f20e606535da99613f91856d398d6fdb41f07d" datatype="html">
  <source>
    <x id="START_PARAGRAPH" ctype="x-p"/>
      Ich bin ein Text, der über
    <x id="CLOSE_PARAGRAPH" ctype="x-p"/>
```

```
    <x id="START_PARAGRAPH" ctype="x-p"/>
      mehrere Absätze verteilt ist
    <x id="CLOSE_PARAGRAPH" ctype="x-p"/>
  </source>
  <target/>
  <note priority="1" from="description">example for parallel nodes</note>
</trans-unit>
```

**Listing 18.14** »messages.xlf«: »trans-unit« für parallele DOM-Knoten

## 18.5 Pluralisierung und geschlechterspezifische Texte

Mit Angular können Sie Texte nicht nur übersetzen, sondern auch geschlechterspezifische Texte sowie Texte abhängig vom Zahlenwert einer Variablen darstellen.

### 18.5.1 Pluralisierung: Texte abhängig vom Zahlenwert einer Variablen

Möchten Sie beispielsweise in einer Aufgabenverwaltung die Anzahl der aktuell anstehenden Aufgaben benutzerfreundlich in der Form »Alle Aufgaben erledigt«, »Eine Aufgabe« etc. darstellen, so steht Ihnen hierfür die `I18nPluralPipe` zur Verfügung.

Out-of-the-box unterstützt sie die Angabe von Mappings für konkrete Zahlenwerte (`={wert}`) sowie für alle weiteren, nicht explizit gemappten Zahlen (`other`). Listing 18.15 zeigt das Text-Mapping für die Aufgabenverwaltung: 18

```
todoTextsMapping = {
  '=0' : 'Alle Aufgaben erledigt',
  '=1' : 'Eine Aufgabe',
  'other' : '# Aufgaben'
};
```

**Listing 18.15** »pluralization.component.ts«: So erstellen Sie das Text-Mapping, um die Anzahl der Aufgaben anzuzeigen.

In Ihrem HTML-Code können Sie die Anzahl der Aufgaben nun mithilfe der `I18nPluralPipe` ausgeben:

```
<p class="bg-primary">
  {{todos.length | i18nPlural:todoTextsMapping}}
</p>
```

**Listing 18.16** »pluralization.component.html«: die Aufgabenanzahl mithilfe der »I18nPluralPipe« ausgeben

Ein Blick in die Oberfläche zeigt, dass der Zähler jetzt, abhängig von der Variablen `todo.length`, nutzerfreundlich formatierte Werte darstellt (siehe Abbildung 18.6 bis Abbildung 18.8).

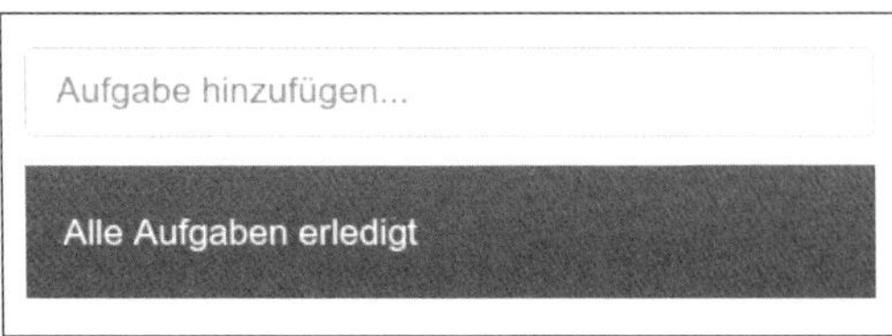


**Abbildung 18.6** Darstellung, wenn keine Aufgaben vorhanden sind

**Abbildung 18.7** Darstellung, wenn eine Aufgabe vorhanden ist

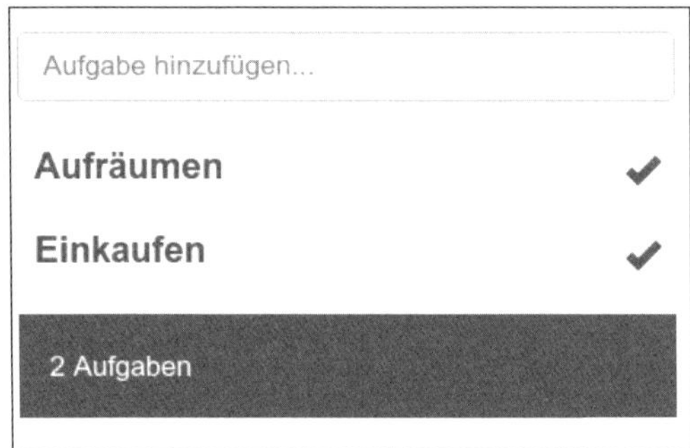


**Abbildung 18.8** Darstellung, wenn mehrere Aufgaben vorhanden sind

### Eigene Pluralisierungskategorien festlegen

Falls Sie nicht mit der Kategorisierung der Zahlenwerte auskommen, die Angular mitliefert, können Sie eine eigene Kategorisierung implementieren.

Um zusätzlich zur `other`-Wildcard noch die Kategorien `few` (zwischen 5 und 10 Werte) und `many` (mehr als 10 Werte) zu definieren, müssen Sie lediglich eine eigene Ableitung der `NgLocalization`-Klasse bereitstellen. Die Klasse besitzt die Methode `getPluralCategory`, die Sie nun an Ihre Bedürfnisse anpassen können:

```
export class TodoCountLocalization extends NgLocalization {
  getPluralCategory(count: number) {
    if (count >= 5 && count < 10) {
      return 'few';
    } else if (count >= 10) {
      return 'many';
    } else {
      return 'other';
    }
  }
}
```

**Listing 18.17** »todo-counter.component.ts«: Implementierung der Pluralisierungskategorien für die »TodoCounterComponent«

Da es sich bei `NgLocalization` um einen von Angular bereitgestellten *Provider* handelt, müssen Sie ihn anschließend über das `providers`-Array bei Ihrer Komponente registrieren. In den meisten Fällen bietet es sich an, für eigene Zählerdarstellungen dedizierte Komponenten zu implementieren: Wie Sie wissen, sorgt der DI-Mechanismus sonst dafür, dass die von Ihnen bereitgestellte `NgLocalization`-Klasse in der aktuellen und allen darunterliegenden Komponenten verwendet wird.

Listing 18.18 zeigt die für die Aufgabenzählung zuständige `TodoCounterComponent`:



```
@Component({
  selector: 'ch-todo-counter',
  providers: [{ provide: NgLocalization,
                useClass: TodoCountLocalization}],
  ...
})
export class TodoCounterComponent {
  @Input() count: number;
  todoTextsMapping = {
    '=0' : 'Alle Aufgaben erledigt',
    '=1' : 'Eine Aufgabe',
    'other' : '# Aufgaben',
    'few' : 'Einige Aufgaben',
    'many' : 'Mehr als 10 Aufgaben',
  };
}
```

**Listing 18.18** »todo-counter.component.ts«: Registrierung der Kategorisierung und Definition des entsprechenden »TextsMapping«

Im HTML-Code der Komponente können Sie die Zahlenausgabe nun genau wie zuvor über die `NgI18nPluralPipe` vornehmen:

```
<p class="bg-primary">
  {{count | i18nPlural:todoTextsMapping}}
</p>
```

**Listing 18.19** »todo-counter.component.html«: Verwendung der »I18nPluralPipe«

Die Verwendung der Komponente in der Aufgabenliste sorgt anschließend dafür, dass Ihre eigene Kategorisierung für die Zählerdarstellung verwendet wird (siehe Abbildung 18.9):

```
<ch-todo-counter [count]="todos.length"></ch-todo-counter>
```

**Listing 18.20** »pluralization.component.ts«: Einsatz der »Counter«-Komponente zur Darstellung der Aufgabenanzahl

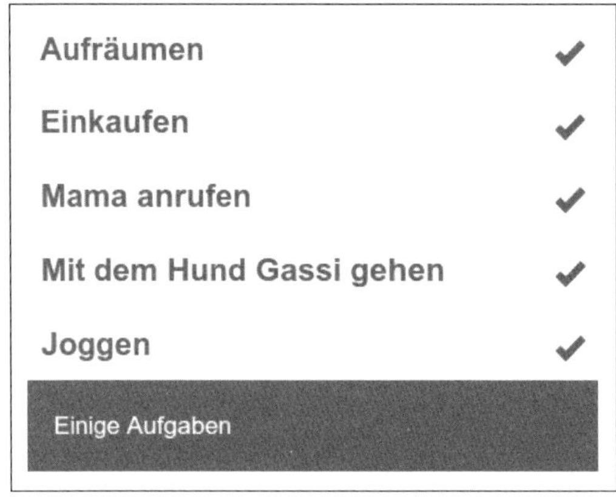


**Abbildung 18.9** Darstellung der Liste mit angepasster Kategorisierung

### 18.5.2 Pluralisierungen übersetzen

Leider gibt es aktuell (Stand: Angular 2.2) noch nicht die Möglichkeit, Übersetzungen im TypeScript-Code vorzunehmen. Mit den beiden Direktiven `NgPlural` und `NgPluralCase` bietet Angular Ihnen aber eine HTML-basierte Alternative zur `I18nPluralPipe`.

Ähnlich wie bei `NgSwitch` bzw. `NgSwitchCase` werden die darzustellenden Nachrichten im HTML-Code definiert, was Ihnen gleichzeitig die Möglichkeit gibt, sie mit dem `i18n`-Attribut zu versehen:

```
<p class="bg-primary" [ngPlural]="count">
  <template ngPluralCase="=0" i18n>Alle Aufgaben erledigt</template>
```

```
  <template ngPluralCase="=1" i18n>Eine Aufgabe</template>
  <template ngPluralCase="few" i18n>Einige Aufgaben</template>
  <template ngPluralCase="other" i18n>{{count}} Aufgaben</template>
  <template ngPluralCase="many" i18n>Mehr als 10 Aufgaben</template>
</p>
```

**Listing 18.21** »todo-counter.component.html«: Festlegung des »TextsMapping« im HTML-Code mithilfe der Direktiven »NgPlural« und »NgPluralCase«

Ein erneuter Start von *ng-xi18n* generiert nun für jeden Fall eine Translation-Unit, die Sie anschließend für die unterschiedlichen Sprachen ausfüllen können:

```
<trans-unit id="1bd5b1f24256c1..." datatype="html">
  <source>Alle Aufgaben erledigt</source>
  <target>pas de tâches</target>
</trans-unit>
<trans-unit id="674c265f389f9e..." datatype="html">
  <source>Eine Aufgabe</source>
  <target>une tâche</target>
</trans-unit>
```

**Listing 18.22** »messages.fr.xlf«: Übersetzung der Pluralisierungstexte

Abhängig von der eingestellten Browser-Sprache wird die Anzahl der Aufgaben nun, wie in Abbildung 18.10 dargestellt, sprachabhängig in der Oberfläche ausgegeben. 18

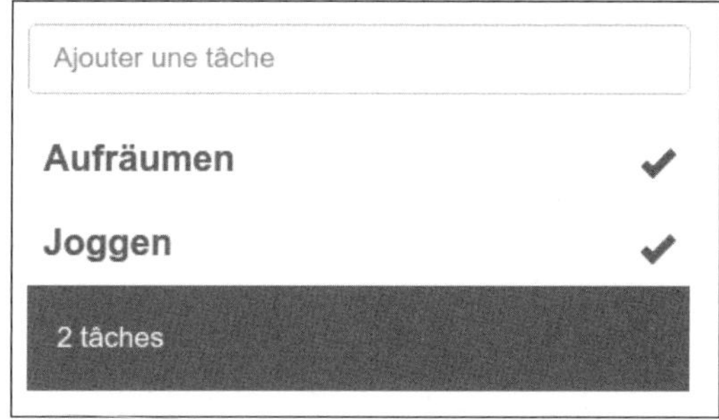


**Abbildung 18.10** Übersetzte Aufgaben-Liste

### 18.5.3 I18nSelectPipe: geschlechterspezifische Texte festlegen

Ein weiterer typischer Anwendungsfall in der Software-Entwicklung ist die Darstellung von Texten abhängig vom Wert einer Eigenschaft (z. B. vom Geschlecht eines Benutzers). Angular bietet Ihnen für diesen Fall die `I18nSelectPipe` an.

Bei dieser Pipe handelt es sich, funktional betrachtet, um nichts anderes als um eine Version der NgSwitch-Direktive, bei der Sie diejenigen Fälle, die Sie berücksichtigen wollen, im TypeScript-Code in einer Map festlegen.

Um die Funktionalität zu verdeutlichen, zeigt Abbildung 18.11 ein einfaches Registrierungsformular.

Anrede* --- Bitte auswählen ---

Vorname*

Nachname*

Registrieren

**Abbildung 18.11** Das Registrierungsformular

Soll dem Benutzer bzw. der Benutzerin nun nach Absenden des Formulars eine geschlechterspezifische Begrüßungsnachricht angezeigt werden, können Sie die I18n-SelectPipe verwenden. Dabei legen Sie als Erstes die Texte fest, die angezeigt werden sollen:

```
export class GenderComponent{
  ...
  registrationMessages = {
    'male': 'Sehr geehrter Herr',
    'female': 'Sehr geehrte Frau',
  };
}
```

**Listing 18.23** »gender.component.ts«: Definition der Nachrichten, die Sie verwenden wollen

Im HTML-Code können Sie nun die gender-Eigenschaft des Benutzers in Verbindung mit der I18nSelectPipe verwenden, um Ihrem Nutzer eine Nachricht anzuzeigen, die seinem Geschlecht entspricht:

```
<p class="bg-success">
  {{user.gender | i18nSelect: registrationMessages}} {{user.lastName}}.
  Vielen Dank für Ihre Registrierung!
</p>
```

**Listing 18.24** »gender.component.html«: Einsatz der »I18nSelectPipe« für die Darstellung der Begrüßungsnachricht

Nach dem Ausfüllen und Absenden des Formulars sollte sich Ihnen das Bild aus Abbildung 18.12 zeigen.

**Abbildung 18.12** Darstellung der geschlechtsspezifischen Registrierungsnachricht

### Geschlechterspezifische Texte übersetzen

Wie für die `I18nPluralPipe` gilt auch für die `I18nSelectPipe`, dass Sie aktuell leider noch nicht die Möglichkeit haben, Übersetzungen im TypeScript-Code vorzunehmen.

Auch in diesem Fall ist es aber leicht möglich, die äquivalente Funktionalität mithilfe der beiden Direktiven `NgSwitch` und `NgSwitchCase` zu realisieren. Listing 18.25 zeigt die Implementierung des entsprechenden HTML-Codes:



```
<p class="bg-success">
  <span [ngSwitch]="user.gender">
    <template ngSwitchCase="male" i18n>Sehr geehrter Herr</template>
    <template ngSwitchCase="female" i18n>Sehr geehrte Frau</template>
  </span>
  <span i18n>
    {{user.lastName}}. Vielen Dank für Ihre Registrierung!
  </span>
</p>
```

**Listing 18.25** »gender.component.html«: Realisierung der Funktionalität mithilfe von »NgSwitch«

Wenn Sie das *ng-xi18n*-Tool ausführen, wird nun für jeden Fall eine Translation-Unit erzeugt, die Sie anschließend erneut in den entsprechenden Message-Files übersetzen können:

```
<trans-unit id="f819a17ec996a3be6823cb81..." datatype="html">
  <source>Sehr geehrter Herr</source>
  <target>Monsieur</target>
</trans-unit>
<trans-unit id="49509a59b4f3b3f951b83640..." datatype="html">
  <source>Sehr geehrte Frau</source>
  <target>Madame</target>
</trans-unit>
```

Ihre geschlechterspezifischen Nachrichten werden jetzt zusätzlich passend zur eingestellten Sprache übersetzt (siehe Abbildung 18.13).

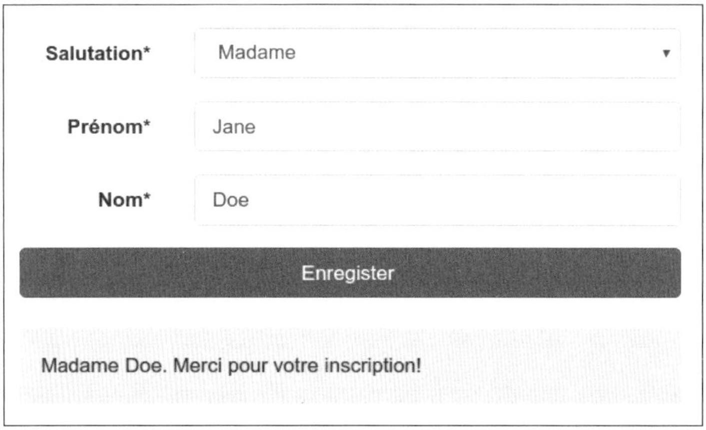

**Abbildung 18.13** Darstellung der übersetzten Registrierungsnachricht

## 18.6 Statisch übersetzte Applikationen im AOT-Modus generieren

Bei der Verwendung des AOT-Compilers müssen Sie eine Besonderheit beachten. Wie in Abschnitt 18.1.1 beschrieben, handelt es sich bei den drei Tokens `TRANSLATIONS`, `TRANSLATIONS_FORMAT` und `LOCALE_ID` um Compiler-Optionen, die dafür sorgen, dass die im Message-File definierten Texte in Ihre kompilierten Templates integriert werden:

```
platformBrowserDynamic().bootstrapModule(AppModule, {
  providers: [
    {provide: TRANSLATIONS, useValue: translations},
    {provide: TRANSLATIONS_FORMAT, useValue: 'xlf'},
    {provide: LOCALE_ID, useValue: locale}]
});
```

**Listing 18.26** »main.ts«: Festlegung der Compiler-Optionen

Im AOT-Modus erfolgt die Template-Kompilierung nun aber nicht zur Laufzeit, sondern im Voraus über das Kommandozeilen-Tool *ngc*. In diesem Fall müssen Sie dem Compiler über Kommandozeilenparameter mitteilen, welches Message-File und welches Locale für die Kompilierung verwendet werden soll. Als Output erhalten Sie daraufhin eine komplette für das angegebene Locale vorkompilierte Anwendung.

**Angular-CLI-Projekte und sprachabhängige AOT-Kompilierung**

Aktuell bietet der AOT-Modus des Angular-CLI leider noch nicht die Möglichkeit, Messages-Files für die Kompilierung zu übergeben. Um den Mechanismus zu demonstrieren, habe ich mich entschieden, das in diesem Kapitel vorgestellte Beispielprojekt zusätzlich zum CLI-Build-Mechanismus mit einem eigenen manuellen Build auf Basis von *ngc* und *Rollup* auszustatten.

Da das CLI momentan noch stark in der Entwicklung ist, ist es aber gut möglich, dass das Angular-Team zu dem Zeitpunkt, an dem Sie dieses Buch in Ihren Händen halten, bereits die entsprechende CLI-Funktionalität realisiert hat. Hier lohnt also ein Blick auf die Angular-CLI-Homepage (*https://cli.angular.io*)!

Möchten Sie also die französische Version der Anwendung kompilieren, so erfolgt dies über folgenden Befehl:

```
./node_modules/.bin/ngc -p ./src/tsconfig-aot.json \\
--i18nFile=./src/assets/locales/messages.fr.xlf \\
--locale=fr --i18nFormat=xlf
```



Wie in der Datei *tsconfig-aot.json* festgelegt, kompiliert der Angular-Compiler nun alle Template-Dateien in den Ordner *dist-aot*. In der dort generierten Datei *todo-counter.component.ngfactory.js* werden Sie anschließend Quelltextausschnitte wie diesen finden:

```
_View_TodoCounterComponent2.prototype.createInternal =
  function (rootSelector) {
    this._text_0 = this.renderer.createText(null, 'une tâche', null);
    this.init([].concat([this._text_0]), [this._text_0], [], []);
    return null;
  };
```

**Listing 18.27** »todo-counter.component.ngfactory.js«: sprachabhängig kompilierte »NgFactory« für den »TodoCounter«

Das JavaScript ist also bereits vollständig für die französische Sprache vorbereitet, sodass Sie in der entsprechenden Main-Datei (wie im sprachunabhängigen Fall) lediglich auf die `AppModuleNgFactory` verweisen müssen:

```
import {platformBrowser} from '@angular/platform-browser';
import {AppModuleNgFactory} from './aot/app/app.module.ngfactory';

platformBrowser().bootstrapModuleFactory(AppModuleNgFactory);
```

**Listing 18.28** »main-aot.ts«: AOT-Version der »main«-Datei

Um anschließend im Browser beide Sprachen unterstützen zu können, benötigen Sie nun allerdings zwei Bundles: eines für das französische Locale und eines für das deutsche. Listing 18.29 zeigt exemplarisch die Rollup-Konfiguration für das französische Locale:

```
export default {
  entry: 'dist-aot/main-aot.js',
  dest: 'build/bundle-fr.js',
  plugins: [
    nodeResolve({jsnext: true, module: true}),
    commonjs({ include: 'node_modules/rxjs/**' }),
    uglify()
  ]
}
```

**Listing 18.29** »rollup.config.fr.js«: Rollup-Konfiguration zur Erstellung des französischen Bundles

Um den Build-Vorgang der Anwendung zu vereinfachen, bietet es sich als Nächstes an, in der Datei *package.json* Skripte für das Erstellen der jeweiligen Bundles bereitzustellen:

```
"scripts": {
  ...
  "aot-de": "ngc -p ./src/tsconfig-aot.json \\
            --i18nFile=./src/assets/locales/messages.de.xlf \\
            --locale=de --i18nFormat=xlf",
  "aot-fr": "ngc -p ./src/tsconfig-aot.json
            --i18nFile=./src/assets/locales/messages.fr.xlf \\
            --locale=fr --i18nFormat=xlf",
  "bundle-de": "rollup -c ./rollup.config.de.js",
  "bundle-fr": "rollup -c ./rollup.config.fr.js",
  "build-all": "npm run aot-de && npm run bundle-de && \\
                npm run aot-fr && npm run bundle-fr"
},
```

**Listing 18.30** »package.json«: Definition der Build-Skripte für unterschiedliche Locales

Ein Aufruf des Befehls

```
npm run build-all
```

kompiliert die Anwendung nun jeweils einmal für die deutsche und die französische Sprache und erstellt im Anschluss daran ein entsprechendes Rollup-Bundle, sodass Sie als Ergebnis die beiden Dateien *bundle-de.js* und *bundle-fr.js* erhalten.

Wie im JIT-Modus besteht ein einfacher Ansatz nun darin, die im Browser eingestellte Sprache für das Laden des richtigen Bundles zu verwenden. Im AOT-Modus können Sie beispielsweise die `document.write`-Funktion dazu verwenden, je nach Locale unterschiedliche `script`-Tags zum Dokument hinzuzufügen:

```
<script>
  var browserLanguage = (navigator.languages && navigator.languages[0]) ||
      navigator.browserLanguage ||
      navigator.userLanguage ||
      navigator.systemLanguage;

  var supportedLanguages = ['de', 'fr'];
  var locale = 'de';
  if (supportedLanguages.includes(browserLanguage)) {
    locale = browserLanguage
  }
  document.write('<script src="build/bundle-' + locale + '.js">' +
                 '<\/script>');
</script>
```

**Listing 18.31** »index-aot.html«: Laden des passenden Bundles abhängig von der eingestellten Browsersprache

Über das ebenfalls in der *package.json* vorbereitete Skript

```
npm run start-aot
```

können Sie die Anwendung nun im AOT-Modus starten. Je nach eingestellter Sprache wird jetzt eines der Bundle-Files geladen, sodass Sie Ihren Nutzern ohne Laufzeit-Overhead eine weltweit verfügbare Webanwendung zur Verfügung stellen können!

## 18.7 Zusammenfassung und Ausblick

Auf den ersten Blick mag die Idee, die Sprache der Anwendung nur beim Start der Anwendung (bzw. bei der Template-Kompilierung) festlegen zu können, etwas unflexibel erscheinen. Bei genauerer Betrachtung bietet der Ansatz – insbesondere in Bezug auf die Performance der Anwendung – aber große Vorteile: Sind Ihre HTML-Dateien einmal in JavaScript übersetzt, bedeutet die Internationalisierung keinerlei Laufzeit-Overhead!

Benötigen Sie wirklich eine dynamischere Lösung, müssen Sie auf Drittbibliotheken wie *ng2-translate* zurückgreifen.

Es lohnt sich aber allemal, den tatsächlich vorhandenen Use Case zu hinterfragen – selbst Cloud-Dienste wie Facebook oder Instagram führen bei einem Sprachwechsel ein Neuladen der Seite aus, und auf lange Sicht werden Ihre Nutzer Ihnen den gewonnenen Performance-Gewinn sicherlich danken.

Die folgende Liste fasst die wichtigsten Punkte dieses Kapitels noch einmal zusammen:

- Für die Internationalisierung Ihrer Anwendung stehen Ihnen die drei Einstellungsoptionen `TRANSLATIONS`, `TRANSLATIONS_FORMAT` und `LOCALE_ID` zur Verfügung.
- Zum aktuellen Zeitpunkt bietet Ihnen das I18n-Framework Unterstützung für die Dateiformate XLIFF und XMB.
- Das Kommandozeilen-Tool *ng-xi18n* erstellt auf Basis Ihrer HTML-Templates Vorlagen für Message-Files.
- Die Texte, die dargestellt werden sollen, legen Sie anschließend in einem konkreten Message-File für das entsprechende Locale fest.
- Das Versionierungs-Tool *git* unterstützt Sie dabei, neu generierte Übersetzungsschlüssel in der generierten Vorlage zu identifizieren.
- Mithilfe der `I18nPluralPipe` lassen sich sehr komfortabel Texte für die benutzerfreundliche Darstellung von Zahlen festlegen.
- Möchten Sie die pluralisierten Texte zusätzlich in mehreren Sprachen festlegen, so können Sie dies durch die Definition der Texte im HTML-Code und durch den Einsatz der Direktiven `NgPlural` und `NgPluralCase` erreichen.
- Die `I18nSelectPipe` ermöglicht Ihnen das Mapping von Eigenschaften auf darzustellende Nachrichten, um somit beispielsweise geschlechterspezifische Texte zu definieren.
- Benötigen Sie für solche Fälle zusätzlich die Möglichkeit, diese Nachrichten zu übersetzen, bietet es sich an, die beiden Direktiven `NgSwitch` und `NgSwitchCase` zu verwenden.
- Der AOT-Compiler *ngc* bietet Ihnen die Möglichkeit, das zu verwendende Message-File sowie das Locale für die kompilierte Anwendung zu übergeben.
- Für jedes Locale wird anschließend ein eigenes Bundle-File generiert, das alle Übersetzungen der Anwendung bereits in performantem JavaScript-Code enthält.

Langsam, aber sicher nähern Sie sich dem Ende des Buches – im folgenden Kapitel werden Sie zum Abschluss noch lernen, wie Sie Ihre Anwendungen mithilfe von Animationen verschönern können.

# Kapitel 19
# Das Animations-Framework: Angular-Anwendungen animieren

*Animationen wurden in der Vergangenheit oft als »Beiwerk« zur eigentlichen Anwendung betrachtet. Angular geht hier einen neuen Weg: Durch eine geschickte Verbindung zwischen Komponentenzustand und Animationsausführung lassen Animationen sich nun nahtlos in Ihre Applikationslogik integrieren.*

Auch wenn Animationen für die eigentliche Kernfunktionalität Ihrer Webanwendung in der Regel nicht zwingend erforderlich sind, können sie – sinnvoll eingesetzt – durchaus den professionellen Eindruck einer Applikation erhöhen.

Angular bietet Ihnen in diesem Zusammenhang einige interessante Ansätze zur Integration von Animationen ohne die Notwendigkeit, dafür Ihre eigentliche Business-Logik zu »verschmutzen«. Das Angular-Animation-Framework setzt dabei im Wesentlichen auf dem (sehr neuen) W3C-Animationsstandard *Webanimations* auf. Dieser Standard sieht vor, dass Animationen über JavaScript (und nicht über CSS) definiert werden.



Dieser Ansatz mag zunächst etwas ungewöhnlich erscheinen – bietet die Definition über CSS doch eine saubere Trennung zwischen Darstellung und Applikationslogik. Insbesondere bei der Definition von Animationen lassen sich auf dem JavaScript-Weg aber deutlich flexibler Reaktionen auf bestimmte Statusänderungen oder komplexere Animationsabläufe realisieren. Sie werden im Laufe des Kapitels im Detail sehen, wie Sie mithilfe des Animation-Frameworks eine sehr elegante Verbindung zwischen Applikationslogik und Animationsausführung erreichen können.

Die folgende Liste gibt Ihnen zunächst einmal eine Übersicht über die einzelnen Themen dieses Kapitels. Nachdem Sie es gelesen haben, werden Sie unter anderem wissen,

- wie Sie über das Animation-Framework eine deklarative Anbindung einer Komponente an die Animationsausführung erstellen können.
- welche vordefinierten Timing-Funktionen Ihnen für die Definition natürlich wirkender Animationen zur Verfügung stehen.

- wie Sie auf das Hinzufügen oder Entfernen von Elementen aus dem DOM-Baum reagieren können.
- welche Feinheiten Sie bei der Animation von Elementen mit dynamischer Höhe oder Breite beachten müssen.
- was Keyframe-Animationen sind und wie Sie mit ihrer Hilfe beliebig komplexe Animationen realisieren können.
- welche Möglichkeiten Ihnen die Funktionen `group` und `sequence` für parallel bzw. sequenziell ablaufende Animationen bieten.

**Hinweis zu den Beispielquelltexten**

Da es zugegebenermaßen nicht wirklich interessant ist, Animationen lediglich auf einem gedruckten Blatt Papier vorzustellen, möchte ich Sie an dieser Stelle – noch mehr als in den vorherigen Kapiteln – dazu ermutigen, dieses Kapitel in Verbindung mit den bereitgestellten Beispielquelltexten zu bearbeiten.

Auf diese Weise haben Sie gleichzeitig die Möglichkeit, selbst mit dem Framework zu experimentieren. Öffnen Sie hierzu den Ordner *animationen* in Ihrer Entwicklungsumgebung. Wie gewohnt erfolgt der Start der Beispielanwendung über die Befehle `npm install` und `npm start`.

## 19.1 Die erste Animation: Grundlagen zum Animation-Framework

In diesem ersten Beispiel möchte ich Ihnen zunächst die wichtigsten Grundlagen zu Animationen mit Angular vorstellen. Hierfür erhält das Beispielprojekt die in Abbildung 19.1 dargestellte leicht abgewandelte Form der bereits bekannten Tab-Container-Komponente.

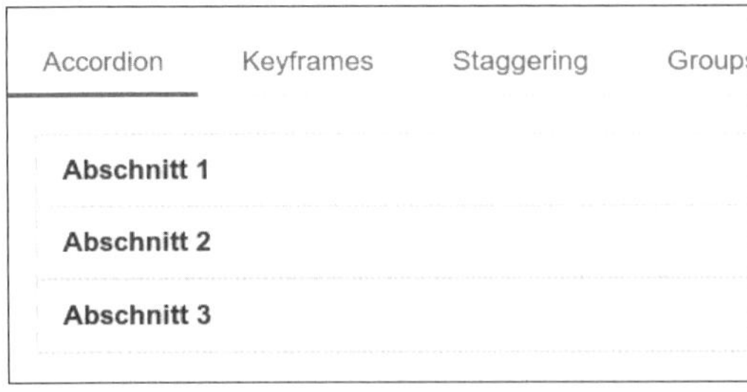


**Abbildung 19.1** Eine blaue Linie zeigt, welcher Tab aktiv ist.

Als erste Animation soll nun der Balken, der den aktiven Tab kennzeichnet, sanft ein- bzw. ausgeblendet werden. Listing 19.1 und Listing 19.2 demonstrieren die hierfür notwendigen Erweiterungen an der `TabsComponent`:

```
<ul>
  <li *ngFor="let tab of tabs"
       (click)="activate(tab)">
    <a>{{tab.title}}</a>
    <div class="tab-line"
         [@tabState]="tab.active ? 'active' : 'inactive'"></div>
  </li>
</ul>
```

**Listing 19.1** »tabs.component.html«: den Animations-Trigger »tabState« an die »state«-Eigenschaft eines Tabs binden

```
import {trigger, style, animate, state, transition} from '@angular/core';
...
@Component({
  selector: 'ch-tabs',
  styleUrls: ['tabs.component.css'],
  templateUrl: 'tabs.component.html',
  animations: [
    trigger('tabState', [
      state('active', style({
        'opacity': '1',
        'transform': 'scaleX(1)'
      })),
      state('inactive', style({
        'opacity': '0',
        'transform': 'scaleX(0)'
      })),
      transition('active => inactive', [animate('350ms ease-out')]),
      transition('inactive => active', [animate('350ms ease-in')])
    ]),
  ]
})
export class TabsComponent {... }
```

**Listing 19.2** »tabs.component.ts«: Die Animation wird über die »animations«-Eigenschaft des »@Component«-Decorators definiert.

Im HTML-Code aus Listing 19.1 binden Sie zunächst den sogenannten Animations-Trigger `tabState` an den Ausdruck `tab.active ? 'active' : 'inactive'`. Ist der Tab aktiv, erhält der Animations-Trigger somit den Wert `active`, andernfalls den Wert `inactive`.

Die eigentliche Definition der Animation, die ausgeführt werden soll, erfolgt anschließend über die `animations`-Eigenschaft des `@Component`-Decorators. Eine einfache Animationsdefinition besteht im Wesentlichen aus drei Bestandteilen:

- aus dem *Trigger*, der die Animation auslöst (`trigger`)
- aus mehreren *States*, die beschreiben, welches Aussehen ein Element beim Erreichen eines Status haben soll (`state`)
- aus einer Liste von *Transitions*, die bestimmen, wie die Übergänge von einem State zu einem anderen animiert werden sollen (`transition`)

In Listing 19.2 werden für den Trigger `tabState` somit zwei States erzeugt: einer für den aktiven und einer für den inaktiven Zustand. Hierbei handelt es sich immer um den »Endzustand«, der nach der Animation erreicht werden soll.

```
state('active', style({
  'opacity': '1',
  'transform': 'scaleX(1)'
})),
state('inactive', style({
  'opacity': '0',
  'transform': 'scaleX(0)'
})),
```

Ist ein Tab aktiv, soll die Linie mit voller Stärke sichtbar sein (`opacity: 1`) und normal skaliert dargestellt werden. Beim inaktiven Tab ist die Linie hingegen komplett durchsichtig (`opacity: 0`). Des Weiteren wird über die CSS-Eigenschaft `transform` ein horizontaler Streckungsfaktor von 0 angegeben, was bedeutet, dass die Linie in diesem Zustand auf eine Breite von 0 Pixeln zusammengestaucht wird.

Wie bereits angedeutet, bestimmen Sie über die Angabe von `transitions` schließlich den Übergang zwischen zwei Status. So legen Sie über die Zeile

```
transition('inactive => active', [animate('350ms ease-in')]),
```

fest, dass der Übergang vom inaktiven in den aktiven Status mit einer Animation erfolgen soll, die 350 ms dauert. Innerhalb dieser Zeitspanne werden nun sowohl der Opacity-Wert als auch der horizontale Skalierungsfaktor schrittweise von 0 auf 1 erhöht.

Beachten Sie dabei die Angabe der sogenannten *Timing-Funktion* `ease-in`. Sie sorgt dafür, dass die Animation langsam startet und zum Ende hin an Geschwindigkeit zunimmt. Die beim Übergang vom aktiven in den inaktiven Status verwendete `ease-out`-Funktion sorgt entsprechend dafür, dass die Geschwindigkeit zum Ende hin abnimmt. Mit Timing-Funktionen lassen sich also sehr komfortabel dynamisch wirkende Übergänge definieren.

Interessant ist hier auch, dass die `transition`-Funktion als zweiten Parameter ein Array annimmt. In Abschnitt 19.2 werden Sie sehen, wie Sie hierüber eine Abfolge von Animationsschritten implementieren können.

Wechseln Sie in der Beispielapplikation nun den Tab, werden Sie feststellen, dass zwei Dinge passieren: Einerseits verliert der Balken innerhalb der 350 ms seine blaue Farbe und wird durchsichtig, und andererseits wird er in der gleichen Zeit auf die Breite 0 zusammengestaucht. Es entsteht ein ansehnlicher Fade-out-Effekt (siehe Abbildung 19.2).

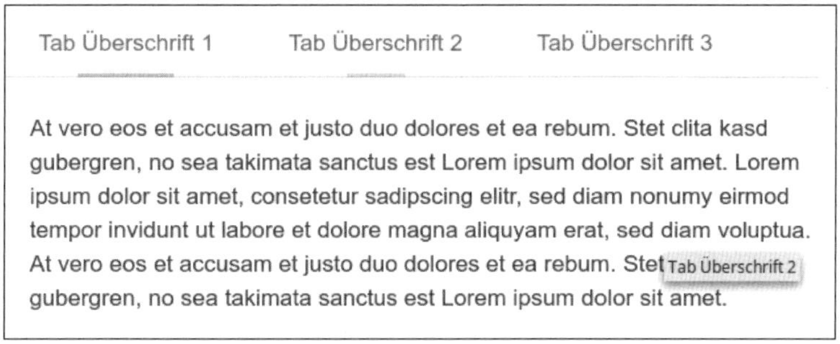

Tab Überschrift 1 Tab Überschrift 2 Tab Überschrift 3

At vero eos et accusam et justo duo dolores et ea rebum. Stet clita kasd gubergren, no sea takimata sanctus est Lorem ipsum dolor sit amet. Lorem ipsum dolor sit amet, consetetur sadipscing elitr, sed diam nonumy eirmod tempor invidunt ut labore et dolore magna aliquyam erat, sed diam voluptua. At vero eos et accusam et justo duo dolores et ea rebum. Stet Tab Überschrift 2 gubergren, no sea takimata sanctus est Lorem ipsum dolor sit amet.

**Abbildung 19.2** Momentaufnahme der Tab-Header-Animation

**Timing Functions und die CSS-transform-Eigenschaft im Detail**

Leider würde es den Rahmen dieses Kapitels sprengen, Ihnen alle Möglichkeiten zur Transformation von Elementen bzw. sämtliche Timing-Funktionen im Detail vorzustellen. Da es sich bei diesen Eigenschaften aber um Webstandards handelt, finden Sie im Netz eine Vielzahl von Quellen zu diesem Thema. So stellt Ihnen die `transform`-Funktion mehr als 20 unterschiedliche Transformationsarten zur Verfügung. Eine schöne Übersicht über die Möglichkeiten bietet Ihnen zum Beispiel die *w3school* unter folgender Adresse:

*www.w3schools.com/cssref/css3_pr_transform.asp*

Hier finden Sie eine Auflistung der unterschiedlichen Transformationen und können sie direkt ausprobieren. Informationen zu den Timing-Functions, die Ihnen zur Verfügung stehen, finden Sie unter:

*www.w3schools.com/cssref/css3_pr_transition-timing-function.asp*



### 19.1.1 Bidirektionale Transitionen

Im obigen Beispiel wurden für den Statusübergang von `active` nach `inactive` und umgekehrt jeweils eigene `transition`-Definitionen erstellt:

```
transition('active => inactive', [animate('350ms ease-out')]),
transition('inactive => active', [animate('350ms ease-in')]),
```

**Listing 19.3** »tabs.component.ts«: Definition von einzelnen Transaktionen für jeden Statusübergang

Soll hier für beide Übergänge die gleiche Animation verwendet werden, so bietet das Angular-Animations-Framework Ihnen außerdem die Möglichkeit, die Animation über die Doppelpfeil-Syntax zu definieren:

```
transition('inactive <=> active', [animate('350ms ease')])
```

**Listing 19.4** »tabs.component.ts«: Definition einer bidirektionalen Transition

Nun wird für beide »Wege« eine Animation mit einer Dauer von 350 ms und der Timing-Funktion ease ausgeführt.

## 19.2 void und *: spezielle States zum Hinzufügen und Entfernen von DOM-Elementen

Möchten Sie nicht den Übergang eines bestimmten Status in einen anderen animieren, sondern in Ihrer Animation auf das Hinzufügen eines Elements zum DOM-Tree reagieren, steht Ihnen hierfür der spezielle Status void zur Verfügung. Außerdem besitzen Sie mit dem *-Status eine Wildcard für den Wechsel in jeden beliebigen Status.

Schauen Sie sich, um dieses Konzept besser zu verstehen, zunächst noch einmal die Tab-Implementierung an: Die TabComponent ist so implementiert, dass sie mithilfe von ngIf prüft, ob das active-Flag des Tabs true ist. Abhängig vom Ergebnis wird der ng-content-Bereich dargestellt oder nicht. Listing 19.5 ergänzt diese Implementierung noch um den Animation-Trigger tabActive:

```
@Component({
  selector: 'ch-tab',
  template: `
    <div *ngIf="active" class="tab-content" [@tabActive]="'active'">
      <ng-content></ng-content>
    </div>`,
})
export class TabComponent {...}
```

**Listing 19.5** »tabs.component.ts«: Template der »TabComponent« mit dem statischen Animations-Trigger »tabActive«

In Listing 19.5 wird Ihnen zunächst auffallen, dass der tabActive-Trigger nicht an einen dynamischen Ausdruck, sondern lediglich an den statischen String active gebunden ist. Da Sie in der kommenden Animation lediglich die beiden Zustände »sichtbar« und »nicht sichtbar« unterscheiden wollen, ist dies völlig ausreichend.

Der Wechsel eines Tabs soll nun dazu führen, dass der Tab, der ausgeblendet wird (und somit in den Status void übergeht), nach rechts aus dem Bild herausfährt, wohingegen der neue Tab (der aus dem Status void in den Status active übergeht) von links in das Bild hineinfährt.

Listing 19.6 zeigt die Implementierung dieser Logik mithilfe der beiden States void und * sowie der Transformationsfunktion translateX, die Elemente um einen bestimmten Prozentsatz horizontal verschiebt:

```
@Component({
  ...
  animations: [
    trigger('tabActive', [
      state('active', style({transform: 'translateX(0%)'})),
      state('void', style({transform: 'translateX(100%)'})),
      transition('* => void', [animate('350ms ease-out')]),
      transition('void => *', [
        style({transform: 'translateX(-100%)'}),
        animate('350ms ease-in')
      ]),
    ]),
  ]
})
export class TabComponent {...}
```

**Listing 19.6** »tabs.component.ts«: Definition von Animationen zum Verlassen und Eintreten in den DOM-Baum

Die Animation definiert zunächst die beiden Endzustände active (mit einer Verschiebung von 0 %) und void (mit einer Verschiebung von 100 % nach rechts). Bei der Definition der Statusübergänge kommt nun der bereits angesprochene *-State zum Einsatz. Hier wäre es zwar auch möglich gewesen, anstelle von * den active-Status zu verwenden; bei der Einführung eines neues Status (z. B. selected) würde die Animation zum Verlassen dann aber plötzlich nicht mehr funktionieren.

Eine weitere Neuerung sehen Sie außerdem in der Definition der Transition void => * zum Hinzufügen eines Elements. So legt diese nicht nur die Dauer der Animation fest, sondern ändert vor der Animation zunächst den Style des Elements:

```
transition('void => *', [
  style({transform: 'translateX(-100%)'}),
  animate('350ms ease-in')
]),
```

Das Element wird also zuerst um 100 % nach links aus dem Bild versetzt, um anschließend innerhalb von 350 ms zum `active`-State (0 % Verschiebung) überzugehen. Mit dieser Technik haben Sie sehr leicht die Möglichkeit, den Startzustand vor der Ausführung der eigentlichen Animation zu verändern.

Ein Wechsel eines Tabs führt nun dazu, dass einerseits der blaue Balken aus- und eingeblendet wird und dass andererseits die jeweils neuen Tab-Inhalte den alten Inhalt »nach rechts aus dem Bild schieben« (siehe Abbildung 19.3).

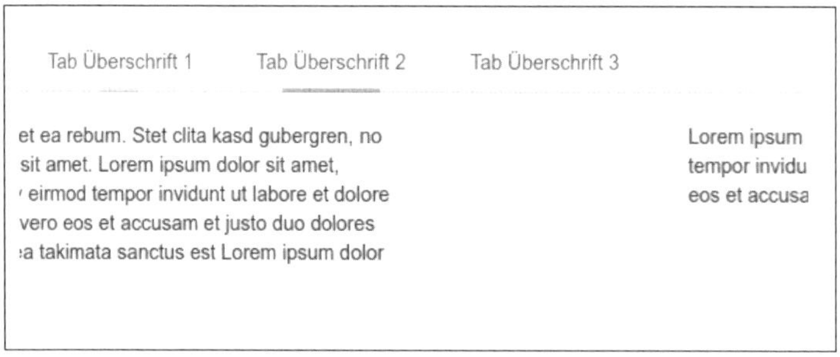

**Abbildung 19.3** Momentaufnahme der Tab-Animation

### 19.2.1 :enter und :leave – Shortcuts für das Eintreten und Verlassen des DOM

Soll wie im vorigen Abschnitt das Eintreten bzw. Verlassen von DOM-Elementen unabhängig vom Ziel-State animiert werden, bietet Angular Ihnen mit den beiden Shortcuts `:enter` (als Kurzschreibweise für `void => *`) und `:leave` (als Kurzschreibweise für `* => void`) eine noch komfortablere Variante zur Definition Ihrer Animation an.

Listing 19.7 zeigt die Tab-Animation auf Basis der beiden Shortcuts:

```
trigger('tabActive', [
  state('active', style({transform: 'translateX(0%)'})),
  state('void', style({transform: 'translateX(100%)'})),
  transition(':leave', [animate('350ms ease-out')]),
  transition(':enter', [
    style({transform: 'translateX(-100%)'}),
    animate('350ms ease-in')
  ]),
])
```

**Listing 19.7** »tabs.component.ts«: alternative Definition von Animationen zum Verlassen und Eintreten in den DOM-Baum

## 19.3 Animationen in Verbindung mit automatisch berechneten Eigenschaften

In den bisherigen Beispielen war es immer möglich, feste Style-Werte für die einzelnen Animationszustände festzulegen. So wussten Sie bei der Animation des Balkens, dass dieser am Ende eine Opacity von 0 erreichen sollte, oder bei der Animation des Tab-Inhalts, dass Sie diesen jeweils um 100 % nach links bzw. rechts verschieben müssen.

Leider ist dies nicht immer ganz so einfach. Erinnern Sie sich beispielsweise an die Implementierung der Accordion-Komponente aus Kapitel 4, »Direktiven: Komponenten ohne eigenes Template« (siehe Abbildung 19.4).

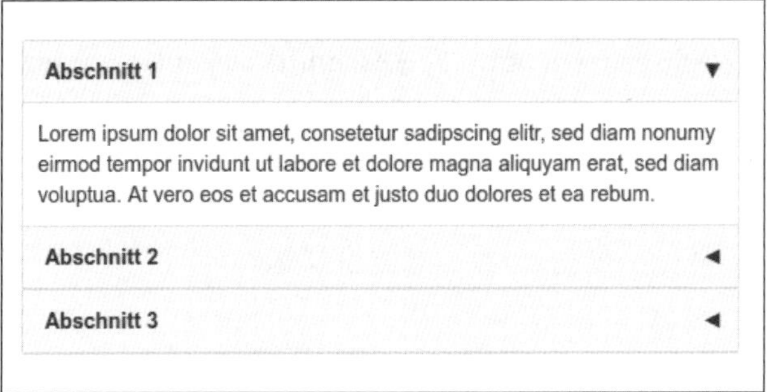


**Abbildung 19.4** Accordion-Komponente mit geöffnetem Panel

Je nach Inhalt des jeweiligen Abschnitts wird die Höhe der einzelnen Panels automatisch durch den Browser berechnet. Um nun das Öffnen und Schließen eines Abschnitts zu animieren, können Sie hier logischerweise keine feste Höhe als Endzustand angeben. Glücklicherweise hat das Angular-Animations-Framework aber auch für diese Situation eine elegante Lösung parat. Anstelle eines fixen Wertes können Sie hier einfach einen * als Platzhalter für die Größe angeben, die der Browser für das jeweilige Element berechnen würde:

```
@Component({
  selector: 'ch-panel',
  templateUrl: 'panel.component.html',
  styleUrls: ['panel.component.css'],
  animations: [
    trigger('active', [
      state('closed', style({height: 0})),
      state('open', style({height: '*'})),
      transition('closed <=> open', [animate('350ms ease-out')]),
    ])
```

```
  ]
})
export class PanelComponent {...}
```

**Listing 19.8** »panel.component.ts«: Definition einer Animation mit automatischer Höhenberechnung

Die Animation verwendet nun anstelle eines statischen Wertes den Wert, den die `window`-Methode `getComputedStyle` für die Höhe des Elements zurückgeliefert hat. Bei der `getComputedStyle`-Methode handelt es sich um eine Standardmethode, die von allen moderneren Browsern unterstützt wird. Sie enthält – wie ihr Name bereits sagt – die Werte aller CSS-Eigenschaften nach der Anwendung der geladenen Stylesheets.

Wenn Sie den Animations-Trigger `active` jetzt im HTML mit der `open`-Eigenschaft des Panels verknüpfen, erfolgt der Wechsel des geöffneten Abschnitts elegant durch eine Animation:

```
<div class="panel">
  <div class="header" (click)="togglePanel()">...</div>
  <div class="content-box" [@active]="open ? 'open' : 'closed'">
    <div class="body">
      <ng-content></ng-content>
    </div>
  </div>
</div>
```

**Listing 19.9** »panel.component.html«: den »active«-Trigger verknüpfen

Abbildung 19.5 zeigt eine Momentaufnahme dieser Animation.

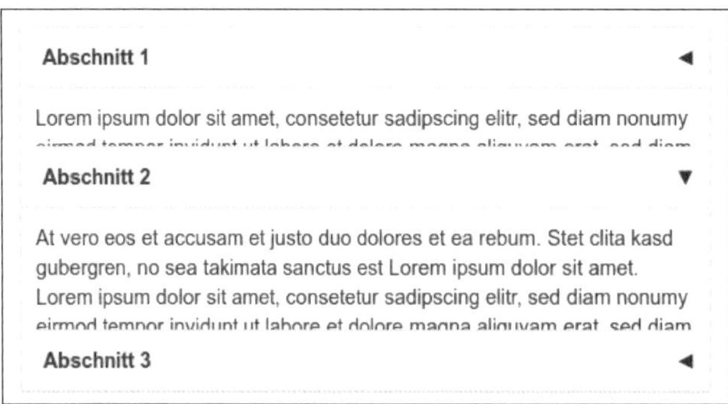


**Abbildung 19.5** Momentaufnahme der Panel-Animation

## 19.4 Animation-Lifecycles: auf den Start und das Ende von Animationen reagieren

In manchen Fällen kann es außerdem notwendig sein, auf den Beginn oder das Ende einer Animation zu reagieren. Das Angular-Animation-Framework stellt Ihnen für diesen Zweck die beiden Event-Bindings `animation.start` und `animation.done` zur Verfügung. Möchten Sie beispielsweise beim Wechsel eines Tabs darüber informiert werden, wenn der Tab endgültig im sichtbaren Bereich ist, so können Sie dies wie folgt erreichen:

```
<div class="tab-line"
     [@tabState]="tab.active ? 'active' : 'inactive'"
     (@tabState.start)="animationStarted($event)"
     (@tabState.done)="animationEnded($event)"
></div>
```

**Listing 19.10** »tabs.component.html«: Anmeldung der »Lifecycle«-Events

Im Komponentencode müssen Sie nun die beiden Methoden `animationStarted` und `animationEnded` implementieren, die beim Aufruf jeweils ein Objekt vom Typ `AnimationTransitionEvent` erhalten. Dieses enthält Informationen über den Start- und Endzustand (`fromState` bzw. `toState`) sowie über die Dauer der Animation (`totalTime`):

```
import {AnimationTransitionEvent} from '@angular/core';
...
export class TabsComponent implements AfterContentInit {
  ...
  animationStarted(ev: AnimationTransitionEvent) {
    console.log(`Animating from ${ev.fromState} to ${ev.toState}`);
  }

  animationEnded(ev: AnimationTransitionEvent) {
    console.log(`Animation took ${ev.totalTime} ms`);
  }
}
```

**Listing 19.11** »tabs.component.ts«: Implementierung der Methoden zur Reaktion auf die »Lifecycle«-Events

## 19.5 Animation von Routing-Vorgängen

Ein weiterer recht üblicher Use Case ist die Animation von Routing-Vorgängen. In diesem Fall ist es notwendig, das Host-Element zu animieren, das zu einer Komponente gehört.

Schauen Sie sich hierfür zunächst noch einmal die HTML-Datei mit dem `<router-outlet>`-Tag sowie das Markup, das Angular daraus generiert, in der Developer-Ansicht (siehe Abbildung 19.6) an.

```
<div class="container">
  ...
  <div class="content">
    <router-outlet></router-outlet>
  </div>
</div>
```

**Listing 19.12** »app.component.ts«: Router-Outlet in der »AppComponent«

```
▼<div _ngcontent-rri-1 class="content">
   <router-outlet _ngcontent-rri-1></router-outlet>
  ▼<ng-component _nghost-rri-6> == $0
    ▼<div _ngcontent-rri-6 class="basics-container">
      ▶<ch-tabs _ngcontent-rri-6 _nghost-rri-7>…</ch-tabs>
     </div>
   </ng-component>
  </div>
  ::after
</div>
```

**Abbildung 19.6** Generiertes Markup für die initial geladene Seite

Wie Sie sehen, fügt Angular den Inhalt des `BasicsComponent`-Templates hinter dem `<router-outlet>`-Tag innerhalb eines Tags vom Typ `ng-component` ein. Hierbei ist es wichtig zu wissen, dass Angular nur dann das `ng-component`-Tag verwendet, wenn die Komponente *keinen Selektor* definiert. Hätte die `BasicsComponent` beispielsweise als Selektor `app-basics-component` definiert, wäre dieser Selektor auch als Tag-Name verwendet worden.

Dies ist insofern relevant, als dass Sie für die Animation des Routing-Vorgangs dafür sorgen müssen, dass der Host-Knoten fix in der Seite positioniert wird. Falls Sie die Selektoren weglassen, kann dies durch eine einfache CSS-Regel im Stylesheet der Anwendung erfolgen:

```
ng-component
{
    position:fixed;
    padding: 20px;
```

```
    top:60px;
    left:0;
    right:0;
    height:100%;
    display:block;
}
```

**Listing 19.13** »styles.css«: fixe Positionierungs- und Größenwerte für alle Routing-Komponenten festlegen

Um dem Knoten nun einen Animations-Trigger hinzuzufügen, können Sie sich einer Technik bedienen, die Sie bereits in Kapitel 4 kennengelernt haben. Über ein *HostBinding* können Sie dafür sorgen, dass das Host-Element der Komponente den Animations-Trigger `routeTrigger` erhält:

```
@Component({
  animations: [trigger('routeTrigger', [
    transition(':enter', [
      style({transform: 'translateX(-100%)'}),
      animate('0.4s ease-in', style({transform: 'translateX(0%)'}))
    ]),
    transition(':leave', [
      style({transform: 'translateX(0)'}),
      animate('0.4s ease-out', style({transform: 'translateX(100%)'}))
    ])
  ])],
  templateUrl: './basics.component.html',
  styleUrls: ['./basics.component.css']
})
export class BasicsComponent {
  @HostBinding('@routeTrigger') animateRoute = true;
}
```

**Listing 19.14** »basics.component.ts«: Definition eines »HostBindings« zur Erzeugung des »Animation«-Triggers

Bei der Definition dieser Animation sehen Sie außerdem eine neue Animationstechnik in Aktion. So bildet die hier abgebildete Implementierung die gleiche Animationslogik wie bei der Animation der Tab-Übergänge ab (von links hineinfahren/nach rechts hinausfahren). Anstatt die Endzustände über eigene `state`-Zustände zu definieren, werden diese hier jedoch als zweiter Parameter an die `animate`-Funktion übergeben. Auf diese Weise wird die Implementierung von Enter/Leave-Animationen noch ein wenig einfacher.

19

### 19.5.1 Gemeinsam genutzte Animationen auslagern

Wenn Sie Animationen definieren, die von mehreren Komponenten verwendet werden, bietet es sich an, diese in eine Konstante auszulagern. Beispielsweise müssen Sie die im vorigen Abschnitt definierte Routing-Animation in jede Routing-Komponente einbinden, die Sie animieren wollen. Die Auslagerung in eine eigene Datei ermöglicht es Ihnen, den Animationscode elegant wiederzuverwenden:

```
export const routeAnimation = trigger('routeTrigger', [
  transition(':enter', [ ...
    style({transform: 'translateX(-100%)'}),
    animate('0.4s ease-in', style({transform: 'translateX(0%)'}))
  ]),
  transition(':leave', [
    style({transform: 'translateX(0)'}),
    animate('0.4s ease-out', style({transform: 'translateX(100%)'}))
  ])
]);
```

**Listing 19.15** »routing.animations.ts«: ausgelagerte Routing-Animation

Innerhalb der Komponente können Sie die Konstante nun importieren und in die `animations`-Eigenschaft einbinden:

```
import {routeAnimation} from '../routing.animations';

@Component({
  animations: [routeAnimation],
  templateUrl: './basics.component.html',
  styleUrls: ['./basics.component.css']
})
export class BasicsComponent {
  @HostBinding('@routeTrigger') animateRoute = true;
}
```

**Listing 19.16** »basics.component.ts«: ein »HostBinding« definieren, um den »Animation«-Trigger zu erzeugen

### 19.5.2 Lifecycle-Hooks für Routing-Animationen

Des Weiteren ist es möglich, die bereits vorgestellten Lifecycle-Hooks `animation.start` und `animation.done` für Routing-Animationen zu registrieren. Ähnlich wie beim Routing-Trigger erfolgt dies durch die Registrierung einer *HostListener-Methode*.

Da es in diesem Zusammenhang zum aktuellen Zeitpunkt (Stand: Angular 2.2.4) noch einen Bug bei der Auslösung der ChangeDetection gibt, ist es notwendig, die ChangeDetection manuell auszulösen.

Listing 19.17 zeigt die Registrierung des Listeners auf der Seite mit der Accordion-Komponente. Ist die Routen-Animation abgeschlossen, wird hier das erste Panel des Accordions ausgefahren:

```
export class AutoCalculationComponent {
  @HostBinding('@route') animateRoute = true;
  @ViewChild(PanelComponent) firstPanel: PanelComponent;
  constructor(private changeDetector: ChangeDetectorRef) {
  }
  @HostListener('@route.done', ['$event']) onDone(event) {
    if (event.fromState == 'void') {
      this.firstPanel.open = true;
      this.changeDetector.detectChanges();
    }
  }
}
```

**Listing 19.17** »auto-calculation.component.ts«: Implementierung des »HostListener«-Hooks, um auf das Ende der Seitenanimation reagieren zu können

## 19.6 Keyframes: Definition von komplexen, mehrstufigen Animationen



Bislang bestanden alle von Ihnen implementierten Animationen aus einem einzelnen Animationsschritt. Mithilfe von Keyframe-Animationen ist es aber ebenso leicht möglich, mehrstufige Animationen zu definieren. Die einzelnen Schritte werden in diesem Fall durch die `keyframe`-Funktion zusammengefasst.

Im folgenden Beispiel soll das Hinzufügen und Entfernen von Todos zu der einfachen Todo-Liste animiert werden, die Sie in Abbildung 19.7 sehen.

**Abbildung 19.7** Die Todo-Liste

Wird ein Todo über das Eingabefeld hinzugefügt, so soll dieses mit einem leichten »Bounce«-Effekt an das Ende der Liste angehängt werden. Wenn ein Benutzer das Todo abhakt, soll es zunächst leicht nach links »Schwung holen«, um dann nach rechts aus der Liste zu verschwinden. Listing 19.18 zeigt diese Animationslogik mithilfe von Keyframes:

```
@Component({
  animations: [routeAnimation,
    trigger('todoAnimation', [
      transition(':enter', [
        animate('400ms', keyframes([
          style({opacity: 0, transform:'translateY(-100%)', offset: 0}),
          style({transform:'translateY(15px)', offset: 0.3}),
          style({opacity: 1, transform:'translateY(0)', offset: 1.0})
        ]))
      ]),
      transition(':leave', [
        animate('400ms', keyframes([
          style({opacity: 1, transform:'translateX(-15px)', offset: 0.3}),
          style({opacity: 0, transform:'translateX(100%)', offset: 1.0})
        ]))
      ])
    ])],
  templateUrl: './keyframes.component.html',
  styleUrls: ['./keyframes.component.css']
})
export class KeyframesComponent implements OnInit {...}
```

**Listing 19.18** »keyframes.component.ts«: Keyframe-Animationen definieren

Wie schon bei der Implementierung der Routing-Übergänge erfolgt die eigentliche Definition der Animation als zweiter Parameter der `animate`-Funktion. Die Abfolge

```
animate('400ms', keyframes([
  style({opacity: 0, transform:'translateY(-100%)', offset: 0}),
  style({transform:'translateY(15px)', offset: 0.3}),
  style({opacity: 1, transform:'translateY(0)', offset: 1.0})
]))
```

bedeutet dabei, dass die gesamte Animation 400 ms dauern soll. Der Vorgang besteht jetzt aus drei Abschnitten:

- Im ersten Schritt wird das Todo-Item sofort (`offset: 0`) um seine volle Höhe nach oben verschoben.

- Innerhalb von 120 ms (`offset: 0.3` bedeutet 400 ms × 0,3) fällt das Item dann 15 Pixel »tiefer« als es eigentlich soll.
- Nach 400 ms hüpft es schließlich an seinen eigentlichen Bestimmungsort.

Die `offset`-Werte liegen somit immer zwischen 0 und 1 und repräsentieren den prozentualen Zeitverlauf innerhalb der Animation. Auf diese Weise haben Sie die Möglichkeit, den Animationsverlauf sehr genau zu bestimmen.

## 19.7 Styling von Komponenten, die in Animationen verwendet werden

Im Beispiel soll die soeben implementierte `todoAnimation` nun auf Komponenten vom Typ `TodoItem` angewendet werden:

```
<app-todo-item  *ngFor="let todo of todos"
                [todo]="todo"
                (completed)="completeTodo($event)"
                [@todoAnimation]="'true'">
</app-todo-item>
```

**Listing 19.19** »keyframes.component.html«: die Animation an der Listenansicht definieren

Um das Tag `<app-todo-item>` zu animieren, müssen Sie beim Styling der Komponente nun darauf achten, dass das von Angular generierte HTML-Element die gleiche Größe erhält wie das enthaltene HTML. Da es sich beim `app-todo-item`-Tag um ein für den Browser unbekanntes Tag handelt, erhält dieses ohne weitere Einstellungen den `display`-Wert `inline` (siehe Abbildung 19.8). 

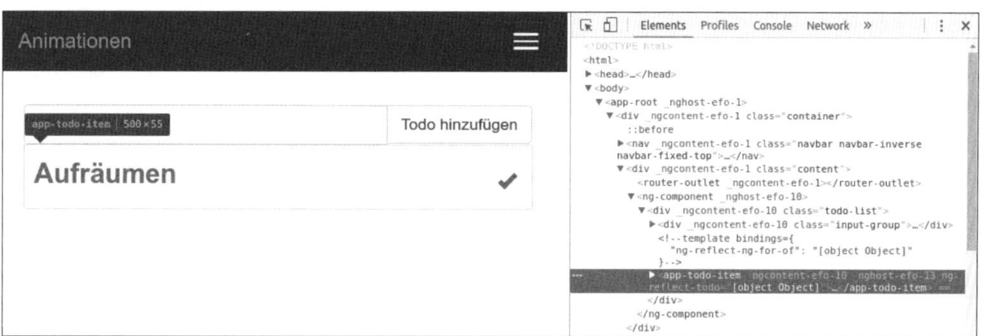


**Abbildung 19.8** Ansicht des »app-todo-item«-Knotens ohne weitere Konfiguration

So würde in diesem Fall zwar der Knoten animiert, der eigentlich relevante Inhalt wäre während dieser Animation aber gar nicht sichtbar.

Damit sich die Animation wirklich auch auf den Inhalt der Komponente auswirkt, müssen Sie den Display-Wert somit in `block` ändern. Dies funktioniert am einfachsten mithilfe des `:host`-Pseudo-Selektors:

```
:host {
    display: block;
}
```

**Listing 19.20** »todo-item.component.css«: Einsatz des »:host«-Pseudo-Selektors bei der Definition des CSS-Codes der Komponente

Der Selektor selektiert das Host-Element der Komponente (und somit das `<app-todo-item>`-Tag selbst). Abbildung 19.9 zeigt das Ergebnis der CSS-Regel.

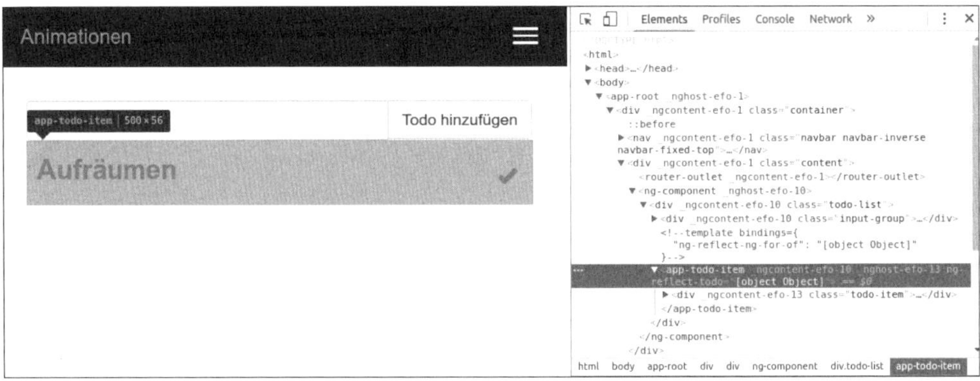


**Abbildung 19.9** Ansicht des »app-todo-item«-Tags, nachdem Sie den Wert »display: block« gesetzt haben

Die Animation funktioniert anschließend wie erwartet.

## 19.8 Groups und Sequences: mehrere Animationen kombinieren

`group` und `sequence` sind zwei weitere Funktionen, die Ihnen bei der Definition von komplexen Animationen behilflich sein können. So ermöglicht `group` es Ihnen, mehrere Animationen gleichzeitig auszuführen, wohingegen `sequence` dafür sorgt, dass Animationen nacheinander ausgeführt werden.

### 19.8.1 group: Animationsschritte parallel ausführen

Die group-Funktion ist insbesondere dann sinnvoll, wenn Sie mehrere Animationen mit unterschiedlichen Laufzeiten oder Timing-Funktionen ausführen möchten. Möchten Sie beispielsweise eine Box, die per scaleX(0) horizontal komprimiert wurde und die eine Opacity von 0 besitzt, innerhalb von 300 Millisekunden auffahren und (gleichzeitig startend) die Opacity innerhalb von einer Sekunde auf 1 setzen, so können Sie dies mit group wie folgt erreichen:

```
export function zoomInOut(triggerName: string) {
  return trigger(triggerName, [
    transition(':enter', [
      style({opacity: 0, transform: 'scaleX(0)'}),
      group([
        animate('0.3s ease-in', style({ transform: 'scaleX(1)' })),
        animate('1s ease', style({ opacity: 1 }))
      ])
    ]),
    transition(':leave', [
      group([
        animate('0.3s ease-out', style({ transform: 'scaleX(0)'})),
        animate('1s ease', style({ opacity: 0 }))
      ])
    ])
  ]);
}
```



**Listing 19.21** »grouping.animations.ts«: Definition der »zoomInOut«-Animation

Hier sehen Sie außerdem eine neue Technik in Aktion, mit der Sie eine höhere Wiederverwendbarkeit Ihrer Animationen erreichen können: Die Datei *grouping.animations.ts* exportiert die Funktion zoomInOut, die als Parameter einen Trigger-Namen entgegennimmt und hierfür eine Animation erzeugt. Innerhalb der Beispielkomponente können Sie diese Funktion nun verwenden, um die generische Animationsfunktion an unterschiedliche Trigger zu binden:

```
@Component({
  animations: [routeAnimation,
               zoomInOut('box1Animation')
  ],
  ...
})
export class GroupingComponent implements OnInit {...}
```

**Listing 19.22** »grouping.component.ts«: die »zoomInOut«-Funktion verwenden

Im HTML-Code müssen Sie nun lediglich noch den box1Animation-Trigger an ein DOM-Element binden:

```
<div class="box" [@box1Animation]="'in'"></div>
```

**Listing 19.23** »grouping.component.ts«:Verknüpfung des Animations-Triggers

Das div-Element wird anschließend beim Hinzufügen in den DOM-Baum mit der gruppierten Animation eingeblendet.

### 19.8.2 sequence: Animationsschritte nacheinander ausführen

Sollen die Animationsschritte nicht parallel, sondern nacheinander ausgeführt werden, steht Ihnen hierfür die sequence-Funktion zur Verfügung. Anders als bei Keyframe-Animations haben Sie dabei zusätzlich die Möglichkeit, unterschiedliche Timing-Funktionen für die einzelnen Animationsschritte zu hinterlegen.

Listing 19.24 zeigt exemplarisch die Animation einer Box, die zum Anfang schnell und zum Ende hin langsamer auf die doppelte Größe anwächst und dann umgekehrt wieder auf die normale Größe zurück schrumpft:

```
export function growAndShrink(triggerName: string) {
  return trigger(triggerName, [
    transition(':enter', [
      sequence([
        animate('500ms ease-out', style({'transform': 'scale(2)'})),
        animate('500ms ease-in', style({'transform': 'scale(1)'})),
      ]),
    ])
  ]);
}
```

**Listing 19.24** »grouping.animations.ts«: Verwendung der »sequence«-Funktion zur sequenziellen Ausführung von Animationsschritten

### 19.8.3 Kombination von sequence und group

Des Weiteren ist es ebenfalls möglich, sequence- und group-Aufrufe miteinander zu kombinieren und beliebig zu verschachteln. Ich spare es mir, den folgenden Animationsablauf in Worte zu fassen, und verweise Sie hier erneut auf das laufende Beispielprojekt:

```
export function growShrinkFade(triggerName: string) {
  return trigger(triggerName, [
```

```
    state('in', style({'background': 'red', 'opacity': 0})),
    transition(':enter', [
      style({'opacity': 0}),
      sequence([
        group([
          sequence([
            animate('500ms ease-out', style({'transform': 'scale(2)'})),
            animate('500ms ease-in', style({'transform': 'scale(1)'})),
          ]),
          sequence([
            animate('1s', style({'opacity': 1})),
            animate('2s ease-out', style({'background': 'red'}))
          ])
        ]),
        animate('500ms', style({'opacity': 0}))
      ])
    ])
  ]);
}
```

**Listing 19.25** »grouping.animations.ts«: Kombination von »sequence« und »group«

Die für Sie wichtigste Erkenntnis sollte an dieser Stelle sein, dass die `group`-Funktion den nächsten Schritt der `sequence` so lange »blockiert«, bis alle Teile der Gruppe abgeschlossen sind. So dauert die erste Sequenz der Gruppe insgesamt 1 Sekunde (500 ms + 500 ms), wohingegen die zweite Sequenz 3 Sekunden dauert. Das abschließende Ausblenden der Box wird somit erst nach Ablauf dieser 3 Sekunden gestartet.



## 19.9 Zusammenfassung

Das Angular-Animation-Framework ist der Bereich von Angular, der sich zum aktuellen Zeitpunkt noch am stärksten in der Entwicklung befindet. Die Techniken, die Sie in diesem Kapitel kennengelernt haben, stellen bereits sehr interessante Optionen zur Verknüpfung Ihrer Anwendungslogik mit einer Animationsausführung bereit.

Aufbauend hierauf sollen in kommenden Versionen aber auch noch zusätzliche Themen wie *Querying* (also die gezielte Animation von bestimmten Unterknoten eines Elements), *Staggering* (»gestapelte« Animation von Listen) oder die Verwendung von externen CSS-Bibliotheken wie *animate.css* für die Definition von Animationen realisiert werden. Neuigkeiten hierzu werden Sie in jedem Fall auf der Webseite zum Buch (*http://angular-buch.de*) erfahren.

Die folgende Liste fasst die wichtigsten Punkte dieses Kapitels noch einmal zusammen:

- Das Angular-Animation-Framework basiert auf dem neuen Animationsstandard *Webanimations*.
- Eine Animation besteht aus dem Animations-Trigger (`trigger`), mehreren Status (`state`) sowie den Übergängen zwischen diesen Status (`transition`).
- Die `animate`-Funktion bietet Ihnen die Möglichkeit, Übergänge zu animieren.
- Timing-Funktionen wie `ease-in` oder `ease-out` helfen Ihnen dabei, natürlich wirkende Animationen zu definieren.
- Der Status `void` beschreibt den Zustand »Das Element ist nicht im DOM vorhanden«.
- Der Wildcard-Status * bedeutet »jeder beliebige Status«.
- Möchten Sie lediglich das Eintreten oder Verlassen eines Elements aus dem DOM animieren, stehen Ihnen hierfür die States `:enter` und `:leave` zur Verfügung.
- Soll anstelle eines festen Wertes der von der Methode `getComputedStyle` zurückgelieferte Wert in einer Style-Regel verwendet werden, erfolgt dies ebenfalls durch Angabe eines *.
- Animation-Lifecycles bieten Ihnen die Möglichkeit, aus Ihrem TypeScript-Code heraus auf den Start und das Ende einer Animation zu reagieren.
- Bei der Animation von Routing-Vorgängen bietet es sich an, auf einen Selektor für die Routing-Komponente zu verzichten.
- Die Komponente erhält dann das Tag `ng-component`, sodass Sie auf diese Weise leicht für ein konsistentes Styling aller Unterseiten sorgen können.
- Mithilfe von Keyframe-Animationen können Sie sehr einfach mehrstufige Animationsfolgen definieren.
- Bei der Animation von Komponenten müssen Sie darauf achten, dass diese einen kompatiblen `display`-Wert (z. B. `block`) besitzen (Stichwort: `:host`-Selektor).
- Die Funktionen `group` und `sequence` bieten Ihnen noch mehr Kontrolle bei der Implementierung von parallel bzw. sequenziell ablaufenden Animationen.

## 19.10 Schlusswort

Mit diesem Kapitel endet der Angular-Teil dieses Buches. Im Anhang finden Sie bei Interesse noch genauere Informationen zu ECMAScript 2015 und TypeScript.

Ich hoffe, ich konnte Ihnen mit den vergangenen Kapiteln Lust darauf machen, sich in Zukunft weiter mit der Plattform Angular zu befassen.

Das Entwickler-Team von Angular hat in jedem Fall noch einiges vor: progressive Webapps, Server-Side Rendering, verbesserte Animationsunterstützung ...

Die Feature-Liste ist lang, und ich bin mir sicher, dass Angular auch im Enterprise-Umfeld immer weiter an Bedeutung gewinnen wird. Insbesondere durch Features wie Typsicherheit, Dependency-Injection und Echtzeitfähigkeit ist das Framework bestens für den professionellen Software-Einsatz gewappnet.

Die Zeiten, in denen Webentwickler von ihren Backend-Kollegen als Script-Kiddies belächelt wurden, gehören mittlerweile wohl endgültig der Vergangenheit an, und Sie sind mit dem Wissen, das Sie in diesem Buch erworben haben, bestens auf die neue Welt der professionellen Webentwicklung vorbereitet.

# Anhang A
# ECMAScript 2015

*ECMAScript 2015 schickt sich nicht nur in Verbindung mit Angular an, der Sprache JavaScript einen deutlich professionelleren Anstrich zu verleihen. Neben lange vermissten Features wie Block-Scopes und Klassen bringt der neue Standard noch eine Vielzahl weiterer interessanter Neuerungen mit.*

Dieser Anhang soll Ihnen die Möglichkeit geben, die neuen ECMAScript-2015-Features an zentraler Stelle nachschlagen zu können. Sollten Sie das Buch bis hierhin durchgearbeitet haben, werden Ihnen viele der vorgestellten Themen mittlerweile vertraut vorkommen. Neben der Vorstellung der einzelnen Erweiterungen werde ich in diesem Anhang aber zusätzlich ein besonderes Augenmerk darauf legen, wie die neuen Features sinnvoll miteinander kombiniert werden können, um somit noch mehr aus dem neuen Standard herauszuholen.

## A.1 ECMAScript 2015: Was ist das überhaupt?

Allein der Begriff ECMAScript hat bei vielen Entwicklern in der Vergangenheit immer wieder zu Missverständnissen geführt, weil die Begriffe JavaScript und ECMAScript oft gemeinsam genutzt, aber nicht wirklich voneinander abgegrenzt werden. Ist ECMAScript 2015 nun eine neue Version von JavaScript oder gar eine eigene neue Sprache? Die Interpretationen reichen hier ziemlich weit.

Tatsächlich ist die Unterscheidung eigentlich sehr einfach: ECMAScript ist eine von der *European Computer Manufacturers Association* (ECMA) definierte *Sprachspezifikation*, wohingegen JavaScript eine *Programmiersprache* ist, die diesen Standard implementiert. Bei ECMAScript 2015 handelt es sich um die neueste Version der Spezifikation, die den »alten« Standard (ECMAScript 5) um diverse Sprach-Features erweitert, z. B. um Klassen, Module oder Arrow-Funktionen.

Die konkrete Definition des Standards erfolgt dabei durch das Technical Committee 39 (TC39) – ein Komitee, das aus Mitarbeitern der wichtigsten IT-Firmen (u. a. Apple, Google, Microsoft und eBay) besteht.

Die Grenzen bei der Verwendung der beiden Begriffe sind allerdings zugegebenermaßen fließend. Denn eine Spezifikation bringt Ihnen bei der tatsächlichen Entwicklung natürlich recht wenig – Sie werden in Ihrem Arbeitsalltag die neuen Features von *JavaScript* einsetzen.

## A.2 ECMAScript 2015 kompilieren

Ebenso wie TypeScript wird ECMAScript 2015 von den meisten aktuellen Browsern noch nicht (vollständig) unterstützt. Die Internetseite

*http://kangax.gfthub.io/compat-table/es6*

bietet Ihnen einen interessanten Überblick über den aktuellen Stand der Browser-Unterstützung. Um ECMAScript-2015-Features in Ihren Projekten nutzen zu können, benötigen Sie also einen Compiler, der den neuen Code in ein Format übersetzt, das Ihr Browser versteht.

Da TypeScript, wie Sie mittlerweile wissen, eine Obermenge von ECMAScript 2015 ist, könnten Sie für die Kompilierung nun ebenfalls den TypeScript-Compiler *tsc* einsetzen. Die Kompilierung von Standard-ECMAScript-2015-Dateien führt in TypeScript aber ohne weitere Konfigurationen zu einer ganzen Menge an Warnungen bezüglich unbekannter Typen. Des Weiteren erwartet TypeScript, dass die entsprechenden Quelltextdateien die Endung *.ts* besitzen, was in diesem Fall schlichtweg falsch wäre.

In diesem Anhang werde ich daher den ES2015-Compiler *Babel* verwenden. Hierbei handelt es sich um den mittlerweile wohl am weitesten verbreiteten Compiler für den neuen JavaScript-Standard. Das in diesem Anhang verwendete Beispielprojekt verfügt bereits über eine vollständige Konfiguration des Babel-Builds sowie über alle benötigten Abhängigkeiten – Sie können also auf eine globale Installation von Babel verzichten. Sie finden das Projekt im Verzeichnis *anhang/es2015*. Wechseln Sie zum Start der Anwendung auf der Kommandozeile einfach in dieses Verzeichnis, und führen Sie dort zunächst den Befehl `npm install` und anschließend `npm start` aus. Babel kompiliert nun alle ES2015-Dateien aus dem *src*-Ordner und stellt Ihnen die generierten Quelltexte im *dist*-Ordner zur Verfügung.

Des Weiteren sorgt die bereitgestellte Konfiguration schon dafür, dass zukünftige Änderungen automatisch kompiliert und in den *dist*-Ordner übertragen werden.

**Hinweis zur Performance des kompilierten Codes**

Beachten Sie an dieser Stelle, dass der von ES2015 zu ES5 kompilierte Code immer etwas umfangreicher und langsamer ist als der native ES2015-Code. So weiß ein Browser beispielsweise bei der Verwendung einer `const`-Variablen (eines ES2015-Features), dass diese in der Folge nicht mehr verändert wird, und kann daraufhin Performance-Optimierungen vornehmen. Sollten Sie sich also sicher sein, dass Ihre Anwendung lediglich in einer Umgebung eingesetzt wird, die die verwendeten Features nativ unterstützt, sollten Sie nach Möglichkeit auf die Kompilierung verzichten.

## A.3 Block-Scope-Variablen

Im Gegensatz zu den meisten anderen Programmiersprachen nutzt JavaScript für die Definition der Gültigkeit einer Variablen standardmäßig nicht den aktuellen Block, sondern die umgebende Funktion. Anders ausgedrückt: Alle innerhalb einer Funktion definierten Variablen sind überall innerhalb dieser Funktion sichtbar. Insbesondere für Entwickler, die Sprachen wie Java oder C++ gewohnt sind, kann dieses Verhalten oft zu schwer nachzuvollziehenden Fehlern und Seiteneffekten führen. Listing A.1 zeigt die Implementierung einer einfachen `for`-Schleife, die die Quadrate der Zahlen 0 bis 9 ausgibt:

```
console.log(i); // Ausgabe: undefined
console.log(square); //Ausgabe: undefined
//console.log(foo); //ReferenceError: foo is not defined
for (var i = 0; i < 10; i++) {
    var square = i * i;
    console.log(square);  //  Ausgabe: 0, 1, 4, 9 ... 81
}
console.log(i); //  Ausgabe: 10
console.log(square); //  Ausgabe: 81
```

**Listing A.1** »block-scope.js«: eine »for«-Schleife ohne Block-Scopes

Wie Sie in diesem Listing sehen, ist es sowohl vor als auch nach der `for`-Schleife möglich, auf die Zählvariable `i` und die innerhalb der Schleife deklarierte Variable `square` zuzugreifen.

Noch undurchsichtiger wird das Verhalten, wenn Sie innerhalb Ihrer Schleife die Ausgabe der `square`-Variablen verzögern. Listing A.2 zeigt einen ersten naiven Ansatz einer Implementierung, die jede Sekunde einen Wert auf die Kommandozeile schreiben soll:

```
for (var i = 0; i < 10; i++) {
    var square = i * i;
    setTimeout(function(){
        console.log(square);  //  Ausgabe:  81, 81, 81 ...
    }, i * 1000)
}
```

**Listing A.2** »block-scope.js«: fehlerhafte Implementierung einer verzögerten »for«-Schleife

Anstatt, wie wahrscheinlich beabsichtigt, die Zahlen 0, 1, 4 ... auf der Kommandozeile auszugeben, wird diese Implementierung neunmal die Zahl 81 ausgeben.

Der Grund für dieses zunächst recht seltsam wirkende Verhalten ist das sogenannte *Variablen-Hoisting*: Der JavaScript-Interpreter verschiebt dabei die Deklaration aller in der Funktion verwendeten Variablen implizit an den Anfang der Funktion. Listing A.2 ist aus Sicht des Interpreters identisch mit dem folgenden Code:

```
var i;
var square;
for (i = 0; i < 10; i++) {
    square = i * i;
    setTimeout(function(){
        console.log(square); // Ausgabe: 81, 81, 81
    }, i * 1000);
}
```

Wie Sie sehen, teilen sich durch das Hoisting alle Schleifendurchläufe die gleiche `square`-Variable. Wenn der erste `timeout` »zuschlägt«, enthält diese bereits den Wert 81, der in der Folge neunmal ausgegeben wird.

Sie können sich sicher vorstellen, dass dieses Verhalten von JavaScript – insbesondere in Verbindung mit asynchronen Funktionen – schon oft zu schwer zu findenden Fehlern geführt hat.

### A.3.1 Block-Scopes durch let-Variablen

Abhilfe schaffen hier die in ES2015 eingeführten Block-Scope-Variablen. Anstatt eine Variable über das Schlüsselwort `var` zu definieren, definieren Sie Block-Scope-Variablen über das Schlüsselwort `let`:

```
// console.log(j) => ReferenceError: j is not defined
 for (let j = 0; j < 10; j++) {
     let square = j * j;
     setTimeout(function(){
         console.log(square); // Ausgabe: 0, 1, 4 ... 81
     }, j * 1000);
 }
```

**Listing A.3** »block-scope.js«: Verwendung von ECMAScript-2015-Block-Scope-Variablen über das Schlüsselwort »let«

Da jede Variable nur innerhalb des umschließenden Blocks sichtbar ist, funktioniert die asynchrone Ausgabe der Zahlen nun wie erwartet. Außerdem ist es nicht mehr möglich, schon vor der Schleife auf die Variable zuzugreifen. `let`-Variablen werden also lediglich im aktuell gültigen Block (und nicht in der gesamten Funktion) gehoistet.

**»One JavaScript«**

Sie werden sich an dieser Stelle vielleicht fragen, wieso der neue Stanard für Block-Scope-Variablen das neue Schlüsselwort `let` verwendet und nicht einfach das Verhalten von `var`-Variablen »korrigiert«.

Der entscheidende Grund hierfür ist, dass es keine zentrale Laufzeitumgebung für Anwendungen gibt, die auf JavaScript basieren. Im Gegensatz zu Sprachen wie Ruby oder Java, die jeweils auf Basis eines definierten Runtime-Environments ausgeführt werden, existiert in der Browser-Welt eine Vielzahl von unterschiedlichen JavaScript-Engines.

Ein in diesem Zusammenhang oft zitierter Ausspruch lautet: »Don't break the web.« Das bedeutet, dass die Einführung neuer Sprachelemente nicht dazu führen darf, dass bestehender Code nicht mehr oder anders funktioniert. Würde beispielsweise die neue Firefox-Engine eine `var`-Variable anders interpretieren als die Engine einer älteren Version, würde dies dazu führen, dass auf einen Schlag eine Vielzahl der existierenden Webanwendungen nicht mehr funktionieren würde. Aus Gründen der Rückwärtskompatibilität dürfen existierende Features also weder entfernt noch verändert werden.

Was zunächst wie ein großes Problem für die Wartbarkeit der Sprache wirkt, hat sich aber in der Vergangenheit als starke Vereinfachung für Entwickler herausgestellt: Sie können sich immer sicher sein, dass der Code, den Sie auf Basis der heutigen Standards entwickeln, auch in Zukunft von neuen Engines verstanden wird. Eine Versionierung Ihrer Quelltexte oder gar die Bereitstellung unterschiedlicher Versionen Ihres Codes für unterschiedliche Engines entfällt somit vollständig.

### A.3.2 Konstanten (const-Variablen)

Eine Sonderform von Block-Scope-Variablen sind die ebenfalls mit ES2015 eingeführten Konstanten. Im Gegensatz zu Variablen können Konstanten nach der erstmaligen Initialisierung nicht mehr verändert werden. Die Definition einer Konstanten erfolgt über das Schlüsselwort `const`:

```
const PI = 3.14159265359;
PI = 42 // je nach Laufzeitumgebung Fehler oder ohne Auswirkung
console.log(PI); // Ausgabe  3.14159265359;
```

**Listing A.4** »block-scope.js«: Definition der Konstanten »PI«

Der Versuch, eine Konstante nach der Initialisierung zu verändern, führt je nach Laufzeitumgebung entweder zu einem Fehler oder bleibt ohne Wirkung. Konstanten sind ebenso wie `let`-Variablen nur innerhalb des aktuellen Blocks gültig. So ist es möglich, innerhalb eines Blocks eine Konstante mit gleichem Namen erneut zu deklarieren:

```
const location = "Ausserhalb";
if (true) {
    const location = "Innerhalb";
    console.log(location); // Ausgabe: "Innerhalb";
}
console.log(location); //Ausgabe: "Ausserhalb";
```

**Listing A.5** »block-scope.js«: erneute Deklaration einer Konstanten innerhalb eines Blocks

**Performance-Vorteile durch die Verwendung von const-Variablen**

In diesem Zusammenhang ist es außerdem interessant, dass die Verwendung von `const`-Variablen die Performance Ihrer Applikation steigern kann: Dadurch, dass die JavaScript-Engine weiß, dass sich der Wert der Variablen nicht mehr ändert, können an dieser Stelle Optimierungen an der Ausführung vorgenommen werden. Für unveränderliche Variablen bietet es sich somit an, diese per `const` (anstelle von `let`) zu deklarieren.

## A.4 Arrow Functions

Eine weitere interessante Neuerung des ES2015-Standards sind *Arrow-Functions*. Neben einer deutlich kompakteren Syntax zur Definition von anonymen Funktionen bieten Arrow Functions Ihnen zusätzlich ein »lexikalisches `this`-Binding«. Was zunächst etwas sperrig klingt, bedeutet im Endeffekt nichts anderes, als dass eine Arrow Function – im Gegensatz zu einer normalen JavaScript-Funktion – keinen eigenen `this`-Kontext besitzt, sondern den `this`-Zeiger der aufrufenden Funktion übernimmt. Der Aufbau einer Arrow Function hat dabei immer diese Form:

```
(Funktionsparameter) => Funktionskörper
```

Listing A.6 und Listing A.7 zeigen die Verwendung der `array.map`-Funktion zur Berechnung der Quadrate aller Elemente eines Arrays – zunächst mithilfe einer normalen anonymen Funktion und anschließend mithilfe einer Arrow Function:

```
// normale anonyme Funktion
const squares = array.map(function(elem) {
    return elem * elem;
});
```

**Listing A.6** »arrow-functions.js«: klassische Verwendung der »map«-Funktion

```
// Arrow Function
const squares = array.map((elem) => {
    return elem * elem;
});
```

**Listing A.7** »arrow-functions.js«: Aufruf der »map«-Funktion mithilfe einer Arrow Function

Wie Sie sehen, ist die Syntax der Arrow Function nun bereits deutlich kompakter als die klassische Variante. Da die Funktion in diesem Fall aber nur einen einzigen Parameter entgegennimmt, ist es zusätzlich nicht notwendig, die Parameterliste zu klammern. Des Weiteren können Sie – da der Funktionskörper lediglich aus einem einzigen Statement (`elem * elem`) besteht – auf die Angabe des Schlüsselworts `return` verzichten: In diesem Fall wird implizit das letzte Statement zurückgegeben. Die Berechnung der Quadratzahlen kann somit äußert elegant wie folgt definiert werden:

```
// Arrow Function
const squares = array.map(elem => elem * elem);
```

**Listing A.8** »arrow-functions.js«: kompakte Form einer Arrow Function

### A.4.1 Lexikalisches this-Binding

Wie bereits gesagt, besitzen normale JavaScript-Funktionen immer einen eigenen `this`-Kontext. Dies kann in vielen Fällen zu unerwünschten Effekten und schwer zu findenden Fehlern führen. So sieht die folgende naive Implementierung einer Counter-Funktion auf den ersten Blick korrekt aus:

```
function Counter() {
    this.count = 0;
    setInterval(function() {
        this.count++;
    },1000)
}
```

**Listing A.9** »arrow-functions.js«: naive Implementierung einer »Counter«-Funktion

Bei der Verwendung der Funktion werden Sie aber schnell feststellen, dass die Variable `count` auch nach dem Verstreichen einer Sekunde immer noch den Wert 0 enthält:

```
const c = new Counter();
console.log(c.count); // Ausgabe: 0
setTimeout(function(){
```

```
    console.log(c.count);  // Ausgabe: 0
}, 2000);
```

**Listing A.10** »arrow-functions.js«: Verwendung der fehlerhaften »Counter«-Funktion

Dadurch, dass die anonyme Intervallfunktion ein eigenes `this` mitbringt, bleibt die Anweisung

```
this.count++;
```

ohne Auswirkung auf die umgebende Funktion. In der Vergangenheit wurde dieses Problem oft durch die Definition der Hilfsvariablen `self` gelöst:

```
function Counter() {
    const self = this;
    self.count = 0;
    setInterval(function() {
        self.count++;
    },1000)
}
```

**Listing A.11** »arrow-functions.js«: Workaround durch die Definition einer Hilfsvariablen

Dank Arrow Functions gehören solche Workarounds in ECMAScript 2015 aber der Vergangenheit an. Durch das lexikalische `this`-Binding greift die Intervallfunktion wie erwartet auf die `count`-Variable der umgebenden Funktion zu:

```
function CounterNew() {
    this.count = 0;
    setInterval(() => {
        this.count++;
    }, 1000 );
}
```

**Listing A.12** »arrow-functions.js«: eine »Counter«-Funktion mithilfe von Arrow Functions

## A.5 Rest-Parameter

Eine immer wiederkehrende Aufgabenstellung in der Softwareentwicklung ist die Definition von Funktionen mit einer variablen Anzahl an Parametern.

Da JavaScript bislang keine direkte Unterstützung für solche Funktionen besaß, mussten sie in der Vergangenheit recht umständlich über das implizit vorhandene `arguments`-Objekt realisiert werden. Listing A.13 zeigt exemplarisch die Implementierung einer containsAll-Funktion mithilfe des arguments-Objekts. Die Funktion überprüft, ob ein übergebenes Array alle weiteren übergebenen Elemente enthält:

```
function containsAll(array) {
    const elements = Array.prototype.slice.call(arguments, 1);
    for (let i = 0; i < elements.length; i++) {
        if (array.indexOf(elements[i]) === -1){
            return false;
        }
    }
    return true;
}
const people = ["John", "Jane", "Bob"];
console.log(containsAll(people, "Jane", "Bob"));  //Ausgabe: true
console.log(containsAll(people, "Jane", "Lisa")); //Ausgabe: false
```

**Listing A.13** »rest_spread.js«: Implementierung und Verwendung der »containsAll«-Funktion ohne Rest-Parameter

Beim arguments-Objekt handelt es sich um ein *array-ähnliches Objekt*, das in jeder Funktion implizit als lokale Variable zur Verfügung steht. Dieses Objekt enthält alle Parameter, die der Funktion übergeben wurden. Um aus dem arguments-Objekt ein echtes Array zu erzeugen, verwendet der obige Algorithmus die Array.slice-Funktion. Der Aufruf der Funktion mit den Parametern (arguments, 1) sorgt zusätzlich dafür, dass das erste Argument (in diesem Fall das zu untersuchende Array) aus der Liste entfernt wird.

Wie Sie sehen, ist diese Implementierung alles andere als intuitiv verständlich. Zusätzlich zur recht umständlichen Umsetzung hat die Lösung aber noch ein weiteres, schwerwiegendes Problem: Die Funktionssignatur beschreibt in keiner Weise, wie die Funktion verwendet werden kann:

```
function containsAll(array) {
...
}
```

Ein Entwickler, der diese Funktion benutzen möchte, muss also zunächst in die Implementierungsdetails schauen, um zu verstehen, wie er die Funktion aufzurufen hat.

ECMAScript 2015 bietet in diesem Zusammenhang eine deutlich bessere Lösung. Indem Sie drei Punkte als Präfix vor einen Parameternamen setzen, können Sie einen sogenannten Rest-Parameter definieren:

```
function containsAll(array, ...elements) {
    for (let i = 0; i < elements.length; i++) {
        if (array.indexOf(elements[i]) === -1){
            return false;
        }
    }
    return true;
}
```

**Listing A.14** »rest_spread.js«: Implementierung der »containsAll«-Funktion mit Rest-Parameter

Sie können die Funktion anschließend, wie oben dargestellt, mit einer beliebigen Zahl an Parametern aufrufen. Die `elements`-Variable steht Ihnen innerhalb der Funktion direkt als echtes Array zur Verfügung, und über die Funktionssignatur ist die Verwendung der Funktionen auf den ersten Blick ersichtlich.

## A.6 Spread-Operatoren

Bei Spread-Operatoren handelt es sich vereinfacht gesagt um das Gegenstück zu Rest-Parametern: Während Rest-Parameter Ihnen, wie soeben gesehen, die Möglichkeit bieten, eine Funktion mit einer variablen Anzahl an Parametern aufzurufen, können Sie über den Spread-Operator umgekehrt ein Array an eine Funktion übergeben, die eigentlich eine beliebige Anzahl an Parametern erwartet. Wollen Sie beispielsweise die im vorigen Abschnitt definierte `containsAll`-Funktion mit einem Array als zweitem Parameter aufrufen, so können Sie dies mithilfe des Spread-Operators tun:

```
const people = ["John", "Jane", "Bob"];
const colleagues = ["Bob", "Lisa"];
console.log(containsAll(people, ...colleagues)); //Ausgabe: false
```

**Listing A.15** »rest_spread.js«: Implementierung der »containsAll«-Funktion mit Rest-Parameter

### A.6.1 Anwendungsbeispiel Array.push

Ein klassisches Beispiel für eine Funktion, die eine beliebige Anzahl an Parametern erwartet, ist die `Array.push`-Funktion. Um einem existierenden Array mehrere Elemente hinzuzufügen, können Sie diese Funktion wie folgt verwenden:

```
const peopleIKnow = ["John", "Jane"];
peopleIKnow.push("Bob", "Lisa");
console.log(peopleIKnow);  //Ausgabe: ["John","Jane","Bob","Lisa"]
```

**Listing A.16** Die Array-Methode »push« zum Hinzufügen von mehreren Elementen verwenden

Das Anhängen eines ganzen Arrays an ein bestehendes Array ist auf diesem Weg jedoch nicht out-of-the-box möglich.

In der Vergangenheit wurde dieses Problem in der Regel durch die Verwendung der `Function.protoype.apply()`-Methode gelöst. Diese Methode übernimmt als ersten Parameter den Wert, der innerhalb des Aufrufs für `this` verwendet werden soll, und als zweiten Parameter ein Array, das die Parameterwerte für den Funktionsaufruf enthält. Der folgende – zugegebenermaßen nicht sehr lesbare – Ausdruck sorgt somit dafür, dass die Werte des zweiten Parameters (`colleagues`) an den ersten Parameter (`peopleIKnow`) angehängt werden:

```
const peopleIKnow = ["John", "Jane"];
const colleagues = ["Bob", "Lisa"];
Array.prototype.push.apply(peopleIKnow, colleagues);
console.log(peopleIKnow);  //Ausgabe: ["John","Jane","Bob","Lisa"]
```

**Listing A.17** »rest_spread.js«: Verwendung der »apply«-Methode zur Simulation des Spread-Operators

Wenn Sie einen Spread-Operator nutzen, ist dieser Workaround hingegen überflüssig. Listing A.18 ist mit Listing A.17 funktional identisch:

```
const peopleIKnow = ["John", "Jane"];
const colleagues = ["Bob", "Lisa"];
peopleIKnow.push(...colleagues);
```

**Listing A.18** Verwendung des Spread-Operators zur Übergabe eines Arrays an eine Funktion mit variabler Parameteranzahl

### A.6.2 Anwendungsfall: Erzeugen neuer Arrays

Wollten Sie im vorherigen Beispiel die neuen Elemente nicht an ein bestehendes Array anfügen, sondern aus mehreren Arrays ein neues Array erzeugen, so ist dies ebenfalls leicht über Spread-Operatoren möglich:

```
const family = ["Mom", "Dad", "Susi"];
const friends = ["Steve", "Mary"];
const inviteToParty = ["John", ...family, ...friends, "Bob"];
console.log("Invite: ", inviteToParty) //  [
"John","Mom","Dad","Susi","Steve","Mary","Bob"]
```

**Listing A.19** Spread-Operatoren verwenden, um neue Arrays zu erzeugen

Wie Sie sehen, können Sie bei der Erzeugung eines neuen Arrays beliebig viele Spread-Operatoren verwenden. Außerdem ist es völlig irrelevant, an welcher Stelle die Spread-Operatoren eingesetzt werden.

## A.7 Default-Parameter

In manchen Fällen kann es sinnvoll sein, Funktionsparameter mit Default-Werten auszustatten. In ECMAScript 5 wurde dies in der Regel mithilfe des `or`-Operators (||) innerhalb des Funktionskörpers realisiert. Listing A.20 zeigt die Implementierung einer Funktion zum Erzeugen eines Task-Objekts. Die Funktion bekommt den Task-Titel sowie die Wichtigkeit des Tasks als Parameter übergeben. Wird die Wichtigkeit nicht übergeben, soll standardmäßig `normal` verwendet werden:

```
function createTask(title, severity) {
    severity = severity || "normal";
    return {
        title: title,
        severity: severity
    }
}
```

**Listing A.20** »default-parameters.js«: Definition eines Default-Werts mithilfe des »||«-Operators

ECMAScript 2015 bietet Ihnen nun die Möglichkeit, solche Default-Parameter direkt in der Parameterdeklaration zu definieren:

```
function createTask2(title, severity = "normal") {
    return {
      title: title,
      severity: severity
    }
}
```

**Listing A.21** »default-parameters.js«: Definition des Default-Wertes in der Parameterliste

Die Definition innerhalb der Parameterliste hat hierbei erneut den großen Vorteil, dass es nicht mehr notwendig ist, die Implementierungsdetails der Funktion zu kennen, um die Schnittstelle zu verstehen. Zum einen ist es so für andere Entwickler deutlich leichter, Ihren Code nachzuvollziehen und zu verwenden; zum anderen ermöglicht dies aber auch eine maschinelle Auswertung der Parameterdeklaration. So könnten zukünftige IDEs diese Default-Werte beispielsweise direkt während einer Autovervollständigung anzeigen.

## A.8 Destructuring

Ein weiteres spannendes Feature des neuen Standards ist das Destructuring. Destructuring ermöglicht es, Werte aus strukturierten Daten (wie Arrays und Objekten) zu extrahieren.

Neben der Datenextraktion lassen sich über Destructuring des Weiteren Features wie *benannte Parameter* und *Funktionen mit mehreren Rückgabewerten* realisieren.

### A.8.1 Array-Destructuring

Die einfachste Form des Destructuring ist das Array-Destructuring. Wollten Sie in ES5 beispielsweise die ersten drei Werte eines Arrays an einzelne Variablen zuweisen, so mussten Sie dies über den direkten Zugriff auf die einzelnen Werte realisieren:

```
const bestPlayers =  ["John", "Jane", "Bob", "Mary" "Lisa"];
const winner = bestPlayers[0];
const second = bestPlayers[1];
const third = bestPlayers[2];
```

**Listing A.22** »destructuring.js«: Auslesen der ersten drei Werte eines Arrays mit ES5

Über Array-Destructuring lässt sich die gleiche Logik nun deutlich eleganter ausdrücken:

```
const bestPlayers = ["John", "Jane", "Bob", "Mary", "Lisa"];
const [winner, second, third] = bestPlayers;
console.log("1st: ", winner, "2nd: ", second, "3rd: ", third);
// 1st: John 2nd: Jane 3rd: Bob
```

**Listing A.23** »destructuring.js«: die ersten drei Werte über Array-Destructuring auslesen

Wie Sie sehen, erfolgt die Zuweisung der Variablen in Form eines Arrays. Möchten Sie bestimmte Elemente beim Array-Destructuring auslassen, so können Sie dies durch zwei aufeinanderfolgende Kommata erreichen. Listing A.24 liest den ersten, dritten und fünften Wert aus dem Array aus und weist diese Werte den entsprechenden Variablen zu:

```
const [winner, , third, , fifth] = bestPlayers;
console.log("1st ", winner, "3rd", third, "5th: ", fifth)
//1st John 3rd Bob 5th: Lisa
```

**Listing A.24** »destructuring.js«: Überspringen von Werten aus dem Quell-Array

Zusätzlich ist es möglich, das Array-Destructuring mit Spread-Operatoren zu kombinieren. Listing A.25 speichert den ersten Platz in einer eigenen Variablen; alle anderen Werte werden in ein neues Array gespeichert:

```
const [winner, ...theRest] = bestPlayers;
console.log("1st ", winner, "The rest:", theRest)
// 1st John The rest: ["Jane","Bob","Mary","Lisa"]
```

**Listing A.25** »destructuring.js«: Kombination von Array-Destructuring und Spread-Operatoren

### A.8.2 Object-Destructuring

Ähnlich dem Array-Destructuring erlaubt das Object-Destructuring es Ihnen, mehrere Werte aus einem Objekt auszulesen und in Variablen zu speichern. Möchten Sie beispielsweise aus einem `User`-Objekt den Vornamen und den Nachnamen in eigene Variablen extrahieren, so können Sie dies in ES2015 mithilfe des Object-Destructurings realisieren:

```
const currentUser = {
    firstName: "John",
    lastName: "Doe",
    email: "john@doe.com"
};

const { firstName: first, lastName: last } = currentUser;
console.log("Hello " + first + " " + last); // Hello John Doe
```

**Listing A.26** »destructuring.js«: Auslesen mehrerer Werte mit Object-Destructuring

Das Format der Zuweisung hat dabei die Form:

```
{Quellfeld: Zielvariable} = QuellObjekt
```

Möchten Sie die Felder aus dem Quellobjekt in gleichnamigen Variablen speichern, können Sie die folgende vereinfachte Syntax verwenden:

```
const currentUser = {
        firstName: "John",
        lastName: "Doe",
       email: "john@doe.com"
};
const {firstName, lastName} = currentUser;
console.log("Hello " + firstName + " " + lastName);  // Hello John Doe
```

**Listing A.27** »destructuring.js«: Object-Destructuring bei gleichnamigen Zielvariablen

### A.8.3 Zuweisung aus verschachtelten Objekten

Des Weiteren ist es möglich, Daten aus verschachtelten Objekten zu extrahieren. Listing A.28 zeigt die Extraktion des Vornamens sowie der Stadt eines komplexen User-Objekts:

```
const currentUser = {
    firstName: "John",
    lastName: "Doe",
    address: {
        city: "New York",
        postalCode: "10001"
    }
};
const {firstName, address: {city: usersCity}} = currentUser;
console.log("Hello " + firstName + "! How is it going in "
  + usersCity + "?");  // Hello John! How is it going in New York?
```

**Listing A.28** »destructuring.js«: Object-Destructuring mit komplexen Objekten

Wie Sie sehen, erfolgt die Zuweisung ähnlich der Zuweisung in flachen Objekten. Über Doppelpunkte können Sie Schritt für Schritt in das komplexe Objekt »hineinnavigieren«.

### A.8.4 Anwendungsfall: Mehrere Rückgabewerte einer Funktion

Ein Anwendungsfall, der mithilfe von Destructuring sehr elegant gelöst werden kann, ist die Rückgabe von mehreren Werten aus einer Funktion. Listing A.29 zeigt die Implementierung einer `max`-Funktion für Arrays. Neben dem maximalen Wert liefert die Funktion zusätzlich noch den `index` des gefundenen Wertes zurück:

```
function max(arr) {
  let result = arr[0];
  let index = 0;
```

```
  for(let i = 0; i < arr.length; i++) {
    if (arr[i] > result) {
      result = arr[i];
      index = i;
    }
  }
  return { result: result, index: index };
}
```

**Listing A.29** Implementierung einer Funktion mit mehreren Rückgabewerten

Mithilfe des Destructuring kann das Ergebnis nun wie folgt ausgelesen werden:

```
const arr = [-1,6,2,8,5,3];
const {result, index} = max(arr);
console.log("Result: " + result); // 8
console.log("Index: " + index); // 3
```

**Listing A.30** Object-Destructuring zur Auswertung mehrerer Rückgabewerte

Interessant ist an dieser Stelle, dass Sie über das Destructuring auf beliebige Werte des Rückgabewerts zugreifen können. Interessiert Sie beispielsweise lediglich der Index, können Sie ihn mithilfe des folgenden Statements auslesen:

```
const {index} = max(arr);
console.log("Index: " + index); // 3
```

### A.8.5 Parameter-Destructuring

Neben der Verwendung im Zusammenhang mit Arrays und Objekten kann Destructuring auch für die Definition von sogenannten *benannten Parameterlisten* eingesetzt werden. Dies kann insbesondere dann sinnvoll sein, wenn sich die zu übermittelnden Parameter nicht intuitiv erschließen lassen. So hat jeder Entwickler vermutlich schon einen Funktionsaufruf der folgenden Form gesehen:

```
drawRectangle(30, 40, 400, 600);
```

**Listing A.31** »destructuring.js«: klassischer Aufruf einer Funktion mit vier Übergabeparametern

Aus diesem Aufruf der Funktion geht in keinster Weise hervor, welcher Parameter nun für welche Eigenschaft des zu zeichnenden Rechtecks steht. In ECMAScript 5 bestand die »Lösung« für dieses Problem darin, anstelle von einzelnen Parametern ein sogenanntes `config`-Objekt an die Funktion zu übergeben:

```
function drawRectangleWithConfig(config) {
  console.log("X ", config.x);
  console.log("Y ", config.y);
  console.log("Height ", config.height);
  console.log("Width ", config.width);
}
```

**Listing A.32** »destructuring.js«: Übergabe von Parametern mithilfe eines »config«-Objekts

Beim Aufruf der Funktion ist nun ersichtlich, welcher Wert für welche Eigenschaft übergeben wird:

```
const rectangle = {x: 30, y: 40, height: 400, width: 600};
drawRectangleWithConfig(rectangle);
```

**Listing A.33** »destructuring«: Übergabe eines »config«-Objekts an die Funktion

Wie Sie aber vermutlich bereits gemerkt haben, haben Sie nun lediglich eine undurchsichtige Stelle gegen eine andere undurchsichtige Stelle getauscht. Ein Blick auf die Funktionssignatur verrät Ihnen nun nämlich nicht, welche Parameter die Funktion überhaupt erwartet:

```
function drawRectangleWithConfig(config) { ... }
```

Hier kommt erneut das Destructuring ins Spiel. Anstatt das `config`-Objekt in der obigen Form zu verwenden, können Sie es mithilfe von Destructuring auch direkt in der Signatur der Funktion definieren. Achten Sie hier auf die geschweiften Klammern innerhalb der Parameterliste:

```
function drawRectangle({x, y, height, width}) {
  console.log("X ", x);
  console.log("Y ", y);
  console.log("Height ", height);
  console.log("Width ", width);
}
```

**Listing A.34** »destructuring.js«: Definition der »drawRectangle«-Funktion mithilfe von Destructuring

Der Aufruf der Funktion kann nun äquivalent zur `config`-Objekt-Variante erfolgen, sodass Sie nun sowohl beim Blick auf die Parameterliste als auch bei der Verwendung der Funktion jederzeit Gewissheit über die Werte haben, die der Funktion übergeben werden müssen:

```
drawRectangle({x: 30, y: 40, height: 400, width: 600});
```

**Listing A.35** »destructuring.js«: Aufruf der »drawRectangle«-Funktion bei der Verwendung von Object-Destructuring

## A.9 Klassen

Bei der neuen ECMAScript-2015-Klassensyntax handelt es sich um eine der zentralsten Erweiterungen des neuen Standards. Während typische objektorientierte Sprachen wie Java oder C++ schon immer eine dedizierte Syntax für die Definition von Klassen anboten, mussten JavaScript-Entwickler hierauf lange verzichten.

Die mit ECMAScript 2015 eingeführte neue Klassensyntax verspricht hier Abhilfe. So bietet der neue Standard unter anderem eine Unterstützung von objektorientierten Konzepten, wie Klassen, Methoden, Konstruktoren und Vererbung.

Sollten Sie in der Vergangenheit bereits mit prototypischer Objektorientierung in JavaScript gearbeitet haben, wird es Sie in an dieser Stelle freuen, dass die neue Syntax lediglich »syntaktischer Zucker« für die altbekannten Konzepte ist: Intern werden Klassen nach wie vor über Konstruktorfunktionen und Prototypen abgebildet.

### A.9.1 Klassen definieren

Listing A.36 zeigt die Implementierung der Klasse `Rectangle` mit den Eigenschaften `width` und `height`:

```
class Rectangle {
  //Konstruktorfunktion
  constructor(width, height) {
    this.width = width;
    this.height = height;
  }
  //Methoden:
  getArea() {
    return this.width * this.height;
  }
  toString() {
    return "Breite " + this.width +  "Höhe: " + this.height;
  }
}
```

**Listing A.36** »classes.js«: Implementierung der »Rectangle«-Klasse

Über das neue Schlüsselwort `constructor` wird die Konstruktorfunktion definiert. Sie enthält alle Parameter, die notwendig sind, um ein `Rectangle`-Objekt anzulegen. Konstruktoren sind somit für die Objektinitialisierung verantwortlich:

```
constructor(width, height) {
  this.width = width;
  this.height = height;
}
```

Die Definition von Klassenmethoden erfolgt in ECMAScript 2015 ohne die Angabe des Schlüsselworts `function`. Da in ES2015 Methoden immer Funktionen sind, ist das Schlüsselwort an dieser Stelle überflüssig. So wird über den folgenden Code die Klassenmethode `getArea` zur Berechnung der Fläche des Rechtecks definiert:

```
getArea() {
  return this.width * this.height;
}
```

In diesem Zusammenhang ist es außerdem erwähnenswert, dass Methoden, (im Gegensatz zu normalen JavaScript-Funktionen) kein eigenes `this`-Binding mitbringen. Das Schlüsselwort `this` bezieht sich in ES2015-Methoden also immer auf die umgebende Klasse und nicht auf die Methode selbst.

### A.9.2 Instanziierung

Die Instanziierung von Klassen erfolgt wie in den meisten anderen objektorientierten Sprachen über das Schlüsselwort `new`:

```
const rect = new Rectangle(20, 30);
```

**Listing A.37** »classes.js«: eine Instanz der »Rectangle«-Klasse erzeugen

Anschließend können Sie über die Punktnotation auf die Methoden und Eigenschaften der Klasse zugreifen:

```
console.log("Fläche: " + rect.getArea()); //Ausgabe: Fläche: 600
console.log(rect.toString()); // Ausgabe: Breite 20 Höhe: 30
console.log(rect.width); // Ausgabe: 20
```

**Listing A.38** »classes.js«: Verwendung der »Rectangle«-Instanz

**Sichtbarkeit von Membervariablen**

Einer der größten Kritikpunkte an der neuen Klassensyntax ist, dass ECMAScript 2015 kein Konzept für Sichtbarkeitsmodifikatoren einführt. Während die Sichtbarkeit von

Variablen in Java beispielsweise über das Schlüsselwort private eingeschränkt werden kann, sind Membervariablen in JavaScript immer public, sodass man auch von außen auf sie zugreifen kann. Das objektorientierte Konzept der Kapselung kann also mit der neuen Syntax nicht erzwungen werden.

Ein Workaround, der sich bereits in der Vergangenheit in der JavaScript-Welt etabliert hat, besteht nun darin, Variablen, die nicht von außen verändert werden sollen, mit einem vorangestellten Unterstrich (_) zu kennzeichnen. Nutzer Ihrer Klassen wissen somit, dass der direkte Zugriff auf diese Variable zu Problemen führen kann.

### A.9.3 Vererbung

Neben der einfachen Definition von Klassen unterstützt ECMAScript 2015 ebenfalls das Konzept der Vererbung. Listing A.39 zeigt die Implementierung eines Quaders auf Basis der Rectangle-Klasse:

```
class Cuboid extends Rectangle {
  //Konstruktorfunktion
  constructor(width, height, depth) {
    super(width, height);
    this.depth = depth;
  }
  //Methode
  getVolume() {
    return this.getArea() * this.depth;
  }
  toString() {
      return super.toString() + " Tiefe: " + this.depth;
  }
}
```

**Listing A.39** »classes.js«: Implementierung der von »Rectangle« ableitenden Klasse »Cuboid«

Das Schlüsselwort extends sorgt dafür, dass die Klasse Cuboid von der Klasse Rectangle erbt:

```
class Cuboid extends Rectangle
```

Innerhalb der neuen Methoden haben Sie nun auch Zugriff auf alle Eigenschaften und Methoden der Superklasse:

```
getVolume() {
  return this.getArea() * this.depth;
}
```

Bei überschriebenen Methoden oder im Fall des Konstruktors erfolgt der Zugriff auf die Superklasse mithilfe des Schlüsselworts super:

```
constructor(width, height, depth) {
  super(width, height);
  this.depth = depth;
}
...
toString() {
  return super.toString() + " Tiefe: " + this.depth;
}
```

Die Cuboid-Klasse kann nun äquivalent zur Rectangle-Klasse verwendet werden:

```
const cuboid = new Cuboid(10, 20, 20);
console.log(cuboid.toString()); // Breite: 10 Höhe: 20 Tiefe: 20
console.log("Volumen: " + cuboid.getVolume()); //Volumen: 4000
```

### A.9.4 Statische Methoden

Über das Schlüsselwort static können Sie Methoden als statische Methoden definieren. Der Zugriff auf diese Methoden erfolgt dann direkt über die Klasse und nicht über die Instanz einer Klasse. Typische Anwendungsfälle für statische Methoden sind z. B. Factory-Methoden oder Methoden, die mehrere Instanzen der Klasse erwarten. Wollten Sie die Punkt-Klasse beispielsweise um die Möglichkeit erweitern, die Distanz zwischen zwei Punkten zu berechnen, so könnten Sie dies mithilfe einer statischen Methode lösen:

```
const Point = class {
  ...
  static getDistance(p1, p2) {
    const distX = p1.x - p2.x;
    const distY = p1.y - p2.y;
    return Math.sqrt(distX * distX + distY * distY);
  }
}
...
const p1 = new Point(20, 20);
const p2 = new Point(30, 40);
```

```
console.log("Distanz: " + Point.getDistance(p1, p2));  //Ausgabe: Distanz:
                                                        //22.360679774997898
```

**Listing A.40** »classes.js«: Verwendung einer statischen Methode zur Berechnung der Distanz zweier Punkte

### A.9.5 Getter und Setter

In manchen Situationen kann es sinnvoll sein, das Schreiben und Lesen von Eigenschaften zu kapseln. Dies ist beispielsweise dann nützlich, wenn beim Setzen einer Eigenschaft weitere Aktionen ausgelöst werden sollen. ES2015 bieten Ihnen hierfür die Möglichkeit, sogenannte Getter und Setter-Methoden zu definieren.

Für den Benutzer Ihrer Klasse fühlt es sich in diesem Fall weiterhin so an, als würde er eine einfache Eigenschaft beschreiben oder auslesen; in Wirklichkeit werden aber die von Ihnen definierten Getter- und Setter-Methoden verwendet.

Listing A.41 zeigt eine alternative Implementierung der `Rectangle`-Klasse. Während die bisherige Implementierung die Fläche des Rechtecks immer on-the-fly berechnet hat, berechnet diese Version die Fläche bei jedem Setzen der `width`- oder `height`-Eigenschaft vor. Im konkreten Fall mag das zwar etwas unsinnig erscheinen; insbesondere bei aufwendigen Berechnungen und häufigen lesenden Operationen kann dieses Vorgehen aber durchaus zu beachtlichen Performance-Gewinnen führen:

```
class RectanglePerf {
  constructor(width, height) {
    this._width = width;
    this._height = height;
    this._area =  this._calculateArea();
  }
  _calculateArea() {
    this._area = this._width * this._height;
  }
  set width(w) {
    this._width = w;
    this._calculateArea();
  }
  get width() {
    return this._width;
  }
  set height(h) {
    this._height = h;
    this._calculateArea();
  }
```

```
  get height() {
    return this._height;
  }
  get area() {
    return this._area;
  }
}
```

**Listing A.41** »classes.js«: Verwendung von Getter- und Setter-Methoden

Wie Sie im Listing sehen, hat es sich bei der Verwendung von Getter- und Setter-Methoden als gute Praxis erwiesen, die eigentliche Eigenschaft zur Speicherung der Daten mit einem Unterstrich zu deklarieren:

```
constructor(width, height) {
  this._width = width;
  this._height = height;
  this._area =  this._calculateArea();
}
```

Innerhalb der Getter- und Setter-Methoden wird diese Eigenschaft beschrieben und zurückgeliefert:

```
set width(w) {
  this._width = w;
  this._calculateArea();
}
get width() {
  return this._width;
}
```

Für den Benutzer Ihrer Klasse ist der Einsatz der Getter/Setter-Technik nun völlig transparent. Von außen betrachtet, sieht es vielmehr so aus, als würde eine einfache Objekteigenschaft gesetzt werden:

```
const rectPerf = new RectanglePerf(20, 30);
console.log("Fläche: ", rectPerf.area); // 600
rectPerf.height = 50;
console.log("Fläche: ", rectPerf.area); // 1000
```

Des Weiteren können Sie in der Implementierung der obigen Rectangle-Klasse bereits eine weitere Möglichkeit für die Verwendung der Getter-Technik in Aktion sehen: Definieren Sie für eine Eigenschaft lediglich einen Getter, aber keinen Setter, können Sie sehr elegant Read-only-Eigenschaften definieren. So würde der Versuch, die Eigenschaft `area` zu beschreiben, zu einer `TypeError`-Meldung führen:

```
rectPerf.area = 20; // TypeError: Cannot set property area of #
<RectanglePerf> which has only a getter
```

### A.9.6 Hoisting

Ebenso wie die schon vorgestellten `let`-Block-Scope-Variablen sind Klassendeklarationen nicht *hoisted*, werden also nicht vom JavaScript-Interpreter implizit an den Anfang der Datei verschoben. Wollen Sie eine Klasse verwenden, muss diese also vorher definiert sein. Der folgende Code würde zu einem `TypeError` führen:

```
const rect = new Rectangle(20, 50);
class Rectangle {
  ...
}
```

## A.10 Die Module-Syntax: JavaScript-Anwendungen modularisieren

In der Vergangenheit haben sich in der JavaScript-Welt mangels eines einheitlichen Standards diverse Lösungen für die Definition von Modulen etabliert. Die beiden Bekanntesten sind in diesem Zusammenhang das im Node.js-Umfeld weit verbreitete *Common.js* sowie die eher in Browser-Anwendungen verwendete *Asynchronous Module Definition* (AMD).

Die mit ECMAScript 2015 eingeführte Module-Syntax versucht, die Vorteile der beiden Systeme zu vereinen und gleichzeitig einen einheitlichen Standard für Moduldefinitionen zu schaffen. So orientiert sich die neue Syntax stark an der sehr kompakten CommonJS-Syntax, bietet aber gleichzeitig die Möglichkeit des asynchronen Ladens von Abhängigkeiten, was bisher AMD-Nutzern vorbehalten war.

### A.10.1 Moduldefinition und -verwendung

Ein ECMAScript-2015-Modul ist im Grunde genommen nichts anderes als eine JavaScript-Datei. Es gibt *kein* dediziertes Schlüsselwort, um ein ES2015-Modul zu deklarieren. Das Bereitstellen von Funktionen, Klassen oder Werten aus einer ES2015-Moduldatei erfolgt lediglich über das vorangestellte Schlüsselwort `export`.

Wollen Sie beispielsweise die im vorigen Abschnitt definierten geometrischen Klassen als eigenständiges Modul bereitstellen, so müssen Sie lediglich die Klassendefinitionen um das Schlüsselwort erweitern. Listing A.42 zeigt exemplarisch den Export der Rectangle-Klasse:

```
export class Rectangle {
  constructor(width, height) {
    this.width = width;
    this.height = height;
  }
  ...
}
```

**Listing A.42** »geo.js«: Export der »Rectangle«-Klasse in der Datei »geo.js«

Außer Klassen können Sie außerdem Funktionen und Werte exportieren:

```
export function createSquare(length) {
  return new Rectangle(length, length);
}
export const PI = 3.14159265359;
```

**Listing A.43** »geo.js«: Funktionen und Werte exportieren

### A.10.2 Module importieren

Das Importieren der exportierten Elemente findet passend zum Schlüsselwort export über das Schlüsselwort import statt:

```
import {Rectangle, createSquare, PI} from './geo.js'

const rect = new Rectangle(20, 50);
const square = createSquare(30);

console.log("Rect: " + rect.toString());
console.log("Square: " + square.toString());
console.log("PI: " + PI);
```

**Listing A.44** »use-geo.js«: Import der exportierten Elemente in der Datei »use_geo.js«

Um Namenskonflikte zu vermeiden, ist es außerdem möglich, beim Import des Elements einen Alias zu vergeben:

```
import {Rectangle as Rect, createSquare, PI} from './geo.js'
const rect = new Rect(20, 50);
...
```

**Listing A.45** »use-geo.js«: Angabe eines Alias beim Import eines Elements

Wollen Sie alle exportierten Elemente aus der Datei importieren, verwenden Sie dafür die *-Syntax:

```
import * as Geo from './geo.js'

const rect2 = new Geo.Rectangle(200, 500);
const square2 = Geo.createSquare(300);

console.log("Rect: " + rect2.toString());
console.log("Square: " + square2.toString());
console.log("PI: " + Geo.PI);
```

**Listing A.46** »use-geo.js«: Importieren aller exportierten Elemente der Datei »geo.js«

### A.10.3 Default-Exporte

Möchten Sie lediglich ein Element aus einer Datei exportieren oder einen Fallback-Wert für das Modul bereitstellen, können Sie über das Schlüsselwort `default` einen Default-Export für die Datei definieren. In diesem Fall kann das exportierte Element auch anonym (also ohne Namen) deklariert werden. Listing A.47 zeigt die Datei *point.js*, die die Punkt-Klasse als Default-Export definiert.

```
export default class {
    constructor(x, y) {
        this.x = x;
        this.y = y;
    }
    ...
}
```

**Listing A.47** »point.js«: Bereitstellung eines Default-Exports

Der Import eines Default-Exports erfolgt nun ohne geschweifte Klammern:

```
import Point from './point.js'
const point = new Point(3,5);
```

**Listing A.48** »use-geo.js«: Importieren des Default-Exports

Enthält die Datei *point.js* zusätzlich noch weitere exportierte Elemente, so werden diese auf die altbekannte Art importiert:

```
import Point, { createPoint } from './point.js'
const point = createPoint(5,5);
```

**Listing A.49** »use-geos.js«: zusätzlicher Import der »createPoint«-Funktion

### A.10.4 Module-Loader

Ein etwas kurioser Umstand ist, dass die bis hierher vorgestellte Module-API zwar Teil der ECMAScript-2015-Spezifikation ist, es aber bislang keine Spezifikation gibt, die besagt, wie modulare Anwendungen geladen werden sollen. Mangels einer solchen Spezifikation gibt es natürlich ebenfalls noch keine Browser-Unterstützung für die Verwendung der Module-API.

Nichtsdestotrotz existieren mittlerweile aber einige Tools, die das Laden von ES2015-Modulen unterstützen. So können beispielsweise sowohl *SystemJS*, das in Kapitel 1, »Angular-Kickstart: Ihre erste Angular-Webapplikation«, verwendet wurde, als auch das von dem Angular-CLI eingesetzte *webpack* mittlerweile nativ mit ES2015-Modulen umgehen.

Der Einfachheit halber habe ich mich für dieses Kapitel erneut entschieden, SystemJS als Loader einzusetzen. Möchten Sie die Bibliothek in Ihrer Anwendung verwenden, müssen Sie hierfür nichts weiter tun, als die entsprechende JavaScript-Datei in Ihre HTML-Datei einzubinden:

```
<script src="lib/system-csp-production.js"></script>
```

**Listing A.50** »use-modules.html«: SystemJS ins HTML einbinden

Der Start der Applikation erfolgt anschließend mithilfe der von SystemJS bereitgestellten `import`-Funktion:

```
<script>
    System.import("dist/modules/use_geo.js");
</script>
```

**Listing A.51** »use-modules.html«: Start der Anwendung über die »import«-Funktion

Ab diesem Zeitpunkt liegt die Kontrolle über das Nachladen von Modulen bei SystemJS. Anstatt, wie es in der Vergangenheit üblich war, alle verwendeten JavaScript-Dateien in der HTML-Datei aufzuführen, definieren Sie nun also lediglich noch den Einstiegspunkt in Ihre Anwendung – alles weitere erledigt der Module-Loader für Sie.

Öffnen Sie nun beispielsweise die NETWORK-Ansicht der Developer-Konsole und wechseln anschließend auf die Unterseite MODULE (*http://localhost:8080/use_modules.html*), so sehen Sie SystemJS in Aktion. Während die statisch im HTML verknüpften JavaScript-Dateien noch auf altbekannte Weise geladen wurden, werden alle Dateien, die mit der *Geo*-Bibliothek im Zusammenhang stehen, bei Bedarf von SystemJS geladen (siehe Abbildung A.1).

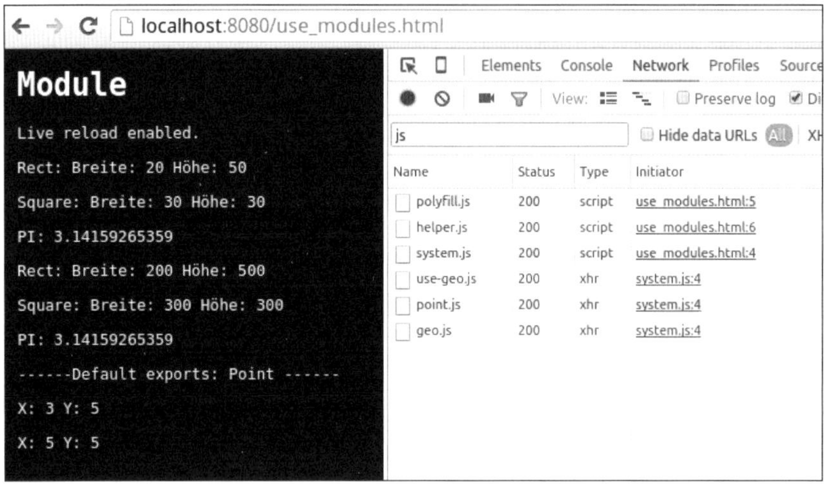


**Abbildung A.1** Netzwerkansicht bei Verwendung von SystemJS

## A.11 Template-Strings

Ein vergleichsweise simples, aber trotzdem sehr nützliches Feature von ES2015 ist die Einführung der sogenannten Template-Strings. Anstatt Strings und Werte aufwendig zu verketten, ermöglichen Template-Strings es, Werte direkt in den String zu integrieren. Die Definition eines Template-Strings erfolgt dabei mithilfe von Backticks (`):

```
const user = {
  firstName: "John",
  lastName: "Doe",
  city: "New York"
};
console.log(`Hi, my name is ${user.firstName} ${user.lastName}`);
```

**Listing A.52** »template-strings.js«: Integration von Variablen in einen String

Interessant ist an dieser Stelle auch, dass Template-Strings mehrzeilig definiert werden können. Für den Fall, dass Sie nicht mit diesem Anhang angefangen haben, wird Listing A.53 Sie aber vermutlich sowieso nicht weiter überraschen, denn bei der Entwicklung von Angular-Komponenten kommt diese Technik ausgiebig zum Einsatz:

```
console.log(`
Contact card:
Name: ${user.firstName}
```

```
Vorname: ${user.lastName}
Stadt: ${user.city}`);
```

**Listing A.53** »template-strings.js«: Definition eines mehrzeiligen Strings

## A.12 Promises

Sollten Sie bereits Erfahrung in der Programmierung von asynchronen Abläufen in ECMAScript 5 haben, so sollte Ihnen das sogenannte Callback-Pattern vermutlich bekannt sein:

```
function calculateTheAnswer(callback) {
  setTimeout(() => {
    if (typeof callback === "function") {
      callback("42");
    }
  },1000);
}
```

**Listing A.54** »promises.js«: Definition der asynchronen Funktion »calculateTheAnswer«

Anstatt einen Wert zurückzuliefern, bekommt eine asynchrone Funktion eine Callback-Funktion übergeben, die nach der Rückkehr der Funktion aufgerufen wird:

```
calculateTheAnswer(function(answer) {
  console.log(`Die Antwort lautet ${answer}`)
});
```

**Listing A.55** Aufruf der »calculateTheAnswer«-Funktion

Mithilfe der Arrow-Syntax kann der Aufruf außerdem noch etwas komprimiert werden:

```
calculateTheAnswer((answer) => {
  console.log(`Die Antwort lautet ${answer}`)
});
```

**Listing A.56** »promises.js«: Übergabe des Callbacks mithilfe einer Arrow Function

Auch wenn sich die meisten JavaScript-Entwickler in der Zwischenzeit mit dieser Art der Programmierung abgefunden haben, hat diese Lösung dennoch zwei unschöne Eigenheiten: Einerseits verunreinigt die Callback-Schreibweise die Schnittstelle der Funktion (fachlich gesehen handelt es sich beim Callback ja nicht um einen Eingangsparameter der Funktion), und andererseits begünstigt diese Art der Programmierung die Entstehung der sogenannten *Pyramid-of-Doom* (dazu gleich mehr).

Die mit ECMAScript 2015 eingeführten Promises sollen hier Abhilfe schaffen. Listing A.57 zeigt die Realisierung der vorgestellten Funktion mithilfe von Promises:

```
function calculateTheAnswer() {
  return new Promise((resolve) => {
    setTimeout(() => {
      resolve("42");
    }, 1000);
  });
}
```

**Listing A.57** »promises.js«: Definition der »calculateTheAnswer«-Methode auf Basis von Promises

Die Methode erhält nun keinen Callback-Parameter mehr, sondern liefert ein Objekt der Klasse `Promise` zurück. Diese Klasse bietet Ihnen nun die Möglichkeit, über die Methode `then` auf das Ergebnis zu warten:

```
const asyncResult = calculateTheAnswer();
asyncResult.then((answer) => {
  console.log(`Die Antwort lautet ${answer}`);
});
```

**Listing A.58** »promises.js«: Aufruf der Promise-Funktion und Auswertung des Ergebnisses über die »then«-Funktion

Sie besitzen nun also eine »saubere« Funktionsschnittstelle. Doch was hat es nun mit der Pyramid-of-Doom auf sich? Insbesondere bei der Entwicklung von AJAX-Applikationen kommt es oft vor, dass Sie nach dem Erhalt einer asynchronen Nachricht eine weitere asynchrone Funktion aufrufen wollen.

Listing A.59 zeigt exemplarisch die Implementierung einer asynchronen Funktion, die das erhaltene Ergebnis anschließend noch einmal überprüft. Die Methode erhält diesmal zusätzlich zum eigentlichen Funktionsparameter zwei Callback-Methoden: eine, die im Erfolgsfall aufgerufen werden soll, sowie eine, die aufgerufen wird, wenn die Antwort nicht korrekt war:

```
function checkAnswer(answer, successCallback, errorCallback) {
  setTimeout(() => {
    if (answer === "42"){
      successCallback();
    } else {
      errorCallback();
    }
```

```
  },1000)
}
```

**Listing A.59** »promises.js«: Implementierung der asynchronen Funktion »checkAnswer«

Die Verwendung der neuen Funktion im Zusammenspiel mit der `calculateThe-Answer`-Funktion zeigt nun sehr schön die Entstehung der Pyramid-of-Doom:

```
calculateTheAnswer((answer) => {
  console.log(`Die Antwort lautet ${answer}`);
  checkAnswer(answer,
    () => {
      console.log("Die Antwort war richtig")
    },
    () => {
      console.log("Die Antwort war falsch")
    });
});
```

Fachlich gesehen, möchten Sie lediglich nach dem Erhalt der Nachricht dafür sorgen, dass die Antwort auf ihre Richtigkeit überprüft wird. Aufgrund des Programmiermodells können Sie diesen Ablauf aber nicht sequenziell beschreiben, sondern gehen mit jedem weiteren asynchronen Aufruf eine Ebene weiter in die Tiefe. Mit Promises lässt sich diese Aufgabe deutlich eleganter lösen:

```
function checkAnswer(answer) {
  return new Promise(function (resolve, reject) {
    setTimeout(function () {
      if (answer === "42") {
        resolve();
      } else {
        reject();
      }
    }, 1000);
  });
}
```

**Listing A.60** »promises.js«: Implementierung der »checkAnswer«-Funktion mit Promises

Wie Sie sehen, bleibt die Schnittstelle auch in diesem Fall »sauber«. Eine Neuerung dieses Listings besteht in der Verwendung der `reject`-Funktion des Promise. So kann ein Promise entweder erfolgreich abschließen (`resolve`) oder einen Fehler melden (`reject`). Die Reaktion auf einen fehlerhaften Promise-Aufruf kann anschließend über die Übergabe einer zweiten Funktion an die `then`-Funktion erfolgen:

```
calculateTheAnswer()
.then((answer) => {
  console.log(`Die Antwort lautet ${answer}`);
  return checkAnswer(answer);
})
.then(() => {
  console.log("Die Antwort war richtig");
}, () => {
  console.log("Die Antwort war falsch");
});
```

**Listing A.61** Sequenzieller Aufruf von asynchronen Funktionen über »then-chaining«

Der erste `then`-Block wird aufgerufen, sobald die `calculateTheAnswer`-Methode zurückkehrt. Anstatt das Ergebnis zurückzuliefern, liefert dieser Block nun aber über das Statement

```
return checkAnswer(answer);
```

seinerseits wieder ein Promise zurück, sodass Sie auf dieses Promise erneut mit der `then`-Funktion warten können. Wie Sie sehen, bleibt der Programmcode auf diese Weise weiterhin »flach« – egal, wie viele asynchrone Funktionen aneinandergehängt werden. Alternativ ist es an dieser Stelle im Übrigen auch möglich, den Fehlerfall anstatt über eine zweite Funktion im `then` über die Verwendung der `catch`-Methode auszuwerten:

```
calculateTheAnswer()
.then((answer) => {
  console.log(`Die Antwort lautet ${answer}`);
  return checkAnswer(answer);
})
.then(() => {
  console.log("Die Antwort war richtig!");
}).catch(() => {
  console.log("Die Antwort war falsch!");
});
```

**Listing A.62** »promises.js«: Verwendung der »catch«-Funktion zur Auswertung des »rejected«-Promise

### A.12.1 Promise.all

Ein weiterer typischer Anwendungsfall bei der Entwicklung von asynchronen Anwendungen ist es, parallel auf die Antworten mehrerer Aufrufe zu warten. ECMAScript 2015 bietet Ihnen hierfür die `Promise.all`-Methode an. Möchten Sie beispielsweise parallel zur `calculateTheAnswer`-Methode die ebenfalls asynchrone Funktion `calculatePi` aufrufen, so können Sie dies mithilfe der `Promise.all`-Methode wie folgt erreichen:

```
function calculatePi() {
  return new Promise((resolve, reject) => {
    setTimeout(() => {
      resolve("3.1415926535");
    }, 3000);
  });
}
Promise.all([
  calculateTheAnswer(),
  calculatePi()])
.then((results) => {
  console.log(`Die Antwort: ${results[0]}`);
  console.log(`Pi: ${results[1]}`);
});
```

**Listing A.63** »promises.js«: Verwendung der »Promise.all«-Funktion

Erst wenn alle Promises zurückgekehrt sind, wird die `then`-Funktion aufgerufen. Sie erhält alle Ergebnisse der Promises in Form eines Arrays.

### A.12.2 Promise.race: Der Erste gewinnt ...

In bestimmten Fällen kann es sinnvoll sein, ein Promise zu aufzulösen, sobald eine von mehreren Bedingungen erfüllt ist. ES2015 bietet Ihnen für diesen Fall die `Promise.race`-Funktion an. Listing A.64 zeigt zunächst einmal die grundlegende Funktionsweise der `race`-Funktion:

```
const takes500ms = new Promise((resolve, reject) => {
  setTimeout(() => {
    resolve('Wert 1');
  }, 500);
});
const takes200ms = new Promise((resolve, reject) => {
  setTimeout(() => {
    resolve('Wert 2');
  }, 200);
});
```

```
Promise.race([takes200ms, takes500ms]).then(value => {
  console.log(value); // Wert 2
});
```

**Listing A.64** »promises.js«: Verwendung der »Promise.race«-Funktion

Das Listing definiert zwei Promises: eines, das nach 500 ms, und eines, das nach 200 ms erfolgreich aufgelöst wird Der Einsatz der Funktion `Promise.race` zeigt, dass im `then`-Callback lediglich der Wert des früher zurückgekehrten Promises ausgewertet wird.

Ein interessanter Anwendungsfall für den Einsatz der `race`-Funktion besteht dabei in der Implementierung von Timeouts für lange laufende Anfragen. Möchten Sie beispielsweise dafür sorgen, dass eine Anfrage nach spätestens 2 Sekunden abgebrochen wird, können Sie hierfür zunächst ein entsprechendes Promise implementieren:

```
const timeoutPromise = new Promise((resolve, reject) => {
  setTimeout(() => {
    reject('Request timed out');
  }, 2000);
});
```

**Listing A.65** »promises.js«: Implementierung eines »Hilfspromise« zur Implementierung von Timeout-Funktionalität

In Kombination mit der `race`-Funktion können Sie dieses Promise nun dafür verwenden, Aufrufe an anderen Promises abzubrechen, wenn diese länger als 2 Sekunden nicht zurückkehren:

```
const longRunningCall = new Promise((resole, reject) => {
  setTimeout(() => {
    resolve('Returned from long running request');
  }, 10000);
});

Promise.race([longRunningCall, timeoutPromise])
  .then(value => {
    console.log(value);
  }).catch(error => {
    console.log(error); // Request timed out
});
```

**Listing A.66** »promises.js«: Einsatz der »Promise.race«-Funktion zur Implementierung des Timeouts

## A.13 Die for-of-Schleife

Bei der `for-of`-Schleife handelt es sich um eine neue Schleifenart aus dem ES2015-Standard. Sie ermöglicht es, sogenannte *Iterable Objects* zu durchlaufen. In den nächsten Abschnitten werden Sie lernen, wie Sie solche Objekte selbst definieren können.

Bei den von JavaScript mitgelieferten Collections (Array, Map, Set etc.) handelt es sich aber bereits automatisch um iterierbare Objekte, sodass Sie die `for-of`-Schleife auch mit diesen Sprachbestandteilen verwenden können:

```
const players = ["John", "Jane", "Bob"];
for (const player of players) {
  console.log(player);
}
```

**Listing A.67** »iterators.js«: Verwendung der »for-of«-Schleife mit einfachen Arrays

**Die for-of-Schleife in performance-kritischen Anwendungen**

Auch wenn die neue Schreibweise zum Durchlaufen eines Arrays deutlich bequemer als die klassischeVariante

```
for (let i = 0;i < players.length; i++) {
  console.log(players[i]);
}
```

ist, sollten Sie in wirklich performance-kritischen Szenarien weiterhin auf die klassische Schreibweise setzen. In Tests war diese in allen aktuellen Browsern immer noch deutlich schneller als die `for-of`-Variante.

## A.14 Symbole

Bei Symbolen handelt es sich um einen neuen primitiven Datentyp, der hauptsächlich entwickelt wurde, um eindeutige Identifikatoren für Objekteigenschaften zu ermöglichen. So verwendeten Objekte vor ES2015 immer Strings als Identifikator für eine Objekteigenschaft:

```
const user = {
  firstName: "John",
  lastName: "Doe"
};
console.log(user["firstName"]); //John
```

**Listing A.68** »symbols.js«: String-Keys für Objekteigenschaften

Insbesondere bei der Verwendung von Vererbung oder beim Einsatz von Mixins kann es bei diesem Ansatz aber durchaus passieren, dass eine erbende Klasse oder ein Mixin »aus Versehen« eine Objekteigenschaft überschreibt. Symbole können dieses Problem lösen:

```
const firstName = Symbol();
const lastName = Symbol();

const user ={};
user[firstName] = "John";
user[lastName] = "Doe";
console.log(user[firstName]); // John
```

**Listing A.69** »symbols.js«: Verwendung von Symbolen für die Definition von Objekteigenschaften

In Listing A.69 werden zunächst zwei Symbole (`firstname` und `lastname`) definiert. Bei der Definition der Objekteigenschaften werden diese Symbole dann als Schlüssel verwendet. Anschließend kann nun nur noch über exakt diese Symbole auf die Eigenschaft zugegriffen werden:

```
console.log(user.firstName); // undefined
console.log(user["firstName"]);// undefined
```

**Listing A.70** »symbols.js«: Zugriff auf die Objekteigenschaft nur mithilfe des Symbols

**Eindeutigkeit von Symbolen**

Sollten Sie sich im Internet weiter über Symbole informieren wollen, so werden Sie dort sehr wahrscheinlich auch auf Symboldefinitionen mit String-Parametern treffen:

```
const firstName = Symbol("firstName");
const lastName = Symbol("lastName");
```

Für das Verständnis von Symbolen ist es aber wichtig zu wissen, dass diese Parameter lediglich für Debug-Zwecke nützlich sind und keinen Einfluss auf die Eindeutigkeit des Symbols haben. Besitzen zwei Symbole den gleichen Namen, handelt es sich dennoch um zwei unterschiedliche Symbole:

```
const symbol1 = Symbol("symbol");
const symbol2 = Symbol("symbol");
console.log(symbol1 === symbol2); // false
```

## A.15 Iteratoren und Iterables

Wie bereits gesagt, bietet Ihnen die `for-of`-Schleife die Möglichkeit, über *iterierbare Objekte* zu iterieren. Neben den von Haus aus mitgelieferten Collections können Sie solche *Iterables* auch selbst definieren. Um Ihre Datenstruktur *iterierbar* zu machen, muss diese lediglich einen *Iterator* definieren, der bei Bedarf den nächsten Wert der Struktur zurückliefert.

Die Registrierung eines solchen Iterators geschieht dabei mithilfe der soeben vorgestellten Symbol-Schreibweise. So bietet ECMAScript 2015 einige Möglichkeiten, um Objekte oder Klassen mit sogenannten *Meta-Eigenschaften* auszustatten, um somit eine enge Integration in Standardsprachbestandteile (wie z. B. die `for-of`-Schleife) zu ermöglichen.

Bei der Definition dieser Meta-Eigenschaften ist es zwingend erforderlich, dass sie nicht mit vorhandenen »echten« Eigenschaften kollidieren – ein optimaler Anwendungsfall für Symbole.

Listing A.71 zeigt die Definition der Klasse `Team`. Die Klasse soll es ermöglichen, ohne Kenntnis der Klasseninterna über die Mitglieder des Teams zu iterieren:

```
class Team {
  constructor(players) {
    this.players = players;
  }
  [Symbol.iterator]() {
    let index = 0;
    return {
      next: () => {
        return {
          value: this.players[index++],
          done: index > this.players.length
        };
      }
    }
  }
}
```

**Listing A.71** »iterators.js«: Definition einer iterierbaren Datenstruktur

Über den Symbol-Schlüssel `Symbol.iterator`, den ES2015 bereitstellt, wird für die Klasse eine Funktion registriert, die lediglich eine einzige Methode besitzt – die Methode `next`.

Diese Methode muss ein Objekt zurückgeben, das bei jedem Aufruf den nächsten Wert (value) und eine Information darüber zurückliefert, ob das Ende des Iterators erreicht wurde (done).

Alle Objekte und Klassen, die eine Funktion nach diesem Schema anbieten, können anschließend ohne Kenntnis der eigentlichen Datenstruktur in Verbindung mit der for-of-Schleife verwendet werden. Listing A.72 zeigt die Iteration über das Team:

```
const myTeam = new Team(["John", "Jane", "Bob"]);
for (const player of myTeam) {
  console.log(player); //John, Jane, Bob
}
```

**Listing A.72** »iterators.js«: Verwendung der »for-of«-Schleife mit der »Team«-Klasse

### A.15.1 Unendliche Listen

Im vorigen Beispiel hat die next-Funktion intern tatsächlich auf ein vorhandenes Array zugegriffen. Stattdessen ist es aber ebenso möglich, hier einen berechneten Wert zurückzuliefern. So ist es auf diese Weise sehr leicht möglich, »unendliche Listen« zu definieren.

Listing A.73 zeigt beispielsweise die Definition eines Iterables, das die Quadratzahlen aller Zahlen ab 1 zurückliefert:

```
let squares = {
  [Symbol.iterator]() {
    let value = 1;
    return {
      next() {
        const square = Math.pow(value++, 2);
        return { done: false, value: square }
      }
    }
  }
};
```

**Listing A.73** »iterators.js«: Quadratzahlen-Iteratable

Die folgende Schleife gibt somit alle Quadratzahlen zwischen 1 und 1000 aus:

```
for (const square of squares) {
  if (square > 1000)
    break;
```

```
  console.log(square); //1, 4, 9, 16 ...
}
```

**Listing A.74** »iterators.js«: Verwendung des »squares«-Iterables

## A.16 Generatoren

Bei Generatoren handelt es sich um eine neue, mit ES2015 eingeführte Funktionsart. Sollten Sie sich bereits mit dem Thema befasst haben, haben Sie im Internet vermutlich schon Definitionen der Art:

> *Generators in ECMAscript 2015 are first-class coroutines that produce encapsulated suspended execution contexts. Their variable bindings will be saved across re-entrances.*

oder ähnlich komplizierte Umschreibungen gefunden. Doch keine Angst: Im Endeffekt handelt es sich bei Generatoren lediglich um Funktionen, die während ihrer Ausführung pausiert werden können. Schauen Sie sich hierfür zunächst einmal den folgenden Hello-World-Generator an:

```
function *helloGenerator() {
  console.log("Hello");
  yield
  console.log("Generator");
}
```

**Listing A.75** »generators.js«: eine sehr einfache Generatorfunktion

In diesem Listing sollten Ihnen zwei Dinge ins Auge springen. Erstens erfolgt die Funktionsdefinition mit einem vorangestellten *, und zweitens wird innerhalb der Methode der neu eingeführte `yield`-Operator verwendet. So teilen Sie JavaScript über den * mit, dass es sich bei der Funktion um eine (pausierbare) Generatorfunktion handelt. Das `yield` sorgt schließlich innerhalb der Funktion dafür, dass die Funktion an dieser Stelle tatsächlich pausiert wird. Listing A.76 zeigt die Verwendung der Generators:

```
const gen = helloGenerator();
console.log(gen.next());
console.log(gen.next());
```

**Listing A.76** »generators.js«: Verwendung des Hello-Generators

Der Quelltext sorgt nun für die folgende Ausgabe auf der Kommandozeile:

```
Hello
{"done":false}
Generator
{"done":true}
```

Über den Aufruf der Generatorfunktion erhalten Sie zunächst den neuen Generator `gen`. Zu diesem Zeitpunkt wird außerdem der Text `Hello` ausgegeben. Anschließend geht die Funktion in den Pause-Modus und bleibt an dieser Stelle stehen, bis zum nächsten Mal die `next`-Funktion des Generators aufgerufen wird.

Der `next`-Aufruf liefert nun ein Objekt der Form `{"done":false}` zurück. Da kein weiteres `yield`-Statement in der Funktion vorhanden ist, läuft der Generator nun zu Ende und gibt den Text `Generator` aus.

Ein weiterer Aufruf der `next`-Funktion liefert nun das Ergebnis `{"done":true}`. Die Ähnlichkeit der Schnittstelle mit der in Abschnitt A.15 vorgestellten Iterator-Syntax ist dabei selbstverständlich kein Zufall. Sie werden in Kürze sehen, wie Sie Generatorfunktionen sehr elegant in Verbindung mit der `for-of`-Schleife einsetzen können.

### A.16.1 Generatoren mit Rückgabewert

So weit, so gut – Sie haben nun »pausierbare Funktionen«. Wirklich interessant wird der Einsatz der Generatorsyntax aber erst dadurch, dass Sie über den `yield`-Operator Werte an die aufrufende Funktion zurückliefern können. Listing A.77 zeigt die Definition eines solchen Generators:

```
function *generatorWithValues() {
  yield "Hello";
  yield "Generator";
}
```

**Listing A.77** »generators.js«: Rückgabe von Werten über den »yield«-Operator

Die Verwendung des Generators über den Code

```
const gen2 = generatorWithValues();
console.log(gen2.next());
console.log(gen2.next());
console.log(gen2.next());
```

führt anschließend zur Ausgabe der zurückgelieferten Werte in der folgenden Form:

```
{"value":"Hello","done":false}
{"value":"Generator","done":false}
{"done":true}
```

Überraschung: Die Generatorfunktion stellt bei der Rückgabe von Werten über den yield-Operator tatsächlich die gleiche Schnittstelle wie eine Iterator-Funktion zur Verfügung. Der Verwendung im Zusammenspiel mit einer for-of-Schleife steht also nichts mehr im Wege. Der Code

```
for(const value of generatorWithValues()) {
  console.log(value);
}
```

gibt wie erwartet die beiden Werte Hello und Generator auf der Kommandozeile aus.

### A.16.2 Unendliche Generatoren

Wie Sie sich sicher vorstellen können, bietet sich die Verwendung von Generatoren insbesondere für die Definition von unendlichen Streams an. So lässt sich das Square-Iterator-Beispiel aus Abschnitt A.15.1 mit Generatoren noch mal etwas eleganter formulieren. Listing A.78 zeigt die Definition einer Generatorfunktion, die die Quadratzahlen aller ganzen Zahlen berechnet:

```
function squareGenerator() {
  let value = 1;
  while(true) {
    yield Math.pow(value++, 2);
  }
}
```

**Listing A.78** »generators.js«: Implementierung der »squareGenerator«-Funktion

Behalten Sie hierbei immer in Hinterkopf, dass die Berechnung des nächsten Wertes erst dann stattfindet, wenn er tatsächlich angefordert wird. Insbesondere bei aufwendigen Berechnungen kann Ihnen dieses Verhalten durchaus Performance-Vorteile bringen!

### A.16.3 Generatoren mit Eingangsdaten

Ein weiteres interessantes Feature der Generatorspezifikation besteht in der Möglichkeit, Daten über die next-Funktion in einen Generator hineinzureichen und daraufhin die Verarbeitung zu manipulieren. Möchten Sie Ihren Square-Generator beispielsweise so erweitern, dass er in der Lage ist, während der Ausführung zu bestimmten Zahlen zu springen und die Generierung dort fortzusetzen, so können Sie dies über die folgende Generatorfunktion erreichen:

```
function *squareGeneratorWithInputData() {
  let value = 1;
  while(true) {
    const jumpTo = yield Math.pow(value++, 2);
    if(jumpTo) {
      value = jumpTo;
    }
  }
}
```

**Listing A.79** »generators.js«: Generatorfunktion mit Eingangsdaten

Mithilfe der neuen Funktion können Sie den aktuellen `value`-Wert nun während der Ausführung beeinflussen:

```
const gen3 = squareGeneratorWithInputData();
console.log(gen3.next()); //{"value":1,"done":false}
console.log(gen3.next()); //{"value":4,"done":false}
console.log(gen3.next(5));//{"value":25,"done":false}
console.log(gen3.next()); //{"value":36,"done":false}
```

**Listing A.80** »generators.js«: den aktuellen Wert über die »next«-Funktion verändern

Beachten Sie hierbei besonders eine Tatsache, die auf den ersten Blick etwas seltsam wirkt: Der Aufruf `gen3.next(5)` führt sofort zum Rückgabewert `{"value":25, "done":false}`.

Betrachten Sie jedoch die Implementierung der Generatorfunktion, so werden Sie feststellen, dass der Wert der `value`-Variablen erst *nach* dem `yield`-Statement verändert wird. Intuitiv hätte man hier annehmen können, dass der dritte `next`-Aufruf zunächst den Wert 9 ausgegeben hätte und erst im nächsten Durchlauf die 25 zurückgegeben worden wäre.

Durch eine recht komplexe Sprunglogik (werfen Sie ruhig einmal einen Blick in die *generators.js*-Datei im *dist*-Verzeichnis) stellt ES2015 in diesem Fall aber dennoch sicher, dass die Auswertung des übergebenen Wertes *vor* dem nächsten `yield` stattfindet.

## A.17 Set und Map: neue Collection-Klassen

Mit den beiden neuen Collection-Klassen `Set` und `Map` liefert ES2015 zwei weitere Features, auf die JavaScript-Entwickler bislang verzichten mussten.

### A.17.1 Set

Wollten Sie in JavaScript bislang dafür sorgen, dass eine Collection nur eindeutige Werte enthält, so mussten Sie dies vor dem Einfügen eines neuen Wertes selbst sicherstellen. Mit der neuen Klasse `Set` bietet ES2015 Ihnen diese Funktionalität nun von Haus aus an. Die Erstellung eines Sets erfolgt dabei erwartungsgemäß über das Schlüsselwort `new`. Des Weiteren haben Sie bei der Instanziierung die Möglichkeit, ein bestehendes `Iterable`-Objekt zu übergeben. In diesem Fall werden alle Werte des Iterables in das Set übernommen. Neue Elemente können über die Methode `add` hinzugefügt werden:

```
const mySet = new Set([1, 1, 2, 6, "foo", {}]);
mySet.add(2);
mySet.add(5);
```

**Listing A.81** »map-set.js«: Instanziierung und Befüllung eines »Set«-Objekts

Wie Sie sehen, kann ein Set beliebige Werte aufnehmen. Möchten Sie die Werte anschließend durchlaufen, haben Sie hierfür mehrere Möglichkeiten: Zum einen stellt Ihnen die `Set`-Klasse die `forEach`-Methode zur Verfügung, zum anderen implementiert die `Set`-Klasse selbst ebenfalls das Iterator-Interface, sodass Sie außerdem die `for-of`-Schleife verwenden können:

```
mySet.forEach((elem) => {
  console.log(elem); // 1, 2, 6, "foo", {}, 5
});

for(const value of mySet) {
  console.log(value); // 1, 2, 6, "foo", {}, 5
}
```

**Listing A.82** »map-set.js«: Durchlaufen eines Sets mithilfe der »forEach«-Methode bzw. der »for-of«-Schleife

Wie Sie im Listing ebenfalls erkennen, bleiben die Werte des Sets auch beim Iterieren in der Reihenfolge, in der sie zum Set hinzugefügt wurden. Zusätzlich zu den vorgestellten Methoden besitzt die Klasse außerdem noch einige weitere (weitgehend selbsterklärende) Methoden zur Manipulation und Überprüfung eines Sets:

```
mySet.has(2); // true
mySet.delete(2); // true (da das Element vorher enthalten war)
mySet.delete(2); // false (Element nicht gefunden)
mySet.has(2); // false
```

```
mySet.size; // 5
mySet.clear();
mySet.size; // 0
```

**Listing A.83** »map-set.js«: Weitere Methoden zur Überüfung und Manipulation eines Sets

Möchten Sie die Inhalte eines Sets in ein Array übertragen, so haben Sie hierfür zwei komfortable Möglichkeiten: Entweder Sie verwenden den bereits bekannten Spread-Operator oder Sie nutzen die `Array.from`-Methode, die ich in Abschnitt A.18.1 noch im Detail vorstelle:

```
mySet = new Set([1, 1, 2, 6]);

const array = [...mySet];
console.log(array); // [1, 2, 6]
console.log(Array.from(mySet)); // [1, 2, 6]
```

**Listing A.84** »map-set.js«: ein Set-Objekt in ein Array umwandeln

## A.17.2 Map

Die `Map`-Klasse bietet Ihnen die Möglichkeit, Schlüssel-Wert-Paare zu verwalten. Dabei können sowohl die Schlüssel als auch die Werte beliebige Datentypen besitzen. Listing A.85 zeigt die Erstellung einer Map und deren Befüllung mit unterschiedlichen Schlüssel-Varianten:

```
const string = "hello";
const obj = {};

function someFunction() {
  return 42;
}

const map = new Map();
map.set(1, "value for 1");
map.set(string, "value for string");
map.set(obj, "value for obj");
map.set(someFunction, "value for someFunction");

map.get(1); //"value for 1"
...
map.get(someFunction); //"value for someFunction"
```

**Listing A.85** »map-set.js«: Basisfunktionalität der »Map«-Klasse

Genau wie die Set-Klasse stellt die Map-Klasse Ihnen ebenfalls die Methode forEach zur Verfügung und implementiert das Iterator-Interface. Listing A.86 zeigt das Durchlaufen aller Einträge der Map für die beiden Varianten:

```
for (const entry of map) {
  const logEntry = `Key: ${entry[0]}, Value: ${entry[1]}`;
  console.log(logEntry); // Key: 1, Value: value for 1 ...
}
map.forEach((value, key, map) => {
  console.log(`Key: ${key}, Value: ${value}`);
});
```

**Listing A.86** »map-set.js«: die Einträge der »Map«-Klasse durchlaufen

Wie Sie sehen, liefert der Iterator für die for-of-Schleife für jeden Eintrag ein Array der Länge 2, wobei der erste Eintrag den Schlüssel und der zweite Eintrag den Wert enthält. Die forEach-Methode nimmt im Gegensatz dazu eine Callback-Funktion mit der Signatur (value, key, map) => { ... } entgegen.

Neben der vorgestellten Basisfunktionalität besitzt die Map-Klasse – ebenfalls ähnlich wie Set – einige weitere Methoden, die in Listing A.87 demonstriert werden:

```
map.has("hello"); // true
map.delete("hello"); // true
map.has("hello"); // false
map.keys(); // iterator: 1, {}, someFunction
map.values(); //iterator: "value for 1", "value for obj", ...
map.entries(); //iterator: [1,"value for 1"],[{},"value for obj"]...
map.size; // 3
map.clear();
map.size; // 0
```

**Listing A.87** »map-set.js«: weitere Funktionen der »Map«-Klasse

Eine weitere interessante Option besteht des Weiteren darin, eine Map direkt aus Schlüssel-Wert-Paaren zu erzeugen, die in einem Array vorliegen. Dies kann insbesondere bei der Erzeugung von umfangreicheren Maps sinnvoll sein:

```
const sourceArray = [[1, "foo"], [2, "bar"], [3, "baz"]];
const myMap = new Map(sourceArray);
console.log(myMap.get(3)); // baz
```

**Listing A.88** »map-set.js«: Erzeugung einer Map auf Basis eines bestehenden Arrays

**Map vs. Objektliterale**

Weil es keine dedizierte Map-Implementierung gab, wurde die Map-Funktionalität bei der Entwicklung von JavaScript auf Basis von ES5 lange Zeit durch die Verwendung von einfachen Objektliteralen simuliert. Das folgende Listing zeigt eine einfache Umsetzung dieses Patterns:

```
const oldSchoolMap = {
  "key1": "value1",
  "key2": "value2"
};
console.log(oldSchoolMap["key1"]); //"value1"
```

Für einfache Anwendungsfälle spricht grundsätzlich nichts dagegen, diese Programmiertechnik auch weiterhin zu verwenden, Nichtsdestotrotz bietet Ihnen die neue Map-Implementierung aber durchaus einige nicht zu vernachlässigende Vorteile:

- In einem Objektliteral müssen Schlüssel immer vom Typ `String` oder `Symbol` sein – eine echte Map hingegen erlaubt beliebge Datentypen als Schlüssel.
- Die `Map`-Klasse bietet Ihnen mit der `size`-Eigenschaft die Möglichkeit, die Größe der Map abzufragen. Bei der Verwendung eines einfachen Objekts müssen Sie diese Information selbst vorhalten oder recht aufwendig berechnen (Stichwort `Object.keys`).
- Ein Objekt besitzt einen Prototyp und somit bereits bei der initialen Erzeugung Schlüssel-Wert-Paare (z. B. `oldSchoolMap['toString'] == function toString(...)`). Dies kann durchaus zu unerwünschten Effekten führen.

## A.18 Erweiterungen von vorhandenen Standardklassen

Neben gänzlich neuen Features wie Klassen und Modulen hat ECMAScript 2015 zusätzlich einige Erweiterungen von Bestandteilen an Bord, die bereits im ES5-Standard enthalten waren. So werde ich Ihnen in diesem Abschnitt die wichtigsten Erweiterungen der Klassen `String`, `Array` und `Object` vorstellen.

Außer diesen Klassen haben des Weiteren die Klassen `Math`, `RegExp` und `Number` einige zusätzliche Methoden erhalten. Da diese für die Praxis weniger relevant sind als die vorher genannten, werde ich allerdings auf ihre detaillierte Beschreibung verzichten und möchte Sie an dieser Stelle erneut auf das Mozilla Developer Network verweisen:

*https://developer.mozilla.org/en/docs/Web/JavaScript/Reference/Global_Objects*

### A.18.1 Neue Funktionen der Array-Klasse

#### Array.from – komfortable Erzeugung von neuen Arrays

Die Array.from-Methode ermöglicht es Ihnen, auf komfortable Art und Weise neue Arrays aus array-ähnlichen Objekten (z. B. dem arguments-Objekt) und Iterables (z. B. Set oder Map) zu erzeugen. Möchten Sie beispielsweise ein Set in ein Array umwandeln, so können Sie dies mithilfe der Array.from-Methode wie folgt tun:

```
function removeDuplicates(array) {
  const uniqueSet = new Set(array);
  return Array.from(uniqueSet);
}
```

**Listing A.89** »array-features.js«: ein neues Array aus einem Iterable erzeugen

Die Funktion liefert nun ein neues Array zurück, das aus den Inhalten des Sets erzeugt wurde:

```
const unique = removeDuplicates([1,3,2,1,3]);
console.log(unique); // [1,3,2]
```

**Listing A.90** »array-features.js«: Verwendung der »removeDuplicates«-Funktion

Des Weiteren bietet die Array.from-Methode die Möglichkeit, zur Erzeugung des neuen Arrays direkt eine Mapping-Funktion zu definieren. Listing A.91 zeigt zunächst die Implementierung einer sequence-Generatorfunktion, die eine Sequenz von aufeinanderfolgenden Werten erzeugt. Anschließend wird die Array.from-Funktion verwendet, um die Quadratzahlen der generierten Werte zu berechnen und diese in einem neuen Array zu speichern:

```
function *sequence(max) {
  let value = 1;
  while(value <= max) {
    yield value++;
  }
}
const squares = Array.from(sequence(5), elem => elem * elem);
console.log(squares); // [1, 4, 9, 16, 25]
```

**Listing A.91** »array-features.js«: Angabe einer Mapping-Funktion bei der Verwendung von »Array.from«

#### keys, values und entries – Iteratoren aus Arrays erzeugen

Mithilfe der drei Methoden keys, values und entries bietet Ihnen die Array-Klasse die Möglichkeit, aus den Werten des Arrays einen Iterator zu erzeugen, der entweder die

Schlüssel (keys), die Werte (values) oder ein Paar der beiden Werte (entries) zurückliefert. Die Methoden sind dabei auf dem Prototyp der Array-Klasse definiert, sodass sie direkt auf der Instanz eines Arrays aufgerufen werden können:

```
["John", "Jane"].values(); // iterator: "John", "Jane"
["John", "Jane"].keys(); // iterator: 0, 1
["John", "Jane"].entries(); // iterator: [0, "John"], [1,"Jane"]
```

**Listing A.92** »array-features.js«: Erzeugung von Iteratoren aus den Inhalten einer Liste

Ein interessanter Anwendungsfall ist in diesem Zusammenhang das Auslesen des Index eines Eintrags bei der Verwendung der for-of-Schleife. In Verbindung mit dem Array-Destruction-Mechanismus können Sie so sehr elegant ein Array durchlaufen:

```
const players = ["John", "Jane", "Bob"];
for(const [index, player] of players.entries()) {
  console.log (`${index}: ${player}`); //0: John ...
}
```

**Listing A.93** »array-features.js«: Array-Destructuring in Verbindung mit der »entries«-Methode

#### find und findIndex – Elemente in Arrays suchen

Eine weitere nützliche Erweiterung der Array-Klasse sind die beiden Funktionen find und findIndex, die Ihnen die Möglichkeit bieten, einen Wert bzw. den Index des Wertes mit einem Kriterium zu suchen. Enthält das Array mehrere passende Werte, so wird immer das erste Vorkommen zurückgeliefert:

```
const values = [1, 3, 7, 6, 2];
values.find(elem => elem > 5); // 7
values.findIndex(elem => elem > 5); // 2
```

**Listing A.94** »array-features.js«: Verwendung der »find«-Methoden

Wird kein passender Eintrag gefunden, so liefern die Methoden undefined bzw. -1 als Index zurück:

```
values.find(elem => elem > 10); // undefined
values.findIndex(elem => elem > 10); // -1
```

**Listing A.95** »array-features.js«:Verhalten der »find«-Methoden, wenn kein Ergebnis gefunden wurde

#### fill – Füllen eines Arrays mit vordefinierten Werten

Die `fill`-Methode bieten Ihnen die Möglichkeit, ein Array bzw. Teile eines Arrays mit einem bestimmten Wert zu füllen. Die Methode nimmt dafür bis zu drei Parameter entgegen: den zu verwendenden Wert sowie optional den Start- und den End-Index, für den die Befüllung stattfinden soll:

```
[1, 2, 3, 4].fill(5); //5, 5, 5, 5
[1, 2, 3, 4].fill(5, 1); //1, 5, 5, 5
[1, 2, 3, 4].fill(5, 1, 3); //1, 5, 5, 4
```

**Listing A.96** »array-features.js«: die »fill«-Methode zum Befüllen eines Arrays verwenden

Insbesondere im Zusammenspiel mit dem Array-Konstruktor, mit dem Sie ein leeres Array einer bestimmten Größe erzeugen können, können Sie Arrays so sehr elegant initialisieren:

```
const initialScores = Array(5).fill(0); // 0, 0, 0, 0, 0
```

**Listing A.97** »array-features.js«: elegante Initialisierung eines Arrays

### A.18.2 Neue Funktionen der String-Klasse

Neben der `Array`-Klasse hat auch die `String`-Klasse einige nützliche neue Methoden erhalten.

#### startsWith und endsWith – Start und Ende von Strings testen

Möchten Sie beispielsweise testen, ob ein String mit einem bestimmten Wert beginnt oder endet, stehen Ihnen hierfür die beiden neuen Methoden `startsWith` bzw. `endsWith` zur Verfügung:

```
const sentence = "Lorem ipsum dolor sit amet";
console.log(sentence.startsWith("Lorem")); // true
console.log(sentence.endsWith("amet")); // true
```

**Listing A.98** »string-features.js«: Verwendung der Methoden »startsWith« und »endsWith«

Des Weiteren bieten beide Methoden die Möglichkeit, einen optionalen Positionsparameter anzugeben. So sorgt dieser Parameter bei der `startsWith`-Methode dafür, dass der String erst ab dieser Position überprüft wird. Bei der `endsWith`-Methode werden hingegen nur die Zeichen bis zur angegebenen Position berücksichtigt:

```
console.log(sentence.startsWith("ipsum", 6)); //true
console.log(sentence.endsWith("dolor", 17)); //true
```

### includes – auf Vorkommen prüfen

Wie der Name schon vermuten lässt, überprüft die includes-Methode, ob eine bestimmte Zeichenkette innerhalb eines Strings vorkommt. Wie schon bei der startsWith-Methode können Sie dabei optional einen Start-Index für die Suche angeben:

```
const sentence = "Lorem ipsum dolor sit amet";
console.log(sentence.includes("ipsum")); // true
console.log(sentence.includes("ipsum", 7)); // false
```

**Listing A.99** string-features.js: Verwendung der »includes«-Methode

### raw – keine Interpretation von Backslashes

Die raw-Methode bietet Ihnen die Möglichkeit, »uninterpretierte« Strings zu erzeugen. Würde der übergebene String in Listing A.100 eigentlich eine Leerzeile erzeugen, wird er in Verbindung mit der raw-Methode eins zu eins ausgegeben. Achten Sie in Listing A.100 außerdem darauf, dass die raw-Methode ohne Klammern aufgerufen wird und dass Sie beim Einsatz der Methode die Backtick-Notation verwenden müssen:

```
console.log(String.raw'Hello \n raw'); //Hello \n raw
```

**Listing A.100** »string-features.js«: Verwendung der »raw«-Methode

Des Weiteren erlaubt die raw-Methode außerdem die Übergabe von Werten zur Interpolation:

```
const name = 'John';
console.log(String.raw'Hello \n ${name}!'); // Hello \n John!
```

**Listing A.101** »string-features.js«: Interpolation bei der Verwendung der »raw«-Methode

### repeat – Zeichenketten wiederholen

Möchten Sie eine Zeichenkette mehrfach wiederholen, so können Sie dies mithilfe der repeat-Methode wie folgt erreichen:

```
console.log("Hello ".repeat(3)); //Hello Hello Hello
```

**Listing A.102** »string-features.js«: Einsatz der »repeat«-Methode zum Wiederholen von Zeichenketten

## A.18.3 Neue Funktionen der Object-Klasse

Auch die Basisklasse aller Objekte – Object – hat im neuen Standard einige neue interessante Funktionen erhalten.

### Object.assign – Werte in ein Zielobjekt kopieren

Die spannendste Erweiterung stellt dabei die `Object.assign`-Methode dar, die die Eigenschaften eines oder mehrerer Quellobjekte in ein Zielobjekt kopiert:

```
const user = {
  name: "John Doe"
};
const activateProperties = {
  active: true,
  deleted: false
};
Object.assign(user, activateProperties);
console.log(user); // {"name":"John Doe","active":true,"deleted":false}
```

**Listing A.103** »object-features.js«: die Eigenschaften des »activateProperties«-Objekts in das »user«-Objekt kopieren

Dabei ist es wichtig zu wissen, dass der erste Parameter das Zielobjekt darstellt und somit verändert wird! So werden Sie im Internet immer wieder Beispiele finden, in denen dies falsch gehandhabt wird. Da die Methode das Zielobjekt zusätzlich zurückliefert, wird sie vielfach wie folgt verwendet:

```
const activatedUser = Object.assign(user, activateProperties);
```

**Listing A.104** »object-features.js«: »fehlerhafte« Verwendung der »Object.assign«-Methode

In diesem Fall handelt es sich bei `user` und `activatedUser` aber um ein und dasselbe Objekt – Sie haben also irrtümlicherweise die Eigenschaften des `user`-Objekts verändert.

Insbesondere bei der Entwicklung von Anwendungen, die auf *Immutable Objects* (siehe Kapitel 12, »Reaktive Architekturen mit RxJS«) basieren, kann Ihnen die `Object.assign`-Methode das Leben oft erleichtern. So werden Sie in solchen Anwendungen immer wieder in die Situation kommen, dass Sie ein neues Objekt erzeugen möchten, das im Vergleich zum Quellobjekt nur eine geänderte Eigenschaft aufweist. Mithilfe der `Objekt.assign`-Methode lässt sich dies sehr elegant formulieren:

```
const todo = {
  title: "Aufräumen",
  description: "Zuerst das Arbeitszimmer, dann die Küche...",
  status: "BACKLOG"
};
```

```
const newTodo = Object.assign({}, todo, {
  status: "IN_PROGRESS"
});
console.log(newTodo); // {"title":"Aufräumen", ..., "status":"IN_PROGRESS"}
console.log(newTodo === todo); //false
```

**Listing A.105** »object-features.js«: Verwendung der »Object.assign«-Methode zur Erzeugung von Immutable Objects

Anstatt den neuen Status auf dem Quellobjekt zu setzen und dieses somit zu verändern, erzeugen Sie mithilfe des Statements

```
const newTodo = Object.assign({}, todo, {
  status: "IN_PROGRESS"
});
```

ein neues leeres Objekt, in das Sie nacheinander zunächst alle Eigenschaften des Quellobjekts und anschließend den neuen Status kopieren. Das Ergebnis des Aufrufes ist eine Kopie des Quellobjekts mit neuem Status.

### Weitere neue Methoden der Object-Klasse

Neben der `assign`-Methode hat die `Object`-Klasse noch drei weitere neue Methoden erhalten. Tabelle A.1 gibt Ihnen einen Überblick über diese Methoden.

| Methode | Beschreibung |
|---|---|
| `Object.is(val1, val2)` | Liefert `true` zurück, wenn die beiden übergebenen Werte gleich sind. Bei Objekten wird auf Gleichheit der Objektidentität geprüft. |
| `Object.getOwnPropertySymbols(obj)` | Liefert alle direkten auf dem Objekt definierten Symbole zurück (siehe Abschnitt A.14, »Symbole«). |
| `Object.setPrototypeOf(obj, prototype)` | Ermöglicht es, einen neuen Prototyp für ein Objekt zu setzen (Ersatz für das direkte Setzen der __proto__-Eigenschaft). |

**Tabelle A.1** Neue Methoden der »Object«-Klasse

# Anhang B
# Typsicheres JavaScript mit TypeScript

*Die JavaScript-Entwicklergemeinde stand dem typsicheren JavaScript-Aufsatz »TypeScript« lange skeptisch gegenüber. Die Sprache hat aber spätestens seit der Verwendung durch Angular einen echten Hype erfahren, und es ist an der Zeit, sich im Detail mit den neuen Möglichkeiten zu beschäftigen!*

In diesem Anhang stelle ich Ihnen die wichtigsten Konzepte von TypeScript noch einmal im Detail vor. TypeScript erweitert die Sprache JavaScript einerseits um die Möglichkeit, typsicher zu programmieren und bietet Ihnen andererseits außerdem eine Vielzahl an interessanten neuen Sprachkonzepten.

Ein Zeichen für den Einfluss von TypeScript auf die JavaScript-Welt besteht darin, dass ursprünglich von TypeScript eingeführte Features wie Klassen und Arrow-Functions mittlerweile Bestandteil des neuen JavaScript-Standards ECMAScript 2015 sind. In diesem Anhang werde ich mich daher lediglich auf die Teile konzentrieren, die (noch?) nicht den Weg in die Standardspezifikation gefunden haben.

**Der Beispielquellcode**

In den Beispielquelltexten dieses Kapitels habe ich mich bewusst dafür entschieden, Ihnen TypeScript unabhängig von einer Angular-Anwendung vorzustellen. So bietet die Sprache – völlig framework-unabhängig – eine Menge an interessanten Features, die Ihnen beispielsweise auch bei der Implementierung von Server-Anwendungen auf Basis von *Express.js* das Leben erleichtern können.

Sie finden den Quellcode zu diesem Kapitel im Verzeichnis *anhang/typescript*. Führen Sie zum Start wie gewohnt die Befehle `npm install` und `npm start` aus. Die Datei *package.json* enthält alle benötigten Abhängigkeiten inklusive des TypeScript-Compilers *tsc*, sodass Sie auf eine globale TypeScript-Installation verzichten können.

## B.1 Einfache Typen

Auch wenn TypeScript mittlerweile deutlich mehr Features als Typsicherheit zu bieten hat, bestand die Kernidee der Sprache darin, JavaScript-Entwicklern die Möglichkeit zu geben, ihren Quellcode durch statische Typen zu erweitern.

In diesem Abschnitt werde ich Ihnen somit zunächst die von TypeScript mitgelieferten Basistypen vorstellen. In den folgenden Abschnitten werden Sie dann darauf aufbauend lernen, wie Sie mithilfe von Klassen, Interfaces und zusammengesetzten Typen erweiterte Typkonzepte umsetzen können.

### B.1.1 boolean – Wahrheitswerte

Der wohl einfachste Datentyp ist der `boolean`-Typ. Der Typ kann lediglich die Werte `true` und `false` annehmen:

```
let enabled: boolean = true;
if (alert) {
  enabled = false;
}
```

**Listing B.1** »simple-types.ts«: Verwendung des »boolean«-Typs

Der Versuch, der Variablen `enabled` einen anderen Wert (beispielsweise einen String) zuzuweisen, führt zu einem Fehler beim Kompiliervorgang:

```
if (alert) {
  //enabled = 'off'; //Type 'string' is not assignable to type 'boolean'
}
```

**Listing B.2** »simple-types.ts«: Compile-Fehler bei fehlerhafter Verwendung des »boolean«-Typs

### B.1.2 number – Zahlenwerte

Zahlenwerte werden in TypeScript über den Typ `number` modelliert. Im Gegensatz zu anderen Sprachen wie Java macht TypeScript dabei keinen Unterschied zwischen Ganzzahlen und Fließkommazahlen. Neben der Erzeugung von Zahlen im Dezimalsystem bietet die Sprache außerdem die Möglichkeit, Werte im Hex-, Binär- und Oktal-Format zu definieren. Listing B.3 zeigt die Zuweisung der Zahl 42 in allen verfügbaren Formaten:

```
const decimal: number = 42;
const float:number = 42.00;
const hex: number = 0x2A;
const binary: number = 0b00101010;
const octal: number = 0o52;
console.log('Die Antwort lautet ' + hex); // Die Antwort lautet 42
```

**Listing B.3** »simple-types.ts«: Verwendung des »number«-Typs

### B.1.3 string – Zeichenketten

Möchten Sie in TypeScript eine Zeichenkette definieren, erfolgt dies über den Typ `string`. Wie auch ECMAScript 2015 unterstützt TypeScript dabei die Definition von Template-Strings und mehrzeiligen Strings über die Backtick-Notation:

```
const userName: string = 'John Doe';
function greeter(name: string): string {
  return `Hello ${name} `; //Hello John Doe
}
console.log(greeter(userName));
```

**Listing B.4** »simple-types.ts«: Verwendung des »string«-Typs

Das Listing demonstriert im Übrigen auch, wie Typen bei der Definition von Funktionsparametern und Rückgabewerten verwendet werden: In der Parameterdefinition wird der Typ einfach hinter jeden Parameter gehängt. Rückgabewerte werden direkt hinter der Parameterliste angegeben.

### B.1.4 enum – lesbare Namen für numerische Werte

Enum-Werte sind immer dann hilfreich, wenn Sie ein begrenztes Set an möglichen Zahlenwerten auf lesbare Art und Weise definieren wollen. Listing B.5 zeigt zunächst die Definition des Enums `Size`:

```
enum Size {Small, Medium, Large}
const size = Size.Medium;
console.log(size); // Ausgabe: 1
```

**Listing B.5** »simple-types.ts«: Verwendung des »enum«-Typs

Standardmäßig beginnen die zugewiesenen numerischen Werte bei der Zahl 0. Aufbauend auf der obigen Definition können Sie das `Size`-Enum nun beispielsweise als Funktionsparameter verwenden und so eine deutlich lesbarere Schnittstelle definieren:

```
function orderCoffee(size: Size) {
  switch(size) {
    case Size.Small:
      console.log('Kleiner Kaffee');
      break;
    case Size.Medium:
      console.log('Mittlerer Kaffee');
      break;
    case Size.Large:
```

```
      console.log('Großer Kaffee');
      break;
  }
}
orderCoffee(Size.Large); // Großer Kaffee;
```

**Listing B.6** »simple-types.ts«: Definition der Funktion »orderCoffee« und Verwendung des »Size«-Enums

Möchten Sie den einzelnen Enum-Werten dediziert numerische Zahlen zuweisen, so ist dies ebenfalls leicht möglich:

```
enum SizeStarbucks {Tall = 355, Grande = 473, Venti = 592}
const grande = SizeStarbucks.Grande;
console.log(`Inhalt: ${grande} ml`); //Inhalt: 473 ml
```

**Listing B.7** »simple-types.ts«: Definition eines Arrays mit fixen Wertzuweisungen

Ein weiteres hilfreiches Feature besteht in der Möglichkeit, den Namen eines Enum-Wertes über den numerischen Wert zu erfragen. Möchten Sie beispielsweise wissen, welchen Namen der Enum-Wert für die Zahl 473 hat, so können Sie dies auf folgende Art erreichen:

```
const sizeName: string = SizeStarbucks[473];
console.log(`Ihre Bestellung: ${sizeName}`); //Ihre Bestellung: Grande
```

**Listing B.8** »simple-types.ts«: den Namen eines Enum-Werts auslesen

Selbstverständlich können Sie an dieser Stelle ebenfalls eine zuvor definierte Variable verwenden:

```
const venti = SizeStarbucks.Venti;
function printSize(size: SizeStarbucks) {
  console.log(`Name: ${SizeStarbucks[size]}, Inhalt: ${size} ml`);
}
printSize(venti); //Name: Venti, Inhalt: 592 ml
```

**Listing B.9** »simple-types.ts«: Funktion zur Ausgabe einer Kaffee-Größe

### B.1.5 Arrays – typisierte Listen

Mithilfe des Array-Typs können Sie in TypeScript typisierte Listen deklarieren. Die Deklaration eines Arrays kann dabei entweder durch Anhängen von eckigen Klammern oder durch die Angabe eines generischen Typs (siehe Abschnitt B.7, »Generics«) erfolgen:

```
const numbers: number[] = [1, 2, 3];
const strings: Array<string> = ['Yes', 'No'];
```

**Listing B.10** »simple-types.ts«: Deklaration von Arrays

Beide Listen können in der Folge nur noch Zahlenwerte bzw. Strings aufnehmen. Selbstverständlich weiß TypeScript auch bei der weiteren Arbeit mit den Arrays, welchen Typ diese enthalten. Möchten Sie beispielsweise mithilfe der `map`-Funktion alle Strings in Kleinschreibweise umwandeln, so erkennt TypeScript, dass es sich bei den Elementen um Strings handelt, und bietet Ihnen bei der Implementierung Hilfestellung per Autovervollständigung (siehe Abbildung B.1).

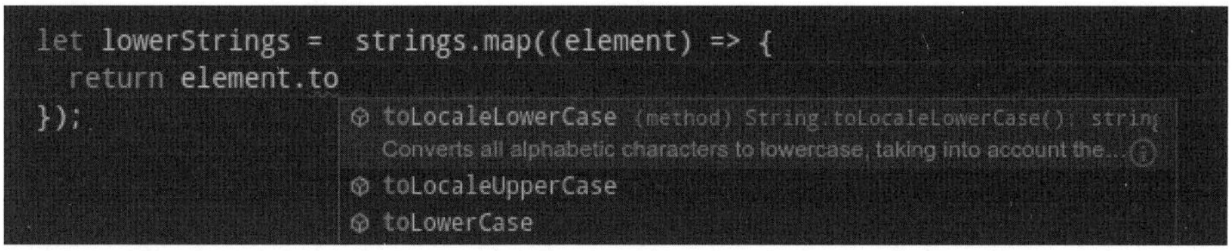

```
let lowerStrings = strings.map((element) => {
  return element.to
});
          toLocaleLowerCase (method) String.toLocaleLowerCase(): string
          Converts all alphabetic characters to lowercase, taking into account the...
          toLocaleUpperCase
          toLowerCase
```

**Abbildung B.1** Autovervollständigung innerhalb der »map«-Funktion

## B.1.6 Tuples – vorgegebene Typen für Array-Elemente

Tuples sind eine Sonderform von Arrays. Anstatt den enthaltenen Typ für das gesamte Array festzulegen, erlauben es Tuples, den Typ pro Element anzugeben. Möchten Sie beispielsweise ein Array definieren, das an erster Stelle einen String und an zweiter Stelle eine Zahl enthält, so können Sie dies mit dem folgenden Code erreichen:

```
let tuple: [string, number];
tuple = ['foo', 42];
```

**Listing B.11** »simple-types.ts«: Deklaration eines Tuples

Beim Zugriff auf ein Element des Tuples erkennt der Compiler nun, um welchen Typ es sich handelt. So funktioniert der Aufruf

```
console.log(tuple[0].toUpperCase());
fehlerfrei, wohingegen der Code
console.log(tuple[1].toUpperCase());
```

zu der Fehlermeldung `Property 'toUpperCase' does not exist on type 'number'.` führt. Weitere (über die fixe Definition hinausgehende) Werte des Arrays können anschließend entweder den Typ `string` oder den Typ `number` besitzen:

```
tuple = ['foo', 42, 4711, 'bar'];
```

### B.1.7 any – zurück zur Typenfreiheit

Auch wenn die Arbeit mit statischen Typen Ihren Alltag als Entwickler durchaus vereinfachen kann, wird es immer wieder vorkommen, dass Sie Bibliotheken verwenden, die keine Typinformationen bereitstellen, oder dass Sie an bestimmten Stellen bewusst auf Typsicherheit verzichten möchten.

TypeScript stellt Ihnen für diese Fälle den any-Typ zur Verfügung, der – wie der Name schon vermuten lässt – jeden beliebigen Wert akzeptiert:

```
let someValue: any = 'foo';
someValue = 42;
someValue = true;
```

**Listing B.12** »simple-types.ts«: Verwendung des »any«-Typs

Bei der Verwendung des any-Typs stellt TypeScript jegliche Typüberprüfung für die entsprechende Variable oder Methode ein. Sie sind somit einerseits in der Lage, beliebige Funktionen und Operationen auf einem Objekt aufzurufen, müssen aber anderseits nun auch wieder selbst sicherstellen, dass Sie keine ungültigen Aufrufe implementieren. Der folgende Code würde beispielsweise anstandslos vom TypeScript-Compiler akzeptiert werden, in der Folge aber zu einem Laufzeitfehler führen:

```
someValue = 42;
const upperValue = someValue.toUpperCase();
```

**Listing B.13** »simple-types.ts«: zurück zur Typunsicherheit

Des Weiteren können Sie den any-Typ ebenfalls verwenden, um Arrays zu deklarieren, die beliebige Werte aufnehmen können:

```
const list: any[] = ['foo', 42, true];
```

**Listing B.14** »simple-types.ts«: Deklaration einer Liste mit beliebigen Werten

### B.1.8 void – die Abwesenheit von Rückgabewerten sicherstellen

Der Typ void besagt, dass etwas keinen Typ besitzt bzw. nichts zurückliefert. Daher ist void hauptsächlich bei der Definition von Funktionsrückgaben sinnvoll:

```
function logWithTimeStamp(value: string): void {
  console.log(`${new Date()}: ${value}`);
}
```

**Listing B.15** »simple-types.ts«: Verwendung des »void«-Typs zur Definition einer Funktion ohne Rückgabewert

Würden Sie nun versuchen, innerhalb der Funktion über `return` einen Wert zurückzuliefern, würde der Compiler einen Fehler auslösen. Aber Achtung! Die Zuweisung

```
const logMessage = logWithTimeStamp('User logged in');
```

akzeptiert der Compiler, ohne zu meckern. So handelt es sich bei `void` auch um einen gültigen (wenn auch nicht gerade sinnvollen) Typ für Variablen. `logMessage` hat im vorigen Listing nach der Zuweisung den Wert `undefined`.

### B.1.9 null und undefined – lästige Checks auf undefinierte Werte vermeiden

Ohne weitere Konfiguration erlauben Ihnen alle vorgestellten Typen außerdem die Zuweisung der Werte `null` und `undefined`. Seit TypeScript 2 haben Sie aber außerdem die Möglichkeit, `null`- und `undefined`-Werte nur bei expliziter Erlaubnis zuzulassen. Möchten Sie dieses Feature aktivieren, so müssen Sie hierfür die TypeScript-Konfigurationsdatei *tsconfig.json* (die ich in Abschnitt B.9 im Detail vorstelle) um den folgenden Eintrag erweitern:

```
{
  "compilerOptions": {
    ...
    "strictNullChecks": true,
  },
}
```

**Listing B.16** »tsconfig.json«: Aktivierung der strikten Null-Überprüfung

Durch die Konfiguration ist es nun nicht mehr möglich, `null`-Werte an eine typisierte Variable zuzuweisen. Die Definition

```
const myString: string = null;
```

führt jetzt zu folgendem Compiler-Error:

```
Type 'null' is not assignable to type 'string'.
```

Der Versuch, den Wert `undefined` zuzuweisen, scheitert auf ähnliche Art und Weise. So führt die Definition

```
const myString: string = undefined;
```

zu der Fehlermeldung:

```
Type 'undefined' is not assignable to type 'string'.
```

Wie Sie bereits an den Fehlermeldungen erkennen, handelt es sich bei `null` und `undefined` seit TypeScript 2 um echte eigene Typen. Insbesondere bei der Definition von

Funktionsschnittstellen kann diese Tatsache nun zu deutlich schlankerem Code führen. Schauen Sie sich hierfür zunächst die Definition der folgenden `printLength`-Funktion in reinem JavaScript an:

```
function printLength(str) {
  if (str) {
    console.log(str.length);
  }
}
```

Da Sie hier nicht ausschließen können, dass die Funktion mit einem nicht initialisierten Wert aufgerufen wird, müssen Sie dies in der Funktion überprüfen. Bei aktiviertem `strictNullCheck` können Sie solche Funktionen in TypeScript nun ohne die lästige Überprüfung implementieren:

```
function safePrintLength(str: string) {
  console.log(str.length);
}
```

**Listing B.17** »simple-types.ts«: Null-sichere-Funktion zur Ausgabe der String-Länge

Der Versuch, die Funktion mit einem nicht definierten Wert aufzurufen, würde nun vom Compiler mit einer Fehlermeldung quittiert:

```
const myNullInitializedValue = null;
safePrintLength(myNullInitializedValue);
```

**Listing B.18** »simple-types.ts«: Versuch, die Funktion mit einem nicht definierten Wert aufzurufen

```
Argument of type 'null' is not assignable to parameter of type 'string'.
```

Nichtsdestotrotz werden Sie aber auch mit aktiviertem Check hin und wieder in die Situation kommen, dass Sie Variablen nicht direkt bei der Deklaration mit einem sinnvollen Wert belegen können. Möchten Sie in diesem Fall dafür sorgen, dass eine Variable sowohl einen String als auch den Wert `null` enthalten darf, so können Sie dies mithilfe eines sogenannten Union-Typs erreichen:

```
let nullIsOk: string | null;

nullIsOk = null;
nullIsOk = 'Foo';
safePrintLength(nullIsOk); //prints: 3
```

**Listing B.19** »simple-types.ts«: Definition des Typs »String oder null«

Sie werden Union-Typen in Abschnitt B.6.1 noch näher kennenlernen. Zunächst müssen Sie aber nur wissen, dass die Variable nun sowohl String- als auch `null`-Werte unterstützt. Beachten Sie hier auch eine weitere komfortable Besonderheit: Obwohl die Funktion `safePrintLength` nur definierte Strings erlaubt, funktioniert der Aufruf im obigen Fall auch mit einer Variablen vom Typ `string | null`. Durch Code-Analyse erkennt TypeScript in diesem Fall, dass der String in jedem Fall gesetzt ist, und erlaubt den Aufruf!

### B.1.10 Type Assertions – ich weiß etwas, das du nicht weißt

Insbesondere bei der Integration von typunsicherem Code kann es immer wieder dazu kommen, dass Sie selbst mehr Kenntnisse über die Struktur eines Rückgabewerts oder eines Parameters haben als der TypeScript-Compiler. TypeScript bietet Ihnen für diesen Fall mit *Type Assertions* einen Mechanismus, um dem Compiler »*Vertrau mir – ich weiß schon, was ich tue*« zu sagen. Schauen Sie sich hierfür zunächst die folgende `getName`-Funktion an:

```
function getName(): any {
  return "John Doe";
}
```

**Listing B.20** »simple-types.ts«: eine »getName«-Funktion ohne Information über den Rückgabewert

Bei der Verwendung der Funktion weiß TypeScript nun nicht, welchen Typ die Funktion zurückliefert, und akzeptiert somit zunächst alle Funktionsaufrufe:

```
const name: any = getName();
console.log(name.toUpperCase());
console.log(name.toFixed(2));
```

**Listing B.21** »simple-types.ts«: korrekte und fehlerhafte Verwendung der »getName«-Funktion

Während der erste Aufruf erwartungsgemäß den Namen in Großbuchstaben ausgibt, wird der zweite Aufruf zwar ebenfalls vom Compiler akzeptiert, führt aber zur Laufzeit zu einem `TypeError`:

```
Uncaught TypeError: name.toFixed is not a function
```

Um solche Fehler zu vermeiden, können Sie TypeScript über eine Type Assertion explizit sagen, dass es sich beim Rückgabewert der `getName`-Funktion um einen String handelt. Diese Zusicherung kann entweder über die Typangabe in spitzen Klammern oder mithilfe des Schlüsselworts `as` erfolgen:

```
const name: string = <string> getName();
const name2: string = getName() as string;
```

**Listing B.22** »simple-types.ts«: den Typ, der verwendet werden soll, über Type Assertions angeben

Beide Varianten sind funktional völlig identisch. Bei der weiteren Verwendung der Variablen weiß TypeScript nun, dass es sich um einen String handelt, und verhindert schon zur Compile-Zeit den Aufruf von ungültigen Methoden:

```
name.toFixed(2); //Property 'toFixed' does not exist on type 'string'.
```

**Listing B.23** »simple-types.ts«: Compile-Fehler statt Laufzeitfehler

**Spoiler: Type-Inference**

Bei der Definition der getName-Funktion wurde explizit der Rückgabetyp any definiert, um damit das klassische JavaScript-Verhalten zu simulieren. Hätten Sie an dieser Stelle gar keinen Typ definiert, hätte TypeScript eigenständig »gemerkt«, dass der Rückgabewert der Funktion den Typ string hat. In diesem Fall wären die Type Assertions also auch überflüssig gewesen! Ich werde Ihnen dieses TypeScript-Feature in Abschnitt B.5, »Type Inference: Typsicherheit ohne explizite Typangabe«, noch im Detail vorstellen.

## B.2 Klassen

Wie bereits in der Einleitung beschrieben, ist das ursprünglich von TypeScript eingeführte Klassen-Konzept mittlerweile Bestandteil der neuen JavaScript-Spezifikation ECMAScript 2015. Sollten Sie sich für die Grundlagen von Klassen interessieren, möchte ich Sie daher an dieser Stelle auf Anhang A, »ECMAScript 2015«, verweisen. Nichtsdestotrotz bietet TypeScript auch für die Arbeit mit Klassen einige interessante Erweiterungen, die es nicht in den neuen Standard geschafft haben. Schauen Sie sich hierfür zunächst die Implementierung der im ES2015-Abschnitt bereits im Detail vorgestellten Rectangle-Klasse an:

```
class Rectangle {
  constructor(width, height) {
    this.width = width;
    this.height = height;
  }
  getArea() {
    return this.width * this.height;
  }
```

```
  static createSquare(lenght) {
    return new Rectangle(length, length);
  }
  toString() {
    return `Breite: ${this.width}  Höhe: ${this.height}`;
  }
}
```

**Listing B.24** Standard-ECMAScript-2015-Klasse

Die gleiche Klasse kann in TypeScript mit dem folgenden Code erstellt werden:

```
class Rectangle {
  constructor(public width: number,
              public height: number) {
  }
  getArea(): number {
    return this.width * this.height;
  }
  static createSquare(width: number): Rectangle {
    return new Rectangle(width, width);
  }
  toString(): string {
    return `Breite: ${this.width}  Höhe: ${this.height}`;
  }
}
```

**Listing B.25** »classes.ts«: typsichere Klassendefinition

Wie Sie sehen, unterscheiden sich die beiden Varianten im Wesentlichen in zwei Punkten:

- in der Konstruktor- und Eigenschaftsdefinition
- in der Typisierung der einzelnen Elemente

So bietet Ihnen TypeScript, wie schon bei der Definition von einfachen Funktionen, die Möglichkeit, Eigenschaften, Parameter und Rückgabewerte zu typisieren. Die Definition

```
static createSquare(width: number): Rectangle {
  return new Rectangle(width, width);
}
```

besagt somit, dass die statische Methode `createSquare` eine Zahl als Parameter erwartet und ein `Rectangle`-Objekt zurückliefert. Des Weiteren sehen Sie bei der abgebildeten Konstruktor-Implementierung die sogenannten *Parameter-Propertys* in Aktion.

Dabei handelt es sich um eine sehr praktische Kurzschreibweise, die die Deklaration von Klassenvariablen und deren Übergabe und Zuweisung an eine gleichnamige Membervariable innerhalb des Konstruktors vereinfacht. Der Code

```
constructor(public width: number,
            public height: number) {
}
```

ist hier funktional identisch mit der folgenden Langschreibweise:

```
width: number;
height: number;
constructor(width: number,
            height: number) {
  this.width = width;
  this.height = height;
}
```

**Listing B.26** »classes.ts«: Langschreibweise zur Zuweisung von Klassenvariablen über den Konstruktor

### B.2.1 Sichtbarkeitsmodifikatoren

Mit den Parameter-Propertys haben Sie im vorigen Abschnitt schon eine Sonderform für die Verwendung von Sichtbarkeitsmodifikatoren in TypeScript kennengelernt (die explizite Angabe des Modifikators ist hier Pflicht). Es ist aber ebenso leicht möglich, ganz normale Klasseneigenschaften und Methoden mit einem Sichtbarkeitsmodifikator zu versehen. Dabei stehen Ihnen die drei Optionen aus Tabelle B.1 zur Verfügung.

| Modifikator | Beschreibung |
|---|---|
| `public` | Die Eigenschaft oder Methode ist von außen zugreifbar (Default-Wert). |
| `private` | Die Eigenschaft oder Methode ist nur innerhalb der Klasse sichtbar und kann nicht von außen verwendet werden. |
| `protected` | Die Eigenschaft oder Methode kann innerhalb der Klasse und von ableitenden Klassen verwendet werden. |

**Tabelle B.1** Sichtbarkeitsmodifikatoren

Verzichten Sie auf die explizite Angabe eines Modifikators, wird implizit immer der Modifikator `public` angenommen – Methoden und Eigenschaften sind somit standardmäßig immer von außen zugreifbar.

Listing B.27 zeigt die TypeScript-Version der aus Anhang A, »ECMAScript 2015«, bekannten, performance-optimierten Version der `Rectangle`-Klasse inklusive passender Sichtbarkeitsmodifikatoren:

```
class RectanglePerf {
  private _area: number;
  constructor(private _width: number, private _height: number) {
    this.calculateArea();
  }
  protected calculateArea() {
    this._area = this._width * this._height;
  }
  set width(w) {
    this._width = w;
    this.calculateArea();
  }
  get width() {
    return this._width;
  }
  set height(h) {
    this._height = h;
    this.calculateArea();
  }
  get height() {
    return this._height;
  }
  get area() {
    return this._area;
  }
}
```

**Listing B.27** »classes.ts«: Rectangle-Klasse mit Sichtbarkeitsmodifikatoren

Die Klasse besitzt insgesamt drei private Membervariablen: `_width`, `_height` und `_area`. Dabei werden `_width` und `_height` über ein Parameter-Property definiert, wohingegen `_area` als einfaches privates Feld zur Verfügung steht.

**Private Variablen und die Unterstrich-Konvention**

Im Normalfall sollten Sie bei der Definition von privaten Variablen und Methoden auf die aus JavaScript bekannte Konvention, einen Unterstrich voranzustellen, verzichten. Dadurch, dass TypeScript nun echte Sichtbarkeitsmodifikatoren einführt, ist dieser Workaround nicht mehr notwendig.

Zwei Ausnahmen gibt es aber dennoch: Bei der Umsetzung des Getter/Setter-Patterns (siehe Listing B.29) sowie bei der Definition von generischen Bibliotheken, die später auch im Plain-JavaScript-Umfeld eingesetzt werden sollen, kann der Unterstrich weiterhin hilfreich sein. Da Modifikatoren durch den Compile-Vorgang wegfallen, haben Java-Script-Entwickler sonst später keine Möglichkeit mehr, zwischen öffentlichen und privaten Bestandteilen zu unterscheiden.

Des Weiteren besitzt die Klasse die als `protected` gekennzeichnete Methode `calculateArea`. Wenn Sie nun eine Instanz der Rechteck-Klasse erstellen, erlaubt TypeScript Ihnen von außen lediglich die Verwendung der (impliziten) `public`-Methoden:

```
const rect = new RectanglePerf(20, 30);
rect.height = 100; // ok
console.log(rect.area); // 2000

rect._height = 100; // Property '_height' is private and only
                    // accessible within class 'RectanglePerf'.

rect.calculateArea() = 100; // Property 'calculateArea' is protected
                            // and only accessible within class
                            // 'RectanglePerf' and its subclasses.
```

**Listing B.28** »classes.ts«: So wirkt sich der Einsatz von Sichtbarkeitsmodifikatoren aus.

Möchten Sie die Klasse nun als Basis für die Implementierung eines Quaders nehmen, so haben Sie aus dieser Klasse heraus zusätzlich Zugriff auf die Methode `calculateArea`:

```
class CuboidPerf extends RectanglePerf {
  private _volume: number;
  constructor(_width: number, _height: number, private _depth: number){
    super(_width, _height);
    this.calculateVolume();
  }
  set depth(d: number) {
    this._depth = d;
    this.calculateVolume();
  }
  get depth() {
    return this._depth;
  }
  protected calculateVolume() {
    super.calculateArea();
    this._volume = this.area * this._depth;
```

```
  }
  get volume() {
    return this._volume;
  }
}

const cuboid = new CuboidPerf(10, 10, 10);
console.log(cuboid.volume); // 1000
cuboid.depth = 20;
console.log(cuboid.volume); // 2000
```

**Listing B.29** »classes.ts«: Aufruf von »protected«-Methoden aus abgeleiteten Klassen heraus

In Listing B.29 sehen Sie im Übrigen ebenfalls, wie Sie Parameter-Propertys im Zusammenhang mit Vererbung verwenden können. So werden die beiden Parameter `_width` und `_height` über den `super`-Aufruf innerhalb des Konstruktors an die Basisklasse übergeben. Die Angabe des Sichtbarkeitsmodifikators und somit die Definition des Parameter-Propertys findet dabei nur in der Signatur des Basisklassen-Konstruktors statt:

```
constructor(_width: number, _height: number, private _depth: number) {
  super(_width, _height);
}
```

### B.2.2 Abstrakte Basisklassen

Eine weitere Ergänzung der ES2015-Klassenfunktionalität besteht in der Möglichkeit, abstrakte Basisklassen definieren zu können. Dabei handelt es sich um Klassen, die zwar bereits eigene Implementierungsdetails enthalten, selbst aber nicht instanziiert werden können. Ableitende Klassen müssen die abstrakten Bestandteile zunächst implementieren, um eine Instanziierung zu ermöglichen. Listing B.30 zeigt die abstrakte Basisklasse `Animal`:

```
abstract class Animal {
  constructor(public legCount: number) {
  }
  abstract makeSound(): string;
  sayHello() {
    console.log(`${this.makeSound()}! I have ${this.legCount} legs`);
  }
}
```

**Listing B.30** »classes.ts«: abstrakte Basisklasse

Wie Sie sehen, enthält die Klasse die abstrakte Methode makeSound. Da Sie sich sicher sein können, dass eine konkrete Implementierung diese Methode bereitstellen muss, können Sie diese nun ohne Probleme in der (nicht abstrakten) Methode sayHello verwenden. Listing B.31 zeigt darauf aufbauend die beiden Klassen Dog und Duck, die jeweils die fehlende Methode implementieren:

```
class Dog extends Animal{
  constructor() {
    super(4);
  }
  makeSound() {
    return "Wuff Wuff";
  }
}

class Duck extends Animal{
  constructor() {
    super(2);
  }
  makeSound() {
    return "Quack";
  }
}
```

**Listing B.31** »classes.ts«: konkrete Implementierungen der abstrakten Basisklasse

Ein Aufruf der sayHello-Methoden zeigt, dass die konkrete Implementierung erfolgreich war:

```
const dog = new Dog();
dog.sayHello(); // Wuff Wuff! I have 4 legs

const duck = new Duck();
duck.sayHello(); // Quack! I have 2 legs
```

**Listing B.32** »classes.ts«: Aufruf der »sayHello«-Methode

**Abstrakte Basisklassen und die Angular-Dependency-Injection**

Abstrakte Basisklassen können insbesondere im Zusammenspiel mit der Angular-Dependency-Injection sehr nützlich sein. Möchten Sie beispielsweise einen generischen Basis-Service (z. B. SearchService) bereitstellen und je nach Komponentenzweig unterschiedliche Implementierungen dieses Service in einer Komponente verwenden (z. B. MusicSearchService und VideoSearchService), so können Sie dies sehr elegant mithilfe von abstrakten Basisklassen umsetzen. Das entsprechende Beispiel hierzu finden Sie in Kapitel 7, »Services und Dependency-Injection: lose Kopplung für Ihre Business-Logik«.

Achtung: Java-Entwickler neigen oft dazu, diesen Anwendungsfall mithilfe von Interfaces (siehe nächster Abschnitt) umzusetzen. Da Interfaces jedoch nur zur Compile-Zeit (und nicht zur Laufzeit) verfügbar sind, müssen Sie hier abstrakte Basisklassen verwenden!

## B.3 Interfaces

Sollten Sie als Entwickler aus einer klassenbasierten Sprache wie Java oder C# kommen, so wird Ihnen das Prinzip von Interfaces durchaus bekannt sein. TypeScript geht in diesem Punkt aber noch einen (interessanten) Schritt weiter. So kombiniert TypeScript das aus statischen Sprachen bekannte Interface-Konzept mit dem in funktionalen Sprachen geläufigen *Duck-Typing*.

Beim Duck-Typing handelt es sich um ein Konzept, das den Typ eines Objekts nicht durch seine Klasse, sondern durch die Existenz von bestimmten Eigenschaften oder Methoden beschreibt. Der Name ist dabei eine Anlehnung an ein Gedicht von James Whitcomb Riley, in dem es heißt:

> *When I see a bird that walks like a duck and swims like a duck and quacks like a duck, I call that bird a duck.*

Also sinngemäß: Wenn es aussieht wie eine Ente und sich wie eine Ente verhält, wird es wohl eine Ente sein.

Um das Konzept besser zu verstehen, sollten Sie sich zunächst einmal anschauen, wie die `Rectangle`-Klasse um die Eigenschaft `color` und die Factory-Methode `create` erweitert wird:

```
class Rectangle {
  ...
  static create(width: number,
                height: number,
                color: string ):Rectangle {
    return new Rectangle(width, height, color);
  }
}
```

**Listing B.33** »interfaces.ts«: erweiterte Rectangle-Klasse

Sie besitzen nun bereits drei Übergabeparameter für die create-Methode. Des Weiteren soll es gegebenenfalls möglich sein, nur bestimmte Eigenschaften bei der Erstellung anzugeben. So könnte es beispielsweise gewünscht sein, dass beim Weglassen der height-Eigenschaft automatisch die width-Eigenschaft für die Höhe verwendet wird, um auf diese Weise ein Quadrat zu erzeugen.

Für solche Anwendungsfälle besteht ein übliches Pattern in der JavaScript-Welt darin, die Eigenschaften des Objekts über ein sogenanntes config-Objekt bereitzustellen. Eine klassische Implementierung dieses Patterns könnte beispielsweise wie folgt aussehen:

```
static create(config: any ): Rectangle {
  const height = config.height || config.width;
  const color = config.color || "black";
  return new Rectangle(config.width, height, color);
}
```

**Listing B.34** »interfaces.ts«: klassische Variante einer Methode mit »config«-Objekt

Ein Nachteil dieser Implementierung besteht nun jedoch darin, dass Sie durch die Verwendung des any-Typs keine Kontrolle über die Eigenschaften des config-Objekts besitzen. Der folgende Code würde einwandfrei funktionieren, zur Laufzeit aber dazu führen, dass ein leeres Rectangle-Objekt erzeugt würde:

```
Rectangle.create({hoehe: 10, breite: 20, farbe: 'blau'});
```

**Listing B.35** »interfaces.ts«: fehlerhafte Verwendung der »create«-Methode

Mithilfe von Interfaces lässt sich dieses Problem sehr elegant lösen. So stellt TypeScript die Möglichkeit bereit, über ein Interface die erwartete Objektstruktur zu definieren:

```
interface RectangleConfig {
  width: number;
  height?: number;
  color?: string;
}
```

**Listing B.36** »interfaces.ts«: Definition des »RectangleConfig«-Interface

Beachten Sie in diesem Code insbesondere auch die Fragezeichen, die eine optionale Eigenschaft kennzeichnen. Bei der Definition der create-Methode können Sie dieses Interface nun dazu verwenden, die Objektstruktur vorzugeben:

```
static create(config: RectangleConfig): Rectangle {
  const height = config.height || config.width;
  const color = config.color || "black";
  return new Rectangle(config.width, height, color);
}
```

**Listing B.37** »interfaces.ts«: neue Definition der »create«-Methode auf Basis des »RectangleConfig«-Interface

Sollten Sie Interfaces bislang lediglich aus der Sprache Java kennen, wird der folgende Code Sie vermutlich (positiv) überraschen: Für die Verwendung der Methode müssen Sie keine konkrete Implementierung des Interface bereitstellen. Stattdessen erlaubt es TypeScript, jedes beliebige Objekt mit einer passenden Struktur an die Methode zu übergeben:

```
const rect1 = Rectangle.create({width: 20});
const rect2 = Rectangle.create({width: 20, height: 50});
const rect3 = Rectangle.create({width: 20, color: "blue"});
```

**Listing B.38** »interfaces.ts«: korrekte Verwendung der »create«-Methode

Willkommen in der wundervollen Welt des Duck-Typing! TypeScript stellt für alle diese Aufrufe automatisch sicher, dass die Anforderungen an das Interface erfüllt werden.

Versuchen Sie nun hingegen, die (Pflicht-)Eigenschaft `width` wegzulassen, wird der TypeScript-Compiler einen Fehler melden:

```
const rect4 = Rectangle.create({height: 50});
Argument of type '{ height: number; }' is not assignable to parameter of type
'RectangleConfig'. Property 'width' is missing in type '{ height: number; }'.
```

Ebenso wird der Versuch, eine unbekannte Eigenschaft zu verwenden, durch den Compiler unterbunden:

```
const rect5 = Rectangle.create({width: 20, colour: "blue"});
```

```
Argument of type '{ width: number; colour: string; }' is not assignable to parameter of
  type 'RectangleConfig'.
Object literal may only specify known properties, and 'colour' does not exist in type
  'RectangleConfig'.
```

### B.3.1 Klassen-Interfaces

Neben der bislang vorgestellten Art, Interfaces zu verwenden, erlaubt TypeScript außerdem die (klassische) Verwendung von Interfaces zur Definition von Klassenschnittstellen. Möchten Sie beispielsweise sicherstellen, dass eine Klasse auf jeden Fall die Eigenschaft color besitzen muss, so können Sie hierfür das folgende Interface definieren:

```
interface Colored {
  color: string;
}
```

**Listing B.39** »interfaces.ts«: Definition des »Colored«-Interface

Die Implementierung dieses Interface erfolgt anschließend mithilfe des Schlüsselworts implements:

```
class Rectangle implements Colored {
  constructor(public width: number,
              public height: number,
              public color?: string) {
  }
  ...
}
```

**Listing B.40** »interfaces.ts«: die »Rectangle«-Klasse als Implementierung des »Colored«-Interface

Würden Sie nun vergessen, die color-Eigenschaft über den Konstruktor zu definieren, oder aus Versehen die britische Schreibweise colour verwenden, so würde der Compiler dies als Fehler melden:

```
Class 'Rectangle' incorrectly implements interface 'Colored'. Property 'color' is missing in type 'Rectangle'.
```

Sie können das Interface nun in beliebigen Funktionen als Parameter verwenden. Die folgende Methode setzt beispielsweise die Farbe von allen übergebenen Colored-Objekten:

```
function setColor(color: string, coloredThings: Array<Colored>) {
  for (const coloredThing of coloredThings) {
    coloredThing.color = color
  }
}
```

**Listing B.41** »interfaces.ts«: »setColor«-Funktion zum Verändern der Farbe

Um alle zuvor erzeugten Rechtecke gelb zu färben, können Sie die Methode nun wie folgt verwenden:

```
const rect1 = Rectangle.create({width: 20});
const rect2 = Rectangle.create({width: 20, height: 50});
const rect3 = Rectangle.create({width: 20, color: "blue"});
const coloredThings = [rect1, rect2, rect3];
setColor("yellow", coloredThings);
```

**Listing B.42** »interfaces.ts«: die »setColors«-Funktion mit »Rectangle«-Objekten verwenden

Eine interessante Tatsache besteht außerdem darin, dass das zuvor beschriebene Duck-Typing auch für Klassen funktioniert. Schauen Sie sich hierfür zunächst die folgende Klassendefinition an:

```
class Point {
  constructor(public x: number,
              public y: number,
              public color: string) {
  }
}
```

**Listing B.43** »interfaces.ts«: Implementierung der Klasse »Point«

Wie Sie sehen, besitzt die Klasse zwar eine Eigenschaft `color`, implementiert aber nicht explizit das Interface `Colored`. Aufgrund des Duck-Typings können Sie `Point`-Objekte genau wie alle Objekt-Literale mit einer `color`-Eigenschaft dennoch mit der `setColor`-Methode verwenden:

```
const somethingColored = {color: "green"}; // Duck - Typing
const point = new Point(10, 10, "blue"); // Duck - Typing
const things = [rect1, rect2, rect3, point, somethingColored];
setColor("yellow", things);
```

**Listing B.44** »interfaces.ts«: Verwendung der »setColor«-Methode mithilfe von Duck-Typing

## B.4 Module

Obwohl Sie die Grundlagen zu Modulen bereits in Anhang A, »ECMAScript 2015«, kennengelernt haben, möchte ich Ihnen in diesem Abschnitt dennoch einige Besonderheiten bei der Implementierung von modularen Anwendungen mit TypeScript nahebringen.

Öffnen Sie dazu die Datei *geo.ts*. Die Datei enthält die Klasse `Rectangle` aus Abschnitt B.2, »Klassen«, exportiert diese aber zusätzlich über das Ihnen bereits aus ES2015 bekannte Schlüsselwort `export`:

```
export class Rectangle {
  constructor(private width:number,
              private height:number) {
  }

  getArea(): number {
    return this.width * this.height;
  }
  static createSquare(width: number): Rectangle {
    return new Rectangle(width, width);
  }
  toString(): string {
    return `Breite: ${this.width}  Höhe: ${this.height}`;
  }
}
```

**Listing B.45** »geo.ts«: Export der Klasse »Rectangle«

Der Import und die Verwendung erfolgen anschließend in der Datei *use-geo.ts*. Die Klasse wird dort mit dem Ihnen ebenfalls bereits bekannten Schlüsselwort `import` importiert:

```
import {Rectangle} from './geo';

const rectangle = new Rectangle(20,50);
console.log(rectangle.toString());
```

**Listing B.46** »use-geo.ts«: Import und Verwendung der »Rectangle«-Klasse

Wenn Sie nun einen Blick in das »*dist*«-Verzeichnis werfen und sich dort die generierten JavaScript-Dateien anschauen, werden Sie feststellen, dass TypeScript aus den obigen Definitionen das SystemJS-Format generiert hat:

```
System.register(['./geo'], function(exports_1, context_1) {
    "use strict";
    var __moduleName = context_1 && context_1.id;
    var geo_1;
    var rectangle;
    return {
        setters:[
            function (geo_1_1) {
```

```
                geo_1 = geo_1_1;
            }],
        execute: function() {
            rectangle = new geo_1.Rectangle(20, 50);
            console.log(rectangle.toString());
        }
    }
});
```

**Listing B.47** »use-geo.js«: von TypeScript generierte SystemJS-Version der »TypeScript«-Klasse

Doch wie kommt der Compiler auf die Idee, hier die SystemJS-Version zu generieren? Den Grund hierfür finden Sie in der Datei *tsconfig.json*. Ich werde Ihnen die dort hinterlegten Konfigurationsmöglichkeiten in Abschnitt B.9 noch näher vorstellen. Im Moment können Sie sich aber auf die Zeile

```
"compilerOptions": {
  ...
  "module": "system",
},
```

konzentrieren. Über die `module`-Eigenschaft können Sie dem Compiler hier sehr komfortabel mitteilen, welches Modul-System generiert werden soll.

Neben dem SystemJS-Format (`system`) stehen Ihnen hier zusätzlich die Optionen *Asynchronous Module Definition* (`amd`), *CommonJS* (`commonjs`), *Universal Module Loader* (`umd`) und *ES2015* (`es2015`) zur Verfügung.

Wenn Sie die obige Zeile beispielsweise einmal in `amd` ändern und erneut einen Blick in die generierte JavaScript-Datei werfen, dann werden Sie sehen, dass TypeScript nun Module gemäß der Asynchronous Module Definition erzeugt:

```
define(["require", "exports", './geo'], function (require, exports, geo_1) {
    "use strict";
    const rectangle = new geo_1.Rectangle(20, 50);
    console.log(rectangle.toString());
});
//# sourceMappingURL=use-geo.js.map
```

**Listing B.48** »use-geo.js«: Bei der Verwendung von AMD wird dieser Quellcode generiert.

Wie schon in ES2015 benötigen Sie nun noch den eigentlichen Loader, der Ihre Anwendung startet. Im Beispielquelltext ist in der Datei *modules.html* bereits SystemJS als Loader konfiguriert:

```
<script src="node_modules/systemjs/dist/system-csp-production.js">
</script>
<script>
  var config = {
    "defaultJSExtensions": true,
    ...
  };
  System.config(config);
  System.import("dist/use-geo.js");
</script>
```

**Listing B.49** »modules.html«: Einbindung und Konfiguration von SystemJS zum Start der Anwendung

Die entscheidende Zeile ist hier der Import der Datei *use-geo.js*. Über diese Anweisung wird die modulbasierte Anwendung gestartet. Da SystemJS sowohl das eigene Modulformat als auch AMD-Module unterstützt, können Sie diese Konfiguration in beiden vorgestellten Varianten verwenden.

**Alternative: Verwendung von Namespaces**

Neben echten Modulen bietet TypeScript Ihnen mit dem Schlüsselwort `namespace` einen alternativen Weg, um Ihre Anwendung in geschlossenen Einheiten zu definieren. Im Gegensatz zu Modulen erfordern Namespaces keinen Module-Loader. Insbesondere in Bezug auf langfristige Skalierbarkeit und Standardkompatibilität haben echte Module in diesem Zusammenhang aber klare Vorteile, sodass ich Ihnen hier klar die Modulsyntax ans Herz legen möchte.

## B.5 Type Inference: Typsicherheit ohne explizite Typangabe

In den vorangegangenen Abschnitten haben Sie die Typen einer Variablen oder eines Objekts immer explizit angegeben. Wenn Sie aber bereits bei der Deklaration einen Wert an eine Variable übergeben, so ist diese explizite Angabe oft nicht notwendig – TypeScript versucht in diesem Fall, selbst den Typ der Variablen zu ermitteln. So führt das Statement

```
let answer = 42;
```

beispielsweise dazu, dass die `answer`-Variable den Typ `number` zugewiesen bekommt. Der Versuch, im Anschluss einen String zuzuweisen, scheitert mit einem Compile-Fehler:

```
answer = "Yes"; // Type 'string' is not assignable to type 'number'.
```

Die automatische Typermittlung funktioniert dabei sogar für Arrays. So führt die folgende Definition der Liste dazu, dass implizit ein Array von number-Werten erzeugt wird:

```
const numbers = [42, 4711];
```

Auch hier würde der Versuch, einen String hinzuzufügen, vom Compiler mit einem Fehler quittiert werden.

### B.5.1 Der beste gemeinsame Typ

In manchen Fällen ist die automatische Ermittlung eines Typs nicht eindeutig möglich. TypeScript versucht in diesem Fall, den »besten gemeinsamen Typ« aller Elemente zu ermitteln. Schauen Sie sich hierfür zunächst die folgende Listendefinition an:

```
const list = [1, "yes"];
```

Da die Liste sowohl einen String als auch einen Zahlenwert besitzt, kann TypeScript keinen eindeutigen Typ ermitteln. In diesem Fall würde TypeScript automatisch einen sogenannten Union-Typ (siehe Abschnitt B.6.1) erstellen, der sowohl Zahlen als auch String-Werte akzeptiert. Der Versuch, nachträglich einen booleschen Wert hinzuzufügen, würde hingegen scheitern:

```
const list = [1, "yes"];
list.push("no"); // ok
list.push(true); // Argument of type 'boolean' is not assignable to
                 // parameter of type 'number | string'.
```

**Listing B.50** »type-inference.ts«: automatische Erstellung des Union-Typs »number | string«

Eine Besonderheit müssen Sie bei der Ermittlung des »besten gemeinsamen Typs« im Zusammenhang mit Interfaces beachten: Implementieren zwei Klassen das gleiche Interface, so wird das Interface trotzdem *nicht* als bester gemeinsamer Typ ausgewählt:

```
class Point implements Colored {
  constructor(public x: number,
              public y: number,
              public color: string) {
  }
}
class Square implements Colored {
```

```
  constructor(public width: number,
              public color: string) {
  }
}
const square = new Square(10, "blue");
const point = new Point(10, 10, "white");
const objects = [square, point];
```

**Listing B.51** »type-inference.ts«: Definition der Klassen »Point« und »Square« und Erzeugung einer Liste

Intuitiv könnte man nun vermuten, dass die Liste `objects` das gemeinsame Interface `Colored` als Typ erhält. Der Versuch, ein anderes `Colored`-Objekt zuzuweisen, schlägt allerdings fehl:

```
class Circle implements Colored {
  constructor(public radius: number,
              public color: string) {
  }
}
const circle = new Circle(50, "green");
objects.push(circle);
```

`Argument of type 'Circle' is not assignable to parameter of type 'Square | Point'.`

Der Grund dafür ist, dass der beste gemeinsame Typ lediglich aus den Typen ermittelt wird, die im initialen Array vorhanden sind. Da kein eigenständiges `Colored`-Objekt vorhanden ist (und es auch nicht möglich ist, Interfaces direkt zu instanziieren), müssen Sie den Typ der Liste in diesem Fall wieder explizit angeben:

```
const objects: Colored[] = [square, point];
...
objects.push(circle);
```

**Listing B.52** »type-inference.ts«: korrekte Definition der »Colored«-Liste

## B.6 Erweiterte Typ-Techniken

Sie kennen nun bereits alle notwendigen Grundlagen, um typsichere Anwendungen auf Basis von TypeScript zu erstellen. Zusätzlich zu den bisher vorgestellten Techniken bietet Ihnen die Sprache aber noch einige nette Features, die ich Ihnen in den folgenden Abschnitten vorstellen möchte.

### B.6.1 Union-Typen – entweder/oder...

Union-Typen bieten Ihnen die Möglichkeit, bei der Typdefinition mehrere erlaubte Typen zu definieren. Dies kann beispielsweise dann hilfreich sein, wenn bestimmte Bestandteile Ihrer Anwendung grundsätzlich auf Basis von Strings arbeiten, Ihre Objektstruktur aber eigentlich numerische Werte enthält.

Ein für Webanwendungen typisches Beispiel ist die Auswertung von URL-Parametern und der anschließende Aufruf einer Service-Methode zum Laden eines Objekts. Da die Objekt-ID bei der Verwendung einer REST-API ohnehin als String an eine URL angehängt wird, kann es Ihnen grundsätzlich egal sein, ob Ihre Service-Methode einen numerischen Wert oder einen String-Wert erhält. Die Übergabe eines booleschen Wertes würde hingegen keinen Sinn machen. Die Definition eines Union-Typs erfolgt mithilfe des `|`-Zeichens.

Listing B.53 zeigt exemplarisch die Implementierung `getTodo`-Methode mit Union-Typen:

```
class TodoService {
  todos = [{id: 1, text: "Aufräumen"},
    {id: 2, text: "Einkaufen gehen"} ];
  getTodo(id: string | number) {
    return this.todos.filter(todo => {
      return todo.id == id;
    })[0];
  }
}
```

**Listing B.53** »advanced-types.ts«: Definition der Klasse »TodoService«

Beim Aufruf der Methode können Sie nun entweder einen String oder eine Zahl übergeben:

```
const todoService = new TodoService();
const todo1 = todoService.getTodo(1);
const todo2 = todoService.getTodo("2");

console.log(todo1.text); // Aufräumen
console.log(todo2.text); // Einkaufen gehen
```

**Listing B.54** »advanced-types.ts«: Verwendung der »getTodo«-Methode

### B.6.2 Typ-Aliase – neue Namen für Typen

Typ-Aliase erlauben es Ihnen, einen neuen Namen für einen bestimmten Typ zu definieren. Listing B.55 demonstriert die Definition des Alias `Id` für den `number`-Typ. In der Definition der printTask-Methode können Sie den Alias anschließend anstelle des number-Typs verwenden.

```
type Id = number;
class TodoService {
  ...
  printTask(id: Id){
    console.log(this.getTask(id))
  }
}
todoService.printTask(1); //{"id":1,"text":"Aufräumen"}
```

**Listing B.55** »advanced-types.ts«: Definition und Verwendung eines Typ-Alias

Zugegebenermaßen ist diese Verwendung eines Alias nicht sonderlich spannend. Deutlich interessanter wird die Technik aber im Zusammenspiel mit Union-Typen. Erlaubt Ihre Software beispielsweise an verschiedenen Stellen die Übergabe von String- oder Zahlenwerten, so können Sie hierfür einmalig einen Union-Typ definieren:

```
type StringOrNumber = string | number;
class TodoService {
  geTodo(id: StringOrNumber) {
    ...
  }
}
```

### B.6.3 String-Literal-Typen – enum-Funktionalität für Strings

String-Literal-Typen bieten Ihnen die Möglichkeit, einen Typ zu definieren, der genau einem vorgegebenen String-Wert entspricht. Für sich betrachtet, wirkt diese Funktionalität zunächst reichlich sinnlos. In Kombination mit Union-Typen und Typ-Aliassen erlaubt Ihnen die Technik jedoch, auf sehr einfache Art und Weise ein enum-ähnliches Verhalten für Strings zu erzeugen.

Stellen Sie sich beispielsweise vor, Sie möchten ein Online-Spiel implementieren, bei dem Sie die Spielfigur mit den vier Kommandos up, down, left und right in einem Raum bewegen können. Andere Kommandos sollen nicht erlaubt sein. Für die Realisierung dieser Anforderung bietet sich die Definition eines eigenen Typs namens Direction an.

Listing B.56 zeigt die Implementierung dieses Typs und seine Verwendung in der Player-Klasse:

```
type Direction = 'up' | 'down' | 'left' | 'right';
class Player {
  xPos: number = 0;
  yPos: number = 0;
  move(direction: Direction) {
    switch (direction) {
      case 'left':
        this.xPos -= 1;
        break;
      case 'right':
        this.xPos += 1;
        break;
      case 'up':
        this.yPos += 1;
        break;
      case 'down':
        this.yPos += 1;
        break;
    }
  }
  printLocation() {
    console.log(`X: ${this.xPos} / Y: ${this.yPos}`);
  }
}
```

**Listing B.56** »advanced-types.ts«: Definition des zusammengesetzten String-Literal-Typs »Direction«

Innerhalb der Spiel-Logik können Sie die Methode move nun mit den vier vorgegebenen Strings verwenden:

```
const player = new Player();
player.move('right');
console.log(player.printLocation()); // X: 1 / Y: 0
```

**Listing B.57** »advanced-types.ts«: Aufruf der »move«-Methode

Ein Aufruf mit einem anderen String-Wert führt hingegen zu einem Compile-Fehler:

```
player.move('top');
```

```
Argument of type '"top"' is not assignable to parameter of type '"up" | "down" |
  "left" | "right"'
```

### B.6.4 Type-Guards – welcher Typ bin ich?

Die Möglichkeit, Typen über Union-Typen zu kombinieren, ist insbesondere für die Definition von nutzerfreundlichen Schnittstellen sehr nützlich. In vielen Fällen müssen Sie aber spätestens in der eigentlichen Implementierung wissen, um welchen Typ es sich konkret handelt. TypeScript bietet Ihnen für diese Aufgabe erneut interessante Hilfestellungen.

#### typeof – Type-Guards für simple Typen

Sollten Sie bereits JavaScript-Erfahrung haben, so wird Ihnen der `typeof`-Operator mit Sicherheit bekannt sein. Mithilfe dieses Operators können Sie überprüfen, ob eine Variable einen bestimmten Typ besitzt.

TypeScript geht noch einen Schritt weiter: Entdeckt der Compiler einen `typeof`-Ausdruck, so wird die Variable innerhalb des folgenden Blocks *automatisch* in den spezifischen Typ verwandelt.

Schauen Sie sich dazu die folgende Funktion an, die entweder einen String oder eine Zahl erwartet und anschließend den Wert mit einem bestimmten Index im Array zurückliefert:

```
const list = [1, 2, 4, 5, 7];
function getElementByIndex(index: string | number) {
  if (typeof index === 'number') {
    // Ab hier wird index als number behandelt
    return list[index];
  } else {
    // Ab hier wird index als string behandelt
    return list[parseInt(index)];
  }
}
```

**Listing B.58** »advanced-types.ts«: »typeof«-Type-Guards verwenden

Auch wenn die Implementierung zunächst recht unspektakulär aussieht, liegt die Besonderheit hier im Detail. So sorgt der Ausdruck `typeof index === 'number'` dafür, dass die `index`-Variable innerhalb des `if`-Blocks den Typ `number` *erhält*. Der folgende Code würde somit zu einem Compile-Error führen:

```
if (typeof index === 'number') {
  return list[parseInt(index)]; // Argument of type 'number' is not
                                // assignable to parameter of type 'string'.
}
```

Des Weiteren merkt der Compiler automatisch, dass der Typ im else-Zweig string sein muss (da er ja nicht number ist), sodass die Variable index in diesem Zweig automatisch den Typ String zugewiesen bekommt.

### B.6.5 instanceof: Type-Guards für Klassen

Neben der Verwendung von Type-Guards für einfache Typen bietet TypeScript Ihnen außerdem die Möglichkeit, eigene Type-Guards für Ihre selbst entwickelten Klassen und Interfaces zu definieren. Schauen Sie sich hierfür zunächst die Definition der Klassen Rectangle und Circle an:

```
interface Colored {
  color: string;
}
class Rectangle implements Colored {
  constructor(public width: number,
              public height: number,
              public color: string){
  }
  getArea(): number {
    return this.width * this.height;
  }
}
class Circle implements Colored {
  constructor(public radius: number,
              public color: string){
  }
  getDiameter(): number {
    return this.radius * 2;
  }
}
```

**Listing B.59** »advanced-types«: Definition der Klassen »Rectangle« und »Circle«

Möchten Sie innerhalb einer Funktion, die ein Colored-Objekt erwartet, nun prüfen, ob es sich um ein Rechteck bzw. einen Kreis handelt, so können Sie dies mithilfe des instanceof-Operators tun. Wie beim typeof-Operator handelt es sich hierbei um ein Standardsprachmittel von JavaScript.

Die Besonderheit besteht aber erneut in der Tatsache, dass das jeweilige Objekt nach bestandenem instanceof-Check als Objekt der getesteten Klasse behandelt werden kann:

```
function printColoredObject(obj: Colored) {
  console.log("Farbe: " + obj.color);
  if (obj instanceof  Rectangle) {
    console.log("Fläche: " + obj.getArea());
  }
  if (obj instanceof Circle) {
    console.log("Durchmesser: " + obj.getDiameter());
  }
}
```

**Listing B.60** »advanced-types«: Verwendung des »instanceof«-Operators als Type-Guard

Bei der Verwendung eines Union-Typs hätten Sie außerdem erneut die Möglichkeit gehabt, die Typsicherstellung über den else-Zweig zu realisieren:

```
function printRectOrCirclie(obj: Rectangle | Circle) {
  if (obj instanceof  Rectangle) {
    console.log("Fläche: " + obj.getArea());
  } else {
    console.log("Durchmesser: " + obj.getDiameter());
  }
}
```

**Listing B.61** »advanced-types«: »instanceof« mit Union-Typen

### B.6.6 Eigene Type-Guards für Interfaces

Da der instanceof-Operator auf der Prüfung der prototypischen Konstruktor-Funktion basiert, funktioniert dieser Ansatz leider nicht für Interfaces. TypeScript bietet Ihnen für diesen Fall die Möglichkeit, eine eigene Type-Guard-Funktion zu definieren, die auf Basis von selbst definierten Tests bestimmt, ob es sich um ein bestimmtes Objekt handelt.

Schauen Sie sich hierfür die beiden Interfaces Dog und Cat an:

```
interface Dog {
  bark() : string;
  eat() : void;
}
interface Cat {
  meow() : string;
  eat() : void;
}
```

**Listing B.62** »advanced-types«: Definition der Interfaces »Dog« und »Cat«

Möchten Sie die Interfaces nun als Union-Typ bei der Definition der everyMorning-Funktion verwenden, so führt der folgende Code zunächst zu Compiler-Fehlern:

```
function everyMorning(pet: Dog | Cat) {
  if (pet.bark) { //Property 'bark' does not exist on type 'Dog | Cat'.
    pet.bark();  //Property 'bark' does not exist on type 'Dog | Cat'.
  } else {
    pet.meow(); //Property 'meow' does not exist on type 'Dog | Cat'.
  }
  pet.eat(); // OK
}
```

**Listing B.63** »advanced-types«: fehlerhafte Implementierung der Methode »everyMorning«

Der Grund für die Fehler ist einleuchtend: Solange Sie nicht definieren, auf welchen Typ Sie zugreifen wollen, stehen Ihnen lediglich die von beiden Interfaces bereitgestellten Methoden zur Verfügung. Sie könnten nun an allen Stellen, wo Sie auf die jeweiligen Methoden zugreifen, eine Type-Assertion verwenden. Dies macht Ihren Code aber nicht unbedingt leserlicher:

```
if ((<Dog>pet).bark) {
  (<Dog>pet).bark();
} else {
  (<Cat>pet).meow();
}
```

**Listing B.64** »advanced-types«: Type-Assertions für die Prüfung auf Typen verwenden

Eine deutlich elegantere Lösung stellt hier die Definition einer Type-Guard-Funktion dar:

```
function isDog(pet: Dog | Cat) : pet is Dog {
  return (<Dog>pet).bark !== undefined;
}
```

**Listing B.65** »advanced-types«: Definition des »isDog«-Type-Guards

Die Besonderheit solcher Funktionen besteht in Ihrem Rückgabetyp. Über den Ausdruck `pet is Dog` erkennt TypeScript die Funktion als Type-Guard an.

`pet` ist dabei der Name des Parameters und `Dog` der zu prüfende Typ. Innerhalb der `everyMorning`-Funktion können Sie den `isDog`-Typ-Guard nun ähnlich wie die `typeof`- und `instanceof`-Checks verwenden:

```
function everyMorning(pet: Dog | Cat) {
  if (isDog(pet)) {
    pet.bark();
  } else {
    pet.meow(); // pet muss eine Katze sein - also meow ok
  }
  pet.eat();
}
```

**Listing B.66** »advanced-types«: korrekte Implementierung der Methode »everyMorning«

Der Compiler erkennt auch hier, dass im `else`-Zweig nur noch eine Katze möglich ist – Sie können dort also ohne weitere Tests auf die Methoden des `Cat`-Interface zugreifen.

## B.7 Generics

Generics sind bereits seit vielen Jahren fester Bestandteil der meisten statisch typisierten Programmiersprachen. Die grundsätzliche Idee hinter Generics besteht darin, den Typ, den eine Implementierung verwendet, nicht direkt bei der Klassen- oder Funktionsdefinition anzugeben, sondern hierfür zunächst einen Platzhalter (eine sogenannte Typ-Variable) zu definieren.

Bei der Verwendung der Array-Klasse haben Sie bereits ein Musterbeispiel für die Verwendung von Generics in Aktion gesehen: Die Array-Klasse hat selbst keine Informationen über die in ihr gespeicherten Elemente. Erst bei der Erzeugung der Liste bestimmen Sie über einen Typ-Parameter, welche konkreten Typen innerhalb der Liste erlaubt sind:

```
const numbers: Array<number> = [1, 2, 3];
```

Möchten Sie nun selbst einen solchen generischen Typ bereitstellen, so können Sie bei der Klassen- oder Funktionsdefinition mithilfe der spitzen Klammern eine Typ-Variable erzeugen. Listing B.67 zeigt die Implementierung der Klasse `Store`. Die Klasse soll beliebige Arten von Objekten typsicher im lokalen Speicher des Browsers speichern können.

```
class Store<T> {
  private items: Array<T> = [];
  constructor(private storageKey: string) {
    const itemsAsString = localStorage.getItem(storageKey);
    if (itemsAsString) {
      this.items = JSON.parse(itemsAsString);
    }
```

```
  }
  saveInStorage() {
    localStorage.setItem(this.storageKey, JSON.stringify(this.items));
  }
  getItems(): Array<T> {
    return this.items;
  }
  addItem(item: T) {
    this.items.push(item);
    this.saveInStorage();
  }
}
```

**Listing B.67** »generics.ts«: Definition der generischen »Store«-Klasse

Bei der Instanziierung der Store-Klasse können Sie nun angeben, welcher konkrete Objekt-Typ verwaltet werden soll:

```
const todoStore = new Store<Todo>("TODOS");
todoStore.addItem(new Todo(1, "Aufräumen"));
todoStore.addItem(new Todo(2, "Einkaufen gehen"));

console.log(todoStore.getItems());
```

**Listing B.68** »generics.ts«: die »Store«-Klasse zum Verwalten von Todos verwenden

Weil hier die `Todo`-Klasse verwendet wurde, erwartet der Store beim Aufruf der `addItem`-Methode nun ein `Todo` als Parameter. Des Weiteren liefert die `getItems`-Methode ein Array von `Todos` zurück.

Noch mal deutlich spannender wird die Verwendung von Generics in Verbindung mit Interfaces. So können Sie mithilfe eines Interface garantierte Zusicherungen definieren, die die verwendeten Objekte erfüllen müssen. Wollten Sie den oben definierten Store beispielsweise um eine Löschen-Methode erweitern, so müssen Sie sicherstellen, dass die im Store gespeicherten Objekte auf irgendeine Art und Weise »identifizierbar« sind. Hierfür könnten Sie das folgende Interface definieren:

```
type Id = string | number;
interface Identifiable {
  id: Id;
}
```

Ein Objekt, das dem `Identifiable`-Interface entspricht, muss also eine Eigenschaft `id` besitzen, die entweder vom Typ `number` oder vom Typ `string` ist. Bei der Definition der Store-Klasse können Sie nun angeben, dass Ihr Store nur eben solche Objekte aufnehmen kann:

```
class Store<T extends Identifiable> {
  ...
}
```

Die Implementierung einer Löschen-Funktion kann sich nun sicher sein, dass das Objekt in jedem Fall eine id besitzt:

```
deleteItem(id: Id): void {
  this.items = this.items.filter((item) => {
    return item.id != id;
  });
  this.saveInStorage();
}
```

**Listing B.69** »generics.ts«: den »Id«-Typ verwenden, um das Objekt zu finden, das gelöscht werden soll

## B.8 Typdeklarationen für nicht typisierte Bibliotheken

In den vorangegangenen Abschnitten haben Sie bereits gesehen, welche Vorteile die typisierte Programmierung mit TypeScript hat. In Ihrem Entwickleralltag werden Sie aber immer wieder mit Bibliotheken arbeiten, die von Haus aus keine Typinformationen zur Verfügung stellen. In diesem Fall haben Sie im Wesentlichen drei Möglichkeiten:

1. Sie verwenden die any-Deklaration und verzichten bei der weiteren Benutzung auf Typsicherheit.
2. Sie verwenden im Netz verfügbare *Type-Definition*-Dateien, die die typunsichere Bibliothek nachträglich mit Typinformationen anreichern.
3. Sie schreiben selbst eine solche *Type-Definition*-Datei, um beispielsweise Ihre eigenen, auf klassischem JavaScript basierenden Bibliotheken anzureichern.

So bietet TypeScript Ihnen mit diesen Optionen die Möglichkeit, Ihre typunsicheren Bibliotheken oder Programmteile Schritt für Schritt auf Typsicherheit umzustellen.

### B.8.1 Die any-Deklaration: Bibliotheken ohne Typsicherheit verwenden

Sollten Sie in Ihren Projekten bislang mit reinem JavaScript gearbeitet haben, so werden Sie sehr wahrscheinlich eigene Librarys besitzen, die Sie auch in Ihren TypeScript-Projekten wiederverwenden wollen.

Listing B.70 zeigt exemplarisch die Implementierung einer einfachen Mathe-Bibliothek, die eine etwas komplexere Variante der max-Funktion bereitstellt: Die Funktion liefert nicht nur den größten Wert des übergebenen Arrays, sondern zusätzlich auch noch den Index dieses Wertes zurück:

```
function MyMathLib () {
}

MyMathLib.max = function(arr) {
  var result = arr[0];
  var index = 0;
  for (var i = 0; i < arr.length; i++) {
    if (arr[i] > result) {
      result = arr[i];
      index = i;
    }
  }
  return { result: result, index: index };
};
```

**Listing B.70** »math-lib.js«: Implementierung einer einfachen Mathe-Bibliothek

Bei der Verwendung dieser Bibliothek könnten Sie nun auf die Idee kommen, die JavaScript-Datei in Ihrem HTML einzubinden und das globale Objekt zu verwenden:

```
var max = MyMathLib.max(array);
console.log(max); // {"result":3,"index":2}
```

**Listing B.71** Direkte Verwendung der »MyMathLib«-Funktion

Out-of-the-box führt dieser Aufruf in TypeScript aber zunächst zu einem Compile-Fehler:

```
Cannot find name 'MyMathLib'.
```

Da TypeScript keine Information über das global registrierte Objekt hat, schlägt die Kompilierung fehl. Möchten Sie an dieser Stelle lediglich dafür sorgen, dass der Programmcode kompiliert wird, haben Sie nun die Möglichkeit, dem Compiler über eine sogenannte any-Deklaration mitzuteilen, dass ein MyMathLib-Objekt im globalen Namespace existiert:

```
declare var MyMathLib: any;
...
var max = MyMathLib.max(array);
console.log(max); // {"result":3,"index":2}
```

**Listing B.72** »typings.ts«: Einsatz der »any«-Deklaration zur Vermeidung von Compile-Fehlern

### B.8.2 Eigene Typdeklarationen erstellen

Insbesondere dann, wenn es sich bei den verwendeten Funktionen um häufig genutzte Funktionalität handelt, wäre es aber zusätzlich schön, die in TypeScript gängigen Features wie Typsicherheit und Autovervollständigung auch für Ihre »Legacy«-Bibliotheken aktivieren zu können.

TypeScript bietet Ihnen hierfür die Möglichkeit, sogenannte *Type Definition Files* zu erstellen. Anstatt lediglich zu sagen, dass ein bestimmtes Objekt existiert, können Sie über diese Dateien die gesamte Schnittstelle Ihrer Bibliothek (inklusive Dokumentation) beschreiben:

```
interface MaxResult {
    result: number;
    index: number;
}
interface MyMathLib {
    /**
     * The method returns the maximum as well as the index of the
     * maximum of the provided Array of numbers.
     *
     * @param values An Array of number-values.
     * @return Returns an object containing the maximum value and
     * the index of the maximum value
     */
    max(values: Array<number>): MaxResult;
}
declare var MyMathLib: MyMathLib;
```

**Listing B.73** »my-math-lib.d.ts«: Deklaration der von der Bibliothek zur Verfügung gestellten Funktionalität

Wie Sie sehen, werden innerhalb des Definition Files zunächst die beiden Interfaces `MaxResult` und `MyMathLib` definiert. Die Definition eines Interface hat dabei keinerlei Auswirkung auf das generierte JavaScript, bietet Ihnen aber die Möglichkeit, die bereitgestellte Schnittstelle im Detail zu beschreiben.

Beachten Sie außerdem die Verwendung der JavaScript-Kommentarnotation zur Dokumentation der Methode. Um den Kommentar als Dokumentationskommentar auszuzeichnen, muss dieser mit zwei Sternen nach dem Slash eingeleitet werden (/**). Die eigentliche Deklaration der Bibliothek erfolgt am Ende der Datei über folgendes Statement:

```
declare var MyMathLib: MyMathLib;
```

Anstatt die Variable `MyMathLib` als `any` zu deklarieren, geben Sie hier einfach das zuvor definierte Interface als Schnittstelle an.

**Das typings-Verzeichnis**

Sie finden die Datei *my-math-lib.d.ts* im Verzeichnis *typings*, direkt im Root-Verzeichnis des Projekts. Auch wenn Sie die von Ihnen selbst implementierten Deklarationen technisch gesehen an jedem beliebigen Ort speichern können, hat es sich als guter Stil etabliert, Type Definition Files in diesem Ordner zu hinterlegen.

Da der TypeScript-Compiler im vorgestellten Beispiel bereits so eingestellt ist, dass die Datei automatisch beim Kompiliervorgang berücksichtigt wird (siehe nächster Abschnitt), stehen Ihnen die Typinformationen nun bereits innerhalb Ihrer TypeScript-Dateien zur Verfügung.

Öffnen Sie beispielsweise die Datei *typings.ts* und geben Sie dort lediglich `MyMathLib.` ein, so schlägt Ihnen TypeScript automatisch die `max`-Funktion per Autovervollständigung vor (siehe Abbildung B.2).

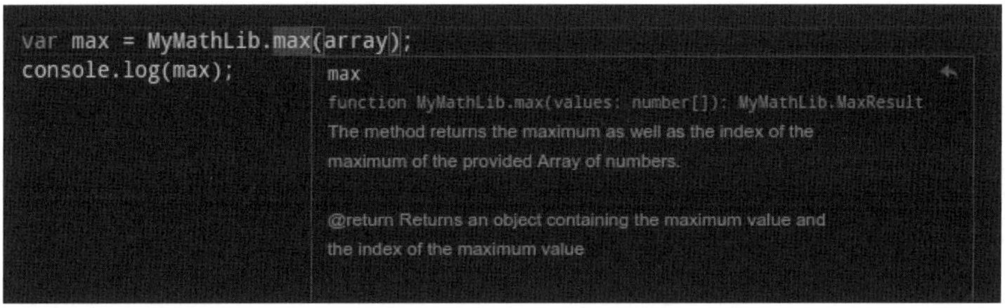

```
var max = MyMathLib.max(array);
console.log(max);
                     max
                     function MyMathLib.max(values: number[]): MyMathLib.MaxResult
                     The method returns the maximum as well as the index of the
                     maximum of the provided Array of numbers.

                     @return Returns an object containing the maximum value and
                     the index of the maximum value
```

**Abbildung B.2** Dokumentation und Autovervollständigung der »max«-Funktion

Ein Klick auf das Info-Symbol zeigt Ihnen hier sogar die gesamte von Ihnen zur Verfügung gestellte Dokumentation. Des Weiteren funktionieren auch Features wie *Type Inference* ohne weitere Konfiguration: Obwohl Sie der `max`-Variablen keinen expliziten Typ zugewiesen haben, weiß TypeScript aufgrund Ihres *Definition File*, dass die Variable ein Objekt vom Typ `MaxResult` enthalten muss. Ein fehlerhafter Aufruf wird somit vom Compiler mit einem Fehler quittiert. Per Autovervollständigung haben Sie auch hier Zugriff auf die möglichen Werte (siehe Abbildung B.3).

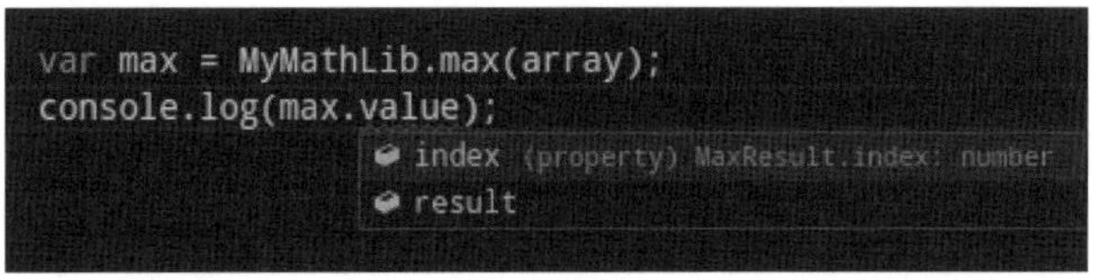

```
var max = MyMathLib.max(array);
console.log(max.value);
                  index  (property) MaxResult.index: number
                  result
```

**Abbildung B.3** Autovervollständigung für die »MaxResult«-Klasse

### B.8.3 Typdefinitionen für Drittbibliotheken installieren

Sie wissen nun, wie Sie Typdefinitionen für Ihre eigenen Bibliotheken erstellen können. Insbesondere bei der Verwendung von Drittbibliotheken wie *lodash* oder *jQuery* wäre es aber ein gewaltiger Aufwand, die entsprechenden Definitionen selbst zu erstellen.

Die gute Nachricht lautet an dieser Stelle: In vielen Fällen hat sich jemand bereits diese Arbeit gemacht, und seit TypeScript 2.0 ist die Installation solcher Typdefinitionen noch einmal deutlich einfacher geworden: Wurden sie vorher über zusätzliche Tools wie *tsd* oder *typings* installiert, ist es nun möglich, die Installation direkt über *npm* vorzunehmen.

#### Fallbeispiel: Integration von lodash

Auf den folgenden Seiten möchte ich Ihnen die Installation von Typdefinitionen am Beispiel einer *lodash*-Integration vorstellen. Bei *lodash* handelt es sich um eine weitverbreitete Utility-Bibliothek, die Ihnen unter anderem die Arbeit mit JavaScript-Collections vereinfacht.

Um *lodash* in Ihrem Projekt zu verwenden, können Sie es zunächst mithilfe von *npm* installieren:

```
npm install lodash --save
```

Möchten Sie die Bibliothek nun als dynamisches Modul verwenden, müssen Sie diese anschließend noch bei Ihrem Module-Loader bekannt machen. Im Fall von SystemJS kann dies auf die folgende Art und Weise erfolgen:

```
<script>
  var config = {
    "defaultJSExtensions": true,
    map: {
      'lodash': 'node_modules/lodash'
    },
    packages: {
      'lodash': {main: 'lodash.js', defaultExtension: 'js'}
    }
  };
  System.config(config);
  System.import("dist/use-geo.js");
</script>
```

**Listing B.74** »modules.html«: Konfiguration von SystemJS für die Integration von »lodash«

*lodash* steht Ihrer Anwendung nun zur Verfügung, und bei der Verwendung von reinem ECMAScript 2015 wären Sie nun bereits in der Lage, die Funktionalität der Bibliothek über ein `import`-Statement der Form

```
import * as lo from 'lodash';
```

in Ihrer Applikation zu verwenden. Ohne weitere Konfiguration führt dieser Import in TypeScript aber zunächst zu diesem Fehler:

```
Cannot find module 'lodash'.
```

Der TypeScript-Compiler kennt das Modul nicht und erzeugt somit einen Compile-Time-Error. Äquivalent zur Deklaration einer globalen Variablen könnten Sie TypeScript nun über die Deklaration

```
declare module 'lodash';
```

mitteilen, *dass* es ein Modul namens »lodash« gibt und kein Fehler erzeugt werden soll. Eine deutlich schönere Lösung besteht in diesem Fall aber darin, echte Typdefinitionsdateien für *lodash* zu installieren. Dazu müssen Sie nichts weiter tun, als den folgenden Befehl in Ihrem Root-Verzeichnis auszuführen:

```
npm install @types/lodash --save-dev
```

Ein Blick in das *node_modules*-Verzeichnis Ihrer Anwendung zeigt, dass dort ein *@types*-Ordner angelegt wurde, der die Typdefinitionsdateien für *lodash* enthält (siehe Abbildung B.4).

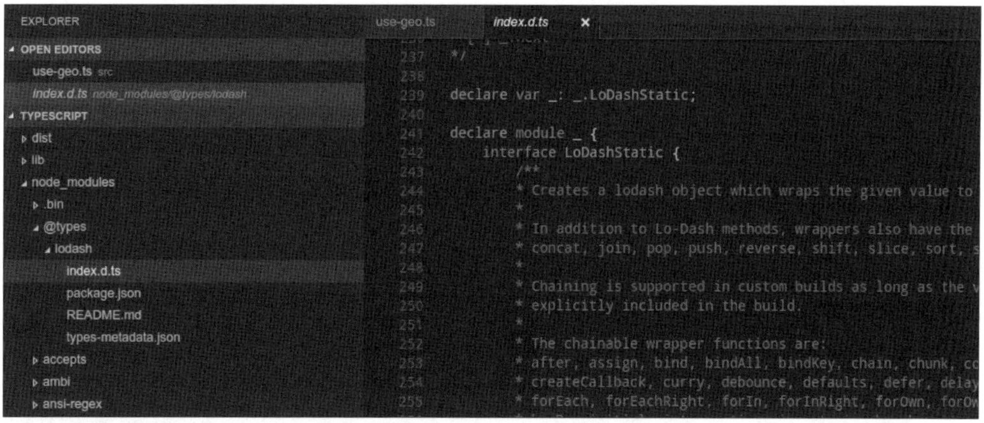

**Abbildung B.4** Das installierte »Type Definition File« für »lodash«

Bei den hier installierten Dateien handelt es sich um Typdefinitionen, die im Wesentlichen durch die Community im Rahmen des Projekts *DefinitelyTyped* (*https://github.com/DefinitelyTyped/DefinitelyTyped*) entwickelt wurden. Um die Integration dieser Dateien zu erleichtern, hat sich das TypeScript-Team für die Version 2.0 dazu entschieden, diese Definitionen zusätzlich direkt über *npm* bereitzustellen. Die Installation für die hier existierenden Bibliotheken kann dabei immer über diesen Befehl erfolgen:

```
npm install @types/{Npm Name der Bibliohek} --save-dev
```

Damit TypeScript nun weiß, dass es die im *@types*-Ordner vorhandenen Dateien bei der Kompilierung Ihrer Anwendung berücksichtigen soll, müssen Sie den Ordner nun lediglich noch über die Eigenschaft `typesRoot` in der *tsconfig.json* registrieren:

```
{
  "compilerOptions": {
    ...
    "typeRoots": [
      "../node_modules/@types"
    ]
  }
}
```

**Listing B.75** »tsconfig.json«: einmalige Registrierung des »@types«-Ordners für die Kompilierung

Diese Konfiguration müssen Sie nur einmalig beim Aufsetzen Ihres Projekts vornehmen, sodass die eigentliche Installation von Typdefinitionen sich auf die Ausführung des `npm install`-Befehls beschränkt.

In Ihrem Applikationscode können Sie *lodash* jetzt wie jedes andere (TypeScript-)Modul importieren. Über die installierte Definitionsdatei stehen Ihnen nun sämtliche Features wie Auto-Completion und Typsicherheit zur Verfügung (siehe Abbildung B.5).

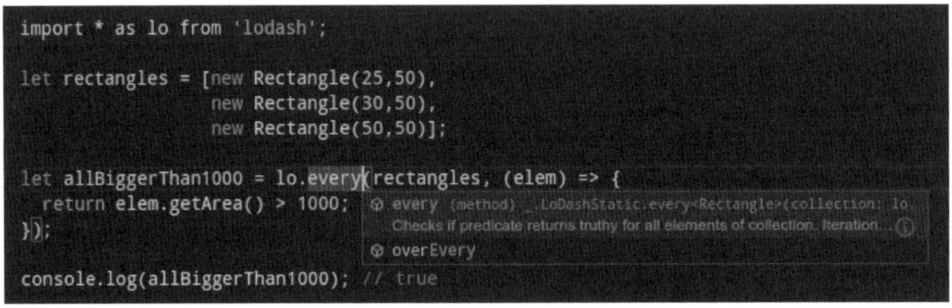
import * as lo from 'lodash';
let rectangles = [new Rectangle(25,50),
new Rectangle(30,50),
new Rectangle(50,50)];
let allBiggerThan1000 = lo.every(rectangles, (elem) => {
return elem.getArea() > 1000;
});
every (method) _.LoDashStatic.every<Rectangle>(collection: lo
Checks if predicate returns truthy for all elements of collection. Iteration...
overEvery
console.log(allBiggerThan1000); // true

**Abbildung B.5** Dynamische Verwendung von »lodash« in der Datei »use-geo.ts«

## B.9 tsconfig.json: Konfiguration des TypeScript-Projekts

Die Konfiguration eines TypeScript-Projekts erfolgt über die Datei *tsconfig.json*. Findet TypeScript diese Datei in einem Verzeichnis, so wird dieses Verzeichnis als Hauptverzeichnis eines Projekts behandelt. Die Konfiguration lässt sich dabei in zwei wesentliche Bestandteile aufteilen:

1. Mit welchen Compiler-Einstellungen werden die TypeScript-Dateien kompiliert?
2. Welche Dateien werden vom Compiler berücksichtigt?

### B.9.1 Compiler-Einstellungen

Öffnen Sie für eine erste Übersicht über die Struktur die Datei *tsconfig.json* aus dem Beispielprojekt:

```
{
  "compilerOptions": {
    "target": "ES5",
    "module": "system",
    "moduleResolution": "node",
    "sourceMap": true,
    "lib": ["es6", "dom"],
    "emitDecoratorMetadata": true,
    "experimentalDecorators": true,
    "strictNullChecks": true,
    "noImplicitAny": true,
    "noEmitOnError": true,
    "outDir": "dist",
    "typeRoots": [
      "../node_modules/@types"
    ]
  },
  "include": [
    "typings/**/*.*",
    "src/**/*.*"
  ]
}
```

**Listing B.76** »tsconfig.json«: die Konfigurationsdatei des Beispielprojekts

Wie Sie sehen, enthält die Datei im Wesentlichen zwei Arten von Informationen: *wie* TypeScript-Dateien kompiliert werden sollen (`compilerOptions`) und *welche* Dateien bei der Kompilierung berücksichtigt werden sollen (`include`). Insgesamt haben Sie im Bereich der `compilerOptions` etwa 50 Einstellungsmöglichkeiten – ich werde mich bei den weiteren Beschreibungen daher auf die für die Angular-Entwicklung relevantesten konzentrieren. Sollten Sie sich darüber hinaus mit dem Thema beschäftigen wollen, so finden Sie auf der Internetseite des Projekts (*www.typescriptlang.org/docs/handbook/compiler-options.html*) eine vollständige Liste aller möglichen Optionen.

#### target: Welche ECMAScript-Version soll es sein?

Über die `target`-Option haben Sie die Möglichkeit, die ECMAScript-Version anzugeben, die von TypeScript erzeugt werden soll. Zur Auswahl stehen hier die Werte `ES3` (Standardwert), `ES5` und `ES6`. Da mittlerweile fast alle Browser ECMAScript 5 unterstützen, ist die Einstellung ES5 in der Regel eine gute Wahl. Sollte sich in Zukunft die Browser-Unterstützung für ECMAScript 2015 (früher bekannt als ECMAScript 6) verbessern oder sollten Sie nur auf Browser setzen, die bereits den ES2015-Standard unterstützen, können Sie, ohne eine Zeile Quellcode zu ändern, die Generierung auf `ES6` umstellen. Insbesondere für künftige Performance-Optimierungen der neuen Features kann dies durchaus interessant werden!

#### module und moduleResolution: Einstellungen zur Verwendung von Modulen

Die `module`-Option habe ich Ihnen bereits in Abschnitt B.4, »Module«, im Detail vorgestellt. Mit ihrer Hilfe können Sie wählen, welches Modul-System bei der Generierung des JavaScript-Codes verwendet werden soll. Zur Auswahl stehen Ihnen hier die Werte `commonjs`, `amd`, `system`, `umd` und `es2015`.

Mit der `moduleResolution`-Option können Sie außerdem beeinflussen, mit welcher Strategie TypeScript nach importierten Modulen sucht. Die möglichen Werte lauten `node` und `classic`. Der Hauptunterschied der beiden Strategien besteht darin, dass die `node`-Strategie beim `import` eines Moduls nicht nur innerhalb der eigenen Quelltexte, sondern auch im *node_modules*-Verzeichnis nach einem passenden Modul sucht. Bei der Implementierung von Angular-Anwendungen sollte die `moduleResolution` also in jedem Fall auf `node` eingestellt sein. (Seit TypeScript 1.7 ist dies der Standardwert, sodass Sie die Option im Zweifelsfall auch weglassen können.)

#### lib: Einbinden von global verfügbaren Umgebungsdefinitionen

Bei der `lib`-Eigenschaft handelt es sich um eine mit TypeScript 2.0 neu eingeführte Konfigurationsmöglichkeit. TypeScript-Programme bauen oft auf Funktionalität auf, die nicht Teil des ECMAScript-5-Standards ist. Dabei kann es sich beispielsweise um die vom Browser bereitgestellte DOM-API oder um ES2015-Sprachfeatures wie Promises handeln. Verwenden Sie solche Bestandteile in Ihrer Anwendung, können Sie die entsprechenden Typdefinitionen über die `lib`-Eigenschaft hinzufügen:

```
"lib": ["es2015", "dom"]
```

Zusätzlich zu den hier verwendeten Konstanten für den ES2015-Standard und die Browser-DOM-API stehen Ihnen unter anderem auch Definitionen für ECMAScript 2016 und ECMAScript 2017 (`"es2016"`, `"es2017"`) sowie für die WebWorker-API (`"webworker"`) zur Verfügung.

### strictNullChecks , noImplicitAny und noEmitOnError: Wie streng soll der Compiler sein?

Über die Einstellungen `strictNullChecks`, `noImplicitAny` und `noEmitOnError` können Sie festlegen, wie streng bzw. nachgiebig der TypeScript-Compiler auf unsauberen Code reagieren soll. So können Sie über das `noImplicitAny`-Flag festlegen, dass in Ihrem Code keine implizite Typisierung erfolgen darf. Konkret bedeutet dies, dass die Funktionsdefinition

```
function square(val) {
  return val * val;
}
```

zu folgendem Compile-Fehler führen würde:

```
Parameter 'val' implicitly has an 'any' type.
```

Das `noEmitOnError`-Flag bietet Ihnen nun zusätzlich noch die Möglichkeit, den Compile-Vorgang beim Auftreten eines Kompilierfehlers abzubrechen. So meldet der TypeScript-Compiler in der Standardeinstellung (`noEmitOnError = false`) zwar die Fehler im Log, die Datei wird aber dennoch (sofern es möglich ist) kompiliert und ins *dist*-Verzeichnis kopiert.

Möchten Sie sicherstellen, dass Ihr Projekt nur »sauberen« TypeScript-Code enthält, empfehle ich Ihnen daher, `noEmitOnError` in Ihren Einstellungen über den Wert `true` zu aktivieren. Insbesondere während einer Umstellung von bestehendem Quellcode zu TypeScript (etwa bei der Einführung von TypeScript in einem Angular-1-Projekt) bietet Ihnen die Standardeinstellung aber die Möglichkeit, Schritt für Schritt Typen einzuführen und Ihren Quellcode aufzuräumen.

Die Einstellung `strictNullChecks` habe ich Ihnen bereits bei der Vorstellung der Typen `null` und `undefined` in Abschnitt B.1.9 vorgestellt. Sie sorgt dafür, dass der Compiler nichtdefinierte Werte nur bei expliziter Definition zulässt.

### sourceMap: Debugging im Browser

Sollten Sie bereits in der Vergangenheit JavaScript-Anwendungen für den Browser entwickelt haben, so werden Ihnen Source-Maps insbesondere im Zusammenhang mit der JavaScript-Minifizierung ein Begriff sein.

Die Aufgabe einer Source-Map besteht dabei immer darin, eine Brücke zwischen dem erzeugten Code (im Fall von TypeScript dem generierten JavaScript-Code) und dem

Ausgangscode herzustellen. Ein Browser kann dieses Map-File anschließend dazu verwenden, Ihnen in der Debugging-Ansicht den ursprünglichen Ausgangsquelltext anzuzeigen.

Für den Fall, dass Ihr Projekt lediglich eine Kompilierung von TypeScript nach JavaScript vornimmt, können Sie die Generierung einer solchen Source-Map sehr elegant über das Flag `sourceMap: true` veranlassen. Sollten Sie die generierten JavaScript-Dateien hingegen durch weitere Schritte wie Minifizierung zusätzlich manipulieren, so funktioniert dieser Ansatz leider nicht mehr. In diesem Fall werden Sie vermutlich auf ein Build-Tool wie *gulp* oder *broccoli* zurückgreifen.

### B.9.2 files, include und exclude: Welche Dateien sollen kompiliert werden?

Neben der Konfiguration der Compiler-Einstellungen haben Sie außerdem die Möglichkeit, zu bestimmen, welche Dateien überhaupt kompiliert werden sollen. TypeScript bietet Ihnen hierfür diverse Optionen:

1. Sie listen alle Dateien, die kompiliert werden sollen, explizit auf (`files`).
2. Sie legen über eine Liste von sogenannten *glob-Patterns* fest, welche Dateien inkludiert werden sollen (`include`).
3. Sie bestimmen eine Menge an Dateien, die *nicht* kompiliert werden soll. In diesem Fall werden alle anderen Dateien kompiliert (`exclude`).

Entscheiden Sie sich für den ersten Fall, so erfolgt die Konfiguration über die `files`-Eigenschaft:

```
{
  ...
  "files": [
    "src/simple-types.ts",
    "src/classes.ts",
    "src/interfaces.ts",
    ...
    "typings/index.d.ts",
    "typings/my-math-lib.d.ts",
  ]
}
```

**Listing B.77** »tsconfig.json«: Konfiguration der zu kompilierenden Dateien über die »files«-Eigenschaft

Da diese Option jedoch recht aufwendig ist und bei neuen Dateien ständig angepasst werden muss, werden Sie bei der Benutzung von TypeScript 2.0 oder höher in der Regel auf die deutlich komfortablere Konfiguration über die include-Eigenschaft zurückgreifen:

```
"include": [
  "src/**/*.*",
  "typings/**/*.*"
]
```

TypeScript berücksichtigt nun alle Dateien im src- und im typings-Verzeichnis. Eine weitere Alternative besteht außerdem in der Definition über die exclude-Eigenschaft. Die Konfiguration

```
"exclude": [
  "node_modules"
]
```

sorgt beispielsweise dafür, dass TypeScript alle **.ts*- und **.d.ts*-Dateien, die sich nicht im Verzeichnis *node_modules* befinden, bei der Kompilierung berücksichtigt.

Außerdem können Sie die drei Optionen auch miteinander kombinieren. So können Sie beispielsweise zunächst über include eine Menge an Dateien bestimmen und aus dieser Menge per exclude wieder Dateien entfernen. Dateien, die über die files-Eigenschaft definiert werden, werden hierbei immer berücksichtigt. So sorgt die Konfiguration

```
"include": [
  "src/**/*.*",
  "typings/**/*.*"
],
"exclude": [
  "src/ignore/**/*.*"
],
"files": [
  "src/ignore/compile-me.ts"
]
```

beispielsweise dafür, dass alle Dateien unterhalb des *src*-Verzeichnisses, jedoch nicht die Dateien im *src/ignore*-Verzeichnis kompiliert werden. Die einzige Datei, die aus diesem Verzeichnis kompiliert wird, ist die Datei *compile-me.ts*.

# Index

## D



## E

## M



## N

## Q



## R



## S

## T

## U



## V



## W



## X



## Z

- Grundlagen, Anwendung, Referenz
- OOP, aktuelle ECMAScript-Features, mobile Anwendungen
- Inkl. Web-APIs, Node.js und Internet of Things

Philip Ackermann

## JavaScript

**Das umfassende Handbuch**

Die unverzichtbare Referenz für alle JavaScript-Anwender! Einsteiger werden von Grund auf an die JavaScript-Programmierung herangeführt und finden viele anschauliche Praxisbeispiele, inkl. objektorientierter und funktionaler Programmierung. Fortgeschrittene Anwender profitieren von Informationen über die neuesten Techniken und Entwicklungen wie z. B. die Steuerung von Mikrocontrollern und den serverseitigen Einsatz von JavaScript. Hier lernen Sie alle Techniken kennen, um moderne Webanwendungen zu erstellen: Ajax, DOM, Node.js und jQuery.

1.229 Seiten, gebunden, 49,90 Euro
ISBN 978-3-8362-3838-0
www.rheinwerk-verlag.de/3900

**Das gesamte Buchprogramm: www.rheinwerk-verlag.de**